高等医药院校改革创新教材

供放射医学、医学影像学、医学影像技术及放射治疗技术专业用

肿瘤放射治疗学

（第2版）

主　编　何　侠

副主编　尹　勇　罗京伟　尹　丽　周菊英

编　者　冯平柏　尹　丽　尹　勇　段敬豪　张桂芳

　　　　何　侠　李振江　孙　涛　吴君心　李金銮

　　　　巩贯忠　仇清涛　周菊英　姬　磊　罗京伟

　　　　王泽坤　乔　俏　曹才能　曹建忠　刘志萍

　　　　张希梅　尹珍珍　刘　茜　赵　晶　武　宁

　　　　邵凌东　岳金波　亓姝楠　朱　骥　白明华

　　　　刘鲁迎　陈　波　翟医蕊　陈炬辉　程文芳

　　　　马辰莺　曲宝林　俞　伟　姜　新　贾海威

　　　　王　刚　周　莉　周乐源

人民卫生出版社

·北京·

图书在版编目（CIP）数据

肿瘤放射治疗学 / 何侠主编 . -- 2 版. -- 北京 ：
人民卫生出版社，2024. 11. -- ISBN 978-7-117-37167-4

Ⅰ. R730.55

中国国家版本馆 CIP 数据核字第 2024NU6177 号

人卫智网	www.ipmph.com	医学教育、学术、考试、健康，
		购书智慧智能综合服务平台
人卫官网	www.pmph.com	人卫官方资讯发布平台

肿瘤放射治疗学

Zhongliu Fangshe Zhiliaoxue

第 2 版

主　　编：何　侠

出版发行：人民卫生出版社（中继线 010-59780011）

地　　址：北京市朝阳区潘家园南里 19 号

邮　　编：100021

E - mail：pmph @ pmph.com

购书热线：010-59787592　010-59787584　010-65264830

印　　刷：北京汇林印务有限公司

经　　销：新华书店

开　　本：787×1092　1/16　　印张：33

字　　数：782 千字

版　　次：2016 年 4 月第 1 版　　2024 年 11 月第 2 版

印　　次：2024 年 12 月第 1 次印刷

标准书号：ISBN 978-7-117-37167-4

定　　价：129.00 元

打击盗版举报电话：010-59787491　E-mail：WQ @ pmph.com

质量问题联系电话：010-59787234　E-mail：zhiliang @ pmph.com

数字融合服务电话：4001118166　E-mail：zengzhi @ pmph.com

数字内容编者名单

主　编　何　侠

副主编　曲宝林　尹　勇　朱　骥　吴君心

编　者　尹　丽　张煜婕　曹　祥　高　瀚　尹　勇
　　　　王华东　孟康宁　何　侠　严振宇　刘　瑞
　　　　崔永斌　吴君心　张雪清　李　需　梁本哲
　　　　段敬豪　仇清涛　周菊英　乔　俏　张　妙
　　　　何天宇　韩　冲　罗京伟　孙　萌　赵瑞芝
　　　　王惠丽　王洪智　刘　璇　武　宁　赵红福
　　　　陈家祯　刘　静　杜子欧　朱　骥　卢　珂
　　　　刘　冬　孙权权　冯燕茹　罗加林　沈金闻
　　　　周　宁　曾　强　肖　毓　陈星特　林耀滨
　　　　黄思思　周佳欣　滕开原　郑晓莲　林中海
　　　　马辰莺　曲宝林　饶　乐　姜　新　魏金龙
　　　　谭紫凝　王　刚　王　艳

肿瘤放射治疗作为经典肿瘤治疗手段之一,至今已有一百多年的历史。英国皇家马斯登癌症中心教材扉页上有一句话:肿瘤治愈有两种手段——冰冷的手术刀和灼热的放射线。而伴随现代肿瘤学、放射治疗学相关领域的飞速发展,尤其是放射物理、放射生物、人工智能和临床放疗研究的发展以及多学科的交叉融合,放射治疗的"角色"也发生了多元的改变,步入精准、智能、综合的新时代,为肿瘤治疗带来充满希望的发展前景。

放射治疗学是一门专业性极强的学科,而近年来学科的快速进步,除了为众多肿瘤患者的治疗带来新希望和曙光外,也对学科的可持续发展及人才培养提出了更严峻的现实要求。由何侠教授主编、我主审的第 1 版《肿瘤放射治疗学》2016 年由人民卫生出版社出版,有必要结合当下学科发展对教材内容进行更新。另外值得关注的是,近年国内多家医学高等院校陆续开设放射医学本科专业,但我国目前还没有针对放射医学本科生的统一规范化系列教材。

鉴于此,何侠教授联合国内有关高校、肿瘤中心、放疗机构知名学者在 2024 年更新完成了第 2 版《肿瘤放射治疗学》,这是一本适用于高等教育放射医学、医学影像学、医学影像技术及放射治疗技术专业学生学习使用的教材,教材顺应了数字化时代对医学教育模式的新要求,新增加的大量数字内容充分考虑了学生临床思维和能力的培养,使学生对肿瘤放射治疗学基本原则、原理和临床治疗有了初步的认识。希望此版教材在推动和发展我国放射医学教育、放射治疗医师和相关人才的培养上作出贡献!

2024 年 11 月

前言

　　放射治疗学是一门运用放射线进行肿瘤或其他疾病治疗的临床学科,主要研究放射线治疗作用的机制、疗效,以及相关不良反应等。放射治疗是经典的肿瘤治疗手段之一,现代放射治疗已将放射物理、放射生物、医学影像学、放疗技术、计算机技术以及人工智能等学科有机融合,是多学科技术联合运用于临床治疗的典范。随着工业化进程发展、环境影响、人群寿命延长,肿瘤已成为严重威胁人类健康的重要疾病,是全球最大的公共卫生问题。当今肿瘤治疗已步入综合治疗、精准化与个体化时代,放射治疗学医师及其他相关从业人员等是肿瘤多学科治疗中不可分割的一部分,除了放射治疗团队成员的分工协作之外,放疗医师也必须与其他相关学科的医生密切合作,才能最大程度实现规范、合理的个体化综合治疗。这就要求从事放射治疗的相关人员需要充分了解自身学科的基础理论、技术发展及临床应用进展。

　　肿瘤放射治疗学是放射医学、医学影像学、医学影像技术和放射治疗技术专业重要专业课程之一,其教学任务是为后续从事临床放射诊断与放射治疗及医学继续教育奠定知识基础。教学内容涉及临床肿瘤学、放射物理学基础、放射生物学基础、放疗技术及临床肿瘤放射治疗基本原则和策略等。《肿瘤放射治疗学》第1版2016年出版,以其内容结构合理、知识难度适度等特点,在全国多家开设医学影像学、医学影像技术和放射治疗技术专业的高等医学院校中得到广泛使用。近年来肿瘤放射治疗相关知识体系快速发展与更新,且国内多家高等医药院校增设放射医学专业,以解决及应对国内放射医学人才缺口问题。为适应医学教育和学科专业的快速发展,特别是现代信息技术对教学模式和教育理念带来的改革,我们充分调研及征求了国内各家开设放射治疗相关专业的院校教师意见,组织国内从事放射医学教学、肿瘤放射治疗临床工作的一线骨干专家对教材进行了修订。

　　第2版将知识点与最新诊疗进展做了互补共通,大量加入数字内容,实现了电子资源对纸质教材内容的有效补充和延伸,强化了临床实际问题的处理能力,让学生在学习中逐步培养临床思维能力。

　　本书部分图片由副主编罗京伟制作并授权,仅限本书使用。本书部分图片由刁金山教授绘制,在此表示衷心感谢!

　　本轮教材修订过程中,虽然采纳了多数院校同行所提出的意见和建议,但由于水平所限,书中难免存在缺点和不足,恳请使用本教材的师生及同行给予谅解并将宝贵意见反馈给我们,以便再版时修订完善。

何侠

2024 年 11 月

目录

第一章　绪论

第一节　放射治疗发展简史

一、放射线的发现

1895 年伦琴在用克鲁克斯管研究荧光效应时,用黑纸屏遮住管子,并将实验室光线调暗,通电后发现放在他工作台上的氰亚铂酸钡发光。经过重复试验,观察到在管子特定的距离内还能看到更强的荧光,由此他推测可能发现了一种新的射线。当时并不清楚是什么物质,他借用数学的未知数符号"X",将其命名为 X 射线。

1896 年法国物理学家贝克勒尔也在一个偶然因素下,发现铀盐和纸封包着的照相底片放在一起时,照相底片被曝光,后来研究发现铀可以放出放射线。

1898 年居里夫人分离出了天然同位素镭,首次提出"放射性"概念,形成放射性理论。在此指导下,第一次将放射性同位素用于治疗癌症。

放射线的发现成为后来两类主要放射治疗技术发展的基础,一是远距离照射或外照射放射治疗,即放疗时放射线经过较长空间距离到达人体;二是近距离放射治疗,放射线经过很短的距离到达人体。

二、远距离放射治疗

(一) 千伏时代

这一阶段大约从 1900 持续到 1940 年。此时放射治疗刚起步,放射线能量在 50~500kV 之间,照射后皮肤毒性反应大,很难给予深部肿瘤足够剂量。

1913 年 Coolidge 成功研制了 X 线管,并于 1922 年生产了深部 X 线机。同年在巴黎国际肿瘤大会上,Coutard 和 Hautant 报告了放射线治愈晚期喉癌的病例,会议上肯定了放射线治疗恶性肿瘤的临床疗效。

1934 年 Coutard 发明了分割照射,即将较大的照射量分成若干次,用较小剂量照射患者,它是外照射的经典模式,一直沿用至今。并由此开启了 20 世纪 40 年代放射生物学的研究历程。

(二) 兆伏时代

这一阶段大约是 1946—1996 年。放射线能量较以前大,照射深度比千伏时代深,放射治疗临床经验在此期间大量积累。

1948 年,加拿大汉密尔顿安装了世界上第一台 ^{60}Co 治疗机,在接下来的 10 年间,超过 1 000 台 ^{60}Co 机器安装到全世界的多家医院。^{60}Co 治疗机的使用首次做到了对皮肤的保护,并能给深部肿瘤照射高达 45~60Gy 的剂量,危及器官并没有超过其耐受量。

1953 年第一台医用直线加速器安装在伦敦 Hammersmith 医院。直线加速器可产生能量在 6~20MV 之间的 X 射线,由于这种高能射线的使用,很多肿瘤的疗效大幅度改善,5 年生存率明显提高。同时加速器还可产生电子束,可以照射浅部病灶。

(三)计算机辅助放疗技术时代

这个阶段大约是 1996 年至今。此期间临床常用放射源并没有改变,但由于计算机技术的引入,很多过去提出的技术概念得以实现并临床运用和普及,同时又进一步发展了许多新技术。

1. 三维适形放射治疗(three dimensional conformal radiation therapy,3D-CRT)和调强放射治疗(intensity modulated radiation therapy,IMRT)

20 世纪 60 年代日本学者 Takahashi 首先提出适形放射治疗概念,即射线投照形状与肿瘤投影形状相一致的放射治疗技术。70 年代瑞典学者 Brahme 提出了适形调强放射治疗概念,即在适形放射治疗基础上加强调节,使肿瘤内部剂量分布均匀,周围危及器官受量尽可能小的放射治疗技术。

随着计算机的运用以及具有射束方向观的新治疗计划系统出现,推动了多叶光栅(multi leave collimators,MLC)的引入,放疗照射剂量逐步从二维方式转换为三维方式,三维适形放疗得以推广并用于临床。之后利用多叶光栅对射线束通量调整,出现了三维调强放射治疗,使射线剂量更好地避开正常组织和器官,像"雕刻"一样分布于肿瘤。目前这两项照射技术已成为当今主要的基本放疗手段。

2. 立体定向放射治疗 最早由瑞典神经外科医师 Leksell 提出,称立体定向放射外科(stereotactic radiosurgery,SRS),用 ^{60}Co 做放射源,并于 1951 年成功地治疗了第一例患者。1968 年 Leksell 和 Larsson 等研制成功了世界首台颅脑"γ 刀",因射线聚焦、单次、大剂量照射,效果堪比手术切除,故该技术又被形象地描述为"刀",用于颅脑疾病治疗。

随后立体定向放射治疗设备逐步与常规放射治疗设备加速器融合。1985 年 Colombo 等将直线加速器进行改进,增加立体定位系统和准直器等,发明了颅脑"X 刀"。1996 年,瑞典 Karolinska 医院研制成功首台体部"X 刀",学术界将该项技术称为立体定向放射治疗(stereotactic radiotherapy,SRT),而对体部进行立体定向放射治疗则被称为 SBRT(stereotactic body radiation therapy)。立体定向放射治疗的特征是单次或数次大剂量照射,疗程短。

3. 四维放射治疗 现代放射治疗在确保照射精准上已作了很多努力,但在放疗期间,患者解剖组织在治疗过程中会运动,分次治疗间会有位移误差,靶区的收缩甚至增大等可引起放疗剂量分布的变化和对治疗计划的影响。于是出现了根据器官位置的变化调整治疗条件或方案再进行治疗,使照射野紧紧"追随"靶区的照射技术,即在三维放疗技术基础上加入了时间因数概念,形成了图像引导放射治疗(image guided radiation therapy,IGRT)技术,也即所谓四维放射治疗。这项技术的运用对设备、对人员均提出了更高的要求。

三、近距离放射治疗

镭疗是最早的近距离放射治疗方式。1899 年欧洲医师开始用镭治疗皮肤癌,1901 年 Danlos 将含有镭盐的小棒插入肿瘤内治疗,1903 年 Alexan Bell 将镭棒放在肿瘤旁之后再取下,成为最早的腔内治疗。1914 年 Stevenson 和 Joly 将镭制成镭针插入肿瘤内,成为最早的组织间插植治疗。1930 年英国 Paterxon 和 Parker 建立了曼彻斯特系统,描述组织间插植的剂量分布规律,推动了近距离治疗的发展。之后 ^{60}Co、^{137}Cs 和 ^{192}Ir 等多种放射性同位素用于近距离放射治疗。

1957 年以铱(^{192}Ir)做放射源,设计了后装发卡式放射源,用于头颈部肿瘤和皮肤癌治疗。1961 年用塑料管和铱丝以后装方式插入肿瘤局部治疗,称为插植放射治疗。

20 世纪 60 年代中期,Piergunin 和 Dutreix 确定了巴黎系统,70 年代在欧洲和南美近距离放疗技术多样化发展。

20 世纪 80 年代中期计算机技术用于后装,解决了近距离剂量分布计算、放射源剂量率、放射源位置准确性、放射源进退等问题。随之高剂量率后装机出现,利用正交 X 线片,对施源器重建,计算机计算剂量分布。

当前各种图像引导的近距离放射治疗,包括 CT、MRI 和 B 超引导等,引入近距离治疗,并成为临床常规操作,近距离放疗进入了一个新时代。

四、我国的放射治疗的发展

我国放射治疗的正式发展是在 20 世纪 20 年代。1920 年北京协和医院安装了浅层 X 线治疗机,1922 年北京协和医院报告了 85 例镭治疗患者,1923 年上海有了 200kV 深部 X 线治疗机,1927 年北京协和医院第一次聘用了专业物理师,1949 年全国仅拥有 5 台放射治疗设备。

新中国成立后特别是改革开放后放射治疗飞速发展。据 2019 年统计,全国有电子直线加速器 2 021 台,近距离治疗机 339 台,从业医师 14 575 人,物理师 4 172 人,放射治疗师 8 940 人。目前我国放射治疗设备与技术水平均已与国际同步。

第二节　肿瘤放射治疗的知识基础

放射治疗作为恶性肿瘤治疗三大手段之一,正在发生日新月异的变化。这种巨大的变化一方面得益于 100 多年来临床实践的大量积累以及逐步对肿瘤的更深入认识。另一方面,放射物理、放射生物、放疗技术等的发展与进步推动了放射治疗临床实践的运用与发展,并使临床放射治疗逐步形成自己的基础理论,这些放射治疗基础理论知识又推动了这门学科向更高和更深的方向发展。

放射治疗专业所治疗疾病的主体是恶性肿瘤,而恶性肿瘤与普通良性疾病有很大的不同,这使得从事这个专业的人员必须对肿瘤方面的知识有所了解、有所掌握,才有可能科学地与肿瘤打交道。从事放射治疗临床工作,只有很好地掌握肿瘤放射治疗基础知识,才能真正理解自己所从事的肿瘤放射治疗临床工作,才能真正做好肿瘤放射治疗工作,才能进一步在此基础上推动这一学科的发展。下面我们简要地介绍一下这些放射治疗基础知识对我们临床工作的影响。

一、放射物理学

放射物理学在放射治疗中占有非常重要的地位。它主要研究各种放射线的物理特性、在体内分布的特点以及影响其分布的各种物理因素,还研究各种放射治疗技术以确保肿瘤收到令人满意的照射。一个好的临床放射治疗医师,只有在非常熟悉放射物理学时,才能合理地选择和运用放射线,理解放射线在体内的分布,并正确地评估放射线在体内的分布。

此外,放射治疗计划的物理设计也属于放射物理学的范畴。在这个过程中,物理人员根据临床医师的要求、各种放射线的特点、各种放射治疗设备的性能,利用各种放射治疗技术,对放射治疗进行物理计划的设计。这个过程中包括人体物理信息的采集、放疗体位的安排、放射线的选择、放射治疗设备的选择、放射治疗技术的运用、放疗附加设备的运用,放射治疗流程的安排,放射治疗实施可靠性的评估及控制等。作为临床医师,临床实践中或多或少要参与到其中的部分工作,确保每一个"独特"个体患者,能得到一个适合这个个体的物理计划安排,最终得到一个好的物理治疗计划。若医师毫无这方面物理知识,也就无能力参与其中,当物理计划过程中出现特殊情况,需要调整并与医师交流时,很可能两者的交流就无法进行下去,很难想象在这种情况下能做出一个很好的放射治疗计划。

放射物理还有一项重要的工作就是对各种放射治疗设备、放射物理相关参数进行检测,确保测量、计划、治疗时各项参数的一致。现代放射治疗设备是由电子、机械和光学等部分构成的集合体,使用过程中难免会出现电子参数、机械光学等的偏移,这些将影响到治疗的几何精度和治疗剂量的准确性。定期检测这些参数也是放射物理中一项重要的常规任务,特别是当设备维护维修后,一定要通过物理测量,合格后方能进行临床使用。我们作为设备的使用者,当了解这方面知识后,在设备出现异常时就有可能发现,并及时报告有关人员,避免给患者带来不必要的损失和伤害。

二、放射生物学

放射生物学也是放射治疗学的基础,它主要研究放射线与肿瘤及正常组织作用原理、作用过程、对临床的潜在影响等。放射线治疗患者最常用的方法是每天以较小的剂量 1.8~2.0Gy 治疗,经过约 3~7 周完成治疗。这样的治疗方式就是利用临床放射生物学中"肿瘤组织和正常组织受辐射后修复的快慢不一"这一原理。一旦放射治疗开始后就不宜长时间地中断放射治疗,否则治疗效果会受到一定程度的影响,这也是利用了临床放射生物学中"细胞修复和再增殖"这一原理。另外,在肿瘤细胞受放射线照射过程中,其富氧和乏氧状态对其疗效有很大的影响,因此,为了提高放射治疗效果,我们应当尽量确保肿瘤细胞处在一个较好的富氧状态。这些都是属于放射生物学范畴的内容,作为一名放射治疗临床医师,应该很好地掌握放射生物学知识,才能更好了解放射治疗中生物学方面的要求,避免放射治疗安排和设计的随意性,确保肿瘤治疗效果。同时也能对放射治疗后人体或肿瘤的一些变化正确理解。

近些年,随着临床放射治疗实践的深入,出现了很多新的治疗方法。例如,对外周型肺癌可以采用数次大剂量照射,其每次治疗剂量超过常规的5~10倍,这样总的照射时间也缩短,患者可以耐受,疗效与手术相当,即所谓立体定向放射治疗。目前对于这样的运用,临床放射生物学研究并不透彻,也很难用过去的理论加以解释,但却可以很好地运用在临床。放射生物学研究相对于放射物理和临床运用滞后很多,但这却给我们提供了一个很好的研究空间。

三、放射治疗技术学

放射治疗技术学是临床放射治疗学的又一重要组成部分,与临床关系紧密,有时又和放射物理学密不可分。

狭义来说,主要研究与患者具体治疗实施相关的技术。例如在患者身体信息采集阶段,它研究各种固定技术,确保患者在影像采集直至最后照射实施阶段体位均能舒适保持一致,几何误差较小。在治疗计划设计中,按照物理要求制备射线铅挡块、各种剂量补偿附件、满足放射治疗计划设计和临床使用要求。此外它还研究各种放射治疗投照技术,保证患者的放射治疗。

广义来说,涉及患者放射治疗整个安排中的各项使用技术,例如最基础简单的同中心照射技术、固定照射野技术、切线野照射技术,这些技术是放射治疗的基础技术,都有它特定的物理和几何定义。随着放疗技术的进步,在这些基础技术之上,又出现了三维适形放射治疗技术、调强放射治疗技术、分次立体定向治疗(fractionated stereotactic radiotherapy,FSRT)技术、大分割立体定向治疗(hypofractionated stereotactic radiotherapy,HSRT)技术等,这些技术已成为现代放射治疗的主流技术或标准技术。放射治疗的技术发展总是伴随放疗设备及其相关设备的进步,作为放射治疗医师,除了要关心临床方面的问题,还应时刻关心放射治疗设备及技术的进步,才能保证用好当前的放疗设备和技术。

四、临床肿瘤学

临床肿瘤学是临床学科的一部分,类似于我们所学的内科学或外科学。作为一名放射治疗医师,通过学习临床肿瘤学,一方面可以比较系统地了解肿瘤的发生、发展和转归。另一方面还能系统地掌握各种肿瘤的临床知识,包括诊断、检查和治疗原则、治疗方法等。临床肿瘤学涉及肿瘤领域比较全面和系统,在治疗和处理上涵盖了手术治疗、化学治疗、放射治疗及其他治疗手段。掌握这些知识有助于增加专科医师知识面,把握好肿瘤的治疗原则和治疗方向,提高诊治效率。

第三节 放射治疗医师应具备的基本专业条件

一、对医师自身的要求

放射治疗医师(radiation oncologist),简称放疗医师,应该是一名传统意义上合格的临床医师。他要接诊患者,询问病史,进行体格检查,阅读患者医学报告,做出临床诊断,最后筛选出自己专业的相关患者。同时,在自己专业患者的治疗中,也会遇到诸多临床问题,有些问题需自己亲自处理,有些则需要请其他专科协助解决。显然这些工作应该是那些受过很好临床医学教育的人才能胜任。

放疗医师还应该是一名受过很好临床相关放射线知识培训的专科医师,他的专业工具不是药物也不是手术刀,而是放射线,因此需要掌握放射线本身特性,放射线在人体分布的特性,放射线与生物体的作用、原理和产生的后果等。这样只有掌握相应的放射线知识,才能很好地将放射线运用于临床,才能对放射线引起的临床相关情况有充分的认识和理解,最终达到临床上用好放射线的目的。

二、肿瘤学相关知识的要求

放疗医师的治疗工作主要是运用放射线对肿瘤患者进行治疗,而肿瘤疾病又有它固有的临床特征,例如,恶性程度大的肿瘤患者寿命短,相反就长些;发病以后患者生活习惯的改变,不良因素的去除等,并不能改变已发生肿瘤的发展进程;多数恶性肿瘤病灶随着生长会波及邻近器官,最终还会从一个器官或部位转移至另一个器官或部位。肿瘤的治疗方法有手术、放疗、化疗和免疫等。从临床实践角度看,单用一种方法治疗肿瘤并非适合所有患者。同样,几种方法都选择使用也并非一定达到最好的效果。这些问题都涉及肿瘤本身的特质,不同肿瘤其特质也相差甚远。正是肿瘤的这些特质促使我们在临床工作时,可以合理选择肿瘤的治疗方法,确定治疗范围、治疗强度和治疗目标等。因此,若不具备很好的肿瘤学知识,将很难做到科学合理地安排肿瘤治疗方法,对临床治疗中遇到的各种肿瘤情况也将难以理解,从而影响正确面对和应对肿瘤。

三、放射治疗相关知识的要求

(一) 放疗相关设备基本结构、原理和技术的相关知识

放射治疗是一种完全依赖设备的临床治疗,放疗设备的拥有情况基本上决定了一个医疗单位以及单位内放疗医师放疗技术使用的广度和深度。

1. 熟悉放疗人体影像采集设备　该设备用于采集放疗专用影像。过去二维影像通过 X 射线透视机、X 射线模拟机获取。随着放疗技术的进步,现在三维影像用人体影像断层设备采集,如诊断 CT(需稍做改进)、放疗专用 CT 或 CT 断层模拟机(CT-SIM)。这些影像采集设备都是按照放射治疗设备需求而设计或改进的。例如,CT 模拟机的扫描孔径比诊断 CT 大,这主要是因为诊断 CT 孔径满足不了放疗体位多样化的需求,其床面是平的,这虽失去了图像部分分辨率,但可使它与治疗设备结构保持一致,减少两种设备之间因床几何形状不同而引起受照患者的体位偏差。

2. 熟悉放疗计划系统　放疗计划系统(treatment planning system,TPS)是生成放疗计划的高性能计算机系统,模拟放射治疗设备治疗时的几何和物理参数,生成剂量方案和几何方案,并提供模拟照射后人体剂量分布图,供放疗医师选择。其软件通常由放疗设备厂家提供。放疗计划系统与人体影像采集设备应有相应的接口,以确保影像采集数据传入时不丢失、不损耗;同时还应该能与放射治疗设备相接,使其能将完成的放疗计划传给放射治疗设备。每套放疗计划系统在运用前还要补充所用放疗设备的参数才能投入运行。因此,放疗

计划的结果是用在与之相配的放疗设备上的,若因特别情况需要更换设备治疗,放疗计划不能简单移用,需先经过物理人员评估可能性,再通过物理方法处理才可实现。临时让上级医疗单位制作放疗计划即相当于会诊,完成后再传给医疗单位使用,理论上可行,实际操作上还会遇到很多问题,一般很少有这样的做法。

3. 熟悉放射治疗设备 目前最常用的是医用直线加速器,医疗单位也简称"加速器",是治疗用 X 射线、电子射线的发生装置。主要由机架、机头、治疗床、成像装置、操纵台和保障系统等组成,患者的放射治疗通过它加以实现。

(1)机架:设备的主体之一,其上挂有机头、成像装置等。机架可围绕平行于地面的轴360°旋转,使放射线可从旋转平面任何一个方向射出。

(2)机头:固定在机架上,是放射线的发出部位,也可360°旋转。机头内有多种 X 射线限制装置,如准直器,它由两对可独立运动的金属块组成,通过准直器的开放与关闭,限制放射线的射出,形成照射区域又称照射野;再如多叶光栅,也是机头内射线限制装置,它由多个排在一起可独立运动的金属块组成,通过控制不同金属块在 X 射线曝射区域特定位置的驻留时间,实现放射线曝射区域剂量非均匀给量,从而实现所谓的调强放射治疗。此外,机头还可以外挂一些附件,如照射筒等,用于电子线的照射。

(3)成像装置:安装在机架上,主要用于患者躺在治疗床上的体位几何验证,通过先拍摄二维或三维影像,再进行对比的方法实现。

(4)治疗床(table):患者躺卧接受治疗的装置和位置。床面是平面结构以确保患者每次治疗摆位的一致性。治疗床面可三维或六维运动,床体可围绕垂直于地面轴旋转运动,这些设计都是为保证人体任何部位的病灶都能被送入照射区而不被物理限制,并确保送入位置的几何精准,同时也使非共面照射成为可能。

(5)操纵台:由工作桌、操纵装置等组成。它是实现放射治疗的操纵主要位置,现操纵多通过电脑实现,它还是放疗计划的获取位置,另外加速器很多运行、维修参数等也可在此处显示。

4. 熟悉放疗诸多辅助设备或材料 如熔铅制作挡块设备;电子线遮挡橡皮,用于遮挡电子线野多余部分;人体模具固定设备和材料;填充材料,用于提高射线建成区。

(二)放射治疗的相关技术和知识

1. 临床影像技术与知识 放射治疗在治疗前识别肿瘤组织与正常组织时需要用到影像,在治疗体位精确性核准时也需要用到影像,现最常用的是三维影像,来自 CT 扫描成像。CT 扫描成像是一门专项技术,成像参数和读片参数会影响到放疗医师的读片。例如,因技术原因 CT 基本上不能做人体冠状位和矢状位直接扫描成像(例外能做情况很少),再如肿瘤组织与周边正常组织密度相近时,可以通过缩小窗宽而提高肿瘤的识别率;摄片层厚不同,重建肿瘤靶区的失真度不同等。以上只是举例,实际运用中还有很多因素影响成像。总的来说,从严格意义上讲,放疗所需人体断层图像采集应是在医师结合科室现有的放疗技术、个人的放疗技术与影像知识水平以及科室设备状况的基础上,按照不同患者情况用不同条件采集,同时,在读片时也根据不同部位采用相应的参数。在不懂得影像设备结构、成像原理和技术的情况下,我们既无法实现真正的个体化采集人体影像,又无法很好地解读和运用影像。

2. 放射治疗技术　放射治疗技术简称放疗技术。放疗技术运用的最终目的是确保放射治疗实施阶段照射剂量和几何的准确性。放疗技术始终贯穿于治疗计划的制订和形成中,当然也始终贯穿在放射治疗实施中,它是放疗医师实现放射治疗的手段。放疗医师放疗技术掌握得多,实现自己治疗目标的手段也就多,治疗也就可能更精准。在放射治疗中,医师是治疗患者的主体,首先他自己应尽可能全面地掌握放疗技术,其次他也有义务将这项技术传授并培训给放射治疗师或技术员,有时候他还需要向有关人员说明某项技术运用意图,以减少实际工作中的误解和出错。

3. 临床放射物理知识　放疗医师治疗患者运用的是放射线,治疗照射时其几何精准、剂量精准和剂量安全是关键。几何精准涉及实现放射治疗物理中的几何规定与照射时的几何参数要求,放疗医师对这些应有所了解和掌握,此处不再赘述。而对于剂量精准和剂量安全,作为临床医师,应主要关注放射线在机体的分布以及分布的影响因素。例如,高能光子射线进入人体后,人体浅表一定范围接受的剂量是随深度的增加而逐步增加,达到最大剂量后,又随深度的增加而逐步降低,换言之放射线进入人体后分布并不均匀,这是由射线本身和人体结构共同决定的。若想改变剂量分布,可根据物理知识,采用一定的放射物理技术加以实现,例如在三维适形照射中,可采用多方向照射、调整射线给量角度、照射野数目、射线用量配比、加用楔形滤板照射等实现。当然也可选用子野技术照射即三维调强放射治疗技术等实现。再如,放疗计划完成后各医师开具的处方参数要求已经达标,但此时剂量在人体分布可能并不满意,比如高剂量区域与危及器官的剂量区域可能仅一线之隔,这时一般来说应调整高剂量区域位置以远离危及器官确保危及器官的"绝对"安全。作为临床医师,只有具备一定的放射物理知识后,才能很好地根据当前技术水平,评估能否实现你的进一步剂量分布调整的想法,然后再向物理师提出改进要求。因为这种情况下,有些放疗计划已做到了"极限",几乎无法再调整,有些则有很大的进一步调整的余地。所以作为放射治疗医师,只有在掌握一定物理知识后,才能理解给出的治疗计划结果,才能顺畅地与物理师交流,才能在必要时,合理地对放疗计划结果进行取舍,或改变当初的放疗处方参数要求。

四、特殊能力的要求

(一)具备区分非肿瘤放射相关与放射或肿瘤相关临床问题的能力

当放射线运用于治疗时,与人体作用后总会产生相应的反应,有些很轻微,觉察不到或意识不到;有些反应则很明显,总是以我们熟悉的普通症状出现。对于正在放疗的患者出现症状时,我们有必要识别患者症状是由放疗引起,肿瘤引起,还是其他疾病"碰巧"引起,甚至是否为生理性的一过性"症状"。例如,很多年纪大的患者会有肩周炎,非常痛,医师不假思索地诊断为肿瘤肩部转移,这显然就是误诊。再如小肠受到照射后,有相当比例的患者会出现腹泻,若不了解这一点会误认为患者消化道感染。放射治疗医师只有工作时不断思考、不断总结,才能在这方面避免走弯路甚至弄错。

(二)具备对物理计划结果自主评估的能力

放疗医师是放射治疗的"发起者"又是"主持者",放射治疗通过放疗计划或物理计划实现。患者的治疗始终贯穿着医师的想法,医师有自己的患者治疗目标和要求,同时对照射可能带来的"危险"也十分清楚。物理计划由物理人员制作,他们可能不是一个受过完整医学教育的人,一般仅有一些极少的医学知识。他们对放疗计划中的物理数字、图表等熟悉敏感,对这些数字图表结果用在患者身上将产生的后果可能全然不知。物理人员在放疗计划的制作中,会忠实地达到或完成临床医师所需要的各项处方要求,如肿瘤剂量、正常组织限量等。但实际上一个达到或满足了医师处方参数要求的放疗计划治疗方案,并非一个没有临床方面问题的治疗方案。例如,在处方剂量或正常组织限量区域内外仍然可能会有不恰当的受量或剂量分布,这些仅靠物理人员计划结果参数的"达标"是无法发现的。这就要求临床医师不仅要会看自己的处方参数是否达标,更要会看剂量在勾画靶区内外、限量组织内外分布是否合适,并评估这些分布将对人体产生的影响等。一个物理人员满意的放疗计划不经医师审核,直接用于临床治疗是绝对不可取的。

(三) 具备指导培训放射治疗师或放射治疗技术员的能力

放射治疗师(radiotherapist)或放射治疗技术员是放疗计划的最终执行者。患者的放射治疗,首先,医师负责对患者放疗计划的整体安排;然后,物理人员按照医师的要求参与到其中,并完成放射治疗物理计划;医师最后审核后,再交给放射治疗师实施具体治疗。由于放射治疗师几乎不参与他所治疗患者放疗计划的前期工作,而每个患者又是个体化的治疗方案,这样放射治疗师在具体治疗患者时,凭着治疗单或传入的治疗执行计划,并不一定能全面理解或掌握每个患者所有与具体放射治疗相关的要求,这对医师来说就要求随时能对放射治疗师进行指导或作好指导准备,使放射治疗师对治疗使用的技术,治疗的意图、安排、注意点、特殊之处等能正确掌握,从而确保正确按照当初的治疗设计进行放射治疗。另外,放疗设备、放疗技术发展日新月异,这要求医师和物理师承担起对放射治疗师新知识的培训任务,使整个科室放射治疗各个环节都保持在匹配的水平。

第四节　常用放射治疗设备

一、放射治疗设备的发展

放射治疗设备是伴随着放射线的发现与应用研究而逐步发展起来的,其中人工射线是由各类人工射线装置或设备产生的放射线;天然射线是由天然放射性核素发出的放射线。

(一) 早期放射治疗装置

1899 年,在瑞典的斯德哥尔摩,医师们首次应用电离辐射治疗皮肤癌患者。1905 年,居里夫人与其他科学家一起发明了将核素镭用铂金封装成管状线源的放射源,用于治疗皮肤癌和宫颈癌。1906 年,人们发现,放射性核素产生的电离辐射仅对部分病种和病例有效,也发现了一些经过放射治疗后的放射损伤。当时,没有可靠的放射治疗设备,基本是手工操作,且由于放射性核素随时都有放射性,因此对工作人员产生较大的辐射损伤和潜在误照危险,此外,还缺乏测量电离辐射的质和量的有效方法。

(二) 千伏级 X 治疗机设备阶段

由于天然放射源能量低、放射性不易控制等缺点,只能用于部分皮肤癌等表浅部位病灶。因此,学者们逐步将视野和精力转入了对人工射线装置和放射治疗设备的研究和研造。

1910 年,美国人 Coolidge 研制成功钨丝热阴极 X 线管。1913 年,Coolidge 研制成功

140kV X 线机。1920 年,Coolidge 研制成功 200kV X 线机。

X 线管和 X 线机的发明,开创了放射诊断和放射治疗技术的新纪元。随着时间的推移和技术的进步,又逐步推出了更高能量的 X 线机。但后期实践表明,千伏级 X 线治疗机输出的 X 线的能量仍然太低,其最大剂量分布在皮肤下较浅部位,当治疗较深部位肿瘤时,皮肤反应相对严重。目前千伏级 X 线治疗机已经很难见到。

(三)兆伏级 X 治疗机设备阶段

1931—1937 年,美国、法国和英国等国家曾将输出能量为 1~2.5MeV 的电子静电加速器应用于临床放射治疗。但由于输出能量仍然较低、体积庞大,未得到进一步的发展。

1940—1949 年,美国、德国、日本、苏联和瑞士等国家,也先后将电子感应加速器应用于临床放射治疗。由于该类装置运行时电磁铁的噪声很大,而且输出射线剂量率不稳定,辐射性能较差,也未得到进一步的发展。

1950 年,加拿大科学家利用反应堆生产的人工放射性核素钴(^{60}Co),研究生产出外照射 ^{60}Co 治疗机。这种装置可以发射 1.17MeV 和 1.33MeV 两种 γ 射线,其深度剂量分布与 2.5MeV 的电子加速器相当。由于这种装置结构简单、成本较低、运行维护方便,因此在发展中国家至今仍有生产使用。

为了开发更高能量并且适合于医用的放射治疗设备,在 20 世纪 50 年代至 20 世纪 70 年代,许多国家先后研发了不同类型的医用加速器,主要类型包括电子回旋加速器、电子直线加速器、质子加速器和其他重离子加速器等。由于医用电子直线加速器可以输出不同能量的 X 线和电子线,输出能量可以从几个兆电子伏到几十兆电子伏,基本满足临床需要,且成本不高,因而得到了迅速发展。其他几类加速器,虽然性能优越,但结构复杂,成本太高,使它们的发展速度比较缓慢,投入临床使用不多。

(四)伴随三维精确技术进步的立体定向放疗设备发展

1949 年,瑞典的 Leksell 首次提出了立体定向放射外科理论,开创了精确放射治疗的先河。1959 年,日本的 Takahashi 提出了"适形"放射治疗原理,首创多叶准直器。1968 年,瑞典推出了以 ^{60}Co 为辐射源的专门用于脑部肿瘤治疗的立体定向放疗设备,利用 201 颗 ^{60}Co 辐射源发出的 γ 射线,经准直孔聚焦到脑部肿瘤进行精确放射治疗,也被称为"γ 刀"系统,至今临床上仍在应用。

1974 年,美国的 Larsson 等提出了用电子加速器代替 ^{60}Co 做立体定向定位放射治疗的建议,开创了以医用电子直线加速器为放射源的精确放射治疗的新起点。1977 年,美国的 Bjangard 和 Kijewski 等提出了"调强适形"放射治疗原理。1984 年,出现了以电子直线加速器为辐射源,采用非共面弧形旋转放射治疗的头部专用立体定向放射治疗装置,也被称为头部"X 刀"。1994 年,瑞典 Lax 等开发了专门用于体部精确放射治疗的立体定向定位系统,被称为体部"X 刀"。

2003 年,美国、瑞典和德国先后推出以加速器为核心的"调强适形"放射治疗设备(intensity modulated radiation therapy,IMRT)和"影像引导"放射治疗设备(image guide radiation therapy,IGRT),标志着放射治疗设备已经进入精确放射治疗的新阶段。

(五)医用电子直线加速器

1947 年,英国电气通信研究所和美国斯坦福大学的行波电子直线加速器研究成功,从而为电子直线加速器的发展和应用开辟了崭新的阶段。1953 年,在 Harmersmith 医院安装了一台 8MeV 的电子直线加速器,用于治疗恶性肿瘤。驻波电子直线加速器一直到 1964 年才研制成功。美国首先将这种新的驻波电子直线加速器结构——边耦合加速器结构应用于制造小型驻波电子直线加速器,1968 年,千兆电子伏医用直线加速器原型机制造成功。从此,多家公司采用此项技术生产驻波电子直线加速器,且不断完善技术使运行更加可靠,从 4~8MeV 的中低能发展到 18~25MeV 的高能电子直线加速器。近年来,电子计算机的发展使更先进的技术如验证系统、适形调强治疗系统、故障检索系统、远程计划系统和通信系统等,也被应用于医用电子直线加速器,增加了运行的可靠性和治疗的准确性,满足了临床要求。

二、目前临床常见放射治疗设备

(一)模拟定位设备

放射治疗模拟定位机主要用于肿瘤放疗前对治疗计划进行模拟、验证,以确定治疗计划的可行性,是提高定位精度、保证放射治疗质量的重要工具。这属于肿瘤定位设备,是根据放射治疗设备的结构原理设计的。目前常用的有普通模拟定位机、CT 模拟定位机和 MR 模拟定位机。

普通放射治疗模拟定位机以 X 射线管焦点为放射源,替代放射治疗机的放射源,模拟不同治疗机在放射治疗时的各种几何条件,通过影像系统观察肿瘤在治疗时所需的射野形状、靶区位置及减少重要器官吸收剂量所需的机架角度。

放射治疗 CT 模拟定位机产生的 CT 影像可以提供人体三维解剖及电子密度信息,是放疗计划的必备数据。为了配合体位固定装置的使用,CT 模拟定位机最大的改变在于机械孔径的增大,一般为 80~85cm,俗称"大孔径 CT"。CT 模拟定位机主要的功能在于建立可重复的空间坐标、确立剂量计算基础条件、明确肿瘤的位置及范围、明确器官的位置及状态、追踪量化组织生理运动、器官功能状态分级评估、评估肿瘤的生物学状态。

相对于常规 X 线和 CT,磁共振成像(magnetic resonance imaging,MRI)因其成像原理不同,可以获得 CT 无法达到的优异软组织对比度和解剖成像精度,模拟定位 MR 机孔径大小一般在 70cm。

(二)放射治疗设备

1. ^{60}Co 治疗机 1950 年,加拿大科学家利用核反应堆成功生产了人工放射性核素 ^{60}Co。1951 年,第一台治疗机诞生于加拿大,至今已有半个多世纪。我国 ^{60}Co 治疗机的生产开始于 20 世纪 60 年代,并且发展非常迅速。^{60}Co 治疗机是最早应用于肿瘤治疗的设备,目前,随着医疗技术的发展,^{60}Co 治疗机逐渐退出历史的舞台,但在发展中国家仍有生产和应用,主要用于中小型医院。

2. 直线加速器治疗设备 医用电子直线加速器产生的高能 X 射线和电子线,具有剂量率高、照射时间短、照射野大、剂量均匀性和稳定性好以及半影区小等特点,广泛应用于各种肿瘤的治疗,特别是对深部肿瘤的治疗。

不同能量的加速器 X 线能量差别不大,一般为 4MV、6MV 和 8MV,有的能达到 10MV、15MV 以上。按照加速管工作原理方式划分,医用电子直线加速器分为行波加速方式和驻波加速方式。此外,按照 X 射线能量的挡位划分,医用电子直线加速器可以分为单光子、双光子和多光子。

3. 旋转容积调强放疗设备　弧形调强放疗(intensity modulated arc therapy,IMAT)或容积调强放疗(volumetric modulated arc therapy,VMAT)技术是指直线加速器在连续旋转过程中,动态调整 MLC 的形状和照射剂量率,于 75~150s(按照加速器角速度 4.8°/s 计算)内完成对肿瘤的调强放疗过程。

4. 螺旋断层放疗设备　螺旋断层放疗技术(helical tomotherapy,HT)的应用解决了超长(≥40cm)或者形状怪异肿瘤靶区的 IMRT 问题。将 6MV 加速器集成在 CT 机架里,在兆伏级 CT(简称 MVCT)图像引导下,以调强放射治疗为主放疗设备。

5. Halcyon 直线加速器　Halcyon 作为“O”型直线加速器之一,采用“双子星”双层多叶准直系统(dual layer MLC),使得平均叶片漏射≤0.01%,通过环形机架的设计实施更多治疗射野和更多治疗弧。除了机架速度外,准直器的旋转可达每分钟 2.5 圈(15°/s),叶片的运动速度提升 1 倍,通过速度的提升,可同步带来剂量学获益。

6. 射波刀放射治疗系统　射波刀是 CyberKnife 的音译名词,起初用于头部及颅底肿瘤的治疗,是首台整合影像引导和机器人控制于一体的放疗外科手术系统(图 1-1),后允许扩展至治疗患者全身范围。CyberKnife 解决了困扰现代放疗的两大难题:用影像引导系统解决了患者摆位精度和重复性的问题,用呼吸追踪系统解决了患者治疗中器官运动问题。

CyberKnife 将直线加速器小型化后安装在机器人控制臂上,利用机器人手臂的全方位投照能力对肿瘤进行精确、非共面和多中心放射治疗。该系统主要由机器人治疗照射系统、影像引导系统、靶区追踪系统、治疗计划系统和数据管理系统及机电配套系统等组成。

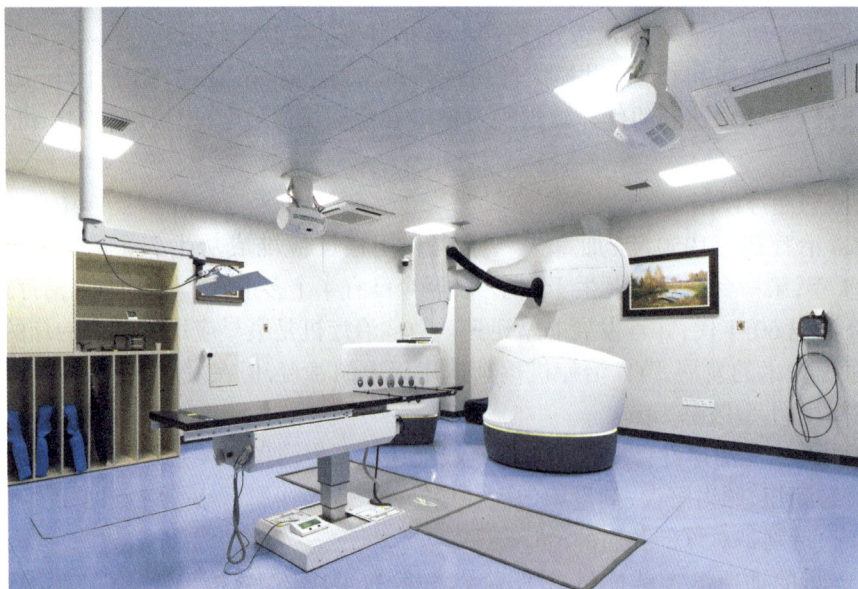

图 1-1　第六代射波刀(CyberKnife M6)示意图(迷道处视角)

7. **MR-linac 直线加速器** 将磁共振扫描仪与加速器集成,将影像中心和治疗中心统一,实现实时采集放射治疗的磁共振影像,能够从根本上解决实施放射治疗的过程中靶病灶可视化差的困难。此外,MRI 拥有功能成像功能,能提供有关肿瘤扩散、细胞数量、乏氧水平等有价值的信息,有望实现肿瘤对放疗反应的有效评估。

现有的磁共振加速器可分为两大类:0.35T 磁共振成像系统与^{60}Co 源或直线加速器结合,1.5T 磁共振成像系统与医用直线加速器结合(Unity)(图 1-2)。

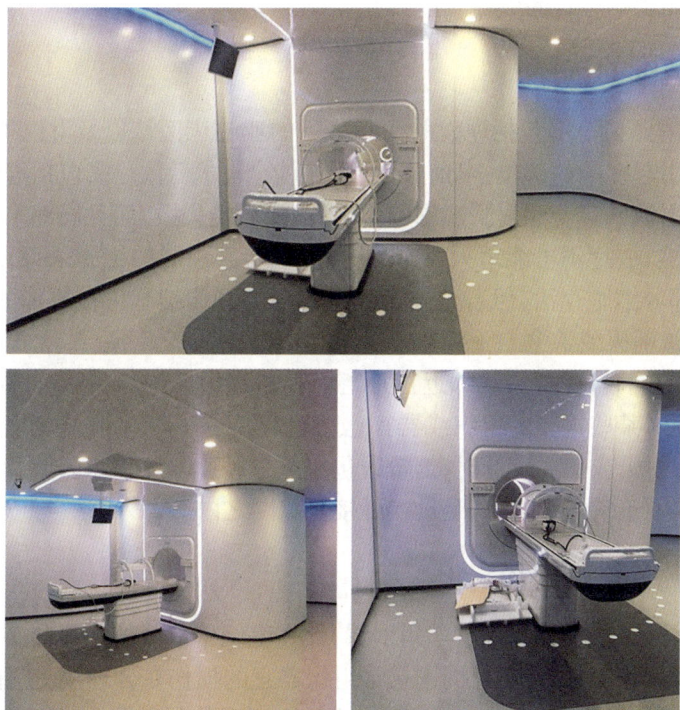

图 1-2　Unity 的治疗室和系统结构示意图

8. **质子放疗系统** 相对于光子来说,质子/重离子治疗的物理/生物学优势更加明显,尽管集成了高能质子/重离子束、IGRT、ART、DGRT 等功能的现代化装置仍处于起步发展阶段,但未来必将大有前途。以 200Gy/s 剂量率为代表的"Flash"技术,具有显著提高疗效、降低损伤潜力的优势,带"Flash"功能的放疗系统将会成为质子放疗的标配。

9. **重离子放疗系统** 重离子放射治疗系统是实施重离子治疗的技术平台,是集加速器物理、加速器技术、束流输运、束流诊断、辐射防护、精密机械、自动控制、医学物理等多学科尖端技术于一体的肿瘤治疗装置。

10. **近距离后装治疗设备** 近距离治疗,是指将封装好的放射源通过施源器或输源导管直接放置到患者体内或体表等需要治疗的部位进行照射的放射治疗技术,照射用的设备有后装治疗机、粒子植入等。

近距离后装治疗机按剂量率分类可分为低剂量率(0.4≤低剂量率<2Gy/h)、中剂量率

（2≤中剂量率≤12Gy/h）、高剂量率（高剂量率>12Gy/h）三种。高剂量率（high dose rate，HDR）后装机治疗时间短、单次剂量高、疗程短，患者可以在门诊治疗而无需住院。

第五节 放射治疗的方式与优化选择

评价肿瘤放射治疗的效果，一是看肿瘤的控制情况，二是看治疗后患者的生存质量。因此，临床放疗方式的选择与优化也应遵循这个要求，努力达到既治愈肿瘤又不发生因放疗引起的严重并发症而影响患者的生存质量。

一、照射范围的选择

根治性放疗的照射范围包括原发肿瘤和邻近的亚临床区域以及淋巴引流区，姑息性放疗则只需要针对引起症状的部位；术前放疗范围可较小，术后放疗需包括瘤床和可能侵犯的部位或加照淋巴引流区。若照射野遗漏肿瘤，则治疗可能失败，而且局部未控还可以使远处转移率增加。当然，放疗不可能杀灭所有的肿瘤细胞，其引起的细胞杀灭，最后均呈指数性杀灭，总是有一部分细胞存活，但若这一小部分存活的肿瘤细胞可被机体的防御功能消灭，即可认为肿瘤已被消灭或治愈。

在照射肿瘤的同时，还要关注邻近正常组织和器官的保护。一些可以接受的不良反应是不可避免的，但对某些重要的组织或器官（如脑、脊髓、肾等），则应避免发生严重的不可逆损伤。因此，在照射野或靶区设计时，剂量线包绕原发肿瘤和亚临床区域及淋巴引流区的同时，应注意保护周围正常组织，使其受量在可接受范围之内。

二、放射源及设备选择

理想的放射源，从物理学和剂量学角度看，其在组织中形成的剂量分布应满足临床剂量学四原则，既能杀灭肿瘤细胞，又对周围正常组织器官的损伤在合理接受范围内。

医用加速器产生的高能电子束与高能 X 线具有不同的剂量分布，特点是进入皮肤以后，一直维持较高的剂量，在预定肿瘤深度（可调节能量）后面骤然下降（虽有 γ 线污染，但剂量极低），这就使肿瘤区域剂量分布均匀，且保护了肿瘤后的正常组织，但肿瘤前正常组织受照量较高，因此电子束仅适用于表浅、偏心部位的肿瘤，根据肿瘤的深度来选择合适的单野照射能量。

质子、负 π 介子和重离子（碳、氮、氖）等粒子，因其电子密度比 X 线、电子束的高（质子除外），被称为高 LET 射线。该射线具有独特的物理和生物学特点，其在组织表面，能量损失较小，随着深度增加，粒子运动速度逐渐减小，能量损失逐渐加大，在接近射程末时，粒子能量很小而运动速度很慢，能量损失率突然增加，形成电离吸收峰，称布拉格（Bragg）峰，当粒子最后静止时，能量损失率急剧降为零，这样肿瘤前与肿瘤后的组织所受剂量均相对较低，而肿瘤组织接受的剂量很高。

临床上肿瘤的生长部位不一，生长方式纷繁复杂，这就要求我们充分掌握各类放射源的优缺点，综合运用，也可同时使用两种射线，以达到极优的剂量分布，这样才能既达到肿瘤致死量、又保护正常组织。

第六节 放射治疗流程

现代放射治疗已迈入精确阶段,其过程可划分为临床检查及诊断、确定治疗方针、模拟定位、计划设计、治疗验证、计划执行(即治疗)和随访共七个阶段(表1-1)。如果将整个放

表1-1 放射治疗过程

阶段	执行者
临床检查及诊断	医
确定治疗方针	医、物
确定治疗目的和治疗模式:根治、姑息、综合治疗(与手术综合,术前、术中或术后放射治疗,与化疗综合)或单一放射治疗	医
确定放射源(外照射治疗:常规、适形或调强,近距离治疗)	医、物
模拟定位	医、技
选择体位	医、技
制作或准备体位固定附件	技
确定体表参考标记	技、医
常规模拟机下拍片或CT模拟机断层扫描	技
计划设计	医、物、技
定义靶区	医
定义危及器官	医/物
开剂量处方	医
设计照射方案	物
评价照射方案	物、医
制作铅挡块	技
等中心校位	医、技
治疗验证	医、物、技
位置验证	医、技
剂量验证	物
治疗	医、物、技
第一次治疗摆位(对光野、拍射野片或采集射野影像)	医、物、技
每周拍射野片或采集射野影像	技、医
每周核对治疗单	物
每周检查患者(必要时更改治疗计划)	医
治疗结束时进行总结	医、技
随访	医、护

疗过程比喻为一个链条,那么每个阶段就是链条上的一个环节。这些环节环环相扣、密切配合,是放射治疗取得成功的关键。任何一个环节出现差错,都会影响整个放射治疗的质量。

在治疗过程中的不同阶段有不同的工作任务,由放疗医师、物理师和技师以及其他医务人员共同协作承担,共同构成一个团队,只有这个团队精诚合作、协调配合,才能顺利完成每个阶段的工作任务。

一、放射治疗设计过程

(一)确立治疗目标

放射治疗是一种局部治疗手段,其目标是努力提高治疗增益比,即最大限度地将剂量集中到病变(靶区)内,杀灭肿瘤细胞,而保护周围正常组织少受或免受不必要的照射。在实施放射治疗前,首先要根据肿瘤类型、分期、患者(年龄、有无并发症)个体因素等,确定其治疗目的和放疗适应证,包括根治性放疗、姑息性放疗、围手术期放疗、急症放疗等,并确定相应的放疗技术。目前根治性放射治疗仍是放射治疗的主要手段,但也不可忽视姑息及综合治疗的作用。

(二)患者体位固定

现代高精度的放射治疗机、模拟定位机、治疗计划系统和计算机断层(CT)、磁共振断层等先进影像诊断设备的采用,使得精确放疗得以实现。但同时也对体位固定和每次治疗的重复性提出了更高的要求,确保精确放疗的实施。一方面,这要有严格的放疗质保(quality assurance,QA)和质控(quality control,QC)作为支持;另一方面,要保证患者从肿瘤定位到治疗计划设计、模拟、确认及每天重复治疗的整个定位、摆位过程中,患者体位的一致性。IMRT治疗计划的剂量分布有时非常陡峭,在剂量变化较陡峭的区域,1mm的误差可以使剂量相差高达百分之十几。即使图像引导放疗(IGRT)能在每次治疗前进行扫描和图像配准,结果发现还是与计划设计时的体位不一致。越精确的治疗对体位固定的要求就越严格。完美的治疗计划在得到准确无误执行时才具有意义。因此,必须保证患者整个过程中体位的严格一致。

内部器官的常规运动如呼吸、肠蠕动等较难以控制,但可以通过外部的严格固定来减少治疗中的摆位误差以及患者的移动。摆位误差分为随机误差和系统误差。随机误差是指由于患者体位重复性的变化以及治疗过程中体位的运动而引起的误差,可以通过改善摆位技术来使得误差最小化,IGRT是控制摆位误差的新手段之一;系统误差是由于摆位过程中机器设备方面如等中心、光学源皮距指示器、激光线等的误差而引起的,可以通过日常的机器质量保证及维护来消除。

(三)获取治疗用影像资料

获取治疗用影像资料是治疗计划设计的主要内容之一,它的获得方式和数据的完整性直接影响治疗方案的优劣。在整个治疗计划设计过程中,患者治疗部位的解剖数据或信息主要用于下述几个方面:①阐明或帮助医师了解患者患病部位的临床情况,包括病变的大小、有无淋巴结转移、局部侵犯情况等;②提供靶区及靶区与周围重要组织和器官的相互关系;③有助于治疗方案的初步选择;④显示照射野或放射源的位置;⑤显示和评估剂量分布;⑥治疗计划的模拟、验证及比较;⑦观察照射反应。患者治疗部位的解剖信息以图像方式进入计划系统后,系统对其进行图像登记,建立患者坐标系。该坐标系直接反映患者在治疗时的体位,在该坐标系中重建出治疗部位的三维解剖结构。

现代治疗计划系统中,用于治疗计划设计的解剖数据主要通过CT扫描获得,使用立体定位体架对患者的体位进行固定后,患者连同体架一起进行CT扫描,然后将相关信息输入TPS进行三维图像重建。目前的方法是利用螺旋CT对带有立体定位架的患者进行连续的螺旋式扫描,从而直接获取准确的病变和器官的三维信息,必要时使用"影像融合"技术将MRI或PET等影像叠加于CT影像上,有助于医师和计划设计师精确定出或勾画出肿瘤及周围肿大淋巴结和亚临床病灶的范围,以及周围重要的组织和器官的大小。它们不仅是计划设计的基础,也是计划评估的依据。在二维治疗计划中,患者解剖结构是用有限的几层横断影像(一般<10层)表示;在传统的三维治疗计划中,以三维轮廓图表示;而在现代三维治疗计划中,解剖结构是以CT值的三维矩阵转换成三维电子密度的形式表示,必须有足够数量的CT层片,才能保证三维数字重建后的图像质量。CT层片数量的多少,很大程度上依赖于肿瘤的部位和扫描范围。扫描范围必须远大于肿瘤的体积,一方面为了与其他设备的图像如MRI等融合时有较大的灵活性,另一方面为了布置射野提供足够的组织范围。

CT图像的软组织分辨率较差,而MRI在这方面显示出较大的优越性。放疗计划设计直接使用MRI图像有一定的难度,MRI扫描前必须确认:①MRI图像能够从几何(即坐标系)上与CT图像融合;②MRI图像对肿瘤诊断、靶区勾画优于CT图像。除去CT、MRI图像外,其他来源的图像如PET、SPECT、X射线片、射野验证片、体模图等都可以作为计划设计和验证的图像来源。由于这些图像的存储格式、几何大小、分辨率、图像维数等差别很大,需要经过坐标的相应转换,变成统一格式后给予登记。拍摄这些图像时,只有体位的内、外标记是不够的,必须使用相同的体位及体位固定器。

(四)肿瘤及正常组织的勾画

放射治疗中肿瘤(靶区)和危及器官的勾画是制订放疗计划的重要环节,当CT扫描的影像学数据传输至治疗计划系统后,由放射肿瘤医师和放射物理师勾画出患者身体外轮廓、靶区、危及器官或者其他感兴趣区域。靶区的准确定义是治疗计划设计的关键,所以使用国际认可的指南来描述靶区和正常组织的受照体积与剂量是非常重要的。这便于放射肿瘤学医师更好地按照指南执行治疗方针,并能与国内外放疗中心直接进行经验交流。

(五)放疗处方剂量和正常组织限量

临床上,放射治疗为达到杀死肿瘤或改善症状的目的,肿瘤区需达到一定的剂量,即靶剂量。靶剂量是指使肿瘤得到控制或治愈的肿瘤致死剂量,肿瘤的局部控制取决于靶剂量的选择。在治疗计划系统中,靶区及正常组织的剂量分布均表示成以靶区内某一点剂量归一的相对剂量分布的形式,该点称为剂量规定点(剂量归一点)。靶剂量的大小取决于肿瘤类型、分期、治疗目的、周围正常组织耐受剂量等因素。肿瘤放疗医师规定了靶剂量,需与放疗物理师一起计算出相应的处方剂量。处方剂量定义为对已确认的射野安排,欲达到一定的靶区(或肿瘤)剂量 D_T,换算到标准水模体内每个使用射野的射野中心轴上最大剂量点处的剂量 D_m,单位为cGy。对加速器上的剂量仪,一般使参考射野在标准源皮距(SSD)或标准源轴距(SAD)处,标定为1cGy=1MU,MU为加速器剂量仪的监测跳数。处方剂量是通过相应的射野安排和照射技术与靶剂量发生联系,但它不等于靶区剂量。同样的射野安排和相同的照射技术,使用不同的射线能量,得到相同的靶区剂量 D_T 时,处方剂量 D_m 却不相等。计划设计者根据一些物理因素,如靶区位置、性质、大小、形状以及与周围正常组织的毗邻关系来合理地选择射线的种类和能量,选择照射技术以及照射野的设计,还有生物因素如靶剂量以及给予方式的选择,使靶区和正常组织受到符合要求的剂量照射。

肿瘤放疗中,放射反应是难免的,但放射损伤是不被允许的,尤其是一些重要脏器如眼、脑、肾、脊髓等,严重者可致残疾甚至危及生命,所以放疗计划设计时需严格限制正常组织的受照剂量。正常组织耐受剂量分为最小的损伤剂量($TD_{5/5}$)和最大的损伤剂量($TD_{50/5}$),$TD_{5/5}$($TD_{50/5}$)是指在使用标准治疗条件的肿瘤患者中,治疗后 5 年因放射治疗造成严重损伤的患者不超过 5%(50%)时的照射剂量。正常组织耐受剂量与肿瘤致死剂量之比称为治疗比。当治疗比≥1时,肿瘤才有可能被治愈。不同类型肿瘤的治疗比不同,对于具体部位的肿瘤,虽然治疗比已经确定,但可以通过治疗计划的精心设计,改善肿瘤与周围正常组织的受量情况,以期达到更好的治疗效果。

(六)治疗计划系统模拟放射治疗

治疗计划由放射肿瘤医师认可后,打印并输出计划文件,在常规模拟机或模拟机 CT 进行计划的核对。患者以治疗体位躺在定位床上,按照治疗计划调节好升床、机架准直器转角、光栏角度等机械参数,观察机架转角过程中是否会与体位固定装置发生碰撞;若设计后斜野照射,应评估射线是否穿过床板或床边金属杆或固定装置。评估计划的可执行性,若计划不可执行,应修改计划直至被证实可以执行。

CT 模拟机进行治疗方案的模拟与验证都是通过数字重建放射影像(digitally reconstructured radiograph,DRR)在计算机中进行虚体(或假体)的透视和照相,即"3D 假体"(virtual patient)上进行。"3D 假体"是从治疗部位的 CT 扫描层片经 3D 重建得到。DRR 就是从射野方向或从类似模拟定位机的 X 线射野方向观(beam's eye view,BEV)视"3D 假体"的结果,此过程称为 CT 模拟或虚拟模拟,DRR 相当于模拟定位机的射野定位片或验证片。DRR 是利用加权的光电效应和康普顿效应,计算射线通过体素单元的 8 个顶角边(每个顶角三条边)的衰减,得到高质量的数字影像。设像素单元体积为 0.7mm × 0.7mm,140cm 靶片距处 36cm 大小图像,则需 512 × 512 像素矩阵。早期 DRR 重建速度慢,时间长,最近有了快速技术后,重建时间大为缩短。一旦治疗计划被模拟和确认后,有关治疗参数如射野大小、形状、方向等的数字数据输入计算机控制的激光射野模拟器,在患者皮肤上做好射野的相关标记。利用 3D 运动激光灯进行射野模拟。上述 CT 扫描机要与激光射野模拟器一起构成 CT 模拟机,利用体位固定器和 DRR 进行射野的模拟与验证称为"3D 假体"的计算机模拟透视与照相,即虚拟模拟。CT 模拟机与虚拟模拟一起构成的整个过程称之为 CT 模拟。

(七)评估剂量分布和正常组织受量

评价一个治疗计划是否合格,可以使用剂量分布的三维显示以及剂量体积直方图(dose-volume histogram,DVH),能够观察靶区剂量的均匀性、靶剂量与靶体积的关系以及正常组织的受量。靶区剂量分布和正常组织受量均应符合临床剂量学原则,即要求 90% 或以上的剂量线包绕靶区,以避免少量的肿瘤细胞受到低剂量照射而增加复发的概率,同时保护肿瘤周围正常组织免受照射或使其受量控制在允许范围之内。最理想的治疗计划应使靶区内 100% 体积接受剂量规定点的剂量(100%),而危及器官(organ at risk,OAR)内 100% 体积接受的剂量为零。根据科室机器的实际情况,选择一个相对理想的可执行的计划用于治疗。

二、放射治疗计划评估

放射治疗计划的评估受多种因素的影响,有肿瘤、患者本身方面;也有正常组织、临床实践、费用效率等方面。放疗计划制定者应该学会全面考虑,学会妥协与让步,这样才能做出更适合患者的个体化计划。

(一)评估的方法

治疗计划的物理评估方法主要有等剂量分布和剂量体积直方图两种,近年来学者们开始研究利用肿瘤控制概率(tumor control probability,TCP)和正常组织并发症概率(normal tissue complication probabilities,NTCP)进行治疗计划的生物效应评估。

1. 物理评估

(1)等剂量分布

1)二维剂量分布:传统的 2D 计划系统中的二维剂量分布显示非常简单,因为射野方向、射野范围都在模拟机上事先确定,计划的评估只是检查几个层面或任一截面的剂量、规定的等剂量线是否包括靶区、剂量分布是否均匀,并尽量避开邻近重要组织或器官(图 1-3)。

2)三维剂量分布:使用等剂量面或不同颜色显示三维体积的等剂量分布。利用 3D 技术,医师和物理师可以从不同角度和不同层面观察等剂量线与靶区的适形度以及重要组织器官的保护程度。等剂量的显示可以直观地观察到靶区内剂量分布的均匀性、剂量、适形度、靶区周围剂量变化梯度以及与周围正常组织的关系。

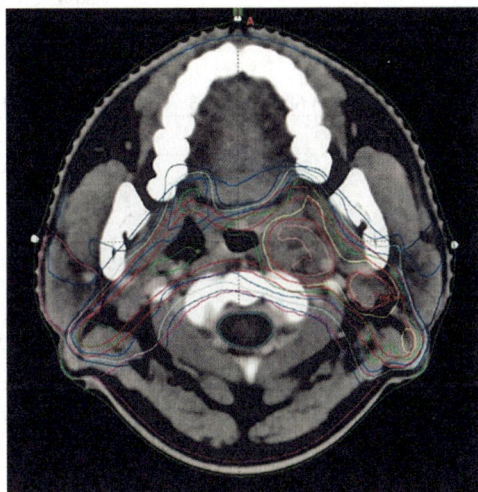

图 1-3 二维剂量分布显示

(2)剂量体积直方图:在 3D 治疗计划系统中,剂量体积直方图(DVH)是最常用的一种评估工具。它以二维图形的方式表示出各靶区或重要器官的体积内有多少体积受到多少剂量的照射。DVH 的基本形式是某一剂量区间内出现的体积单元数。DVH 可以表示为积分 DVH 或微分 DVH。积分 DVH 用于评估同一治疗计划中不同器官受照体积与剂量的相对关系(图 1-4)。微分 DVH 则用于评估同一器官内受照体积与剂量之间的相对关系(图 1-5)。

一个理想的治疗计划应为治疗靶区内 100% 的体积接受 100% 的剂量照射,而危及器官内 100% 体积接受零剂量的照射。但是这在实际的治疗计划设计过程中一般难以达到。剂量体积直方图可以提供靶区或危及器官的总体积,靶区内的最大剂量、最小剂量、平均剂量以及某一剂量线(如 90%)所包绕的体积等统计数据来评估计划,此外还可以根据曲线的趋势显示计划的优劣。根据剂量体积直方图,可以在几个不同计划中比较高剂量区与靶区的适形程度及对危及器官的保护程度,从中挑选出相对满意的治疗计划。DVH 也有其局限性,它没有空间性,不能表明靶区或危及器官内高剂量、低剂量的位置,这时需要结合相应计划

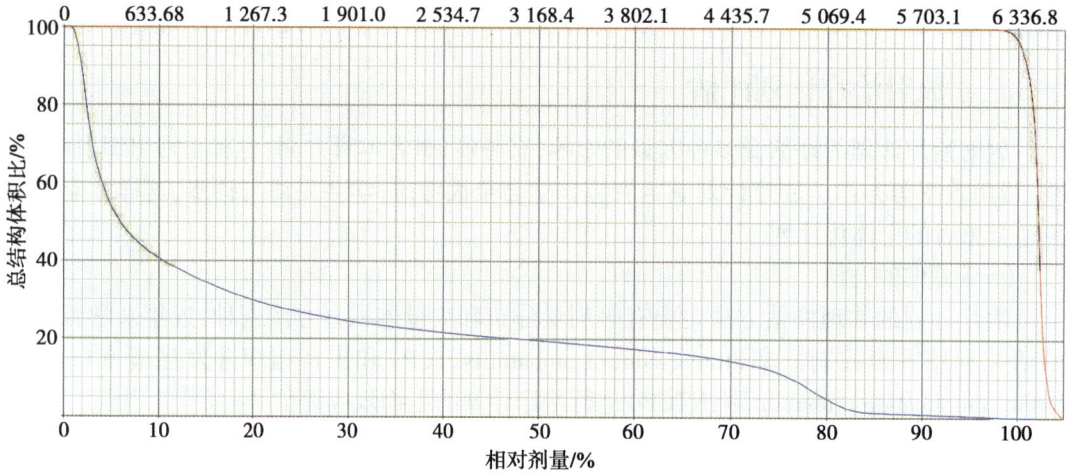

图 1-4 积分剂量体积直方图

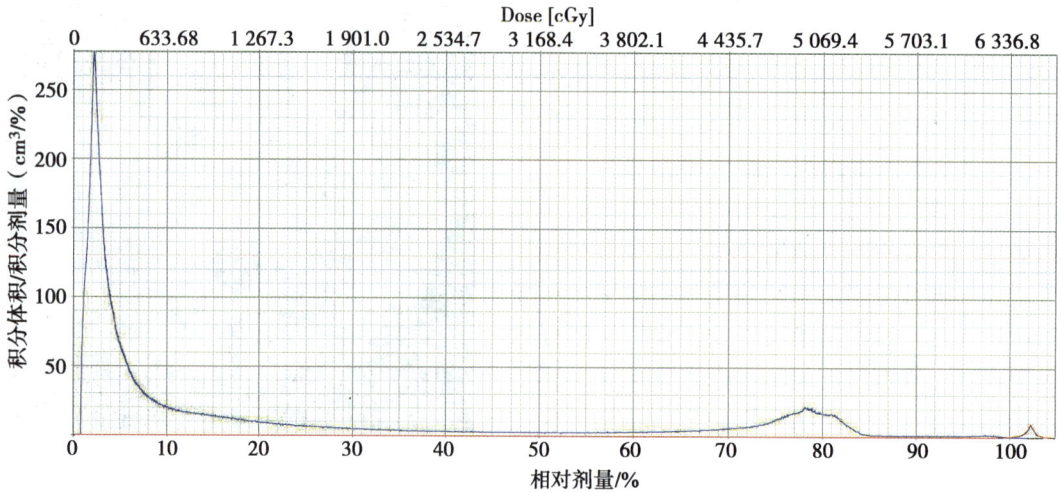

图 1-5 微分剂量体积直方图

的等剂量分布图来评价计划,才能充分发挥其作用。

2. 生物效应评估 通过 DVH 将物理剂量分布转换为生物剂量分布,用肿瘤控制概率(TCP)和正常组织并发症概率(NTCP)来评估。DVH 表现的是治疗计划的物理剂量分布,而 TCP 和 NTCP 是从生物学角度进行治疗计划的评估和比较,可作为 DVH 的一个重要补充。但目前有关肿瘤放疗的放射生物学数据有待进一步完善,所以 TCP 和 NTCP 目前仅限于作为治疗计划的评估工具之一,用于进行治疗计划的比较。

(二)评估的目标

评估优化的目标是在保证肿瘤获得足够放疗剂量的同时,尽可能控制重要器官组织的照射剂量不超过其耐受剂量,从而保护重要器官组织的功能和患者生活质量。

1. 肿瘤组织剂量分布 肿瘤靶区的剂量分布和均匀度是用靶区内最大剂量 D_{max}、最小

剂量 D_{min}、平均剂量 D_{mean} 等来描述的。靶区最大剂量即靶区内的最高吸收剂量,但必须有 $2cm^2$ 的区域都接受到这一最大吸收剂量值,才认为有临床意义。如果整个靶区小于 $4cm^2$,则最小区域定为 $1cm^2$。最小靶区剂量为靶区内最低的吸收剂量,对面积不作具体规定。靶区平均剂量不是最大和最小靶剂量的算术平均值,而是靶区内被分割成各单元矩阵点的剂量平均值。

2. 正常组织受量　靶区内或邻近靶区对射线敏感的正常组织器官,它们受照剂量的多少对治疗计划的设计和实施有直接的影响。对眼晶体、脊髓、肾脏、肺、直肠、膀胱、性腺等重要器官尤其要加以保护,并保证其受照剂量在各自的耐受水平以下,减少放疗相关并发症的发生。

第二章　临床肿瘤学概论

第一节　肿瘤流行病学

肿瘤流行病学是流行病学的一个分支，是以人群为对象，以描述、分析和实验流行病学方法为基本手段，开展肿瘤发生的概况及病因研究，同时探索和评价人群中早期发现、预防和干预恶性肿瘤的方法，并与临床医学相结合研究恶性肿瘤的治疗措施和效果，为肿瘤防治策略的制订提供线索和依据。

一、研究领域

研究领域主要包括以下几个方面：①阐明恶性肿瘤发病率和死亡率的地区间差异及时间趋势；②分析与肿瘤发病相关的可疑危险因素的暴露情况；③研究肿瘤发病与人群生活方式和环境的相互关系；④针对致癌病因或危险因素的干预及效果；⑤对肿瘤发病机制和模型进行定性及定量研究。

二、研究方法

研究方法通常分为描述流行病学、分析流行病学、实验流行病学和理论流行病学。描述流行病学主要是以整个社会或群体资料为基础进行，如人群中肿瘤的分布等，起到揭示现象、提供线索的作用，即提出假设。分析流行病学包括病例对照研究及队列研究，用于检验或验证假设。实验流行病学包括临床试验和干预试验，用于证实或确证假设。理论流行病学是通过数学公式反映病因、宿主和环境之间关系以阐明肿瘤流行病学规律。

三、肿瘤分子流行病学

1982 年 Perera 和 Weinstein 首次提出了肿瘤分子流行病学，近年肿瘤发病率的增加，伴随高通量组学检测、人工智能、互联网与信息化等技术的发展，极大拓展了肿瘤分子流行病学研究的范畴，也为肿瘤的精准化防治提供了重要机遇。

肿瘤分子流行病学是把流行病学研究方法与分子遗传学、细胞遗传学及大数据和人工智能等实验技术或方法相结合，开发验证及应用反映肿瘤发生过程的各类生物标记、鉴定肿瘤危险因素、根据个体暴露与遗传等易感因素的相互作用确定危险度，筛选对致癌因子敏感的个体，阐明肿瘤发生机制，优化风险评价和预防策略。以多基因风险评分用于肿瘤个体化风险评估为例,高通量组学检测推动了罕见胚系变异、嵌合基因组变异、"表观时钟"、循环细胞游离 DNA(cfDNA)甲基化和血浆代谢物等新型生物标志物的发现,优化了肿瘤个体化风险评估模型和提高早期筛查效果。此外,深度学习人工智能算法可揭示影像组学特征与临床诊疗数据之间的深层关系,提升肿瘤筛查效能。

四、恶性肿瘤的流行状况

在过去的 10 余年里,恶性肿瘤发病率呈现逐渐上升趋势。2022 年,世界卫生组织(World Health Organization,WHO)下属的国际癌症研究机构(international agency for research on cancer,IARC)发布最新评估,2020 年全球新发癌症病例 1 929 万,其中男性 1 006 万例,女性 923 万例。新发数量占前十位的肿瘤分别是:乳腺癌 226 万(11.7%)、肺癌 220 万(11.4%)、结直肠癌 193 万(10.0%)、前列腺癌 141 万(7.3%)、胃癌 109 万(5.6%)、肝癌 91 万(4.7%)、宫颈癌 60 万(3.1%)、食管癌 60 万(3.1%)、甲状腺癌 59 万(3.0%)和膀胱癌 57 万(3.0%)。2020 年全球癌症死亡病例 996 万例,其中男性 553 万例,女性 443 万例。死亡数量占前十的分别是:肺癌 180 万(18.0%)、结直肠癌 94 万(9.4%)、肝癌 83 万(8.3%)、胃癌 77 万(7.7%)、乳腺癌 69 万(6.9%)、食管癌 55 万(5.5%)、胰腺癌 47 万(4.7%)、前列腺癌 38 万(3.8%)、宫颈癌 34 万(3.4%)、白血病 31 万(3.1%)。癌症将超过心血管疾病,成为大多数国家死亡的主要原因。

我国由于庞大的人口基数,肿瘤的发病率、死亡率也较高。中国国家癌症中心(national cancer center,NCC)根据 487 个注册机构 2016 年恶性肿瘤发病率和死亡率的数据,预测 2022 年中国新发恶性肿瘤病例约 482 万人,死亡约 321 万人。其中肝癌、胃癌及食管癌的发病率和死亡率逐渐降低,而肺癌、结直肠癌、乳腺癌及前列腺癌的发病率上升。新发病例前 5 位为肺癌、结直肠癌、胃癌、肝癌及乳腺癌。新发癌症中男性最常见的为肺癌,女性最常见的为乳腺癌。死亡病例前 5 位为肺癌、肝癌、胃癌、食管癌和结直肠癌。

五、肿瘤危险因素研究与预防策略

早在 20 世纪 80 年代,流行病学已经在恶性肿瘤危险因素研究方面取得了重要的成就,建立了化学物质、烟酒、电离辐射、营养过剩和微量元素缺乏等暴露与肿瘤发病的联系,形成了人乳头瘤病毒(human papilloma virus,HPV)感染与宫颈癌、生殖类激素与乳腺癌间联系的病因学假设。近年来,肿瘤流行病学与细胞生物学、分子生物学、免疫学、病毒学、毒理学与卫生统计学等学科相互影响、相互联系,在肿瘤病因学方面取得了快速发展。

(一) 肿瘤危险因素

1. 遗传因素　恶性肿瘤有遗传倾向性。

2. 生活行为危险因素　包括烟草使用和饮酒(吸烟、咀嚼烟草、接触二手烟、酒精摄入)。药物使用不合理。饮食不合理如加工肉类和红肉食用量高,蔬菜水果和牛奶、全谷物食用量低,膳食纤维和钙摄入不足以及高钠饮食等。不安全性行为,身体活动不足。

3. 环境和职业危险因素　如空气污染(环境颗粒物、固体燃料造成的家庭空气污染等),室内空气中的氡。职业接触致癌物如砷、石棉、苯、铍、镉、铬、镍、柴油机尾气、甲醛、多环芳烃、二氧化硅、硫酸和三氯乙烯等。

4. 代谢危险因素　高体重指数和空腹血糖偏高。

5. 社会生理因素　独特的感情生活史或性格特征,造成情绪压抑、绝望和压力过大以及抑郁状态。

6. 病毒感染　EB 病毒、人乳头瘤病毒、人类嗜 T 淋巴细胞病毒-1 及乙型肝炎病毒等。

(二)预防策略

世界卫生组织提出三分之一的癌症可以预防,三分之一的癌症可以通过早期发现得到根治,三分之一的癌症可以运用现有的医疗措施延长生命、减轻痛苦、提高生活质量。一级预防是病因预防,减少外界不良因素的损害;二级预防是早期发现,早期诊断,早期治疗;三级预防是提高生活质量,延长生存时间。近年来,随着我国人口老龄化和工业化、城镇化进程的加快,加之慢性感染、不健康生活方式等因素的逐渐累积,我国癌症总体发病率和死亡率呈现逐年上升趋势,癌症已成为严重威胁我国居民健康的重大公共卫生问题。

2019 年国家制定《健康中国行动——癌症防治实施方案(2019—2022 年)》,强调癌症防治需要全方位整体推进,重点强化预防为主、防治结合的策略。远离致癌因素,通过养成良好生活习惯和主动筛查,实现"早发现、早诊治"。

第二节　肿瘤病因学

肿瘤病因学主要研究恶性肿瘤发生的原因,揭示正常细胞恶性转化和肿瘤发生的生物学过程,为病因学预防、发病学预防、早诊早治提供科学基础和实施方法,以满足预防肿瘤发生、降低恶性肿瘤危害、提高人们健康水平的战略需求。目前已经鉴定出多种与肿瘤发生相关的致癌物与癌基因。

一、致癌因素

(一)化学性致癌因素

烷化剂、多环芳烃类化合物、芳香胺类化合物、氨基偶氮染料、亚硝基化合物和一些金属致癌物等。

(二)物理性致癌因素

电离辐射和紫外线照射可引起各种癌症,长期的热辐射也有一定的致癌作用。临床上有一些肿瘤还与慢性组织损伤有关,如溃疡性结肠炎、结肠息肉、萎缩性胃炎等。另一类与肿瘤有关的物理因素是异物刺激。

(三)生物性致癌因素

RNA 致瘤病毒如白血病病毒、肉瘤病毒等,通过转导和插入突变将遗传物质整合到宿主细胞 DNA 中,使宿主细胞发生转化。DNA 致瘤病毒如人乳头瘤病毒(HPV),与人类上皮性肿瘤尤其是子宫颈和肛门生殖器区域的鳞状细胞癌发生密切相关。EB 病毒(Epstein-Barr virus,EBV)与伯基特淋巴瘤和鼻咽癌密切相关。乙型肝炎病毒与肝细胞肝癌有密切的关系。细菌或真菌类如黄曲霉菌、幽门螺杆菌等,与肝癌和胃癌关系密切。

(四)个体因素

个体因素包括遗传因素和免疫因素两个方面。如 Bloom 综合征易发生白血病和其他恶性肿瘤(*BLM* 基因突变)。共济失调毛细血管扩张症患者,易发生急性白血病和淋巴瘤(*ATM* 基因突变)。宿主免疫系统具有识别、杀伤并及时清除体内突变细胞、防止肿瘤发生的功能,在免疫缺陷病和接受免疫抑制治疗的患者中,恶性肿瘤的发病率明显增加。

二、肿瘤相关基因

肿瘤发生涉及多个基因的复杂性疾病,肿瘤细胞的一个重要特征是基因组不稳定性。

(一)原癌基因的激活

癌基因是具有潜在的转化细胞能力的基因。由于细胞癌基因在正常细胞中以非激活的形式存在,称为原癌基因。原癌基因编码的蛋白质大都是对正常细胞生长十分重要的细胞生长因子和生长因子受体,如血小板生长因子,纤维母细胞生长因子,表皮细胞生长因子,重要的信号转导蛋白质(如酪氨酸激酶),核调节蛋白质(如转录激活蛋白)和细胞周期调节蛋白(如周期蛋白、周期蛋白依赖性激酶)等。

原癌基因可被多种因素激活。引起原癌基因突变的 DNA 结构改变有:点突变、染色体易位、基因扩增等。原癌基因的激活有两种方式:①发生结构改变(突变),产生具有异常功能的癌蛋白;②基因表达调节的改变(过度表达),产生过量结构正常的生长促进蛋白。

原癌基因激活后产生的蛋白质失去正常基因产物应有的调节作用,通过以下方式影响其靶细胞:①生长因子增加;②生长因子受体增加;③产生突变的信号转导蛋白;④产生与 DNA 结合的转录因子等。

(二)抑癌基因的失活

抑癌基因的产物能抑制细胞的生长,其功能的丧失可能促进细胞的肿瘤性转化。常见的抑癌基因有 *Rb* 基因,*p53* 基因,神经纤维瘤病 I 型(*NF-1*)基因,腺瘤结肠息肉(*APC*)基因和 Wilms 瘤-1(*WT-1*)基因等。抑癌基因的失活多是通过等位基因的两次突变或缺失的方式实现。

(三)凋亡调节基因和 DNA 修复调节基因

调节细胞凋亡的基因及其产物在肿瘤的发生上起重要作用,如 *Bcl-2* 基因可以抑制凋亡,bax 蛋白可以促进凋亡。促凋亡基因的功能抑制和凋亡抑制基因的活性升高均可促进肿瘤的发生。DNA 错配修复基因的缺失使 DNA 损害不能及时被修复,积累起来造成原癌基因和抑癌基因的突变,形成肿瘤。

(四)多步骤癌变的分子基础

恶性肿瘤的形成是一个长期的多因素形成的分阶段的过程,要使细胞完全恶性转化,需要多个基因的转变,可能包括几个癌基因的突变和/或抑癌基因的失活,以及凋亡调节和 DNA 修复基因的改变等共同作用。

第三节 肿瘤病理学

肿瘤的病理学诊断是确定肿瘤的良恶性、恶性程度以及组织学分型的"金标准"。肿瘤病理学诊断与临床诊断、检查性诊断与手术诊断共同构成肿瘤的诊断依据体系,其中病理学诊断最为可靠,被视为"金标准"。肿瘤病理学通常分为细胞病理学、组织病理学和分子病理学,相较于细胞病理和分子病理诊断,基于组织形态学的肿瘤组织病理诊断内涵更加丰富,也是细胞病理和分子病理的基石。

一、组织学分型

基于器官、部位的肿瘤组织学分型是肿瘤病理诊断的基础,也是肿瘤组织病理诊断最基本的部分,直接提示肿瘤的良、恶性质和组织来源(表2-1)。大部分的肿瘤病变具有典型的组织学形态,常规 HE 染色切片即可明确诊断。少部分形态不典型、来源不明确的肿瘤可通过免疫组织化学或分子检测等辅助鉴别诊断技术得以明确诊断。

表 2-1　良性肿瘤与恶性肿瘤的区别

指标	良性肿瘤	恶性肿瘤
生长方式	膨胀性生长,常有包膜形成,分界清;或外生性生长	浸润性生长,无包膜或假包膜,一般分界不清;或外生性生长(常伴有浸润性生长)
生长速度	缓慢	较快
分化程度	好,异型性小	差,异型性大
核分裂象	无或很少	多见,可见病理性核分裂象
继发改变	很少发生出血坏死	出血、坏死、溃疡形成多见
转移	无	常有
复发	几乎不发生	常见
对机体影响	较小,以局部压迫或阻塞为主。如发生于重要部位可引起严重后果	较大,可有压迫或阻塞,以破坏原发处和转移处组织为主,可有出血、坏死等继发改变,或合并感染,晚期引起恶病质

二、肿瘤分类

根据起源细胞,通常上皮来源的肿瘤称为"癌",而来源于间叶细胞称为"肉瘤"。上皮组织包括鳞状上皮或腺体上皮,如肺、胃。间叶细胞包含结缔组织、骨和软骨细胞,血液和淋巴系统虽然属于间叶组织,但却是单独分类为血液淋巴系统肿瘤。表2-2列举了人体常见部位的肿瘤组织学来源及命名。

表 2-2　人体常见部位肿瘤的命名

细胞/组织来源	良性	恶性
鳞状上皮	乳头状瘤	鳞癌
腺上皮	腺瘤	腺癌
皮肤附属腺体	皮脂腺瘤	皮脂腺癌
平滑肌	平滑肌瘤	平滑肌肉瘤
结缔组织	纤维瘤	纤维肉瘤
血液系统	—	白血病

续表

细胞/组织来源	良性	恶性
淋巴系统	—	淋巴瘤
内皮细胞	良性间皮瘤	恶性间皮瘤
神经细胞	神经节细胞瘤	神经母细胞瘤

三、病理诊断取材

(一) 细胞学检查

1. **脱落细胞学检查**　体表、体腔或与体表相通的管腔内肿瘤,肿瘤细胞易于脱落,取其自然脱落细胞或分泌排出物,或利用特殊器具吸取、刮取、刷取表面细胞进行图片检查,亦可在冲洗后取冲洗液或抽取胸腔积液、腹水离心沉淀涂片检查。适用于脱落细胞学检查的标本有痰液、尿液、乳头排液、阴道液涂片、宫颈刮片、鼻咽涂片、食管拉网涂片、各种内腔镜刷片;抽取胸腔积液、腹水、心包积液和脑脊液离心涂片、支气管冲洗液沉淀涂片。

2. **穿刺细胞学检查**　用细针刺入实体瘤内吸取细胞进行涂片检查。对浅表肿瘤可用手固定后直接穿刺活检,而对深部肿瘤则需在 B 超、X 线或 CT 引导下穿刺。取材后应立即涂片,操作应轻巧,避免损伤细胞,涂片须厚薄均匀。

(二) 组织病理学诊断

1. **针芯穿刺活检**(core needle biopsy)　又称针切活检(cutting-needle biopsy)或钻取活检(drill biopsy)。用带针芯的粗针穿入病变部位,抽取所获得的组织比细针穿刺大,制成的病理切片组织结构完整,可供做出组织病理学诊断。

2. **切开活检**(incisional biopsy)　切取小块病变组织供组织病理学诊断。此法用于病变太大、手术无法完全切除或手术切除可引起功能障碍或毁容时,为进一步治疗提供确切依据。

3. **切除活检**(excisional biopsy)　将整个病变全部切除后供组织病理学诊断。此法本身能达到对良性肿瘤或某些体积较大的早期恶性肿瘤(如乳腺癌)的外科治疗。

四、规范化诊断

(一) 治疗前活检

临床评估可手术患者,病理诊断首先需要明确肿瘤性质(良恶性),其次是组织学分型,两者是相互关联的。但由于穿刺活检组织或细胞学检查的局限性,有时基于形态学无法准确判断肿瘤组织学分型(如活检组织或细胞很少、形态不典型等),而组织学亚型诊断可能会改变治疗策略(如淋巴瘤或小细胞癌等),由手术变为化疗或放疗等。因此,如果存在组织观察的局限性不能明确组织学分类时,则需要辅助诊断或建议临床重复活检或切除活检。

(二) 术后病理诊断

术后病理诊断包括组织学亚型、pTNM 分期要素、切缘及相关高危因素等,直接影响患者后续治疗策略和管理。

(三) 晚期患者活检病理

绝大多数基于活检组织,病理诊断除组织学分型外,需要辅助免疫组织化学和/或分子病理检测进行亚型鉴别,尽量避免组织浪费。晚期患者活检组织若不能满足上述要求而影响治疗决策,建议结合临床重取活检。

(四) 分子病理检测

十余年来,不同类型肿瘤靶向、免疫治疗获得持续进展,而精准检测是治疗的先决条件。基于核酸的分子病理检测和免疫组织化学检测一起,共同构成现代肿瘤精准治疗的基石。分子病理检测可进一步丰富肿瘤诊断的内涵,为临床治疗提供重要依据,也为部分复杂疑难病例的鉴别诊断提供更多线索,提供原发灶来源。同时,基因检测还可用于判断患者预后,如非小细胞肺癌中的 *ALK* 检测、乳腺癌患者的 *BRCA1/2* 基因检测等。

五、新辅助治疗后病理诊断

近年随着肿瘤综合治疗的临床推广,在根治性治疗(手术/放疗)前给予新辅助放疗/化疗/靶向免疫治疗,成为部分肿瘤的重要临床推荐方式。新辅助治疗后,对肿瘤组织进行病理反应评估,可提供预后的早期指标,如标本达到了完全病理缓解(complete pathologic response,pCR)或主要病理缓解(major pathologic response,MPR),则提示患者具有较好的预后,否则预后较差。同时,通过病理反应评估还可以进一步指导后续临床治疗方案的制订,如术后是否需要补充辅助放/化疗。

新辅助治疗后病理反应评估的标准系统,主要基于治疗后残存肿瘤细胞(residual viable tumor,RVT)的数量进行分级,根据 RVT 面积占整个肿瘤床(tumor bed,即治疗前肿瘤存在的范围)面积的百分比,即 %RVT。新辅助治疗可导致肿瘤细胞死亡,激发机体免疫系统对死亡的肿瘤细胞进行清除(免疫细胞浸润)和残缺部位的修复(主要是机化)。因此,病理反应评估,除了对肿瘤床的确认和肿瘤床内的 RVT,还需要对坏死、机化、免疫反应组织等面积的评估,最后计算 %RVT。为了最大限度地降低主观性因素,必须依赖大体取材对肿瘤床的准确定位、测量、规范取材及标记,必要时需对肿瘤床进行全部取材。

第四节　检查和诊断

肿瘤的诊断,特别是早期诊断对肿瘤的治疗非常重要。医学影像技术的进步,有助于临床医师了解人体内结构,甚至是肿瘤细胞的活性。现代先进技术的临床应用,不仅促进了肿瘤早期发现和诊断,也为放射治疗靶区的合理优化与正常组织器官的保护提供了有力保障。

一、肿瘤筛查

肿瘤早期发现需要进行筛查,如宫颈癌的巴氏涂片检查、大肠癌的粪便隐血试验、肺癌的低剂量计算机断层扫描(CT)检查等。通常筛查手段对于目标肿瘤,应有足够的灵敏度和特异度。筛查费用会限制该方法的普及,但是可以在高危人群中选择性使用。但目前,仅有少数肿瘤有一定的筛查方法,多数肿瘤由于肿瘤无法评估或检测费用问题,缺乏筛查手段。

二、诊断检查

为评估患者的一般状况、收集肿瘤相关信息,以及后续开展有效合理的治疗,需要进行诊断检查。诊断检查的目的,在于明确肿瘤类型、部位及大小,对周围正常组织的侵袭程度,有无淋巴结转移,有无远处转移以及患者治疗敏感性、治疗依从性等,主要依据患者症状和相应肿瘤的类型开展。

近年新技术的出现,如超声、磁共振成像(MRI)、正电子发射计算机体层显像仪(PET/CT)等,使临床医师对于肿瘤侵犯范围和程度有了更精确的判断,特别是对于接受放射治疗的患者,可以精确到肿瘤所在区域,减少正常组织受照,减少放射治疗急性和慢性毒性反应。另外,功能影像学在区分治疗后改变和复发方面,也有一定的临床价值。

三、肿瘤分期

恶性肿瘤的分期用于描述肿瘤大小及浸润累及范围,有助于学术交流和制订治疗方案,同时,肿瘤分期也是患者预后判断及开展相应医学研究的重要途径。分期系统随着技术进步及人们对肿瘤认识的深入不断变化和完善,目前常见肿瘤有各自详细的分期系统,部分罕见肿瘤尚缺乏。

目前常用肿瘤分期系统是国际抗癌联盟(Union for International Cancer Control,UICC)和美国癌症联合委员会(American Joint Committee on Cancer,AJCC)的 TNM 系统,T——tumor,指肿瘤原发灶的情况,N——node,指区域淋巴结受累情况,M——metastasis,指远处转移。TNM 分期中,常见的恶性肿瘤还有亚类分期,标注分期是通过临床(clinical)、外科(surgical)或病理(pathological)方法完成的。除 TNM 分期之外,还存在其他分期系统,如妇科肿瘤中使用国际妇产科联盟的 FIGO 分期等。

四、手术病理分期

虽然在非侵入性手段下可获得肿瘤的临床分期,但通过手术病理分期,可得到最准确的肿瘤扩散范围信息,特别是影像学特征上无法准确判断淋巴结受累或微小扩散时。医师通过探查肿瘤及周围组织器官,对可疑组织、淋巴结标本进行活检或镜下观察,以准确判断肿瘤是否累及。

手术标本同时能获得肿瘤细胞的微环境、表观遗传学(包括 DNA 修饰、组蛋白修饰)、DNA、非编码 RNA、编码 RNA 和蛋白质修饰、肿瘤干细胞与肿瘤表型可塑性(去分化、阻分化、转分化)、肿瘤微生物组等信息,不仅丰富了肿瘤类型,还对于确定治疗方案及判断肿瘤复发转移风险等有重要指导意义,例如乳腺癌中,已将 *HER2/neu* 原癌基因或 *BRCA1/2* 基因突变,纳入治疗计划的考虑因素中。

五、分级

肿瘤分级是根据肿瘤细胞分化程度对其侵袭性做出判断,分化程度通常分为以下几种:G_x:无法评估级别(分级不明);G_1:高分化(低级别),通常生长缓慢;G_2:中分化(中级别),生长速度较正常细胞更快;G_3:低分化(高级别),生长更快,更具侵袭性;G_4:未分化癌(高级别)。

对于某些恶性肿瘤,分级是重要的预后指标,如中枢星形细胞瘤。分期和分级提供了更丰富的肿瘤生物学行为及预后信息,对于临床治疗策略如放射治疗或系统性全身化疗等的应用,具有重要指导价值。

第五节 肿瘤治疗方法

现代肿瘤治疗,重视多学科综合诊治,包括外科、放疗科、肿瘤内科、影像科、病理科、整形外科、心理科、营养科以及社会志愿者等相关人员在内,共同对肿瘤患者的相关信息进行整合,制订有效的治疗计划,帮助提高患者的治疗效果及生活质量。

放射治疗医师必须了解其他肿瘤治疗方法,以科学合理地设计放疗的使用时机、适用人群,以及放疗期间的同期化疗/靶向免疫治疗,这会影响毒副反应的发生和治疗计划是否顺利完成。

一、外科手术

作为一种局部治疗手段,外科手术在肿瘤诊断、分期、治疗及姑息减症等方面,发挥了重要作用。肿瘤外科手术治疗的方式主要有①根治性手术:病期相对较早或病变局限,可将原发肿瘤及其浸润的组织或转移的区域淋巴结整块切除,临床病理报告显示切缘或断端未见癌浸润。临床上多见的有乳腺癌根治术、胃癌根治术、食管癌根治术等。但所谓根治术也是相对而言,很多肿瘤早期即可出现微小转移灶,所以术前或术后有时需要进行综合治疗,降低复发风险;②诊断性手术:通过临床检查手段无法取得病理者,可进行诊断性手术。一些腹腔包块性质不明时,可以手术进行腹腔探查;③预防性手术:针对一些癌前病变,如直肠腺瘤、黏膜白斑、原位癌等;④姑息性手术:肿瘤严重并发症如出血、穿孔、梗阻,导致的呼吸困难及吞咽困难严重影响患者生活质量或生命时,可以行姑息性手术。中晚期肿瘤侵犯范围较广或位置特殊难以完整切除时,可行姑息性手术行部分切除;⑤复发瘤手术:多指根治性手术后的局部复发。如甲状腺癌术后复发可再行手术,有的甚至多次手术。

肿瘤外科手术适应证有:①大多数恶性肿瘤早期;②肿瘤处于中晚期但病变仍较局限者;③虽累及邻近器官,但可一并切除,如胃癌累及横结肠、直肠癌累及阴道等;④肿瘤已有远处转移,但转移灶局限,可同时或者原发灶控制后再一并切除,如直肠癌肝转移;⑤肿瘤病期较晚,但通过全身治疗降期后仍可行手术治疗,如食管癌、胃癌等;⑥肿瘤处于晚期,不能完整切除,但造成出血、穿孔、梗阻等严重影响生活质量或危及生命时,可行姑息性手术;⑦肿瘤不能完整切除,但通过减少瘤体积,再配合综合治疗,预计能延长生存期者。禁忌证包括:①一般情况差,全身恶病质不能耐受手术;②严重的心、肺、肾疾病不能耐受手术;③肿瘤广泛转移;④特殊部位的肿瘤,如鼻咽癌,主要以放化疗为主,一般不考虑手术治疗;⑤患者因个人及社会因素拒绝手术治疗。

二、放射治疗

肿瘤放射治疗是通过射线杀灭肿瘤细胞,作为肿瘤治疗三大主要手段之一,已有百年历史。大约有 70% 的恶性肿瘤需要放疗的参与,主要分为根治性放疗、围手术期放疗和姑息性放疗。根治性放疗是通过放疗彻底杀死肿瘤细胞达到根治目的,如鼻咽癌、喉癌等,通常照射剂量相对较高。围手术期放疗是指与手术相结合,在术前或术后给予放疗,达到减小肿瘤负荷、减少局部复发风险的目的,进一步提升肿瘤控制。姑息性放疗主要目的是在缓解患者症状,如骨转移疼痛、肿瘤压迫或阻塞、肿瘤引起出血等,以提高生活质量,尽可能延长生存期。

根据放射治疗的方式不同,主要分为外照射、内照射、腔内近距离照射、组织插植照射等,临床上根据不同的肿瘤和病情采取合适的放射治疗方式。影响肿瘤疗效的因素有多种,除了照射方式对疗效有影响之外,不同的肿瘤和病期其放射治疗的疗效也不尽相同,同时放射治疗的疗效还与肿瘤的放射敏感性有关。

三、化疗

从最初化疗应用于治疗恶性肿瘤到现在,已有七十余载,共有五个阶段:①第二次世界大战后 Gilman 和 Philips 应用氮芥治疗淋巴瘤,被认为是近代化疗的第一个里程碑;②20 世纪 50 年代,环磷酰胺和 5-氟尿嘧啶应用于临床,并在多种恶性肿瘤的治疗上取得了一定的成功;③20 世纪 70 年代,多柔比星、顺铂的相继问世,使小细胞肺癌、淋巴瘤、白血病的治疗疗效迈上一个新的台阶;④20 世纪末,紫杉醇和拓扑异构酶抑制剂的出现,进一步巩固了化疗在恶性肿瘤治疗中的地位;⑤近年来,基因靶向及免疫治疗药物的相继问世,和化疗联合应用,取得了不错的成绩。根据其来源和作用机制,化疗药一般分为烷化剂、抗生素、抗代谢、植物类、激素类、其他(金属铂类、门冬酰胺酶等)六大类,按照其作用于细胞的不同周期又分为细胞周期特异性药物(如长春新碱、长春酰胺、氟尿嘧啶、甲氨蝶呤等)和细胞周期非特异性药物(如多柔比星、环磷酰胺、异环磷酰胺、铂类)。目前部分肿瘤通过单纯化疗即有可能取得根治,如淋巴瘤、滋养细胞肿瘤、儿童急性白血病、睾丸肿瘤等,这些肿瘤对化疗药物敏感,治愈率可达 30% 以上。除此以外,一些肿瘤通过化疗虽然不能根治,但是可以延长生存期,如小细胞肺癌、骨肉瘤、急性粒细胞白血病、成人急性淋巴细胞白血病等。化疗作为术后的一种辅助治疗也能大大提高肿瘤的治愈率,目前乳腺癌、肠癌、肺癌等恶性肿瘤术后常需进一步化疗,降低复发率,提高疗效。

化疗的方式有多种,根据时机不同主要分为①新辅助化疗:根治性外科手术或放疗前的化疗,目的是降低肿瘤负荷和控制远处转移灶;有部分患者无明显手术适应证或手术难度大预计难以完整切除肿瘤时,通过新辅助化疗降期,使一些不能做的手术转化为可能。②辅助化疗:在术后或根治性放疗后,给予化疗以进一步控制可能残存的微小转移灶,降低复发转移风险,提高治愈率。③同步放化疗:一些分期相对偏中晚期的肿瘤,例如局部进展期鼻咽癌、食管癌等,依靠单纯放疗或化疗不能取得很好的疗效,采用同步放化联合治疗的模式,可获得更理想的肿瘤控制和长期生存。④晚期或不能手术、放疗的患者,应以全身性系统治疗为主,化疗基础上配合其他的基因靶向、免疫治疗等。

化疗药物多数属于细胞毒类药物,制备和给药过程中必须采取安全防护措施,避免出现皮肤和静脉发疱、溃疡及损伤。且化疗与放疗同时使用时,毒性反应较单独使用明显增加,应注意观察,有异常情况应及时处理。

四、分子靶向治疗

分子靶向治疗是针对癌细胞或癌组织相关基因、受体、激酶等，在分子水平上发挥的一种治疗方式，与细胞毒类化疗药物比较，其选择性高，对正常细胞损伤相对小。第一个肿瘤治疗靶向药物是抗 CD20 单克隆抗体利妥昔单抗（rituximab），用于治疗非霍奇金淋巴瘤。目前分子靶向药物主要分类如下：①小分子表皮生长因子受体（epidermal growth factor receptor，EGFR）酪氨酸激酶抑制剂：如吉非替尼、厄洛替尼，主要用于治疗肺癌；②抗 EGFR 单克隆抗体：如西妥昔单抗、尼妥珠单抗，主要用于治疗肠癌、鼻咽癌等；③抗 HER-2 单抗：如曲妥珠单抗，主要用于治疗乳腺癌；④抗 CD20 单抗：如利妥昔单抗，主要用于治疗恶性淋巴瘤；⑤BCR-ABL 酪氨酸激酶抑制剂：如伊马替尼、达沙替尼，用于治疗慢性髓性白血病和恶性胃肠道间质肿瘤；⑥血管内皮生长因子受体抑制剂：如贝伐珠单抗，用于治疗晚期肠癌、非小细胞肺癌、乳腺癌等；⑦多靶点激酶抑制剂：如索拉非尼、舒尼替尼、安罗替尼，用于治疗肝癌、胃肠道基质肿瘤等；⑧其他：泛素-蛋白酶体抑制剂，如硼替佐米；mTOR 激酶抑制剂，如依维莫司等。

五、免疫治疗

免疫治疗是指通过重新启动或激活人体免疫力，恢复机体正常的抗肿瘤免疫反应，从而控制与清除肿瘤的一种治疗方法，包括免疫检查点抑制剂、治疗性抗体、癌症疫苗、细胞治疗和小分子抑制剂等。

免疫检查点抑制剂如程序性死亡受体 1（programmed death-1，PD-1）、程序性死亡受体配体 1（programmed death-ligand 1，PD-L1）、细胞毒性 T 淋巴细胞相关抗原 4（cytotoxic T lymphocyte-associated antigen-4，CTLA-4）等，通过解除 T 细胞的抑制状态，激活 T 细胞，从而有效杀伤肿瘤细胞。目前在多个肿瘤治疗中显示出良好的抗肿瘤活性，进入临床指南推荐，如 PD-1 单抗：纳武利尤单抗、帕博利珠单抗、信迪利单抗、卡瑞利珠单抗、替雷利珠单抗等；PD-L1 抑制剂：阿替利珠单抗；以及 CTLA-4 抑制剂：伊匹木单抗等。针对其他免疫检查点如 LAG-3、TIM-3、TIGIT 等靶点的药物，正在进行相应的临床前或临床试验。

过继性细胞免疫治疗基于多种淋巴细胞或抗原提呈细胞，目前主要是过继性 T 细胞治疗，即通过向患者回输细胞因子刺激或改造后的 T 细胞，有效杀伤肿瘤细胞。第一代是淋巴因子激活的杀伤细胞（即 LAK 细胞）疗法；第二代是多种细胞因子诱导的杀伤细胞（即 CIK 细胞）疗法；第三代是肿瘤浸润淋巴细胞（即 TIL 细胞）疗法；第四代是树突状细胞-细胞因子诱导的杀伤细胞（即 DC-CIK 细胞）疗法；第五代是 T 细胞受体 T 细胞（T cell receptor-gene engineered T cells，TCR-T）疗法和 CAR-T 疗法，也是目前最有前景的两种细胞免疫疗法。

肿瘤疫苗分为预防性疫苗和肿瘤治疗性疫苗。预防性疫苗着眼于肿瘤的预防和控制，如 HBV 疫苗和 HPV 疫苗，通过诱导机体产生抗体，以预防肿瘤的形成、复发和转移，降低肿瘤发病率。治疗性疫苗主要针对自体或异体肿瘤细胞或其相关抗原，通过激发患者机体的特异性免疫功能，主要是激活 CTL 细胞来攻击癌细胞。肿瘤疫苗包括多肽疫苗、肿瘤细胞疫苗、基因疫苗、核酸疫苗、DC 疫苗、CTL 表位肽疫苗等多种。

溶瘤免疫治疗是溶瘤病毒介导的抗肿瘤免疫治疗,是将基因工程改造的溶瘤病毒输入患者体内,利用溶瘤病毒的自我复制能力和在肿瘤细胞内选择性复制的特性使肿瘤细胞裂解并死亡,同时溶瘤病毒破坏肿瘤细胞,导致释放的肿瘤抗原还可激活患者机体内特异性免疫应答,进一步攻击肿瘤细胞。

免疫调节剂也称生物反应调节剂(biological response modifier,BRM),通过促进 APC 对抗原的摄取、加工和提呈或增强淋巴细胞的活性,能够非特异提高机体免疫系统抗肿瘤效应。如卡介苗、CpG 寡核苷酸(TLR9 激动剂)、香菇多糖等作为一类新型生物制剂,正逐步被用于增强肿瘤免疫疗效。

六、其他治疗

其他肿瘤治疗的方法和模式还包括①中医中药:已经有几千年的历史,不仅具有一定的抗癌作用,还可以减轻放化疗的毒副作用及增加治疗敏感性;②介入治疗:常用于原发性肝癌或转移性肝癌,或缓解晚期食管癌引起的梗阻症状,提高患者的生活质量;③热疗:利用物理方法进行组织加热,达到杀灭肿瘤细胞的温度并持续一定的时间,不但对肿瘤细胞有直接的细胞毒效应,还可以增强化疗、放疗敏感性,抑制肿瘤的转移;④射频消融:经皮穿刺、经内镜或开放手术,通过射频电极释放的高频变流(100~500kHz)激发周围离子振荡摩擦产生局部高温,导致肿瘤内蛋白质变性、膜结构破坏,发生凝固性坏死,适用于无法手术切除≤4cm的肿瘤;⑤激光冷冻治疗:分别通过物理效应产生肿瘤细胞坏死,其中激光主要用于体表肿瘤及瘤样病变、五官和神经系统肿瘤,而冷冻治疗则多用于皮肤、直肠和肝癌等;⑥高功率聚焦超声治疗:可在 0.5~1s 内产生局部汽化,局部温度达到 60~100℃,使肿瘤细胞发生坏死,既能聚焦定位又能通过高温进行肿瘤治疗,具有无创性、对肿瘤靶向且不损伤周围组织的优点,目前主要应用于肝癌、前列腺癌和肾癌等治疗中。

第六节　患者预后与疗效评价

一、患者一般状态评估

对患者进行诊治前,需对患者的一般状况进行评估。患者的一般状况评估主要包括①合并症:在进行抗肿瘤治疗实施前,需要了解患者有无比肿瘤本身更有可能导致死亡的疾病存在,这种疾病对机体的影响是否能够耐受抗肿瘤治疗;②认知功能:主要包括患者的记忆及理解能力等,但要排除肿瘤颅内转移引起的精神症状;③情绪:抗肿瘤治疗往往是痛苦的体验,其给患者的精神压力不可忽视,患者的负面情绪会导致依从性及生活质量下降,从而影响整个治疗;④社会、家庭因素:肿瘤的治疗需要一定的经济基础,可能给患者及家庭带来沉重的负担和压力,应遵从患者的意愿,选择合适的治疗方案;⑤功能状况。

目前常用的评价功能状况的方法有 Karnofsky 及 ECOG 评分标准(见表 2-3、表 2-4)。这两种方法由于简便、可靠而被广泛采用,但其使用也有一定的局限性,如没有考虑到非肿瘤因素对功能状况的影响。例如一些先天残疾的患者,其 KPS 评分较低,但这并不影响整个抗肿瘤治疗,这和评估的初衷相违背。

表 2-3 Karnofsky 评分标准

患者功能状况	评分
能进行正常活动,无症状与体征	100
能进行正常活动,有轻微症状与体征	90
勉强进行正常活动,有一些症状与体征	80
生活可自理,不能维持正常生活与工作	70
有时需人辅助,大多数时间可自理	60
常需人照料	50
生活不能自理,常特殊照料	40
生活严重不能自理	30
病重,需住院治疗	20
病危,临近死亡	10
死亡	0

表 2-4 ECOG 评分标准

患者功能状况	评分
能正常活动	0
有症状,能正常活动	1
有时卧床,但白天卧床时间不超过 50%	2
需要卧床,白天卧床时间超过 50%	3
卧床不起	4
死亡	5

二、预后因素

肿瘤预后因素的确定,主要基于肿瘤细胞特征、生物学行为、肿瘤部位和患者相关因素。与肿瘤相关的预后因素包括组织学类型、分级、分期、肿瘤大小、浸润深度、淋巴结状况等。与患者相关的因素包括年龄、性别、种族、一般状况、医疗条件等。各因素在特定肿瘤中显示出不同程度的重要性,同时,对治疗手段的应答和毒性反应也是影响患者预后的重要因素之一。

三、实体瘤疗效评价标准

(一) WHO 实体瘤疗效评价标准

细胞毒性化疗药物是通过肿瘤缩小量化来评价其抗肿瘤作用,1979 年 WHO 确定了《实体瘤双径测量的疗效评价标准》,基于肿瘤径线之乘积(SPD),即肿瘤最大长径乘以与之垂直的最长径评估肿瘤负荷,通过治疗过程中从基线开始的变化来决定治疗效果。

治疗效果评价分为 4 类：①完全缓解（肿瘤至少 4 周检测不到）；②部分缓解（SPD 比基线值减小≥50%，间隔 4 周确认）；③疾病进展（一个或多个病灶大小增加≥25%）；④疾病稳定（不符合部分缓解、完全缓解，也不符合疾病进展）（表 2-5）。经过多年实践，发现该标准存在以下问题：①两径乘积估计肿瘤大小，容易导致肿瘤体积很小的改变甚至测量错误被误判为疾病进展；②可测量病灶没有给出最低尺寸；③多个病灶时，病灶数目没有具体要求；④测量病灶采用何种方法比较可靠，没有给出具体的建议；⑤对肿瘤标志物反应疗效没有具体提及；⑥对可测量病灶和不可测量病灶提出统一要求。

表 2-5　WHO 实体瘤疗效评价标准（1979 年）

	可测量病灶	不可测量病灶	骨转移
完全缓解	肿瘤完全消失	肿瘤完全消失	X 线片或骨扫描示肿瘤完全消失
部分缓解	肿瘤缩小 50% 以上：①单个肿瘤面积，肿瘤最长径和其最大垂直径之乘积；②多个肿瘤面积，多个肿瘤面积之和	估计肿瘤缩小 50% 以上	①溶骨病灶缩小及部分钙化；②成骨病灶密度降低
疾病稳定	肿瘤面积减少不到 50% 或增大未超过 25%	肿瘤总量约减少不到 50% 或增大不超过 25%	X 线片或骨扫描无明显变化
疾病进展	肿瘤增大超过 25% 或出现新病灶	估计肿瘤增大超过 25% 或出现新病灶	X 线片或骨扫描有肿瘤增加或出现新转移灶

（二）实体瘤疗效评价标准

美国国家癌症研究所、欧洲癌症研究与治疗组织和加拿大国立癌症研究所基于 WHO 疗效评价标准进行了修改补充，采用单径测量法并引入新的成像技术使用细节，提出了实体瘤疗效评价标准（response evaluation criteria in solid tumors，RECIST）的 1.0 版。首次于 1999 年在美国临床肿瘤学会上介绍，并发表于同年 *J Natl Cancer Inst.*。RECIST 工作组基于超过 6 500 名患者数据库的分析，2009 年进行修订为 RECIST 1.1 版本。适用于绝大多数化疗药物及分子靶向治疗的疗效评价。

1. 基线病灶分类

（1）可测量病灶：肿瘤性病变要求至少有一个不小于（仪器检测）低限的尺寸；直径 10mm 用卡尺测量（不能用卡尺测量的记为不可测量病灶）；直径大于 10mm 的病灶用 CT 扫描（CT 扫描厚度≤5mm）；2mm 用胸部 X 线检查。

恶性淋巴结要求用 CT 扫描（CT 扫描厚度≤5mm）：淋巴结短轴必须达到 15mm 才可将其认为是病理扩大和可测量的。术前和后续只测量并跟踪短轴长度。不同于其他可测量病灶用最长轴作为直径，恶性肿瘤淋巴结测量时用最短轴作为直径。

（2）不可测量的病灶：最长直径<10mm 的小病灶或 10~15mm 的病理阳性淋巴结；病理学检查确定的脑膜疾病、腹水、胸膜或心包积液、炎症乳腺疾病等（均无法用现有影像学技术测量）；骨转移为不可测量的疾病，软组织成分可采用 CT 或 MRI 评价，且符合基线时可评价的定义者除外；位于先前照射区或受到其他局部治疗的部位的肿瘤病灶，通常不被视为可测

量的,除非已证明病变仍在继续。

(3)目标病灶:所有可测量病灶都应视为基线目标病灶,需记录每个病灶的最长直径(病理学淋巴结应记录短轴)。基线是所有目标病灶直径(非淋巴结节病灶的最长径,淋巴结节病灶的最短轴)的总和,是试验中进行评价比较的基础。若两个病灶融合,就测量融合的肿块;若目标病灶分裂,则使用各部分的总和。应继续记录变小的目标病灶的测量。目标病灶变得太小而不能测量,如认为病灶已消失则记录为0mm;反之应记录为默认值5mm。淋巴结缩小至<10mm(正常),仍应记录实际测量结果。

(4)非目标病灶:所有不可测量的疾病均为非目标病灶。所有未鉴别为目标病灶的可测量病灶也纳入非病灶疾病。非目标病灶不需要进行测量,但是评价以无、不确定、有/未增大、增大表示。一个器官的多发性非目标病灶在病例报告表上记录为一项(如:多发性骨盆淋巴结增大或多发性肝转移)。

2. 肿瘤疗效评价

(1)目标病灶

完全缓解(complete response,CR):除结节性疾病外,所有目标病灶完全消失。所有目标结节须缩小至正常大小(短轴<10mm)。所有目标病灶均须评价。

部分缓解(partial response,PR):所有可测量目标病灶的直径总和低于基线≥30%。目标结节总和使用短径,而所有其他目标病灶的总和使用最长直径。所有目标病灶均须评价。

疾病进展(progressive disease,PD):以整个实验研究过程中所有测量的靶病灶直径之和的最小值为参照,直径和相对增加至少20%(如果基线测量值最小就以基线值为参照);除此之外,必须满足直径和的绝对值增加至少5mm(出现一个或多个新病灶也视为疾病进展)。

疾病稳定(stable disease,SD):靶病灶减小的程度没达到PR,增加的程度也没达到PD水平,介于两者之间,研究时可以直径之和的最小值作为参考。

(2)非目标病灶

CR:所有非目标病灶消失或肿瘤标志物水平正常。所有淋巴结大小必须正常(短轴<10mm)。

非CR/非PD:任何非目标病灶持续存在和/或肿瘤标志物水平高于正常上限。

PD:已有病灶明确进展。通常,总体肿瘤负荷须增大到足以停止治疗。目标病灶SD或PR时,罕见由于非目标病灶明确增大的进展。

不明确:未测量进展,1个或1个以上非目标病灶部位未评价或评价方法与基线所用方法不一致。

(3)新病灶:出现任何新发且明确的恶性肿瘤病灶都表明疾病进展。如果新病灶不明确,例如由于体积较小,进一步评价会明确病因。如果重复评价明确病灶,那么应在首次评价日期记录进展。在以前未扫描区发现的病灶被认为是新病灶。

(4)疗效的确认:评价为CR或PR的患者必须在至少4周后重复评估确认。评价为SD的患者应在方案规定的间隔时间后重复评估确定(一般不低于6~8周),如果明确CR取决于体积减小但未完全消失的残留病灶,建议活检或细针抽吸残留病灶进行研究。如未发现疾病,主观状况记录为CR。如果明确进展取决于可能由于坏死增大的病灶,那么病灶应活检或细针抽吸以明确状态。

(三) 其他疗效标准

WHO 标准和 RECIST 标准都是在细胞毒性化疗药物时代制定并且仍在广泛地应用。伴随治疗方法和技术的进步,最近十余年有许多新的标准用于评价靶向、免疫治疗的疗效,包括胃肠道间质瘤的 Choi 标准,肝细胞肝癌的 RECIST 标准修订版以及免疫-相关疗效评价 iRECIST 标准。Cheson 标准和 PET 疗效评价标准利用 PET 功能信息帮助测定肿瘤的活力。

四、评价时间

(一) 近期疗效

近期疗效指治疗后 3 个月内评估肿瘤大小的变化。

(二) 远期疗效

远期疗效包括总生存期、无进展生存期及无病生存期等,临床上常以年为单位评估远期疗效。

1. 总生存期(overall survival,OS) 指从随机化开始到任何原因死亡的时间,被认为是肿瘤疗效的最佳终点。

2. 无进展生存期(progression free survival,PFS) 指从随机化开始到肿瘤进展或死亡的时间。

3. 无病生存期(disease-free survival,DFS) 指从随机化开始到肿瘤复发或任何原因导致死亡的时间。

4. 疾病进展时间(time to progression,TTP) 指从随机开始到肿瘤进展的时间,不包括"死亡"。

五、肿瘤患者生活质量

肿瘤患者生活质量(quality of life,QOL)是指生活在不同文化和价值体系中,个体对目标、期望、标准及关注问题和有关生存状态的体验。随着诊治水平的不断进步,恶性肿瘤患者的生存率较过去获得提升,QOL 已经成为恶性肿瘤综合防治研究中的重要组成部分,避免或减轻诊治过程给患者的身心健康、家庭生活、社会经济状况及人际关系所造成的危害,在疾病康复过程中修复其心理创伤,是当今提高肿瘤患者 QOL 需要重视的问题。

基于对 QOL 不同内涵的定义和认识,发展了各种用于评价恶性肿瘤患者 QOL 的测量方法和量表,包括反映肿瘤患者共性的 QOL 核心量表和适用于不同恶性肿瘤的特异性量表。

(一) 治疗后一般功能评估量表(FACT-G)

治疗后一般功能评估量表包括 28 项条目,每项分为 0~4 个等级,包括躯体状况(7 项)、社会/家庭状况(7 项)、与医师关系(2 项)、情绪状况(5 项)及功能状况(7 项)。分数越高表示 QOL 良好。

(二) 欧洲癌症研究与治疗组织生存质量中心调查表(QLQ-C30)

欧洲癌症研究与治疗组织生存质量中心调查表是评估肿瘤患者 QOL 的一般问卷,内容涵盖了 30 项条目,分为 5 个功能维度(躯体功能、角色功能、情绪功能、认知功能、社会功能)、3 个症状维度(疲倦、恶心呕吐、疼痛)、6 个单项问题(气促、失眠、食欲丧失、便秘、腹泻、经济困难)和 2 个有关健康状况及生存质量的一般性问题。所有项目评分 0~100 分。症状和单项问题得分高,表明问题多;而其他方面得分高,表示 QOL 高。

（三）华盛顿大学生存质量表（VW-QOL）

华盛顿大学生存质量表是一种患者自评量表,包括 9 个方面:疼痛、毁容、活动、休养/娱乐、职业、咀嚼、吞咽、讲话、肩功能障碍。正常功能 100 分,分数越低表示功能越差。

（四）格拉斯哥经济调查表（GBI）

格拉斯哥经济调查表是一种调查患者经济状况的 QOL 量,分为两个部分:与术前比较,一是术后 QOL 分为很好、较好、无变化、较差和很差共 5 级,社会活动频繁度也分为很多、多、不变、少和很少共 5 级。二是术后经济状况分为很好、好、无变化、差、很差共 5 等。另外,叙述自己术后职业的改变及产生的负面影响。

（五）医院抑郁情绪测定（HAD）

医院抑郁情绪测定包括焦虑与抑郁各 7 个问题,每个问题有 0~3 计分,各症状(焦虑、抑郁等)得分:0~7 分为无表现、8~10 分为可疑、11~12 分为有反应。

（六）贝克抑郁调查表（BDI）

贝克抑郁调查表是一种患者自评抑郁表,包括 21 个项目,反映患者抑郁行为特征问题,即悲观无望的感觉、自身消极的态度及单调呆板的生活,每项为 0~3 计分。

第七节　抗肿瘤治疗的不良反应

抗肿瘤治疗包括手术、放疗、化疗、靶向、免疫治疗,在治疗过程中患者会出现不同程度的、与治疗相关的不良反应。不良事件可以是有症状的,也可以是无症状但通过临床或放射影像发现,或者由实验室或其他化验方法发现的,比如恶心、呕吐、头晕等都是不良事件。

为了对不良事件进行确切的定义,准确判断不良反应的严重程度、持续事件、继发症状等,需要有一定的标准,常用的标准有 WHO 标准、RTOG/EORTC（Radiation Therapy Oncology Group/European Organization for Research and Treatment of Cancer）标准、CTCAE 标准等。CTCAE（Common Terminology Criteria for Adverse Events）标准是目前最全面的评价体系,近年来使用广泛,目前已经发展到 5.0 版本。1 级:轻度,无症状或轻微,仅为临床或诊断所见,无需治疗;2 级:中度,需要较小、局部或非侵入性治疗,与年龄相当的工具性日常生活活动受限;3 级:严重或者具重要医学意义但不会立即危及生命,导致住院或者延长住院时间,致残自理性日常生活活动受限;4 级:危及生命,需要紧急治疗;5 级:与 AE 相关的死亡。

RTOG 标准对于放疗的毒性反应一直给予极大的重视,1992 年 RTOG 毒性标准的简写版正式发行。随着毒性标准研究的进展,RTOG 发行了急性放射损伤分级方案、晚期放射损伤分级方案和 SOMA 分级。1999 年发行 CTC2.0（common toxicity criteria 2.0）,2003 年发行了 CTC3.0,即常见治疗不良反应 CTC 标准 3.0 版（common terminology criteria for adverse events v3.0,CTCAE）。

第八节　循证医学在肿瘤临床
研究中的应用

循证医学（evidence-based medicine,EBM）即遵循证据的医学,核心思想是医疗决策的确定应基于客观的临床研究依据,临床诊疗决策须建立在当前最好的研究证据与临床专业知识和患者的价值观相结合的基础上。强调最佳证据、专业知识和经验、患者需求三者的结合,三者缺一不可、相辅相成,共同构成循证思维的主体。近年社会生活方式的改变导致肿瘤的发病率呈上升趋势,医学技术的进步使肿瘤患者总体生存时间较既往更长,肿瘤整体向慢性病的方向发展。因此,探索肿瘤诊疗和预后的最佳模式,需要使用循证医学的方法和理念。

循证医学证据的等级,目前主要采用 2001 年英国牛津大学循证医学中心证据分级系统。该系统由 Bob Phillips、Chris Ball、David Sackett 等临床流行病学和循证医学专家共同制定,并首次在证据分级的基础上提出了分类概念,涉及治疗、预防、病因、危害、预后、诊断、经济学分析 7 个方面,更具针对性和适用性,成为循证医学教学和循证临床实践中公认的经典标准。根据证据来源和研究设计的严谨程度,将证据水平(level of evidence)分为 5 级、推荐级别(grade of recommendation)分为 4 级(表 2-6)。

表 2-6 循证医学的证据水平和推荐等级

证据水平	来源	相应的推荐强度级别
1	设计良好的随机对照试验或系统评价	A
2	设计较好的队列研究和系统评价、非随机对照研究或者病例对照研究或质量欠佳的随机对照试验	B
3	病例对照研究或者系统评价	B
4	病例分析或者质量欠佳的病例对照研究、无对照的临床干预研究	C
5	专家意见或者描述性研究、专业共识	D
推荐级别		
A	来源于 1 级证据,证据极有效	强烈推荐给所有临床人员
B	来源于 2、3 级证据,证据有效	可建议推荐给符合应用条件的临床人员
C	来源于 4 级证据,证据在一定条件下有效	研究结果在应用时应谨慎
D	来源于 5 级证据,证据的有效性受到较多限制	只在较窄的范围内有效

目前医学领域科学研究大致分为三类:基础研究、转化型研究和临床应用型研究。基础研究是在实验室里进行的,在分子、细胞、动物等水平上的研究,是有关生命与疾病物质基础、原理、机制等理论层面的探索。转化型研究是试图将基础研究成果转化为医疗诊断和干预方法的过渡性研究,如新药和新诊断方法研发中连接实验室研究和人群研究的中间探索。临床应用型研究是在人群中评估诊治方法实际应用效果及其大小的一类研究,观察暴露或干预对临床结局的直接影响,可以直接用于指导和改善医学决策和实践。其中临床应用型研究是循证医学的根基,按照其设计类型、研究对象及结论的可靠性,分为原始研究和二次研究。原始研究指在临床实践中发现并总结归纳一定规律的原创研究,根据研究有无干预因素可以划分为实验性研究(随机对照和非随机对照研究)和观察性研究(描述性和分析性

研究)。二次研究是指在已有研究基础上进行的再加工,包括文献综述、系统评价、临床实践指南、卫生经济学研究等。

一、随机对照研究

随机对照研究指采用随机的方法,将研究对象随机分到试验组和对照组,对不同组实施不同的干预措施,观察干预措施的效应,并采取客观的指标衡量试验结果。随机对照研究能够最大程度地避免设计、实施中可能出现的各种偏倚,能够平衡混杂因素,提高统计学检验的有效性,拥有较高的证据级别,被公认为是评价干预措施的金标准。

二、非随机对照研究

非随机对照研究指试验组和对照组的受试对象不是采用随机的方法分组,而是由患者或医师根据病情及有关因素人为纳入试验组或对照组,并进行同期的对照试验。非随机对照试验可行性好、依从性较好,但容易受到选择性偏倚和测量性偏倚的影响,结论的论证强度减弱。

三、描述性研究

描述性研究只描述一个事件或现状,不能作为病因分析的直接证据,目的是提出病因假设,为进一步开展分析性研究提供参考。不设对照组,论证强度较弱。

1. 横断面研究 通过对特定时间点和特定范围内人群中的疾病或健康状况和有关暴露因素的分布状况的资料收集、描述,从而为进一步的研究提供病因线索。该研究常用于评估急性或慢性疾病的患病率,因而横断面研究又被称为患病率调查。结局和暴露是在同一时间被确定,无法证明二者的因果关系,不能用于探索疾病原因或干预结果,研究结果常常被用来建立临床现象之间的因果关系假设。

2. 个案/病例系列研究 指的是对一两个或多个病例进行记录和描述,在疾病的表现、机理以及诊断治疗等方面的医学报告。

四、分析性研究

与描述性研究不同的一点在于,分析性研究有对照组,包括病例对照研究(结局→暴露因素)、队列研究(暴露因素→结局)。

1. 病例对照研究 确定病例组(该病的患者)和对照组(正常人群或未患该病的人群),然后回顾性收集既往的暴露情况,进而判断暴露因素与疾病有无关联及关联强度。病例对照研究是从"果"至"因"的回顾性、观察性研究,是验证病因假说的重要工具。

2. 队列研究 将人群按照暴露或未暴露于某种因素(包括危险因素、致病因素等)分为两组,追踪两组发病或死亡的结局,比较组间结局发生率的差异,从而判定暴露因素与结局有无因果关联及关联程度的大小。队列研究是一种从"因"到"果"的观察性研究,能确定疾病相关的因果关系。

提供证据等级排序从低到高依次为:描述性研究→病例对照研究→队列研究→非随机对照研究→随机对照研究。

五、真实世界研究

循证医学是现代医学不断发展和得以实施的重要基石,既往普遍认为前瞻性随机对照临床研究是循证医学的金标准,但并非唯一证据来源。近年来真实世界研究快速增长,对于研究人员、医疗从业者和监管机构来说,真实世界研究(real world study,RWS)可以是一系列肿瘤研究问题的重要解决方案。与严谨的设计和分析方法相结合,RWS同样可以为恶性肿瘤的预防和治疗提供有效的循证医学证据。

目前根据 RWS 的数据来源可将肿瘤研究相关 RWS 分为不同类型,主要包括:①医保来源;②电子健康记录来源;③恶性肿瘤登记部门来源;④医疗数据集成来源;⑤专业数据供应商及其数据网络来源。

第三章 临床放射物理学

第一节 原子结构和放射性衰变

一、原子结构

原子是具有独特物理、化学特性的物质的最小单元，一共118种，其中92种天然存在，其余为人工合成。原子的中心是带正电的核，学名为原子核，外围由在外围轨道上运动的电子(电子云)包绕。中性原子状态时，原子核内质子的数目和周围轨道上的电子数目相同。如果原子的电子数目多于或少于质子的数目，则称为负离子或正离子。

二、放射性衰变

原子核内带正电的质子间存在静电斥力(库仑)，质子与中子间存在核引力，在两者平衡时原子核维持稳定存在状态。而当失去平衡时，这些不稳定的原子核易发生变化以达到更稳定的质子中子配置，此变化常伴随粒子和电磁辐射(光子)的发射，同时伴有大量能量的释放，这些能量的释放会增加最终生成的原子核的核子束缚能。这些变化即所谓的原子核的放射性衰变，过程被称为放射性。放射性衰变是放射性核素释放能量、并形成稳定核素的过程，通常分为以下三种：

(一) α衰变

α衰变是指原子核发射由2个质子和2个中子组成的α粒子(He原子核)以达到更稳定状态的衰变过程。α衰变通常发生在原子序数大于82的核素中，转换后的质量数总和与原子序数总和与衰变前的母核相等。在α衰变过程中释放的能量是α粒子的动能，有时也伴随异构体转换导致的γ射线或电子转换而引起的能量释放。α粒子的释放总是伴有特定核转换所产生的特征能量。

(二) β衰变

β衰变也称为负电子发射，β衰变模式下，原子核内中子转变为质子，发射出电子或中微子；或者原子核内质子转变为中子，发射出正电子和中微子。

(三) γ衰变

原子核处于激发态(发生α、β衰变)时，原子核从高能级向低能级跃迁以退激，即原子核的异构体能级在变化时发出γ射线，核外电子的能量变化发射X线。

三、天然与人工合成的放射性核素

天然存在的大部分放射性核素都是三种(铀系、锕系、钍系)天然放射性衰变系列中的一员,另有 14 种天然存在且不是上述三种衰变系列的放射性核素成员,分别为 ^{3}H、^{14}C、^{40}K、^{50}V、^{87}Rb、^{115}In、^{130}Te、^{138}La、^{142}Ce、^{144}Nd、^{147}Sm、^{176}Lu、^{187}Re 和 ^{192}Pt。所有天然存在的放射性核素通过发射 α 粒子或负电子衰变,每次变化质量数的改变为 4 或 0,原子序数的改变为 –2 或 +1。

放射性同位素也可以通过中子束或加速器的高能粒子流轰击选择的原子核人工制备生产出来,在生物医学和临床医学同样有广泛的应用。原子核有过多的中子则会产生负电子衰变,此类核素是通过核反应堆或中子发生器的中子轰击某些核素获得。而过多质子的放射性核素由粒子加速器的高能正电荷粒子轰击原子核生产,然后这些放射性核素通过电子俘获或在转换能适当的情况下通过正电子放射衰变。

第二节 射线与物质的作用

原子的核外电子获得足够能量挣脱原子核束缚时,称为原子的电离。由电子、质子、重离子等带电粒子与原子的核外电子直接碰撞造成的电离称为直接电离。而光子、中子等不带电粒子,本身不能使物质电离,但其能借助与原子壳外电子或原子核作用从而产生电子、反冲核等次级粒子,这些次级粒子再与物质中的原子产生作用发生电离称为间接电离。

了解射线与物质的相互作用对放射肿瘤学至关重要,对于肿瘤放射治疗来说,理想的射线作用于人体后,应具备肿瘤杀伤作用与合理的正常组织保护的平衡。目前已有多种射线及相应的治疗设备应用于临床肿瘤治疗。

一、带电粒子与物质的相互作用

(一) 作用方式

1. 与核外电子发生非弹性碰撞　入射带电粒子于物质原子近旁经过,核外电子受到库仑力作用发生非弹性碰撞,跃迁至更高能级的轨道或直接脱离原子,引起原子电离和激发,处于激发态的原子很不稳定,跃迁至高能级的电子会自发迁到低能级使原子恢复基态,释放特征 X 射线或俄歇电子。

2. 与原子核发生非弹性碰撞　入射带电粒子于物质原子核近旁经过,在原子核库仑力作用下,导致粒子的速度和方向发生变化,此时带电粒子的一部分动能变成具有连续能谱的 X 射线辐射,称为轫致辐射。临床所使用的 X 线机或加速器发生的 X 射线,均基于上述两种作用方式的原理(轫致辐射占主要)产生。

3. 与核外电子/原子核发生弹性碰撞　带电粒子可以与轨道电子发生弹性碰撞,也可以与原子核发生弹性碰撞,此时尽管带电粒子的运动方向和速度发生变化,但不激发原子核也不辐射光子,其相互作用满足动能和能量守恒规律。

4. 与原子核发生核反应　当一个重带电粒子具有足够的能量(100MeV)且与原子核的碰撞距离小于原子核半径时,如果有一个或数个核子被入射粒子击中,这些核子会离开原核,失去核子的原子核处于激发态,通过发射蒸发粒子(较低能量的核子)与γ射线退激。

(二) 作用射程

带电粒子与物质相互作用过程中,最终将损伤所有的动能停止运动,沿入射向从入射位置至停止的位置称为射程。

1. 电子束射程　电子因其质量较小,每次碰撞产生的电离辐射损失较大,同时发生大角度偏转,射程呈现为分布于一个很宽的范围内。电子束的百分深度剂量曲线也因此表现为表面吸收剂量较高,随深度增加很快达到最大点,最大剂量点附近有一个高剂量坪区,随后剂量跌落。

2. 质子重粒子射程　穿过物质的路径较直,粒子数随吸收深度的变化曲线呈现为开始时较平坦而尾部快速下降,深度剂量曲线具有在射程末端出现尖峰(布拉格峰)的特点。对于肿瘤治疗来说,可将尖峰位置调整至肿瘤深度,而尖峰后由于剂量快速跌落可有效保护肿瘤后方的正常组织。

二、非带电粒子与物质的相互作用

(一) X(γ)光子

1. 光电效应　光子与原子的轨道电子发生相互作用,将全部能量传递后光子消失,轨道电子从原子中弹射出去挣脱原子束缚成为自由电子(称为光电子),原子的电子轨道出现一个空位而处于激发态,外壳层轨道电子填补该空位并发射特征X射线,也可能发射俄歇电子(是特征X射线在原子内被吸收而产生的单能电子),从而回到基态。

2. 康普顿效应　入射X(γ)光子与原子内一个轨道电子发生相互作用时,光子损失一部分能量并改变运动方向,电子获得能量而脱离原子称为康普顿效应。损失能量后的X(γ)光子称为散射光子,获得能量的电子称为反冲电子。

3. 电子对效应　当X(γ)光子从原子核旁经过时,在原子核库仑场的作用下形成一对正负电子,此过程称电子对效应。

图3-1为光子与物质相互作用的三种形式,取决于两个参数:作用物质的原子序数、光子的能量。与带电粒子有确定的射程不同,X(γ)光子没有射程的概念,入射到物体后,其强度随穿透物质厚度近似指数衰减。

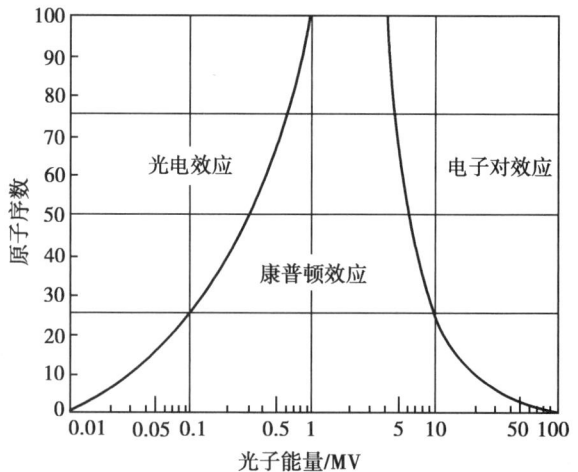

图3-1　光子与物质相互作用中三种主要作用的相对占优势区域

(二) 中子与物质的相互作用

中子不带电,不能直接引起物质原子电离或激发,中子主要与原子核发生相互作用,通过弹性碰撞与原子核内的中子相互作用产生反冲质子及带电的低能原子核碎片,产生间接电离辐射,在物质中呈指数衰减。

第三节　辐射剂量学

当光子或电子等电离辐射进入人体后,与人体组织中的原子相互作用,人体组织吸收电离辐射的能量会产生一系列的物理、化学和生物学变化,最终导致组织的生物学损伤,即生物效应。生物效应的大小正比于组织中吸收剂量的电离辐射能量,因此确定组织中所吸收的电离辐射的能量,对正确地评估放射治疗的疗效和副作用非常重要。单位质量物质吸收电离辐射的平均能量称为吸收剂量,其精确确定是进行放射治疗的基本物理学要素。

国际上选择和定义辐射特征量及单位的权威组织是"国际辐射单位和测量委员会(International Commission on Radiation Units and Measurements,ICRU)"和"国际辐射防护委员会(International Commission on Radiation Protection,ICRP)"。现在已有一套较为完善的电离辐射量和单位,对辐射效应的定量研究也发展成为一门专门的学科,即辐射剂量学。

一、照射量

在以空气为介质的辐射场中,X 或 γ 射线与空气发生相互作用时产生次级电子,这些次级电子会进一步与空气作用导致电离,从而产生大量的正负离子。次级电子在电离空气的过程中,能量全部损失。X 或 γ 射线数量越大,被电离的总电荷量也就越多。一般使用次级电子在空气中产生任何一种符号的离子(电子或正离子)总电荷量,反映 X 或 γ 射线对空气的电离本领的大小,是量度 X 或 γ 射线特征的一个物理量,也是 X 射线使用最早的辐射特征量。

照射量 X 的单位为 $C \cdot kg^{-1}$,历史上曾用伦琴(R)作为照射量单位,两者的换算关系为:$1R=2.58 \times 10^{-4} C \cdot kg^{-1}$。由于照射量是用来衡量 X(γ)辐射致空气电离程度的物理量,因此只能用于 X(γ)辐射,不能用于其他类型的辐射(例如电子束、中子等),而且只能用于空气,不能用于其他物质。

二、比释动能

辐射剂量学中用比释动能描述间接致电离粒子与物质相互作用时,传递给电离粒子能量的大小。比释动能(Kerma,K)定义为从间接电离辐射转移到直接电离辐射的平均数量值,不考虑转移后发生的情况。比释动能的 SI 单位是焦耳/千克(J/kg),专业名称为"戈瑞",简称"戈",用符号"Gy"表示。

三、吸收剂量

辐射剂量学以吸收剂量(absorbed dose,D)来衡量物质吸收辐射能量的多少,并以此研究能量吸收与辐射效应的关系。吸收剂量沿用的旧单位是"拉德",符号记作"rad",$1rad=10^{-2}Gy$。吸收剂量同时适用于间接和直接电离辐射。

照射量、比释动能和吸收剂量在相同条件下存在一定的关系,但是,三者是概念完全不同的辐射量,三者的区别主要体现在剂量学中的含义和适用范围的不同,如下页表3-1所示。

表 3-1 照射量、比释动能和吸收剂量对照表

对照参量	照射量	比释动能	吸收剂量
剂量学含义	表征 X（γ）射线在参考体积内用于电离空气的能量	表征非带电粒子在参考体积内交给带电粒子的能量	表征任何辐射在参考体积内被物质吸收的能量
适用介质	空气	任何介质	任何介质
适用辐射类型	X（γ）射线	非带电粒子辐射	任何辐射

第四节　外照射射野剂量学

一、常用概念与术语

1. 辐射质　由射线能谱决定的射线电离辐射特征，辐射质通常用来衡量射线穿透物理的能力。不同种类电离辐射，临床表示方法不同。高能 X 射线以产生 X 射线的电子的等效加速电压标称值兆伏（megavoltage, MV）为单位，其剂量学特征由深度剂量分布的特定参数表示。高能电子束以兆电子伏（MeV）表示，剂量学特征由水模体表面平均能量和半值水深等参数表示。

2. 射线束中心轴　射线束的中心对称轴线，临床上一般用放射源与最后一个准直器/限束器中心的连线作为射线中心轴。

3. 照射野　表示射线束经准直器后垂直通过模体的范围，用模体表面的截面大小表示照射野的面积。临床剂量学中规定模体内 50% 同等剂量曲线的延长线交于模体表面的区域定义为照射野的大小。

4. 源皮距、源轴距、源瘤距　源皮距（source skin distance, SSD）表示沿射线中心轴从射线源到皮肤表面的距离。源轴距（source axial distance, SAD）表示射线源到治疗机等中心点的距离。源瘤距（source tumor distance, STD）表示射线源沿射线中心轴到肿瘤内所考虑点的距离。

5. 百分深度剂量（percentage depth dose, PDD）　描述射线沿中心轴相对剂量分布的物理量，将射线中心轴上各点剂量以某一个参考剂量进行归一，从而得到沿射线中心轴上不同深度处相对剂量分布，如图 3-2。因此，百分深度剂量定义为：体模内射线中心轴上任意点的吸收剂量与参考深度处剂量之比。

$$PDD = \frac{D_d}{D_0} \times 100 \qquad （式 3-1）$$

式 3-1 中，D_d 为射线中心轴上深度为 d 点的吸收剂量，D_0 为射线中心轴上参考深度 d_0 处吸收剂量。对管电压小于 400kV 的深部治疗 X 线机产生的 X 线，参考点深度一般取在体模的表面，即 $d_0=0$。对高能 X、γ 射线，其参考点一般取在体模内剂量最大点 D_{max} 处，即：

$$PDD = \frac{D_d}{D_m} \times 100 \qquad （式 3-2）$$

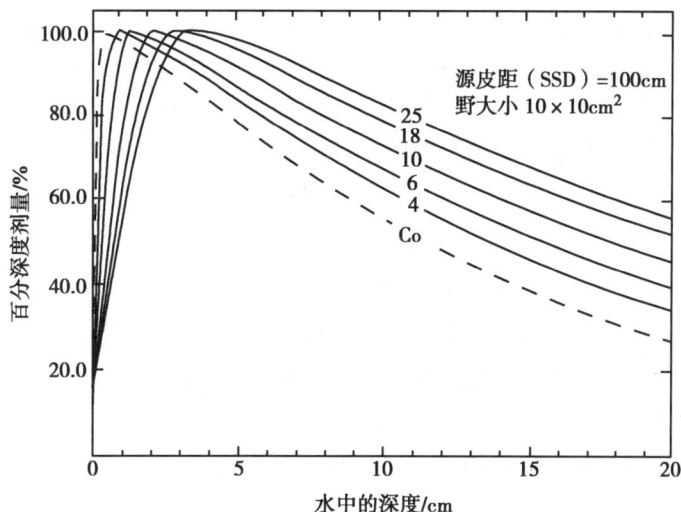

图 3-2 百分深度剂量随 X 射线能量变化图

影响 X 射线射野中心轴上剂量分布的因素很多,如射线质、深度、照射野、射线源到模体表面的距离、射线的准直器等。

6. 建成区(build-up region) 指 PDD 曲线最大剂量深度之前的区域,其大小取决于射线束的类型和能量,能量越低,建成区越趋近于表面,反之能量越高,建成效应越明显。

7. 半影区 射野边缘附近剂量随离轴距离增加急剧减小的区域,其宽度(通常用 80% 和 20% 的等剂量线间距离表示)由几何半影、散射半影、穿透半影决定。

8. 准直器散射因子与模体散射因子 准直器散射因子是空气中某一大小射野的输出剂量与参考射野的输出剂量之比,也称为射野输出因子,随射野的增大而增大。模体散射因子指准直器开口不变情况下,模体中某一大小射野的吸收剂量与参考射野的吸收剂量之比。

9. 楔形板与楔形因子 为获得特定形状的剂量分布,临床有时需要对射束加特殊过滤器或吸收挡块,楔形板是最常用的过滤器之一。通常由高密度材料制成,放在射野准直器上方或下方,如放在下方应离开体表至少 15cm,以避免电子污染造成皮肤损伤。楔形因子指射野中心轴上某一深度处,楔形射野和开野分别照射时吸收剂量率之比。

10. 等剂量线 指模体内剂量相同点的连线。

二、光子束射野剂量学

(一)X(γ)射线百分深度剂量特点

受到射线束能量、射野大小、源皮距及模体深度等因素的影响,不同类型的射线影响程度不同。

1. 射线质及深度 射线能量越高,其穿透能力越大,射线在较深部位所产生的吸收剂量就越大,百分深度剂量增加。高能 X(γ)射线表面剂量较低,深度剂量随深度增加逐渐增加,直至达到最大剂量点,随后逐渐下降。

2. 照射野 照射野很小时,模体内某一点的剂量主要是原射线的贡献,散射线很小。

而由于照射野越大,散射线对吸收剂量的贡献增加,表现为随着射野尺寸增加,百分深度剂量增加,增加幅度取决于射线束的能量。不同形状照射野的百分深度剂量可进行转换。当矩形野或不规则照射野中心轴上的百分深度剂量与某一方形野的百分深度剂量相同时,该方形野叫作所使用的矩形或不规则野的等效照射野。若矩形野的长、宽分别为 a 和 b,等效方形野的边长为 c,根据面积/周长比形同的方法,则:

$$\frac{c^2}{4c} = \frac{a \times b}{2(a+b)} \quad 即 \quad c = \frac{2 \cdot a \cdot b}{(a+b)} \qquad (式 3-3)$$

3. 源皮距　在同一深度下,射线能量、照射面积不变的情况下,源皮距越小,百分深度剂量越小,且随深度变化越快;源皮距越大,百分深度剂量也越高。

（二）临床放疗中常用光子射线

临床放疗中常用光子射线包括 ^{60}Co γ 射线、6~18MV X 射线等,其 SSD 分别为 80cm 和 100cm。

三、电子线射野剂量学

（一）高能电子线百分深度剂量特点

高能电子线百分深度剂量分为剂量建成区、高剂量坪区、剂量跌落区和 X 射线污染区四部分,具有高剂量区后剂量迅速下降的特点。常规电子线治疗中 X 射线剂量一般忽略不计,但电子线全身照射时,由于 SSD 的延长,电子线在空气中衰减速率高于 X 射线从而使 X 射线污染比例相对增加,又因采用多野照射技术,累积量增加,相当于低剂量的 X 射线全身照射,应充分考虑并精确计算。

1. 电子束能量　中心轴深度剂量曲线的各个区随电子线能量的增加变化呈现不同特点。当能量增加时,表面剂量增加,高剂量坪区变宽,剂量梯度减小,X 射线污染增加。

2. 中心轴深度　高能电子线的中心轴深度剂量曲线与光子束显著不同,表面剂量高多在 80%~85% 以上,建成区不明显,但随着深度增加剂量很快达到最大点,并形成一个随能量加宽的高剂量坪区,其后形成剂量跌落区,高能电子线深度剂量分布曲线后有一个约为坪区峰值剂量 1%~3% 的 X 线污染区,值越小越好。

3. 射野大小　当照射野增大时,由于侧向散射电子增加,电子束的深度剂量有所增加,在照射野大于二倍电子射程后,中心轴深度剂量曲线不再随射野的增加而变化。

4. 源皮距　为保持电子线的剂量分布特点,电子限光筒的端面与皮肤表面仅留 5cm 左右的间隙,当限光筒至皮肤表面的距离,即源皮距增加时,如电子线皮肤全身照射,百分深度剂量曲线的变化规律是:表面剂量降低,最大剂量深度变深,剂量梯度变陡,X 射线污染增加。

在现代放射治疗中,兆伏级电子束为表浅的肿瘤（深度小于 5cm）治疗提供了一个选择。电子束中心轴深度剂量曲线展示出高的表面剂量（同兆伏级光子束相比）,然后在特定深度,形成剂量最大值,剂量坪区后剂量迅速下降至低水平,形成所谓的韧致辐射尾部。这些特性使得电子束在表浅肿瘤的治疗上,同 X 线相比具有独特的临床优势。

（二）临床放疗中常用电子线

从 20 世纪 50 年代早期，电子线就已经被用于放射治疗，最初是由电子感应加速器产生的电子，后来发展为电子回旋加速器和直线加速器。现代高能直线加速器，除了可产生高能光子束外，也可提供 5~22MeV 的电子线。

第五节　外照射放疗靶区的定义及处方剂量

1993 年、1999 年国际辐射单位和测量委员会（International Commission on Radiation Units and Measurements，ICRU）在其 50、62、83 号报告书中，对 29 号报告（1978 年）中所推荐的有关靶区、治疗区、照射区以及关键器官，靶吸收剂量、热点剂量等概念及其规定作了重要修订，使临床放射治疗医师能够按照此规定执行治疗计划。

一、靶区及危及器官定义

1. 肿瘤区（gross target volume，GTV）　包括已确定的肿瘤侵犯病灶区域，通过临床触诊体检及多种影像诊断手段发现的病变范围，包括肿瘤原发病灶、转移淋巴结或其他转移灶。

2. 临床靶区（clinical target volume，CTV）　包括 GTV、亚临床灶及肿瘤可能侵犯的区域及区域淋巴结。

3. 内靶区（internal target volume，ITV）　在 CTV 基础上，加上潜在呼吸或器官移动等导致的外边界运动范围形成 ITV。可由模拟机、CT、MRI、PET 等时序影像确定。

4. 计划靶区（planning target volume，PTV）　包括 GTV、CTV 以及加上摆位误差、治疗时机误差及治疗间/中靶区变化等因素而外扩的照射范围。确定计划靶区范围时，一定要考虑到所使用的体位固定方式及其可靠性。

5. 治疗区（treatment volume，TV）　定义某一等剂量线/面所包括的范围，该等剂量曲线原则上要由主管医师选定通常选择。

6. 危及器官（organ at risk，OAR）　指靶区周围可能包括的正常组织器官，它们的耐受剂量可能影响治疗计划或处方剂量。

7. 计划危及器官（planning organs at risk volume，PRV）　PRV 是一个几何学概念，类似于计划靶区，即考虑危及器官的摆位误差及在放射治疗过程间/中的位移而外扩一定边界形成。

图 3-3 所示为靶区及危及器官的示意图。需要注意的是，PTV、CTV 是解剖学概念，其边界、大小与患者肿瘤位置、分布及肿瘤周围组织结构有关，TV 是剂量学概念，是由所采用的照射野、照射角度、射线能量等在体内形成的高剂量分布区域。

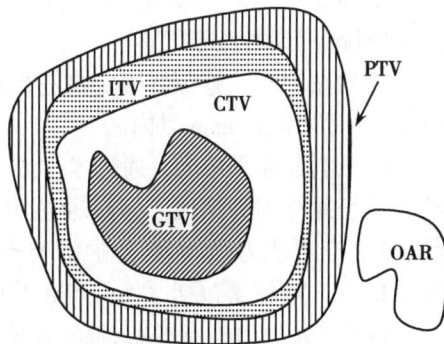

图 3-3　靶区及危及器官示意图

二、处方剂量

临床主要分为参考点、参考等剂量线以及按剂量-体积限值三种方式。

1. 参考点　靶区内特定点给定处方剂量。ICRU62 号报告对参考点作出了以下建议,包括参考点的剂量应与临床相关、能清晰明确定义、位置应方便剂量精确给定及避开高剂量梯度区。一般应位于 PTV 中心或附近,或射束交叉点上。

2. 参考等剂量线　处方剂量给定在某一等剂量线上,这一选定的等剂量线应能确保靶区所接受的剂量满足肿瘤控制的要求。

3. 按剂量-体积限值　对靶区要求满足处方剂量的体积达到一定的约束值。如 PTV 平均剂量要求达到处方剂量,或危及器官要求受照剂量低于某一特定体积百分比。

第六节　近距离放疗

一、近距离放疗物理学特点

1. 射线源　活度比较小,治疗间距短约为 0.5~5cm。
2. 射线能量　大部分被组织吸收。
3. 源瘤距　放射源距肿瘤很近或直接插入肿瘤内,肿瘤局部剂量远高于正常组织。
4. 剂量分布均匀性　由于距离平方反比定律影响,距放射源近的组织剂量高,而距离远的剂量低,靶区剂量分布均匀性远较外照射差。

为了防止高剂量率放疗可能引起的治疗增益比下降,目前应用脉冲式、分次照射两种方式使生物效应尽量接近经典低剂量率连续照射。

二、近距离放疗的临床应用

1. 腔/管内照射　将放射源置入施源器,放入人体内自然管腔中进行放疗。使用最为广泛的包括宫腔或阴道施源器照射治疗宫颈癌。

2. 组织间植入　将放射源暂时性或永久性直接插植至组织内进行照射,如头颈部肿瘤、前列腺癌、软组织肿瘤等。

3. 敷贴治疗　施源器固定在适当模上,敷贴在肿瘤表面进行治疗。主要用于治疗表浅肿瘤,浸润深度在 5mm 以内。

4. 放射性粒子植入　通过术中或 CT、B 超等引导下,根据三维立体种植治疗计划,将放射性粒子种植到肿瘤区。短暂种植用粒子剂量率一般为 0.5~0.7Gy/h,核素包括 ^{192}Ir、^{60}Co、^{125}I,具有穿透能力强、不易防护的特点,临床应用受限。永久性种植用粒子剂量率一般为 0.05~0.10Gy/h,核素包括 ^{198}Au、^{103}Pd、^{125}I,穿透能力弱,临床操作易于防护。

粒子种植方式包括模板种植、B 超或 CT 引导下种植、术中种植。每一种核素均需要特殊的三维治疗计划系统用以指导临床治疗,决定粒子个数和了解靶区及周围危及器官的剂量分布。种植后由于人体活动和器官的相对运动,需要通过摄片来验证粒子的种植质量、空间分布、剂量分布及位移情况等。

第四章　放射治疗生物学

04章

第一节　放射治疗生物效应

放射生物学主要是研究电离辐射对生物体的作用机理和生物效应。临床放射生物学是放射生物学的一个分支,研究的内容包括电离辐射对正常组织和肿瘤组织作用机理和过程、辐射损伤及其修复、放射防护等,是一门解释细胞 DNA 损伤和修复、肿瘤组织乏氧、再氧合和肿瘤细胞再增殖的现象,如何人为地改变正常组织和肿瘤组织对电离辐射的反应性,提高肿瘤的放射敏感性和降低正常组织的放射反应的一门学科。

一、放射治疗生物效应的三个阶段

放射治疗生物效应是辐射粒子和介质的原子间相互作用发生的一系列现象的最终结果,包括物理、化学和生物效应三个阶段(图 4-1)。

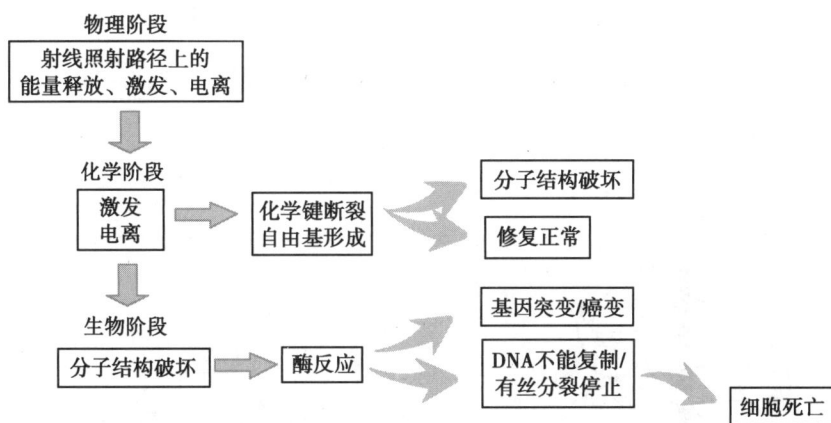

图 4-1　放射治疗生物效应的三个阶段

物理阶段指带电粒子和介质的原子之间的相互作用。介质的原子和分子沿电离粒子径迹产生了电离和激发,导致一系列物理反应。这些物理反应是在粒子通过的非常短的时间内($<10^{-13}$ 秒)发生。物理阶段后随即发生物理-化学和化学反应。

化学阶段指受损伤的原子和分子与其他细胞成分发生快速化学反应的时期。电离和激发导致化学键的断裂和自由基的形成。水大约占活组织重量的80%，化学效应在很大程度上是通过对水分子的电离辐射的间接作用形成。

生物阶段的最终生物效应是电离启动的一连串物理事件和化学效应最终损伤细胞赖以生存的大分子的结果。电离辐射的生物效应主要是细胞内DNA的损伤所致。

二、电离辐射的直接作用和间接作用

电离辐射的作用可分为两类：电离辐射的直接作用和电离辐射的间接作用，电离辐射发射带电粒子，如电子、质子、α粒子等时，主要产生直接作用，带电粒子与物质发生碰撞使物质电离。电离辐射发射不带电粒子，如光子（X线、γ线）、中子等，主要产生间接作用。

成年人体组织大约含有 5×10^{13} 个细胞，这些细胞是基本的生物单元，它们代表电离辐射的生物靶。

一个 $10\mu m$ 直径的细胞每吸收1Gy的照射剂量将会产生超过 10^5 次的电离，大于1 000个DNA碱基损伤，约1 000个DNA单链断裂以及20~40个双链断裂。由于DNA有效修复，细胞损伤相当有限。

电离辐射的直接作用：电离辐射直接作用于细胞内DNA，从而诱发一系列导致生物变化的事件，称为电离辐射的直接作用（图4-2）。高LET射线（如质子或α粒子）主要是直接作用。

电离辐射的间接作用：电离辐射还可与细胞内的其他原子或分子（特别是水）相互作用，产生自由基，自由基可以扩散并损伤关键靶DNA，称为电离辐射的间接作用（图4-2）。

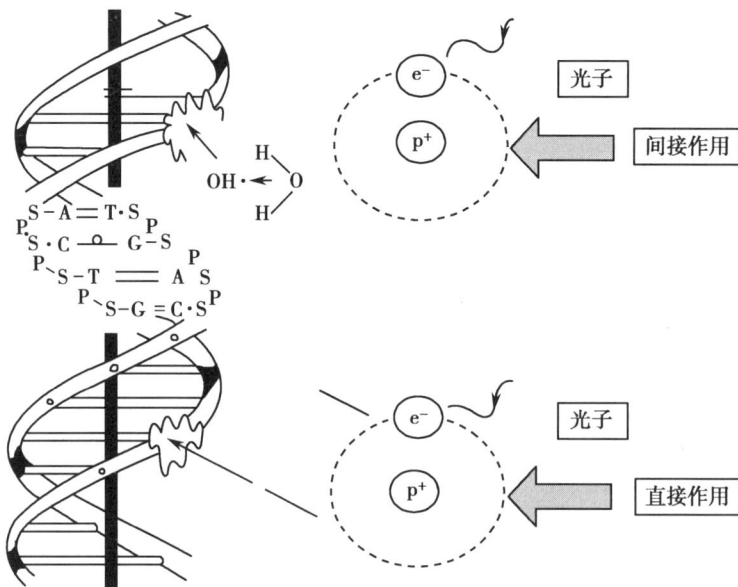

图 4-2　电离辐射的直接作用和间接作用

所谓自由基是用于描述含有不配对电子的一个原子或一个原子团，外层携带不成对轨道电子，它们具有很高的化学活性。

细胞内 80% 是水,辐射作用于生物大分子或水分子均可引起电离和激发。当 X 射线或 γ 射线的光子以及带电粒子与水分子作用时,水分子被电离,产生一个正粒子(H_2O^+)和一个自由电子(e^-),这可表示为:

$$H_2O \xrightarrow{\text{电离}} H_2O^+ + e^-$$

当电离辐射对水分子作用不足以使电子击出,不能发生电离作用,只使水分子的电子跃迁至外层,即称为水分子的激发。激发的水分子(H_2O)很不稳定,迅速释放能量解离成 H 和 OH 两种自由基,这可表示为:

$$H_2O \xrightarrow{\text{激发}} H_2O \longrightarrow H + OH$$

三、传能线密度与相对生物效应

用传能线密度(linear energy transfer,LET)的概念来比较射线的质,用相对生物效应(relative biologic effectiveness,RBE)来比较不同 LET 生物效应的差别。

(一) 传能线密度

LET 是单位长度径迹上能量的转换。单位是每微米密度物质的千电子伏(keV/μm)。低 LET 射线包括 X、γ 线、电子线。γ 线的 LET 值为 0.3keV/μm。高 LET 射线包括质子、α 粒子、负 π 介子、碳离子。α 粒子的 LET 值为 100keV/μm。计算公式:

$$L = dE/dL$$

式中,L 是 LET,为 dE/dL 的商,dE 是特定能量的带电粒子在 dL 的传递距离中所给予介质局部平均能量。

电离辐射产生的生物效应与 LET 的高、低有关。高 LET 的质子要比低 LET 的 X 线更有效地产生生物效应。

(二) 相对生物效应

当照射剂量相同,而电离辐射种类不同时,产生的生物效应不同。高 LET 辐射的生物效应大于低 LET 的生物效应,所以一般以 250kV X 射线为标准,常用相对生物效应(RBE)来表示,为产生相等生物效应所需的 X 射线剂量与被测试射线的剂量之比。计算公式:

$$RBE = D_{250}/D_r$$

式中,D_{250} 和 D_r 分别是产生相等生物效应的 250kV X 射线的剂量和被测试射线剂量。

四、放射治疗剂量

1964 年和 1968 年,国际辐射单位和测量委员会建议对照射剂量和吸收剂量做出定义,照射剂量是指空气中某一点测出的放射量。用 exposure dose 或 exposure 代表照射剂量。通常用公式 $E = dQ/dm$ 来表示。

吸收剂量指单位质量的被照射物质所吸收的能量,用 dose 代表吸收剂量,通常用公式 $D = E/M$(J/g)来表示。

吸收剂量过去用 "rad(拉德)" 表示,现改为 "Gy(戈瑞)" 表示。

$$1Gy = 100rad$$

五、影响电离辐射生物学效应的主要因素

(一) 与辐射有关的因素

1. 辐射种类 不同种类的射线产生的生物效应不同。

2. 总剂量 在一定剂量范围内总剂量愈大,效应愈显著。总剂量超出正常组织的耐受量,则可产生组织损伤和不可逆的远期并发症。

3. 分次剂量 总剂量相同,分次照射剂量越大,生物效应越明显。

4. 剂量率 一般剂量率愈大,效应愈显著。

5. 照射部位 照射部位不同,生物效应反应不一样。

6. 照射容积 受照容积愈大,生物效应越明显。

7. 照射方式 照射方式可分为内照射、外照射和混合照射。不同照射方式产生的生物效应不同。

(二) 机体的放射敏感性

生物机体对辐射的反应也有较大的差别,即放射敏感性的差别。

1. 种系的放射敏感性 种系演化愈高,组织结构愈复杂,放射敏感性就愈高。

2. 个体发育的放射敏感性 放射敏感性随着个体发育过程而逐渐降低。妊娠的最初阶段最敏感,幼年比成年放射敏感性高,相较于中青年,老年辐射敏感性有所提高。

3. 不同器官、组织的放射敏感性

(1) 高度敏感的组织:骨髓、性腺、胚胎组织。

(2) 中度敏感组织:肾、肝、肺、皮肤、内皮、上皮、感觉器官、唾液腺。

(3) 低度敏感组织:中枢神经系统、内分泌腺、心脏。

(4) 不敏感组织:骨骼、肌肉、结缔组织。

4. 细胞的放射敏感性 细胞的放射敏感性与分裂活动成正比,与分化程度呈反比。

5. 分子水平的放射敏感性 不同生物大分子的敏感性为 DNA>RNA>蛋白质。

六、电离辐射的细胞效应

(一) 细胞周期辐射效应

细胞周期(cell cycle)是指细胞从一次有丝分裂完成开始,到下一次分裂结束所经历的全过程(G_0-G_1-S-G_2-M)。同一细胞所处细胞周期的不同阶段,其放射敏感性也明显不同。对于大多数细胞而言,G_1/S 期边界时的敏感性上升到一个最高点,此时细胞接受照射后克隆形成能力最低;随着 S 期的进程,细胞辐射敏感性渐渐降低,到晚 S 期抗性最高,相应形成克隆能力最高;进入 G_2/M 期,细胞又向敏感性表型转变,M 期为细胞又一个辐射最敏感期。

细胞受照射后有丝分裂的进程最终表现为有丝分裂的延迟,其具有可逆性和剂量依赖性。处于细胞周期中的细胞暂时停留在 G_1 期,称为辐射诱导的 G_1 期停滞,G_1 期的出现取决于细胞系 P53 的状态;也使得处于细胞周期中的细胞暂时停留在 G_2 期,称为辐射诱导的 G_2 期停滞,不进入 M 期,G_2 期细胞堆积后经过一段时间,大量细胞同时进入 M;电离辐射使得细胞 S 期进程缓慢,称为 S 期延迟。若发生在细胞周期中的 G_2 期细胞既不能进入有丝分裂 M 期,又不能发生 G_2 期停滞而是继续 DNA 复制,使细胞形成不分裂的巨细胞,最终导致细胞死亡。

（二）辐射所致的细胞死亡

细胞死亡是由放射线对细胞的遗传物质和 DNA 造成不可修复的损伤所致,包括两种主要形式:①间期死亡:细胞受照射后在有丝分裂间期即死亡;②增殖死亡:细胞受照射后经过1 个或几个分裂周期以后,丧失了继续增殖的能力而死亡,称增殖死亡。

（三）辐射对细胞的损伤表现

辐射对细胞的损伤表现为:

1. 膜的改变　有核膜肿胀、核膜破裂,细胞膜、酶、蛋白质、脂蛋白的改变,可能影响细胞膜的生物学功能。

2. 细胞核的改变　表现有细胞核肿胀、固缩、溶解、碎裂等。

3. DNA 损伤　可导致细胞凋亡、子代细胞畸变等。

七、辐射所致的 DNA 损伤

DNA 是细胞复制和遗传的基础,DNA 是引起一系列放射生物学效应的关键靶。

（一）辐射所致的 DNA 分子损伤

1. DNA 链断裂　DNA 双链中一条链断裂者称为单链断裂（single strand break,SSB）,如果 DNA 发生双链断裂,两条链在同一处或相邻处断裂者称为双链断裂（double strand break,DSB）。双链断裂是电离辐射在染色体上所致的最关键损伤。

2. 氢键断裂和碱基损伤　DNA 分子是由氢键连接而成的双股螺旋结构。射线使 DNA 结构上的氢原子脱下,DNA 结构从坚实变得比较"疏松"。

3. 分子交联（DNA-DNA 交联与 DNA-蛋白质交联）　电离辐射作用后,产生 DNA-DNA 交联,DNA 内部两条核苷酸链对角的鸟嘌呤发生交联。

（二）辐射所致的 DNA 代谢改变

1. DNA 合成抑制　细胞 DNA 合成的速率常由放射性核素标记的前体掺入率来测定,掺入率的增加代表新的 DNA 合成,采用放射性核素示踪技术,如使用 3H-TdR,可研究射线对 DNA 合成的抑制情况。

2. DNA 分解代谢增强　在 DNA 合成抑制的同时,射线破坏了溶酶体和细胞核的膜结构,使脱氧核糖核酸酶（deoxyribonuclease,DNase）酶释放,DNase 活性增高,导致 DNA 分解代谢增强。

八、细胞存活曲线

（一）细胞存活曲线的概念

细胞存活曲线是用来定量描述辐射吸收剂量与存活细胞数量相关性的一种方法,是理解放射生物学的基础。正常组织和肿瘤对于辐射的反应是极为复杂的生物变化过程。通过电离作用,能量在活组织中沉积,从而引起一系列化学、生物反应,导致细胞损伤并最终出现临床上可观察到的效应。

电离辐射后,细胞有两种主要的效应,即功能丧失和增殖能力丧失。对于已分化不再增殖的细胞,如神经细胞、肌肉细胞或分泌细胞,丧失其特殊功能便可认为是死亡;而对于增殖细胞,如造血干细胞或离体培养生长的细胞,失去完整的增殖能力,即为增殖性死亡

（reproductive death）。

1. 体外培养细胞的存活曲线　单个细胞在体外增殖 6 代以上，其后代所组成的细胞群体形成肉眼可见的克隆或集落，表明细胞保留其完整的增殖能力。这种增殖能力随辐射剂量呈函数性消退的关系，可用细胞存活曲线描述。

2. 克隆　克隆（clone）是指一个存活的细胞可以分裂繁殖成一个细胞群体（大于 50 个细胞），称为"克隆"。这种具有生成"克隆"能力的原始存活细胞，称为"克隆源性细胞（clonogenic cell）"。

3. 克隆形成率　克隆形成率（plating efficiency，PE）指种植细胞能生长成克隆的百分数。如果接种 100 个细胞形成 70 个克隆，其克隆形成率是 70%。

4. 细胞存活率　计算细胞计数及细胞活率就是活细胞的比例，活率测量通常是一个瞬时行为，可以理解为捕获了细胞在活和死的连续过程中，某一瞬间的离散信息。细胞存活率=（受照射细胞形成的克隆数/接种细胞数×PE）×100%。

（二）细胞存活曲线的形式

横坐标表示剂量，按线性标度绘制，纵坐标表示存活率，按对数标度绘制。在坐标上找出照射剂量和细胞存活率相对应的点，将所有的点连接起来形成一条曲线即为细胞存活曲线（图 4-3）。

1. 指数型存活曲线　高 LET 射线，存活率趋近于一条直线，对它的描述用一个参数即可，即直线的斜率。这个斜率用使存活细胞数下降到 37% 所需的剂量来表示，称为 37% 剂量斜率，即 D_0。对于 D_0 可以理解为在剂量-效应曲线的直线部分，使细胞的存活率下降到原来的 37% 处所需的照射剂量（图 4-3）。

2. 非指数型存活曲线　低 LET 射线，如 X 射线，存活曲线常有一初始肩段，随后的部分才成为直线，表示这个曲线用以下几个参数来描述。直线部分用直线的斜率来表示，以 D_0 来表示。曲线部分用外推值 n 来表示，是存活曲线的直线部分外推，与存活率纵轴相交处。曲线的肩段小，外推值很小，若曲线的肩段很大，则外推值很大。当存活曲线外推，与存活率为"1"处画出的剂量横轴相交处的剂量值即为准阈剂量 D_q（图 4-3）。

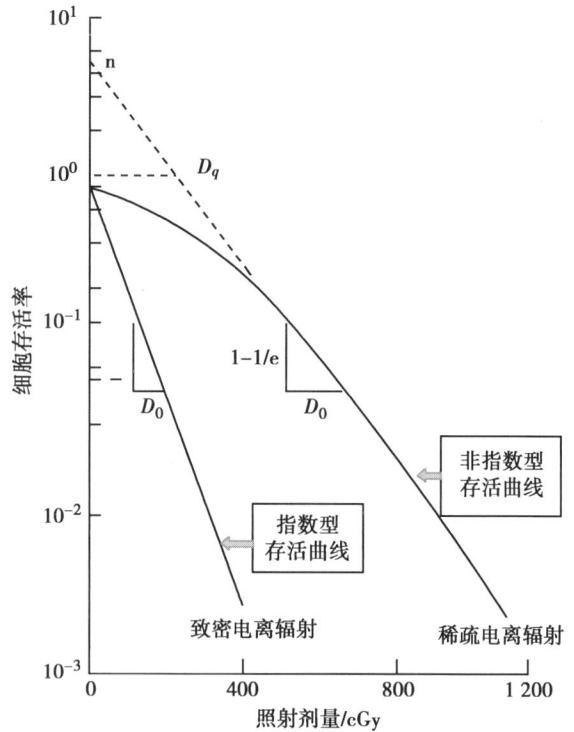

图 4-3　细胞存活曲线

（1）单靶单击模型：指数模型通常适用于细胞或生物大分子的灭活，"单靶单击模型"即细胞或生物大分子内存在一个敏感靶区，该靶区被射线击中一次，即可引起细胞死亡或酶分子灭活，称为单击曲线效应。存活分数（SF）与照射剂量（D）之间的关系以下列公式表示：

$$SF=e^{-\alpha D} \text{ 或 } SF=e^{-D/D_0} \quad D_0=1/\alpha$$

（2）多靶单击模型：细胞存活分数（纵坐标）的对数在高剂量范围内与剂量（横坐标）呈线性关系，而曲线在低剂量部分出现肩区。公式表示为：

$$SF=1-(1-e^{-kD})^N$$

N值：外推数，指细胞内所含的放射敏感性的区域数，即靶数。

对于致密的电离辐射（高 LET 辐射），如 α 粒子或质子，细胞存活曲线从一开始就非常趋近为一条直线，对它的描述用一个参数即可，即直线的斜率。对于低 LET 射线，如 X 射线，细胞存活曲线常有一初始肩段，随后的部分才成为直线，典型的哺乳动物细胞存活曲线是由"肩部"（低剂量范围内的弯曲部分）和"指数部"（较高剂量范围内的直线部分）组成的。曲线中有 3 个必不可少的参数：

1）将指数部的直线向左方延伸，直到与纵轴相交，交点处的纵轴上的数据被称为外推值 n。n 是表达细胞被射线杀死时需要击中的细胞的靶数或击中数，简称为细胞核内的靶数。

2）D_q 表示细胞亚致死性损伤修复的能力，也可以理解为"无效"的照射剂量。实际上，D_q 是表示细胞辐射耐性的参数。

3）D_0 可以理解为使细胞的存活率下降到原来的 37% 处所需的照射剂量。

细胞的放射生物学特性不同，其存活曲线的形状也各异，3 个参数的数值也不相同。一般来讲，不少细胞群体，包括正常组织的和肿瘤的，其存活曲线中的 D_0 值相差不大，有些还很接近，但 D_q 值却有较大差别。有些肿瘤的肩部较宽，因而放疗效果不佳。

（三）线性二次模式

线性二次模式（linear-quadratic model，LQ 模式）假设，辐射杀灭细胞分为两个部分，一部分为单击所致的细胞死亡，即不可修复的细胞死亡，此部分与照射剂量成正比；另一部分为双击或多击所致的细胞死亡，即可修复的细胞损伤部分，此部分与照射剂量的平方成比例。细胞存活曲线的表达式为：

$$S=e^{-\alpha D-\beta D_2}$$

S 是照射剂量为 D 时的细胞存活，α 和 β 是常数。α 代表了单击所致的细胞死亡，β 代表了双击所致的细胞损伤。α/β 值：代表了修复的能力。α 型损伤是致死性损伤，β 型损伤是亚致死性损伤，可修复。α/β 值越大，说明发生的亚致死性损伤越少，即发生修复的机会和能力越小。早反应组织修复能力低，α/β 高（约 10Gy），晚反应组织修复能力强，α/β 低（约 3Gy）。当 $\alpha D=\beta D_2$ 或 $D=\alpha/\beta$，照射剂量与细胞杀灭成比例的部分与照射剂量平方成比例的部分相等，在这个剂量点 α/β，线性和平方项对细胞杀灭的贡献相等（图 4-4）。

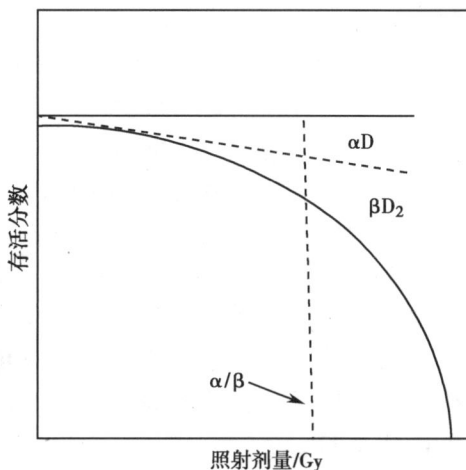

图 4-4 线性二次模式

线性二次模式的特点是:所推导的细胞存活曲线是连续弯曲的,即没有终末的直线部分。

线性二次模式的局限性在于:α/β 多数是离体细胞或动物实验的结果,假定被照射的靶细胞的亚致死性损伤完全修复,与临床有一定的差距;仅适合在单次剂量 2~10Gy 的剂量范围内使用。

(四) 氧增强比

在乏氧及有氧情况下达到相等生物效应所需的照射剂量之比称氧增强比(oxygen enhancement ratio,OER),通常用 OER 来衡量不同射线氧效应的大小。致密电离辐射时,在有氧和乏氧情况下,其存活曲线重合,呈指数型存活曲线。OER 是 1,即没有氧效应。对于介于致密、稀疏之间的中间型电离辐射(如中子),存活曲线有一小的肩段。在这种情况下,氧效应是明显的。对于稀疏电离辐射如 X 射线,其氧效应大而重要。

(五) 剂量率

当减低辐射照射剂量时,以同一剂量照射后,存活的细胞数就明显增多。这是由于在照射过程中,亚致死性损伤得到恢复,以及未受到损伤的或仍有活力的细胞在极低剂量率的条件下增殖的缘故。亚致死性损伤(sublethal damage,SLD)是指能被细胞正常修复的损伤,往往在照射后 2~6 小时便得到恢复。根据定义,SLD 不是直接导致细胞死亡的,然而它却能使细胞对再次受到照射时的敏感性提高。如果继一个辐射剂量照射后,相隔一段时间,再受到第二个剂量的照射,由于 SLD 尚未得到恢复,这种损伤就可以成为致死性损伤。细胞存活曲线中的肩部就是反映 SLD 的积累过程及细胞修复 SLD 的能力的。

常规放疗中所使用的辐射源,多具 100cGy/min 的剂量率。每个分次剂量的给予只需几分钟,故在每分次实际放疗中恢复是很少的。

(六) 剂量率和肿瘤的剂量-效应关系

1. 剂量率 剂量率是指某种放射源在单位时间内使组织吸收的剂量,是决定特定吸收剂量的生物学后果的主要因素之一。剂量率治疗分三类:低剂量率治疗:0.4~2Gy/h;中剂量率治疗:>2~12Gy/h;高剂量率治疗:>12Gy/h。

2. 肿瘤的剂量-效应关系 剂量-效应关系,即物理吸收剂量与放射生物效应结果及影响因素之间的关系。

(1)剂量-效应曲线:剂量-效应曲线呈"S"形。高剂量时辐射效应趋于"100%",低剂量时趋于"0"。有 3 个数学公式用于剂量效应曲线:"泊松(the poisson)"、逻辑(the logistic)和概率(the probit)剂量-效应模式。

(2)肿瘤控制概率(tumor control probability,TCP):是消灭肿瘤细胞的概率,与照射剂量相关。达到 95% 的肿瘤控制概率所需要的剂量,定义为肿瘤致死剂量 TCD_{95}。

(3)TCD_{50}(tumor control Dose 50):是指受照射的肿瘤中 50% 的肿瘤治愈时所需要的放射剂量。肿瘤体积增大时,TCD_{50} 也随之增大。

(4)正常组织并发症概率(normal tissue complication probability,NTCP):是正常组织放射并发症的概率,与照射剂量相关。产生 5% 或 50% 损伤的概率剂量,定义为正常组织耐受剂量 $TD_{5/5}$、$TD_{50/5}$。

(七) 温度效应

细胞的放射敏感性随照射过程中的温度变化而变化。温度升高时,敏感性增加;温度降低时,敏感性降低。和 OER 一样,热增强比(thermal enhancement ratio,)也是一个比值,指在增温及不增温的情况下达到相等生物效应所需的照射剂量之比。

第二节 放射治疗分割剂量

一、分次放射治疗的生物学原理

把总剂量分成数次照射,由于分次照射之间亚致死损伤的修复,而使正常组织得到保护;同时,肿瘤的再氧合和细胞时相再分布也对肿瘤有增敏作用。但如果总治疗时间太长,因肿瘤细胞的再群体化,降低肿瘤治疗效益。影响分次放射治疗的生物学原理概括为 4 个方面,即重要的 "4R":①细胞放射损伤的修复(repair of radiation damage);②细胞周期时相再分布(redistribution within the cell cycle);③再氧合(re-oxygenation);④再群体化(repopulation)。

(一)细胞放射损伤的修复

细胞的放射损伤主要有:亚致死损伤(sublethal damage,SLD),潜在致死损伤(potential lethal damage,PLD)和致死损伤(lethal damage,LD)。亚致死损伤通常指 DNA 的单链断裂,是一种可修复的放射损伤,往往在照射后 2~6 小时完成。SLD 不直接导致细胞死亡。潜在致死损伤是指正常状态下应当在照射后死亡的细胞,若在照射后置于适当条件下由于损伤的修复又可存活的现象。致死损伤指受照射后细胞完全丧失了分裂繁殖能力,是一种不可修复的、不可逆的损伤。

1. 亚致死损伤修复 1959 年,Elkind 发现,当细胞受照射产生亚致死性损伤而保持修复的能力时,细胞能在 3 小时完成这种修复,即称为 Elkind 修复,即亚致死损伤修复(sublethal damage repair,SLDR)。多次照射后,由于 SLD 尚未来得及恢复,这种损伤就可能成为致死性的。

影响亚致死损伤修复的因素:

(1)放射线的性质:低 LET 射线照射后细胞有亚致死损伤和亚致死损伤的修复,高 LET 射线照射后细胞没有亚致死损伤,因此也没有亚致死损伤的修复。

(2)细胞的氧合状态:处于慢性乏氧环境的细胞比氧合状态好的细胞对亚致死损伤的修复能力差。

(3)细胞群的增殖状态:未增殖的细胞几乎没有亚致死损伤的修复。

在临床非常规分割照射过程中,两次照射之间间隔时间应大于 6 小时,以利于正常组织亚致死损伤完全修复。

2. 潜在致死损伤修复 潜在致死损伤修复(potentially lethal damage repair,PLDR)是指正常状态下照射后原本应该死亡的细胞,由于在照射后置于适当的条件,进行了损伤修复而存活的现象。PLDR 常见于饱和密度生长期的细胞和乏氧细胞。在临床放射治疗中,肿瘤的放射耐受可能与它们的潜在致死损伤修复能力有关。

值得注意的是,高 LET 射线作用后 SLDR 和 PLDR 都不明显,高 LET 射线主要引起致死损伤。

（二）细胞周期内时相再分布

分次放射治疗中存在着处于相对放射抗拒时相的细胞向放射敏感时相移动的再分布现象。处于细胞周期不同时相的细胞放射敏感性不同，M 时相的细胞对放射最敏感，而 S 时相的细胞(特别是晚 S 期细胞)最不敏感。对处于细胞周期不同时相的细胞群照射，因为放射敏感性不同，敏感时相的细胞首先被杀灭，引起细胞时相的移动，导致细胞周期内时相再分布，放射最不敏感时相的细胞不断进入敏感时相，有助于提高放射线对肿瘤细胞的杀伤效果。如果未能进行有效的细胞周期内时相的再分布，则也可能成为放射抗拒的机制之一。

（三）乏氧细胞再氧合

1955 年，Thomlinson 和 Gray 根据对人支气管癌组织切片的观察提出实体瘤内有乏氧细胞存在。

当肿瘤的直径<1mm 时，肿瘤细胞能达到充分氧合，有活力组织的厚度为 $100\sim180\mu m$，当肿瘤细胞层的厚度超过氧的有效扩散距离时，细胞将不能存活。那些处于即将坏死边缘部位但仍有一定活力的细胞称为乏氧细胞。在这片区域内，细胞的氧张力足以保证使细胞分裂繁殖成一个肿瘤细胞群体，但其氧张力的程度又很低，得以保护细胞不受辐射的影响，从而成为肿瘤再发的中心，以致造成放疗的失败。如果用大剂量单次照射肿瘤，肿瘤内大多数放射敏感的氧合好的细胞将被杀灭，剩下的那些活细胞是乏氧的。因此，照射后即刻的乏氧细胞比率将会接近 100%，然后逐渐下降并接近初始值，这种现象称为再氧合。正常组织中氧含量少的乏氧细胞比例<1%，而肿瘤组织中乏氧细胞可高达 30%~40%。如果肿瘤内乏氧细胞的比例>60%，则无论是否用增敏剂，低 LET 射线均不能控制肿瘤。

再氧合现象产生的可能原因：①照射杀灭位于肿瘤毛细血管附近的富氧肿瘤细胞，耗氧量减少，相对增加了可供乏氧细胞消耗的氧量。②照射后肿瘤体积缩小，改善了氧有效扩散距离，使乏氧细胞的氧合状态得以改善。③分次照射有利于乏氧细胞的再氧合，在肿瘤放射治疗中具有重要的意义。

（四）再群体化

组织受到照射或细胞毒性药物损伤后，干细胞在机体调节机制的作用下进行增殖分化，并恢复原来形态的过程称再群体化。

照射剂量不能充分破坏肿瘤组织时，肿瘤组织可以重新调整，进行繁殖，再群体化。受照射组织的再群体化反应的启动时间在不同组织之间有所不同。放射治疗期间存活的克隆源性细胞(clonogenic cell)的再群体化是造成早反应组织、晚反应组织及肿瘤之间效应差别的重要因素之一。大部分早反应组织有一定程度的快速再群体化。而晚反应组织由于它的生物学特性一般认为疗程中不发生再群体化。

如果疗程太长，疗程后期的分次剂量效应将由于肿瘤内存活干细胞已被启动进入快速再群体化而受到损害。

二、临床放射治疗中的常规分割治疗与非常规分割治疗

常规分割放射治疗指将肿瘤致死量用各种方法分成若干次照射称分割照射。1920 年，法国科学家提出的每日 1 次，每周 5 次，每次 1.8~2.0Gy 分割方法，是目前最经典和最常用的肿瘤放射治疗分割方法，称之常规分割放射治疗。有利于：①保护正常组织的再增殖

（repopulation）能力；②保护正常组织的亚致死性损伤和潜在致死性损伤等的修复（repair）能力；③增加乏氧肿瘤细胞再氧合（re-oxygenation）的机会；④有利于肿瘤细胞时相的再分布（redistribution）。经过长期临床实践证明，常规分割放射治疗适用于绝大多数肿瘤的治疗，对肿瘤周围组织损伤较小。

但是常规分割放射不代表最优分割模式，近年来，经与不同方法分割照射比较，发现某些肿瘤进行非常规分割治疗，可以在不增加组织损伤的前提下提高局部控制率。临床放射治疗中的非常规分割治疗主要包括以下几种：

1. 超分割放射治疗　每次照射量低于常规剂量，一般每次1.15~1.25Gy，每天照射2~3次，间隔≥6小时，每周5天，总剂量适度增加，总治疗时间低于或接近常规照射时间。目的是进一步分开早反应组织和晚反应组织的效应差别。

2. 加速分割治疗　总剂量不变，治疗总时间缩短。常规分割剂量，一天照射2次，目的是减少肿瘤细胞再增殖机会。加速治疗可提高局部控制率，但急性反应、晚期反应均增加。

3. 后程加速超分割放射　临床资料显示肿瘤加速再增殖主要发生在中、后疗程，因此，在疗程前半段可以采用常规分割照射，在后程进行加速超分割照射。

4. 低分割放疗　又称大分割放疗，即增加单次照射剂量，减少每周分割次数的分割放射治疗模式。通常为每周3~5次，每次3.0~5.0Gy。其生物学依据为肿瘤细胞的α/β值较正常组织低，低分割放疗可以使治疗增益，但晚反应组织的损伤明显加重。

5. 立体定向体部放疗　立体定向体部放疗（stereotactic body radiotherapy，SBRT）起源于20世纪50年代末，经过近年来的技术革新，SBRT已发展成为具有以下特征的高精度放射治疗：①体位固定重复性高，避免治疗期间患者运动对治疗精确性的影响；②剂量分布高度适形，高剂量区覆盖肿瘤，周围正常组织剂量迅速下降以保护正常组织；③个体化、针对性的计划制订与实施；④通过在线和离线图像引导确保精确照射；⑤可以在2周内通过3~8次治疗给予超高生物剂量的照射。目前，SBRT在早期非小细胞肺癌、脑部肿瘤治疗中的应用进展尤其引人注目。

三、放射治疗中生物剂量等效换算

在放射治疗计划中有三个因素是应经常被注意的：①当改变常规治疗计划时应计算保持相等生物效应所需的总剂量；②争取一个合理的分次方案；③比较不同分次剂量、分次数和总治疗时间的治疗技术。

生物效应剂量（biological effective dose，BED）：是指分次数无穷多、分次剂量无穷小时产生相等生物效应所需的理论总剂量。BED代表了整个分次照射或低剂量率连续照射过程中的生物效应，单位是Gy。在整个照射过程中，每一部分的BED相加即可得到总的生物效应剂量。

若分次剂量为d，间隔超过6小时的分次数为n，允许亚致死损伤获得完全修复，BED的计算公式为：

$$BED=nd \times [1+d/(a/b)]$$

如以下病例所示：

若头颈部恶性肿瘤患者原计划方案是70Gy/35次，由于前5次发生错误，剂量从2Gy/次变成了 4Gy/次，实际给了 20Gy/5 次。接下来的治疗将继续用 2Gy/次治疗。问保持与原方案相等的晚期损伤应用几次照射？

设晚期损伤的 $\alpha/\beta=3Gy$，则：

$$BED=70 \times (1+2/3)=116.7$$

$$PE_1=20 \times (1+4/3)=46.7$$

$$PE_2=BED-PE_1=116.7-46.7=70$$

$$PE_2=D_2 \times (1+2/3)=70$$

$$D_2=70/1.67=41.9$$

所以 $N_2=41.9/2=21$ 次

第三节　肿瘤组织的增殖动力学和放射敏感性

一、肿瘤组织的细胞成分

肿瘤组织的细胞动力学层次主要包括：

1. 增殖细胞（P 细胞）由活跃的分裂细胞组成，是肿瘤体积增长的主要来源，占整个肿瘤细胞群体的比例称为生长比例。

2. 静止细胞（Q 细胞）由静止或 G_0 期细胞组成，其中一些细胞是克隆源性，有能力再群体化出一个肿瘤。

3. 分化的终末细胞　不再具有分裂能力。

4. 死亡和正在死亡的细胞。

二、影响组织放射效应的主要因素

1. 射线使细胞死亡而形成的致死率。

2. 射线作用后残存于组织内的细胞的增殖和修复能力。

3. 被破坏的组织及脏器的再生能力。

4. 利于细胞增殖及组织再生的环境因素。

三、肿瘤生长速度的影响因素

1. 细胞周期时间。

2. 肿瘤体积倍增时间　肿瘤体积倍增时间（tumor volume doubling time，Td）指肿瘤体积增加一倍的时间。其影响因素包括细胞周期时间、生长比例和细胞丢失率。

3. 潜在倍增时间　潜在倍增时间（potential doubling time，Tpot）是一个理论值，假设在没有细胞丢失的情况下肿瘤细胞群体增加一倍所需要的时间。Tpot=λ Ts/LI（λ 是校正系数 0.7~1.0；Ts 是 S 期持续时间；LI 是标记指数）。Tpot 的决定因素：细胞周期时间和生长比例。

4. 生长分数　指肿瘤细胞群体中处于增殖阶段（S 期+G_2 期）的细胞的比例。恶性转化初期，生长分数较高，但是随着肿瘤的持续增长，多数肿瘤细胞处于 G_0 期，即使是生长迅速的肿瘤生长分数也只有 20%。

5. 细胞丢失因子 细胞丢失因子（cell lose factor）是指当机体营养供应不足、坏死脱落、机体抗肿瘤反应等因素会使肿瘤细胞丢失，肿瘤细胞的生成与丢失共同影响着肿瘤能否进行性长大及其长大速度。

$$细胞丢失因子或系数 = 1 - (Tpot/Td)$$

四、人体肿瘤放射敏感性

放射敏感肿瘤：恶性淋巴瘤、白血病、精原细胞瘤、肾母细胞瘤等（30~40Gy）；放射中度敏感的肿瘤：鳞癌和腺癌（60~70Gy）；放射抗拒的肿瘤：软组织肉瘤（>70Gy）。

影响肿瘤放射敏感性的临床因素包括：

1. 临床期别及肿瘤体积的大小 影响肿瘤的血运和肿瘤中乏氧情况；
2. 既往治疗情况 既往放疗史、不正确的手术、多次穿刺等易使纤维组织增多，使肿瘤组织营养及氧供应差；
3. 局部感染 炎症、水肿、坏死，加重乏氧；
4. 生长部位 肌肉大于脂肪/骨；
5. 临床分型 外生型>内生型，菜花型/表浅型>结节型/浸润型>溃疡型；
6. 患者的全身情况 营养和贫血；
7. 合并症 如活动性肺结核、甲状腺功能亢进、糖尿病等。

第四节　正常组织及器官的放射反应

人体组织经放射线照射后产生变化的现象统称为放射反应。可分为能够修复的放射反应和因受影响较重不能修复的放射损伤。一般来讲，在放疗过程中出现放射反应是允许的，也是不可避免的。放射反应对患者的机能影响不大，也不危及患者生命。但放射损伤在大多数情况下是不允许发生的，如放射性脊髓炎所致的截瘫；脑、肺、骨、肠等的坏死等。这些并发症不仅给患者带来极大的痛苦，重者甚至危及患者生命。

一、早反应组织和晚反应组织

正常组织分为早反应组织（early response tissue）和晚反应组织（late response tissue）。

1. 早反应组织 是指机体内分裂、增殖活跃并对放射线早期反应强烈的组织，如上皮、黏膜、骨髓、精原细胞等。早反应组织 α/β 值通常比较高，细胞更新快，照射后损伤很快表现出来。肿瘤组织类似早反应组织。增加分割剂量、缩短治疗时间会加重正常早反应组织的损伤，但有利于肿瘤控制。

2. 晚反应组织 是指机体内那些细胞更新慢，数周甚至一年或更长时间也不进行自我更新或无再增殖能力，损伤后表现为亚致死损伤的修复的组织，如脊髓、肾、肺、肝、骨和脉管系统等。晚反应组织 α/β 值比较低，照射后损伤出现晚。

晚反应组织的损伤程度与分次剂量密切相关，分次剂量越大，损伤越严重。后期并发症越明显。降低分次剂量会增加晚反应组织的放射耐受性。

二、正常组织和器官的放射反应及处理原则

(一) 皮肤

1. 急性放射损伤

(1) Ⅰ度(干性皮炎):>5Gy 时皮肤可有红斑出现,皮肤充血、潮红,伴烧灼和刺痒感,10Gy 后逐渐出现色素沉着、皮肤干燥、有糠皮样脱屑、汗毛脱落留下扩张的毛孔。头发脱落随剂量不同可出现暂时性或永久性秃发;

(2) Ⅱ~Ⅲ度(湿性皮炎):15~20Gy 后逐渐由高充血发展为水肿,甚至形成水疱进而破溃,有渗出液;

(3) Ⅳ度(放射性溃疡):当照射剂量超出皮肤的耐受剂量时,损伤累及真皮则形成放射性溃疡,表面可有灰白色坏死组织覆盖,伴剧痛,很难愈合。

2. 晚期放射损伤　晚期放射损伤可于治疗后数月甚至数年后出现,表皮萎缩变薄,浅表毛细血管扩张,有色素沉着、脱屑、皮肤瘙痒,易受损溃破。晚期放射性溃疡:照射区皮肤保护不到位或损伤未愈发展而成,可破坏深部组织,甚至累及骨组织,出现坏死性骨髓炎。在晚期由于纤维组织增生,照射范围内皮下组织变硬。

3. 预防

(1) 保持皮肤干燥、清洁;

(2) 避免理化刺激,放疗中禁用刺激性的药膏,避免烈日暴晒和严寒冷冻,不要剃须,衣领要软;

(3) 禁忌搔抓、按摩,避免外伤。

4. 处理原则

(1) 干性皮炎:可不处理或 1% 冰片滑石粉涂抹;

(2) 湿性皮炎:局部清洁暴露,避免感染,局部使用 $VitB_{12}$ 喷剂,涂抹 2% 硼酸软膏等,一般 10~14 天即能愈合;

(3) 放射性溃疡:局部 $VitB_{12}$ 外敷;伴感染者做细菌培养,选择敏感抗生素湿敷;反复换药,清除坏死组织,促进肉芽生长和愈合;药物治疗无效者可切除皮损,行皮片或皮瓣移植等。

(二) 口咽黏膜

一般在放疗 2~3 周时口咽黏膜反应最严重,治疗结束多数可自行缓解。口咽黏膜反应表现:充血-白斑-融合成片-浅表溃疡,可有伪膜。主要症状为:口咽部不适或疼痛、吞咽疼痛和声音嘶哑等。

1. RTOG 急性黏膜损伤的分级

0 级:无变化;

1 级:充血,可有轻度疼痛,无需止痛药;

2 级:片状黏膜炎或有炎性分泌物,有中度疼痛,需止痛药;

3 级:融合的纤维性黏膜炎,可伴重度疼痛,需麻醉药;

4 级:溃疡、出血、坏死。

2. 预防

（1）保护喉,戒烟酒,避免过冷、过热及刺激性食物;

（2）进半流质高蛋白饮食,保持口腔清洁;

（3）加强局部处理:局部止痛消炎含化药物等;

（4）预防真菌感染:如念珠菌感染。

3. 处理原则

（1）1、2级反应:可口服清热解毒药和消炎止痛药等;

（2）3级反应:局部用药+抗生素及激素;

（3）4级反应:暂停放疗,抗炎,补液,清热解毒中药。

（三）呼吸系统

1. 气管及支气管　程度不等的刺激性干咳;轻者口服止咳药物,重者同时给予抗炎药物静脉滴注;反应严重者可暂停放疗。

2. 放射性喉水肿　表现:咳嗽、声音嘶哑、咽痛、呼吸困难等;处理:①止咳镇痛药物、抗生素及激素,严重者停止放疗,必要时气管切开;②预防性气管切开:不是常规处理,对声门下喉癌、呼吸困难、双侧声带麻痹或较大肿瘤者应考虑;软骨受侵、合并感染时喉水肿可加重;治疗后 6 个月仍水肿者,应考虑肿瘤残留或复发。

3. 肺　总剂量>40Gy 的分次照射,有 10% 的患者将会出现不同程度的肺部症状,包括急性放射性肺炎和放射性肺纤维化。

（1）急性放射性肺炎

1）渗出性炎症,多于放疗 3~4 周时出现。

2）高危因素:慢性气管炎、肺气肿患者,合用化疗药物如博来霉素（bleomycin,BLM）、环磷酰胺（cyclophosphamide,CTX）、多柔比星（adriamycin,ADM）,丝裂霉素（mitomycin,MMC）等易发生。

3）表现:刺激性干咳、低热、盗汗及呼吸困难。

4）处理原则:①对症支持:止咳祛痰、维生素、营养支持等;②激素:可口服泼尼松或地塞米松,重症者静脉滴注地塞米松;③吸氧:缓解症状,改善低氧血症;④抗生素:根据药敏结果加用抗生素。

（2）放射性肺纤维化:放疗后 3~6 个月出现,发展缓慢,时间跨度达数月至数年,病变处肺功能丧失。表现为:刺激性干咳、气促,活动后加剧;胸痛;可伴有低热;重症者可出现严重呼吸困难、发绀。如继续发展常导致右心衰竭的症状,严重者危及生命。

（四）消化系统

消化道反应的大小与照射野有关,在 2Gy/d 的常规放射治疗中,消化道总剂量应限制在 50~54Gy。消化道反应多表现为食欲缺乏、恶心、呕吐及腹泻等。对症处理:多饮水及补充大量维生素,促动、止吐、抑酸药,适当用镇静剂。

1. 唾液腺　涎腺对照射非常敏感,10Gy 左右即可抑制涎腺分泌功能,唾液成分发生变化（pH 降低）。超过 40Gy 则分泌功能完全抑制,且不易恢复,因此,放疗中应尽量保护部分唾液腺。

2. 食管　当照射剂量为 10~20Gy 时,食管黏膜出现充血水肿,吞咽疼痛。30~40Gy 时炎症浸润肌层,症状加重;应向患者解释此反应为放疗的必然过程,不是病情的加重,嘱进流质,避免理化刺激;轻者多饮水,可不作处理或庆大霉素+2%利多卡因含咽;重者给予抗炎药物静脉滴注,必要时给予止痛剂,剧烈疼痛者可暂停放疗。溃疡型食管癌易引起穿孔及出血,应减少每次照射量。

3. 胃　上腹部放疗时易发生急性放射性胃炎,表现为:恶心、呕吐、食欲减退等。胃经照射后首先出现机能失调,如幽门痉挛、蠕动增强,短期内即转变为无力、分泌抑制并伴发炎症。大剂量照射可导致溃疡形成甚至穿孔。处理原则:改善饮食习惯;服用维生素 B_6、解痉、止吐,抑制胃酸分泌,防止胃出血,保护胃黏膜。

4. 肠道　射线对小肠的影响较胃和结肠更为显著,可产生充血、水肿、继发感染,大量照射也可形成溃疡乃至穿孔。由于小肠长期吸收不良导致慢性腹泻、营养不良。对下腹部照射常引起直肠炎或溃疡形成,瘢痕收缩,管腔变窄、变硬、临床表现为便秘、腹胀。

（1）急性放射性肠炎:腹部照射时易发生。主要症状:恶心、呕吐、痉挛性腹痛及腹泻,偶有出血、梗阻、穿孔或瘘管形成。处理原则:使用黏膜保护剂,并发感染时可用诺氟沙星、小檗碱等。

（2）迟发性直肠反应:放疗后6~9个月甚至1~2年后出现。临床表现:里急后重、直肠内灼痛、排便障碍、大便变细、黏液血便、肛区坠痛等,严重者可发生穿孔。处理原则:使用黏膜保护剂;有便血者应用止血药;为防止肠壁的过度纤维化,可适当应用激素。

（五）骨髓

骨髓造血系统对射线非常敏感,在放射剂量范围内引起白细胞减少甚为普遍,但造成再生不良性贫血则很少见。主要表现为白细胞和血小板下降。

处理原则:加强营养,使用升白细胞或血小板的中西药治疗。

白细胞低于 $3.0 \times 10^9/L$,血小板低于 $80 \times 10^9/L$ 时,暂停放疗,加用集落细胞刺激因子,预防感染。

（六）骨

发育中的骨最易受射线影响,主要表现为骨生长紊乱,如骨骺与干骺端早期愈合。大剂量照射还可导致骨坏死或放射性骨髓炎。

放射性龋齿和颌骨坏死:放疗前做常规口腔处理,拔牙者10~14天后再行放疗。放疗后1年内不宜拔牙;放射性龋齿多发生在牙颈部,常致牙体断裂,残根可引起感染,可给予消炎和止痛等对症处理。

放射性骨髓炎或骨坏死:死骨清除、抗炎及高压氧治疗。

（七）生殖系统

很小剂量即可使睾丸体积缩小、精子稀少或消失。成熟的精子对射线有极大耐受性。产生激素的睾丸间质对射线的耐受性也较强,但精子的产生可发生障碍,而性能力并无明显影响。照射剂量过大时才能使性能力发生变化。

卵巢的滤泡对射线极为敏感,较小剂量照射即可导致暂时绝育,因为成熟的卵子对射线耐受性较大,所以这种作用是迟发性的。即当照射后仍可有一两次月经,随后才出现月经暂停现象。一般可持续数月至数年。月经恢复的初期周期常不规则。停经期间,因卵巢机能未被破坏,绝大多数患者性欲可保持。过大剂量(一次给予3Gy以上),使排卵及卵巢激素分泌机能完全破坏,性欲随之消失。

(八) 中枢神经系统

中枢神经系统照射的即时反应可于放疗 3~4 次时出现,是脑、脊髓受到照射后一过性充血、水肿的表现,可加重原有的颅内或椎管内高压的症状。放疗开始同时应用脱水剂、激素及利尿剂可避免或减轻这种反应。

1. 放射性脊髓炎　放射性脊髓炎是一种严重的并发症,重者可引起截瘫,甚至危及生命。放疗后数月~1 年后发生,早期症状:一侧或双侧肢体感觉异常,低头屈颈时有触电样感觉,多数可恢复,少数可发展为典型或不典型脊髓半截症或截瘫。上段损伤较下段损伤明显。发病与照射范围、时间、剂量及使用增敏药有密切关系。放射性脊髓炎的临床表现有以下几种类型:

(1) 一过性放射性脊髓炎:常称之为 Lhermitte 征。本病多发生在放疗后 1~4 个月,其典型症状:当患者低头时双下肢有触电感。神经系统并没有阳性体征。上述症状持续数月后可自行消退。

(2) 放射性脊髓炎:发病慢,最初下肢感觉异常,随后下肢无力甚至瘫痪、大小便失禁、症状可逐渐向上扩展。高位放射性脊髓炎危及患者生命。

2. 放射性脑坏死　有时很难与肿瘤复发鉴别,临床表现为逐渐加重的嗜睡、记忆力及智力减退、脑神经麻痹及头痛、恶心、呕吐等颅内高压症。1~7 年后可出现呆滞、定向障碍、答非所问等精神症状。

处理原则:预防是关键!

治疗:早期用大剂量激素、B 族维生素、血管扩张剂、能量合剂和脱水剂;高压氧治疗对感觉异常者有效,对已有运动障碍者无效;一旦出现脑坏死可考虑手术探查(切除或减压)。

(九) 心脏

心脏损伤的剂量阈值为 45~50Gy,最显著的特征是心包积液。主要表现为胸痛、胸闷、腹痛、恶心、呕吐、发热及心电图异常。慢性心包积液可伴呼吸困难、肝脏肿大,还可发生放射性心肌炎、冠状动脉粥样硬化等变化。治疗:对症支持、激素、心包穿刺或心包切除。

(十) 甲状腺

全颈照射包括双侧甲状腺,可出现甲状腺功能减退,儿童、年轻女性更敏感。临床表现为乏力、头晕、全身水肿等。治疗中及治疗后注意甲状腺功能检查:T_3、T_4 降低,TSH 正常或升高;长期 TSH 升高可诱发甲状腺癌。甲状腺功能减退治疗:根据症状补充甲状腺素 40~60mg/d,T_3、T_4 正常后 3 个月减量或停药。

第五节　放射增敏剂

放射增敏剂的应用是综合治疗的一部分,传统的放射增敏作用主要是针对瘤内放射抗拒的那部分乏氧细胞而提出的,指的是某些化学物质能增强射线对肿瘤内乏氧细胞的杀灭作用而对有氧的正常组织损伤较小,这些化学物质称为放射增敏剂。目前放射增敏剂的概念已经从传统的乏氧细胞增敏剂扩展为一个涵盖多个方面的复杂领域,包括所有能够影响放射敏感性的一切化学和生物学手段:细胞的微环境,血管生成因子,放射诱导的跨膜信息传递过程,DNA 损伤,细胞周期调控、凋亡、分化等。然而目前还没有令人满意的用于临床的放疗增敏药物。

目前常见的放射增敏剂包括 MISO(即 Ro-07-0582)、RSU-1096、SR-2508、甘氨双唑钠等。

第五章　临床放射治疗技术学

临床放射治疗技术学是临床放射治疗中非常重要的一部分,它几乎贯穿和围绕临床放射治疗的全部过程,对放射治疗的质量起着决定性的作用。本章将对临床放射治疗中常用的技术进行讨论。

第一节　X(γ)线常规放射治疗

常规放射治疗(简称"普放"),是过去通过简单的定位设备及 CT 影像资料在患者体表直接标记出需要照射的区域或等中心,采用人工计算照射剂量进行治疗。

一、单野照射

当靶区最大剂量点深度之后,临床上除靶区范围很小或部分姑息治疗外,通常不主张单野治疗。用单野照射时,病变深度居于较表浅位置,X 线能量较高时需使用组织替代物置于皮肤。

二、两野对穿照射

中心位置病变通常采取两野对穿照射,以靶区为中心剂量两侧对称。但由于射野侧向的剂量贡献相对较小,靶区内沿射野轴向的剂量分布要比横向好,要将射野适当扩大以满足临床靶区剂量均匀性。

三、楔形野与两野交角照射

偏体位一侧的病变,用适当角度形成楔形滤过板,可使靶区内剂量均匀。两射野中心轴的交角 θ 与楔形角 α 的关系为 $\alpha=90°-\theta/2$。

四、三野与三野交角照射

当两野对穿照射的间距要求不满足肿瘤剂量时,设立第三野形成三野照射以提高靶区剂量。但由于第三野剂量分布的不均匀性,与对穿野的对称性剂量分布叠加,在靶区内形成不均匀的剂量分布,可调整三野剂量分布以满足剂量要求。

对食管肿瘤可采用三野交角照射,即两后野交角与前野共同组成,两后野类似于两楔形对穿野,再加上一前野构成一个相对野,在靶区内形成均匀剂量分布。

五、箱式照射

箱式照射又称为四野正交照射,保留两野对穿照射形成的均匀对称剂量分布特点,每对对穿野的侧向剂量得到补偿使靶区内剂量分布均匀。通常用于腹盆腔肿瘤。

六、相邻野衔接

相邻野衔接会导致射野相接后超量或欠量,可以使用一定的设计使衔接处避免以上问题的出现。浅部肿瘤的射野通常在皮肤表面相接,这时要注意深部组织的过量照射问题。而深部肿瘤治疗时,射野通常在皮肤表面,此时要关注剂量冷点应移至皮肤没有肿瘤的地方。

七、旋转照射

用单野以靶区中心为旋转轴旋转一定范围即旋转照射,较多野交叉照射能提供更好的剂量分布。

八、曲面校正和非均匀组织校正

曲面校正的常用方法包括组织空气比、有效源皮距法和等剂量曲线移动法。非均匀组织修正的方法有组织空气比、有效衰减系数法、等剂量曲线移动法和组织空气比的指数校正法。

九、非对称野照射

非对称野照射指射野中心轴偏离线束中心的射野,在非共面射野衔接中起到重要作用。

第二节 电子线常规放射治疗

一、能量与射野的选择

电子线随能量不同有确定的有效治疗深度和射程,具备显著的深度剂量跌落现象,临床上要求肿瘤的后沿和周边被 90% 的等剂量面所包围,仅对肿瘤后沿紧邻正常关键器官时才限制后沿剂量至 80% 或以内。

电子线能量用 MeV 表示,90% 的剂量深度 d_{90} 所对应的电子线能量 $Ee=3(d_{90}+1)$。80% 的剂量深度 d_{80} 所对应的电子线能量 $Ee=3d_{80}$。

射野大小选择应根据电子线等剂量线随深度内缩的特点,使表面处的照射野适当外放 0.5~1cm。

二、挡铅

临床电子线的挡铅使用铅或低熔点铅合金,10mm 厚的铅仅能透过 18MeV 电子线剂量的 5%,7MeV 电子线遮挡需要 2.3mm 厚的铅。

三、电子线的补偿技术

当使用低能射线（6~12MeV）治疗表浅病变时需考虑使用填充物,计算包括填充物厚度及直达肿瘤靶区最深的整个深度,电子线能量>12MeV 时不必使用填充物。

第三节 三维适形放射治疗

1959 年,日本 Takahashi 博士等首次提出三维适形放射治疗,并阐明了适形放射治疗的基本概念及其实施方法。利用多叶光栅或适形挡铅技术,通过调整照射野的形态、角度及权重,使特定的等剂量分布曲线在三维方向上与靶区形状一致。实现三维适形放射治疗的方法有很多,使用多叶准直器和三维治疗计划系统（three-dimensional treatment planning system,3DTPS）是其主要技术。

多叶准直器（multileaf collimator,MLC）是加速器中的射线遮挡装置,由若干个可移动的条形射线遮挡金属块构成也称叶片,通过叶片相向移动,形成开启或闭合状态,围成不规则的照射野,使得射野形状能随靶区形状改变,提供了一种照射野的适形,克服了过去用铅制作挡块复杂耗时的过程。多叶准直器的基本构成单位是单个叶片,每个叶片由计算机用微型电机独立驱动控制。叶片宽度直接决定了多叶准直器形成的不规则野的几何形状与靶区形状的几何适合度。为防止射线漏射,每个叶片加工成一面带凹槽,另一面带凸榫,使相邻两片之间以槽榫凹凸迭合,获得很好的防漏射效果,减少了正常组织剂量。目前多叶准直器已成为医用电子直线加速器的必备装置。

三维适形放射治疗计划设计是放疗计划的正向设计,即医师或计划设计者按治疗方案的要求根据自己的经验,先选择射线种类、射线能量、射野方向、射野剂量权重、外加射野挡块或楔形板等,然后再用治疗计划系统计算在体内的剂量分布,可利用剂量体积直方图（dose-voloume histograms,DVHs）进行计划评估,不满意时可调整上述各项参数即所谓"人工优化",直至最后选择确定治疗方案。显然这种正向设计治疗方案的方法是基于预选参数的组合,这种数据组合数量相当巨大,通过人工一一尝试几乎是不可能的。例如,假定以 5° 的间隔来设计射线束角度,并采用 3 个野照射,就会有将近 6 万个组合需测试,若采用 7 野就会有 15 亿个组合需测试等。因此尽管目前三维适形治疗计划系统中带有多种治疗计划的设计和评估工具,放射治疗计划的好坏也在用三维计划工具评估,这样设计的放射治疗计划很大程度上取决于医师和计划设计者的经验和水平,设计出所谓"好的放射治疗计划"也仅是"可接受"而已,因为并没有完成所有组合测试。

第四节 调强放射治疗

调强放射治疗是在适形放疗技术的基础上进一步发展而来的技术,运用该技术不仅可使照射野形状与靶区投影一致,而且通过改变照射子野输出剂量,靶区内任何一点都能达到理想的剂量。与三维适形放射治疗相比,调强放射治疗减少靶区周围正常组织放射剂量更明显,进而可进一步提高放射治疗的分割剂量和总剂量;调强放射治疗还能实现靶区内不同区域以不同剂量的照射,数个独立病灶也可以实现同时单独照射,因此它使肿瘤放射治疗进入了一个新的时代。

调强放射治疗的概念启发于 X 射线横向断层 CT 成像的逆原理,首先根据靶区和周围重要组织器官解剖特点,以及靶区剂量和危及器官的限量,根据逆向优化计算法,通过治疗计划系统计算出射野入射方向和每个射野的形状,以及射野内的射线强度分布。由于每个射野内的射线强度分布一般是均匀的,必须将大的射野划小,变成单元野或笔型束野,然后利用多叶准直器(MLC)、物理补偿器等手段,对每个单元野或笔形束的强度进行调节,使计划能符合靶区剂量和危及器官的限量。该过程是常规治疗计划设计的逆过程,称为逆向计划设计(inverse planning)。

目前三维适形调强放射治疗具有较多实现方式,最常见的实现方式为静态多叶准直器调强、动态多叶准直器调强、二维补偿器调强及断层扫描等,此外还有电磁扫描调强、二维准直器调强等。

静态多叶准直器调强类似于物理补偿技术,是根据射野要求的强度分布分级,利用多叶准直器形成多个子野进行分步照射(stop and shoot),特征是每个子野照射完成后,照射切断,多叶准直器再形成另一个子野,继续照射,直到所有子野照射完毕。该技术不足之处:多次多个子野照射,光子利用率低,多叶准直器漏射会增加,子野间剂量衔接受多叶准直器位置精度和患者呼吸及器官运动的影响,以及子野位置的验证问题等。

动态多叶准直器调强是利用多叶准直器各对叶片各自的不同相对运动,实现对射野强度的调节,其特征是叶片运动过程中,射线一直处于"照射"状态,属于此类方法的有动态叶片、旋转调强、动态 MLC 扫描等方法。动态多叶准直器调强对机器的软硬件要求较高,如多叶准直器必须是自动控制,同时对叶片位置能进行实时监测;叶片速度足够快,不小于 2cm/s;叶片要有足够大的过中心位移,一般不应小于 12cm。

断层扫描放疗技术(tomotherapy)因模拟 CT 断层扫描技术而得名,其利用治疗机的旋转运动和治疗床联合运动实现,根据床的运动特性分为步进和螺旋两种方式。步进方式中当机架旋转照射时,治疗床静止,该断层治疗结束后,治疗床移动到下一个断层治疗位置继续照射。螺旋方式治疗时机架和治疗床连续运动,经气动二维动态多叶光栅调制后形成许多扇形射野进行旋转照射,可实施全身各部位多靶区的调强放疗。螺旋方式从技术意义上才是真正的断层扫描放疗。与常规调强放疗技术比较,螺旋式断层扫描放疗靶区剂量分布更均匀,由于其最大照射长度可达 160cm,可避免照射野衔接问题,在全神经中枢照射以及全身照射中更有优势。

第五节 影像引导放射治疗

患者接受放疗过程中,由于分次治疗间摆位误差、病灶靶区形状及与周围器官的位置移位及变形、呼吸运动等造成的临床靶区与计划靶区形成偏差,采用放疗设备与影像技术设备相整合,每次治疗前和/或治疗中应用 CT、PET/CT、MRI 及超声等现代影像技术采集图像,确定治疗靶区和重要组织结构的位置及运动,进行位置及剂量校正,减少摆位误差及器官运动等不确定性,即影像引导放射治疗。影像引导放射治疗是继三维适形调强放射治疗后又一精确放疗技术,可以进行在线校位,自适应放疗、屏气和呼吸门控技术、四维放疗及实时跟踪等技术。

目前影像引导放疗技术其成像模式主要有电子射野影像系统(electronic portal imaging device,EPID),千伏级 X 射线正交摄片和透视模式,千伏级 CT 扫描,千伏级及兆伏级锥形束 CT 扫描成像,带有时间标记的四维 CT 图像,以及利用超声波完成靶区重建图像等。

第六节　立体定向放射治疗

一、γ 刀和 X 刀

γ 刀和 X 刀治疗照射是采用立体定向等中心技术,将放射线集中在病灶区,对病变组织实施一次性或多次大剂量的照射治疗。该技术的运用使放射线能在靶区即病变内高剂量分布,靶内的组织基本被杀灭,而周围组织剂量很低,几乎未受影响,因而该照射技术被形象地称为"刀"。

该项技术首先于 1951 年由瑞典神经外科 Leksell 教授提出设想。1967 年,第一代 γ 刀研制成功,它将 179 个 ^{60}Co 放射源装在半球样的头盔里,给患者进行治疗。1984 年,放射源增加到 201 个,并可通过准直器的变换使射线准直后聚焦于一点,焦点处剂量率达 400cGy/min 左右。1996 年,我国研制出第一台旋转式 γ 刀,30 个 ^{60}Co 放射源绕靶点中心做旋转聚焦运动,实现多野集束照射。

随着直线加速器的问世及临床应用,20 世纪 80 年代对医用直线加速器加以改进,通过专用准直器和立体定向系统进行非共面多弧度小野三维集束照射,取得与 γ 刀相同的治疗效果,故称之为 X 刀。由于 γ 刀装置受到准直器尺寸的限制,等中心处最大射野只能达到 18mm,适合治疗 30mm 以下的病变。而 X 刀治疗照射野大小可达到 40~50mm,治疗范围较 γ 刀大。此外,与 γ 刀治疗相比,X 刀治疗照射更经济、灵活等。

传统的 γ 刀或 X 刀治疗照射系统结构主要由三部分组成,包括立体定位系统、治疗计划设计系统、治疗实施系统,基本任务是建立患者治疗部位的坐标系,进行靶区和重要器官组织的三维空间定位和摆位,制定一个优化分割靶区和重要器官组织的治疗方案,实施立体定向照射。

二、射波刀

射波刀(cyberknife)是一种新型的全身肿瘤立体定向放射外科治疗系统,与传统的 X 刀治疗照射系统结构不同,它在具有六维自由度的机械手臂上装上一台可产生 6MV 能量 X 射线的轻型直线加速器,立体定位框架则由先进的影像引导技术替代,治疗过程中实时跟踪患者及靶区位置,患者轻微的移动将不会影响治疗的精确性。其缺点是设备昂贵,照射治疗时间较长,年老体弱患者难以坚持治疗。

第七节　呼吸控制技术

胸腹部肿瘤进行放疗时,由于呼吸运动使靶区产生位移,放疗时不能在特定呼吸周期内完成,不得不增加靶区周围的外扩,造成周围正常组织损伤增加,限制放疗靶区剂量的提高。目前一些减少呼吸运动影响的方法主要有:被动加压技术、深吸气后屏气技术(deep inspiration breath hold,DIBH)、主动呼吸控制技术(active breathing control,ABC)、呼吸门控技术(respiratory rating,RG)、实时跟踪放射技术、慢速 CT 扫描、呼吸运动补偿技术等。

一、被动加压技术

被动加压技术是应用各种装置对体位进行固定并对胸腹部采用加压的方法,限制肺部及膈肌的运动幅度,减少肿瘤的运动幅度。被动加压技术简单易行,但该方法精确度较差。

二、深吸气后屏气技术

深吸气后屏气技术是最简单的呼吸运动控制方法,患者在治疗前深呼吸,然后放疗中屏气并一直保持到治疗结束。该技术的不足之处是要求患者屏气时间较长,只适用于呼吸功能好的患者。

三、主动呼吸控制技术

主动呼吸控制由两对呼吸流量监测器和活瓣组成,通过呼吸流量监测器检测患者的呼吸状况,在呼吸周期的特定时相强制患者屏住呼吸,实施定位扫描和放射治疗。缺点是患者需多次屏气才能完成治疗,重复吸气控制易造成疲劳,治疗时间延长,不适于年龄较大、肺功能较差及理解力和控制力较差的患者。

四、呼吸门控技术

呼吸门控技术是在放疗过程中,采用某种方法监测患者呼吸,在特定呼吸时相或呼吸振幅达到阈值时触发射线束照射。呼吸监测分为体外和体内两种方法。呼吸门控技术的优点在于不对呼吸进行控制或抑制,患者可自由呼吸,不需屏气,耐受性较好。

五、四维放疗技术

四维放疗是应用四维 CT 采集一个呼吸运动周期或者其他运动周期的每个时相的一组三维序列图像,并按相位重建得到不同时相内肿瘤和重要器官的容积图像随时间变化的序列图像,放疗时采用四维 CT 相同的呼吸监测装置监测患者呼吸,当呼吸进行到某个呼吸时相时,治疗机即调用该时相的射野参数进行放疗。

六、实时跟踪技术

实时跟踪技术要求放疗中进行实时监控、实时调整射线束或患者体位,以保证照射野始终对准靶区照射。目前最常用的实时测量方法是 X 线摄影。由于不断地摄影可能会使患者接受过量照射,其他方法(如 AC 电磁场和超声)也在积极研究之中。

第六章　影像学在放疗中的应用

随着 CT、MR、PET/CT 等三维、四维影像技术的发展及临床应用,肿瘤精确放疗逐渐进入了一个崭新的高度。以多模态影像为基础的影像引导放疗已成为现代肿瘤放射治疗的主流技术。而未来影像引导放疗及其衍生的自适应放疗将会成为肿瘤放射治疗的临床常规技术。影像引导放疗(imaging guided radiation therapy,IGRT)的定义应包括两个部分:先进的成像系统对靶区勾画进行指导及室内成像系统对患者摆位和靶区位置进行验证和矫正。IGRT 在肿瘤放疗中的作用日益显著。

目前放疗中常见的采集断层影像的设备主要有计算机断层扫描(computed tomography,CT)、磁共振成像(magnetic resonance imaging,MRI)、正电子发射断层成像(positron emission tomography,PET)、单光子发射计算机断层成像(singlephoton emission computed tomography,SPECT)和超声等。射线直接投影成像技术在放疗中有非常重要的作用,如平板透视技术、电子射野影像装置(electronic portal imaging device,EPID)、在模拟定位和治疗中获得的视频图像等。影像诊断中常用的 CT、MRI、PET、SPECT 及超声等在影像设备学和影像诊断学的教材中均有详细的描述。在本章中,我们重点阐述这些影像手段在放疗中的应用及放射治疗机房内特有的成像手段。

第一节　CT 成像系统

随着 CT 模拟定位机的发展和应用,CT 模拟定位机已成为现代精确放疗的基石。CT 模拟机的三个组成部分:带有平板床的 CT 扫描仪、集成的激光灯定位系统和模拟与可视化的软件系统。

美国医学物理学家协会(American Association of Physicists in Medical,AAPM)发布的国际标准性文件 TG66 号报告指出,应该充分了解放射治疗策略和计划靶区在治疗设备和模拟机之间的差异。CT 模拟定位扫描设备不同于诊断用扫描设备,传统 CT 扫描设备孔径为70cm,而大孔径(85cm)CT 扫描设备是专门为放射肿瘤学开发的。大孔径扫描设备扫描视野(FOV)达到 60cm,而普通扫描范围只有 50cm 左右。模拟设备中另一个独特的组件是室内激光灯系统。激光可以是固定的,也可以是移动的,但是矢状位激光必须是移动的,因为CT 扫描床(不像治疗床)在矢状位上无法移动。

患者 CT 模拟体位与治疗体位必须保持一致。不同固定装置确保了患者体位的重复性和再现性。CT 模拟定位图像采集根据患者疾病部位、治疗技术或感兴趣区,使用预先设定的序列进行扫描。可以调整的参数包括管电压、管电流、层厚、层间距和总扫描时间。减少层厚和层间距可以获得高质量 DRR 图像。随着切片厚度的增加(在 x 轴上向右移动),HU 计算误差急剧增加。通用做法是在每个 CT 模拟中使用最小层厚。目前头颈部肿瘤 CT 模拟定位层厚一般为 2~3mm、胸腹盆腔肿瘤为 3~5mm。除了预先设定的扫描序列,其他的扫描条件可以由医师指定,但必须包含足够的扫描范围以获取全部所需的解剖信息。

第二节　磁共振成像

磁共振成像(magnetic resonance imaging,MRI)是通过射频脉冲和磁场测定相应像素内原子核磁矩的变化,获得相应结构的清晰成像。MRI 图像质量依赖于采集中相应像素内的质子密度、弛豫时间、血流情况及磁化率等变量信息。而空间分辨率、对比度和获取时间相互影响。MRI 成像过程不局限于轴向扫描方式,这与 CT 成像有很大不同。磁共振多样的成像性不仅能提供更好的软组织特征,而且能评估功能/生物信息。这种较强的功能可应用于放疗计划设计及影像引导放射治疗中。磁共振成像不仅能改善靶区的形态学勾画,而且能提供四维(four dimensional,4D)信息。4D 数据可以预测在分割放疗中目标靶区及其周围正常组织结构的位置变化。这对任何复杂计划设计技术都有益处,包括影像引导放射治疗。

第三节　正电子发射断层成像

正电子发射断层成像(positron emission tomography,PET)在大体肿瘤体积(gross tumor volume,GTV)确定、肿瘤生物学可视化、治疗监测以及确定最佳放疗方案方面的作用不容忽视。单独的 PET 图像不能用于治疗计划设计,因其只能显示人体内浓聚正电子部分的活性,目前 PET 大部分是与 CT 联合应用即所谓的正电子发射计算机体层显像仪(positron emission tomography and computed tomography,PET/CT)。PET/CT 是将传统的多排螺旋 CT 和 PET 扫描结合使用,实现高精度的图像融合。这为放射治疗中肿瘤及器官功能状态的评估提供了客观的依据,由此产生了所谓的生物引导放疗(biology guided radiation therapy,BGRT)。

第四节　剂量传输的可视化

在放射治疗剂量传输中,治疗区域内可以产生正电子,与放射治疗用的 C-12 相比,C-11 的原子核因发出正电子而衰变,其他正电子发出的情况亦可见于放疗中。检测这种不稳定的正电子放射核产生有利于监测患者体内剂量沉积情况。虽然 PET 不能检测和量化剂量传输,但可以确定剂量沉积位置。这些数据可以直接通过治疗机房内 PET 相机采集。因为发射正电子的同位素半衰期很短,因此机房内 PET 相机的应用理论上可行,但尚未商业化。

第五节　超声成像

超声成像(ultrasound-graphy,USG)对多种肿瘤诊断非常有用,特别是腹盆部肿瘤。例如前列腺癌成像,经直肠超声可发现前列腺异常并可引导组织活检和放射性粒子植入。超声在影像引导放疗中的作用,尤其是在前列腺 3D-CRT 的每日位置验证中的效果已经得到了认可。

第六节　视频监测系统

患者日常再摆位依赖于皮肤标志物和身体固定装置,快速方便的方式是使用光学距离指示器(optical distance indicator,ODI)检查源到皮肤的距离(source skin distance,SSD),将皮肤标记与室内激光对齐。室内直播摄像机可以监测患者在照射期间的活动。这些一维或者二维的光学系统可以避免大的摆位误差,但是不能揭示靶区内部位移或体型变化,还需要安装或使用门控的在线影像引导来验证内部解剖结构。

基于光学标记的患者重新定位和监测正在进行 3D 重新定位的研究。激光扫描仪也被用来制作组织补偿器并使用表面扫描进行患者的重新定位。最近,IGRT 引入了快速立体视觉(或 3D 视频图像)成像。立体视觉技术也可以与容积成像技术相结合,成为4D-IGRT。

第七节　高能射线成像系统

放疗中的现代平板成像系统包括在模拟定位和摆位验证阶段使用的诊断级别(千伏级)X 线及通过直线加速器获得的兆伏级射线成像。非晶硅探测器系统的应用逐渐取代了胶片,其可以在成像中直接进行数字化显像,其他在放疗中的直接投影包括数字重建放射影像(digitally reconstructed radiograph,DRR)。电子线射束成像(electronic portal imaging device,EPID)在 20 世纪 80 年代初开始应用于临床,90 年代得到广泛应用。目前,EPID 已经成为必不可少的辅助工具。

第八节　兆伏级断层成像系统

通过利用兆伏(MV)锥形束计算机断层扫描(CBCT)技术,可以对患者进行定位和器官运动的三维(3D)成像。兆伏 CBCT 具有使用相同光束治疗患者、无需额外硬件等许多独特的优点。除 MV CBCT 之外,MV 计算机断层扫描(CT)也已被用于螺旋断层放疗机(tomotherapy Inc,Madison,WI)设计中。MV CT 引导下的自适应放疗已经成为治疗头颈部肿瘤、前列腺癌和直肠癌等肿瘤的一种兼顾精度和疗效自适应放疗的新手段。

第九节 放疗计划设计中的常见虚拟图像处理方式

一、医学图像到计划系统的转化

医学图像到计划系统的转化指数字化容积图像数据通过磁带、光盘和网络的形式传输到计划系统,用于分割、后处理和设计治疗计划。图像在不同的影像设备和治疗计划系统之间的转化和传输需要固定格式,例如医学数字影像和通信(digital imaging and communications in medicine,DICOM)格式。虽然放疗中最常用的是包含放疗具体参数的 DICOM-RT 格式,但是新的图像格式仍在不断地探索和发展。

二、图像信息的处理

对已获得的图像信息进行后处理是为了减少数据管理和治疗计划制订所不需要的信息。从获取的原始数据中提取对决定靶区大小、形态和位置及相邻正常组织范围有用的信息。

三、射束方向观影像(beam eyes view,BEV)

最常用的交互式显示是用于显示肿瘤和正常组织的位置关系,进而决定照射野的大小,即 BEV。虽然视点来自照射源,但 BEV 图像可准确、立体地展示出射束通过靶区和危及器官的投影情况。肿瘤靶区在二维平面展现的三维投影有助于确定射野的形状和大小,以交互方式展现出的不同视点图像有利于射野角度的选择和优化,以避开或者减少危及器官受照射量。其中环形堆栈和表面重建的方法是最实用的。

四、数字化重建图像

三维射束方向观影像(three-dimensional BEV,3D-BEV)图像的显示须与模拟定位或者验证中多个 2D 的投影图像的配准相结合,这通过产生 DRR 图像完成。这种背景投影和标准 X 线成像基本一致,但它是通过射线源穿过患者从 CT 扫描图像获得的衰减系数选择合适密度进行计算,并重建于胶片上。

这也可用于在高能光子下动态验证胶片图像。DRR 的观点亦可用于数字化透视重建,当然这需要获得与时间相关联的 CT 数据。

五、容积可视化

解剖结构环形堆栈显示的转换即为容积可视化显示,最早在计算机科学文献中进行了描述。在容积重建中,由用户根据 CT 值选择三维图像数据像素的不透明度和色调。容积重建显示已经应用于放射治疗计划设计。

这种容积可视化技术在肿瘤放疗计划制订中的优势主要体现在显示解剖结构的细节,而并非显示常规的结构分割。在轴位图像上进行对神经、血管和淋巴结的定义和分割是非常浪费人力的。通过 BEV 容积重建技术可以直接显示这些结构。而这些结构可视化有助于对临床靶区（clinical target volume，CTV）范围大小的调整。

第十节　治疗中图像获取与应用

如果分次治疗时患者 3D 校准图像精度不够，将会影响放射物理师制订精确放疗计划。治疗验证阶段获得的图像必须符合治疗流程。在 2005 年，直线加速器厂家提供了诊断级别成像模式的治疗单元，即所谓的影像引导放疗（image guided radiotherapy，IGRT）。目前加速器配备的成像装置主要介绍如下：

1. X 射线片　凡是具有高密度对比的组织均可以用此法实现 IGRT，有时外来的高密度物质借助于 X 线平片发挥作用，这与传统诊断 X 线片基本一致。如乳腺癌术后术腔留置的银夹，肝癌介入术后需要放疗的患者肿瘤区沉积的碘油颗粒，吞钡后的食管癌等。

2. 透视图像　因可以显示动态图像，主要用于观察和纠正受呼吸运动影响较大的肿瘤位置。

3. 锥形束 CT　可以实现患者解剖结构的三维显示及评估。

这些新型的成像系统是对应用治疗射束采集 EPID 或射野胶片等方式获得兆伏级成像方式的补充。

第七章 放射治疗的质量保证与质量控制

随着肿瘤放射治疗事业的发展,放射治疗的质量保证(quality assurance,QA)和质量控制(quality control,QC)问题,日益受到肿瘤放疗学界的专家们的重视,相关国家和地区组织了 QA 工作网,出版了相应的文件,力图使各部门的肿瘤放疗水平达到地区、国家或国际性水平。

放射治疗的 QA 是指经过周密计划而采取的一系列必要的措施,保证放射治疗的整个服务过程中的各个环节按国际标准准确安全地执行。这个简单的定义意味着质量保证有两个重要内容:质量评定,即按一定标准度量和评价整个治疗过程中的服务质量和治疗效果;质量控制,即采取必要的措施保证 QA 的执行,并不断修改服务过程中的某些环节,达到新的 QA 水平。

第一节 靶区剂量的确定和对剂量准确性的要求

临床治疗计划制订的首要问题是确定临床靶区范围和靶区(肿瘤)剂量的大小。最佳的靶区剂量应该是使肿瘤得到最大治愈而放射并发症很少,定义为得到最大的肿瘤局部控制率而无并发症所需要的剂量。该剂量一般通过临床经验的积累和比较分析后得到。有两种方法可以确定肿瘤最佳靶区剂量:前瞻性临床研究和回顾性病例分析。但由于诊断方法、肿瘤分期标准、临床靶区范围确定方法等的不统一,使得靶区剂量的选定不可能达到最佳,这只有通过执行 QA 才能使得情况得以改善。对不同类型、分期的肿瘤,应该有一个最佳的靶区剂量,即靶区剂量的大小。偏离这个最佳剂量一定范围就会对预后产生影响,这是指靶区剂量的精确性。自 1969 年以来,不少作者对靶区剂量的精确性的要求进行了大量分析和研究。ICRU 第 24 号报告总结了以往的分析和研究后,指出“已有的证据证明,对一些类型的肿瘤,原发灶的根治剂量的精确性应好于 ±5%”。也就是说,如果靶区剂量偏离最佳剂量 ±5%,就有可能使原发灶肿瘤失控(局部复发)或放射并发症增加。应指出的是, ±5% 的精确性是理想和现实的折中选择。 ±5% 精确性是一个总的平均值的概念,肿瘤类型和分期不同,对精确性的要求也不同。剂量响应梯度越大的肿瘤,对剂量精确性要求较低;相反,剂量响应梯度小的肿瘤,对剂量精确性要求较高。正常组织的放射反应随剂量变化也有类似的情况。剂量响应梯度的定义为正常组织放射反应概率 25% 增至 50% 时所需要剂量增加的百分数,其范围在 2%~17% 之间,说明正常组织耐受剂量的许可变化范围比较小,即对剂量精确性要求更高。

第二节　放射治疗过程及其对剂量准确性的影响

放射治疗全过程主要分为治疗计划的设计和治疗计划的执行两大阶段。

治疗计划的设计又分为治疗方针的制订和照射野的设计与剂量分布的计算,前者的中心任务是确定临床靶区和计划靶区的大小和范围,以及最佳的靶区剂量大小和剂量分割方式;后者主要是提出达到最佳靶区剂量所应采取的具体照射方案。两者的目标是在患者体内得到较好的或较佳的靶区及其周围正常组织的剂量分布。为实现靶区剂量的总不确定度不超过 ±5% 的目标,计划设计过程中所允许的误差范围:模体中处方剂量不确定度为2.5%;剂量计算(包括使用的数学模型)为 3.0%;靶区范围的确定为 2%,如图 7-1 所示。因此,这一阶段的 QA 一方面要加强对医院剂量仪的保管和校对、机器常规剂量的监测、射野有关参数的定期测量,以及模拟定位机和治疗计划系统的性能保证等;另一方面,要采取积极措施确保靶区范围确定时的精度。

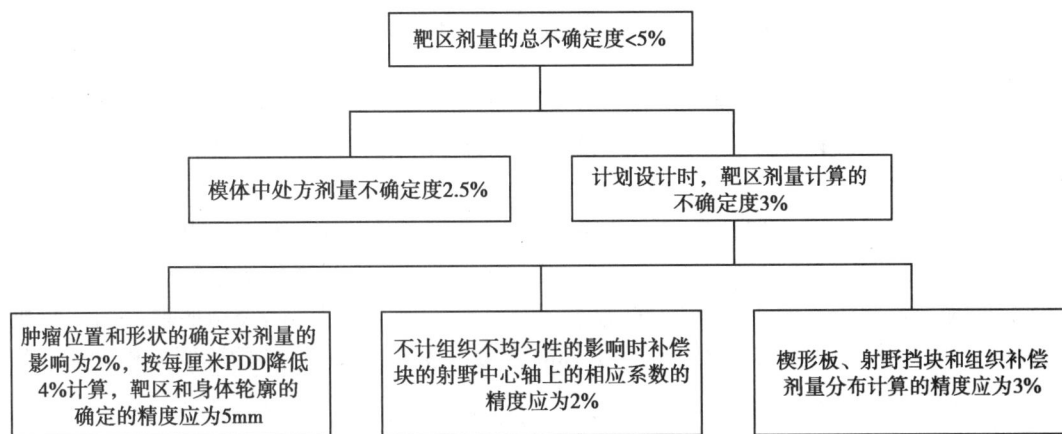

图 7-1　放射治疗所允许的剂量不确定度及其误差分配(95% 可信度)

治疗计划的执行,在某种意义上是计划设计的逆过程。本阶段的中心任务是保证患者体内得到计划设计阶段所规定的靶区剂量大小及其相应的剂量分布。为保证靶区剂量的精确性达到 ±5%,每天治疗摆位过程中治疗机参数变化和患者体位移动造成的位置不确定度要求:其中因治疗机参数变化而造成的射野偏移允许度为 5mm;因患者或体内器官运动和摆位时允许的误差不超过 8mm,如图 7-2 所示。

在治疗摆位过程中,可能产生两类误差:随机误差和系统误差。随机误差会导致剂量分布的变化,进而导致肿瘤局部控制率减少或正常组织并发症的增加。患者体位和射野在摆位和照射中的偏移,造成有一部分组织 100% 机会在射野内,有一部分组织 100% 机会在射

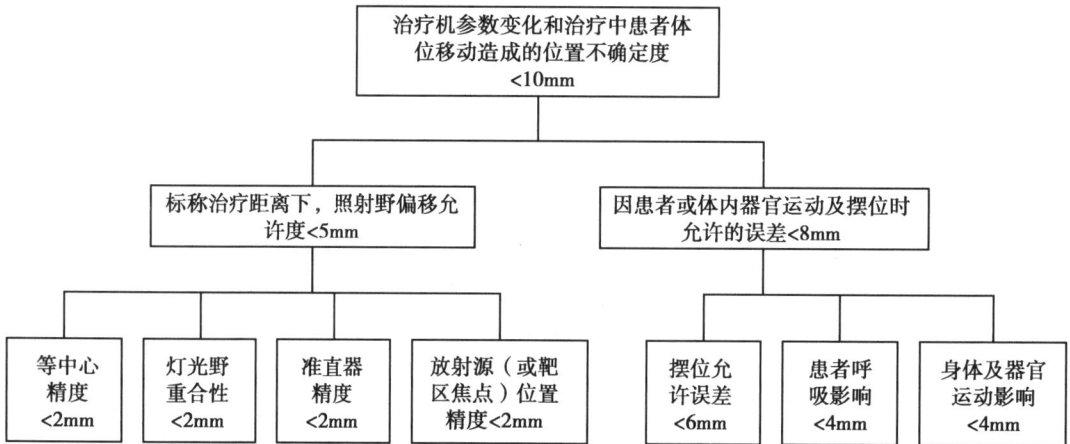

图7-2　治疗时允许的位置不确定度及其误差分配（95% 可信度）

野外，另有一部分组织可能在射野内也可能在射野外。以上分析可以看出，控制治疗摆位过程中的误差对保证肿瘤的局部控制有多么重要的意义。

第三节　物理技术方面质量保证

在物理技术方面，QA 主要包括 4 个方面内容：治疗机及模拟机的机械和几何参数的检测与调整；加速器剂量监测系统和 ^{60}Co 计时系统的检测与校对；治疗计划系统；腔内组织间的治疗和治疗安全。

各项内容的 QA 必须包括建立定期检查常规，使其各项技术指标达到机器安装验收时的标准值。定期和常规检查的所有数据必须记录在册，并留意观察机器运行状态的变化情况，即时分析比较。基于不同原理、结合不同成像方式、采用不同类型照射源的治疗机需要专业的质量保证标准，具体质量保证标准请参考表 7-1 中列举的国际国内相关标准和文献。

表 7-1　放疗常用设备对应参考文献

设备		质量保证参考文献
^{60}Co 远距离治疗机		YY0096-2009 ^{60}Co 远距离治疗机
医用电子加速器	常规加速器	GB/T19046-2013 医用电子加速器验收试验和周期检验规程 AAPM RPT_142 Quality assurance of medical accelerators
	TomoTherapy	AAPM RPT_148 Quality assurance for helical tomotherapy
	CyberKnife	AAPM RPT_135 Quality assurance for robotic radiosurgery
常规模拟机		GB/T17856-1999 放射治疗模拟机性能和试验方法
CT 模拟机		AAPM RPT_83 Quality assurance for computed-tomography simulators and the computed tomography simulation process

续表

设备	质量保证参考文献
MRI	WS/T263-2006 医用磁共振成像（MRI）设备影像质量检测与评价规范 AAPM RPT_100 Acceptance testing and quality assurance procedures for magnetic resonance imaging facilities
治疗计划系统	YY/T0889-2013 调强放疗计划系统性能和试验方法 IAEA TRS430 Commissioning and quality assurance of computerized planning systems for radiation treatment of cancer AAPM RPT_62 Quality assurance for clinical radiotherapy treatment planning

第八章　放射损伤及处理

第一节　正常组织的放射耐受性及放射反应

一、常规标准治疗条件下人体正常组织耐受剂量

常规放射治疗中各器官正常组织的放射耐受量一般可参考表8-1。$TD_{5/5}$（$TD_{50/5}$）是指在所有用标准治疗条件的肿瘤患者中，治疗后5年因放射治疗造成严重损伤的患者不超过5%（50%）时的照射剂量。表中 $TD_{5/5}$ 为最小耐受剂量。$TD_{50/5}$ 为最大耐受剂量。此处标准治疗条件是指超高压治疗（1~6MeV），1 000cGy/周，每天1次，治疗5次，休息2天。整个治疗根据总剂量在2~8周内完成（表8-1）。

表 8-1　各器官正常组织的放射耐受量

器官	损伤	$TD_{5/5}$/cGy	$TD_{50/5}$/cGy	照射面积或长度
皮肤	溃疡，严重纤维化	5 500	7 000	100cm²
口腔黏膜	溃疡，黏膜发炎	6 000	7 500	50cm²
食管	食管炎，溃疡，狭窄	6 000	7 500	75cm²
胃	溃疡，穿孔，出血	4 500	5 500	100cm²
小肠	溃疡，穿孔，出血	5 000	6 500	100cm²
结肠	溃疡，狭窄	4 500	6 500	100cm²
直肠	溃疡，狭窄	6 000	8 000	100cm²
唾液腺	口腔干燥	5 000	7 000	50cm²
肝脏	急性、慢性肝炎	2 500	4 000	全肝
		1 500	2 000	全肝条状照射
	肝功能衰竭、腹水	3 500	4 500	全肝
肾脏	急、慢性肾炎	2 000	2 500	全肾
		1 500	2 000	全肾条状照射
膀胱	挛缩	6 000	8 000	整个膀胱
输尿管	狭窄	7 500	10 000	5~10cm

器官	损伤	TD$_{5/5}$/cGy	TD$_{50/5}$/cGy	照射面积或长度
睾丸	永久不育	100	400	整个睾丸（5cGy/d，散射）
卵巢	永久不育	200~300	625~1 200	整个卵巢
子宫	坏死，穿孔	>10 000	>20 000	整个子宫
阴道	溃疡，瘘管	9 000	>10 000	全部
乳腺（儿童）	不发育	1 000	1 500	全乳
乳腺（成人）	萎缩，坏死	>5 000	>10 000	全乳
肺	急、慢性肺炎	3 000	3 500	100cm^2
	急、慢性肺炎	1 500	2 500	全肺
毛细血管	扩张，硬化	5 000~6 000	7 000~10 000	
心脏	心包炎，全心炎	4 500	5 500	60%
骨及软骨（儿童）	生长受阻，侏儒	1 000	3 000	整块骨或 10cm^2
骨及软骨（成人）	坏死，骨折硬化	6 000	10 000	整个骨或 10cm^2
脑	梗死，坏死	6 000	7 000	全脑
	梗死，坏死	7 000	8 000	25%
脊髓	梗死，坏死	4 500	5 500	10cm
眼	全眼炎，出血	5 500	10 000	全眼
视网膜	失明	4 500	—	全眼
角膜	角膜炎	5 000	>6 000	整个角膜
晶体	白内障	500	1 200	整个或部分晶体
耳（中耳）	严重中耳炎	6 000	7 000	整个中耳
前庭	梅尼埃病	6 000	7 000	整个前庭
甲状腺	功能减退	4 500	15 000	整个甲状腺
肾上腺	功能减退	>6 000	—	整个肾上腺
垂体	功能减退	4 500	20 000~30 000	整个垂体
肌肉（儿童）	萎缩	2 000~3 000	4 000~5 000	整块肌肉
肌肉（成人）	纤维化	6 000	8 000	整块肌肉
骨髓	再生不良	200	450	全身骨髓
		3 000	4 000	局部骨髓
淋巴结及淋巴管	萎缩，硬化	5 000	>7 000	整个淋巴结
胎儿	死亡	200	400	整个胎儿
外周神经	神经炎	6 000	10 000	10cm^2
大动脉	硬化	>8 000	>10 000	10cm^2
大静脉	硬化	>8 000	>10 000	10cm^2

二、其他条件下人体正常组织耐受剂量

在临床实践中,一些放疗方案有别于标准治疗方案的,例如大分割剂量放疗、立体定向放疗等。在评估这些特殊治疗条件下人体正常组织耐受剂量时,需要采用生物等效剂量计算真实生物学剂量后再评估。

三、局部照射的正常组织耐受量

1. 照射 1 000~2 000cGy 剂量范围　一些对放射线最敏感的组织受到影响。如生殖腺——卵巢、睾丸的生殖功能丧失。发育中的乳腺、生长中的骨和软骨有严重的损伤,骨髓功能明显抑制。胎儿受 1 000cGy 照射将死亡。

2. 照射 2 000~4 500cGy 水平的中等剂量范围　大部分或全部胃、小肠、结肠受此剂量范围的照射后基本不发生严重的并发症。双侧肾、全肺照射 2 500cGy 以上即有一定比例发生放射性肾炎及放射性肺炎。全肝照射 4 000cGy 以上,发生一定比例的放射性肝炎。全心照射 4 000cGy 以上会有心肌受损的可能。甲状腺、垂体在一定情况下也受到影响,产生功能低下。生长中的肌肉可以萎缩。淋巴结受此剂量水平的照射后可萎缩。

3. 照射 5 000~7 000cGy 剂量范围　皮肤、口腔黏膜、食管、直肠、唾液腺、胰腺、膀胱有 1%~5% 发生严重并发症。

4. 一般性临床高剂量照射　成熟的骨和软骨、中枢神经系统、脊髓、眼、耳和肾上腺等器官,如照射较高剂量(7 500cGy)将有 20%~50% 发生严重损伤。照射 7 500cGy 以上不发生严重并发症的有输卵管、子宫、成人乳腺、成人肌肉、血液、胆道、关节软骨及周围神经。肺尖可以耐受 6 000~9 000cGy 的剂量,有些肺尖癌在照射 9 000cGy 后得到根治。

四、早反应组织和晚反应组织

相对于肿瘤组织而言,正常组织细胞的增殖是高度有规律的,细胞的增殖是高度受控的,因此正常组织放射反应相对于肿瘤组织有所差别,正常组织不同的细胞组成状态影响其放射反应的结局。为便于理解和进行生物剂量的等效换算,根据正常组织的不同生物学特性及对电离辐射的不同反应性,可将正常组织分为早反应组织和晚反应组织两大类。

1. 早反应组织　包括小肠、皮肤(基底细胞)、黏膜、骨髓、精原细胞等。它的特点是细胞更新很快,因此照射以后损伤很快便会表现出来。早反应组织对电离辐射的反应称为早发反应,发生时间取决于分化了的功能细胞的寿命,反应的严重程度反映了死亡的干细胞与存活的克隆源细胞再生率之间的平衡。早反应组织的 α/β 比值通常较高,损伤之后是以活跃增殖来维持组织中细胞数量的稳定并进而使组织损伤得到恢复。

2. 晚反应组织　包括脑、脊髓、肺、肾、骨、肝、皮肤(真皮细胞)、脉管组织等。这些组织中细胞群体的更新很慢,增殖层次的细胞在数周甚至一年或更长时间也不进行自我更新(如神经组织),因此晚发反应很晚才会表现出来。晚反应组织的 α/β 比值较低,细胞损伤的修复和部分细胞周期的再分布是剂量分割中晚反应组织的唯一重要保护效应。值得一提的是,有些组织同时存在早期和晚期效应的机制,例如皮肤,除了早期的上皮反应还会发生严

重的晚期损伤(如纤维化、萎缩、毛细血管扩张)。因此在同一器官可以顺序地发生不同类型的损伤,其发生的机制和靶细胞均不同。

放射生物学实验及临床研究结果显示,人体组织中,早反应和晚反应组织照射以后的反应特点是不同的。晚反应组织比早反应组织对分次剂量的变化更为敏感,在临床治疗过程中制订分次照射剂量时应充分考虑晚反应组织的耐受性。同时晚反应组织更新很慢,在放射治疗期间一般不发生代偿性增殖,对总治疗时间的变化并不敏感;而早反应组织对总治疗时间的变化却很敏感,一般来说,缩短总治疗时间,早反应组织损伤加重。因此,在不引起严重急性反应的情况下,为保证肿瘤的有效控制,应尽量缩短总治疗时间。两次照射的间隔时间取决于靶区内晚反应组织需多长时间才能完成亚致死性损伤的修复,如果靶区内晚反应组织未能完成亚致死性损伤修复,则会产生严重的并发症。

在临床放射治疗中,应根据生物学特性分别考虑早反应组织和晚反应组织对分次剂量、总治疗时间和间隔时间的不同效应,在提高肿瘤治疗剂量的基础上,应同时注意正常组织的防护,特别是晚反应组织。

第二节　放射损伤的标准与类型

对放射损伤评定和分级要有统一可行性的标准,急性反应评分标准是用来评价放射治疗毒性的等级。它适用于放疗第 1 天至第 90 天这段时间。其后则用 RTOG/EORTC 后期放射反应评分标准。评价者必须努力将疾病与治疗引起的体征和症状区分开来。必须准确评价患者治疗前的基数。所有 3、4 或 5 级反应必须经主要负责人确认。任何引起死亡的毒性为 5 级。

一、急性放射损伤

急性放射损伤指人体一次或短时间内分次受到大剂量照射引起的全身性损伤,也称为外照射急性放射病。在事故照射、应急照射、医疗照射及核战争等情况下,机体受到大剂量的 X、γ 射线和中子流的照射时可引起急性放射病。分为骨髓型(1~10Gy)、肠型(10~25Gy)、脑型(50Gy 以上)。

二、亚急性放射损伤

人体在较长时间(数周至数月)内受到连续或间断较大剂量外照射,引起以造血功能再生障碍为主的全身性疾病,称为亚急性放射损伤。根据症状及造血功能损伤程度分为轻、重两度。

三、慢性放射损伤

慢性放射损伤指放射工作人员在较长时间内连续或间断受到超当量剂量限值的外照射,达到一定累积剂量后引起的造血组织损伤为主并伴有其他皮肤、视觉等系统改变的全身性疾病,根据病情轻重分为Ⅰ度和Ⅱ度。

第三节 常见器官放射损伤

一、皮肤

皮肤及其附属器都是放射敏感组织,最敏感的是皮脂腺,其次为毛囊、表皮和汗腺。皮肤放射损伤可分为4度。Ⅰ度为脱毛和毛囊性丘疹,Ⅱ度为红斑反应,Ⅲ度为水疱,Ⅳ度为坏死溃疡。

二、甲状腺

甲状腺受到辐射后最常见的并发症为甲状腺功能减退。急性全身照射后,甲状腺功能变化比较明显。电离辐射也可诱发甲状腺肿和甲状腺癌。

三、肺

1. 急性事故导致的肺损伤 分为2个阶段,急性期的放射性肺炎和晚期的肺纤维化。急性放射损伤时,典型病变可分4期,即初期、假愈期、极期和恢复期。

2. 局部照射肺损伤 在胸部放疗中较为常见,包括急性放射性肺炎和慢性放射性肺纤维化。通常认为,急性放射性肺炎常发生于放疗后1~6个月,放射性肺纤维化常发生在放疗后6个月至数年。肺组织受到一定剂量的照射后,早期表现为肺间质充血水肿、肺泡内渗出增加,结果造成气体交换障碍。随后是炎性细胞浸润,肺泡上皮细胞脱落。晚期的肺放射性损伤则表现为肺毛细血管的阻塞以及纤维化、胶原沉积。

四、性腺

放射线作用于睾丸,会损伤生殖细胞及睾丸间质细胞(Leydig细胞)和支持细胞(Sertoli细胞)的功能,并且损伤神经肌肉控制射精的能力。生殖细胞、间质细胞与支持细胞对放射线的敏感性不同,因此损伤也各异。睾丸精原细胞对放射线最敏感,很小剂量就会引起明显损伤。正常男性睾丸一次剂量15cGy,可引起短期不育,睾丸受到一次剂量350~600cGy的照射,可引起永久不育。在精细胞发生过程中,B型精原细胞对放射线最敏感,精母细胞居中,精子细胞对放射线较抗拒。低剂量放疗使精子减少的机制可能是直接杀灭抑制了干细胞或精原细胞。完成精子细胞发育的周期大约是60~90天,因为放疗可能使精子发育停滞,此阶段精子可能具有致突变性,因此在未出现成熟的精子之前不应受孕,并且在精子恢复正常1年左右再受孕比较安全。由于分次照射使相对抗性的A型精原细胞转变为放射敏感的B型精原细胞,因此分次照射比单次照射更易引起不育。

卵巢放射损伤通常针对绝经前患者。射线作用于卵巢,会使卵巢的滤泡数量减少,成熟受损,皮质纤维化和萎缩,或有增生不良、血管硬化。原始卵泡发育成滤泡受阻,雌激素分泌减少。青春期前的女孩仍会有更多的卵母细胞补充,对放射线可能较抗拒。卵巢的放射效应与睾丸不同,因为在胚胎期以后卵母细胞不再分裂,所有细胞在出生时就存在,卵母细胞的丢失是不可逆的。常规体外照射,1.8~2.0Gy/d,总量24Gy以上时,不可避免地将导致永久性的卵巢功能丧失。导致永久不育的$TD_{5/5}$为200~300cGy,$TD_{50/5}$为625~1 200cGy。

第九章 肿瘤热疗与放疗

一、概述

肿瘤热疗学是一门利用热的生物效应治疗肿瘤的学科。简言之,就是通过各种加热技术和方法,使肿瘤患者体内的肿瘤病灶温度升高到有效治疗温度、并维持一段时间,利用热杀伤效应及其继发效应治疗肿瘤的一种方法。

热疗用于恶性肿瘤的治疗有着悠久的历史。尤其是热疗和其他治疗手段的综合应用,如热疗配合放疗,在不增加治疗并发症的前提下,可以明显提升生活质量和局部控制率,甚至远期生存率,因此 1985 年热疗被认为是继手术、放射治疗、化疗、生物治疗之后的第五大肿瘤治疗手段。

根据治疗温度的不同,临床上又分为常规高温热疗(40~45℃)、固化热疗(50~100℃)、气化热疗(>200℃)。常规高温治疗不能单独应用,主要是配合放疗和化疗应用,可以增加肿瘤内部血流、改善氧压、抑制 DNA 损伤的修复,且对 S 期细胞及乏氧细胞敏感。而温度一旦超过 43℃,尤其是 50℃以上的温度可以直接杀死癌细胞,如临床上常用的射频消融的温度则多在 50~80℃(中央温度 100℃),对合适指征的肝癌和肺癌,单用射频热疗可取得理想的局部控制效果。

根据加热范围的不同,肿瘤热疗临床上又分为以下三类。

1. **局部热疗** 主要是增加局部肿瘤的治疗温度,包括浅表肿瘤的加热,如颈部转移淋巴结和乳腺癌胸壁病灶的加热;腔内加热,如食管癌、直肠癌、宫颈癌的腔内插管热疗,以及插植热疗技术。

2. **区域热疗** 通过加热的液体循环用于胸腔、腹腔、膀胱热灌注技术,主要和化疗同步应用。

3. **全身热疗** 对晚期肿瘤播散性病变,尤其是放、化疗无效或一度控制后出现复发、远处转移,而患者全身情况又较好者可考虑全身热疗。全身热疗主要是配合全身化疗来使用,其目的是克服化疗的耐药性,增加化疗对肿瘤治疗的有效性。

目前临床实施的热疗设备主要为微波热疗机、射频热疗机、超声热疗机和激光热疗机,是主要从体外对肿瘤靶区进行加温的一种技术,基本可以实施局部、区域、全身热疗等。

临床上应用最广泛的热疗设备为微波热疗机和射频热疗设备。微波热疗机一般用于浅表肿瘤的体外加热,或自然腔道发生的肿瘤的腔内加热;而射频热疗机主要满足于深部肿瘤的治疗(图 9-1)。

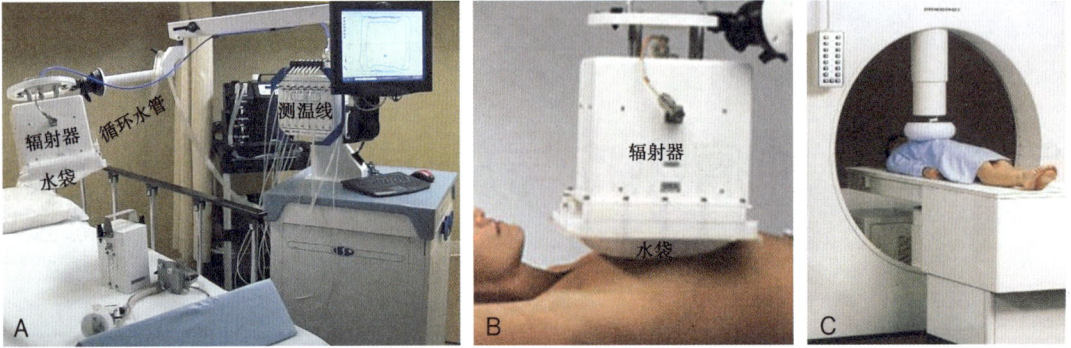

图 9-1 临床上常用的微波热疗机和射频热疗机
A. 微波热疗机；B. 胸壁热疗机；C. 射频热疗机。

二、热疗联合放疗机制

20 世纪 70—80 年代，放疗主要为常规二维照射技术，单纯放疗治疗大块性病变以及复发性病变的疗效较差，而热疗的发展为两者的联合治疗提供了很好的时机，也因此在热疗联合放疗上积累了很多的临床经验。同时，热疗联合放疗用于肿瘤治疗有确切的生物学基础。

1. 热敏感性 一般认为肿瘤细胞的热敏感性高于正常细胞，而且正常组织和肿瘤组织在血管结构及微循环上存在一定的差别，正常组织有良好的血液循环、微循环，毛细血管经常处于闭合状态，温度增加时毛细血管扩张、血流加速，可以很快将热量带走；而肿瘤内血管生长畸形、结构紊乱、血窦内的毛细血管平常即处于扩张状态，血流相对贫乏，且不受正常机体的调控，因此加热时肿瘤散热困难、热量积蓄，如此则造成肿瘤内部温度高于周围正常组织 3~7℃，而且肿瘤中心温度又高于肿瘤周边温度，不均匀度达 1~2℃以上。正是由于肿瘤和肿瘤周围的正常组织存在着明显的温度差别，保证了合理的热疗技术，在对肿瘤细胞进行杀灭的同时对肿瘤周围正常组织并不会造成损伤。

2. 热疗的放射增敏 实验室研究证实，杀灭癌细胞的最低作用温度为 43℃，而我们在临床上采用的温度多低于 43℃，多在 39.5~42℃ 的范畴，此时并不依靠热杀伤效应，而是利用热疗的热增敏效应。热疗增加肿瘤周围及内部的血流量、使肿瘤氧分压增高，从而改善肿瘤乏氧状态，增加放疗的敏感性，改善放疗的局部控制作用。增敏程度取决于温度和加温时间。热疗增加放疗的敏感性，其增敏比是目前所有治疗手段中最为有效、增敏比最高的一种手段。

3. 热疗的细胞毒作用 主要表现在热疗在厌氧环境里可直接杀死癌细胞。而肿瘤，尤其是较大的病变，因为血供差导致厌氧、无氧代谢增加，代谢废物不能及时清除，因此肿瘤实际上是处于厌氧环境。这就是临床上为什么大块肿瘤能从热疗+放疗的综合治疗中获益的重要原因。

放疗耐受的细胞如乏氧细胞、S 期细胞，最容易被中等温度的加热杀灭，而放疗容易杀灭肿瘤周围血供好的富氧肿瘤细胞，如此热疗+放疗疗效的叠加，除了热增敏比外，各自也发挥自身对肿瘤细胞的杀伤作用,有可能后者的作用更为明显。因此,热疗和放疗的联合应用可以使疗效得到很好地相互补充。

4. 热疗可以抑制 DNA 单链断裂的修复。

5. 热疗对肿瘤周边细胞杀伤作用弱 肿瘤周边血供较好,所以热疗对肿瘤周边细胞的杀伤作用远不及对肿瘤中央的杀伤作用,其治疗失败的主要原因是肿瘤周边性复发;而放疗局部控制失败的主要原因是肿瘤中央的局部复发。

综合以上因素,合理地应用热疗和放疗,可以克服放疗、热疗间的缺陷,起到优势互补、协同增敏的作用。

三、热疗在肿瘤放疗中的应用

热疗配合放疗用于肿瘤的治疗已经有半个多世纪的历史。早年热疗的发展主要是基于一些难治性体表肿瘤的放疗+热疗的效果,包括乳腺癌术后的胸壁复发,体表的恶性黑色素瘤、颈部的多发淋巴结转移等。由于病灶多发,在采用放疗技术治疗全部病灶的基础上,对部分病灶做热疗,可以自身对比,观察热疗是否增加放疗的疗效,结果发现在相同的放射治疗剂量下,加用热疗的病灶完全缓解率明显高于单纯放疗者,而且局部控制时间也较单纯的放疗明显延长,奠定了热疗增加放疗效果的临床基础。以后又有了多项随机性研究的结果,如荷兰的宫颈癌,国内的食管癌、直肠癌等肿瘤的研究,都证明在加用热疗的前提下,无论是体外加热、还是腔内热疗,都较放疗进一步提高疗效,且未见放疗并发症的增加。因为热疗的质量保证/质量控制尚未完善,有些研究得出阴性的结论,但多数研究肯定了热疗和放疗的综合应用,在不增加放疗并发症的基础上,可以明确提高肿瘤的局部区域控制率,提高生存质量。

(一) 临床应用指征

早年热疗配合放疗主要用于大块肿瘤病变、放疗不敏感者、复发性病变等。而目前随着对常规高温热疗临床应用经验的增加,鉴于热疗不增加放疗并发症,而且明显增加放疗的局部控制率,因此以下几种情况都可以考虑加用局部热疗,根据部位及深度的不同选择不同的加热设备。

一般而言,凡符合以下指征者均可在考虑放疗的同时加用热疗。

1. 无论肿物大小,只要属于放疗不敏感者,并且可以有效加热者。

2. 如属于放疗敏感,但考虑放疗后局部复发风险较大者。

3. 复发性病变,如乳腺癌胸壁复发。

4. 局部晚期病变,如宫颈癌、直肠癌、前列腺癌等。

5. 大块性病变,单一治疗手段较难控制者。

6. 难治性肿瘤。

具体而言,如乳腺癌术后的胸壁复发、颈部转移淋巴结、皮肤黑色素瘤等,放疗的同时加用微波热疗即可,而深部肿瘤如肺癌、胰腺癌、直肠癌、宫颈癌、前列腺癌,应使用射频热疗或环形阵列热疗设备进行加热;当然对自然腔道发生的肿瘤如食管癌、直肠癌、宫颈癌也可采用腔内热疗方式,但因为临床实施较为繁琐,目前临床已较少使用。

当然,并非所有的病变都适合热疗,以下为热疗的禁忌证:加温区域有金属物者,如胃肠吻合器、食管支架、钛板等;全身情况较差,不能耐受高温者;患者有过心肌梗死病史或严重的食管-胃底静脉曲张者;加热区域手术瘢痕明显者,不能明确感知温度变化者。

(二)影响疗效的因素

一个完整的肿瘤放射治疗过程,如果需要热疗的参与,一般先行放疗一周,然后在放疗的第二周起开始同步热疗。

多种因素影响热疗的疗效,归结起来包括以下三类。

1. 肿瘤因素

(1)肿瘤部位:对浅表病灶,凡病变位于较为平坦的部位如胸壁,易于加热并有较好的温度分布,热疗的效果就比较理想;而头颈部病变因部位凹凸不平,加热时温度分布受到很大影响,从而影响其疗效。对深部肿瘤而言,应采用深部射频热疗。然而,由于射频电磁波受体内气体的影响,导致不同部位的深部肿瘤在治疗效果上存在差异。因此,深部肿瘤总的来说,胸部肿瘤的治疗效果可能相对较差于腹部肿瘤,而腹部肿瘤的治疗效果又可能相对较差于盆腔肿瘤。如果肿瘤内均能得到有效的加热,则部位对疗效基本无影响。

(2)肿瘤大小:早年认为热疗对晚期肿瘤体积大的病变治疗有优势,主要是因为大肿瘤较小肿瘤病变的热蓄积作用更为明显,而小肿瘤加热时不易达到治疗温度,因此利用热疗来治疗体积小的肿瘤价值有限,但临床实践表明,如果能保证小肿瘤病变加热时达到有效的治疗温度,则采用热疗和放疗的综合治疗一样可取得满意的疗效,而且在肿瘤的完全消退率和局部控制率方面优于大病变。因此,在临床上即便肿瘤不大,但如治疗前考虑到肿瘤对放射治疗不敏感或放射治疗的局部控制较为困难,可直接选用放疗+热疗的治疗方案。

(3)肿瘤组织学类型:既往认为黑色素瘤、肉瘤效果好于上皮来源的鳞癌、腺癌等,但临床实践已经证实只要能达到有效的治疗温度,则组织学类型与热疗效果没有直接相关性。

2. 放射治疗相关因素

(1)分次剂量:因为热疗和放射治疗间的作用是协同作用还是相互独立的作用,或是两者兼而有之,目前仍无一致的结论。故临床上配合热疗的分次剂量到底多少为合适仍不清楚。早年对浅表肿瘤常采用分次 3~4Gy 的放射治疗联合热疗,目前则主张常规分割剂量;而对深部肿瘤,因分次剂量大的放疗容易造成放射损伤,所以一直主张常规分割放射治疗。

(2)总剂量:过去的观点是热疗配合放疗,可以降低放疗的总剂量。目前的研究则表明,放疗总剂量的高低显著影响热疗+放疗的疗效。因此,为最大可能地提高放射治疗的局部控制率,放射治疗的总剂量无须降低,仍可采用标准的根治剂量,且并未观察到放疗的并发症同单纯放疗比较有增加;相反,由于热疗的介入在一定程度上降低了放疗并发症的发生。

3. 热疗技术

(1)热疗温度:既往应用热疗治疗肿瘤时过分强调肿瘤温度,一定要达到43℃以上才有可能杀死肿瘤细胞。但目前尚无一种热疗设备能保证整个瘤体达到均匀地加热并超过43℃,因此临床上更多采用的热疗温度是 39.5~42℃,此时热疗的主要目的在于增加放疗的敏感性、提高放疗的局部控制率。

正是因为热疗技术目前无法实现对肿瘤完整均匀地加热,且缺乏一个完善的肿瘤温度监测系统,并不能保证所有患者都能达到有效的治疗温度,因此热疗时间的长短在不同患者、不同机构间有所不同。对于能达到有效治疗温度 42~43℃的患者,持续时间 30 分钟即可达到治疗目的,但多数患者多持续在 39.5~42℃,此时应延长加热时间,不短于 1 小时为好,以克服温度不足引起的缺陷。

（2）热疗与放疗顺序:理论上讲,加热的同时进行热疗效果最佳,但因为同步热疗和放疗临床实施起来有难度,另外同步治疗正常组织的并发症增加,因此目前临床上热疗和放疗采用顺序疗法:先放疗后热疗或先热疗再放疗,但两者的间隔时间尽可能短,一般不超过 1 小时。

（3）热疗次数:热疗次数到底多少为佳,目前仍无定论。但考虑到热疗的局限性,单次热疗很难保证瘤体受到均匀有效的加热,而采用多次加热则在一定程度上可以克服这方面的缺陷,因此临床上多主张多次热疗。但由于热耐受的影响,两次热疗的时间间隔最短不应低于 48~72 小时,也就是说 1 周热疗的次数最多为 2 次,且两次时间间隔要超过 48~72 小时。当然也可采用 1 周 1 次热疗的方法,与放疗同步进行。

（4）分次热疗的间隔时间:间隔时间的长短主要取决于热耐受的问题。简而言之,热耐受定义为第一次加热后对后继加温产生的抗拒现象。此种现象为暂时性、无遗传性,一般可在加热后 48~72 小时后消失,以后细胞又再次恢复对热的敏感性。因此,两次热疗之间一般间隔 72 小时,也就是说热疗最多 1 周 2 次。

（三）热疗疗效评定标准

热疗是否有效的标准,和放疗、化疗相关专业采用的标准完全等同,多采用 WHO 推荐的标准。

完全缓解（CR）:肿瘤消失,持续 4 周以上。

部分缓解（PR）:肿瘤缩小 50% 以上,持续 4 周。

疾病稳定（SD）:肿瘤缩小未达 50%,持续 4 周以上。

疾病进展（PD）:肿瘤增大在 25% 以上。

因热疗容易造成瘤体内出现坏死,且热疗+放射治疗的多数病变属于放射治疗不敏感的病理类型或瘤体较大的病变,因此只要瘤体内出现程度不等的坏死即表明热疗+放射治疗有效,尽管当时的肿瘤没有明显缩小,但在以后的随访过程中瘤体会缓慢缩小甚至消失。因此,日本热疗学会提出了热疗疗效的相关判定标准:

热疗疗效以治疗后 2 个月内增强 CT 的结果来判定疗效。

完全缓解:肿瘤最大断面上低密度区超过 80%,肿瘤壁无局限性增厚。

部分缓解:低密度区 50% 以上,80% 以下;或低密度区超过 80%,但肿瘤壁残留局部增厚。

治疗无效:低密度区未达 50%。

四、热疗存在的问题和发展方向

几十年的临床实践表明热疗的有效性,但热疗的发展多年来一直处于瓶颈阶段。如果拿热疗和放疗比较,放疗有一个全球统一的剂量单位和一整套完善的质量保证/质量控制系统,而热疗目前的有效温度监测问题尚未从根本上解决。目前,临床上肿瘤测温最可靠的技术为瘤体内置管测温,但获得有限的几个测温点的数据,远远反映不了全部瘤体的温度分布及变化,且穿刺过程患者痛苦和感染及播散机会增加,因此后来又改为腔内测温,如胸部肿瘤采用食管腔内测温、腹盆腔肿瘤热疗采用直肠内测温等,尽管较有创测温方便易行,但其数据仅仅是一种参考,反映不了瘤体温度,即便是国际上目前最为先进的 MRI 测温技术也不能精准的反映瘤体内温度,且昂贵的设备使其普及也有困难。当热疗缺乏一个标准的温度标准及监测系统时,就可以理解为什么同样的热疗设备治疗同样的肿瘤,在不同的单位给予的热疗时间长短不一、疗效也不一致的结局。因此测温的难题是限制热疗发展的一个重要原因。另外,尽管热疗设备众多,但目前尚未有任何一种热疗设备能像放疗的直线加速器一样能解决多数肿瘤的治疗问题,因此用于不同部位肿瘤的热疗,需要配备不同的热疗设备,从而也限制了热疗的发展。相信未来随着计算机技术、设备工程技术的发展,如果以上两个问题能得到解决,则热疗的临床应用无疑会有更为诱人的前景。

第十章 中枢神经系统肿瘤

第一节 总 论

中枢神经系统（central nervous system，CNS）肿瘤是指发生于颅内和椎管内的肿瘤，分为原发性和继发性两类。原发性颅内肿瘤指肿瘤发生于脑组织、脑膜、神经、垂体、血管及胚胎残余组织，原发性椎管肿瘤指肿瘤发生于神经根、硬脊膜、血管、脊髓及脂肪组织等椎管内结构。继发性中枢神经系统肿瘤指其他部位的恶性肿瘤侵犯或转移至颅内或椎管内形成的肿瘤。

CNS 肿瘤的发病特点与年龄相关。成人原发性颅内肿瘤的发病率为（7.8~12.5）/10 万人，脑转移瘤的发病率为（2.1~11.1）/10 万人，平均年发病率为 10/10 万人。常见发病部位为大脑，常见病理类型包括星形细胞瘤、胶质母细胞瘤、转移瘤、脑膜瘤、垂体瘤、听神经瘤等。儿童发病率为 3/10 万人，发病高峰为 3~9 岁。儿童 CNS 肿瘤好发部位在颅后窝及中线，常见病理类型有低度恶性星形细胞瘤、髓母细胞瘤、颅咽管瘤、室管膜瘤等。

CNS 肿瘤的发生原因不明，多认为与职业接触和环境暴露有关，如农民和石化工人原发性脑肿瘤的发生率较高，暴露于电离辐射会增加原发性 CNS 肿瘤的发生概率。手机累计使用时间长可能为诱发脑肿瘤的因素之一。此外，颅内恶性肿瘤也与一些遗传性疾病有关，包括Ⅰ型、Ⅱ型神经纤维瘤病，VHL 病和结节性硬化症等。

一、中枢神经系统的构成

中枢神经系统由脑和脊髓构成，两者以枕骨大孔为分界。脑由大脑、间脑、脑干和小脑组成。大脑分为额叶、顶叶、枕叶和颞叶，左右对称，由大脑镰分隔为两个大脑半球。脑干由中脑、脑桥和延髓构成。小脑幕分隔为幕上和幕下两区，幕上区有胼胝体、大脑、鞍区和松果体；幕下区有中脑、脑桥、延髓、小脑。小脑包括蚓部和半球。

12 对脑神经与脑中枢神经系统紧密相连，通过颅底的孔裂进出颅腔。具体是：嗅神经通过筛板进出颅腔；视神经通过视神经管进出颅腔；动眼神经、滑车神经、眼神经、展神经通过眶上裂进出颅腔；上颌神经经圆孔、下颌神经通过卵圆孔进出颅腔；面神经、听神经通过内耳门进出颅腔；舌咽神经、迷走神经、副神经通过颈静脉孔进出颅腔；舌下神经通过舌下神经管内口进出颅腔。

脊髓分为 31 节段，自上至下分别为：颈髓 8 节、胸髓 12 节、腰髓 5 节、骶髓 5 节和尾髓

1 节。脊髓长度短于脊柱,脊髓节段与椎骨序数关系为:颈髓、胸髓上段比相应椎骨高 1 节段;胸髓中段比相应椎骨高 2 节段;胸髓下段比相应椎骨高 3 节段;腰髓位于第 10~12 胸椎水平;骶髓位于第 12 胸椎~第 1 腰椎水平。

二、病理分类

第 5 版世界卫生组织(WHO)中枢神经系统肿瘤分类是版脑和脊髓肿瘤分类国际标准,根据此分类方法,中枢神经系统肿瘤分类如下:

（一）胶质瘤、胶质神经元肿瘤和神经元肿瘤

1. 成人弥漫性胶质瘤

2. 儿童弥漫性低级别胶质瘤

3. 儿童弥漫性高级别胶质瘤

4. 局限性星形细胞胶质瘤

5. 胶质神经元和神经元肿瘤

6. 室管膜肿瘤

（二）脉络丛肿瘤

（三）胚胎性肿瘤

1. 髓母细胞瘤

2. 其他类型的中枢神经系统胚胎性肿瘤

（四）松果体肿瘤

（五）脑神经和椎旁神经肿瘤

（六）脑(脊)膜瘤

（七）间叶性非脑膜上皮来源的肿瘤

（八）黑色素细胞肿瘤

（九）淋巴和造血系统肿瘤

（十）生殖细胞肿瘤

（十一）鞍区肿瘤

（十二）CNS 的转移性肿瘤

一直以来,中枢神经系统肿瘤的分类是基于组织学相关辅助检测,例如免疫组织化学、超微结构。近年来,分子标志物在提供辅助诊断和明确诊断信息方面越来越重要。常见的中枢神经系统肿瘤的分子指标和遗传学改变见表 10-1。

表 10-1　常见中枢神经系统肿瘤分子及遗传学改变

标志物	遗传学变异	诊断价值及预后意义
IDH	突变	脑胶质瘤分类的关键分子变异;与 O6-甲基鸟嘌呤-DNA 甲基转移酶(MGMT)启动子甲基化密切相关;对放疗和烷化剂相对敏感;潜在的治疗靶点
MGMT	启动子区甲基化	在胶质母细胞瘤中预后较好;替莫唑胺治疗效果较好;与 IDH 突变和 G-CIMP 亚型相关

续表

标志物	遗传学变异	诊断价值及预后意义
染色体 1p/19q	联合缺失	少突胶质细胞瘤的关键变异,提示预后相对良好;对于放疗和烷化剂相对敏感
H3K27	突变	诊断弥漫性中线胶质瘤,预后相对较差,可作为潜在的治疗靶点
ATRX	缺失	*ATRX* 核表达缺失和/或 *p53* 突变阳性,可在不检测 1p/19q 的情况下诊断为星形细胞瘤,IDH 突变型
TP53	突变	*ATRX* 核表达缺失和/或 *p53* 突变阳性,可在不检测 1p/19q 的情况下诊断为星形细胞瘤,IDH 突变型;可用于鉴别弥漫或非弥漫性 WHO 1 级胶质瘤及胶质增生
CDKN2A/B	纯合性缺失	组织学缺少坏死和微血管增生的星形细胞瘤,IDH 突变型,WHO 4 级胶质瘤的诊断指标之一,在 IDH 突变型胶质瘤中预后较差
TERT	启动子突变	在少突胶质细胞瘤和胶质母细胞瘤中常见;在缺少组织学坏死和微血管增生的情况下,是胶质母细胞瘤,IDH 野生型,WHO 4 级的诊断指标之一,在 IDH 野生型胶质瘤中预后较差;在 IDH 突变型胶质瘤中预后较好

三、临床表现

(一) 颅内压增高

约 90% 以上脑肿瘤患者出现颅内压增高,其症状及体征表现为:头痛、呕吐、视盘水肿。头痛多位于前额及颞部,为持续性痛,可阵发性加剧,由脑膜神经和血管受牵拉所致;呕吐常伴随头痛发生,多呈喷射状,是因迷走神经和脑干受刺激引起,常见于颅后窝肿瘤和儿童患者;视盘水肿与视力减退是由视神经管受压迫,回流障碍引起,若持续较久可继发视神经萎缩,双目视力减退甚至失明。

(二) 脑疝

脑肿瘤引起颅内压增高和不断加剧,可引起脑疝,严重危及生命。常见的脑疝有小脑幕切迹疝、小脑幕切迹上疝和枕骨大孔疝,表现为意识障碍、瞳孔散大、呼吸和循环障碍等。

(三) 神经系统定位症状和体征

肿瘤生长部位不同,可使患者产生不同的症状和体征,因而有助于做出肿瘤的定位诊断。

1. 大脑半球肿瘤

(1) 精神症状:表现为反应迟钝,近记忆减退或丧失,易怒、暴躁,或易激动、欣快。

(2) 癫痫发作:包括大发作和局限性发作,最多见于额叶,其次为颞叶、顶叶,枕叶少见。发作前可有幻象、眩晕、肢体麻木等先兆。

(3) 锥体束损害症状:表现为肿瘤对侧半身或单一肢体肌力减弱甚至瘫痪,病理征阳性。

(4) 其他症状:对侧肢体感觉障碍、失语、偏盲等。

2. 蝶鞍区肿瘤

（1）视觉障碍：由于肿瘤压迫视交叉，引起视力减退或视野缺损。眼底检查可发现视神经萎缩。

（2）内分泌功能紊乱：生长激素紊乱引起巨人症、肢端肥大症，如性腺功能障碍，男性表现为性欲低下、阳痿等，女性表现为月经紊乱、闭经、不育等。

3. 松果体区肿瘤　早期易导致脑脊液循环受阻，多以颅内压增高为主要症状，伴有视物障碍、眼球震颤、持物不稳、肢体不全麻痹、尿崩症、嗜睡等表现。

4. 颅后窝肿瘤

（1）小脑半球症状：主要表现为患侧肢体的共济失调，还可伴患侧肌张力减弱或无张力，腱反射迟钝，眼球震颤。

（2）小脑蚓部症状：主要表现为躯干性和下肢远端共济失调，蹒跚步态或醉酒步态。

（3）脑干症状：特征性表现为交叉性麻痹。中脑病变，多表现为患侧动眼神经麻痹；脑桥病变，表现为患侧眼球外展及面肌麻痹，同侧面部感觉及听觉障碍；延髓病变，表现为同侧舌肌麻痹、咽反射减退、舌后 1/3 味觉消失。

（4）小脑脑桥角症状：多表现为耳鸣、听力减退、眩晕、面麻、声音嘶哑、饮水呛咳，患侧共济失调及眼球震颤。

四、诊断

中枢神经系统肿瘤的诊断需要认真细致的病史采集、全面的查体，并结合多种影像学检查手段，目前常用的影像学检查有 MRI、CT、磁共振波谱成像（MRS），和 PET/CT 等，常见中枢神经系统影像学诊断特征见表 10-2。金标准仍为病理组织学检查及分子病理诊断。

表 10-2　常见中枢神经系统肿瘤影像学特征

常见中枢神经系统肿瘤	影像学特征
毛细胞型星形细胞瘤	MRI：增强后除囊性成分外，肿瘤强化明显，边界清晰
低级别胶质瘤	MRI：T_1 低信号，增强后强化弱或无强化；FLAIR/T_2 高信号
胶质母细胞瘤/间变性胶质瘤	MRI：FLAIR/T_2 除水肿外信号改变，表示肿瘤浸润，增强后除中央坏死区外外周强化
室管膜瘤	CT 或 MRI 增强扫描后非均匀强化，合并或无钙化
脑膜瘤	MRI：T_1 60%~90% 等信号，10%~30% 较灰质信号略低；T_2 30%~45% 高信号，50% 与灰质信号相等；增强后可见硬脑膜尾征。大多数呈均匀一致增强 CT：与脑组织密度相等或略高，增强后强化明显，钙化常见，约 25% 出现骨质增生或骨质破坏

（一）脑肿瘤影像学特征

1. 增强效应　CT 或 MRI 增强扫描显示肿瘤增强效应，多见于恶性程度高的肿瘤。

2. 水肿　CT 表现为低密度影，MRI 的 T_2 像显示高信号影。恶性程度高的胶质瘤，水肿程度重，范围大；术后及放射治疗后的患者也可表现为水肿。

3. 坏死　恶性程度高的肿瘤生长迅速，中心供氧不足，可出现坏死；放射治疗后的患者也可表现为坏死。

（二）CT

优点包括检查时间短、显示钙化或出血清晰，CT 通常需要显示钙化或出血范围，可用于 MRI 扫描受限的情况，也可作为模拟定位或治疗计划层面。

（三）MRI

优点包括信噪比好，干扰伪影少，多层面、多序列，T_1 像显示解剖结构清晰，T_2 像显示水肿范围明显，MRI 还具有功能成像如 MRSI，能鉴别肿瘤与坏死，有无残存、复发等。与 CT 定位融合，可作为精确勾画靶区的参考。

（四）PET/CT

PET/CT 对鉴别肿瘤良、恶性有一定临床意义，有条件者可采用 PET/CT 定位、勾画靶区。

（五）脑脊液检查

脊髓的钆增强 MRI 扫描是首选的成像方式，有助于判断脊髓内有无肿瘤侵犯、种植。有经脑脊液（cerebrospinal fluid，CSF）播散倾向的肿瘤或高度怀疑 CSF 受侵的患者，需要行 CSF 细胞学检查。

（六）组织学诊断

可采用手术切除、立体定向活检等方式获取组织，以获得组织学诊断。

五、治疗原则

治疗前应对患者情况作全面评估，包括详细的病史采集、体格检查，重视基础疾病，多学科会诊，确定正确的治疗方案，充分考虑患者的年龄、KPS 评分、病理类型等因素。

（一）手术治疗

良性非浸润性生长的肿瘤如可完全切除，术后一般不需放射治疗。恶性的浸润性生长的肿瘤，完全切除难度大，则手术的目的为：减少肿瘤细胞、减轻占位效应和获得病理诊断；强调最大安全限度地切除肿瘤，最适度的保持功能，术后放射治疗通常是必要的。对于放射治疗敏感或化疗敏感的恶性肿瘤，如原发性 CNS 淋巴瘤，没必要积极切除，外科作用仅限于诊断。外科 CSF 分流术可缓解颅内高压或脑积水所致的急症。神经外科的新技术包括术中辅助应用神经影像导航、功能神经影像导航、神经电生理监测技术（如皮质功能定位和皮质下神经传导束定位）、MRI 实时影像神经导航、多模态神经导航联合术中皮质及皮质下定位等，有助于提高肿瘤的切除率，减少病灶残留。

（二）放射治疗

中枢神经系统肿瘤放射治疗应遵循安全、有效的原则，应做到靶区准确，剂量适宜，靶区周围正常脑组织受量尽可能降低，注意保护未受侵犯的重要组织如脑干、神经等。

1. 适应证　恶性程度高的脑肿瘤或手术不能完全切除的脑肿瘤，多主张术后放射治疗。单纯放射治疗适用于不能耐受手术、拒绝手术或单纯活检术后的患者。

2. 放射治疗技术　相比传统的常规技术放射治疗，三维适形放射治疗和调强放射治疗能更安全地提高靶区剂量，更好地保护周围正常脑组织，以提高疗效，降低不良反应发生。常规剂量分割一般为 180~200cGy/d。立体定向放射治疗适用于体积较小的孤立病灶，采用单次剂量大分割，选择合适病例能显著提高疗效，降低并发症发生。

3. 全脑放射治疗　适应证包括中枢神经系统恶性淋巴瘤、多发性脑转移瘤、多灶性恶性胶质瘤、软脑膜恶性播散癌。

4. 全脑全脊髓放射治疗　用于经脑脊液播散的恶性肿瘤,包括髓母细胞瘤、生殖细胞瘤、室管膜瘤和中枢神经系统恶性淋巴瘤。

5. 全脑室照射放射治疗　用于全面检查后未发现脑脊液播散,但存在脑脊液播散倾向的恶性肿瘤,包括髓母细胞瘤、生殖细胞瘤、室管膜瘤和中枢神经系统恶性淋巴瘤。

6. 放射治疗毒性反应　近期反应包括病情恶化、感染、脱发、疲劳、放射性中耳炎、脑水肿等;远期反应包括放射性脑坏死和脑神经损害等。

（三）化学治疗

中枢神经系统肿瘤对单纯化疗的敏感性低,一般选择可透过血脑屏障的化疗药物作为手术和放射治疗的补充。传统的化疗药物包括:替尼泊苷、尼莫司汀、司莫司汀等。此外,替莫唑胺口服生物利用度高,毒性小,用于高级别恶性胶质瘤辅助治疗,效果肯定。

（四）其他治疗

激素及脱水剂适用于缓解患者的脑水肿、颅内压增高,预防脑疝发生。长期使用激素可产生依赖,造成肝、肾功能异常及水电解质平衡紊乱,以及糖代谢异常、胃黏膜损伤、加重感染倾向等,有相关基础疾病的患者需慎用。

第二节　胶　质　瘤

一、概述

胶质瘤是指起源于胶质细胞的肿瘤,是最常见的原发性颅内肿瘤,我国脑胶质瘤的年发病率为（5~8）/10 万,5 年病死率在全身肿瘤中仅次于胰腺癌和肺癌。高级别胶质瘤是最常见的原发颅内肿瘤,WHO 4 级占所有高级别胶质瘤的 75%,低级别胶质瘤占全部颅内肿瘤的 10%。

脑胶质瘤的发病机制尚不明了,目前确定的两个危险因素是:暴露于高剂量电离辐射和与罕见综合征相关的高外显率基因遗传突变。此外,亚硝酸盐食品、病毒或细菌感染等致癌因素也可能参与脑胶质瘤的发生。

二、应用解剖和病理

脑胶质瘤是起源于神经胶质细胞的肿瘤,主要包括 4 种病理类型:室管膜瘤(起源于室管膜细胞);星形细胞瘤(起源于星形细胞);少突胶质瘤(起源于少突胶质细胞)。2007 年,WHO 第 4 版中枢神经系统肿瘤分类根据病理学特点如细胞核异型性、核分裂指数、血管内皮增殖、坏死将胶质瘤分为四级:WHO Ⅰ级为良性,包括相对局限生长的毛细胞型星形细胞瘤和室管膜下星形细胞瘤;WHO Ⅱ级仅具有上述特点中的 1 项,为低度恶性,主要为弥漫性星形细胞瘤;WHO Ⅲ级为仅具有上述特点中的 2 项,为间变性星形细胞瘤;WHO Ⅳ级具有上述特点中的 3 或 4 项,为高度恶性的胶质母细胞瘤。2016 年 WHO 对第 4 版的中枢神经系统肿瘤 WHO 分类进行了更新,首次将肿瘤的组织学特征和分子表型整合在一起而提出了新的肿瘤分类标准,删除了部分肿瘤类型如纤维型星形细胞瘤、原浆型星形细胞瘤、大脑胶质瘤病等,增加了一些新认识的肿瘤,并调整了部分肿瘤的诊断标准或分类。2016 年 WHO 分类仍然保留 WHO 分级,其中 WHO Ⅰ级、Ⅱ级为低级别脑胶质瘤,WHO Ⅲ、Ⅳ级为高级别脑胶质瘤,胶质瘤组织学分级诊断标准见表 10-3。随着病理学的发展和病理学检测技术的进步,尤其是二代测序、DNA 甲基化谱等组学技术的提高,脑胶质瘤的遗传背景和发生发展机制逐渐清晰。越来越多的分子标志物被证明在脑胶质瘤的分类、分型、分级、预后和治疗方面发挥着重要作用。2021 年,WHO 提出了第 5 版中枢神经系统肿瘤分类,整合了肿瘤的组织学特征和分子表型,重点推进了分子诊断在中枢神经系统肿瘤分类中的应用,并提出了分层诊断,分层诊断中整合诊断为第一层、组织病理学分类为第二层、WHO 分级为第三层、分子信息为第四层。2021 年分类将 WHO 分级更改为阿拉伯数字,并根据组织学和分子病理学特点将脑胶质瘤分为 6 个组别:分别为成人型弥漫性胶质瘤、儿童型弥漫性低级别胶质瘤、儿童型弥漫性高级别胶质瘤、局限性星形细胞胶质瘤、胶质神经元和神经元肿瘤、室管膜肿瘤,详见表 10-4。这一分类是目前脑胶质瘤诊断及分级的重要依据。

表 10-3 WHO 组织学分级诊断标准

分级	组织学分级标准
Ⅰ级	胞核无异型性,增生不活跃,无核分裂象、血管内皮细胞增生和坏死;肿瘤界限清晰,易全切除;单纯手术切除后有治愈可能,预后良好
Ⅱ级	胞核异型性较明显,增生较活跃,偶见核分裂象,无血管内皮细胞增生和坏死,Ki67 抗原标记指数<5%;肿瘤呈浸润性生长,不易全切除;术后易复发并有升级倾向,预后介于 CNS WHO Ⅰ~Ⅲ级之间
Ⅲ级	肿瘤细胞密度增高,胞核异型性明显,增生活跃,核分裂象易见,无血管内皮细胞增生和坏死,Ki67 抗原标记指数 5%~10%;肿瘤侵袭性更强,无法全切除;术后复发间隔短于 CNS WHO Ⅱ级,复发后更易升级,常死于肿瘤,肿瘤为恶性
Ⅳ级	肿瘤细胞密度及胞核异型性显著增加,增生极度活跃,核分裂象和病理性核分裂象多见,可见肾小球样血管内皮细胞增生和/或"假栅栏"状小灶性坏死,Ki67 抗原标记指数>10%;肿瘤侵袭性极强,无法全切除,病程进展迅速,术后复发间隔通常≤1 年,均死于肿瘤,肿瘤为高度恶性

表 10-4 第 5 版 WHO 胶质瘤分类

项目	标准
成人弥漫性胶质瘤	星形细胞瘤,IDH 突变型
	少突胶质细胞瘤,IDH 突变伴 1p/19q 联合缺失
	胶质母细胞瘤,IDH 野生型
儿童弥漫性高级别胶质瘤	弥漫性中线胶质瘤,伴 H3K27 改变
	弥漫性半球胶质瘤,H3G34 突变型
	弥漫性儿童型高级别胶质瘤,H3 及 IDH 野生型
	婴儿型半球胶质瘤

续表

项目	标准
弥漫性软脑膜胶质神经元肿瘤	神经节细胞瘤
	多结节及空泡状神经元肿瘤
	小脑发育不良性神经节细胞瘤（Lhermitte-Duclos 病）
	中枢神经细胞瘤
	脑室外神经细胞瘤
	小脑脂肪神经细胞瘤
儿童弥漫性低级别胶质瘤	弥漫性星形细胞瘤，伴 *MYB* 或 *MYBL1* 改变
	血管中心型胶质瘤
	青少年多形性低级别神经上皮瘤
	弥漫性低级别胶质瘤，伴 MAPK 信号通路改变
局限性星形细胞胶质瘤	毛细胞型星形细胞瘤
	具有毛样特征的高级别星形细胞瘤
	多形性黄色星形细胞瘤
	室管膜下巨细胞星形细胞瘤
	脊索样胶质瘤
	星形母细胞瘤，伴 *MN1* 改变
室管膜肿瘤	幕上室管膜瘤
	幕上室管膜瘤，*ZFTA* 融合阳性
	幕上室管膜瘤，*YAP1* 融合阳性
	颅后窝室管膜瘤
	颅后窝室管膜瘤，PFA 组
	颅后窝室管膜瘤，PFB 组
	脊髓室管膜瘤
	脊髓室管膜瘤，伴 *MYCN* 扩增
	黏液乳头型室管膜瘤
	室管膜下室管膜瘤

三、临床表现和诊断

脑胶质瘤的临床表现主要包括颅内压增高、局部功能障碍和癫痫发作三大类。

（一）颅内压升高

出现典型的头痛、呕吐、视盘水肿症状。多见于生长迅速、恶性程度高的胶质瘤，因占位效应明显，伴肿瘤细胞坏死出现或囊性肿胀，造成颅内压升高引起。

（二）局部功能障碍

根据肿瘤发生的中枢神经区域不同,恶性胶质瘤可引起相应区域功能障碍。如大脑皮质部位的胶质瘤,可有投射区域感觉或运动功能失常;小脑部位的胶质瘤,可出现步态不稳、共济失调等表现。

（三）癫痫发作

发生癫痫的胶质瘤多位于小脑幕上,脑表面者尤为多见。33% 的患者以癫痫为首发症状就诊。低度恶性星形细胞瘤的年轻患者,60% 以上可发生癫痫。有癫痫症状的患者,生存时间往往较长。

目前,临床诊断主要依靠全面病史询问、体格检查及影像学检查,CT 和 MRI 是最广泛采用的手段,不同级别胶质瘤影像学表现不同(图 10-1)。特殊检查包括弥散加权成像(DWI)、弥散张量成像(DTI)、灌注加权成像(PWI)、磁共振波谱成像(MRS)、功能磁共振成像(fMRI)、正电子发射断层成像(PET)等对脑胶质瘤的鉴别诊断及疗效评价具有重要意义。MRI 灌注成像有助于观察肿瘤血管情况,波谱分析对脑组织的代谢物 N-乙酰天冬氨酸(NAA)、胆碱(Cho)、肌酸(Cr)的含量和它们的比值 Cho/Cr、NAA/Cr、NAA/Cho 进行比较分析,有助于判断检测点的残留情况及恶性程度。外科术后肿瘤标本或活检标本,进行组织病理学和分子病理学检查是明确诊断的金标准。

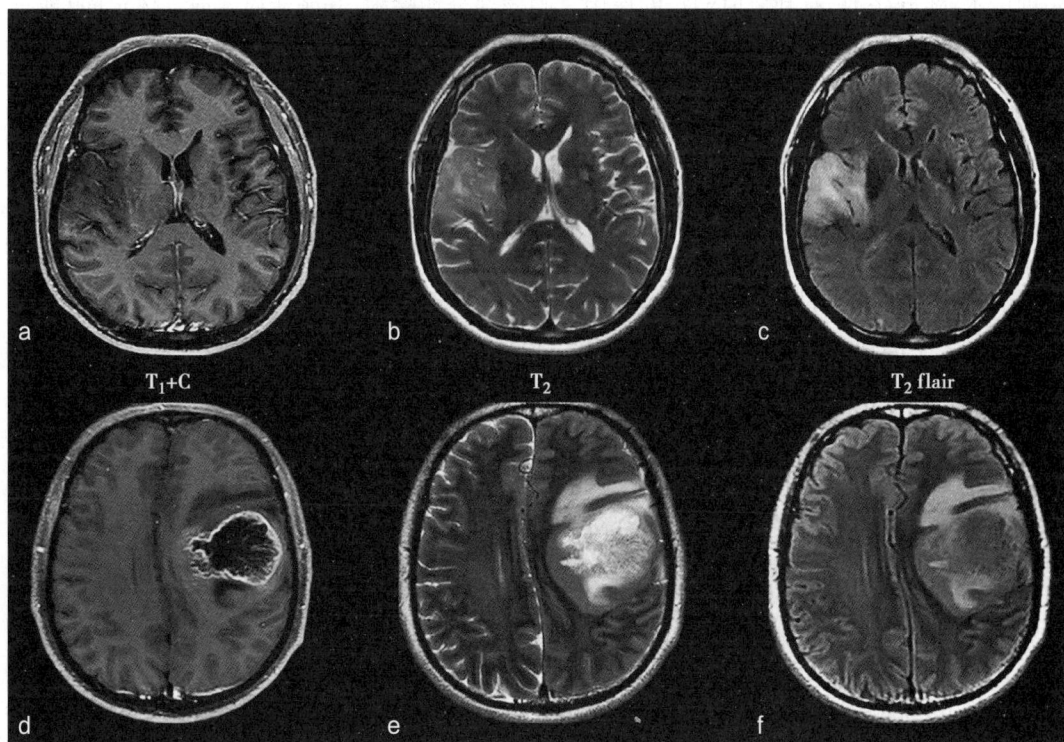

图 10-1 低级别胶质瘤与高级别胶质瘤 MRI 表现

a~c. 颅脑 MRI 成像低级别胶质瘤表现为病灶不强化,难以与正常脑组织区分;d~f. 胶质母细胞瘤表现为病灶周围强化,中央坏死,合并血管源性水肿。

四、临床分期

胶质瘤,尤其是高级别胶质瘤生长迅速,容易四周侵犯,但很少出现颅外转移,目前无特定的分期标准,主要根据第 5 版 WHO 中枢神经系统肿瘤分类标准进行整合分层诊断。

五、治疗原则

脑胶质瘤的治疗需要多学科合作,包括神经外科、神经影像科、放射治疗科、神经肿瘤科、病理科和神经康复科等,采取个体化综合治疗,优化和规范治疗方案,以期达到最大治疗效益,尽可能延长患者的无进展生存时间和总生存时间,提高生活质量。脑胶质瘤治疗的总体原则为以手术切除为主,结合放射治疗、化疗、电场治疗等综合治疗方法。

(一) 手术治疗

手术治疗是胶质瘤的首选治疗手段,可以明确病理诊断和分子诊断,缓解临床症状,包括解除占位效应和机械性梗阻所致的颅内高压,延长患者的生存期及提高生活质量。手术治疗原则是最大范围安全切除肿瘤,尽量保留重要功能区的脑组织;积极打通脑脊液循环通路等。常规神经导航、功能神经导航、术中神经电生理监测和术中 MRI 实时影像等新技术有助于实现最大范围安全切除肿瘤。

肿瘤过大或位于功能区、深部、过中线的、难以完整切除的胶质瘤,部分切除可起到获取病理标本、降低张力、有利放射治疗的作用。肿瘤部分切除术、开颅活检术或立体定向(或导航下)穿刺活检的适应证包括:

1. 优势半球弥漫浸润性生长者。
2. 病灶侵及双侧半球者。
3. 老年患者(>65 岁)。
4. 术前神经功能状况较差者(KPS 评分<70 分)。
5. 脑内深部的恶性脑胶质瘤。
6. 脑干部位的恶性脑胶质瘤。

开颅手术活检适用于位置浅表或接近功能区皮质的病灶。立体定向(或导航下)活检适用于位置更加深的病灶。

术后早期(24~72 小时内)复查 MRI,以术前及术后影像学检查的容积定量分析为标准(高级别恶性胶质瘤的 MRI 的 T_1WI 增强序列影像;低级别恶性胶质瘤的 MRI 的 T_2WI 或 FLAIR 序列影像),可评估胶质瘤切除范围,判断是否存在残留病灶,对患者的预后判断、放射治疗的靶区勾画和剂量处方有指导意义。

(二) 放射治疗

通常是在明确肿瘤病理后,术后 4~6 周采用 6~10mV 直线加速器进行常规分割放射治疗,分次剂量 1.8~2Gy,总剂量根据病理分级的不同而不同。

(三) 化学治疗

化学治疗(化疗)是手术和放射治疗的补充手段,对符合指征的患者采用化疗可以延长无进展生存时间及总生存时间。选用药物需能通过血脑屏障,包括卡莫司汀、洛莫司汀、丙卡巴肼、长春新碱、替莫唑胺等。成人初治胶质母细胞瘤患者放射治疗联合替莫唑胺(TMZ)

及辅助 TMZ 为首选方案,可显著延长患者生存期,且这一协同作用在 MGMT 启动子区甲基化患者中最为明显。应用方法为 TMZ 自放射治疗第一天开始口服,每日剂量 $75mg/m^2$,连续 42 天,放射治疗结束休息一个月后,口服每日剂量 $150\sim200mg/m^2$,连续 5 天,每 28 天为一周期,循环 6 周期。具有 1p/19q 联合缺失的 WHO 3 级少突胶质细胞瘤,推荐放疗加 PCV 化疗方案或放疗加辅助和/或同步 TMZ 化疗。对于无 1p/19q 联合缺失的 WHO 3 和 WHO 4 级星形胶质细胞瘤,推荐放疗加辅助和/或同步 TMZ 化疗。WHO 1 和 WHO 2 级低危患者术后,可密切观察,对于高危者,术后应积极考虑放疗联合化疗,推荐化疗方案包括 PCV 方案(丙卡巴肼+洛莫司汀+长春新碱)、TMZ 单药方案;若高危 2 级患者存在 1p/19q 联合缺失,则提示对化、放射治疗更敏感,可以优先考虑化疗,而推迟放射治疗的时间。

替莫唑胺的药物敏感性预测指标:低级别恶性胶质瘤为 IDH 基因突变者、1p/19q 染色体联合缺失者,和高级别恶性胶质瘤 MGMT 低表达或启动子甲基化者,对替莫唑胺相对较敏感,推荐使用上述 5/28 方案。反之,对替莫唑胺欠敏感者,推荐使用不含亚硝基脲类方案化疗,或替莫唑胺替代方案,如替莫唑胺小剂量延长使用,或联合顺铂的化疗方案等。

(四)电场治疗

电场治疗的原理是通过中频低场强的交变电场持续影响肿瘤细胞内极性分子的排列,从而干扰肿瘤细胞的有丝分裂,发挥抗肿瘤作用。用于脑胶质瘤的电场治疗系统是一种无创便携式设备,通过贴敷于头皮的电场贴片发挥作用,目前的研究显示电场治疗安全、有效,推荐用于联合 TMZ 辅助治疗初治 GBM 和作为单一疗法治疗复发高级别胶质瘤,每天应用时间不低于 18 小时。电场治疗电极贴片 Mapping 见图 10-2。

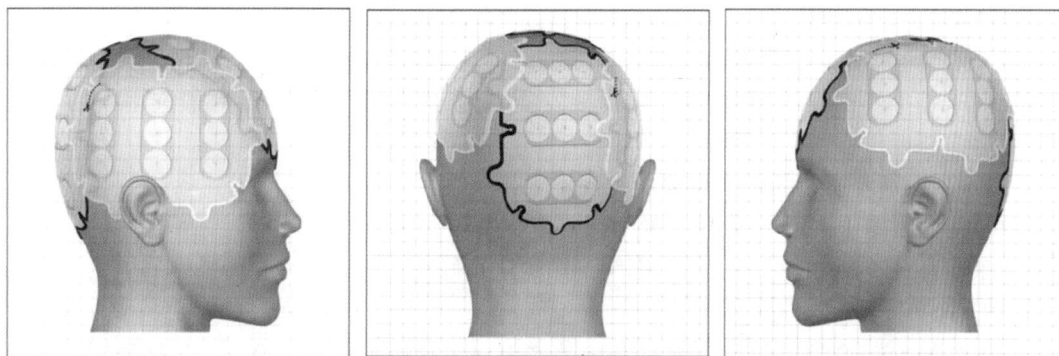

图 10-2　电场电极贴片 Mapping

六、放射治疗

(一)放射治疗原则及适应证

1. **高级别胶质瘤**　术后不论是否存在肿瘤残留病灶,放射治疗均能显著延长生存时间,故术后辅助放射治疗是综合治疗的必需手段。高级别恶性胶质瘤的生存时间与放射治疗的开始时间密切相关,术后早期放射治疗能有效延长患者的生存期。推荐术后尽早(术后 4~6 周)开始放射治疗。

2. 低级别胶质瘤　术后放射治疗的适应证、最佳时机、放射治疗剂量等存在争议，通常根据患者预后的风险高低来制订治疗策略。低度恶性完全切除者，若预后因素属低危者可定期观察；若预后因素属高危者应给予早期放射治疗。RTOG 提出低级别胶质瘤的高危因素包含：年龄>40 岁，肿瘤不完全切除；二者满足一点即为高危组。EORTC 提出低级别胶质瘤高危因素含：年龄≥40 岁，病理类型为星形细胞瘤，肿瘤最大径≥6cm，肿瘤跨中线，术前神经功能受损；≤2 个不良预后因素为低危组，≥3 个不良预后因素为高危组。

3. 室管膜瘤　1、2 级室管膜瘤手术完全切除且无脑脊液播散者，可给予观察；部分切除或为 3 级室管膜瘤，术后需放射治疗。室管膜肿瘤术后 3 周，全脑全脊髓 MRI 和 CFS 脱落细胞检查均阴性，应行肿瘤局部照射；脊髓 MRI 和 CFS 脱落细胞检查有一项阳性，应全脑全脊髓照射（CSI）。年龄<3 岁的儿童室管膜瘤，术后可先行化疗，如局部复发需放射治疗。

（二）放射治疗方法及靶区剂量

临床广泛运用的放射治疗技术包括：常规放射治疗、三维适形放射治疗和调强放射治疗。立体定向放射治疗可应用于部分特殊情况。

1. 常规放射治疗　是胶质瘤传统的照射方法。常用体位有仰卧位、俯卧位、侧卧位等，根据肿瘤部位和侵犯范围不同，设野方法可作选择。

病变局限于中线一侧者，一般应尽可能保护健侧组织结构，可采取一侧野+前野、一侧野+后野或一侧野+顶野照射，加楔形板照射。肿瘤位于中线结构，可采用两侧野+前野照射。脑组织内病变广泛，中线两侧均受累及者，可两侧野对穿全脑照射。需全脊髓照射者，可采用分段野垂直照射。

常规分割技术，分次剂量 D_T：180~200cGy，病理分级为 1~2 级胶质瘤，总剂量：D_T：5 000~5 400cGy；病理分级为 3~4 级胶质瘤，总剂量：D_T：6 000~6 600cGy。

2. 三维适形放射治疗和调强放射治疗　可提高靶区剂量的覆盖率、适形度及对正常组织的保护，缩小不必要的照射体积，降低并发症，有条件者应作为首选，一般选用 6MV X 线照射，肿瘤邻近重要器官如垂体、脑干、视交叉等需注意限量。

（1）高级别胶质瘤的靶区和剂量

GTV：为 MRI T_1 增强图像显示的术后残留肿瘤和/或术腔。

CTV：为 GTV 外扩 1~2cm，并根据解剖结构进行修正。

PTV：CTV 外扩 3~5mm。

靶区是否包含水肿区存在争议，美国肿瘤放射治疗协会推荐 CTV1 应包括瘤周水肿区外 2cm 区域，照射剂量为 46Gy；缩野后 CTV2 需在大体肿瘤靶区 GTV 外扩 2cm，照射剂量为 14Gy。2021 年美国肿瘤放射治疗协作组（Radiation Therapy Oncology Group，RTOG）推荐 MRI T_1 增强或 T_2 FLAIR 异常信号为 GTV，应外扩 1~2cm 形成 CTV；如果考虑水肿区，建议包括在一程 CTV1 中（46Gy/23 次），二程增量区（14Gy/7 次）CTV2 仅包括残余肿瘤和/或术后瘤腔并适当外扩。欧洲癌症研究和治疗组织（EORTC）推荐的 CTV 设定并未强调一定要包括所有瘤周水肿区。靶区勾画原则是在安全的前提下尽可能保证 60Gy 的肿瘤照射剂量，靶区勾画应参考术前、后 MRI，正确区分术后肿瘤残存与术后改变，预判肿瘤侵袭路径。

推荐放射治疗照射的总剂量为 5 400~6 000cGy，常规分次放射治疗，180~200cGy。若肿瘤体积较大和/或位于重要功能区及 WHO 3 级胶质瘤，可适当降低照射总剂量。对于明显残余且位于非重要功能区的肿瘤或高度恶性者,GTV 可适当提高总剂量至 6 000~6 600cGy。

（2）低级别胶质瘤的靶区和剂量

GTV:MRI FLAIR/T_2 加权像上的异常信号区域。

CTV:GTV 和/或术腔边缘外扩 1~2cm,并根据解剖屏障修正。

PTV:CTV 外扩 3~5mm。

推荐低级别胶质瘤放射治疗的总剂量为 4 500~54 00cGy,分次剂量为 180~200cGy。对于 IDH 野生型低级别胶质瘤（2021 年 WHO 分类定义的 WHO 4 级星形细胞瘤）需提高剂量至 5 940~6 000cGy;对于分子病理定义的星形细胞瘤或 MGMT 启动子非甲基化的患者,适度提高放射治疗剂量至 5 400~5 940cGy 有助于延长患者的生存期;残留病灶的放射治疗剂量可缩野推量至 5 000cGy 以上。

（3）室管膜瘤的靶区和剂量

1）局部放射治疗

GTV:术前肿瘤侵犯的解剖区域和术后 MRI 信号异常区域。

CTV:GTV 外扩 1~2cm。

PTV:CTV 外扩 3~5mm。

根据术前、术后 MRI 确定肿瘤的局部照射范围,通常采用增强 T_1 或 T_2 FLAIR,异常信号为 GTV,CTV 为 GTV 外扩 1~2cm。

颅内肿瘤的总剂量为 5 400~5 940cGy;脊髓肿瘤区的剂量为 4 500cGy,如果肿瘤位于脊髓圆锥以下,总剂量可以提高至 6 000cGy,分次剂量均为 180~200cGy。

2）全脑全脊髓放射治疗

CTV:包括全脑全脊髓,全脑包括硬脑膜以内的区域,全脊髓上起第 1 颈髓、下至尾椎硬膜囊。

PTV:CTV 外扩 3~5mm。

全脑全脊髓照射的总剂量为 3 000~3 600cGy,分次剂量为 180~200cGy,后续颅内肿瘤区缩野局部追加剂量至 5 400~5 940cGy;脊髓肿瘤区追加剂量至 4 500cGy。

3. 立体定向放射治疗　肿瘤部位过深不能完全切除,或术后放射治疗后仍存在病灶残留,立体定向放射治疗是一种准确的、有效的局部治疗手段,也适用于部分复发的胶质瘤患者。

（三）正常组织限量

当采用分次剂量为 180~200cGy 照射时,各重要器官的剂量应限制在:脑干最大剂量≤5 400cGy;脊髓最大剂量≤4 500cGy;视交叉最大剂量≤5 500cGy;眼球最大剂量≤5 000cGy;晶体最大剂量≤600cGy;视神经最大剂量≤5 400cGy;耳蜗一侧平均剂量<4 500cGy;垂体最大剂量<5 000cGy,泪腺最大剂量<4 000cGy。

（四）计划评价

调强放射治疗计划需要逐层评价剂量曲线与靶区的包绕情况,评估计划的均匀性,注意冷热点是否存在及位置,同时 95% 以上 PTV 体积要达到处方剂量,且 PTV 接受超过 110% 的处方剂量的体积应小于 20%,此外正常组织限量在不影响肿瘤控制的情况下,应该尽量降低。

七、放射治疗损伤及处理

依据放射治疗对脑组织损伤的时间和临床表现,放射性脑损伤可划分为三种不同类型:急性(放射治疗中或放射治疗后 6 周内)、亚急性(放射治疗后 6 周至 6 个月)和晚期(放射治疗后 6 个月至数年)反应。

(一) 急性和亚急性反应

1. 一般症状　一般症状通常有乏力、困倦、头痛等,特别是脑部照射野大,或全脑全脊髓放射治疗时。颅后窝或脑干放射治疗时,可出现与颅内压变化无关的恶心和呕吐。照射野内可出现轻度头皮炎,且脱发常见,如照射剂量较高可能永久致秃。照射野包括耳部,可能出现外耳道炎和浆液性中耳炎。接受全脑全脊髓放射治疗的患者,由于脊髓照射野涉及口咽部和纵隔,可能会出现黏膜炎和食管炎,此外由于椎体受到照射,可能会出现血液系统毒性。

2. 放射性脑损伤　急性和亚急性放射性脑损伤可能由血管扩张、血脑屏障受损和水肿所致。急性脑损伤表现为高颅压征象,如恶心、呕吐、头痛和嗜睡等,通常短暂且可逆,应用皮质类固醇类药物可缓解症状,但在 MRI 上有时表现出弥漫性水肿。亚急性放射性脑损伤表现为嗜睡和疲劳,通常可在数周内自愈,必要时给予皮质类固醇类药物控制症状。

(二) 晚期反应

晚期放射反应常常是进行性和不可逆的,包括白质脑病、放射性坏死和其他各种病变(多为血管性病变)。一般认为是由于血管损伤、脱髓鞘病变和坏死所致。放射治疗总剂量、分次剂量等与白质脑病的发生直接相关。非治疗相关因素包括一些使血管性损伤易感性增加的伴随疾病,如糖尿病、高血压及高龄等,均可使白质脑病的发生率增加。同步化疗也是另外一个危险因素。脑胶质瘤 TMZ 同步放化疗后假性进展的发生率明显增高,其本质为早期放射性脑坏死。放射治疗最严重的晚期不良反应是放射性脑坏死,发生率约为 3%~24%,放射治疗后 3 年是出现高峰。放射性脑坏死的临床表现与肿瘤复发相似,如初始症状的再次出现、原有的神经功能障碍恶化和影像学上出现进展且不可逆的强化病灶,其周围有相关水肿。减少放射性脑损伤的根本在于预防,合理规划照射的总剂量、分次量及合适的靶区体积,可有效减少放射性脑坏死的发生率。其他晚期反应包括中耳后遗症,表现为丧失高频部分的听力和前庭功能的损伤;视网膜病变,白内障形成;视交叉和视神经的损伤表现为视力下降,视野改变;海马照射后遗症,表现为神经心理改变和神经认知障碍。

八、预后及随访

不同级别的胶质瘤,生物学行为差别和预后相关性很大,主要与手术切除程度、病理分级、分子标志物有关。胶质母细胞瘤患者预后很差,接受包括最大程度的手术切除联合同步 TMZ 放化疗及序贯辅助 TMZ 化疗的标准治疗后,中位生存期约为 14 个月,发病年龄(≤50岁)、肿瘤组织学,卡氏评分(KPS 评分)≥70 分、手术切除范围、神经症状的持续时间及对治疗的影像反应,是重要的影响预后的因素。3 级胶质瘤诊断后中位生存期为 3 年,预后因素包括发病年龄、精神状态和功能状态、肿瘤内组织学细胞类型及分子状态。低级别胶质瘤预后相对较好,不良预后因素包括年龄≥40 岁、星形细胞瘤成分、最大直径>6cm、肿瘤过中线,以及伴有神经系统症状。3、4 级星形细胞瘤不同特征分组病例预后及预后-递归分区分析

（recursive partitioning analysis，RPA）分层见表 10-5。

表 10-5 不同特征分组病例预后及预后-RPA 分层

组别	患者特点	中位生存期/月
I、II	间变星形细胞瘤（WHO 3 级）	40~60
	年龄≤50 岁，精神状态正常	
	年龄>50 岁，KPS 评分>70 分，症状持续>3 个月	
III、IV	间变星形细胞瘤（WHO 3 级）	11~18
	年龄≤50 岁，精神状态正常	
	年龄>50 岁，症状持续<3 个月	
	胶质母细胞瘤（WHO 4 级）	
	年龄<50 岁	
	年龄>50 岁，KPS 评分≥70 分	
V、VI	胶质母细胞瘤（WHO 4 级）	5~9
	年龄>50 岁，KPS 评分<70 分或精神状态异常	

注：以上的研究治疗以放疗为主，但在 TMZ 加入后，RPA 仍能很好地提示预后。

随访内容包括治疗反应、KPS 评分、语言功能、运动功能、生活质量及副反应；采用 MRI 评价肿瘤是否复发，推荐放射治疗后 2~6 周复查 MRI 评估疗效，每 3~6 个月复查 MRI，持续 5 年，此后 6~12 个月复查 MRI。

第三节 脑 膜 瘤

一、概述

脑膜瘤是发生于脑膜、起源于脑膜蛛网膜细胞的肿瘤，发病率占颅内肿瘤的 15%~20%，其中 90% 为良性，恶性脑膜瘤占 10%。好发年龄在 40~60 岁，发病年龄高峰在 45 岁，女性多见，儿童少见。脑膜瘤的发病原因和具体机制尚不明确，可能的原因有遗传性因素、外部损伤、电离辐射、病毒感染、性激素等。

二、应用解剖和病理

脑膜瘤以大脑半球凸面、矢状窦旁、大脑镰旁、侧脑室及鞍区旁、蝶骨脊、脑桥、颅中窝、颅后窝为常见发病部位。良性脑膜瘤（WHO 1 级）占 90%，恶性脑膜瘤约占 10%，包括 WHO 2 级的非典型脑膜瘤和 WHO 3 级的分化不良型脑膜瘤，统称非良性脑膜瘤。

三、临床表现和诊断

脑膜瘤多生长缓慢，病程较长，患者早期可无临床症状出现，颅内压增高或脑膜刺激相应产生头痛、癫痫等临床表现，常为就诊的首发症状。

（一）颅内压增高

早期仅表现为轻微的头痛,随肿瘤增大,可出现呕吐、视盘水肿,继发视神经萎缩,进一步发展可迅速恶化,甚至发生脑疝。

（二）局部神经功能障碍

根据肿瘤生长部位不同,可产生局部压迫及定位投射区域功能障碍的表现,如性格改变、神经麻痹症状、肢体运动障碍、失语、感觉异常、头晕、听力减退等。

（三）颅骨变化

邻近肿瘤的颅骨可被压迫变薄、破坏,恶性脑膜瘤可在内板生长,头皮局部可见肿块隆起。

（四）癫痫

癫痫可表现为全身发作或局限性发作,多由位于额部或顶叶的脑膜瘤产生脑膜刺激征引起。

CT 和 MRI 是脑膜瘤诊断常用的影像学检查手段。CT 表现为圆形或分叶状的均一密度影,边界清楚,强化后肿瘤团块周围硬脑膜强化,其近肿瘤侧较厚,向四周逐渐变薄而消失,称为"脑膜尾征"。CT 的优点在于可明确显示肿瘤的钙化和骨质的改变。MRI 可清楚显示肿瘤与周围解剖结构的关系,一般表现为 T_1、T_2 等信号或稍长信号,强化后多数肿瘤边缘有弧形或环形的低信号带,为残存的蛛网膜下隙。CT 和增强 MRI 结合,可以得到较正确的定位及定性诊断。

四、临床分期

脑膜瘤很少出现颅外转移,目前无特定的分期标准,主要根据第 5 版 WHO 中枢神经系统肿瘤分类标准进行分类,具体见表 10-6。

表 10-6　第 5 版 WHO 脑膜瘤分类

WHO 分级	分类
WHO 1 级	脑膜上皮型（meningothelial meningioma, MM）
	纤维型（fibrous meningioma, FM）
	过渡型（transitional meningioma, TM）
	分泌型（secretory meningioma, SM）
	砂粒体型（psammomatous meningioma, PM）
	化生型（metaplastic meningioma）
	微囊型（microcystic meningioma）
	血管瘤型（angiomatous meningioma, AM）
WHO 2 级	非典型性（atypical meningioma）
	脊索样型（chordoid meningioma, CM）
	透明细胞型（clear cell meningioma, CCM）
WHO 3 级	间变性/恶性（anaplastic/malignant meningioma）
原 WHO 3 级	横纹肌样型（rhabdoid meningioma, RM）
	乳头状型（papillary meningioma, PM）

五、治疗原则

手术切除为首选治疗方法,术后放疗有指征地应用,对于症状不明显、进展缓慢而手术风险较大者,允许先观察,症状明显时再考虑放疗。

(一) 手术治疗

手术是大多数有症状脑膜瘤和不断增大的脑膜瘤的首选治疗手段。大多数患者可完全切除肿瘤,然而恶性脑膜瘤术后易复发。肿瘤位于颅后窝、蝶骨或鞍旁,与重要神经、血管关系密切的患者,手术难以完全切除。

手术切除程度国际上遵从 simpson 分级标准:

Ⅰ级:肉眼全切肿瘤及其附着的硬脑膜、异常颅骨;Ⅱ级:肉眼全切肿瘤、电凝附着的硬脑膜;Ⅲ级:肉眼全切肿瘤、未切除或电凝附着的硬脑膜或硬膜外浸润(如侵犯的鼻窦或硬化的颅骨);Ⅳ级:部分切除肿瘤;Ⅴ级:单纯减压(活检)。完全切除肿瘤和任何累及的硬脑膜或骨是脑膜瘤手术的金标准。

(二) 放射治疗

放射治疗通常用于术后残留或复发的良性脑膜瘤,无法切除的肿瘤或不宜手术者,不典型或恶性肿瘤的患者。

(三) 化学治疗

对于侵袭性强的、复发的以及不可切除的脑膜瘤,化疗药物也是治疗选择之一。可选择的药物包括细胞毒性化疗药物、羟基脲、生长抑素以及分子靶向治疗药物等,但这些药物的治疗疗效尚不确切。

六、放射治疗

(一) 放射治疗原则及适应证

WHO 1 级无症状脑膜瘤患者术后无须放疗,可暂行观察,若伴有明显症状,可考虑行放疗。WHO 2 级脑膜瘤患者,手术完整切除者可考虑行术后放疗,手术未能完整切除者需要接受术后放疗。所有的 WHO 3 级脑膜瘤患者均需要接受术后放疗。对于不能耐受或不宜手术的患者,患者又有明显症状,即便是良性脑膜瘤(1 级),也允许单纯放疗。既往未接受放疗的术后复发患者,如不宜手术,也可接受放疗。

(二) 放射治疗方法及靶区剂量

1. 放射治疗方法　术后放疗一般采用适形放疗技术,以调强放射治疗为最佳,局部残存明显者可考虑立体定向放射外科治疗。肿瘤比较规整、距离危及器官有一定安全距离者,可优先选择立体定向放射外科治疗。

2. 靶区设计和剂量

(1) GTV:以强化 CT 和 MRI 显示的瘤体、脑膜尾征、局部骨受侵部位等为主,对术后放疗仍需参考术中所见和术后病理。关于脑膜尾征,如若手术证实为肿瘤侵犯引起,则需包括在 GTV 范围内;如若考虑为反应性水肿,则仅包括在 CTV 范围内即可。

(2) CTV:WHO 1 级脑膜瘤,一般无须由 GTV 进行外扩,但肿瘤快速生长时,海绵窦内部分或硬脑膜尾部的近端区域,可以增加几毫米的小边缘以覆盖潜在的显微镜下肿瘤浸润区域(避免远端部分的广泛覆盖)。WHO 2级和3级脑膜瘤,为GTV外扩1~2cm(可以包括术前肿瘤床,肿瘤周围水肿,骨质增生性骨改变,以及诊断时所见的硬脑膜强化或增厚)。

外扩范围根据肿瘤的部位、侵犯范围、病理分级进行调整。一般需要包括瘤体邻近的脑膜、静脉窦(瘤周蛛网膜间隙)、反应性的脑膜尾征、局部异常的骨质部位等,除非有侵袭迹象,否则在颅骨等肿瘤生长的天然屏障周围以及脑实质周围的边缘可能较小(3~5mm)。

一般采用常规分割剂量:

WHO 1级脑膜瘤:5 000~5 400cGy/180~200cGy,或采用SRS 1 200~1 600cGy 单次照射,或SRT 2 500~3 000cGy 分5次照射。

WHO 2级脑膜瘤:5 400~6 000cGy/180~200cGy。

WHO 3级脑膜瘤:5 940~6 000cGy/180~200cGy。采用立体定向放射外科治疗者,则要求单次剂量应根据靶区大小、距离危及器官的距离等多种因素适当调整。

3. 正常组织限量　参照第二节胶质瘤正常组织限量部分。

4. 注意事项　放疗过程中密切观察患者的反应情况,当患者发生头痛、恶心、呕吐等颅内压增高的症状时,及时给予脱水减症治疗。同时叮嘱患者定期复查血常规,监测血常规变化情况。

七、放疗损伤及处理

(一)颅内压增高

表现:头痛、恶心、呕吐、视盘水肿;处理措施:甘露醇快速静脉滴注,必要时加用糖皮质激素(除外用药禁忌)。

(二)骨髓抑制

表现:血常规检测提示白细胞、血红蛋白、血小板计数减少;处理措施:加强营养,给予口服升血药物,必要时皮下注射粒细胞集落刺激因子、促红细胞生成素、巨噬细胞集落刺激因子等。

(三)癫痫发作

表现:全身发作或局限性发作;处理措施:发作时注意保护,避免舌咬伤,给予口服抗癫痫药物治疗。

(四)毛囊及头皮损伤

表现:脱发,局部皮肤发红、破溃;处理措施:叮嘱患者洗头时避免剧烈揉搓,尽量保持照射区皮肤干燥,合并感染的局部皮肤损伤可外用莫匹罗星。

八、预后及随访

脑膜瘤总体预后较好,相关预后因素包括肿瘤大小和部位、手术切除范围、肿瘤病理学类型等。WHO 1级:局部复发的风险<20%。WHO 2级:非典型脑膜瘤复发率30%~40%。WHO 3级:恶性脑膜瘤复发率50%~80%。非恶性脑膜瘤的10年总生存率估计为81.4%,2级脑膜瘤为53%,3级脑膜瘤为0%。青少年脑膜瘤的恶性程度高、进展快、预后差。

MRI为主要的随访影像学手段。推荐放疗后2~6周复查MRI评估疗效。此后1年内,每3~6个月复查MRI。治疗后2~5年,每6~12个月复查MRI。5年后每1~3年复查1次。

第四节　松果体区肿瘤

一、概述

松果体区肿瘤包含生殖细胞肿瘤（大约占 50%~60%）、松果体实质性肿瘤（大约占 30%）、其他肿瘤（弥漫性胶质瘤、脑膜瘤等）和转移性肿瘤。生殖细胞肿瘤是最常见的松果体区肿瘤。颅内生殖细胞肿瘤是发生在颅内的，由类似个体发育的胚胎期细胞组成的一组恶性肿瘤。发病率占颅内肿瘤的 1%~3%，男女比例约 3∶1，好发于儿童和青少年，发病高峰年龄在 10~30 岁。颅内生殖细胞肿瘤的好发部位是松果体区（50%~60%）和鞍区（30%~40%），少见部位如丘脑、基底核部位也可发生。

生殖细胞肿瘤发病原因尚未完全阐明，细胞起源方面，学界提出了众多假说，其中"原始生殖细胞"假说被普遍接受，即不同类型的生殖细胞瘤起源于同一种生殖细胞，当存在致癌因子或发生基因突变时，即可能会形成肿瘤，但也有学者认为生殖细胞瘤来源于生殖细胞的不同发育阶段。另外，也可能与特定的遗传综合征有关，如唐氏综合征中生殖细胞瘤的发生率有所增加。

二、应用解剖和病理

松果体区位于第三脑室后上方，上方为胼胝体压部，后方为小脑幕切迹游离缘及直窦前端，下方为丘脑背侧和四叠体，大脑大静脉位于四叠体和松果体上方，前方连接两条大脑静脉，后方入直窦。松果体区肿瘤指第三脑室后壁、松果体及其他肿瘤，包括生殖细胞肿瘤、松果体肿瘤、弥漫性胶质瘤、转移瘤等。最常见的是生殖细胞肿瘤（大约占 50%~60%）。

WHO 将颅内生殖细胞肿瘤主要分为生殖细胞瘤、畸胎瘤、绒毛膜癌、卵黄囊瘤/内胚窦肿瘤、胚胎癌这 5 个基本类型，以及由上述各种肿瘤细胞混合而成的混合性生殖细胞肿瘤。其中，松果体区最常见的病理类型为生殖细胞瘤。

三、临床表现和诊断

临床表现与梗阻性脑水肿、视通路受侵、肿瘤对其邻近结构和组织的压迫以及垂体功能受损所致的相关症状有关。主要表现为头痛、恶心呕吐等颅内压增高表现，伴有视力障碍、眼球震颤、持物不稳、肢体不全麻痹、尿崩症、嗜睡等表现。松果体区肿瘤可引起帕里诺综合征（Parinaud 综合征），又称上丘脑综合征、中脑顶盖综合征、上仰视性麻痹综合征。它是由中脑上丘的眼球垂直同向运动皮质下中枢病变而导致的眼球垂直同向运动障碍，累及上丘的破坏性病灶可导致两眼向上同向运动不能。具体临床表现为：两眼同向上视不能、两侧瞳孔散大或不等大、光反应消失，调节反射存在。还可以表现为眩晕，有时共济失调。上睑下垂，复视，双眼同向上视运动麻痹，但无会聚性麻痹。退缩性眼球震颤，瞳孔变位，眼底见视盘水肿。

CT 和 MRI 检查提示松果体区/鞍区占位性病变，结合影像学特点考虑颅内生殖细胞肿瘤可能性。β-hCG、AFP 等血液及脑脊液肿瘤标志物对于疾病的诊断也具有重要作用，见表 10-7。另外，鞍区肿瘤仍需进行垂体功能检查，如：生长激素、卵泡刺激素、黄体生成素，以及垂体后叶激素，催乳素等。颅内生殖细胞肿瘤脑脊液播散种植的概率为 7%~36%，因此脑脊液细胞学检查也是必要的。由于颅内生殖细胞肿瘤位置深在，一般难以取得病理诊断，过去通常为临床诊断。现代微创神经外科技术、三维立体定向外科技术使得松果体区肿瘤的诊断和治疗取得了进步，获得病理诊断的机会增加。

表 10-7　中枢神经系统生殖细胞肿瘤的肿瘤标志物水平

肿瘤类型	β-hCG	AFP
生殖细胞瘤	–	–
生殖细胞瘤（含合体滋养细胞）	+	–
内胚窦瘤		+
绒毛膜上皮癌	+	–
胚胎癌	+/–	+/–
混合性生殖细胞肿瘤	+/–	+/–
成熟畸胎瘤		
未成熟畸胎瘤	+/–	+/–

四、临床分期

目前无特定的分期标准。部分病理类型可以根据第 5 版 WHO 中枢神经系统肿瘤分类标准进行分类，具体见表 10-8。

表 10-8　第 5 版 WHO 松果体区肿瘤分类

项目	分类	WHO 分级
生殖细胞肿瘤	生殖细胞瘤	无 WHO 分级
	胚胎癌	
	卵黄囊瘤	
	绒毛膜癌	
	畸胎瘤（成熟的和未成熟的）	
	混合性生殖细胞肿瘤	
松果体肿瘤	松果体细胞瘤	WHO 1 级
	中分化的松果体实质肿瘤	WHO 2 级、3 级
	松果体区乳头状肿瘤	WHO 2 级、3 级
	松果体母细胞瘤	WHO 4 级
	松果体区促结缔组织增生性黏液样瘤（*SMARCB11*-突变）	无 WHO 分级
其他罕见肿瘤	弥漫性胶质瘤	参考其他相关章节
	局限性星形细胞胶质瘤	
	胶质神经核和神经肿瘤	
	胚胎性肿瘤	
	脑膜瘤	
	间叶非脑膜上皮性肿瘤	
	淋巴瘤	
松果体转移瘤	松果体转移瘤	无 WHO 分级

五、治疗原则

生殖细胞瘤对放疗高度敏感,因此临床上至今对疑似颅内生殖细胞瘤患者可采用诊断性放疗。但因为存在误诊的可能,目前主张手术或立体定向活检得到病理诊断后,再进行下一步的治疗。

(一) 外科治疗

神经外科在松果体区肿瘤诊治过程中所发挥的作用可以分为三个方面:①梗阻性脑积水的解除:可以通过脑室腹腔引流术和经脑室入路第三脑室底造瘘术的方式解除梗阻,以帮助患者迅速减轻症状。②肿瘤的全切除或次全切除术。③通过立体定向活检等方式明确病理诊断。由于生殖细胞瘤对放射治疗及化疗均比较敏感,因此外科手术时,可以获得组织学诊断即可,无须追求全部切除肿瘤而增加手术难度和风险。而对于非生殖性的生殖细胞肿瘤,手术治疗非常必要,尤其是对放射治疗抵抗的和手术治疗能够治愈的肿瘤,如畸胎瘤、松果体实质细胞肿瘤等。

(二) 放射治疗

大多数松果体区肿瘤(约占70%)对放疗敏感。如手术能部分切除,术后行补充放射治疗也是治疗选择之一。一般来说,生殖细胞瘤对放疗高度敏感,在无病理条件下,结合患者的年龄、发病部位、影像学检查等资料进行综合评估后,可进行诊断性放疗,具体为:局部小野放疗20Gy后进行复查,如病变明显缩小或消失,则生殖细胞瘤的诊断成立。

(三) 化学治疗

生殖细胞肿瘤对化学治疗的敏感性也较高。化学治疗可以用于与放射治疗的联合治疗,特别是对于年龄较小的儿童患者,可以达到降低放射治疗总剂量的目的,从而减轻放射治疗所导致的远期不良反应。

六、放射治疗

(一) 放射治疗原则及适应证

放射治疗在松果体区的生殖细胞肿瘤的治疗中占有重要的地位。对于松果体区肿瘤,可以采用诊断性放射治疗,对于松果体区肿瘤,可以先设肿瘤局部小野照射20Gy后复查,如肿瘤消退或大部分消退,临床诊断松果体区生殖细胞瘤成立。非生殖性的其他类型肿瘤(如畸胎瘤、胚胎癌等)应尽可能在术后进行放化疗。

目前,对于无播散的松果体区生殖细胞瘤主张全脑室照射+局部加量照射技术。如下3种情况下考虑全脑全脊髓照射技术:颅内除松果体区和鞍区外,还有其他种植病灶;脊髓种植;脑脊液找到瘤细胞。

(二) 放射治疗方法及靶区剂量

1. 放射治疗方法 放射治疗可以采用常规照射技术,也可以采用三维适形放射治疗、调强放射治疗和螺旋断层放射治疗技术。

2. 靶区设计和剂量 对于松果体区局限性的单纯生殖细胞瘤,可以采用的放射治疗方案如下。全脑室照射包括侧脑室、第三脑室、第四脑室、交叉池、四叠体池。全脑室照射 D_T 30~36Gy,局部加量至40~54Gy。如果考虑全身化疗,多采用ICE或EP方案化疗2~4周期,然后降低放疗剂量为全脑室 24Gy，局部加量至 40Gy。化疗后评估疗效达完全缓解者，可以进一步降低放疗剂量为全脑室 18Gy，局部加量至 30Gy。对于播散性疾病的患者，可以采用的放射治疗方案如下：全脑全脊髓照射包括整个全脑和全脊髓，且包括蛛网膜下腔，注意不要遗漏颅前窝底（筛板区）。通常给予全脑 30~36Gy，肿瘤推量区剂量在 40~45Gy 左右，根据患者年龄大小给予适当调整。对于松果体区的非生殖性生殖细胞肿瘤，多采用 4~6 个周期的化疗后，全脑全脊髓 30~36Gy，肿瘤推量区剂量在 50.4~54Gy 左右。

对于松果体母细胞瘤，对放疗的疗效仍有争议，但目前一般建议在最大限度手术切除后，结合全身化疗，辅助全脑全脊髓照射（24~36Gy）和肿瘤局部推量（45~54Gy）照射。对于其他松果体肿瘤，包括中分化的松果体实质肿瘤、松果体区乳头状肿瘤和松果体区促结缔组织增生性黏液样瘤（SMARCB11-突变），术后辅助治疗的作用尚不明确。对于部分或次全切除的患者，推荐辅助肿瘤局部照射（50.4~54Gy）。WHO 3 级肿瘤通常推荐辅助全脑全脊髓照射（24~36Gy）和肿瘤局部推量（45~54Gy）照射。松果体细胞瘤完全切除术后的患者无须接受辅助治疗，对于术后残留病灶和局部复发的患者可接受肿瘤局部照射（50.4~54Gy）或立体定向放射治疗（15~18Gy）。

（三）正常组织限量

参照第二节胶质瘤正常组织限量部分。

（四）注意事项

放疗过程中密切观察患者的反应情况，当患者发生头痛、恶心、呕吐等颅内压增高的症状时，及时给予脱水减症治疗。同时，叮嘱患者定期复查血常规，监测血常规变化情况。患者治疗过程中，如果脑积水梗阻减轻，脑室照射范围会发生变化，需要及时发现并修改放疗计划。

七、放疗损伤及处理

1. 颅内压增高、骨髓抑制、癫痫发作、毛囊及头皮损伤等副损伤及处理见上一章节。

2. 脊髓神经损伤　表现为手脚麻木、低头时有过电感、尿便失禁等。处理措施：制订放疗计划时严格控制脊髓及神经根的受照射剂量，治疗过程中采用图像引导技术保证精准施照，随时观察患者症状的发生情况，及时查找原因及给予营养神经治疗。

3. 远期神经毒性　表现为反应迟钝、智力低下等。处理措施：在保证疗效的前提下，尽可能通过与化疗联合等方式降低照射的范围和/或剂量。

八、预后及随访

松果体区生殖细胞肿瘤的预后主要与病理类型相关。单纯生殖细胞肿瘤及成熟畸胎瘤的预后最好，绒毛膜癌、卵黄囊肿瘤及胚胎癌的预后最差。其中，单纯生殖细胞瘤经单纯放疗后的 5 年及 10 年生存率达到 90% 以上。非生殖性生殖细胞瘤经单纯放疗后的 5 年生存率仅为 20%~45%。

一般建议在放疗结束后的第 1~2 年，每 3 个月复查一次；第 3~4 年，每 6 个月复查一次；之后每年复查一次。检查内容主要包括头部及脊髓 MRI、肿瘤标志物、内分泌激素水平监测、放疗后遗症监测。

第五节 垂 体 瘤

垂体瘤是常见的神经内分泌肿瘤之一,约占中枢神经系统肿瘤的10%~15%,是最常见的鞍区肿瘤,根据其有无内分泌功能可分为无功能性(约占1/3)和功能性(约占2/3)两种,功能性垂体瘤其主要危害在于患者多出现内分泌异常。垂体瘤的成人发病率为31.4%,儿童较少发病,成人尸检发现的无症状垂体瘤可近30%。绝大多数的垂体腺瘤为良性肿瘤,但仍可侵犯局部骨质和软组织,细胞的多形性与恶性表现常不一致,不能仅根据病理特征区分良恶性。

一、垂体的解剖、生理、病理

垂体位于颅底蝶鞍的垂体窝内,大小为1.2cm×0.8cm×0.6cm,成年男性垂体重约0.35~0.80g,女性重约0.45~0.90g。垂体由垂体柄与下丘脑相连,两侧紧邻颈内动脉、海绵窦,正上方为视神经、视交叉。因此垂体瘤向上发展可压迫视交叉导致双颞侧偏盲,挤压丘脑下部可导致视野缺损。垂体瘤向两侧侵袭可到海绵窦,其内有第Ⅱ、Ⅲ、Ⅳ、Ⅵ对脑神经,向下至蝶窦,向上发展顶起垂体。少数病变若不受限制,蔓延可侵袭颞叶、第三脑室和颅后窝。垂体分为前后两叶,前叶为腺垂体,后叶为神经垂体;垂体前叶分泌多种激素,如促肾上腺皮质激素(ACTH)、生长激素(GH)、催乳素(PRL)、黄体生成素(LH)、卵泡刺激素(FSH)和促甲状腺激素(TSH)等。垂体后叶主要储存与下丘脑分泌的抗利尿激素(ADH)和催产素。

二、垂体瘤的分类

(一)根据功能学分类

垂体瘤根据功能学可分为功能性垂体瘤和无功能性垂体瘤,根据瘤细胞分泌激素的不同将功能性垂体瘤再进一步分为生长激素腺瘤、催乳素瘤、促肾上腺皮质激素腺瘤、促甲状腺激素腺瘤、无功能腺瘤等,此分类法在临床中最为常用。

(二)根据肿瘤大小分类

垂体瘤根据肿瘤大小可分为微腺瘤(直径<10mm)、大腺瘤(直径在10~50mm)和巨大腺瘤(直径>50mm)。

(三)根据生物学行为分类

垂体瘤根据生物学行为可分为侵袭性腺瘤和非侵袭性腺瘤,侵袭性垂体瘤定义为"生长突破其包膜并侵犯硬脑膜、视神经、骨质等毗邻结构的垂体腺瘤"。它是介于良性垂体腺瘤和恶性垂体癌之间的肿瘤,其组织学形态属于良性,生物学特征却似恶性,常规病理很难区分,主要依靠影像及术中评判。侵袭性与非侵袭性垂体腺瘤的临床表现明显不同,侵袭性垂体腺瘤的坏死、卒中、囊变发生率明显高于非侵袭性垂体腺瘤。有研究表明:70%的垂体卒中发生于侵袭性垂体腺瘤。侵袭性垂体腺瘤难以切净,术后复发率高,预后不佳。

(四)世界卫生组织(WHO)分类标准

Kovacs等通过对手术切除的8 000例垂体腺瘤研究后认为,垂体腺瘤的分类方法应包括5个方面,即临床表现和血中激素水平、神经影像学和术中所见、肿瘤切片在光镜下表现、免疫组化分型及瘤细胞在电镜下的超微结构特征。每一条分类标准在确定诊断和分析肿瘤生物学表现方面均有重要价值,并已被推荐为世界卫生组织的垂体腺瘤分类标准。

三、临床表现

按分泌激素功能状态分下列两大类。

(一)分泌激素功能活跃的垂体瘤

分泌激素功能活跃的垂体瘤占垂体瘤 70%。

1. 催乳素瘤 以催乳素(prolactin,PRL)过度分泌为特征(PRL>200μg/L),占垂体瘤 40%。女性患者主要表现为月经失调、溢乳、不育等。男性表现为性欲减退、阳痿、乳腺增生、毛发稀疏、精子数目减少、乳房发育等。

2. 促肾上腺皮质激素腺瘤 促肾上腺皮质激素(adrenocorticotropic hormone,ACTH)过度分泌(正常值 20~30μg/L),占垂体瘤 10%。临床表现为库欣综合征:向心性肥胖、满月脸、水牛背、腹部大腿部皮肤有紫纹、体毛增多、高血压、糖尿病、性功能障碍等。

3. 生长激素腺瘤 以生长激素(growth hormone,GH)过度分泌为特征(GH>20μg/L),占垂体瘤 10%。青春期骨骺线未闭合前表现为巨人症。成年后表现为面容改变、额头变宽、下颌突出、鼻大唇厚、肢端肥大,并有饭量增多,毛发皮肤粗糙,色素沉着,手指麻木等。重者感全身乏力,头痛关节痛,性功能减退,闭经不育,糖代谢异常。

4. 促甲状腺激素腺瘤 少见,占垂体瘤 1%。由于垂体促甲状腺激素(thyroid stimulating hormone,TSH)分泌过剩,引起甲状腺功能亢进(甲亢)症状,表现为甲状腺肿大、心率增快、基础代谢率高、突眼,在垂体瘤摘除后甲亢症状即消失。另有甲状腺功能减退反馈性引起垂体腺发生局灶增生,渐渐发展成垂体腺瘤,引起蝶鞍扩大、附近组织受压迫的症状。

(二)分泌激素功能不活跃的垂体瘤

分泌激素功能不活跃的垂体瘤主要表现为肿瘤占位症状体征。

1. 视力视野障碍 早期垂体腺瘤常无视力视野障碍。如肿瘤生长压迫视交叉,则出现视野缺损,外上象限首先受影响,红视野最先表现出来。以后病变增大,压迫较重,则白视野也受影响,渐渐缺损可扩大至双颞侧偏盲。如果未及时治疗,视野缺损可再扩大,并且视力也有减退,以致全盲。因为垂体瘤多为良性,初期病变可持续相当时间,待病情严重时,视力视野障碍可突然加剧,如果肿瘤偏于一侧,可致单眼偏盲或失明。

2. 其他神经症状和体征 垂体瘤向后上生长压迫垂体柄或下丘脑,可致多饮多尿;肿瘤如向侧方生长侵犯海绵窦壁,则出现动眼神经或展神经麻痹;肿瘤如突破鞍膈上行性生长,可侵犯额叶腹侧部,继发精神症状;肿瘤如向后上生长阻塞第三脑室前部和室间孔,则出现头痛、呕吐等颅内压增高症状;肿瘤如向后生长,可压迫脑干引起昏迷、瘫痪或去大脑强直等。

四、诊断

垂体瘤主要根据临床症状、体征、垂体激素的检测以及影像学检查等做出诊断。

(一)激素检测

在垂体分泌的激素当中,GH、ACTH 和 PRL 的分泌有明显的昼夜节律,并且都是应激激素。其中 GH 和 ACTH 的临床取血时间应该为早上 8 点(空腹),并且取血前应该在安静的状态下休息半个小时以上再取血。而血 PRL 的测定应该是在上午 10 点至下午 2 点之间取血,测定的 PRL 结果为谷值,这样测定的值可以反映患者在非应激状态下的血清 PRL 水平。

(二)影像学检查

垂体瘤的影像学检查是非常重要的手段。其中以鞍区的磁共振(MRI)检查对垂体瘤的检出率最高。通过鞍区薄层(每 1mm 扫描一层)MRI 检查,若结合增强 MRI 检查,直径小至 2~3mm 的垂体微腺瘤也可以显像。鞍区增强 CT 显像对于部分垂体大腺瘤显像效果好,可以了解鞍底骨质的破坏程度以及蝶窦气化的程度。近几年 CT 血管造影(CT angiography,CTA)作为一种新的非损伤性血管成像技术广泛应用于临床。对侵袭性垂体腺瘤患者,CTA 可清楚显示肿瘤与血管、颅骨的三维关系,对术前了解肿瘤与周围血管位置尤为重要。

然而,一般放疗科医师面临的绝大多数垂体瘤患者是术后患者,且均有明确的病理诊断。对于我们重要的是明确术前肿瘤范围和术后肿瘤残存情况。因而术后、放疗前复查 MRI 增强扫描很必要。

五、治疗

(一)手术治疗

目的是全部切除或大部分切除肿瘤,保持和恢复垂体功能,解除对邻近组织的压迫。手术方法包括开颅手术、显微外科手术,根据肿瘤大小、肿瘤侵及范围和方向、肿瘤与周围结构的关系可选择经蝶入路、经颅入路等。对于垂体微腺瘤,有研究表明经蝶骨手术后的缓解率为 65%~90%,5 年复发率为 5%~10%,10 年复发率 10%~20%;而对于垂体大腺瘤,外科手术缓解率不足 65%,16 年的复发率为 12%~45%。

(二)术后放疗

垂体瘤术后应常规做放疗,一般于术后 4~6 周,适应证包括:

1. 持续的内分泌功能过度。

2. 手术不完整切除肿瘤。

3. 术后复发再次手术的垂体瘤患者。

(三)单纯放疗

单纯放疗仅适用于不能耐受手术或拒绝手术的垂体瘤患者。

(四)放疗技术

1. 常规技术放疗　一般采用单前野+两侧野的等中心照射技术,一般设 5cm×5cm 野,肿瘤边界外放 1cm,前野应避开角膜,两侧野需包全垂体窝和蝶窦。肿瘤直径超过 3cm 时不宜使用此技术。目前已较少应用。

2. 三维适形放疗或调强放疗　采用三维适形放疗或调强放疗对于垂体瘤术区可获得较为理想的剂量分布,靶区适形度高而正常脑组织的受照剂量低。GTV 根据 MRI 检查显示的肿瘤范围,包括邻近受侵犯的组织结构如侵犯蝶窦、海绵窦,靶区要包全。CTV 为 GTV 外放 5mm,PTV 为 CTV 外放 2~3mm。95% 剂量线定为参考:非功能性垂体瘤,1.8~2Gy/次,总剂量 45~50.4Gy;功能性垂体瘤 1.8~2Gy/次,总剂量可至 50.4~54Gy。

3. 立体定向放疗　定位精确,靶区内剂量集中,靶区外剂量迅速衰减,治疗垂体腺瘤安全有效,尤其适于术后复发、术后海绵窦或蝶窦内有残留的肿瘤,需预防对视神经、视交叉的损伤,减少并发症。

4. 质子治疗 质子的物理特性使它发出的射线能更好地保护周围组织,从而一定程度上减少了放疗后垂体功能下降的发生率。尽管在 20 世纪 50 年代该项技术已在垂体瘤治疗中得到应用,但它的发展受到了设备复杂性和经济原因的限制。

（五）药物治疗

溴隐亭为半合成的麦角胺生物碱,是长效多巴胺受体激动剂,能激活垂体细胞的多巴胺受体,降低血中催乳素的作用,适用于不能耐受手术或拒绝手术的催乳素瘤患者。服用溴隐亭后可使催乳素瘤体积缩小,可恢复月经和排卵受孕,也可抑制病理性溢乳,但溴隐亭不能根本治愈催乳素瘤,停药后病灶可继续增大,症状再次出现。现有放疗与溴隐亭联合治疗催乳素瘤,适用于不能手术、对手术未全切除的肿瘤或拒绝手术的催乳素瘤患者。对术后出现高 PRL 血症和复发患者应以药物治疗为主,放射治疗为辅。

随着分子生物技术的进步,近年来垂体瘤治疗领域出现了很多新疗法,如应用多巴胺受体激动剂治疗除催乳素瘤以外的垂体腺瘤,替莫唑胺治疗表达 MGMT 的侵袭性垂体瘤或垂体癌,生长抑素类药物、维 A 酸和 γ 干扰素治疗库欣综合征等,均获得了良好疗效。

六、预后

垂体瘤患者手术及放疗后 10 年的无瘤生存率为 50%~93%,治疗后须终身随诊,具体内容包括监测垂体激素水平、视野和视力等。国外学者长期随诊发现治疗后主要副反应表现在半数以上患者有垂体功能不全,1.5%~2.3% 的患者出现继发性视力丧失。

第六节 脊柱肿瘤

脊柱肿瘤（spinal tumor）指发生于脊柱的原发性及继发性肿瘤。原发性脊柱肿瘤的总体发生率约为 0.4%,其中原发性脊柱恶性骨肿瘤占全身恶性骨肿瘤的 19.5%。多见于儿童及青少年,不仅对椎骨有侵袭及广泛破坏作用,还可累及其他组织。常见的原发性脊柱恶性肿瘤有脊柱骨髓源性肿瘤、脊索瘤、骨肉瘤、软骨肉瘤等。本节以脊索瘤为例,阐述脊柱肿瘤的临床表现、诊断及治疗原则。

脊索瘤（chordoma）为一种少见的骨肿瘤,占原发性骨肿瘤的 1%~4%。起源于胚胎残留脊索或异位脊索,是累及中轴骨的硬膜外肿瘤,最常见发病部位为脊柱两端,约 50% 位于骨,35% 位于颅底部,15% 位于颈胸腰椎。肿瘤发展缓慢,很少转移,是一种低度恶性肿瘤。但病程长,起病隐匿,其早期症状轻且缺乏特异临床表现,常致患者就诊时肿瘤已局部侵犯严重,同时由于解剖的复杂性造成手术难度极大,术后复发率高达 67%~85%,需巩固放射治疗。

一、临床表现

脊索瘤为无痛性、缓慢生长肿瘤,早期症状隐匿,晚期症状与病变部位及侵犯程度相关。骶骨及脊柱脊索瘤可表现为局限性深压痛,骶骨脊索瘤最常见表现为会阴区麻木和疼痛（坐位加重),肿瘤易扩展至骶前区,肛诊可触及硬而固定的骶前肿物,并可伴有肛周皮肤感觉减退、尿失禁、遗尿、便秘症状。脊柱脊索瘤可以侵犯邻近的脊髓和神经根,出现疼痛、麻木、肢体乏力,颈椎脊索瘤可引起吞咽困难。颅底脊索瘤常致颅内高压症状和脑神经侵犯症状,并可伴有内分泌障碍。

二、诊断

脊索瘤的临床表现结合影像学检查,能大致作出临床诊断。病理学结果是明确诊断的金标准。

(一)影像学检查

脊索瘤的影像表现依据病变的解剖部位不同而异。脊柱脊索瘤能累及数个椎节,常表现为中轴骨的损伤,很少呈偏心性生长,影像学上表现为骨破坏及椎体周围的软组织团块。

CT扫描可见骨骼、椎体的破坏和周围软组织肿块影,清晰地显示肿瘤的大小,侵犯椎节的范围以及与神经根、血管、坐骨神经的毗邻关系,可以观察到肿瘤的钙化和分布,通常钙化分布在肿瘤的周边区域。MRI较CT更有优势,可显示脊索瘤呈异质性改变,特征为局部溶骨性骨质破坏、软组织肿块并有钙化,MRI在T_1加权像上表现为等信号或低信号的钙化灶和骨膨胀,T_2加权像表现为高信号,可见"蜂房征"。

(二)病理

可手术切除的患者术后可获得病理明确诊断。

三、治疗原则

(一)手术治疗

脊索瘤的治疗以手术治疗为首选,对于可切除的经典型或软骨样型脊索瘤,如果在骶骨和可活动脊椎,应进行广泛切除,如果在颅底,进行囊内切除,术后需复查MRI,以求最大程度切除肿瘤,减少并发症。

(二)术后放疗

脊索瘤完全切除难度大,多有肉眼或镜下残留,因此,对于切缘阳性和术后残留的患者,需做术后放疗。三维适形放疗和调强放疗能使靶区内高剂量分布,并降低周围正常组织受量,故有条件者应尽量选择。放疗靶区根据发病部位、手术方式及参考影像学资料确定,照射范围包括肿瘤残留区域及原手术区,边缘外放0.5cm。文献提示脊索瘤的治疗剂量需达到70Gy,但由于周围器官(脊髓、脑干、视路系统)的限制,原发于颅底和脊柱的脊索瘤,常规放疗剂量为40~60Gy/20~30次。原发于骶骨的脊索瘤,照射剂量可由周围正常器官的耐受性适当上调,文献所报道的骶骨区脊索瘤放疗剂量波动于45~80Gy。对于肿瘤残存范围小,距重要结构稍远的残存肿瘤,也可采用立体定向放射治疗技术。

四、预后

肿瘤负荷(5cm以上浸润较广,预后欠佳)、肿瘤病理学分型(软骨样型>经典型>去分化型)及手术切除程度是影响患者生存的预后因素,脊索瘤复发率高,预后主要取决于首次手术治疗的彻底性。脊索瘤很少发生远处转移,5年生存率约70%,局部控制率女性高于男性。

第十一章 头颈部肿瘤

第一节 总 论

一、发病率

头颈部肿瘤是指除颅脑脊髓以外的头、颈部发生的肿瘤,包括口腔、咽部(鼻咽、口咽、下咽)、喉、鼻腔鼻窦、涎腺、颈部和甲状腺等。

就发病率而言,头颈部恶性肿瘤在全身恶性肿瘤中所占比例并不高,仅占全身肿瘤的5%~10%,死亡率位居肿瘤相关死亡原因的第八位。除了甲状腺癌外,大部分头颈部瘤、依然属于一类低发肿瘤,但是头颈部解剖结构复杂,病理类型最为繁多,成为头颈部肿瘤的另外一大特点。头颈部鳞癌中国发病率从高到低依次为:鼻咽癌、口腔癌、喉癌、下咽癌、鼻腔鼻窦癌。其发病率高低与西方国家有所不同。

二、病因学

肿瘤的发生发展是一个相当复杂的过程,目前仍未完全明了。目前明确的肿瘤病因学因素包括烟酒、病毒感染、癌前病变、炎性慢性刺激等。

1. 烟酒的消费量 任何一个国家头颈部鳞癌发生率的高低与烟酒的消费量直接呈正相关。吸烟不仅增加肺癌的发病率,而且与喉癌的发生直接相关,同时也是口腔癌、口咽癌、下咽癌的重要病因。长期饮酒是口腔癌、口咽癌、下咽癌的重要致病因素。饮酒的同时吸烟的危害更大,两者诱发上呼吸道肿瘤和上消化道肿瘤,包括口腔、口咽、下咽、喉风险明显增加。

2. 病毒感染 与头颈部肿瘤发生直接相关的病毒有 EB 病毒(epstein-barr virus, EBV)和人乳头瘤病毒(human papilloma virus, HPV)。EBV 和 HPV 所诱发的肿瘤有所不同。EBV主要是引起鼻咽癌,与鼻咽癌病理类型中的非角化性鳞癌直接相关,而角化型鳞癌则与 EBV无关。而中国 95% 以上的鼻咽癌为低分化鳞癌和未分化癌,因此,EBV 是中国鼻咽癌的主要致病因素,而西方鼻咽癌中的 20%~40% 为中高分化鳞癌,与 EBV 无关。HPV 导致的头颈部鳞癌主要集中在口咽,尤其是扁桃体癌和舌根癌多见。根据 HPV 的检查情况,将相关肿瘤分为 HPV 阳性和 HPV 阴性组。两组的发病人群和预后明显不同:HPV 阳性者多见于年轻、全身情况较好、不沾烟酒、性伴侣多、性途径多样化等;而 HPV 阴性组多为烟酒嗜好者,即烟酒是其主要致病因素。注意,这种分类基于西方的资料,其 HPV 感染的概率超过 50%,多在 70% 以上,而国内这方面感染率低于 30%。

3. 癌前病变　口腔、声带的黏膜白斑可发生癌变,癌变概率与是否伴有组织增生密切相关:单纯增生伴或不伴角化癌变率≤5%;轻度异型增生癌变率≤10%;中度异型增生癌变率最高可达 30%;而重度异型增生癌变率最高可达 50%。表明黏膜白斑随着组织病理分级的增加,其癌变风险相应增加。

4. 电离辐射　辐射几乎可以诱发人体所有组织的癌瘤。常见的辐射诱发肿瘤包括白血病、乳腺癌、淋巴瘤、肉瘤等,而头颈部肿瘤如甲状腺癌和涎腺癌,辐射是其发生的一个重要诱因。

5. 其他　如咀嚼槟榔与口腔癌,木屑粉及长期慢性炎症与鼻腔鼻窦癌都存在着一定的相关性。

肿瘤病因目前仍未完全明了,绝非任何一种单一因素导致,而是多种因素包括遗传因素、环境因素、生活方式、慢性炎症等综合作用所致。

三、应用解剖

(一) 部位

按照第 8 版国际抗癌联盟(Union for International Cancer Control,UICC)标准,头颈部肿瘤的发生包括以下部位。

1. 唇和口腔。
2. 咽　包括鼻咽、口咽(p16 阳性和 p16 阴性)、下咽。
3. 喉。
4. 鼻腔和鼻旁窦(上颌窦和筛窦)。
5. 原发灶不明的颈部淋巴结转移癌。
6. 上呼吸道、消化道恶性黑色素瘤。
7. 大唾液腺。
8. 甲状腺。

原发于上呼吸道、消化道小唾液腺肿瘤归为原发的解剖部位,如:口腔。

(二) 颈部淋巴结分区

全身淋巴结约 800 个,而头颈部淋巴结约 300 个。分区的几个重要的解剖结构包括舌骨、环状软骨、锁骨、胸锁乳突肌和斜方肌等。舌骨下缘水平以上为上颈部,舌骨下缘和环状软骨下缘之间为中颈部,环状软骨下缘和锁骨上缘之间为下颈部。颈部分区多采用 2013 年版标准(表 11-1,图 11-1),2013 年版将所有头颈部淋巴引流区,包括浅部和深部淋巴结、颌面部和颈部,共分为 10 个区域,其中,多个区域又分为若干亚区。

表 11-1 2013 年版颈部分区标准

分区命名	内容	备注
Ⅰ区		
Ⅰa	颏下组	颏下淋巴结
Ⅰb	颌下组	颌下淋巴结
Ⅱ区	颈静脉上组	颈上深淋巴结
Ⅲ区	颈静脉中组	颈中深淋巴结
Ⅳ区		颈下深淋巴结
Ⅳa	颈静脉下组	
Ⅳb	内侧锁骨上组	
Ⅴ区	颈后三角组	颈后淋巴结、脊副链淋巴结
Ⅴa	颈后三角上组淋巴结	
Ⅴb	颈后三角下组淋巴结	
Ⅴc	外侧锁骨上组	锁骨上淋巴结外侧组
Ⅵ区	颈前中央组	喉前和气管旁淋巴结
Ⅵa	颈静脉前淋巴结	颈前浅表区域、属于颈前浅淋巴结
Ⅵb	喉前、气管前、气管旁淋巴结	颈中椎前深部淋巴结
Ⅶ区	椎前淋巴组	
Ⅶa	咽后淋巴结	咽后淋巴结的外侧组
Ⅶb	茎突后淋巴结	咽后淋巴结外侧组与Ⅱ区上界的自然过渡
Ⅷ区	腮腺组	包括腮腺浅表(耳前)及深部淋巴结
Ⅸ区	面颊组	眶下缘至下颌骨下缘间(与Ⅰb毗邻)的区域
Ⅹ区	颅后组	
Ⅹa	耳后、耳下淋巴结	
Ⅹb	枕淋巴结	

四、病理

1. 鳞癌 最常见的病理类型、占头颈部恶性肿瘤的 90% 以上。有学者将头颈部鳞癌分为两大类:鼻咽癌和非鼻咽癌头颈部鳞癌。因为西方鼻咽癌少见,因此,西方文献报道的头颈部鳞癌不包括鼻咽癌,主要指的是口腔、口咽、下咽和喉四大类。

2. 腺癌 是除鳞癌外的常见病理类型,多发生于甲状腺、涎腺等部位。腺癌的病理亚型众多,如黏液表皮样癌、腺泡细胞癌、腺样囊性癌等。

3. 其他类型 头颈部肉瘤属于少见肿瘤,但病理类型多样,不同病理类型、不同部位的肉瘤生物学行为及预后均有所不同。

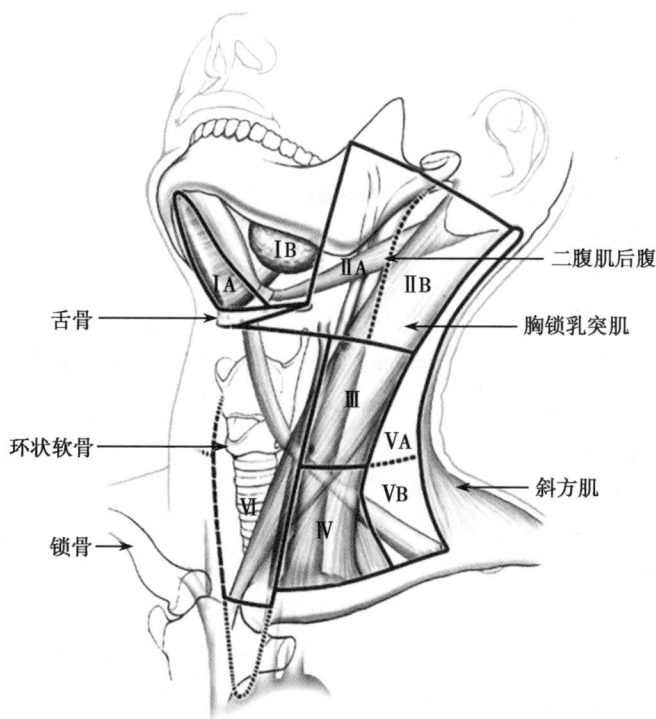

图 11-1　颈部淋巴结分区示意图
(本图由副主编罗京伟制作并授权,仅限本书使用)

五、临床分期

国际抗癌联盟(UICC)和美国癌症联合委员会(American Joint Committee on Cancer, AJCC)联合制定的 TNM 体系中,T(tumor)表示肿瘤的范围。N(node)表示淋巴结转移, M(metastasis)表示远处转移。

1. 目前,国际上最新的临床分期为 2017 年第 8 版 UICC/AJCC 分期标准。分期包括:

(1)临床分期(clinical,C):主要是根据治疗前查体、内镜检查及影像学检查所获得的资料进行的分期。

(2)病理分期(pathological,P):根据手术后的病理检查进行的分期。病理分期是对临床分期的补充,比临床分期更为准确,如果临床分期被病理分期证实,分期前需加 p 说明,如 pT、pN、pM。

(3)诱导化疗/放疗后临床分期[post neoadjuvant(radiation or systemic)therapy-clinical, yc]:接受诱导化疗或术前放疗后进行的临床分期。

(4)诱导化疗/放疗后手术病理分期[post neoadjuvant(radiation or systemic)therapy-pathological,yp]:接受诱导化疗或术前放疗后接受手术治疗,然后根据术后病理检查进行的分期。

(5)对疗后复发的分期:可按照临床分期的标准进行分期,但分期前需用 r(recurrent stage)表示。

2. 接受单纯放疗的病例采用的为临床分期,判定颈部淋巴结是否为转移的临床标准为:

（1）单个淋巴结最大横截面的最短径≥1cm。

（2）淋巴结大小不论,只要淋巴结内部出现坏死或环形强化。

（3）同一区域内≥3个淋巴结呈簇状聚集且最短径≥8mm。

（4）淋巴结包膜外侵犯(征象包括淋巴结边缘不规则强化,周围脂肪间隙部分或全部消失,淋巴结相互融合)。

（5）咽后淋巴结 外侧组最大横断面的最短径≥5mm,或任何可见的内侧组。

（6）正电子发射断层成像(positron emission tomography,PET)检查显示的阳性淋巴结。

3. 临床 N 分期中淋巴结结外侵犯(extranodal extension,ENE)的标准为:

（1）淋巴结毗邻的皮肤受侵或肌肉受侵。

（2）淋巴结与邻近结构密不可分或固定。

（3）脑神经、臂丛神经、交感神经干、膈神经受侵并出现相关症状。

颈部淋巴结分期分为临床分期和病理分期。

鉴于鼻咽癌与 p16 阳性口咽癌的特殊性,因此其颈部分期单独从头颈部鳞癌分离出来进行描述,具体参见相关章节。而其他头颈部鳞癌包括口腔、p16 阴性口咽癌、下咽、喉、鼻腔、鼻窦癌的 N 分期标准相同,具体如下。

临床分期标准:

N_x:区域淋巴结不能评估。

N_0:无区域淋巴结转移。

N_1:同侧单个淋巴结转移,其最大径≤3cm,ENE 阴性。

N_2:同侧单个淋巴结转移,3cm<最大径≤6cm;或同侧多个淋巴结转移,或双侧或对侧淋巴结转移,最大径均≤6cm,且 ENE 均阴性。

N_{2a}:同侧或对侧单个淋巴结转移,3cm<最大径≤6cm,ENE 阴性。

N_{2b}:同侧多个淋巴结转移,最大径均≤6cm,ENE 阴性。

N_{2c}:双侧或对侧淋巴结转移,最大径均≤6cm,ENE 阴性。

N_3:单个淋巴结转移的最大径>6cm,ENE 阴性;或任何淋巴结转移,且临床明显 ENE 阳性。

N_{3a}:转移淋巴结的最大径>6cm,ENE 阴性。

N_{3b}:任何淋巴结转移,且临床明显 ENE 阳性。

病理分期同临床分期比较,N_1 分期完全相同,区别主要在于 N_2 和 N_3:

N_2:同侧单个淋巴结转移,最大径≤3cm,ENE 阳性;或 3cm<最大径均≤6cm,ENE 阴性;或多发淋巴结转移,最大径均≤6cm,ENE 阴性;或双侧/对侧淋巴结转移,最大径均≤6cm,ENE 阴性。

N_{2a}:同侧单个淋巴结转移,最大径≤3cm,ENE 阳性;或同侧单个淋巴结转移,3cm<最大径≤6cm,ENE 阴性。

N_{2b}:同侧多个淋巴结转移,最大径均≤6cm,ENE 阴性。

N_{2c}:双侧或对侧淋巴结转移,最大径均≤6cm,ENE 阴性。

N_3:淋巴结转移的最大径>6cm,ENE 阴性;或同侧单个淋巴结转移,最大径>3cm,ENE 阳性;或同侧多个、对侧或双侧淋巴结转移,ENE 阳性。

N_{3a}:转移淋巴结的最大径>6cm,ENE 阴性。

N_{3b}:同侧单个淋巴结转移,最大径>3cm,ENE 阳性;同侧多个、对侧或双侧淋巴结转移,ENE 阳性。

注:

中线淋巴结归入同侧淋巴结。

淋巴结转移位置应以环状软骨下缘为界,位于其上或其下。

纵隔淋巴结转移除前上纵隔淋巴结外,归入远处转移范畴。

六、诊断

肿瘤患者治疗成功与否,很大程度上取决于早期发现、早期诊断,早期治疗。如何做到"三早",初诊显得尤为重要。

临床诊断头颈部肿瘤的主要依据如下:

(一)病史

详细了解病史至关重要。如鼻塞、回吸性血涕、耳鸣、听力下降提示早期鼻咽癌可能,声音嘶哑首先应除外早期声门型喉癌可能。了解症状出现时间的长短及发展速度,对于初步掌握肿瘤的恶性程度和发展速度有一定帮助。

(二)体格检查

除进行全身检查外,重点在于对头颈部的专科检查,包括:

视诊:颌面部是否左右对称,有无局部隆起或凹陷等。如一侧眼睑下垂则提示动眼神经可能受侵,一侧颞肌咬肌萎缩则提示三叉神经运动支可能受侵,而面瘫则提示面神经可能受侵等。

触诊:颈部触诊包括颈部淋巴结和甲状腺。如触及肿物,则应明确肿物具体部位、大小、质地、活动度等。

对喉癌和下咽癌,应行喉摩擦音检查:左右推动喉部,感觉喉摩擦音是否存在。如消失,多表明病变为局部晚期。

专科检查:在额镜视野下,通过鼻镜、间接鼻咽镜、间接喉镜对相关部位仔细检查,初步判定有无异常。

(三)影像学检查

1. CT　由于 CT 分辨率高,有软组织窗和骨窗位,可帮助临床医师了解肿块形态、大小、与周围组织推移、挤压程度,相邻筋膜间隙形态变化,借骨窗以了解鼻窦、颅底等处骨质破坏的程度和范围,以明确肿瘤浸润程度和范围,制订系统的综合治疗方案,有利于放射治疗计划设计、判断疗效及长期跟踪随访。

2. MRI　与 CT 扫描相比,MRI 的优势是:①多平面扫描,更清楚地显示肿瘤的三维形态及其与周围结构的解剖关系;②T_1、T_2 加权成像显示肿瘤性质的信息量更大;③更清楚地显示软组织、转移淋巴结;④MRA 较好显示头颈部血管结构。由于 CT/MRI 的诸多优越性,目前已取代了常规 X 线如颌面部正、侧位片等检查,成为头颈部肿瘤临床分期、放疗靶区勾画以及疗后随诊复查的主要依据。如无检查禁忌,临床对头颈部肿瘤影像检查要求是 CT 和 MRI 的双套检查。

3. 超声 是所有头颈部肿瘤高效而又经济的一种检查手段,主要用于颈部包括甲状腺良恶性的初步判定、有无淋巴结转移,腹部有无肝、腹腔、腹膜后淋巴结转移。

4. 发射计算机断层显像(emission computed tomography,ECT) 用于容易发生远处转移的头颈部癌,如低、未分化癌,或 N_3 病变,初步判定有无骨转移的发生。

5. 正电子发射断层成像(positron emission tomography,PET) 其原理是将能发射正电子的放射性核素(如 ^{18}F、^{11}C、^{15}O 和 ^{12}N)标记到某种物质上,再将这些物质注射到人体内,通过体外装置进行检测并显像,可以灵敏准确地定量分析肿瘤能量代谢、蛋白质合成、DNA 复制增殖和受体分布等。目前,较为常用的是 ^{18}F 和 ^{11}C 标记的显像剂。PET 临床应用主要是和 CT、MRI 结合,分别称为 PET-CT 和 PET-MRI 检查。一方面起到诊断分期的作用,同时又为放疗定位、靶区精准勾画提供了依据;另外,还可用来鉴别放疗后的肿瘤残存和放疗后的纤维化、坏死等。

(四)内镜检查

额镜直视下的间接镜检为初筛,对怀疑自然腔道器官发生的肿瘤须经电子纤维镜检。一个完整的电子纤维镜检可清晰显示鼻腔、鼻咽、口咽、下咽和喉等器官。临床应用过程中应注意,内镜检查应和影像检查结合起来应用。

(五)病理学和细胞学检查

病理诊断是肿瘤确诊的金标准,包括病理切片检查和细胞学检查。头颈部多数肿瘤可经查体或电子纤维镜检发现肿瘤,并取活检经病理证实。头颈部肿瘤容易出现颈部淋巴结转移,初诊患者半数以上因为颈部包块就诊。如经仔细检查未发现原发肿瘤,此时应行穿刺细胞学检查。如果细胞学检查不能明确,或临床考虑淋巴瘤的可能,应行淋巴结切除活检病理检查。

七、治疗原则

尽管手术、放疗属于局部治疗手段,但在头颈部肿瘤的治疗中起着重要的作用,而化疗尽管取得了很大的进步,但单独应用化疗尚不能根治头颈部肿瘤,主要是配合手术、放疗而使用,近年来,临床兴起的靶向治疗、免疫治疗也为头颈部肿瘤提供了新的辅助治疗手段。

以头颈部鳞癌的治疗为例,对于头颈部鳞癌Ⅰ、Ⅱ期病变,单独应用外科手术或单纯放疗即可起到根治作用,且两者疗效基本相当,5 年生存率达 80% 左右,不需要综合治疗。如何选择手术或放疗,取决于肿瘤的部位、病理类型、治疗机构专科优势、患者的意愿及依从性等众多因素。但对于头颈部鳞癌Ⅲ、Ⅳ期病变,尤其是有淋巴结转移时,如果依靠单一的治疗手段,其 5 年生存率较低。因此,晚期患者需要多学科的综合治疗,目前临床应用较多者为放疗和手术的综合治疗。理论上讲,放射治疗容易控制肿瘤周边的病灶,而肿瘤中心部分对放射线较抗拒。而单纯手术治疗肿瘤常常在周边复发,但有利于切除放疗后残留中心肿瘤。因此综合使用放疗和手术,可以取长补短、优势互补。至于综合治疗具体模式,有人主张术前放疗,有人主张术后放疗,各有利弊。化疗在头颈部鳞癌中的作用,目的是希望进一步提高手术+放疗对晚期头颈部鳞癌的局部区域控制率,或利用放疗+化疗的方法替代根治性手术以尽可能地保留器官功能,并希望延长总生存期。化疗在临床上的应用,主要分为放疗或术前的诱导化疗(也称之为新辅助化疗)、放疗过程中的同步化疗、放疗或术后的辅助化疗、诱导化疗+同步放化疗、同步放化疗+辅助化疗等。目前,同步放化疗为局部区域晚期头颈部鳞癌的标准治疗模式。另外,放疗合并靶向治疗也是中晚期头颈部鳞癌另外一个可供选择的标准治疗方案。靶向治疗药物主要有西妥昔单抗和尼妥珠单抗。但对于治疗前已经明确有远处转移的头颈部鳞癌,以系统性药物治疗为主,根据药物治疗的反应,辅以局部治疗,如:放疗、手术。

(一) 外科手术治疗

1. 甲状腺癌、涎腺肿瘤 以手术治疗为首选,根据术中所见、手术切除情况、术后病理检查等多种因素决定是否术后放疗。

2. 口腔肿瘤 随着外科技术的进步,尤其是皮瓣移植技术的成熟,口腔肿瘤目前以手术为首选,根据具体情况决定是否术后放疗,而术前放疗目前较少应用于口腔肿瘤中,主要以术后放疗为主。

3. 口咽肿瘤 手术创伤大、功能影响明显,因此,原发口咽鳞癌尤其是分化差或低分化鳞癌,推荐首选放疗。

4. 喉癌/下咽癌 如果手术能保全患者喉功能,且肿瘤细胞为中高分化者,应首选手术治疗;如果不能保喉且患者无明显喘鸣、无明显肿瘤坏死、无明显周围软骨结构破坏,或病理性质为低分化鳞癌或分化差的癌,推荐首选放射治疗,根据治疗中肿瘤的消退情况决定是否手术干预。

5. 鼻腔、鼻旁窦癌 首选手术治疗,但如果病变侵犯眼眶需要切除眼球或上颌窦后壁、翼腭窝受侵等高危因素时,推荐术前放疗。

6. 其他放射治疗不敏感肿瘤 如骨肉瘤、软骨肉瘤等,均以手术为首选,可根据具体情况决定是否术后放疗。

(二) 放射治疗

放射治疗在头颈部肿瘤治疗中的作用,可分为根治性放疗、综合性放疗和姑息性放疗。

1. 根治性放疗

(1)鼻咽癌:放射治疗仍是鼻咽癌目前根治性治疗手段。

(2)口咽癌:对口咽鳞癌尽管有争议,但一般首选放射治疗。

(3)喉癌/下咽癌:拒绝手术或有手术禁忌证而不能耐受手术的早期患者,以及需要全喉切除且放射敏感性较好者。

(4)低分化鳞癌或分化差的癌:因其恶性度高且放射治疗敏感性较好,因此不论 T 分期如何,在无远处转移的前提下,建议首选放疗,治疗后有残存或局部复发者可采用手术挽救。

(5)肉瘤:对放射敏感的肉瘤如胚胎性横纹肌肉瘤、尤因肉瘤等,在应用全身化疗的基础上,主张根治性放疗,若放疗失败可考虑手术治疗。

2. 综合性放疗 综合性放疗是肿瘤综合治疗中的一种重要治疗手段,放疗可与手术、化疗、靶向及热疗等治疗手段综合应用,可明显提高肿瘤的局部控制率,改善预后。其中与手术的配合主要分为以下几种治疗手段。

（1）术前放疗

1）术前放疗指征：主要用于局部晚期的肿瘤患者，患者有手术指征，但估计手术切除困难者；或可以手术切除但需要牺牲患者功能如喉功能、眼球功能前提下，采用术前放疗，部分放疗敏感患者可以保留功能（具体见喉癌/下咽癌章节内容）。

2）术前放疗的优点：①术前放疗可使瘤体缩小，粘连松解，降低手术难度，增加手术切除率；②术前放疗可使肿瘤周围小的血管、淋巴管闭塞，从而减少术中医源性播散的机会；③合适的术前放疗剂量如 40~50Gy 并不增加术后吻合口瘘及手术切口不愈合等并发症的发生率。

3）术前照射的剂量：术前放疗的有效剂量为 50Gy（主要是针对口腔、口咽、下咽、喉、颈段食管等），但如果病变为鼻腔、鼻旁窦肿瘤，尤其是侵犯眼眶、翼腭窝时，则术前放疗剂量可增加至 60Gy。

术前放疗对需要全喉切除的中晚期喉癌/下咽癌、颈段食管癌应用较为广泛，但一般限于患者无明显喘憋症状、坏死感染、甲状软骨/环状软骨破坏等情况。如具备以上几种情况，可直接选择全喉切除，然后根据术中所见、术后病理检查行术后放疗。

（2）术后放疗

1）术后放疗的优点：①不耽搁手术时间；②可根据术中具体所见、手术切除情况、术后病理检查结果等，更精确地制订放疗的靶区；③可较术前放疗给予较高剂量的放疗，从而有效地控制肿瘤；④临床研究已经证实合适剂量（60Gy）的术后放疗并不影响手术切口的愈合。

2）术后放疗指征：①手术切缘阳性；②淋巴结包膜外受侵；③颈部转移淋巴结$>N_1$病变，即≥2 个转移淋巴结或单个淋巴结转移但最大径$>3cm$；④周围神经受侵；⑤近切缘，头颈部鳞癌如口腔、口咽、下咽和喉一般将切缘$<5mm$视为安全界不够、即近切缘；⑥$T_{3~4}$病变；⑦病理属于高度恶性者；⑧淋巴血管侵犯。符合以上任何一条，均应行术后放疗。如手术切缘阳性和/或淋巴结包膜外受侵，术后放疗时还应合并同步化疗。

3）术后放疗开始时间：一般在术后 2~4 周开始，最迟不得超过 6 周。否则因为以下原因而导致术后放疗的局部控制率下降：一方面随着术后放疗与手术间隔时间的延长，由于手术区域内纤维瘢痕的形成造成局部血运变差，从而导致放射敏感性降低；另一方面随着时间的延长，残存的肿瘤细胞出现快速再增殖，引起肿瘤负荷增加，从而影响术后放疗的疗效。

4）术后照射剂量：根据手术切除程度而定。R_0切除：无论肉眼还是镜下检查肿瘤完整切除，无残存；R_1切除：肉眼切除干净，但镜下肿瘤残存；R_2切除：肉眼残存。R_0切除者：60Gy/30 次；R1 切除者：≥66Gy/33 次（缩野后局部剂量）；R2 切除者：≥70Gy/35 次（缩野后局部剂量）。

3. 姑息性放疗　对于病期较晚、病变范围较广泛、肿瘤对放射线不敏感，患者症状明显如出血、疼痛，以及年老体弱者，采用放疗的目的主要是控制肿瘤的生长、有效地缓解肿瘤引起的症状，延长生存期，提高患者的生活质量。其特点为放疗技术较为简单、照射野较小，放疗剂量较低。如在治疗过程中，患者对放射治疗敏感、肿瘤退缩满意者，可及时改为根治性放疗。

4. 放疗禁忌证　放疗的绝对禁忌证很少，尤其是姑息治疗，其目的仅在于减轻症状（如缓解局部或转移灶的疼痛、肿瘤坏死出血),但下列情况仍应视为禁忌证:重要脏器(如心、肝、肾)功能明显异常;有急性感染或脓毒血症者;Ⅳ度骨髓抑制。

(三) 药物治疗

随着肿瘤内科学的发展,化学治疗、靶向治疗、免疫治疗越来越多地介入到头颈部肿瘤的治疗中。以头颈部鳞癌为例,目前多采用放疗前诱导化疗或放疗时的同步化疗:诱导化疗方案以联合化疗为主如 TPF 方案,而放疗时的同步化疗则为顺铂的单药化疗。

1. 同步化疗　同步放化疗是目前局部区域晚期头颈部鳞癌的标准治疗模式,可以达到以下 3 个目的:改善局部区域控制率;降低远处转移率;延长总生存期。

标准用药为顺铂三周方案:100mg/m²。临床应用同步化疗过程中,应注意放疗期间的急性并发症,远期并发症也不容忽视。对不能耐受同步放化疗者,同步靶向治疗如西妥昔单抗、尼妥珠单抗是可供选择的有效治疗手段。

2. 诱导化疗　诱导化疗,也称之为新辅助化疗,主要是在放疗或术前应用 2~3 个周期。目前的临床研究表明,尽管诱导化疗不能改善头颈部鳞癌总生存期,但是对于提高无瘤生存率、降低远处转移率还是有帮助的。

3. 辅助化疗　手术或放疗结束后实施的化疗为辅助化疗。辅助化疗目前在头颈部鳞癌治疗上争议较大,不常规推荐。

4. 免疫治疗　目前,免疫治疗主要应用于复发、转移性头颈部鳞癌,在局部区域晚期头颈部鳞癌中的应用价值,有待进一步研究。

八、头颈部肿瘤放射治疗技术

(一) 概述

1. 从分割技术的角度,放射治疗技术可分为常规分割、超分割、加速分割和加速超分割照射技术。常规分割放疗是头颈部鳞癌在临床上最为常用的分割技术。但对晚期肿瘤,通过改变分割,则可进一步提高放射治疗对肿瘤的局部控制率、改善预后。

(1) 常规分割方式:即每周放疗 5 次,一天一次,每次 1.8~2Gy,连续照射。总的治疗剂量根据肿瘤的病理类型、临床分期、放射敏感性而决定,一般在 60~70Gy 的范围内。

(2) 超分割放疗:指采用一天多次照射,每次剂量低于常规分割剂量,多采用 2 次/d 的照射方法,分次剂量 1.0~1.25Gy,多采用 1.2Gy/次,两次照射之间应间隔 4~6 小时以上,治疗总时间与常规分割相似,但治疗总剂量较常规分割应增加 10% 的一种照射技术。在不增加放疗远期合并症的前提下,一方面通过分次的改变来增加肿瘤的放射敏感性,另一方面通过放疗总剂量的增加来达到局部控制率增加的目的。治疗过程中,超分割放疗的急性期黏膜反应明显较常规分割组严重,但晚期放疗后遗症两组发生率相仿。

(3) 加速分割:是指通过增加每天的平均剂量,缩短治疗总时间的一种照射技术,多采用一天两次,分次剂量 150~180cGy,其总剂量略低于或与常规分割放疗的总剂量相似。其目的主要是克服常规分割放疗中由于治疗时间较长而存在的肿瘤细胞快速再增殖的缺陷。同时加速分割放疗的急性及远期毒性反应均较常规分割组增加。

(4) 加速超分割技术:为减轻加速分割照射的毒副反应,前 18 次放疗采用常规分割,每天一次,每次 1.8Gy,总量至 32.4Gy 时改为超分割照射技术,上午用大野、分次剂量依然为

1.8Gy，下午用小野仅包括肿瘤、分次剂量 1.5Gy，再照射 39.6Gy/12 次，总剂量 72Gy/42 次/6周。这种野中野照射技术也叫作同步缩野加量照射技术。不同分割照射技术见图 11-2。

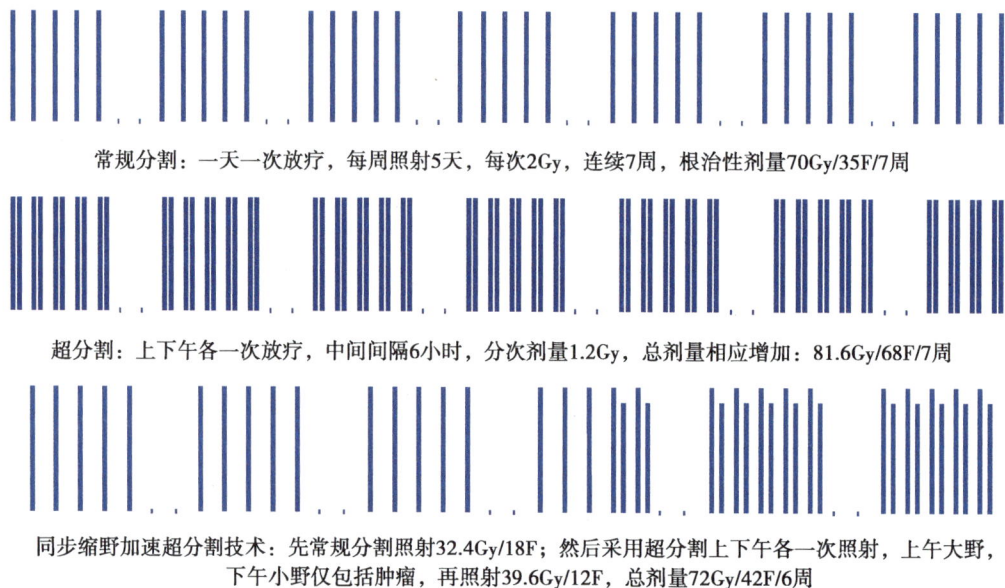

常规分割：一天一次放疗，每周照射5天，每次2Gy，连续7周，根治性剂量70Gy/35F/7周

超分割：上下午各一次放疗，中间间隔6小时，分次剂量1.2Gy，总剂量相应增加：81.6Gy/68F/7周

同步缩野加速超分割技术：先常规分割照射32.4Gy/18F；然后采用超分割上下午各一次照射，上午大野，下午小野仅包括肿瘤，再照射39.6Gy/12F，总剂量72Gy/42F/6周

图 11-2　几种不同分割照射技术的图示比较
（本图由副主编罗京伟制作并授权，仅限本书使用）

2. 从照射技术的角度，放射治疗技术分为：

（1）常规照射技术：即传统的二维照射技术，是采用普通模拟机定位，行常规大野照射的一种放疗技术。临床上应用时间最长。但因为常规照射野在包括肿瘤的同时，也同时涵盖了其周围的正常组织，导致放射治疗并发症较为严重，目前已被调强放射治疗（intensity-modulated radiotherapy，IMRT）技术所替代。

（2）近距离放射治疗：近距离放疗是通过组织间插植或腔内施源器将放射源直接置于肿瘤本身或肿瘤表面而实施的一种照射技术。由于近距离治疗的高剂量区仅限于放射源周围的局部病灶，而周围的剂量迅速跌落。因此，近距离放疗的适应证主要为体外照射后残存病灶、$T_{1\sim2}$ 病变体外照射的局部推量或复发肿瘤的姑息治疗。

（3）立体定向放疗：目前多种放疗设备均可实施立体定向放疗，包括 γ 刀、X 刀、Cyber 刀，以及目前各种先进的加速器，均可实施这种治疗。其特点为既可严格地保护邻近重要器官，又能使肿瘤得到最大可能的杀伤。

（4）调强放射治疗：目前放射治疗已经由二维照射步入三维照射时代。三维照射的典型代表技术为 IMRT。IMRT 技术的特点为：照射野的形状与靶区的形状在三维方向上一致，在靶区得到高剂量照射的同时，周围正常组织器官的剂量得到最低照射，如此肿瘤的局部区域控制率得到一定程度的改善，同时正常组织的损伤也明显减轻。

（二）IMRT 靶区勾画原则

调强放射治疗涉及的一些常用术语及靶区勾画原则概括如下：

1. GTVp　所有检查包括影像、内镜检查以及查体所显示的原发肿瘤的大小及范围,都应勾画在 GTVp 内。

2. GTVtb　定义为术后放疗者,原发肿瘤治疗前所在部位以及手术切缘应包括在 GTVtb 内。

3. CTV　原发肿瘤周围可能存在的亚临床病灶包括在 CTV 内,临床上 CTV 同时要包括转移淋巴结区域及需要预防性照射的区域。根据危险度的不同,CTV 也可以分为 2~3 个。

CTV 包括颈部的处理原则主要分为以下两种情况:①N_0:对颈部没有淋巴结转移的头颈部恶性肿瘤,一般将其首站淋巴引流途径包括在和原发肿瘤在一起的 CTV 内,如口腔癌的 I 区和 II 区,鼻咽癌的 VIIa 和 II 区,下咽癌、喉癌的 II 和 III 区包括在 CTV_1,如其他区域需要预防照射的则包括在 CTV_2;②N_+:转移的淋巴结则勾画为 GTVnd,转移淋巴结所在区域再外扩 1 个区域包括在 CTV_1,如 II 区淋巴结转移,则将其毗邻的 Ib、Va 区和 III 区包括在 CTV_1,而 IV 区则设计为 CTV_2。

单侧器官发生的肿瘤,如腮腺癌、完全局限在一侧的齿龈癌、颊黏膜癌、鼻腔鼻窦癌等一般进行病变侧颈部的预防性照射;对具有双侧淋巴交叉引流特性的器官发生的肿瘤,临床也称为中线器官,如鼻咽、口咽、舌、口底、下咽、喉等部位发生的肿瘤,即便肿瘤位于一侧也需行双侧颈部的预防性照射,可根据危险度的不同分为 2~3 个 CTV 进行不同区域的照射。

4. PTV　考虑到靶区治疗过程中的摆位误差及其他误差的存在,人为将 CTV 适当扩大,一般在 CTV 基础上三维方向上各外放 3~5mm、并根据其周围危及器官权重适当修正,给予的放疗剂量都是以 PTV 为准。

5. 危及器官(organ at risk,OAR)　在勾画肿瘤靶区的同时,肿瘤周围的重要结构也需要勾画并限制其安全受量。临床上对各 OAR 的剂量限制如下。

(1) 脊髓:最大耐受剂量≤45Gy(以脊髓外放 5mm 的 PRV 计算)。

(2) 脑干:最大耐受剂量≤54Gy(以脑干外放 3mm 的 PRV 计算)。

(3) 腮腺:平均剂量<26Gy,50% 体积的腮腺所接受的剂量应<30Gy。

(4) 视神经、视交叉:最大耐受剂量≤60Gy。

(5) 晶体:最大耐受剂量≤9Gy。

(6) 颞叶:最大耐受剂量≤60Gy。

(7) 颞颌关节:最大耐受剂量≤60Gy。

(8) 下颌骨:最大耐受剂量≤60Gy。

(9) 咽缩肌:最大耐受剂量≤45Gy。

(10) 垂体:最大耐受剂量不超过 50~54Gy,蝶窦或海绵窦受侵者例外。

(11) 喉、气管:最大耐受剂量不超过 40~50Gy。

临床上掌握原则为脑干和脊髓最为重要,其权重高于肿瘤,而其他 OAR 的权重低于肿瘤,但临床处理上应根据每个患者的具体情况而做个体化调整。

不同剂量 OAR 发生并发症的概率国际上多参考临床正常组织效应定量分析(quantitative analyses of normal tissue effects in the clinic,QUANTEC)的推荐(表 11-2)。

表 11-2 不同剂量 OAR 发生并发症的概率（源自 QUANTEC 资料）

危及器官	体积	剂量/体积	最大剂量/Gy	并发症发生率	最严重并发症
脑			<60	<3%	症状性放射性脑病
脑			72	5%	症状性放射性脑病
脑			90	10%	症状性放射性脑病
脑干			<54	<5%	放射性脑病
脑干	D1-10cc	≤59Gy		<5%	放射性脑病
脑干	平均		<64	<5%	放射性脑病
视神经/交叉	平均		<55	<3%	神经损伤
视神经/交叉	平均		55~60	3%~7%	神经损伤
视神经/交叉	平均		>60	>7%~20%	神经损伤
脊髓	平均		50	0.2%	放射性脊髓损伤
脊髓	平均		60	6%	放射性脊髓损伤
脊髓	平均		69	50%	放射性脊髓损伤
耳蜗	V50	≤45Gy		<30%	感觉神经性听力丧失
腮腺双侧		≤25Gy		<20%	腮腺功能长期<25%
腮腺双侧		≤39Gy		<50%	腮腺功能长期<25%
腮腺单侧		≤20Gy		<20%	腮腺功能长期<25%
咽缩肌		≤50Gy		<20%	吞咽困难/呼吸困难
喉			<66	<20%	构音障碍
喉		<50Gy		<30%	呼吸困难
喉		<44Gy		<20%	水肿
喉		<27%		<20%	水肿

九、头颈部肿瘤放疗前的处理

因为头颈部肿瘤的放射治疗效果较好,长期生存者较多,许多患者能存活到晚期放射损伤出现。但是一旦出现放射损伤,患者的生活质量会受到影响,而放射损伤的发生与患者当初的合并症及医师在治疗前给予的预防处理有关,预防尤为重要。

(一) 头颈部肿瘤患者放疗前一般处理

1. 应当深入了解患者的生活和精神状态,消除顾虑,增强患者对治疗的信心。

2. 加强营养,改善全身状况。

3. 戒烟戒酒。

4. 积极处理合并的其他疾病,如高血压、糖尿病、甲状腺功能障碍等,最好控制到一定程度再放疗。轻度者可在放疗的同时给予治疗。

5. 放疗前口腔处理 凡射线照射到上下颌骨者,照射前应常规进行口腔处理,即保留照射区域内的健康牙齿,充填龋齿,拔除短期内难以治愈的牙齿。

(二)需要张口口含器压舌的头颈部肿瘤

对于鼻腔鼻窦癌、舌癌、口底癌,放疗前的定位需要患者张口含物压舌,以增加鼻腔鼻窦和口腔舌体的距离,便于更好地保护相应的正常组织。

口含器的类型多种多样,应根据每个患者的具体情况设计合理的个体化口含器。

操作过程中,患者放松身体,张口至中等大小,口含器置于舌体上缘,不要过深如超过轮廓乳头,否则患者容易不适、甚或恶心而无法完成这个过程。同时要求舌体前缘轻抵下切牙内缘,避免舌体后坠而起不到应有的作用。

图11-3为张口口含器压舌时的CT定位扫描,以软组织窗清楚显示张口压舌的状况。从图中可以理解当鼻腔鼻窦癌放疗时,由于张口压舌使其位置变低,因此可以更好地保护舌体;同理,舌癌放疗时,张口压舌可以更好地保护其上方硬腭、鼻腔上颌窦等。

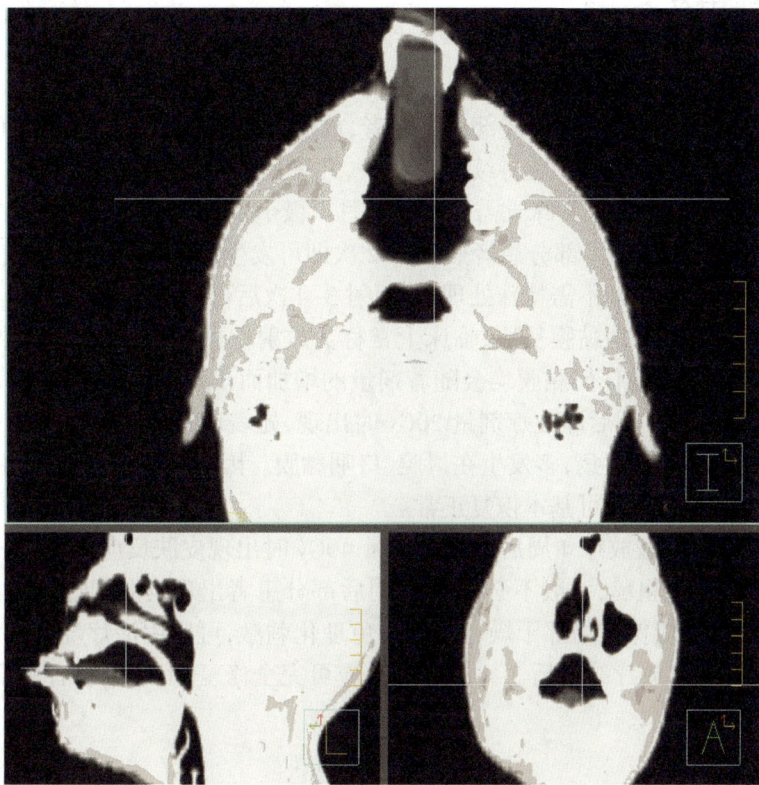

图11-3　CT三维层面显示的张口口含物压舌

(三)需要体表加用填充物的头颈部肿瘤

目前放疗主流技术是采用高能X线的IMRT技术,因为剂量建成效应的影响,体表剂量较低,因此对多数深部肿瘤如鼻咽癌、口咽癌等,放射性皮肤反应较轻。但对于以下的肿瘤,需要在肿瘤表面添加5mm左右的填充物,以增加表面剂量:

1. 皮肤癌。

2. 喉癌侵犯前连合或颈前软组织受侵。

3. 任何深部肿瘤侵犯皮肤。

4. 颈部淋巴结包膜外受侵,已侵犯皮肤者。

十、放射治疗并发症

头颈部肿瘤的放射治疗过程中,肿瘤周围的正常组织不可避免地得到一定剂量的照射,因此正常组织不可避免出现一定程度的损伤。临床上将放疗导致的任何正常组织和器官在放疗中和放疗后出现的任何不同程度的损伤,统称为放射治疗并发症。

临床上将放射治疗并发症分为急性期并发症和晚期并发症:在常规照射技术条件下,从放疗开始第一天到其后的 90 天内出现的任何不适定义为急性期并发症;而 90 天后出现的与放疗有关的任何不适定义为晚期并发症。

(一) 急性期并发症

1. 全身性反应　单纯放疗的患者一般无明显的全身反应,仅个别病例可出现食欲缺乏、恶心、头晕、乏力、精神萎靡等。

2. 味觉改变　凡是照射到口腔部位的患者,放疗过程中几乎所有患者均可出现味觉减退或味觉改变,可早期出现,疗后持续时间不一,几乎所有患者味觉改变可恢复,时间短者1~2 个月改善,如完全恢复正常味觉需要 2~6 个月。极个别患者的味觉可能永久性丧失。

3. 腮腺急性放射反应　部分患者照射 1~2 次即可发生。主要表现为腮腺区肿胀、局部疼痛,甚至张口困难。一般不需特殊处理,待照射 3~4 次后可自行消退。

4. 黏膜反应　放射性黏膜反应,临床上常称为放射性黏膜炎,作为一种常见的放疗急性反应,在照射范围内的任何黏膜均会随着剂量的增加而出现程度不等的黏膜反应。放疗引起的黏膜反应一般 2 周后即放疗剂量 20Gy 时出现,先表现为受照射部位局部充血,然后出现伪膜,继而出现浅表溃疡,多发生在口腔、口咽黏膜。因为黏膜的修复周期为 2 周,因此放疗结束后 2 周,黏膜反应可基本恢复正常。

5. 皮肤反应　一般放疗 4 周后即放疗剂量 40Gy 时出现皮肤反应,早期为干性反应,表现为皮肤色素沉着或粗糙,一般不必处理;6 周后部分患者出现皮肤湿性反应,表现为皮肤水疱、溃破、溢液等,应保持局部干燥、清洁、避免理化刺激,可应用治疗烧伤的油膏,但忌用膏药、胶布、酒精等。放疗结束后 2~4 周皮肤反应可完全修复,但部分患者色素沉着的恢复需要较长时间。

(二) 晚期并发症

1. 口干　放射治疗过程中三对大唾液腺(腮腺、颌下腺、舌下腺)受到不同的照射,导致唾液腺萎缩,唾液分泌量减少所引起。放疗中患者即可出现口干症状,放疗后仍有不同程度的口干,并终身存在。调强放疗对腮腺剂量限制,腮腺功能得到部分保护,因此,治疗后腮腺功能会部分恢复,口干逐渐改善,但绝大部分患者腮腺功能不能恢复到治疗前水平。

2. 面颈部水肿　由于颈深部组织受照射后淋巴回流不畅,导致颈部、颌下、颏下出现肿胀,颈部清扫术后放者更为明显,一般不需处理,一年左右可逐渐消退。

3. 放疗后颈部纤维化　颈部皮肤和肌肉经射线照射后,软组织的弹性减弱、消失而变硬,重度患者硬如木板,严重地影响其颈部活动功能,预防的关键在于颈部设计靶区时,当无淋巴结包膜外受侵时,靶区的 PTV 应收至皮下 3mm,同时放疗过程中应及时二次计划,以弥补因颈部肿物消退或患者消瘦后外轮廓改变等引起的 PTV 包括进过多的皮肤和肌肉等;另外,放疗后颈部功能锻炼在一定程度上能有效预防颈部纤维化的发生及其导致的活动障碍。

4. 颌面部急性蜂窝织炎　凡照射过的颌面部软组织,其抵抗力较差,可因冷风、雨淋、感冒等诱发颌面部急性蜂窝织炎,主要表现为照射野内的颌面部软组织红肿热痛,部分患者可伴发热。可在放疗后任何时候发生,起病急、需要及时应用抗生素治疗,必要时加用糖皮质激素。但常会反复发生感染,每发作一次会增加其他并发症如张口困难、皮肤肌肉纤维化的程度。

5. 张口困难　与颞颌关节和咀嚼肌受到高剂量照射有关。预防措施包括:一方面降低颞颌关节和咬肌等处的剂量;另一方面强调功能锻炼的重要性,疗中、疗后坚持张口锻炼。

6. 中耳炎及听力减退　当耳道包括外耳道、咽鼓管等受照射 50Gy 左右时,可出现咽鼓管阻塞,此时表现为耳道黏膜湿性反应或中耳积液,用抗感染治疗、耳咽管通气、经鼓膜抽液等方法可减轻症状。中耳和内耳受过高剂量辐射损伤后,血管和结缔组织发生变性,导致纤维变性及听骨坏死,引起听力逐渐下降,甚至发展成耳聋(常为混合性耳聋)。

7. 放射性龋齿和颌骨坏死　放疗后由于口腔内环境的改变及对牙齿本身的影响,部分患者可能出现放射性龋齿。典型的放射性龋齿临床表现为牙颈部环状龋坏死,导致牙冠折断,整个残牙色素沉着而呈棕黑色。因此,放疗后原则上 3 年内不允许拔牙,若要拔牙应在拔牙前、后应常规抗炎处理 5~7 天。放射性颌骨坏死,多发生在常规分割技术剂量>60Gy 时,其发生率为 4%~15%。根据临床表现分为有症状或无症状者。有症状者多表现为坏死骨区域感觉减退或完全缺失、瘘管、感染等。如果发生放射性骨髓炎或骨坏死,可行外科手术、抗炎及高压氧等治疗。

8. 放射性脊髓损伤　放射性脊髓炎一般在放疗后 1~10 个月出现。早期表现为一过性低头触电样感觉,经适当休息及营养神经药物对症处理,一般 3~6 个月,症状可以消失,少数可能发展为放射性脊髓损伤。当脊髓受量 50Gy 以上,可出现脊髓晚期反应(即放射性脊髓病),表现为一侧或双侧下肢麻木,浅感觉减退,症状由下向上发展,严重者可出现脊髓空洞症,也有可能造成完全截瘫。

9. 放射性脑病　是指野内或其周围脑组织受到电离辐射后的任何时间,出现的神经细胞和颅内血管受损后的一系列病理生理改变,有影像学的异常改变。发生时间以放疗后半年到 5 年最为常见。最常见的损伤部位是双侧颞叶,其次为脑干。多数患者无明显临床症状,多是 MRI 检查时发现。如患者有症状多表现为记忆力下降、反应迟钝、呆滞、头晕、走路不稳等,部分患者因局部水肿出现颅内高压症状。

10. 甲状腺功能减退　颈部照射时甲状腺不可避免会部分包括在靶区内,放疗后出现甲状腺功能减退,多数为亚临床功能低下,即患者无明显不适,但甲状腺功能验血检查提示 TSH 不同程度升高。

11. 脑神经损伤　鼻咽癌放疗后可出现脑神经损伤。其中,较为常见的为舌下神经损伤,其他如迷走神经、副神经也可出现损伤而表现出相关的症状。

12. 放疗诱发肿瘤 放疗诱发肿瘤是一个低概率事件,一般发生于放射治疗后长期生存的患者。其发生率一般不超过 1% 水平。临床上诊断放疗诱发肿瘤必须满足以下 4 个条件:①诱发恶性肿瘤发生在首发肿瘤的放疗照射野内;②肿瘤病理类型与原始首发肿瘤病理类型不同;③除外第二原发肿瘤的可能;④距离初次放疗时间间隔至少 5 年。放疗诱发肿瘤以肉瘤多见,其次为淋巴瘤、白血病。

(三)放疗并发症的影响因素

1. 患者因素

(1)全身情况:全身情况好的患者其对放疗的耐受性明显较全身情况差者好,且相关放疗反应较轻,修复也较快。

(2)合并其他疾病:如患者同时合并有高血压、糖尿病、甲状腺功能亢进等代谢性疾病,以及皮肌炎等自身免疫性疾病时,其并发症明显加重。

(3)妊娠期:凡妊娠期或产后 3 个月至半年内接受放疗的患者,其放疗耐受性差、放疗并发症明显加重。

(4)治疗中未戒除烟酒者,放疗并发症明显加重。

2. 治疗因素

(1)治疗技术:质子、重离子放疗因为布拉格峰的存在,可以明显降低肿瘤入射线后方的正常组织的剂量,因此质子、重离子放疗的一大特点是正常组织的损伤较光子、X 线照射轻;与光子、X 线照射相比,IMRT 照射技术较常规二维照射技术的损伤相应降低。如果改变分割方式,如超分割或加速超分割,则急性反应明显较常规分割反应加重。

(2)综合治疗模式:同步化疗在增加放疗疗效的同时,也明显增加放疗的急性皮肤和黏膜反应,且出现时间提前,持续时间也较单纯放疗长;如果合并使用靶向药物,特别是 EGFR 单克隆抗体如西妥昔单抗,明显加重放疗引起的急性黏膜和皮肤反应;免疫治疗对放疗的急性反应也有所增加。

3. 肿瘤因素

(1)病期早晚:病期晚较病期早的患者,其照射范围更大,因此不可避免导致放疗并发症的增加。

(2)肿瘤部位:肿瘤部位不同,出现的放疗并发症也不同。口腔肿瘤放疗其口腔黏膜反应是一个主要问题;齿龈癌放疗则颌骨坏死的风险较高;原发肿瘤毗邻颞叶或脑干时,肿瘤在得到根治性剂量放疗的同时,放射性脑病的风险相应增加。

第二节 鼻 咽 癌

鼻咽癌(nasopharyngeal carcinoma,NPC)是我国常见的恶性肿瘤之一,在我国头颈部恶性肿瘤中占首位。

我国鼻咽癌的特点:

1. 分布具有明显的地区性差异,呈南高北低趋势。以华南、西南各省高发,特别是南方的广东、广西、福建、湖南、江西等地区为高发区。

2. 在流行病学研究中具有地域聚集性、种族易感性及家族高发倾向的三大特点。即便移居欧美大陆多年的华侨及其在欧美出生的华裔后代发病率仍明显高于当地人群。

3. 任何年龄均可发生,30 岁以上呈增长趋势,40~60 岁为发病的高峰年龄,60 岁以后呈下降趋势。男性多于女性,男女发病率之比约为(2.4~2.8)∶1。

4. 鼻咽癌是一种多基因具有遗传倾向的恶性肿瘤,与 EB 病毒感染、饮食因素或环境因素等都有相关关系。①EB 病毒感染:中国鼻咽癌 95% 以上的病理类型为低分化鳞癌,其与 EBV 感染直接相关。几乎所有的鼻咽癌原发肿瘤和转移病灶中均可检测出 EBV,而鼻咽中、高分化鳞癌中国所占比例极低,一般不超过 5%,而国外鼻咽中、高分化鳞癌占比则高达20%~40%,其与 EBV 感染无直接相关性;②饮食因素:咸鱼和腌制类食物是鼻咽癌的高危因素,是因为这些食物中含有高浓度的亚硝酸盐致癌物。这也是喜食咸鱼、腌制性食物的南方人鼻咽癌发生率高于北方的一个可能病因;③环境因素:鼻咽癌高发地区食物和饮水中镍含量过高,且鼻咽癌患者头发中的镍含量也高于正常人群,提示镍在鼻咽癌的发生发展过程中起到一定的作用。

5. 由于鼻咽腔周围解剖关系复杂,在根治性治疗手段中以放射治疗为首选也最为有效,放疗后平均 5 年生存率超过 80%,早期可高达 90% 以上。

一、解剖和淋巴引流

鼻咽为中空器官,它位于咽的上 1/3,位于颅底与软腭游离缘之间,连接鼻腔和口咽,为呼吸的通道(图 11-4、图 11-5、图 11-6)。鼻咽腔由六个壁构成:顶壁、顶后壁、后壁、两侧壁、前壁和底壁。除软腭外,其余各壁结构活动度小,因此鼻咽腔的大小较恒定:垂直径和横径各约 3~4cm,前后径约 2~3cm。

(一)鼻咽各壁组成

1. 鼻咽侧壁　主要由腭帆张肌、腭帆提肌和耳咽管隆突组成。其中隆突又分为前唇、后唇、圆枕部和中央的耳咽管开口。隆突后唇与顶后壁之间,形成深约 1cm 的隐窝,称为咽隐窝(pharyngeal recess)。咽隐窝是鼻咽癌最好发的部位,且咽隐窝顶端正对破裂孔,仅约

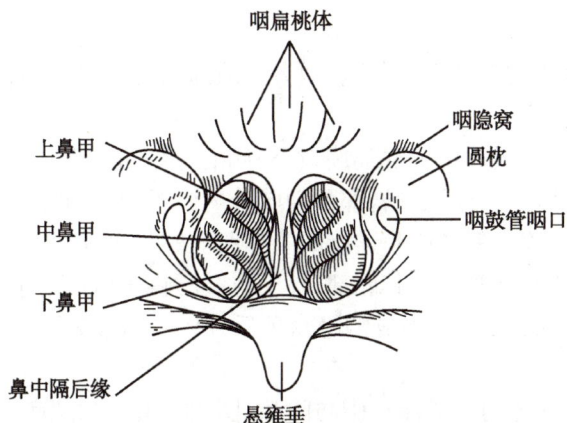

图 11-4　间接鼻咽镜检查显示的鼻咽结构
(本图由副主编罗京伟制作并授权,仅限本书使用)

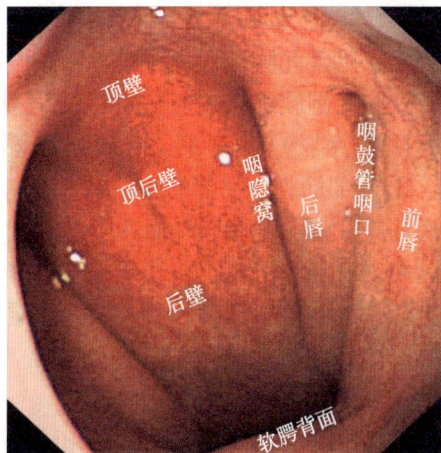

图 11-5　纤维鼻咽镜检查显示的鼻咽结构
(本图由副主编罗京伟制作并授权,仅限本书使用)

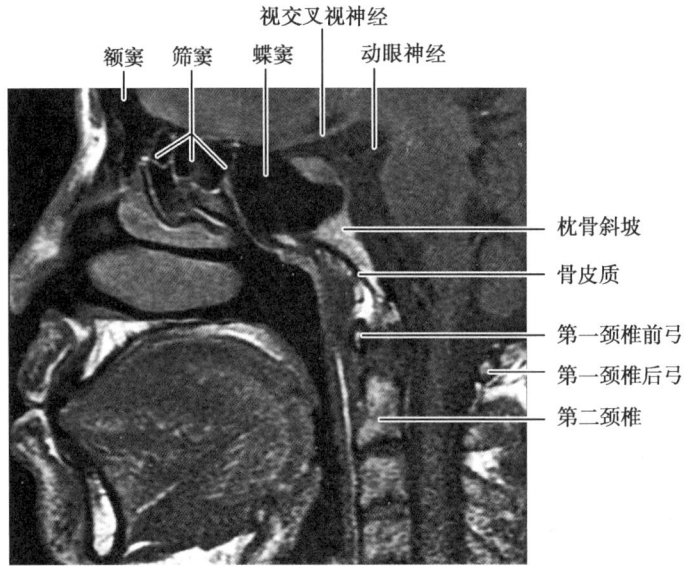

图 11-6 矢状面 MRI 显示的鼻咽及其邻近结构
（本图由副主编罗京伟制作并授权，仅限本书使用）

1cm 距离，肿瘤容易由此上侵至颅底，是鼻咽癌入颅的重要途径之一。

2. **鼻咽顶壁、顶后壁和后壁** 由蝶骨体及蝶窦底（顶壁）、枕骨体（顶后壁）和第 1 颈椎前缘（后壁）构成，形如圆拱穹隆状，其黏膜下淋巴组织丰富，形成鼻咽腺样体，是咽淋巴环的一部分（咽淋巴环由鼻咽腺样体、腭扁桃体、咽侧索和舌根淋巴滤泡组成，也称 waldeyer 淋巴环）。

3. **鼻咽前壁** 由双后鼻孔缘、下鼻甲后端及鼻中隔后缘组成，鼻咽肿瘤都可能通过前壁侵犯到后鼻孔、鼻腔而出现鼻塞、血涕等相关症状。

4. **鼻咽底壁** 由软腭背面构成，是鼻咽各壁中唯一可活动的部位。原发在底壁的鼻咽癌少见，但原发在顶侧壁的肿瘤较大时，可推压或侵及软腭。可见软腭不对称，单侧软腭下塌，导致软腭活动障碍，影响吞咽。

（二）咽部筋膜及咽旁间隙

咽腔周围软组织被上至颅底、下至咽缩肌的咽部筋膜分隔，咽旁间隙即在其中，与鼻咽腔的顶侧壁结构及与肿瘤的外侵关系密切。

1. **咽部筋膜** 咽部筋膜左右对称。在内侧的称咽颅底筋膜，在外侧的称颊咽筋膜。咽颅底筋膜从枕骨基底颅外面的咽结节起向外走行，经颞骨岩部颈动脉管内侧折向前内方止于翼内、外板间的舟状窝，其顶端与破裂孔相连。颊咽筋膜连接咽上缩肌与蝶骨大翼，其走行自蝶骨棘至舟状窝，分内外两层，内层包绕咽鼓管组成其底部，外层包绕腭帆张肌后附于颅底。内外两层在 Morgagni 窦处会合，称 Morgagni 膜，构成咽隐窝顶后外壁。与破裂孔仅隔 1cm 左右。

2. **咽旁间隙** 咽旁间隙是位于颌面上颈部的一个深在脂肪间隙（图 11-7），上到颅底，下至舌骨，后至颈椎，内侧与口咽、鼻咽毗邻，外侧以翼内肌和腮腺深叶为界。咽旁间隙可划分为咽腔外侧的咽侧间隙和咽后间隙，前者又分为茎突前间隙和茎突后间隙。茎突前间隙

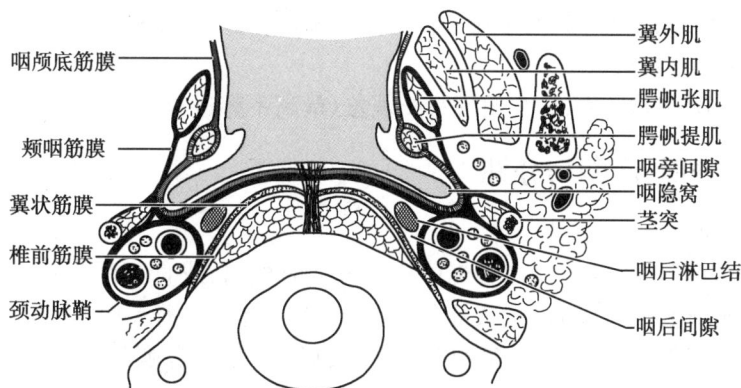

图 11-7　咽颅底筋膜与周围咽旁间隙、咽后间隙等
(本图由副主编罗京伟制作并授权,仅限本书使用)

有上颌动脉,脑神经Ⅴ₃支通过。茎突后间隙有颈内动、静脉,后四对脑神经(Ⅸ、Ⅹ、Ⅺ和Ⅻ)和颈交感神经干穿行。咽后间隙在咽腔后壁正中及两侧,夹在颊咽筋膜和椎前筋膜之间,向上延伸达颅底,向下止于气管分叉平面。咽后间隙主要内容物为咽后淋巴结,以体中线为界分为内、外侧组:中线区域的为内侧组咽后淋巴结,影像上只要发现就视为异常淋巴结;外侧组咽后淋巴结更为常见,位于头长肌和颈内动脉之间,正常情况下其最短径<0.5cm。而位于第一颈椎即寰椎水平的咽后淋巴结外侧组又被称为"Rouviere淋巴结"。

(三)颅底及相关结构

颅底中线及中线旁结构如蝶窦、海绵窦、斜坡、岩尖等位于鼻咽顶壁及顶侧壁上方,并通过破裂孔、卵圆孔等天然孔道与颅内相通。

海绵窦内及周围有多对脑神经(Ⅲ、Ⅳ、Ⅵ、Ⅴ₁、Ⅴ₂)由后向前穿行。鼻咽肿瘤可直接侵犯海绵窦,或通过破裂孔、卵圆孔、翼腭窝等途径侵犯海绵窦,继而引起相关神经受侵的症状和体征。最容易侵犯的脑神经为第Ⅴ、Ⅵ对脑神经。肿瘤也可以向前、向上发展经眶下裂、眶上裂、眶尖侵犯眼眶,或向后通过岩枕缝侵及颅后窝、颈静脉孔及枕骨髁。

(四)鼻咽肿瘤的直接扩展路径

1. 向前扩展　经后鼻孔侵犯鼻腔,进而侵犯上颌窦或筛窦→眼眶→眶下裂→颞下窝。

2. 向上扩展　侵犯颅底骨和脑神经,引起颅底骨质破坏和出现脑神经症状。蝶骨大翼区以破裂孔、卵圆孔最为薄弱,易受侵。

3. 向下扩展　沿鼻咽侧壁、后壁到口咽,从鼻咽顶后壁沿颈前软组织达后壁甚至喉咽后壁。

4. 向两侧扩展　向咽旁间隙侵犯。经茎突前间隙向上扩展至颅底,侵犯卵圆孔、棘孔和蝶骨大翼等,晚期可侵犯至颞窝和腮腺;侵犯茎突后间隙可引起相应的神经受累症状。

(五)淋巴引流

鼻咽癌淋巴结转移发生率高,初诊患者70%有颈部淋巴结转移。颈部淋巴结转移的规律如下。

1. 咽后淋巴结和颈上深(Ⅱ区)淋巴是鼻咽癌的前哨淋巴结。

2. 咽后淋巴结、颈深淋巴结和颈后淋巴结是常见的淋巴结转移部位。

3. 鼻咽淋巴管网丰富、粗大并且左右相互交叉,因此局限于鼻咽一侧的原发癌可出现双侧或对侧颈部淋巴结转移。

4. 颈部转移为逐站转移,较少出现跳跃现象(最高不超过 5%)。

二、临床表现、诊断与分期

(一)临床表现

早期鼻咽癌可以无症状,仅在常规体检或普查时检出,或直至颈部淋巴结转移才被发现。鼻咽癌的典型临床表现为"七大症状"和"三大体征"。"七大症状"包括回吸性血涕、鼻塞、耳鸣、听力下降、头痛、面麻、复视等。"三大体征"是指鼻咽部有新生物、颈部淋巴结肿大和脑神经麻痹。回吸性血涕、鼻塞、耳鸣、听力下降一般为早期症状,而一旦出现面麻、复视、张口困难等,则是晚期表现。

1. 回吸性血涕 回吸性血涕一般为鼻咽癌外生型病变的早期表现之一。原因是吸涕时软腭上抬与鼻咽部特别是顶壁肿瘤组织摩擦而导致破溃出血。原发于鼻咽任一壁的肿瘤都可因肿瘤表面丰富的小血管破裂、肿瘤表面糜烂或溃破而表现为回吸性血涕或涕中带血,尤以清晨起床后回吸血涕更有诊断意义。当鼻咽部肿瘤伴有大块坏死、脱落或深大溃疡时,可出现鼻咽大出血。

2. 耳鸣及听力下降 鼻咽癌好发部位为咽隐窝和侧壁,容易压迫或侵犯咽鼓管咽口、隆突而引发咽鼓管通气及内耳淋巴液循环障碍、造成鼓室负压,出现一侧耳闷、堵塞感、耳鸣及听力下降。查体可见鼓膜内陷或充血,部分患者可出现鼓室积液,听力检测常表现为传导性耳聋,易被误诊为中耳炎,抽液后症状可暂时改善但又反复出现,严重者可出现鼓膜穿孔、耳道溢液。

3. 鼻塞 原发于鼻咽顶壁、侧壁的肿瘤逐渐增大向前壁侵犯可堵塞或侵入后鼻孔和鼻腔,引起进行性加重的单侧或双侧鼻塞,严重的可致张口呼吸。

4. 头痛 头痛的部位和程度与病变侵犯的部位和程度相关,主要原因有①合并感染:原发肿瘤表面溃疡、坏死合并感染,刺激颅底骨膜而导致头痛。感染所致头痛症状较为严重,呼气时常有明显的异味,经局部冲洗、抗感染治疗后症状常可减轻甚至消失。②肿瘤侵及筋膜、骨膜、颅底骨、三叉神经脑膜支、鼻旁窦、血管(或血管受压)、颅内及颈椎等,均可出现头痛并可呈进行性加重,经抗感染治疗症状往往不缓解或仅轻度缓解,并以患侧持续性疼痛为特征。如果是血管受压、炎症或破坏,主要表现为"搏动性"头痛。③颅内受侵:颅底和颅内受侵除头痛外,常可伴有相应的脑神经受累症状。枕骨髁、环枕关节、颈椎受侵可致枕后、颈项部、肩部疼痛,并可伴颈强直或颈部活动障碍,严重时可出现脊髓压迫症状。

5. 面麻 为晚期症状。系三叉神经受侵或受压所致的浅感觉异常,包括三叉神经分布区皮肤蚁爬感、触觉过敏或麻木,是鼻咽癌前组脑神经受损发生率最高的症状。因肿瘤侵及的部位不同,临床表现与相关受累的三叉神经(V)分支有关:单独的 V_1 或 $V_{1,2,3}$ 麻痹,其损伤部位应在颅内;单独的 V_2 或 V_3 麻痹其肿瘤侵犯可能在颅内或颅外,而以颅外受侵更多见。例如,眶下区面部麻木常是肿瘤侵犯眶下裂、眶下孔区或上颌窦前壁引起 V_2 麻痹所致;一侧下颌部下齿槽麻木是病变侵及卵圆孔 V_3 出颅处或累及茎突前间隙 V_3 穿行处所致;$V_{2,3}$ 麻痹则病损多在颅内海绵窦靠后处;$V_{1,2}$ 麻痹则病损多在颅内海绵窦偏前处。临床检查一般以眼角和口角水平线为界,眼角以上感觉异常为V_1支损伤,眼角与口角之间感觉异常为V_2支损伤,而口角以下感觉异常定位于V_3。

6. 复视 为晚期症状。因肿瘤侵至眶内,或侵及支配相关眼部肌肉的神经,致使双侧眼球运动不能同步而出现复视,如Ⅲ、Ⅳ、Ⅵ脑神经的受侵。

7. 张口困难 为晚期症状,一般为肿瘤侵及翼内、外肌及翼腭窝所致。尤为值得注意的是,初诊患者虽然没有张口困难表现,但是临床检查,提示翼内、外肌及翼腭窝受侵,此类患者,放射治疗结束后,随着肿瘤控制,极易发生翼内、外肌形态变化,而导致张口困难。此类患者放疗后的张口功能锻炼尤为重要。

8. 颅底受侵引发的脑神经麻痹综合征 鼻咽癌一旦侵及颅底或颅内,则易造成颅底或颅内走行的神经受侵而出现相应的综合征,包括:①眶上裂综合征:眶上裂是Ⅲ、Ⅳ、V_1、Ⅵ脑神经出颅处,有肿瘤侵犯时上述脑神经可由部分麻痹发展到全部甚至完全性麻痹,出现复视、眼球活动障碍或固定伴轻微眼球外突(因全部眼外肌麻痹松弛所致)、眼睑下垂、瞳孔缩小、光反射消失(动眼神经交感支麻痹)、V_1支配区麻木触痛觉减退等,多伴有明显头痛。②眶尖综合征:肿瘤侵犯眶尖视神经管一带,可先有视力下降→复视→失明,一旦失明则复视消失,表现为患侧眼固定性眼盲加上部分或全部眶上裂综合征的表现,即Ⅱ、Ⅲ、Ⅳ、Ⅵ、V_1脑神经麻痹及头痛。③海绵窦综合征:是肿瘤侵及破裂孔、岩骨尖后继续往前外卵圆孔和海绵窦一带发展,首先出现展神经麻痹,继而顺次出现$V_{3,2,1}$、Ⅲ、Ⅳ脑神经麻痹。④颈静脉孔综合征:肿瘤从破裂孔岩骨尖往后发展侵犯到后颅凹颈静脉孔一带,出现Ⅸ、Ⅹ、Ⅺ脑神经麻痹症状,包括声嘶、饮水呛咳、吞咽困难等,并常伴明显头疼。⑤舌下神经孔症状:肿瘤侵犯枕大孔舌下神经孔一带可致舌下神经损伤,出现舌肌麻痹、舌活动障碍,影响说话、咀嚼和吞咽活动。检查可见患侧舌肌早期膨胀、晚期萎缩,伸舌偏向患侧,触诊患侧舌软、肌力差。⑥脑桥小脑角受侵症状:肿瘤侵入后颅凹的脑桥小脑角,临床特点常见Ⅵ、Ⅴ和Ⅻ脑神经麻痹,其次为Ⅶ、Ⅷ脑神经麻痹,除这些脑神经症状外,常伴有走路不稳、颅内高压、锥体束征等症状。

鼻咽癌脑神经损伤症状及定位体征的判断尤为重要。特别是Ⅲ与Ⅳ脑神经损害常常伴行存在。鼻咽癌脑神经损伤分为"前组脑神经损伤"(主要指Ⅲ、Ⅳ、Ⅴ与Ⅵ对脑神经损伤,与鼻咽癌上行性侵犯颅底,特别是海绵窦有关)和"后组脑神经损伤"(主要Ⅸ、Ⅹ、Ⅺ、Ⅻ对脑神经损伤,与鼻咽癌下行性侵犯咽旁间隙,特别是茎突后间隙有关)。12对脑神经损伤临床表现见表11-3。

表 11-3 鼻咽癌脑神经走行、受损表现及发生率

脑神经	出脑处	出颅处及走行	临床表现	发生率/%
Ⅰ嗅神经	颞叶嗅球	筛孔→鼻腔	嗅觉减退或缺失	0
Ⅱ视神经	枕叶外侧膝状体	视神经孔→眼眶	视力下降或失明	2.88
Ⅲ动眼神经	中脑脚间窝	海绵窦前外侧→眶上裂→眼眶	复视,患侧眼球向内上,外上,内下活动不能,上睑下垂,瞳孔大(副交感麻痹)	6.8

续表

脑神经	出脑处	出颅处及走行	临床表现	发生率/%
IV滑车神经	中脑四叠体下方	海绵窦前外侧→眶上裂→眼眶	患侧眼球往外下看时复视或不能往外下活动	5.72
V三叉神经	脑桥	沿岩骨海绵窦前行	患侧头面部感觉麻痹,咬肌萎缩	26.8
1支(眼支)		海绵窦前外侧→眶上裂	患侧眼裂以上皮肤黏膜感觉过敏或麻木	
2支(上颌支)		海绵窦外侧→圆孔→翼腭→窝→眶上裂→眶下孔	患侧面颊部眼裂以下至口角以上皮膜黏膜感觉过敏或麻木,颞肌无力或萎缩	
3支(下颌支)		海绵窦后外侧→卵圆孔→茎突前间隙	患侧口角下、颞耳部皮肤黏膜过敏或麻木,咬肌无力或萎缩,张口困难,张口时下颌偏向患侧	
VI展神经	脑桥	海绵窦后外侧→前外侧→眶上裂、眼眶	复视,患侧眼球外展活动受限或不能	17.61
VII面神经	桥延沟	岩骨面神经管	面神经核下性麻痹表现(鼻唇沟浅)	1.63
VIII听神经	外侧	内耳内→茎乳孔	鼓腮、吹哨、皱额不能,眼睑闭合不全,眩晕,呕吐,耳鸣,耳聋(神经性)	0.19
IX舌咽神经			口咽、舌后1/3感觉麻痹,软腭活动困难,咽反射弱或消失,吞咽困难	11.0
X迷走神经	延脑	颈静脉孔→茎突后间隙	声嘶、呛咳,患侧声带麻痹,颈肌活动无力,抬头、耸肩困难,胸锁乳突肌、斜方肌萎缩	6.94
XI副神经				1.18
XII舌下神经	舌下神经孔		早期患侧舌肌变肥厚、无力,晚期舌肌萎缩,讲话吞咽困难,伸舌舌尖指向患侧或偏患侧	13.14
交感神经		颅后窝颈动脉和颈静脉出入颅底处周围交感神经丛及颈交感神经节	霍纳综合征(眼裂及瞳孔缩小,眼球内陷、同侧无汗症)	2.22

注:综合湖南、杭州、广州、广西、北京共4 971例鼻咽癌放疗前资料。

9. **淋巴结转移引发的临床表现**　鼻咽癌淋巴结转移发生率高,初诊时以颈部肿块为主诉的达50%左右,检查发现颈部淋巴结转移率达70%以上,但颏下、颌下淋巴结转移则少于5%。颈部淋巴结转移一般无明显症状,若转移肿块巨大、浸透包膜或与周围软组织粘连固定,则可能引发血管神经受压的表现,包括①颈内动静脉受压或受侵:出现与脉率一致的搏动性头痛或回流障碍的面颈胀痛;②颈深上组淋巴结转移:压迫或侵犯颈动脉窦而致颈动脉窦综合征,表现为发作性突然晕厥,这常在头颈部扭动、低头等转动体位时发生,反复多次发作患者提示预后不良;③颈深上组的高位淋巴结转移:即在颈内动、静脉出入颅处有淋巴结转移,可压迫或侵犯后四对脑神经和颈交感神经节,临床表现为后四对脑神经麻痹或霍纳综合征。

10. **远处转移的临床表现**　远处淋巴结转移较为少见。纵隔淋巴结转移可有胸闷及通气不畅;腹膜后散在多发的淋巴结转移可有持续性发热,由低热至持续性高热,但白细胞不高,抗感染治疗无效,腋下、腹股沟淋巴结转移一般无明显症状。血行转移在鼻咽癌中发生率较高,占初治患者的15%左右,而死亡患者尸检远处转移率高达45%~60%,T_4、N_3或颈部转移灶曾行非正规的穿刺和/或切取活检者远处转移危险性更大。血行转移部位以骨转移最多见,其中又以扁骨系最高发,如椎体、肋骨、骶髂骨、胸骨等。椎静脉系统播散是骨转移的重要途径。骨转移多数先出现骨疼痛,拍摄X射线片可证实为骨转移,X线表现溶骨性最为多见,其次为虫蚀状,成骨性少见。放射性核素骨显像是一种无损伤性和灵敏度较高的诊断方法,可提前发现无症状骨转移者。其次是肺转移,多数无明显症状,可以单发或多发,影像上表现为圆形或类圆形,大小不等的结节或块状阴影。肝转移可表现为单发或多发转移结节,随着转移灶的增大、肝小管的堵塞可出现全身黄疸,晚期可出现腹水。皮肤或皮下转移、骨髓侵犯一般在已有多脏器转移的患者中发生;脑实质转移罕见。多脏器转移时除系统症状外常伴有发热、贫血、消瘦和恶病质。

(二) 诊断

尽管鼻咽癌容易早期发现、早期诊断、早期治疗,但临床确诊者多为中晚期,早期病例少见。为提高其早期诊断,对凡有回吸性血涕、耳鸣、听力下降者,或表现为中耳积液抽吸无效者,或普查EBV阳性者,或来自鼻咽癌高发区者,或有鼻咽癌家族史者,均应进行鼻咽镜检及鼻咽MRI等检查以排除鼻咽癌的可能。

如检查发现鼻咽肿物,在排除鼻咽纤维血管瘤的前提下应常规咬取活检病理确诊。

部分病例鼻咽并无明显肿物,但表现为上颈部肿大淋巴结,且经穿刺或切除活检明确为转移性低分化鳞癌或分化差的癌,此时应常规原位杂交检测EBER,如阳性则提示鼻咽癌来源,此时应对颈部转移侧的鼻咽咽隐窝常规盲检,必要时重复活检,多可明确诊断。

鼻咽恶性肿瘤常见的病理类型为鳞癌。根据WHO标准,鼻咽鳞癌分为三型:WHO Ⅰ型、Ⅱ型和Ⅲ型。Ⅰ型为中、高分化鳞癌;Ⅱ型为低分化鳞癌,又分为分化型和未分化型;Ⅲ型为基底细胞样鳞癌。中国鼻咽癌95%以上为WHO Ⅱ型,即低分化鳞癌或未分化癌,与EBV直接相关,而西方鼻咽癌20%~40%为WHO Ⅰ型,与EBV无关。

鉴别诊断

1. **恶性淋巴瘤**　鼻咽部恶性淋巴瘤国内并不少见。特别是起源于韦氏环(鼻咽、口咽、舌根、扁桃体)的弥漫大B细胞淋巴瘤,临床在鼻咽和颈部也可发现肿物,但发病常较年轻,少见头痛及脑神经麻痹,而常伴发热、消瘦、盗汗等 B 组症状和体征。鼻咽肿块多为黏膜下球形隆起,光滑,少有溃疡坏死,颈部肿大淋巴结中等硬或呈韧性或偏软,单个或多个融合,呈分叶状,较大但仍能推移。可同时伴有多处淋巴结肿大或骨髓象异常。最后确诊需依靠活检病理和免疫组化检查。

2. 纤维血管瘤 鼻咽部最常见的良性肿瘤。青少年多见,以鼻咽反复出血为特征,瘤体由致密结缔组织、大量弹性纤维和血管组成,与一般纤维瘤的构成不同。常无淋巴结肿大,少见头痛和脑神经麻痹。鼻咽肿物血管丰富,呈暗紫红色,如紫红葡萄样,极易出血。临床如怀疑鼻咽纤维血管瘤,应避免鼻咽咬取活检,以免引起致命性大出血,通过 CT/MRI 增强扫描或 MRA 可基本确诊。

3. 颅底脊索瘤 脊索瘤是由胚胎发育时残存的脊索发生的肿瘤,位于中线骨骼部位、从蝶枕区至骶尾部的任何轴向位置均可发生。发生于颅底斜坡者约占全部脊索瘤的 1/3。以 30~50 岁间多见,男性多于女性。以头痛、脑神经麻痹及中线部位的颅底骨破坏为特征。肿瘤向颅内生长亦可向下侵至鼻咽顶或顶后壁,呈现黏膜下肿物隆起,但颈部无肿大淋巴结。颅底脊索瘤属于低度恶性肿瘤。生长慢,以局部侵袭性生长为主,可有溶骨性破坏。肿瘤常较大,且易累及周围脑神经,使大动脉移位或包绕并侵及海绵窦。因颅底脊索瘤多有明显的骨质破坏,而且瘤体内可有钙化,因此普通平片可发现异常。结合 CT/MRI 有助于确诊,多数为手术病理证实。

4. 鼻咽结核 结核病变在顶壁与顶后壁呈散在、多数肉芽样小结节,可伴溃疡坏死。多无五官症状或头痛,无脑神经麻痹,常有午后低热、乏力、盗汗等结核全身中毒症状。伴有或不伴有其他部位结核灶或结核病的既往史,确诊需要咬取活检病理证实。

5. 腺样体增殖 典型的腺样体见于青少年,在顶前壁呈束状、橘子瓣状,有深纵行沟,常易于辨认,无须活检。如合并感染,可明显肿大成结节状,纵行沟变浅或消失形成肿块,伴脓性分泌物。可有脓血涕,但一般无头痛及颈部淋巴结肿大。可局部冲洗抗炎观察,活体组织病理检查可确诊。

(三) 分期

目前采用的临床分期为 2017 年的第 8 版 UICC/AJCC 国际分期标准。

T_0:未发现鼻咽原发肿瘤,但颈部转移淋巴结 EBV+。

T_1:局限于鼻咽,或侵犯口咽,和/或鼻腔,但无咽旁间隙受侵。

T_2:咽旁间隙受侵,和/或周围软组织受侵(包括翼内肌、翼外肌、椎前肌)。

T_3:侵犯颅底、颈椎、翼突结构,和/或鼻旁窦。

T_4:侵犯颅内、脑神经、下咽、眼眶、腮腺,和/或超出翼外肌范围的软组织受侵。

N_0:无区域性淋巴结转移。

N_1:单侧颈部淋巴结转移,和/或单侧或双侧咽后淋巴结转移,最大径≤6cm,且位于环状软骨下缘以上。

N_2:双侧颈部淋巴结转移,最大径≤6cm,且位于环状软骨下缘以上。

N_3:单侧或双侧颈部转移淋巴结,最大径>6cm,和/或位于环状软骨下缘以下。

头颈部肿瘤 M 分期仅根据有无远处转移分为 M_0 和 M_1。

分期组合

Ⅰ期: $T_1N_0M_0$

Ⅱ期: $T_{0\sim1}N_1M_0$, $T_2N_{0\sim1}M_0$

Ⅲ期: $T_{0\sim2}N_2M_0$, $T_3N_{0\sim2}M_0$

Ⅳa 期: $T_4N_{0\sim3}M_0$, 任何 T N_3 M_0

Ⅳb 期: 任何 T 任何 N M_1

三、治疗原则

鼻咽部位置深在,周围重要器官多,因此鼻咽癌容易向邻近组织器官结构浸润,特别容易侵犯颅底、海绵窦、咽旁间隙等,且颈部淋巴结转移发生概率高,而且鼻咽癌病理多属低分化鳞癌,对放射线敏感。因此,临床上鼻咽癌的根治性治疗手段是放射治疗而非手术治疗。

(一)放疗

一般而言,根据分期确定治疗方案:

1. Ⅰ期 单纯放疗。

2. Ⅱ期 二维照射技术年代,同步放化疗疗效好于单纯放疗;如采用调强放疗技术,单纯放疗与同步放化疗疗效无明显差别,建议单纯放疗。

3. Ⅲ、Ⅳa 期 同步放化疗为标准治疗方案,近年来诱导化疗应用渐趋广泛,尤其是对 N_3 病变、原发肿瘤较大毗邻危及器官、肿瘤生长较快者,多采用 2~3 周期的诱导化疗+同步放化疗,或诱导化疗+同步靶向治疗的综合治疗方案。

4. Ⅳb 期 即有远处转移的鼻咽癌,首选全身化疗,如全身转移病灶控制,也应行放射治疗,可以较单纯化疗明显改善预后。

(二)化疗

化疗在 NPC 中的应用主要有以下三种方式:

1. 新辅助化疗/诱导化疗(induction chemotherapy) 是指放疗前使用的 2~3 个周期的化疗。它的作用是杀灭体循环中的肿瘤细胞,减少亚临床转移灶;在未接受治疗的患者中使用化疗的依从性较好,可以很好地按计划完成治疗;对于原发肿瘤来说,新辅助化疗可以降低局部和区域的肿瘤负荷,从而提高局部控制率。尽管诱导化疗在非 NPC 的头颈部鳞癌中不能改善总生存期,但对局部区域晚期 NPC,诱导化疗不仅改善局部区域控制率、降低远处转移,而且改善总生存期,因此,诱导化疗目前已成为局部区域晚期 NPC 的标准治疗方案。

2. 同步放化疗(concomitant radiochemotherapy,CCRT) 是指在放射治疗的同时使用化疗。它的作用是化疗药物直接对肿瘤细胞的杀伤;或使肿瘤细胞周期同步,停滞在 G_2/M 期;或通过抑制肿瘤细胞的亚致死损伤修复来增加放疗对肿瘤的杀伤作用。同步放化疗较其他方式的放化综合治疗的优势在于和放疗有协同作用,肿瘤血供未被破坏,没有新辅助化疗后肿瘤在增殖速度加快的现象,也不会有放疗延迟的出现。它的主要目标不仅是要提高局部区域控制率,而且还要降低远处转移的发生,这在其他头颈部肿瘤中已经得到证实。同步化疗的标准用药为顺铂(DDP)三周方案,$100mg/m^2$,在放疗的第 1、22、43 天使用。

3. 辅助化疗 是指放疗后 1~2 个月再给予 3~4 个周期的化疗,希望能增加局部控制率、降低远处转移,但临床研究表明辅助化疗在包括鼻咽癌在内的所有头颈部鳞癌中为阴性结论,因此临床不作推荐。但对于放疗结束 EBV 拷贝数不降甚至升高时,辅助化疗还是有其价值的。

（三）靶向治疗

临床应用的主要是针对 EGFR 的单克隆抗体,是同步放化疗外的另外一种可供选择的同步治疗方案。

四、放射治疗技术

鼻咽癌的放射治疗主要包括常规放射治疗和调强放射治疗,而后者已成为目前 NPC 放疗的主流技术。

（一）常规放射治疗

为二维照射年代的经典照射技术,设野原则:

1. 鼻咽、咽旁、颅底、颈部必须同时照射。标准的照射野为"面颈联合野+颈部切线野"。面颈联合野包括全部鼻咽肿瘤、全部鼻咽腔、咽旁间隙、颅底海绵窦、后组筛窦、鼻腔上颌窦后 1/3,上颈部淋巴引流区。面颈联合野的推荐剂量为 36~40Gy,然后缩野为小面颈野推量至 50Gy,结合治疗前和治疗中 D_T 50Gy 时的 MRI/CT 复查结果,如果治疗前口咽、咽旁间隙受侵,咽后淋巴结阴性,或咽旁、口咽仅为轻度受侵,而且 50Gy 时肿瘤基本消退者,则缩野为耳前野+L 形颈部电子线野(图 11-8),耳前野推量至 70~76Gy,颈部最高不超过 70Gy。颈部切线野包括的为需要预防性照射的颈部区域(图 11-9)。

2. "大而不伤、小而不漏"原则。

3. "先大后小"原则。

4. 分野要避开肿瘤组织。

5. 允许特殊情况特殊处理 剧烈头痛:颅底小野;鼻咽大出血:鼻咽小野。D_T 10~20Gy

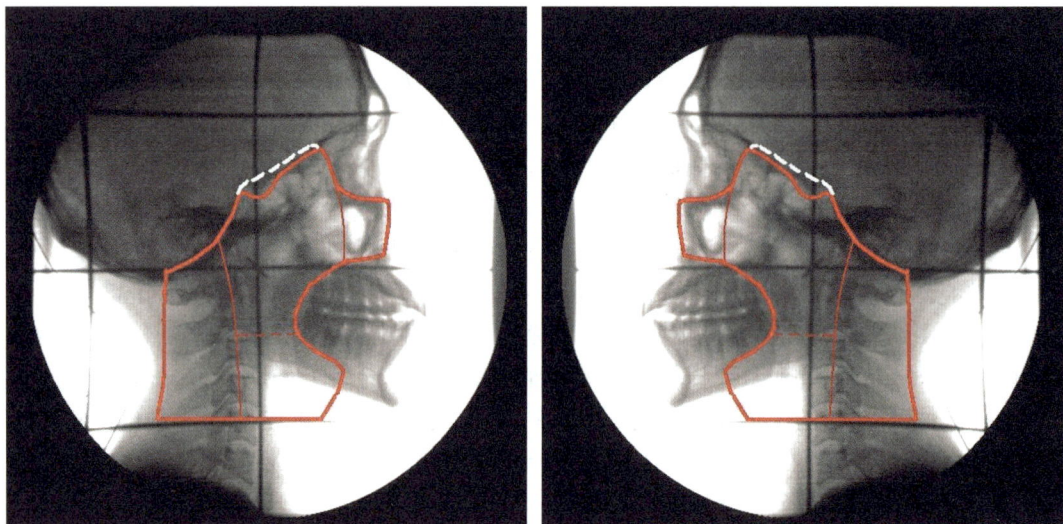

图 11-8 面颈联合野及缩野示意图

注:如肿瘤已侵入中颅凹海绵窦、斜坡,上界按虚线设定;如肿瘤侵犯鼻腔,前界按凸起部分所示设置。

(本图由副主编罗京伟制作并授权,仅限本书使用)

单次或 4~6Gy/次,共 4~6 次。

6. 采用分割照射方法,1.8~2Gy/次,每天一次,每周 5 天照射。鼻咽原发灶:66~70Gy/6~7 周,如颅底破坏明显,允许局部小野加量至 80Gy。颈部淋巴结转移灶:66~70Gy/6~7 周。颈部预防照射区域:50~60Gy/5~6 周。

(二)近距离照射技术与方法

由于近距离放射治疗(后装治疗)空间剂量分布的不均匀性,即照射剂量衰减梯度大的特点,其治疗范围具有一定的局限性,因而只能治疗比较小且表浅的肿瘤,作为外照射的补充治疗手段。而目前随着微创内镜手术的普及,凡是适合

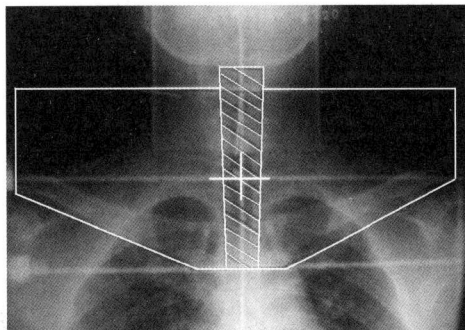

图 11-9 颈部切线野
(本图由副主编罗京伟制作并授权,仅限本书使用)

腔内后装放疗的鼻咽残存病例均可以手术切除,因此临床上目前已很少应用腔内后装治疗。

(三)立体定向放射治疗

目前在国内、外作为鼻咽癌治疗后残留或复发病灶的辅助治疗。

(四)调强放射治疗

调强放射治疗(intensity modulated radiotherapy,IMRT)是目前鼻咽癌放疗的主流技术,在保证靶区接受更高剂量照射的同时,让正常组织受量在其耐受范围内,因此局部晚期鼻咽癌的疗效得到提高的同时,并发症的发生也明显减轻。IMRT 的另一个优势在于它的放射生物学效应。在同一次治疗中,IMRT 可以给予不同区域不同剂量照射,在给予预防区传统剂量照射时给肿瘤区更高剂量照射,即同步加速加量放疗(simultaneous modulated accelerated radiotherapy,SMART),获得更佳的放射生物学效应。

1. 鼻咽癌调强放射治疗实施规范

(1)面罩固定:患者仰卧于平板上,头略过仰位或中仰位,采用头颈肩面罩固定。

(2)CT 定位扫描:扫描层次上界达头顶,下界达锁骨下缘下 2cm,层厚以 3mm 为准,常规增强扫描。

(3)靶区的定义和勾画:GTV 是以影像学检查、内镜检查、临床查体所显示的肿瘤病变范围(包括原发肿瘤及转移的淋巴结)为主,根据具体情况可分为 GTVnx(鼻咽原发肿瘤)、GTVnd(颈部转移淋巴结)、GTVrpn(咽后淋巴结)等。CTV 为临床靶区,是将所有预防性照射的区域包括在内。根据危险度的不同,临床靶区又分为高危临床靶区(CTV1)、中危临床靶区(CTV2)、低危临床靶区(CTV3)。可根据临床需要设计 2 个或 3 个临床靶区。

2. 鼻咽癌的靶区设计一般有以下两种方法:

(1)3 个 CTV:按照肿瘤侵犯的"5+5"规律,以鼻咽原发肿瘤 GTVp 为准三维空间外放 5mm(遇空腔或骨骼等适当修正)形成 CTV1 并包括全部鼻咽黏膜,在 CTV1 的基础上再外放 5mm 形成 CTV2 并包括所有需要预防性照射的中高危区域。

前界包括后 1/4 鼻腔及上颌窦后壁。双侧界则包括腭帆张肌、腭帆提肌和咽旁间隙,并根据外侵范围决定是否包括翼内肌、翼外肌及翼板。向上包括下 1/3~1/2 蝶窦及后组筛窦。颅底部分须包括圆孔、卵圆孔和破裂孔、岩骨尖、枕骨斜坡及颈动脉管等重要解剖结构。

向下达肿瘤下缘下 1cm，最高不得低于鼻咽下缘即 C_1 颈椎下缘水平。后界需包括双侧咽后淋巴结、头长肌及颈椎前 1/3。除此之外，CTV2 包括转移淋巴结所在区域。CTV3 包括所有需要预防性照射的颈部区域。以上标准为一环套一环的关系：即 CTV3 包括 CTV2，CTV2 包括 CTV1，CTV1 包括 GTVp、GTVnd、GTVrpn，但临床多采用 CTV3 与 CTV2 毗邻的关系（图 11-10）。

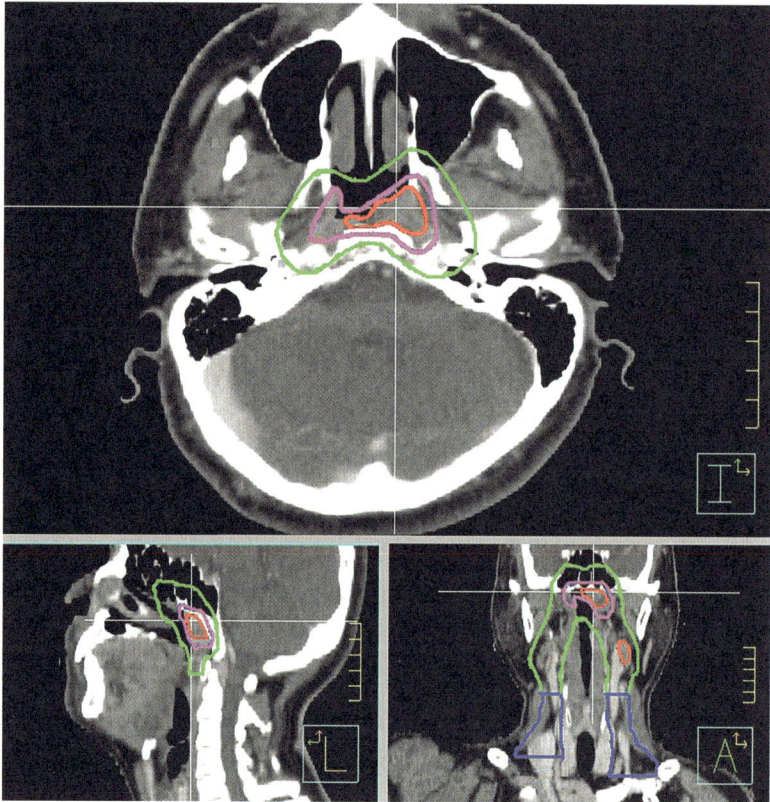

图 11-10　鼻咽癌 3 个 CTV 的靶区设计（红线 GTVp，粉线 CTV1，绿线 CTV2，紫线 CTV3）

（2）2 个 CTV 为毗邻关系：一般将原发肿瘤和阳性淋巴结所在的颈部分区同时考虑，包括在 CTV1 内，也即常规照射技术中面颈联合野需要包括的范围。而将其他需要预防性照射的颈部区域设计为 CTV2，CTV2 的上界与 CTV1 的下界共线（图 11-11）。

如为 N_0 病变，则 CTV1 下界在舌骨下缘水平；CTV2 包括双侧中颈淋巴引流区，而下颈锁骨上淋巴引流区目前不主张预防性照射。

如为 N_+ 病变，则 CTV1 包括转移淋巴结区域外还包括其邻近的区域，如一侧Ⅱ区阳性，则 CTV1 需将病变侧的Ⅲ区包括在内，如Ⅱ区淋巴结较大或为多发淋巴结转移，也可将病变侧全颈包括在 CTV1 内，而对侧颈部的处理同此原则。

将靶区如 GTVnx、GTVnd、CTV 外放 3~5mm 形成相应的 PTV 而给予具体的剂量。但临

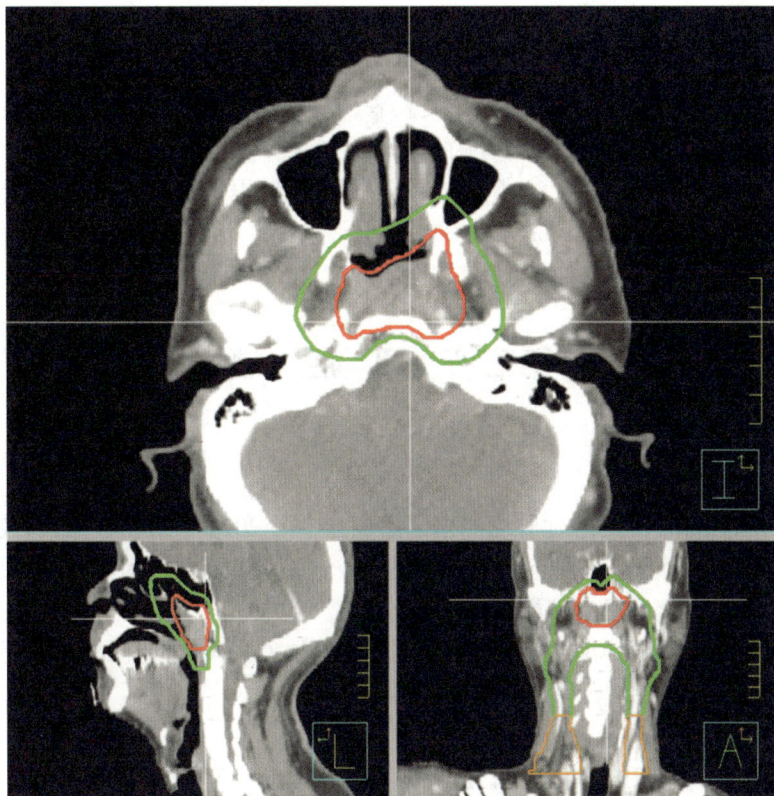

图 11-11　鼻咽癌 2 个 CTV（红线 GTVp，绿线 CTV1，褐线 CTV2）
（本图由副主编罗京伟制作并授权，仅限本书使用）

床上应注意在毗邻重要危及器官如脑干、脊髓等器官时，PTV 外放 1mm 甚至与 GTV、CTV 共线即可。

五、肿瘤复发的处理

常规二维照射技术局部复发较为常见，约 20%~40%，且 70%~80% 的复发发生在放疗后 2~3 年内，以后逐渐减少。而目前 IMRT 治疗鼻咽癌的局部失败率明显下降，一般不超过 10%，但远处转移成为鼻咽癌治疗失败的主要原因。

鼻咽癌根治性放疗后的复发分为局部复发、颈部复发或远处转移。前两者失败模式以手术为主，如不适合手术则考虑二程放疗。而远处转移者以内科治疗为主。

1. 外科挽救治疗　外科挽救手术指征如下：

（1）颈部淋巴结：放疗结束后 3 个月如不消退，经磁共振、超声检查并结合查体提示明确肿瘤残留，或疗后达 CR 者在以后的随访过程中发现颈部淋巴结复发者，只要有手术指征应首选颈部手术切除；如放疗后一度消失，以后复查过程中出现颈部复发，只要有手术指征，均以手术切除为主。

（2）原发肿瘤残存：放疗结束后 3 个月仍不消退且病理证实有癌细胞者，应首选手术治疗。目前腔内残存或复发者，甚或颅底复发但局限在中线部位，无海绵窦、圆孔、卵圆孔等受侵者也可手术切除,目前手术主要为内镜微创手术治疗。

2. 二程放疗 对于无法手术者可考虑二程放疗,但二程放疗距首程放疗时间越短,疗效越差,放疗后遗症越重。放疗后 1 年内复发者,二程放疗后 5 年生存率基本为零。放疗后超过 2 年后的复发,二程放疗后 5 年生存率可达 15%~30% 不等。局部复发二程放疗的基本原则(其他头颈部鳞癌均可参考):局部复发距离初程放疗最好间隔 1 年以上,采用调强放疗技术,总剂量 D_T 60~66Gy/30~33 次,质子重离子治疗复发性病变有优势。二程放疗靶区应以肿瘤为主、不做预防性照射。

第三节 口 腔 癌

一、总论

口腔癌是头颈部常见的恶性肿瘤。据国家癌症中心 2022 年最新数据,口腔癌发病率与鼻咽癌完全相同,在全身恶性肿瘤中占比均为 5.4%,表明口腔癌已由以前头颈部恶性肿瘤发病率的第二位上升至和鼻咽癌共居第一位。

口腔癌好发年龄为 50~70 岁,而且随着年龄的增加发病风险明显增加,且男性发病率是女性的 2 倍。

口腔癌的发病因素包括:

1. 烟酒嗜好 吸烟和/或酗酒是口腔癌明确的病因学因素。

2. 癌前病变 口腔癌的发生与口腔的癌前病变如黏膜白斑或黏膜红斑直接相关。

3. 咀嚼槟榔 槟榔已被 WHO 认定为一级致癌物,因此凡是长期咀嚼槟榔的人群,其口腔癌特别是颊黏膜癌的发病率明显增加,与无此嗜好的人群相比可增加 7 倍以上。

4. 口腔卫生不良、长期异物刺激(义齿)、牙齿对合不好反复咬破口腔黏膜者 主要发生在舌边缘、颊黏膜,造成创伤性溃疡或慢性炎症性溃疡,长期慢性刺激发生癌变,以舌癌最为常见。有研究表明,舌癌、颊黏膜癌与残根、残冠等刺激有直接关系,牙龈癌则多与不良修复体有关。

5. 其他 如射线、营养缺乏、人乳头瘤病毒(HPV)感染等也有一定相关性。

口腔癌中,发病率由高到低依次为舌癌、口底癌、下牙龈癌、颊黏膜癌、磨牙后区癌、上牙龈癌和硬腭癌。

(一)口腔解剖和淋巴引流

1. 口腔解剖 解剖学上分为颊黏膜,上齿龈,下齿龈,硬腭,舌和口底(图 11-12、图 11-13)。口腔是上消化道的入口,上部为硬腭,下部为口底,前方和侧方以唇和颊为界,并经位于上、下唇之间的口裂与外界相通,向后经咽峡与咽相连。

2. 淋巴引流 因为所在部位的不同,口腔的淋巴引流途径有所不同。完全局限在一侧的部位如颊黏膜和齿龈,其淋巴引流主要发生在同侧颈部;而位于中线部位的器官如舌体、口底则因为两侧的淋巴管有丰富的交通,在一侧淋巴引流的同时,可通过中线部位关联的毛细淋巴管网而引流至对侧(图 11-14)。

3. 颈部淋巴结转移 口腔癌发生颈部淋巴结转移与下列因素有关。

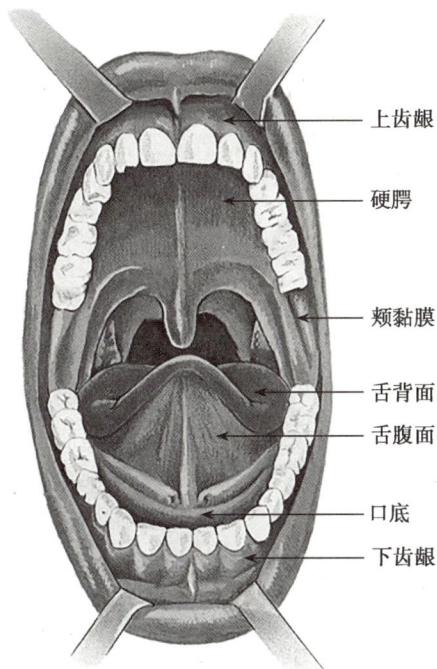

图 11-12　口腔张口位示意图

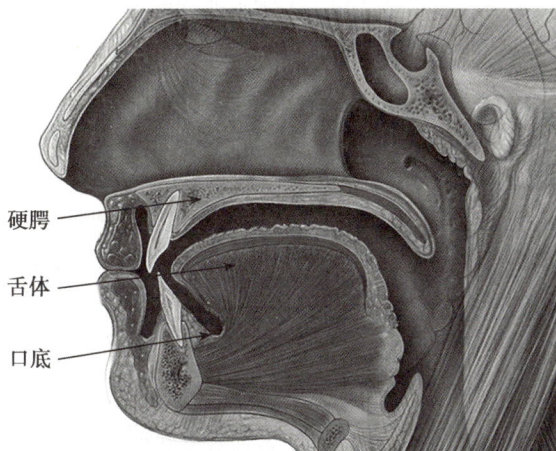

图 11-13　口腔矢状面示意图

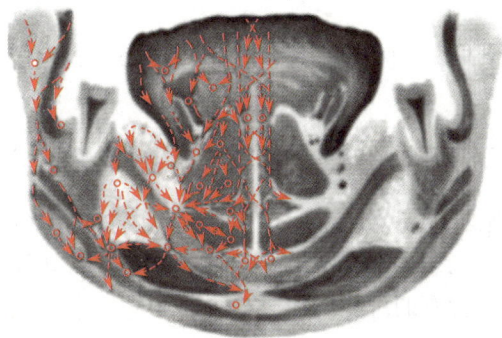

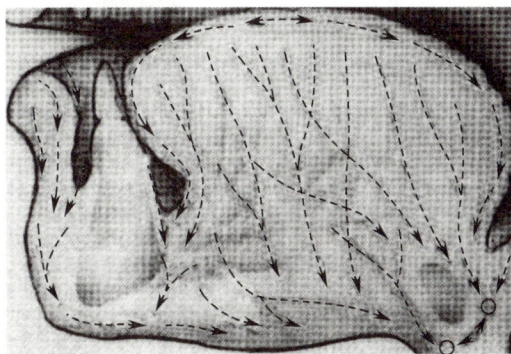

图 11-14　口腔不同部位淋巴引流示意图
（本图由副主编罗京伟制作并授权，仅限本书使用）

（1）部位：口腔癌的颈部淋巴结转移与原发肿瘤部位有关。颈部淋巴结转移率发生率由高到低依次为舌、口底、下牙龈、颊黏膜、上牙龈、硬腭。

（2）肿瘤的浸润深度（depth of tumor，DOI）：DOI 是目前口腔癌尤其是舌癌淋巴结转移最为重要的预测指标。DOI<5mm 时，颈部淋巴结转移概率<8%，5~10mm 时，淋巴结转移概率上升为>25.7%；≥10mm 时，则高达 41.2%。

（3）原发灶大小：随原发肿瘤大小的增加，颈部淋巴结转移的概率相应增加，但其对颈部淋巴结转移的预测价值不如原发肿瘤的浸润深度重要。

（4）肿瘤形态:浸润性生长的肿瘤较外生性生长的肿瘤更容易发生颈部淋巴结转移,基底浸润范围越宽,其颈部的淋巴结转移率越高。

（5）隐匿性颈部淋巴结转移:临床检查包括查体、CT/MRI,甚至 PET/CT 检查均未发现淋巴结转移,但经颈部清扫术后病理检查证实有淋巴结转移者定义为隐匿性颈部淋巴结转移。口腔肿瘤尤其是舌癌的颈部隐匿性淋巴结转移是一个突出的问题,其发生率的高低与以上几个因素,尤其是原发肿瘤的浸润深度密切相关。

（二）临床表现

口腔张口可见且容易触摸,因此理论上讲,口腔肿瘤容易早期发现、早期诊断。但因为患者或医师未引起足够重视,确诊时多数为中晚期病变,导致治愈率下降。

口腔癌多数发生于口腔黏膜表面,仔细观察和手指触摸至关重要。病变可表现为局部隆起或溃疡,触诊时早期黏膜表现为几乎无症状的浅表结节,或较表浅的溃疡,或仅局部黏膜粗糙感,但其与周围正常黏膜的柔软感明显不同,因此出现以上情况时应活检以排除口腔癌的可能。

晚期病变常因肿瘤浸润深部结构而出现相应的临床表现,如局部疼痛明显、伸舌困难、张口困难、吞咽困难等。

还有不少患者是因为颈部肿物就医而确诊为口腔癌。

（三）病理类型

口腔恶性肿瘤90%以上为鳞癌,也称之为表皮样癌,根据肿瘤细胞的分化程度分为高、中、低分化鳞癌。其他少见病理类型有恶性黑色素瘤、腺癌、恶性淋巴瘤和肉瘤等。

（四）临床诊断

对于超过2周仍不愈合的口腔溃疡,或存在多年的黏膜白斑、红斑出现增大、突出,或任何口腔部位出现的肿物,如怀疑肿瘤,均应病理证实。

对于已经证实的颈部转移性鳞癌,尤其是位于上、中颈时,如果同时有颌下淋巴结转移,此时应重点检查口腔的各个部位,以除外口腔癌的可能。

因为口腔病变张口可见,因此病理活检相对比较容易。活检病理检查是诊断口腔癌的金标准。对于有烟酒嗜好者,因发生第二原发肿瘤尤其是下咽癌和食管癌的风险较高,建议增加纤维鼻咽喉镜检查和胃镜检查以除外下咽和食管癌的可能。

（五）临床分期

临床采用 2017 年第 8 版 UICC/AJCC 国际分期标准。

T（原发肿瘤）分期

T_x:原发肿瘤不能评估。

T_{is}:原位癌。

T_1:肿瘤的最大直径≤2cm,DOI≤5mm。

T_2:肿瘤的最大直径≤2cm,5mm<DOI≤10mm;或肿瘤的最大直径>2cm,但≤4cm 且 DOI≤10mm。

T_3:肿瘤的最大直径>4cm,或任何肿瘤 DOI>10mm。

T_4:中晚期局部病变,或非常晚期局部病变。

T_{4a}:中晚期局部病变:肿瘤的最大直径>4cm 且 DOI>10mm,或肿瘤单独侵犯邻近结构

（如下颌骨和上颌骨的骨皮质受侵，或上颌窦受侵，或面部皮肤受侵）。

T_{4b}：非常晚期局部病变：肿瘤侵犯咬肌间隙、翼板或颅底，和/或包绕颈内动脉。

注：齿龈癌侵犯牙槽窝（tooth socket）或骨皮质的浅表受侵不能归入 T_4 病变；DOI 是肿瘤浸润深度，而非肿瘤厚度。

N、M 分期同其他头颈部鳞癌，具体参见本章第一节相关内容。

分期组合

0 期：$T_{is}N_0M_0$

Ⅰ期：$T_1N_0M_0$

Ⅱ期：$T_2N_0M_0$

Ⅲ期：$T_3N_0M_0$；$T_1N_1M_0$；$T_2N_1M_0$；$T_3N_1M_0$

ⅣA 期：$T_{4a}N_0M_0$；$T_{4a}N_1M_0$；$T_1N_2M_0$；$T_2N_2M_0$；$T_3N_2M_0$；$T_{4a}N_2M_0$

ⅣB 期：T_{4b} 任何 N M_0；任何 T N_3M_0

ⅣC 期：任何 T 任何 N M_1

（六）治疗原则

口腔肿瘤的治疗以手术治疗为主，切缘应保证≥1cm。切除后如癌瘤外正常组织不足 5mm 则视为安全界不够。

早期病变单纯手术即可，如拒绝手术或因内科并发症不能耐受手术，可行外照射和近距离插植放疗技术，可获得和手术一样的治愈效果。中晚期病变以"手术+放疗"的综合治疗为主，可术前或术后放疗，目前多为术后放疗。如果病变进展快且病理分化程度较差的晚期患者，也可考虑诱导化疗 2~3 周期，控制和缩小肿瘤后再行手术治疗或放射治疗。

术后放疗指征：

1. 原发肿瘤属于 $pT_{3\text{-}4}$、淋巴结属于 $pN_{2\text{-}3}$。

2. 术后分期属于 $pT_2N_{0\text{-}1}$ 病变，但有高危因素者，如切缘阳性或安全界不够，单个淋巴结转移属 N_1 但有淋巴结包膜外受侵者。

3. Ⅳ区或Ⅴ区淋巴结转移。

4. 神经侵犯、血管淋巴管侵犯或脉管瘤栓者。

凡有以上任何一项，均应术后放疗，开始时间最迟不超过手术后 6 周。如切缘阳性或淋巴结包膜受侵，则主张同步放化疗。

（七）预后

口腔癌 5 年总生存率 50% 左右，早期病变的 5 年生存率超过 80%，而局部区域晚期病变的疗效明显变差，5 年总生存率 30% 左右。

治疗失败的主要原因为局部复发和颈部淋巴结转移。

影响预后的因素包括：

1. T/N 分期的早晚显著影响预后。

2. 原发肿瘤的浸润深度显著影响预后。

3. 淋巴结包膜受侵的预后较无包膜受侵者下降约 1/2。

4. 有神经、血管受侵者预后差。

5. 合并第二原发肿瘤者预后相应变差。

6. 不同部位的口腔癌预后也不尽相同　所有口腔癌中,舌癌预后最好,而硬腭癌、口底癌、磨牙后区癌预后较差。

二、舌癌

舌癌临床上又称为舌体癌或舌活动部癌,以区别于属于口咽的舌根癌。

舌癌在所有口腔癌中最为常见,约占口腔癌的 1/3~1/2,其发病率约为舌根部的 3 倍。80%~90% 好发于舌活动部的后侧缘,8% 发生于舌背,2% 发生在舌尖。肿瘤常沿着舌肌的走行呈局部浸润性生长。男性发病率稍高于女性,好发年龄为 40~60 岁,其发病与口腔卫生差、烟酒嗜好、黏膜白斑等因素有关。

(一) 解剖与淋巴引流

舌解剖上分为舌尖、舌侧缘、舌腹面和舌背面,借轮廓乳头与舌根分界。

舌体占舌的前 2/3 区域,为界沟之前可活动的部分,舌根占舌的后 1/3 区域,以舌肌固定于舌骨和下颌骨等处。舌肌为骨骼肌,分舌内肌和舌外肌。血供主要来自舌动脉(终末支:舌下动脉和舌深动脉)。舌体的淋巴引流最常见的是颌下淋巴结和上颈深淋巴结,一般引流至同侧颈部,但舌尖引流至双侧淋巴结,包括颌下、颏下和上颈深淋巴结。

舌癌确诊时 30%~50% 有颈部淋巴结转移,其中 10% 的病例可发生跳跃性淋巴结转移,即不经过上颈部或上中颈部而直接发生下颈部淋巴结转移。

(二) 病理类型

鳞癌最为常见,多属于中高分化鳞癌。

也有小涎腺来源的病理类型,如腺样囊性癌。

(三) 临床表现

早期可表现为长期不愈合的浅溃疡,或结节状肿物,病变部位的局部疼痛是最常见的症状;中晚期表现为菜花样肿物或溃疡性肿物,患者疼痛明显,部分可放射至同侧耳部。当病变局限于游离舌时,无伸舌受限;一旦出现舌活动受限,多表明肿瘤已侵犯舌外肌。晚期舌癌还可累及口底、下颌骨、舌根、口咽侧壁等。

舌癌早期即可出现颈部淋巴结的转移,多表现为同侧颌下或上颈部的淋巴结肿大,一旦病变累及中线,则对侧颈部也可发生淋巴结转移。

(四) 治疗原则

由于外科技术的进步以及各种皮瓣移植技术的广泛应用,目前舌癌首选的治疗手段为外科手术切除,原发肿瘤要求切除安全距离超过 1cm。因舌癌颈部淋巴结转移发生率高,原则上舌癌的手术治疗在切除原发灶的同时需要行同侧颈部淋巴清扫术,对于病变已侵犯或越过中线的患者,还应行对侧的颈部淋巴结清扫手术。

是否需要术后放疗应根据术中具体所见、术后病理检查、术后病理分期来判定。术后放疗指征参见本章第一节相关内容。

(五) 放射治疗

放射治疗主要为术后放疗,以外照射技术为主。

对于拒绝手术或不能耐受手术的患者也可采用根治性放疗,此时在外照射技术的同时应加用近距离插植技术,既可保证肿瘤得到高剂量照射,又能避免周围正常组织受到过高剂量的照射。对于早期舌癌病变，这种内外照射技术结合的效果并不亚于根治性手术。

1. 常规体外照射技术 常采用"面颈联合野+中下颈部切线野"。面颈联合野包括全舌、口底、舌体上 1~2cm 区域以及容易发生转移的Ⅰb 和Ⅱ区，要求张口压舌（图 11-15）。上界：肿瘤上缘上 1~2cm；下界：舌骨下缘水平或喉切迹水平，或根据转移淋巴结的具体大小适当下移；前界：肿瘤前缘前 2cm，一般置于包括颏尖前缘为准（包全舌尖、口底及Ⅰ区）；后界：N_0 者，椎体后缘连线；N_+ 者，以棘突后缘连线或充分包括淋巴结为主。

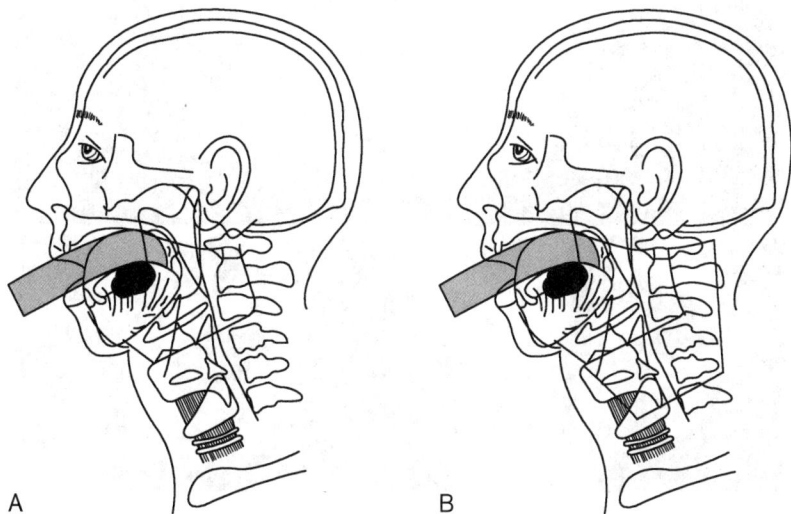

图 11-15 舌癌面颈联合野示意图
A. N_0 患者的面颈野；B. N_+ 患者的面颈野。
（本图由副主编罗京伟制作并授权，仅限本书使用）

颈部锁骨上切线野：不论有无颈部淋巴结转移，所有患者均常规颈部、锁骨上预防或治疗性放疗。

2. 组织间插植近距离放疗技术 常用的放射源有 ^{125}I 和 ^{192}Ir。以配合体外照射技术为主，先给予外照射 D_T:50Gy/5 周，再给予组织间插植:20~30Gy/1~2 次/1~2 周。

3. 调强放射治疗技术 为目前主流的照射技术。靶区设计包括原发肿瘤及颈部的处理（图 11-16）。GTVtb：因舌癌多为术后放疗，因此原发肿瘤靶区实际为瘤床，需根据术前肿瘤侵犯区域以及外科手术切除范围综合考虑，除了将移植皮瓣游离缘避开外，需将手术切缘完整包括在 GTVtb。CTV：是指包括原发肿瘤、周围的亚临床病灶、转移的淋巴结，以及所有需要预防性照射的区域。根据危险度的不同，可分为高危临床靶区（CTV1）、低危临床靶区（CTV2）。CTV1：包括术后瘤床、周围的亚临床病灶及高危颈部淋巴引流区，相当于常规照射技术面颈野所包括的范围。具体包括范围在瘤床基础上外放 1~2cm 并根据解剖屏障适当取舍，同时包括容易转移的高危淋巴引流区域。CTV2：包括需要预防性照射的低危淋巴引流区域，相当于常规照射技术的下颈锁骨上区域所包括的范围。临床上需注意，因舌癌淋巴结转移具有跳跃性转移的特点，因此即便 N_0 病例，病变侧Ⅰb 和

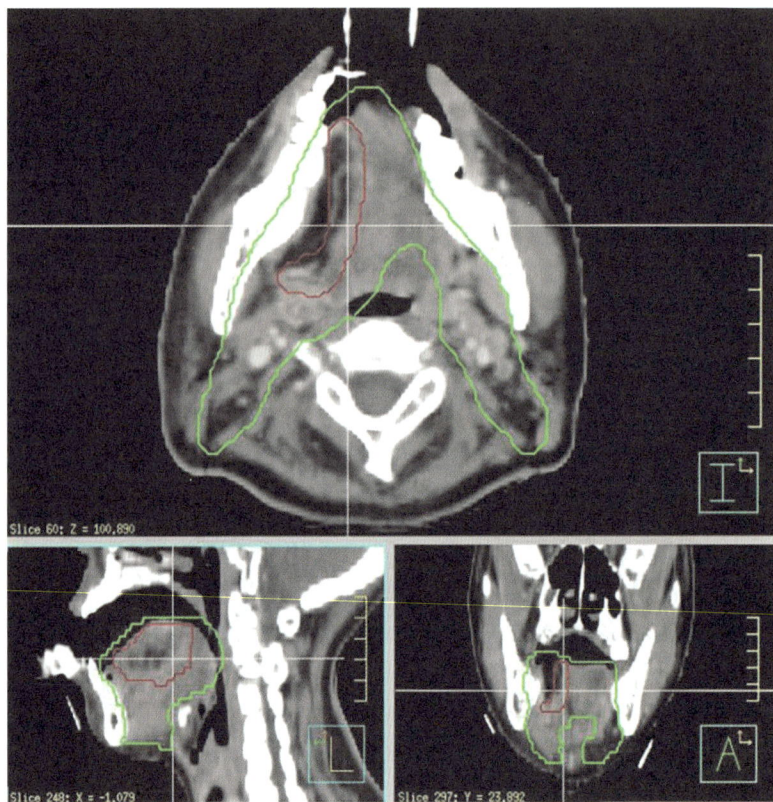

图 11-16　T_2N_0 舌癌病例因后切缘安全界不能保证而实施的术后放疗调强靶区设计

红线范围为 GTVtb，包括游离皮瓣与正常组织衔接处；绿线范围为 CTV1，包括 GTVtb、几乎全舌、双侧颈部Ⅰb区和Ⅱ区，CTV2 图中未显示，包括右侧颈部Ⅲ、Ⅳ区和对侧颈部Ⅲ区。

（本图由副主编罗京伟制作并授权，仅限本书使用）

Ⅱ、Ⅲ、Ⅳ区均应该照射，而对侧颈部可仅照射Ⅱ、Ⅲ区。放疗剂量同头颈部鳞癌。

三、口底癌

口底癌在所有口腔癌中居第二位。口底癌的发病与吸烟、酗酒和口腔卫生有关，与舌活动部癌相似。发病年龄多大于 50 岁，男性发病率是女性的 2 倍。

（一）解剖与淋巴引流

口底是位于下颌骨间一个 "U" 形区域，其表面黏膜向上与舌腹黏膜相延续、两侧与舌侧齿龈自然过渡，后界与舌根毗邻。

口底癌好发于中线附近、口底的前部、颌下腺开口的周围。

口底癌多表现为浸润性生长，容易侵犯周围结构，特别容易向上侵犯舌腹面，进而向深面侵犯舌体，有时甚至难以与舌癌相鉴别；向口底深部生长浸润时可侵犯口底肌肉、舌下间隙及其内舌动、静脉；侧方浸润则侵犯下颌骨；后方生长则可累及口咽舌根部。

口底癌表现为原发肿瘤浸润生长的特性,还容易发生颈部淋巴结转移:约 40% 初诊的患者伴有淋巴结转移,20% 为双侧淋巴结转移。其常见淋巴结转移部位为颏下、颌下淋巴结和上颈深淋巴结。

(二)病理类型

口底癌的病理类型以中-高分化鳞癌为主。因为口底小涎腺的存在,因此少数情况下会发生腺癌如黏液表皮样癌、腺样囊性癌等。

(三)临床表现

口底癌的临床表现为口底区域外生性肿物或经久不愈的溃疡,触诊质硬、周围边界不清,触痛明显。容易侵犯舌腹面及下颌骨,舌深部肌肉受侵明显时表现为伸舌困难、构音不清。

(四)治疗原则

治疗原则以手术治疗为主,因下颌骨不能耐受高量放疗,因此与齿龈癌相同,口底癌很少采用根治性放疗,临床上以术后放疗为主。

(五)放射治疗

1. 常规外照射　照射技术基本同舌癌,常规张口、口含物压舌(图 11-17)。上界:肿瘤上缘上 2cm;下界:舌骨下缘水平,或喉切迹水平,或根据转移淋巴结的部位而定;前界:包括下颌骨颏部前方骨皮质及颏下淋巴结;后界:横突后缘连线或以充分包括转移的颈深淋巴结为原则。$T_{3\sim4}$ 或 N_+ 的晚期病例,应行下颈和锁骨上淋巴结的预防照射。

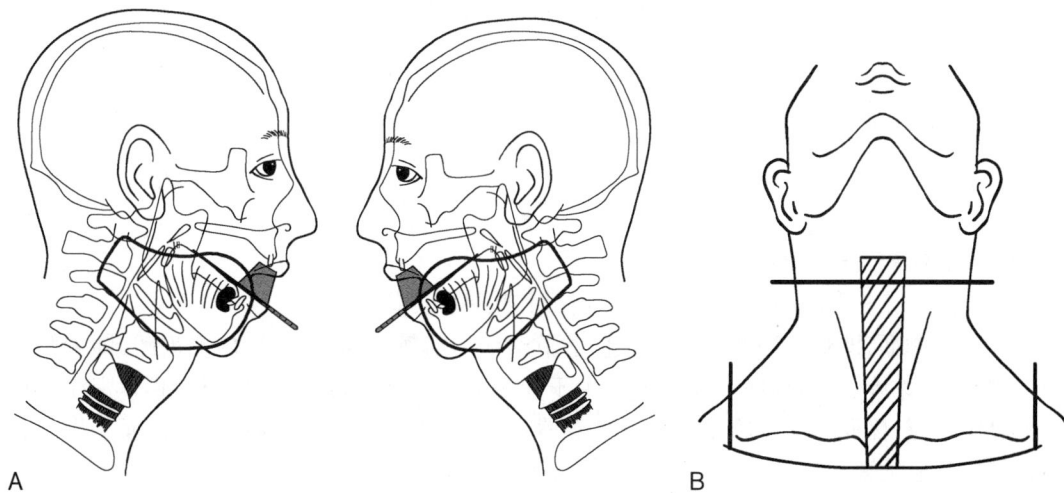

图 11-17　口底癌的常规照射野
A.原发肿瘤和上颈部区域采用两侧野对穿照射技术;B.下颈锁骨上采用切线垂直野照射技术。

2. 调强放射治疗　图 11-18 为 1 例局部晚期双侧颈部淋巴结转移的口底癌,术后放疗的调强放疗靶区勾画。GTVtb:根据术前检查显示肿瘤大小、手术切缘确定 GTVtb(红线范围)。CTV1:包括瘤床、口底、全舌、舌根、双侧Ⅰ、Ⅱ、Ⅲ区(黄线范围、粉红线范围为术前淋巴结转移部位)。CTV2:包括下颈锁骨上区域(Ⅳ区),行预防性照射(褐线范围)。

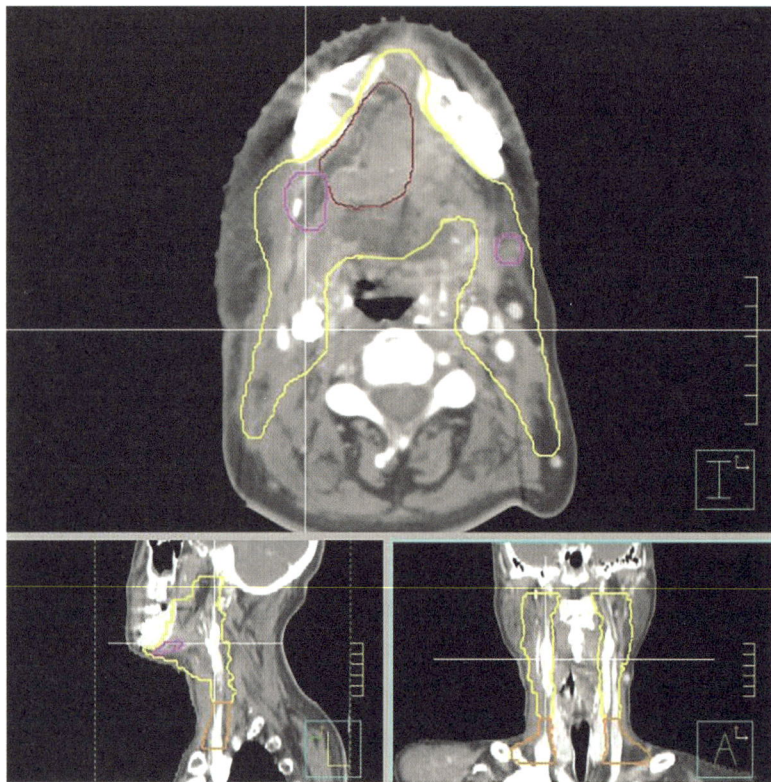

图 11-18　口底癌的调强放射治疗靶区设计

四、齿龈癌

在所有口腔癌中发病率居第三位。好发于 50 岁以上，男性多见。下齿龈癌较上齿龈好发。

（一）解剖与淋巴引流

齿龈是口腔黏膜的一部分，分为舌侧齿龈和颊黏膜侧齿龈。

齿龈外侧面，即颊黏膜侧齿龈，通过上、下龈颊沟与颊黏膜相连接；内侧齿龈，即舌侧齿龈，上与硬腭黏膜、下与口底黏膜相连。由于牙龈紧贴于牙槽骨上，直接与骨膜紧密相连且缺少黏膜下层，因此齿龈癌容易侵犯其邻近骨结构：下齿龈癌容易侵犯下颌骨，而上齿龈癌则容易累及上颌骨。

齿龈癌容易发生淋巴结转移的部位为颌下淋巴结和颈上深淋巴结，且多发生于病变侧，一般不累及对侧颈部，但如果病变侵及口底、软腭、舌体等容易发生双侧淋巴结转移的部位时，对侧淋巴结转移的概率明显增加。

（二）病理类型

绝大多数病理类型为中高分化的鳞癌，其他有恶性黑色素瘤等。

（三）临床表现

齿龈癌以下齿龈癌多见，约占 80%。大多数患者伴有"牙病史""牙周出血史"，可表现为牙龈肿物或溃疡,触诊与周围正常黏膜明显不同。

(四) 治疗原则

手术为首选的治疗手段。

因齿龈癌容易侵犯邻近骨结构,根治性放射治疗容易出现颌骨坏死,因此齿龈癌很少采用单一的放射治疗,多为术后放疗。

(五) 放射治疗

1. 常规外照射　因齿龈癌多发生于一侧,因此放射治疗技术多采用病变侧两野交角楔形照射技术,以更好地保护对侧正常组织(图 11-19)。下齿龈癌照射野应包括同侧全下颌骨及病变侧颈部。上齿龈癌在充分包括肿瘤情况的同时包括上颌窦。同侧颈部预防性或治疗性放疗。

2. 调强放射治疗　图 11-20 为 1 例右下齿龈癌,侵犯下颌骨,因此分期为 T_4,同时颌下

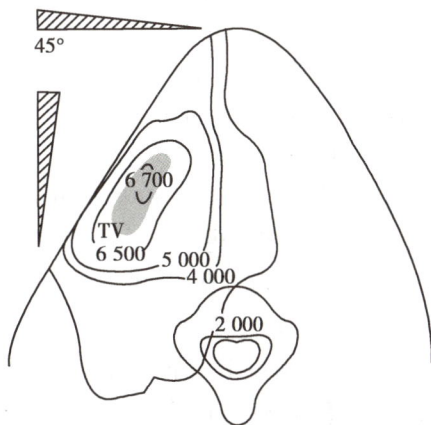

图 11-19　齿龈癌单侧两野交角楔形照射技术
(本图由副主编罗京伟制作并授权,仅限本书使用)

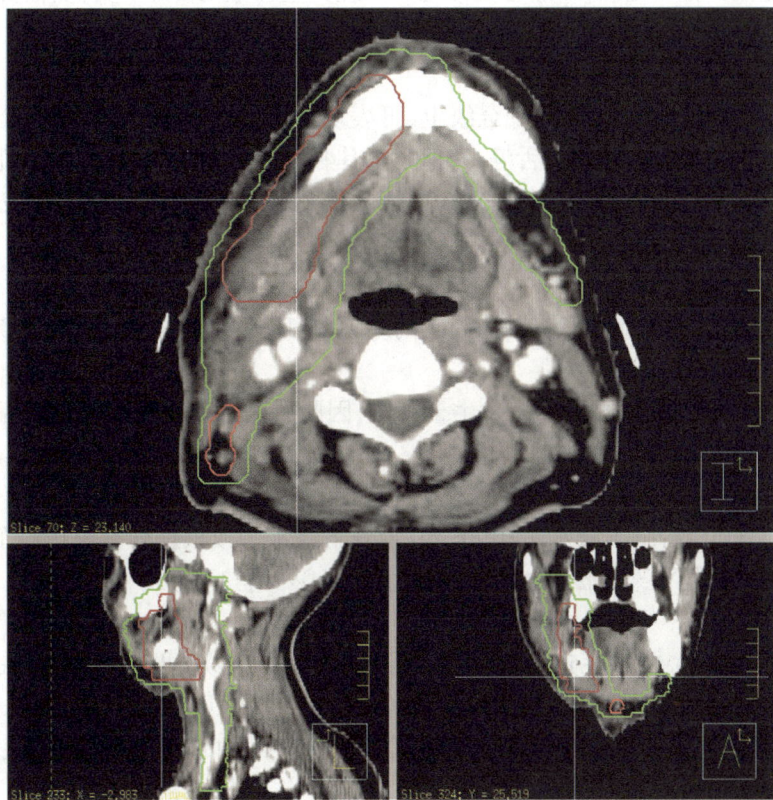

图 11-20　右下齿龈癌术后调强放疗的靶区勾画

和上颈深有肿大淋巴结,术后病理证实为淋巴结转移。手术切除右下颌骨并行腓骨移植术。术后放疗采用调强放疗技术。GTVtb:根据术前检查显示肿瘤大小、手术切缘确定 GTVtb(红线范围)。CTV:包括瘤床、右侧下颌骨体部位及断端 5mm、毗邻口底口腔黏膜 5~10mm 范围,以及双侧 I 区、病变侧 II、III 区颈部(黄线范围、粉红线范围为术前淋巴结转移部位)。

五、颊黏膜癌

发病与咀嚼槟榔、部分黏膜白斑、红斑癌变直接相关,其他发病因素与口腔癌相似。好发年龄为 50~70 岁,男性多于女性。颊黏膜鳞癌的发病率较低,其发病率继唇、舌活动部癌,口底癌和下齿龈癌之后,居口腔癌的第 5 位,仅占口腔癌的 5%,小于 40 岁的患者少见。

(一)解剖与淋巴引流

颊黏膜构成口腔侧壁,由上、下龈颊沟的黏膜,颊部黏膜面和上、下唇黏膜面组成,与磨牙后三角及软腭自然过渡。

淋巴主要引流至颌下、二腹肌和颈上深淋巴结。颊黏膜癌以局部侵犯为主,可直接侵犯龈颊沟、磨牙后区、软腭、硬腭等。淋巴结转移率较低,以颌下淋巴结转移常见,其次是上颈和腮腺淋巴结转移。就诊时淋巴结转移率为 10%~30%。但侵及肌肉、骨和皮肤的晚期病变,则淋巴结转移明显增加,可达 50%。

(二)病理类型

颊黏膜癌同其他口腔癌,鳞癌是最常见的病理类型且分化较好。其他有恶性黑色素瘤、腺癌、肉瘤等。

(三)临床表现

好发部位为颊黏膜中后部的咬合线上,可表现为外生性肿物、溃疡或疣状生长三种类型。浸润性生长趋势较口底癌和舌癌小,但由于其黏膜紧贴于肌肉表面,因此肌肉受侵较常见。早期无症状,晚期病变肿瘤可破坏整个颊部、侵及邻近骨和颈部,并常伴有感染,可出现疼痛、溃疡、出血、感染和张口困难或淋巴结转移等。

(四)治疗原则

首选手术切除,手术应注意将肿瘤周围的黏膜白斑一并切除。放射治疗多为术后放疗。

(五)放射治疗

1. 常规外照射 因颊黏膜癌多发生于一侧,因此放射治疗技术以病变侧两野交角照射技术为主(前野加患侧野,图 11-21)。

(1)前野

前野包括①上界:眶下缘水平;②下界:舌骨下缘水平或根据转移淋巴结的部位而定;③内侧界:体中线,但机架需转 5°~10° 以避开脊髓;④外侧界:开放。

(2)侧野

侧野包括①上界:沿颅底走行;②下界:舌骨下缘水平;③前界:上颌窦前缘、口角、颏尖连线;④后界:棘突后缘连线或以充分包括转移的淋巴结为原则。

无论病期早晚,病变侧上颈部淋巴引流区必须在照射野内(包括 Ia、Ib、II);同侧下颈部锁骨上另设计一切线垂直野行预防照射。

2. 调强放射治疗 图 11-22 为 1 例左侧颊黏膜高分化鳞癌,肿瘤局部切除+同侧颈部选

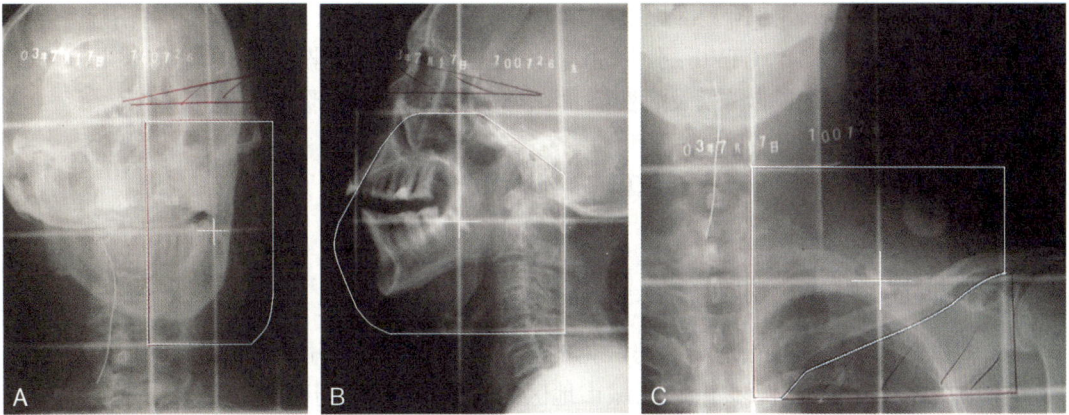

图 11-21 颊黏膜癌的常规照射技术

A. 前野(机架转 10°角);B. 左侧水平野;C. 下颈锁骨上照射野。

注:右侧颊黏膜癌的两楔形野交角照射+右侧下颈锁骨预防性照射(楔形板度数为 30°,由 TPS 确定)

(本图由副主编罗京伟制作并授权,仅限本书使用)

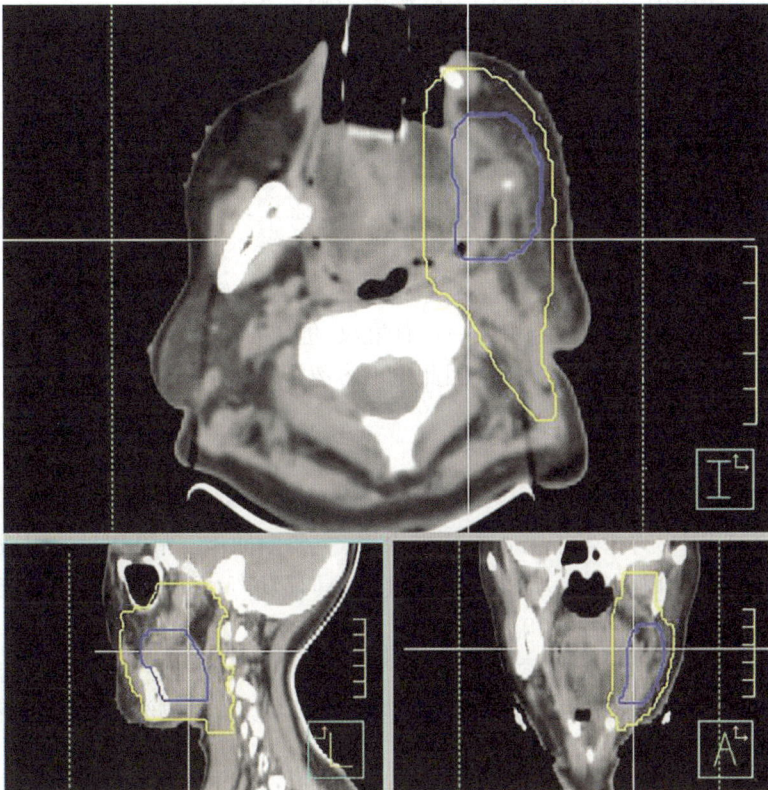

图 11-22 左侧颊黏膜高分化鳞癌术后调强放疗的靶区勾画

(本图由副主编罗京伟制作并授权,仅限本书使用)

择性颈清扫术,术后分期 T_2N_0。因原发肿瘤手术安全界不能保证,术后给予放射治疗。术后放疗采用调强放疗技术。GTVtb:手术周围切缘包括在 GTVtb(蓝线范围)。CTV:以 GTVtb 为准,包括其周围 1~2cm 的黏膜及病变侧Ⅰ区、病变侧Ⅱ、Ⅲ区颈部(黄线范围)。

第四节　喉　癌

一、概述

喉癌(laryngeal cancer)是头颈部常见的恶性肿瘤之一,发病率仅次于鼻咽癌。好发年龄多集中在 50~70 岁,男性多于女性,城市地区的发病率明显高于农村地区。

发病部位上,声门型喉癌最为常见,约占全部喉癌的 60%,其次为声门上喉癌,而声门下喉癌临床少见。

病因尚不完全清楚,主要与以下因素有关。

1. 烟酒嗜好　吸烟与喉癌的发生直接相关,几乎所有的喉癌都是嗜烟者。长期大量吸烟者喉癌发生危险度是不吸烟者的 10~30 倍;饮酒增加喉癌的发病率 2~3 倍,而同时饮酒和吸烟有协同致喉癌作用,尤其是在声门上喉癌中影响更大。

2. 癌前病变　一些癌前病变如喉黏膜不典型增生、喉黏膜白斑、喉乳头瘤、喉角化病等有发生癌变的倾向。

3. 性激素水平　有研究表明喉癌的发生可能与性激素水平有关,喉癌患者体内雄激素水平相对较高,而雌激素水平则降低。

4. 病毒　部分喉癌病灶中可测出 HPV 或 EBV 感染,表明相关病毒在喉癌的发病上也起着一定的作用。

5. 其他　工作环境中长期接触有毒气体、石棉、铜、铝、铬等可诱发癌变。

6. 长期慢性喉炎与喉癌是否相关一直有争议,但胃食管反流引起的继发性咽喉炎者其喉癌的发生率较正常人群增加 1~2 倍,因此也不容忽视。

二、应用解剖和病理

(一) 解剖结构

喉位于颈前正中,约相当于第 4~6 颈椎水平,主要由肌肉、黏膜和骨骼组成的一个管腔样器官,上通口咽,两侧及后方为下咽,下接气管,具有发声、吞咽和呼吸的功能。临床上将喉分为以下 3 个解剖区(图 11-23)。

1. 声门上区　声带以上的喉部,临床上又分为以下几个亚区:①舌骨上会厌,包括会厌尖、会厌舌面和会厌喉面;②杓会厌皱襞(会厌披裂皱襞)、喉侧缘;③杓状软骨部(披裂);④舌骨下会厌;⑤前庭襞(室带)、喉室。

2. 声门区　包括声带、前后联合及声带游离缘下 0.5cm 范围内的区域。

3. 声门下区　声门区以下至环状软骨下缘水平。

(二) 喉的淋巴引流

声门上、下区淋巴引流以声带为界分别引流至不同的淋巴结组。

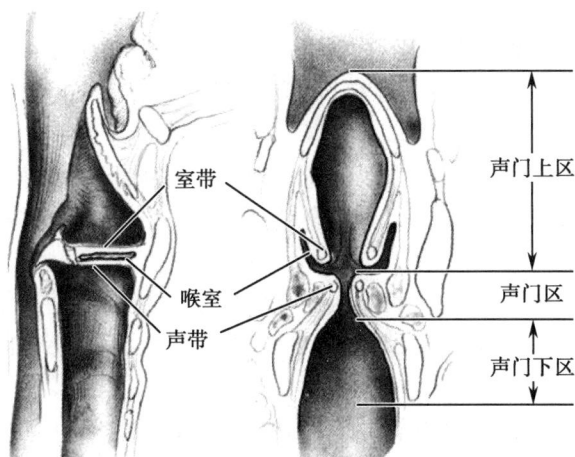

图 11-23 喉的解剖分区
(本图由副主编罗京伟制作并授权,仅限本书使用)

声门上区淋巴管丰富,且双侧相互交叉,该区淋巴引流经会厌前间隙和甲状舌骨膜后进入颈内静脉淋巴结上组和中组,故该区喉癌常转移至颈深淋巴结的上、中组(Ⅱ区及Ⅲ区)。声门上喉癌较常发生淋巴结转移,确诊时有 55% 的患者发现淋巴结阳性,其中 16% 为双侧淋巴结转移。

声门下区毛细淋巴管相对较少,淋巴管穿过甲状舌骨膜后引流至甲状腺峡部附近的气管前淋巴结,或直接引流至颈内静脉链中、下组,同时也可向后通过环状气管膜引流至气管旁淋巴结,故该区喉癌常转移至颈中深、颈下深淋巴结(Ⅲ区及Ⅳ区),以及气管食管周围淋巴结(Ⅵ区)。最后可转移至锁骨上和上纵隔淋巴结。

真声带基本无毛细淋巴管,早期声带癌很少发生淋巴结转移。晚期侵犯前联合或声门上、下区后,淋巴结转移率增加,达 15%~30%。

(三)病理

喉癌最常见的病理类型为鳞癌,占 90% 以上,且肿瘤分化程度较高,其中声门型喉癌分化程度最好,声门上喉癌分化程度较差,声门下喉癌介于两者之间。其他少见病理类型有神经内分泌癌、腺癌(包括黏液表皮样癌、腺样囊性癌等)、腺鳞癌、恶性黑色素瘤、软组织肉瘤、淋巴瘤等。

三、临床表现和诊断

(一)症状

主要表现为不明原因的声音嘶哑,咽喉部异物感、疼痛,咳嗽及痰血,病情进展出现喘鸣、呼吸困难、吞咽困难、颈部肿块等。

因声带出现任何异常,均可早期出现声音嘶哑,因此声带癌确诊时多为早期病变,而声门上和声门下喉癌,则因早期症状不典型,一旦出现声音嘶哑,多为局部晚期病变,还有约1/3 病例首先表现为颈部淋巴结转移而最终确诊为声门上喉癌或声门下喉癌。

(二)体格检查

注意观察喉外形及颈部有无异常,甲状软骨有无变形;触诊喉体有无肿大、是否有触压痛;检查双侧颈部及气管旁有无淋巴结肿大,及其大小、数目、质地、活动度、有无压痛等;左右推动甲状软骨,了解喉摩擦音是否存在(若消失说明肿瘤向喉外发展,为局部晚期表现)。

(三) 影像学检查

1. 颈部 CT/MRI　CT 可很好地显示病变侵犯的范围、淋巴结受累情况,帮助确定分期及评估预后。MRI 的优势在于可更好地区分软组织及软骨结构,能更清楚地显示软组织侵犯的范围及有无软骨受侵。

2. 胸部 CT 检查　属于必检项目。因为喉癌的发生与吸烟直接相关,因此喉癌患者常规胸部 CT 薄层扫描以除外第二原发肺癌的可能,必要时甚至可用纤维支气管镜检查。

3. 颈部、腹部 B 超检查。

4. PET/CT　该检查是根据肿瘤细胞对葡萄糖摄取代谢的功能性亲和力来判断肿瘤侵犯的范围、淋巴结转移及远处转移,对于Ⅲ~Ⅳ期的患者可考虑做该项检查。

(四) 喉镜检查

喉镜检查包括间接喉镜、直接喉镜或电子纤维喉镜,目前以电子纤维镜检查为主。

镜检时注意观察肿物的位置、大小、侵犯范围,以及声带的活动度。如声带活动受限或固定,表明肿瘤发生深部浸润,为局部晚期的表现。

对有长期饮酒者,建议补充胃镜检查并结合碘染色,以排除发生第二原发食管癌的可能。

四、临床分期

目前临床分期为 2017 年第 8 版 UICC/AJCC 标准。

T 代表原发病灶:

T_x:原发肿瘤不能评估;

T_0:无原发肿瘤的证据;

T_{is}:原位癌。

1. 声门上喉癌

T_1:肿瘤局限于声门上一个亚区,声带活动正常。

T_2:肿瘤累及声门上区一个以上邻近结构的黏膜,或声带受侵,或病变超出声门上区(如舌根黏膜、会厌谷、梨状窝内侧壁的受侵),不伴有喉的固定。

T_3:肿瘤局限于喉内,声带固定和/或侵犯以下任何一个结构:环后区、会厌前间隙、声门旁间隙和/或甲状软骨内侧骨皮质。

T_4:中晚期或非常晚期局部病变。

T_{4a}:中晚期局部病变,肿瘤侵犯甲状软骨外侧骨皮质,和/或喉外受侵(如气管、颈部软组织包括舌外肌、带状肌、甲状腺或食管)。

T_{4b}:非常晚期局部病变,肿瘤侵犯椎前间隙,包绕颈动脉或侵犯纵隔结构。

注:声门上区的亚区包括舌骨上会厌、舌骨下会厌、杓会厌皱襞(会厌披裂皱襞)、前庭襞(室带)、杓状软骨部(披裂)。

2. 声门型喉癌

T_1:肿瘤局限于声带,可累及前、后联合,声带活动正常。

T_{1a}:肿瘤局限于一侧声带。

T_{1b}:肿瘤侵犯两侧声带。

T_2:肿瘤累及声门上区,和/或声门下区,和/或声带活动受限。

T_3:肿瘤局限于喉内,声带固定,和/或侵犯声门旁间隙,和/或甲状软骨内侧骨皮质的受侵。

T_4:中晚期或非常晚期局部病变。

T_{4a}:肿瘤侵犯甲状软骨外侧骨皮质,和/或喉外受侵(如气管、环状软骨、颈部软组织包括舌外肌、带状肌、甲状腺或食管)。

T_{4b}:非常晚期局部病变,肿瘤侵犯椎前间隙,包绕颈动脉或侵犯纵隔结构。

3. 声门下喉癌

T_1:肿瘤局限于声门下区。

T_2:肿瘤累及声带,声带活动正常或受限。

T_3:肿瘤局限于喉内,声带固定,和/或侵犯声门旁间隙,和/或甲状软骨内侧骨皮质的受侵。

T_4:中晚期或非常晚期局部病变。

T_{4a}:中晚期局部病变,肿瘤侵犯环状软骨或甲状软骨,和/或喉外受侵(如气管、颈部软组织包括舌外肌、带状肌、甲状腺或食管)。

T_{4b}:非常晚期局部病变,肿瘤侵犯椎前间隙,包绕颈动脉或侵犯纵隔结构。

N、M 分期及分期组合:同其他头颈部鳞癌,具体参见本章第一节相关内容。

五、治疗原则

喉癌确诊后主要采取手术和放射治疗。

选择手术还是放疗取决于多种因素,包括患者的意愿、肿瘤因素及专科优势等。

早期喉癌(Ⅰ、Ⅱ期)无论选择何种治疗手段,手术治疗和根治性放射治疗总的 5 年生存率相似,但喉癌手术治疗,尤其是早期声门型喉癌目前多采用微创内镜下手术治疗,治疗周期短、花费少、并发症少;而采用根治性放疗则治疗周期长、花费大、放射治疗有一定的并发症等,但放射治疗的发音质量要好于手术治疗者。

局部区域晚期(T_3、T_4、N_+),任何一种单纯的治疗手段疗效都不理想,强调放疗和手术的综合治疗。如果手术可以保留喉功能,则首选直接手术切除,然后行术后放疗;如果首选手术需要全喉切除,而患者又无明显喘鸣、周围软骨结构无明显破坏、肿瘤无明显坏死且表现为外凸形生长的患者,可采用术前放疗+手术的综合治疗策略,如 50Gy 复查瘤体消除满意,则可改为根治性放疗,手术留待复发挽救时用;也可采用诱导化疗 2~3 周期来筛选放疗敏感患者。如患者有喘鸣、周围软骨结构破坏、肿瘤坏死等不良因素,则建议直接手术切除,然后行术后放疗,如果切缘阳性或转移淋巴结有包膜外受侵,则术后放疗的同时同步化疗。同步化疗以单药铂类药物为主,诱导化疗方案以 TPF 方案或 TP 方案为主。

六、放射治疗

(一) 放射治疗原则

1. 早期喉癌(Ⅰ、Ⅱ期),是除手术之外的另外一种有效的根治性治疗手段。如患者拒绝手术或有手术禁忌证时,可行根治性放疗。

2. 低分化或未分化癌建议首选放疗。

3. 可手术晚期喉癌行计划性综合治疗,即手术+术后放疗,或术前放疗+手术。

4. 不可手术的晚期喉癌行同步放化疗。

5. 术后放射治疗指征如下:①手术切缘不净、残存或安全界不够;②局部晚期 T_3、T_4 病变;③多个淋巴结转移($\geq N_2$),或淋巴结包膜受侵;④神经周围受侵;⑤血管内瘤栓。

6. 气管造瘘口需包括在照射野内的指征如下:①术前紧急气管切开者;②气管切缘阳性或安全界不够;③病变侵及声门下区;④颈部软组织受侵(包括淋巴结包膜外受侵);⑤手术切口通过造瘘口。

(二) 放射治疗技术

喉癌同其他头颈部鳞癌,放射治疗技术包括常规二维照射技术和三维调强放疗技术,目前以后者为临床放疗主流技术。

1. 常规放射治疗技术　具体照射野的设置,需根据肿瘤的部位、病变范围而作适当的调整。

（1）早期病变

1） T_{1-2} 声门型喉癌:设野以声带为中心,包括全部声带,前、后联合区及颈前缘,采用两侧水平野对穿技术。上界位于舌骨水平或其下缘;下界位于环状软骨下缘水平;前界为开放距颈前缘前 1cm;后界为喉咽后壁的前缘,或颈椎椎体的前缘,或颈椎椎体前、中 1/3 交界处(图 11-24)。

2） T_{1-2} 声门上喉癌:声门上喉癌易出现颈部淋巴结转移,故即便早期 N_0 患者也需考虑颈部淋巴结的预防性照射,照射野需包括全喉的同时,还要包括上中颈深淋巴引流区(Ⅱ+Ⅲ区)。照射野需包括全喉和上中颈深淋巴引流区,采用两侧水平野对穿技术。上界位于第一颈椎水平,如口咽、咽旁受侵,上界位于颅底水平;下界位于环状软骨下缘;前界位于颈前缘前 1cm;后界为颈椎横突(图 11-25)。

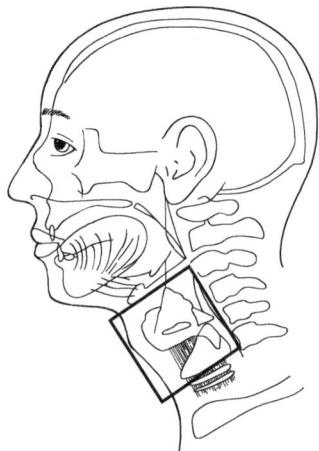

图 11-24　早期声门型喉癌照射野

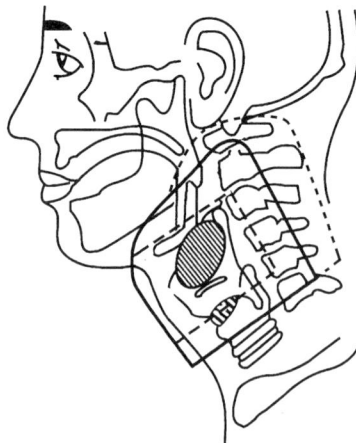

图 11-25　N_0 声门上喉癌照射野
（实线 N_0 照射野,虚线 N_+ 照射野）

（2）晚期病变：声门型喉癌一旦发展至 $T_{3~4}$，则其设野原则和声门上喉癌相似，因此两者的照射技术在此一并述及。即便 N_0 患者，照射野在包括全喉的同时，双侧下颈、锁骨上淋巴引流区还需要预防性照射。照射野的上、下及前界同淋巴结阴性者；对 N_+ 者，照射野后界后移完全包括转移的淋巴结。原发肿瘤和上中颈淋巴引流区采用双侧水平对穿野照射，而下颈锁骨上野采用单前野切线照射技术，其上界与双侧水平野的下界共线，在共线与体中线相交处的下方挡铅 $2cm \times 2cm~3cm \times 3cm$，以避免颈髓处两野剂量重叠而过量，或挡楔形挡块，下界沿锁骨下缘走行，外界位于肩关节内侧（图 11-26）。

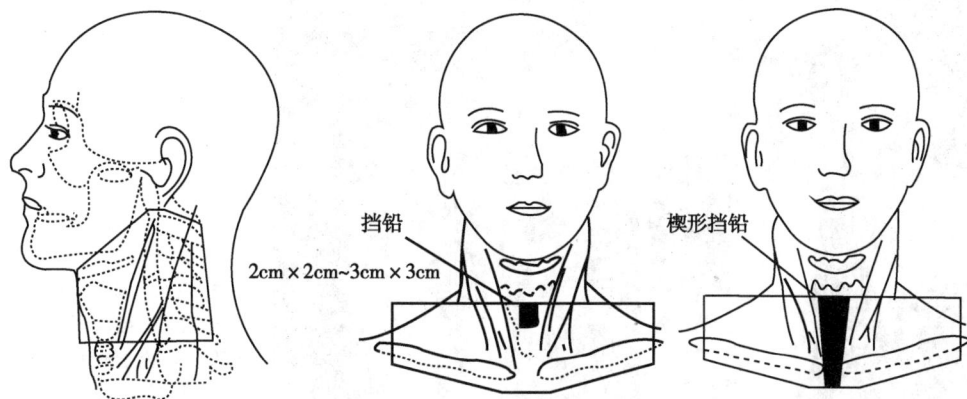

图 11-26 淋巴结转移的声门上喉癌照射野
（本图由副主编罗京伟制作并授权，仅限本书使用）

注意，常规放射治疗技术在实施过程中还需进行多次改野，第一次改野在 $D_T \leqslant 40Gy$ 时，双侧水平野后界前移避开脊髓，而避开部分用合适能量的电子线加量，一方面保证脊髓的安全剂量不超过 40Gy，另一方面又要保证转移淋巴结得到计划性治疗剂量。

2. 调强放射治疗 IMRT 的靶区设计原则遵循头颈部鳞癌的原则。

（1）GTV 为原发肿瘤（GTVp）及转移的淋巴结（GTVnd）。

（2）CTV 的勾画因原发肿瘤部位及病变范围的不同而不同。

1）$T_{1~2}$ 声门型喉癌：只有一个 CTV，包括全喉，照射范围同常规放疗（图 11-27）。$T_{1~2}$ 声门上喉癌需要根据颈部有无转移设计 1 个或 2 个 CTV。如为 N_0 者，只有一个 CTV，在包括全喉的同时，还需包括Ⅱ区和Ⅲ区淋巴引流区。如为 N_+，则阳性一侧的下颈锁骨上可设计为 CTV2。

2）$T_{3~4}$ 声门型喉癌同声门上喉癌 $T_{3~4}$ 靶区设计：CTV1 包括 GTV、全部喉结构、会厌前间隙、舌会厌谷、部分舌根、整个甲状软骨、毗邻的下咽及高危淋巴引流区（Ⅱ~Ⅲ区）；CTV2 为下颈锁骨上预防照射区域（图 11-28）；T_4 病变也可以将整个照射区域设计为 1 个 CTV（图 11-29）。

3）声门下喉癌的靶区需包括原发部位，下颈、锁骨上、气管及上纵隔淋巴引流区。在声门上喉癌勾画的基础上包括双侧Ⅳ、Ⅵ、Ⅶ区淋巴引流区。

（3）将相应的靶区外放 3~5mm 即为 PTV，因吞咽时喉向上、向前活动幅度较大，因此向上、向前方向可外放 5~10mm。如果声带前联合或颈前软组织受侵，PTV 应置于颈前缘，此时应加用 5mm 的等效填充物，避免颈前低剂量而导致放疗失败。分次剂量及总剂量按 PTV

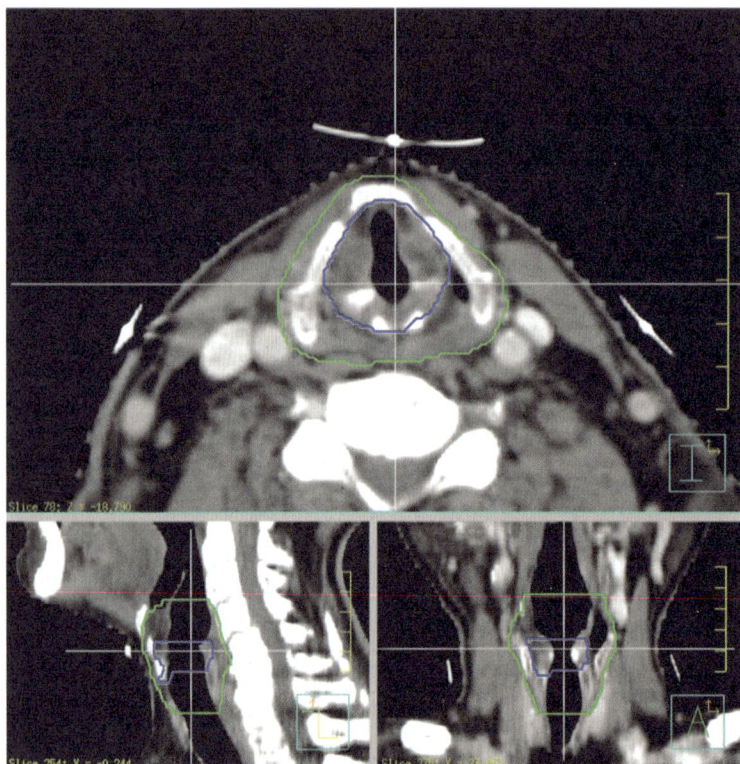

图 11-27 早期声门型喉癌的 IMRT 三维层面显示的靶区（蓝线 GTVp，绿线 CTV）
（本图由副主编罗京伟制作并授权，仅限本书使用）

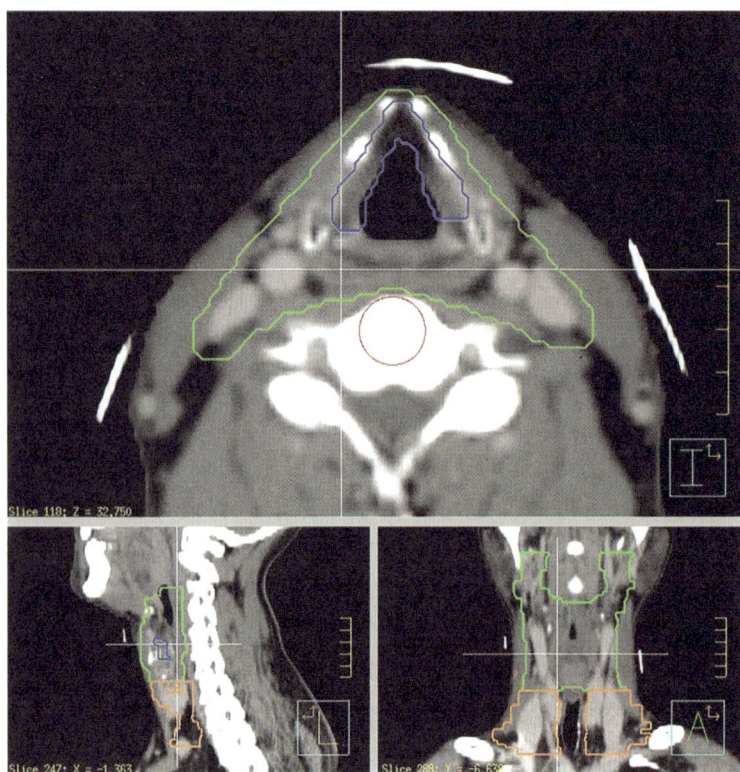

图 11-28 T$_3$ 喉癌的 IMRT 三维层面显示的靶区（蓝线 GTVp，绿线 CTV1，褐色线 CTV2）

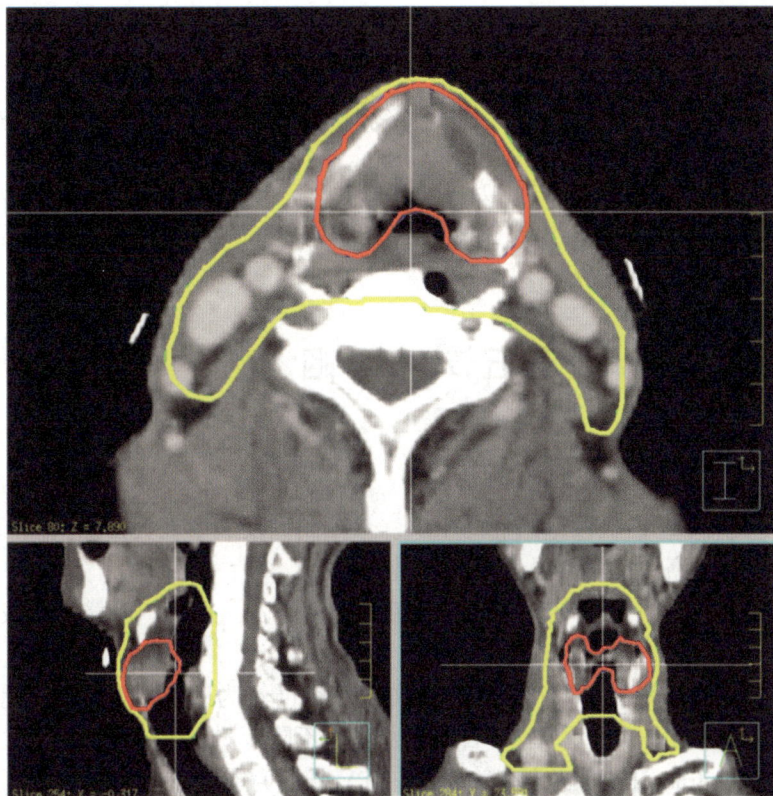

图 11-29　T_4N_0 喉癌调强放疗靶区（红线范围为 GTV，黄褐色线范围为 CTV）
（本图由副主编罗京伟制作并授权，仅限本书使用）

给量，PGTV 分次剂量 2.12Gy，总剂量 70Gy/33 次，PTV1 分次剂量 1.82Gy，总剂量 60Gy/33 次，PTV2 分次剂量 1.8Gy，总剂量 50~54Gy/28~30 次。

七、放疗损伤及处理

喉癌常见的急性放疗损伤有：皮肤反应、黏膜反应、腮腺急性反应、味觉改变；常见的晚期放疗损伤有：面颈部水肿、颌面部蜂窝织炎、口干、放射性龋齿和颌骨坏死、甲状腺功能减退。急性放疗损伤和晚期放疗损伤及处理详见本章第一节。

需要特别指出的是喉癌特有的急性反应喉水肿，一般在放疗结束后 6 个月左右消退，超过 6 个月仍持续存在的喉水肿或逐渐加重，应警惕有肿瘤残存、复发或早期喉软骨坏死的危险，可能需要手术。

八、预后及随访

喉癌总的 5 年生存率超过 50%，预后与全身情况、病理类型、临床分期、肿瘤部位等多种因素有关。

一般而言，预后：声门型>声门上型、声门下型>贯通型。如声门型喉癌 T_1N_0 单纯放射治疗 5 年生存率为 80%~95%，T_2N_0 为 65%~85%；而声门上喉癌放射治疗 $T_{1-2}N_0$ 局部控制率为

60%~80%,T_3、T_4有或无淋巴结转移单纯放射治疗的局部控制率较低,约 23%~37%,而综合治疗(手术+放射治疗)可提高局部控制率,达 50%~60%。

治疗失败的主要原因:局部>区域>远处转移、第二原发癌,因此喉癌疗效的改进在于局部区域控制的进一步改善。

喉癌治疗后 3 年内,每三个月随访一次;4~5 年内,每六个月随访一次;5 年后,每年随访一次。复查以喉局部及颈部淋巴结检查为主,同时需关注肺、肝、骨等远处转移部位,关注上消化道及上呼吸道第二原发癌。

第五节　口　咽　癌

一、概述

口咽癌的发病率约占头颈部鳞癌的 10%。口咽鳞癌发病率在美国的头颈部鳞癌中位居首位,中国的口咽鳞癌的发病位居鼻咽癌、口腔癌之后。

男性发病多于女性(4∶1),发病高峰年龄在 50~70 岁。目前口咽鳞癌的发病有渐趋年轻化的倾向。

口咽癌的病因目前仍不明确,主要的致病因素仍然为吸烟、酗酒等。近 20 年来,西方人群随着戒烟戒酒人数的增加,口咽癌的发病率不降反升,其关键原因与人乳头瘤病毒(human papilloma virus,HPV)感染有关,因此 HPV 就成为非吸烟嗜酒者口咽鳞癌的重要致病因素,国内尽管 HPV 阳性口咽癌的发病率也在增加,但多数患者仍为嗜好烟酒人群。

发病部位上,扁桃体癌最常见,其次为舌根癌、软腭癌,而咽后壁癌少见。

二、应用解剖和淋巴引流

(一)应用解剖

口咽位于软腭及舌骨两个平面之间,上接鼻咽,下续下咽,前方由舌轮廓乳头及腭舌弓与口腔分界,后方为软腭与舌骨水平之间的椎前软组织。

按照国际标准,口咽分为以下四个解剖分区(图 11-30):

前壁:即舌根会厌区域,由舌根和舌会厌谷组成;

侧壁:左右两个相互对称,由扁桃体、扁桃体窝和咽柱、舌扁桃体沟构成;

后壁:由椎前软组织组成;

上壁:即顶壁,由软腭舌面和腭垂(即悬雍垂)构成。

(二)淋巴引流

口咽淋巴引流较为丰富,且可交叉引流到对侧,因此口咽癌容易发生颈部淋巴结转移。

常见的淋巴结转移部位为颈深上、中组淋巴结(Ⅱ、Ⅲ区),其次为颈后淋巴结(Ⅴ区)。咽后淋巴结转移少见,但当病变累及咽侧壁、后壁,或直接发生于侧壁、后壁的口咽癌,以及对侧颈部淋巴结发生转移时,则咽后淋巴结转移发生的概率增加。

口咽癌淋巴结转移特点按站转移,即先发生病变侧上颈深淋巴结(Ⅱ区)转移,然后到中颈(Ⅲ区),再至下颈淋巴结(Ⅳ区)。单独的跳跃转移少见(5% 以下),而颌下淋巴结(Ⅰb)和

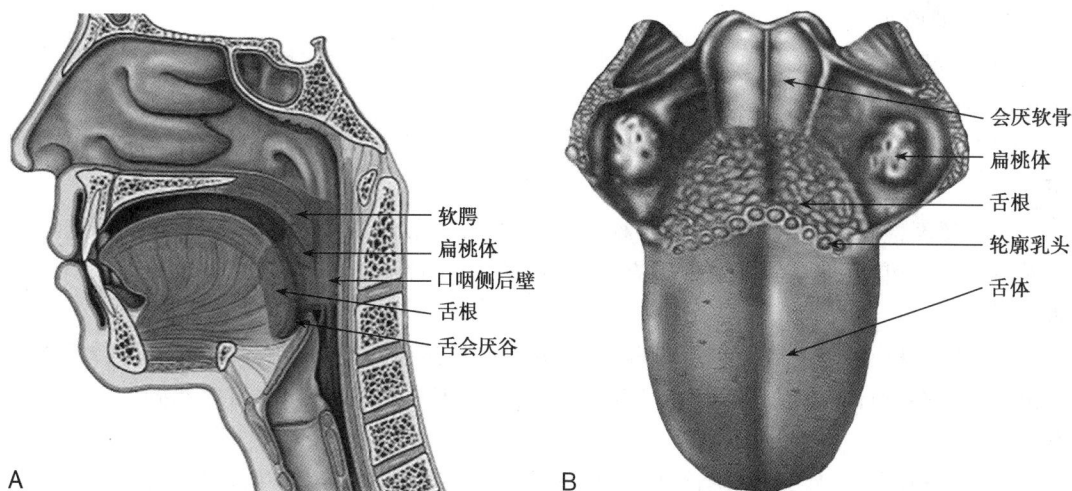

图 11-30　口咽解剖
A. 矢状面；B. 冠状位。
（本图由副主编罗京伟制作并授权，仅限本书使用）

颈后淋巴结（Ⅴ区）则较为少见，多伴有Ⅱ、Ⅲ区的转移。当肿瘤侵犯或跨过中线（软腭、舌根）或侵犯咽后壁时，因这些结构有丰富的淋巴交通网，易出现双侧颈淋巴结转移。

三、病理类型

鳞癌多见，约占全部口咽癌的95%，肿瘤细胞的分化程度与口腔鳞癌相比较差，但好于下咽鳞癌的分化程度。HPV阳性口咽癌以低分化鳞癌多见，且多见于扁桃体和舌根。另外较为常见的病理类型为恶性淋巴瘤，其他少见的病理类型有腺癌、肉瘤等。

四、临床表现

口咽癌早期症状不典型，主要表现为咽部不适、咽部异物感或咽部疼痛。以后随着肿瘤生长或肿瘤破溃感染后出现咽痛，吞咽时加重，也可因舌咽神经反射造成耳内痛。肿瘤如侵犯舌，造成舌活动受限，影响发音及吞咽。其他临床表现根据肿瘤的侵犯部位不同而出现相应的临床症状。

部分患者因口咽部肿物就诊，还有部分表现为颈部淋巴结肿大而就诊。

五、临床诊断

凡出现口咽部症状或体征时，均应进行下述检查。

1. 原发灶检查　应用间接咽喉镜、鼻咽镜、纤维鼻咽喉镜等，以明确原发肿瘤的部位及侵犯范围。手指触诊检查常可检出超出肉眼所见的肿瘤浸润范围，且通过简单的指诊即可明确有无舌根和舌会厌谷的侵犯。

2. 颈部淋巴结检查　常规颈部查体，明确有无肿大淋巴结，如发现肿大淋巴结，应明确其具体部位、数目、质地、活动度、颈部皮肤有无受侵等。

3. 辅助检查

（1）CT/MRI 检查：CT 和 MRI 检查各有优势，两者结合可弥补相应的缺陷，对所有患者不可缺少。

（2）胸部 CT 检查：目前已取代胸片，既能明确有无肺转移，又可除外第二原发肺癌的可能。

（3）超声检查：颈部、腹部的超声检查作为必检项目，可以初步判定有无颈部淋巴结转移及肝转移的可能，如有异常发现还应结合相关部位的 CT/MRI、甚或 PET/CT 检查以明确是否为转移。

（4）内镜检查：因为口咽癌患者多为烟酒嗜好者，建议纤维鼻咽喉镜检查和胃镜检查结合碘染色，前者可以明确口咽原发肿瘤向下是否侵犯下咽和喉，而后者可以明确是否同时合并第二原发食管癌、甚或是原位癌。

（5）病理诊断：口咽癌的确诊需病理活检证实。多数口咽癌因查体可见肿物，直接咬取活检病理诊断并不困难。少数患者是因颈部肿物就诊，尤其是已经明确为上颈部淋巴结转移性鳞癌，但不能发现原发灶，国外多采用病变侧扁桃体摘除术，然后连续病理切片检查可以发现 50% 以上的为隐匿性的扁桃体癌，而国内最为常见的头颈部鳞癌为鼻咽癌，所以应首先除外鼻咽癌再考虑口咽癌的可能。此时，颈部转移淋巴结活检标本应常规进行 p16 的免疫组化和 EBER 的原位杂交检查，如果 EBER 阴性则基本可以除外鼻咽癌的可能；如果 p16 阳性，重点应放在口咽上，此时扁桃体活检、甚或摘除术后病理检查，以及舌根的盲检就非常有必要，如此能发现多数的口咽隐匿性病灶。

六、分 期

口腔癌在临床上采用 2017 年第 8 版 UICC/AJCC 分期标准，并引入了 HPV 感染状态、淋巴结包膜外受侵（ENE）的概念（表 11-4）。

表 11-4 2017 年第 8 版 UICC/AJCC 口咽癌分期

高危型 HPV 感染（P16+）	非 HPV 感染（P16-）型
T_0：无原发肿瘤证据	T_x：原发肿瘤无法评估 T_{is}：原位癌
T_1：肿瘤最大直径≤2cm	T_1：肿瘤最大直径≤2cm
T_2：肿瘤最大直径>2cm 但≤4cm	T_2：肿瘤最大直径>2cm 但≤4cm
T_3：肿瘤最大直径>4cm，或侵犯会厌舌面	T_3：肿瘤最大直径>4cm，或侵犯会厌舌面
T_4：中晚期局部病变，肿瘤侵犯喉、舌外肌、翼内肌、硬腭、下颌骨或更远 注：原发舌根肿瘤沿黏膜侵犯至会厌舌面或会厌不能归为喉受侵	T_4：中晚期局部病变或非常晚期局部病变 　T_{4a}：中晚期局部病变，肿瘤侵犯喉、舌外肌、翼内肌、硬腭或下颌骨 　T_{4b}：非常晚期局部病变，肿瘤侵犯翼外肌、翼板、鼻咽侧壁或颅底，或包绕颈动脉 注：原发舌根肿瘤沿黏膜侵犯至会厌舌面或会厌，不能归为喉受侵

高危型 HPV 感染（P16+）	非 HPV 感染（P16-）型
临床区域淋巴结分期（cN）	
N_x：区域淋巴结不能评估	N_x：区域淋巴结不能评估
N_0：无区域淋巴结转移	N_0：无区域淋巴结转移
N_1：同侧单个或多个淋巴结转移，其最大径≤6cm	N_1：同侧单个淋巴结转移，最大径≤3cm，ENE 阴性
N_2：对侧或双侧淋巴结转移，其最大径均≤6cm	N_2：同侧单个淋巴结转移，3cm<最大径≤6cm；或同侧多个淋巴结转移，或双侧或对侧淋巴结转移，最大径均≤6cm，且 ENE 均阴性
	N_{2a}：同侧单个淋巴结转移，3cm<最大径≤6cm，ENE 阴性
	N_{2b}：同侧多个淋巴结转移，最大径均≤6cm，ENE 阴性
	N_{2c}：双侧或对侧淋巴结转移，最大径均≤6cm，ENE 阴性
N_3：转移淋巴结的最大径>6cm	N_3：转移淋巴结的最大径>6cm，ENE 阴性；或任何淋巴结转移，临床明显 ENE 阳性
	N_{3a}：转移淋巴结的最大径>6cm，ENE 阴性
	N_{3b}：任何淋巴结转移，临床明显 ENE 阳性
病理区域淋巴结分期（pN）	
pN_x：区域淋巴结不能评估	除同侧单个淋巴结转移，最大径≤3cm，且 ENE 阳性被归类为 N_{2a} 的一种情况外，其他同临床分期标准
pN_0：无区域淋巴结转移	
pN_1：转移淋巴结个数≤4 个	
pN_2：转移淋巴结个数>4 个	
M_0：无远处转移	M_0：无远处转移
M_1：有远处转移	M_1：有远处转移
分期组合	
Ⅰ期：$T_{0-2}N_{0-1}M_0$	Ⅰ期：$T_1N_0M_0$
Ⅱ期：$T_{0-2}N_2M_0$、$T_3N_{0-2}M_0$	Ⅱ期：$T_2N_0M_0$
Ⅲ期：T_4任何NM_0、任何TN_3M_0	Ⅲ期：$T_3N_{0-1}M_0$、$T_{1-2}N_1M_0$
Ⅳ期：任何 T 任何 NM_1	ⅣA 期：$T_{4a}N_{0-2}M_0$、$T_{1-3}N_2M_0$
	ⅣB 期：T_{4b}任何NM_0、任何TN_3M_0
	ⅣC 期：任何 T 任何 NM_1

七、治疗原则

早期口咽癌，放射治疗和手术治疗的效果相似。但因放疗能有效地保留器官解剖结构的完整，因此早期口咽癌（Ⅰ、Ⅱ期）多主张放射治疗。对放射治疗后残存或放射治疗后的局部区域性复发可考虑手术挽救。晚期口咽癌（Ⅲ、Ⅳ期）的治疗以手术和放疗的综合治疗为主。根据具体情况选择术前或术后放射治疗。

对HPV阳性的口咽癌,因病理类型多为低分化鳞癌,对放射治疗敏感性较高,因此也以放射治疗为主,可根据具体情况采用诱导化疗2~3周期后同步放化疗或单纯放疗,或直接同步放化疗;而对于HPV阴性口咽癌,因放射治疗敏感性相应下降,强调手术和放疗的综合治疗。

八、放射治疗技术

放射治疗技术包括常规放射治疗技术和目前的主流放射治疗技术调强放射治疗。调强放疗技术的优势,一方面在于能够给予肿瘤更确切的剂量,另一方面,对于危及器官能够给予更好的保护。相较于常规放射技术,在肿瘤的局部控制甚至远期生存方面更具优势。

(一)常规放射治疗技术

照射野为"两侧面颈联合野水平对穿+下颈锁骨上区单前野垂直照射"。

1. 面颈联合野　包括原发肿瘤和上颈部淋巴引流区(图11-31)。上界:沿颅底走行;下界:舌骨下缘,或喉切迹水平,或根据肿瘤侵犯的下界再外放2cm。前界:以包括全部口咽结构,或至少超出病变前缘2cm,及上颈深淋巴结并适当外放为原则。后界:棘突后缘连线,或根据转移的淋巴结而定。不同部位起源的口咽癌在具体设计照射野时又有所不同,根据病变具体部位、侵犯范围及有无转移淋巴结而设计。先大野照射D_T 36~40Gy,后避开脊髓缩小野照射,继续加量给予根治剂量。颈后区可用适当能量电子线补量。

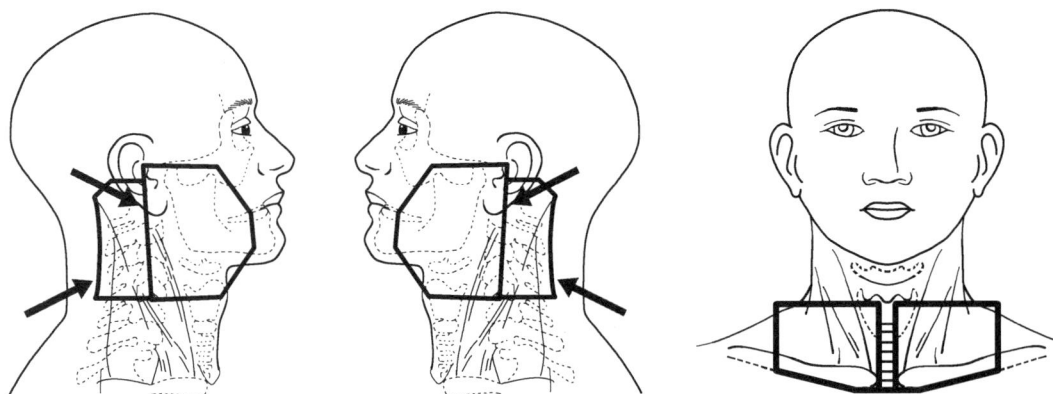

图11-31　口咽癌的面颈联合野+下颈锁骨上野示意图

2. 下颈、锁骨上野　无论病期早晚、肿瘤细胞分化程度、上颈部淋巴结有无转移,中下颈、锁骨上区常规预防性照射。

(二)调强放射治疗技术

基本原则同其他头颈部鳞癌。

口咽鳞癌容易发生双侧颈部淋巴结转移,因此口咽鳞癌颈部的预防性放疗要考虑双侧颈部。如果对侧颈部阴性,对侧可只照射Ⅱ区和Ⅲ区,允许Ⅳ区不予照射,但病变侧颈部即便为阴性,也主张病变侧颈部全颈照射,可分为2个CTV,CTV1包括第一站淋巴结(Ⅱ区),Ⅲ和Ⅳ以及对侧的Ⅱ区和Ⅲ区可设计为CTV2,根据危险度的不同给予不同的剂量。

　　不同部位、不同分期的口咽癌在细节上处理有所不同,下面以具体病例显示不同口咽癌的调强放疗靶区勾画。

　　图 11-32 为 1 例扁桃体癌调强放疗靶区勾画。

　　GTVp:包括 CT/MRI 影像及查体所显示的左侧扁桃体肿瘤病灶。

　　GTVrpn:包括左侧转移的咽后淋巴结。

　　CTV1:包括 GTVp、GTVrpn 以及几乎全部口咽结构、双侧Ⅱ区。

　　CTV2:包括左侧Ⅲ、Ⅳ区和右侧的Ⅲ区,行预防性照射。

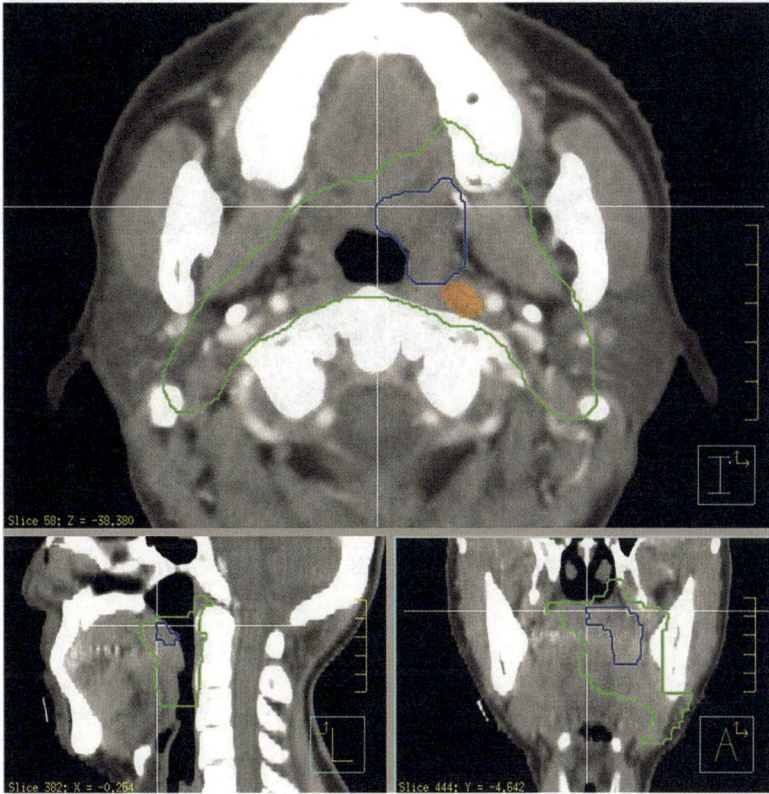

图 11-32　扁桃体癌调强放疗靶区勾画(蓝线 GTVp,褐色 GTVrpn,绿线 CTV1,CTV2 图中未显示)

　　图 11-33 为 1 例舌根癌调强放疗靶区勾画。

　　GTVp:包括 CT/MRI 影像及查体所显示的左侧舌根肿瘤病灶。

　　GTVnd:包括左侧转移的Ⅰb 及Ⅱa 转移淋巴结。

　　CTV1:包括 GTVp、GTVnd、舌根全部、舌会厌谷、左侧口咽侧壁,以及左侧Ⅰ区及Ⅱ区淋巴引流区。

　　CTV2:包括左侧Ⅲ、Ⅳ区和右侧的Ⅱ、Ⅲ区,行预防性照射。

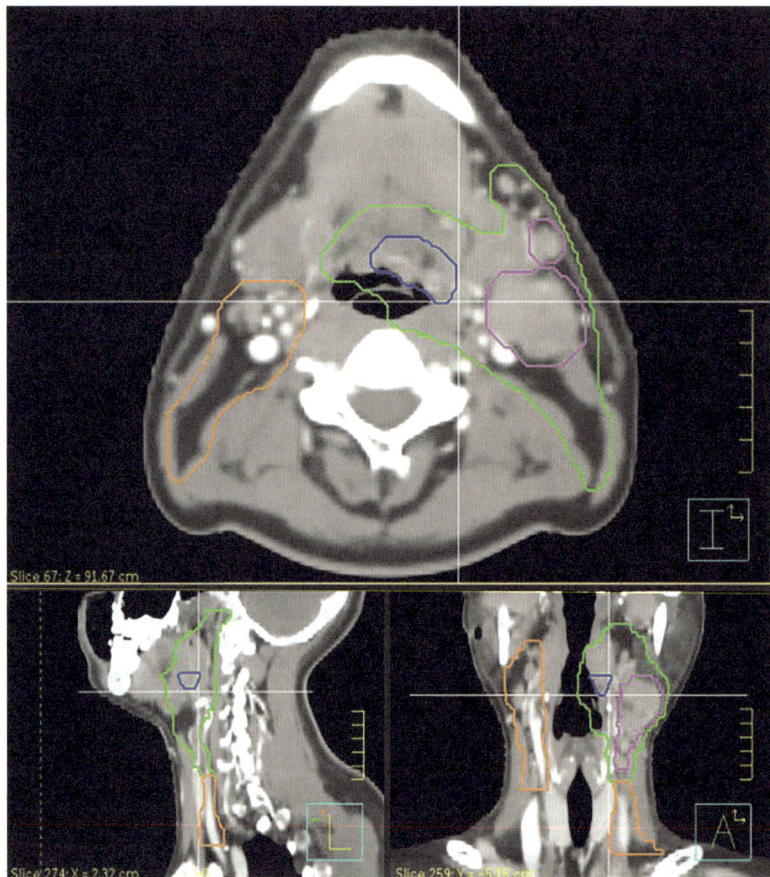

图 11-33　舌根癌调强放疗靶区勾画（蓝线 GTVp，紫线 GTVnd，绿线 CTV1，褐线 CTV2）

图 11-34 为 1 例 T_2N_0 软腭癌调强放疗靶区勾画。

GTVp：包括 CT/MRI 影像及查体所显示的软腭肿瘤病灶。

CTV1：包括 GTVp 及其周围 1cm 的邻近结构、双侧Ⅱ区淋巴引流区。

CTV2：包括左侧Ⅲ、Ⅳ区和右侧的Ⅲ区，行预防性照射。

九、预后

疾病分期的早晚及 HPV 状态是影响预后的重要因素。早期病变疗效理想，5 年总生存率 80% 左右，晚期病变疗效明显下降；但对于 HPV 阳性的口咽癌，即便晚期病变，其预后也较 HPV 阴性者明显为好。

影响预后的因素包括：

1. HPV 状态　HPV 阳性者的预后明显好于 HPV 阴性者，因为西方的 HPV 阳性者多为全身情况好、无烟酒嗜好、但性伴侣多、性途径多样化者；而国内 HPV 阳性者多同时为烟酒嗜好者，因此其预后总的不如西方报道为好。

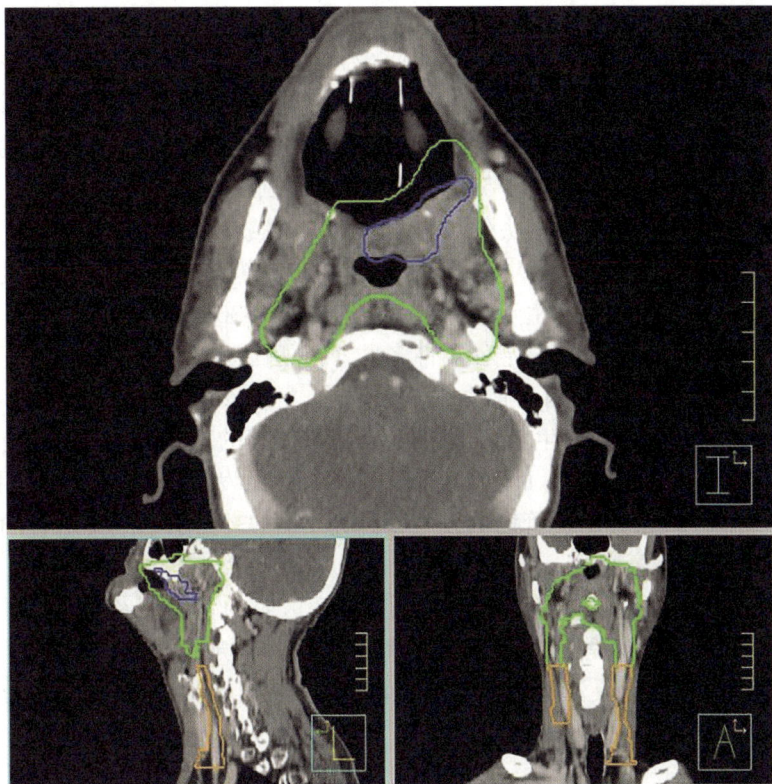

图 11-34 软腭癌调强放疗靶区勾画（蓝线 GTVp，绿线 CTV1，褐线 CTV2）

2. 原发灶的期别 T 分期增加，放疗的局部控制率下降。病变侵及舌根者预后不佳，舌根部受侵则放疗局部控制率降低 50%。

3. 颈部淋巴结转移 N_1 对预后的影响并不大，但 N_{2-3} 时单纯放疗的效果明显下降。

4. 肿瘤的生长方式 肿瘤外突型生长者预后较溃疡浸润型和坏死型好。

5. 病理类型 一般来说，分化差的癌对放疗比较敏感，原发灶及颈部转移淋巴结容易控制，而分化好的癌放射治疗的效果较差。

6. 疗终时原发灶与颈部淋巴结消退情况 疗终病变全部消失者预后明显好于残存者。

放疗失败的主要模式依然为局部/区域复发及远处转移。远处转移 80% 发生于治疗后 2 年内。最常见的远处转移部位为肺，其次为骨、肝等。不同病理类型中，鳞癌以局部/区域复发为主，而低分化癌和未分化癌则以远处转移多见。

第六节 下 咽 癌

一、概述

下咽癌（hypopharyngeal carcinoma）又称喉咽癌，是指原发于下咽部上皮来源的恶性肿瘤,95% 以上为鳞癌。由于下咽癌沿黏膜蔓延,因而容易侵犯其邻近器官如喉、口咽、食管等,且易发生颈部淋巴结转移。初诊时 60%~80% 的患者存在同侧颈部淋巴结转移,20%~40% 的患者存在对侧颈部淋巴结转移。因为下咽癌早期症状不典型,确诊时多为局部区域晚期,在所有的头颈部鳞癌中属于预后较差的一种恶性肿瘤,且疗效并未随着医疗技术的进步而明显改善,目前下咽癌总的 5 年生存率仍然徘徊在 40% 左右。

下咽癌临床上较为少见,仅占头颈部恶性肿瘤的 3%~5%,全身恶性肿瘤的 0.3%。下咽癌以男性多见,男女之比为(2~3):1,好发年龄 50~70 岁。在下咽癌中,发生于梨状窝者最常见,占 60%~70%;其次为发生于咽后壁者,约占 25%~30%;而发生于环后区者少见,仅占 5% 左右。梨状窝癌和下咽后壁癌以男性多见,而环后区癌以女性多见。

下咽癌的病因主要与以下因素有关。

1. 烟酒嗜好 下咽癌的发生与烟、酒的消费量呈显著的正相关。几乎所有下咽癌均有长期嗜好烟酒史,尤其是酗酒者,而单独吸烟者对下咽癌的发生远不如酗酒者明显。而且下咽癌合并第二原发癌,尤其是食管癌的发生率约为 1/4~1/3,提示烟酒中所含的致癌物可导致上消化道上皮多中心癌变。

2. 营养因素 早年临床研究发现某些患有环后区癌的女性患者,尽管无烟酒嗜好史,但多同时伴有缺铁性贫血,提示营养因素与本病的发生有一定相关性。

3. 其他因素 胃食管反流对咽部的慢性刺激以及人乳头瘤病毒等,对部分下咽癌的发生也起到一定的作用。

二、应用解剖与淋巴引流

下咽是口咽的延续,位于会厌上缘与环状软骨下缘之间的区域,是上消化道的一部分,略呈三角形。其前方为喉,连接呼吸道,下与颈段食管入口相连,相当于第 3~6 颈椎水平。在临床上,下咽分为三个亚区,即梨状窝区、下咽后壁区和环后区(图 11-35,图 11-36)。

1. 梨状窝区 为一倒置的梨形,分为内侧壁、外侧壁和梨状窝尖。内侧壁由杓会厌皱襞和喉侧壁组成,与环后区毗邻。外侧壁由甲状软骨翼构成,与下咽后壁自然过渡。梨状窝尖与颈段食管相连。

2. 下咽后壁区 舌骨上缘水平至环状软骨下缘之间的咽后壁,上与口咽后壁、下与颈段食管延续。

3. 环后区 即环状软骨后缘的区域。其上至杓会厌皱襞,下至环状软骨下缘,外邻梨状窝。由于三个区域之间并无任何屏障,且下咽壁仅由黏膜、纤维筋膜、肌肉和疏松结缔组织构成,全层厚度不足 1cm,几乎没有阻止肿瘤浸润的能力,所以任何一个亚区发生的肿瘤都可以很容易地侵入其他亚区,当肿瘤侵犯范围较大时往往无法确定肿瘤的原发部位。

下咽有着丰富的淋巴网,且双侧相互交叉引流。上、中颈深淋巴结(Ⅱ、Ⅲ区)是最常见的转移部位,其次为咽后淋巴结和脊副链淋巴结(Ⅴ区)。当下咽病变侵犯咽后壁或任何部位发生的局部晚期下咽癌,则咽后淋巴结转移的概率明显增加。Ⅱ、Ⅲ区淋巴结转移时,则Ⅴ区淋巴结转移概率明显上升。如下咽病变累及梨状窝尖、颈段食管、喉、气管时,则气管旁、气管食管沟(Ⅵ区)和锁骨上淋巴结(Ⅳ)转移概率明显增加。无论下咽癌原发肿瘤分期如何,下咽癌的颈部淋巴结转移均相当多见且易在早期出现。

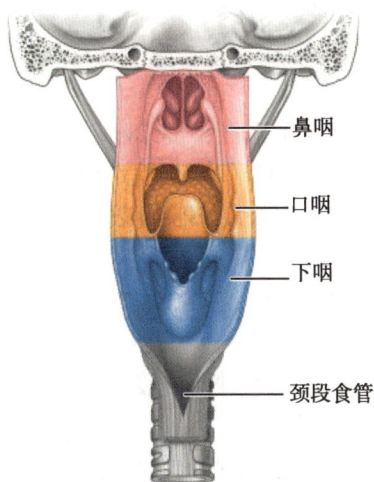

图 11-35 咽部分区
(本图由副主编罗京伟制作并授权,仅限本书使用)

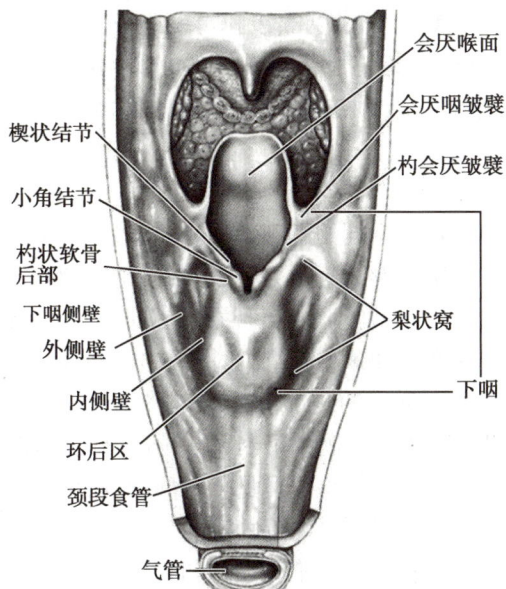

图 11-36 下咽分区及与周围结构关系
(本图由副主编罗京伟制作并授权,仅限本书使用)

三、病理及生物学行为

95% 的下咽癌为鳞状细胞癌,且分化程度较低。其中,咽后壁区的下咽癌细胞分化程度最低,其次为梨状窝癌,而环后区癌分化程度相对较好。少见的病理类型包括小涎腺来源的腺癌、恶性黑色素瘤、恶性淋巴瘤和软组织肉瘤等,偶可见到转移性肿瘤。

下咽癌的生长方式以浸润性生长为主,大约占 80%,易侵犯周围结构如口咽、颈段食管和喉等,甚至可浸润至鼻咽、咽旁间隙。只有不到 20% 的癌肿呈膨胀性生长,此类肿瘤虽表现为外生型肿物,但同时多伴有黏膜下浸润。由于下咽癌具有沿黏膜和黏膜下扩散的特点,因此肿瘤的实际病变范围要远远超出临床检查所见的范围。而下咽癌的颈部淋巴结转移相当多且易早期出现,其中梨状窝 70% 出现颈部淋巴结转移,双侧多见,约占 10%~20%。咽后壁癌多双侧转移,早期易转移到中颈部淋巴结和咽后淋巴结。

四、临床表现

早期症状不典型,多为咽部异物感、咽下不利,病变继续发展时则可出现咽下疼痛、咽下困难等。疼痛有时可放射至耳部。如病变侵犯喉内肌、环杓关节或喉返神经,则可出现声音嘶哑等类似喉癌的症状;如侵犯颈段食管入口,或肿瘤较大直接阻塞咽腔时则出现明显的吞咽困难。

五、辅助检查

1. 颈部胸部 CT 和颈部 MRI 检查。
2. 颈部腹部超声检查。

3. 纤维鼻咽喉镜和胃镜检查 纤维鼻咽喉镜可以明确原发肿瘤部位、侵犯范围,以及口咽、喉等是否受侵;胃镜检查必须结合碘染色,可以同时发现合并的第二原发食管癌,如此则可发现约 1/5~1/3 的下咽癌同时合并食管癌,多数为早期食管癌或原位癌。

六、诊断

由于下咽的解剖部位较隐蔽,早期临床症状不典型,因此下咽癌早期诊断较困难。

咽部异物感常为下咽癌的首发症状,肿瘤刺激喉咽黏膜引起干咳,当饮水或食物误入气管时可引起呛咳。出现吞咽困难、吞咽疼痛及声嘶等症状时多为局部晚期表现。肿瘤侵犯甲状软骨和颈部软组织时导致喉部变形、肿胀。

下咽癌的颈部淋巴结转移率较高,确诊时颈部淋巴结转移者占 50%~70%。其中以单侧、中颈为主,晚期可出现双颈部淋巴结转移。

鼻咽喉镜检查可见下咽部肿物,可表现为外凸形肿物、溃疡性肿物或浸润性肿物。肿瘤侵犯喉内时可见声带固定。

根据患者的临床症状和临床体征,结合鼻咽喉镜检查以及颈部的 CT、MRI 检查,多可明确病变部位及范围,但确诊仍需要病理证实。

七、临床分期

目前国际上通用的为 2017 年第 8 版 UICC/AJCC 临床分期标准。

T 分期:

T_x:原发肿瘤不能评估。

T_{is}:原位癌。

T_1:肿瘤局限于下咽的一个解剖亚区,和/或肿瘤的最大径≤2cm。

T_2:肿瘤侵犯下咽一个以上亚区,或邻近组织,或肿瘤的最大径>2cm,但≤4cm,不伴有半喉固定。

T_3:肿瘤的最大径>4cm,或伴有半喉固定,或食管受侵。

T_4:中晚期局部病变和非常晚期局部病变。

T_{4a}:中晚期局部病变,肿瘤侵犯甲状软骨/环状软骨、舌骨、甲状腺,或颈前正中软组织(包括喉前带状肌和皮下脂肪)。

T_{4b}:非常晚期局部病变,肿瘤侵犯椎前筋膜,包绕颈动脉,或侵犯纵隔结构。

N、M 分期及分期组合:同其他头颈部鳞癌,具体参见本章第一节相关内容。

八、治疗原则

总的治疗原则是既要最大可能地提高肿瘤的局部控制率,又要尽量降低治疗对器官功能损伤的程度,尽可能保持下咽及喉的正常生理功能。可根据临床分期、病变部位、是否能保喉、患者意愿等多方面因素综合考虑选择最佳治疗模式。

一般而言,下咽癌的治疗以手术和放射治疗为主。$T_{1~2}$ 早期病变,手术和放疗的效果相似,可根据具体情况选择单纯手术或根治性放疗。$T_{3~4}$ 病变,无论是单纯手术还是单纯放疗,治疗效果均不理想,因此应采用综合治疗模式,以"手术+放射治疗"的综合治疗方案为主。

如果外科手术可以保留喉功能,可先手术,然后术后放疗;如不能保留喉功能且患者无憋气,肿瘤无坏死、感染,软骨无明显破坏等情况下,可行术前同步放化疗,50Gy 时评估疗效,如肿瘤缩小超过 70%,追加剂量至根治性剂量,否则休息 1 个月后手术切除。

对于不能保喉的局部晚期下咽癌,也可应用 2~3 周期的诱导化疗,如有效(CR+PR)则行放疗,效果不明显者先手术,然后术后放疗。

九、放射治疗

(一) 放射治疗的适应证

1. $T_{1~2}N_0$ 病变,尤其是肿物呈外生性生长的可首选根治性放疗。

2. 计划性的术前放射治疗或术前同步放化疗。对于可以手术的 $T_{3~4}N_{0~1}$ 患者,可行计划性的术前放射治疗或术前同步放化疗。如对放疗反应好,D_T 5 000cGy 后肿瘤完全消退(临床及影像学评价,只有临床评价不能准确反映疗效),可采用根治性放疗和/或同步放化疗,手术可作为挽救性治疗手段。

3. 病理类型为低分化癌或未分化癌者,不论病期早晚,建议首选放射治疗。如放射治疗后有残存,可行手术切除。

4. 不能手术者可作姑息性放射治疗。

5. 术后复发的患者行姑息性放射治疗。

6. 对于首先采用手术治疗的患者,有以下高危因素:手术切缘安全距离不够(通常 <5mm 为标准),切缘不净、肿瘤明显残存,淋巴结直径>3cm,或者多个淋巴结转移,或颈部清扫术后提示广泛的淋巴结转移、淋巴结包膜外受侵、周围神经受侵者,均应行术后放射治疗或者术后同步放化疗。

(二) 放射治疗的相对禁忌证

1. 局部肿瘤严重水肿、坏死和感染者。

2. 邻近气管、软组织或软骨广泛受侵者。

3. 有明显的喉喘鸣、憋气、呼吸困难等呼吸道梗阻症状者。

前两种情况并非放射治疗的绝对禁忌证,主要是指放射治疗在这些情况下很难奏效,不主张首选放疗,应争取手术切除,术后根据具体情况再决定是否行术后放疗。对于第三种情况,应行气管切开术后才能考虑放射治疗问题。

(三) 放射治疗技术

放射治疗技术包括常规放射治疗技术和调强放射治疗技术。

1. 常规放射治疗技术 同其他头颈部鳞癌,常规放射治疗照射野以"双侧面颈野对穿照射+下颈锁骨上野垂直照射"技术为主,照射范围大,除包括原发灶外还需包括全颈的淋巴引流区(图 11-37)。

面颈野包括口咽、下咽、喉、颈段食管入口,以及从颅底到上、中颈部范围内的淋巴引流区。上界:一般至颅底;下界:至食管入口(相当于环状软骨下缘水平);前界:颈前缘,如喉受侵,则置于颈前缘前 1cm;后界:后界的位置应根据颈部有无转移淋巴结而定,如颈部阴性,后界置于颈椎棘突的位置;如颈部阳性,则后界应后移以包括颈后淋巴结为准。先大野照射,D_T≤40Gy 时,后界前移至颈椎椎体中、后 1/3 交界处以避开脊髓。D_T 50Gy 时照射野的上

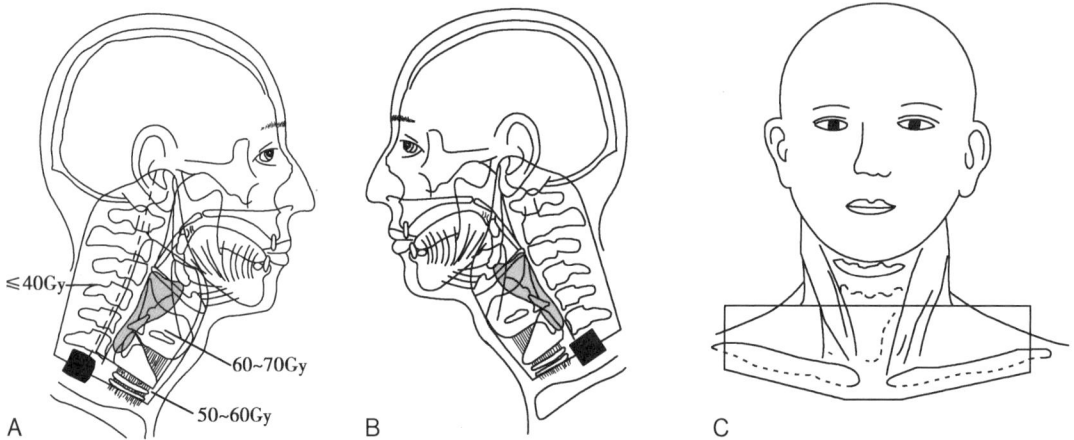

图 11-37 下咽癌面颈野+下颈锁骨上切线照射野示意图
A.右侧面颈野及缩野示意图；B.左侧面颈野；C.下颈锁骨上照射野。
（本图由副主编罗京伟制作并授权，仅限本书使用）

下界可适当内收继续照射。D_T 60Gy 时再次缩野，包括病变区，使总量达根治剂量 D_T 70Gy。对淋巴结阳性的患者，如缩野后不能包全转移淋巴结，颈后可用合适能量的电子线补量，一般不宜超过 12MeV 能量。

下颈、锁骨上常规作预防照射，须包括气管造瘘口和下颈部淋巴结，剂量为 50Gy/25 次。为解决面颈侧野与下颈锁骨上野两野间剂量重叠而造成脊髓过量的问题，可在两侧野下界脊髓投影处（透视下定位）挡铅 2cm×2cm~3cm×3cm，而不主张前野挡铅，以免遗漏咽、气管旁淋巴结和造瘘口周围组织。

2. 调强放射治疗技术 调强放疗是目前临床上采用的主流放疗技术，其优势在于在提高肿瘤剂量的同时又降低了正常组织的剂量，减少了正常组织的损伤。下咽癌靶区设计的一些基本原则如下：

（1）无论部位、T 分期、有无颈部淋巴结转移，双侧颈部均应照射。

（2）下咽容易沿黏膜下蔓延，且具有多点起源的特点，因此建议无论 T 分期，CTV 包括全部下咽结构。

（3）下咽与喉的关系密切，建议局部晚期病变 CTV 包括全喉或至少病变侧半喉。

（4）GTV 到 CTV 的距离不少于 1cm，对于发生于侧壁、后壁的下咽癌，纵轴方向一般外放 2~3cm。

（5）对于下咽后壁癌、$T_{3~4}$ 梨状窝癌、颈部 N_{2b} 以上淋巴结转移者，CTV 包括双侧咽后淋巴结至颅底水平。

（6）术后放疗如采用胃代或空肠代，则胃代、空肠代单独勾画出来，限制剂量不超过 54Gy。图 11-38 为 1 例下咽癌患者调强放射治疗的靶区勾画。GTVp：因原发下咽肿瘤表现为下咽各壁的黏膜性病变，因此 GTVp 包括全部下咽黏膜。GTVnd：包括双侧转移的颈部淋巴结。CTV：因患者双侧颈部多发淋巴结转移，故仅设计一个 CTV 包括 GTVp、GTVn、全部下咽，邻近结构如喉、颈段食管，同时包括双侧颈部的 Ⅱ、Ⅲ、Ⅳ、Ⅴ区和咽后淋巴结。

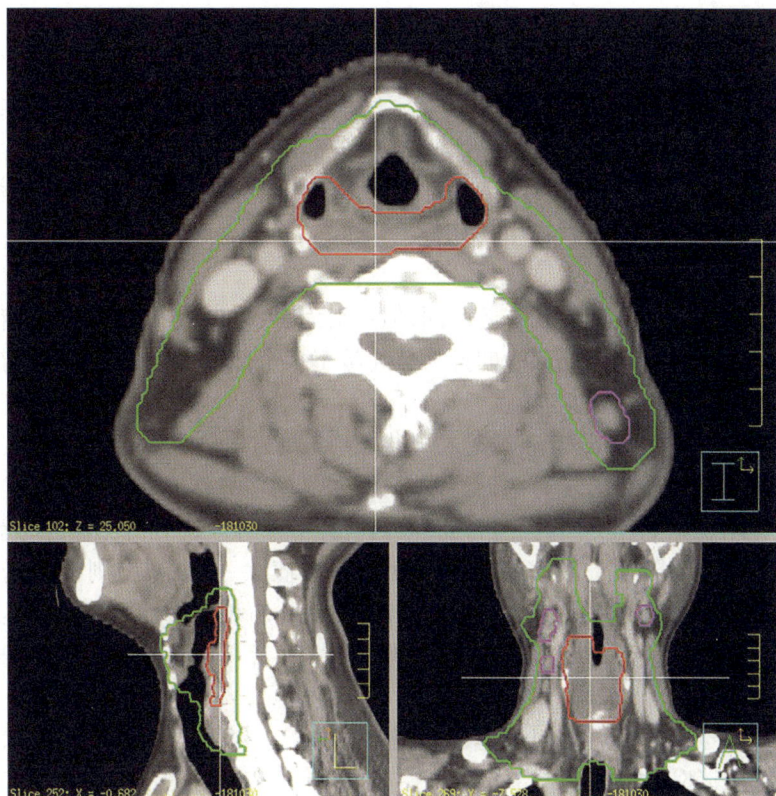

图 11-38　下咽癌调强放疗靶区勾画（红线 GTVp，紫线 GTVnd，绿线 CTV）

十、疗效及影响因素

一般而言，下咽癌的预后较差，总的 5 年生存率在 30%~50%。影响预后的因素主要有：

1. 临床分期　显著影响患者的预后。

2. 肿瘤细胞的分化程度　分化程度低的肿瘤局部控制率高于分化好的肿瘤，前者治疗失败的主要原因为远处转移，而后者失败原因为局部未控或复发。

3. 肿瘤部位　发生于杓会厌皱襞和内侧壁的梨状窝癌，预后明显好于环后区和咽壁区癌；而发生于梨状窝尖的肿瘤，容易向四周浸润发展，其预后较梨状窝其他壁发生的肿瘤差。

4. 性别、年龄　一般而言，女性患者预后好于男性，年轻患者预后好于年老者。

第七节　鼻腔鼻窦肿瘤

一、总论

鼻腔、鼻窦为空腔器官，包括成对的鼻腔、上颌窦、筛窦、额窦及蝶窦，因为关系密切，发生的肿瘤多相互侵犯，至晚期时往往不能区分肿瘤具体起源部位而统称为鼻腔鼻窦肿瘤。

鼻腔鼻窦肿瘤较为少见，占头颈部恶性肿瘤的 3%，全身恶性肿瘤的 1%，其中以上颌窦癌最常见(70%),其他依次为鼻腔癌、筛窦癌,而额窦癌和蝶窦癌临床罕见。

在鼻腔、鼻窦恶性肿瘤中,男性多见,任何年龄均可发生,成年人常见。

病因学仍不明确,但流行病学证实从事木材加工业、铝铸造及镍、铝屑精炼提取的人群中鼻腔鼻窦癌的发病率明显增加,嗜好烟酒者鼻腔鼻窦鳞癌的发生率也有所增加,但其影响不如其他头颈部鳞癌如口腔、口咽、下咽、喉和食管的影响显著,另外病毒因素如 HPV 也在鼻腔鼻窦癌的发生发展中起到一定的作用。

(一)临床表现

不同起源部位的肿瘤,其症状有所不同,但一般而言,早期症状多不典型,待出现典型症状或表现为体征异常时,多为局部晚期且为鼻腔鼻窦多个部位受侵的症状和体征,因此临床表现多为相关器官受侵引起的症状。

1. 鼻腔癌　早期症状不典型,缺乏特异性,多表现为患侧鼻腔出血、涕血、鼻腔分泌物增多,以后随着肿瘤生长可出现鼻塞,而且脓血涕明显增多并伴有恶臭味。如病变向后发展侵及鼻咽后,可出现鼻咽癌类似的症状,如耳鸣、听力下降等。检查可见鼻腔有新生物。

2. 上颌窦癌　局限在上颌窦腔内的病变无明显症状,一旦超腔则根据侵犯部位的不同而出现不同的症状和体征,如鼻腔受侵则出现鼻腔肿瘤相似的症状;如上颌窦前壁受侵,则患侧面颊部肿胀、隆起,如侵及筛窦和/或眼眶时,患者可出现眼痛、突眼、眼球移位、复视等。

3. 筛窦癌　同上颌窦癌相似,局限在窦腔内的病变无明显症状,出现症状多表明肿瘤已经超腔侵犯至其邻近结构。

4. 颈部肿物　临床上部分患者因颈部肿物就诊,经进一步检查而发现鼻腔鼻窦癌。一般而言早期癌出现颈部淋巴结转移的概率不高,但病变晚期或病理类型为未分化、低分化癌时,颈部淋巴结转移的概率增加。

(二)诊断

1. 询问病史　通过详细的病史询问,了解疾病发生、发展的时间,症状的演变,为判定肿瘤的起源部位、了解肿瘤发展速度、初步判定肿瘤恶性程度的高低提供一定参考。

2. 认真查体　包括颌面部视诊及触诊、脑神经功能的检查以及颈部淋巴结的检查。

3. 特殊检查　包括鼻镜、鼻咽镜检查或光导纤维鼻咽镜,对鼻腔、鼻咽部进行认真检查,如发现有新生物或其他异常改变,应取活体组织作病理检查,以明确诊断。

4. 影像学检查

(1)CT/MRI 检查:对了解病变的部位及外侵范围很有帮助,而且有利于治疗方案的确定和放射治疗计划的设计。

(2)胸部 CT:除外肺转移及第二原发肺癌的可能。

(3)腹部检查:常规腹部超声检查,主要目的是了解肝及腹膜后有无异常,如有异常发现,根据情况行腹部 CT 或 MRI 检查。

5. 病理检查　治疗前必须有病理诊断,一方面明确诊断,另一方面明确病理类型及分化程度,为确定治疗方案提供必要的依据。肿瘤活检多数是经鼻腔咬取。对颈部有肿大淋巴结者,也可考虑颈部淋巴结穿刺或切取活检明确诊断。

(三) 临床分期

国际上目前采用的是鼻腔、筛窦、上颌窦癌的第 8 版 UICC/AJCC T 分期标准(表 11-5),而额窦癌、蝶窦癌因少见,无相关临床分期。

表 11-5 鼻腔、筛窦、上颌窦癌临床 T 分期

临床分期	鼻腔、筛窦癌	上颌窦癌
T_x	原发肿瘤不能评估	原发肿瘤不能评估
T_{is}	原位癌	原位癌
T_1	肿瘤局限于任一解剖结构的亚区,有或无骨质的破坏	病变局限于窦腔内黏膜,无骨质受侵或破坏
T_2	肿瘤侵犯一个解剖结构的两个亚区或侵犯局限于鼻腔筛窦内邻近区域,有或无骨质破坏	病变引起除上颌窦后壁和翼板外的骨质破坏,包括硬腭和/或中鼻道
T_3	肿瘤侵犯眼眶内侧壁,或底壁、上颌窦、硬腭,或筛板	肿瘤侵犯以下任何一个部位:上颌窦后壁骨破坏、颊部皮下软组织和皮肤、眼眶底壁和内侧壁、翼腭窝、筛窦
T_4	中晚期或非常晚期局部病变	中晚期或非常晚期局部病变
T_{4a}	局部中晚期病变,肿瘤侵犯下述任一结构:眶内容前部、鼻及颊部皮肤、颅前窝、翼板、蝶窦或额窦	局部中晚期病变,肿瘤侵犯下述任一结构:眶内容前部、颊部皮肤、翼板、颞下窝、筛板、蝶窦或额窦
T_{4b}	局部非常晚期病变:肿瘤侵犯下述任一结构:眶尖、硬脑膜、脑、颅中窝、除 V_2 外其他脑神经、鼻咽或斜坡	局部非常晚期病变:肿瘤侵犯下述任一结构:眶尖、硬脑膜、脑、颅中窝、除 V_2 外其他脑神经、鼻咽或斜坡

N、M 分期及分期组合同其他头颈部鳞癌,具体参见本章第一节相关内容。

(四) 病理类型

鼻腔、鼻窦恶性肿瘤的病理类型多样,主要包括:

1. 源于鳞状上皮的鳞癌,最为常见,超过半数的鼻腔鼻窦恶性肿瘤为鳞癌。

2. 源于小涎腺来源的恶性肿瘤,居第二位,主要为腺癌、腺样囊性癌、黏液表皮样癌。

3. 神经内分泌癌,包括未分化小细胞癌和未分化大细胞癌,属于高度恶性。

4. 嗅神经母细胞瘤。

5. 恶性黑色素瘤。

6. 恶性淋巴瘤。

7. 肉瘤,包括骨肉瘤、软骨肉瘤、横纹肌肉瘤、尤因肉瘤等。

8. 内翻型乳头瘤癌变 上颌窦内翻性乳头瘤临床较为常见,为交界性肿瘤,但术后容易局部复发,且其病程中 10%~15% 可发生恶性转化,可恶变为鳞癌、腺癌或肉瘤,一旦恶变,其生物学行为往往表现为高度恶性的生物学行为,易向周围组织侵犯和破坏骨组织。

(五) 治疗原则

治疗方案的选择及确定需要考虑患者全身情况、病变部位、病变侵犯的范围、病期早晚、病理类型等多种因素。

鼻腔、鼻窦发生的恶性肿瘤,除淋巴瘤、未分化癌、低分化癌,及部分放射敏感的肉瘤如尤因肉瘤、胚胎性横纹肌肉瘤以放疗、化疗为主外,均建议手术为首选的治疗手段。术后是否需要后继治疗取决于肿瘤分期、病理类型、术中所见、术后病理检查等多种因素。

早期病变单纯手术即可,而目前随着内窥镜技术的发展和肿瘤外科功能保全性手术意识的增强,早期、局限型病变更多地采用内窥镜下手术切除。对中、晚期病变,主张综合治疗,多采用手术(以开放性手术为主)+放疗的综合治疗。可根据具体情况分别采用术前放疗+手术与手术+术后放疗等治疗方案。中晚期病变,主张"手术+放疗"的综合治疗方案。

1. 术前放疗指征

(1)超腔的中晚期病变,尤其是侵犯重要结构者如眼眶、翼腭窝、颅内等,行计划性的术前放疗。

(2)低分化或未分化癌建议首选放射治疗,手术作为疗后局部残存或复发的挽救性治疗手段。

2. 术后放疗指征

(1)切缘阳性或安全界不够。

(2)神经受侵。

(3)局部软组织或肌肉受侵。

(4)局部晚期如 $T_{3\sim4}$ 病变,同时 T_2 病变已经超腔,也建议术后放疗。

(5)病理属分化差的癌、未分化癌、低分化癌,或内翻性乳头瘤癌变、腺样囊性癌。

(6)淋巴结转移>N_1,或淋巴结包膜受侵者。

对于部分病变范围广泛或进展迅速者,也可使用诱导化疗、靶向治疗等。

(六)放射治疗技术

对多数患者而言,因为鼻腔、鼻窦病变多为互相侵犯,确诊时往往有 2 个或 2 个以上部位的受侵,因此,无论病变是原发于鼻腔、筛窦,还是上颌窦,其放疗技术基本相同。

放疗技术包括常规放疗技术和调强放疗技术,无论采用何种照射技术,鼻腔鼻窦肿瘤放疗时需要张口口含器压舌,以保护口腔器官。

1. 常规放射治疗技术

(1)体位及体位固定技术:一般取仰卧位,头部置于头颈枕。头颈枕的角度既要考虑到入射线也要考虑到出射线,以避开角膜晶体及尽可能多地保护脑干、大脑实质为原则,同时张口含物使舌体下移,采用热塑面罩固定头部。

(2)照射靶区和布野

1)原发灶的靶区设计根据病变部位及范围而有所不同:完全局限于一侧的病变,可以选用同侧两野交角照射技术、并加用合适角度的楔形板(图 11-39);病变过中线者,可采用两野对穿照射技术,或两野对

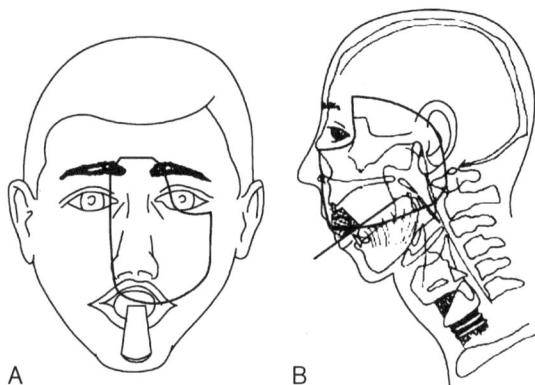

图 11-39　左侧鼻腔上颌窦癌两野交角照射野示意图
A. 前半品字野;B. 左侧野。
(本图由副主编罗京伟制作并授权,仅限本书使用)

穿照射技术+前野垂直照射的三野照射技术（图 11-40）；比较接近体表的病变如鼻腔前部发生的病变，也可应用单野混合束照射技术。

2）颈部照射：颈部是否需要照射，与肿瘤部位、T 分期、病理类型、分化程度等多种因素有关。对早期病变且病理分化好的鳞癌或腺癌，如详细的影像检查未发现有可疑淋巴结，一般不考虑颈部的预防性照射，或至多照射至上颈部；而对于局部晚期鳞癌、病理类型为分化差或低分化癌者，多建议颈部预防性照射，完全局限于一侧的病变仅照射病变侧颈部，而病变过中线者，则双侧颈部均要预防性照射（图 11-41）。

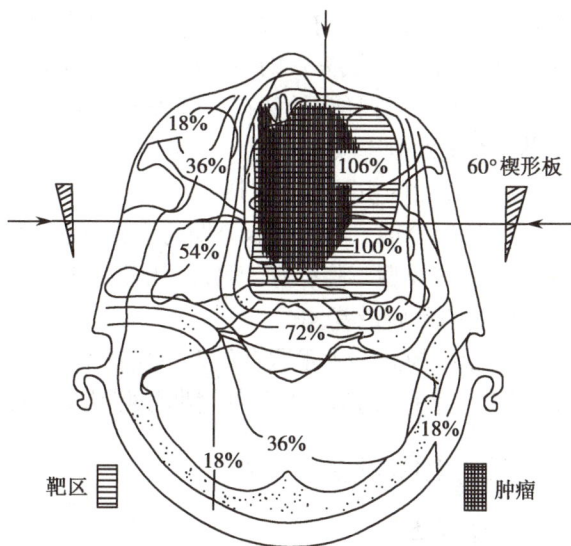

图 11-40　鼻腔筛窦癌三野等中心照射的等剂量分布示意图

（本图由副主编罗京伟制作并授权，仅限本书使用）

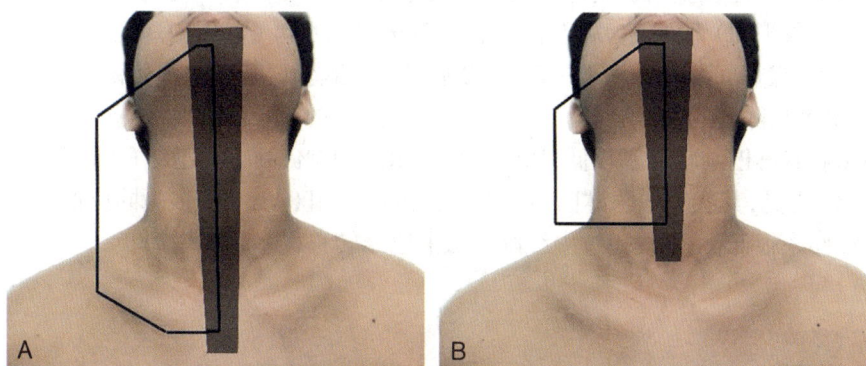

图 11-41　颈部切线野照射（中间为铅挡块以保护脊髓）
A. 右侧全颈切线照射野；B. 右侧上颈部切线野。

2. 调强放射治疗技术　由于与鼻腔、鼻窦毗邻的结构重要，如双侧眼球、角膜、晶体、视神经、视交叉、脑实质、腮腺等，因此常规照射技术很难在保证靶区满意的剂量分布情况下而躲避周围正常组织，尤其是双侧角膜晶体的放射耐受性限制，使常规照射技术的实施受到一定程度的限制。而采用调强适形放疗，则可较好地克服常规照射技术相应的缺陷，因此调强放疗技术是目前鼻腔鼻窦癌的放射治疗的首选技术。

3. 分割及剂量　无论是常规照射技术、还是调强放射治疗，其分割剂量和总剂量同其他头颈部鳞癌，具体参见本章第一节相关内容。

（七）疗效及预后

鼻腔鼻窦肿瘤解剖关系复杂，病理类型众多，因此文献报道的疗效差异较大，一般总的

5 年生存率在 50% 左右。治疗失败模式以局部复发为主,但不同病理类型失败模式有所不同,如鳞癌治疗模式失败的主要原因为局部复发,其次为区域淋巴结失败,而远处转移失败较少;但肉瘤和腺样囊性癌在局部失败多见的同时,远处转移失败也是一个主要的原因,而其淋巴结复发概率较低。

影响预后的主要因素包括:

1. 临床分期　随着临床分期的增加,预后逐渐变差。

2. 病理类型　腺癌好于鳞癌,鳞癌好于肉瘤。所有病类型中,神经内分泌癌,即未分化小细胞癌的预后最差。

3. 治疗模式　手术联合放射治疗较单纯手术或单纯放疗明显降低局部复发率、提高总生存率,手术+放射治疗是局部晚期鼻腔鼻窦恶性肿瘤的主要治疗手段。

二、上颌窦癌

(一) 概述

上颌窦位于上颌骨内、鼻腔两侧,为圆锥体形的空腔器官,分为 6 个壁:前壁为面部;上壁为眼眶底壁;内壁为鼻侧壁;下壁面临硬腭;侧后壁为颞下窝前壁;后壁即翼腭窝前壁。也有学者将侧后壁和后壁合为一壁,此上颌窦又有 5 壁之说(图 11-42、图 11-43)。

上颌窦根据肿瘤发生的解剖部位与预后关系,通常以 Ohngren 线(从内眦到下颌角连线形成的一个假象平面)为界分为后上和前下两部分(图 11-44),其侵犯途径有各自特点,前者容易侵犯筛窦、蝶窦、颅底,手术不易切净、预后较差;后者解剖表浅,尽管淋巴结转移概率较高,但利于手术切除,预后好于前者。

上颌窦癌其淋巴结转移率较低,初诊时少于 10%~15%,颌下淋巴结(Ⅰb 区)和上颈深淋巴结(Ⅱa 区)常见,其次为腮腺淋巴结和脊副链淋巴结组(Ⅴa 区),多为同侧淋巴结转移,对侧淋巴结转移率很低,一旦侵犯过中线则对侧淋巴结转移概率相应增加。

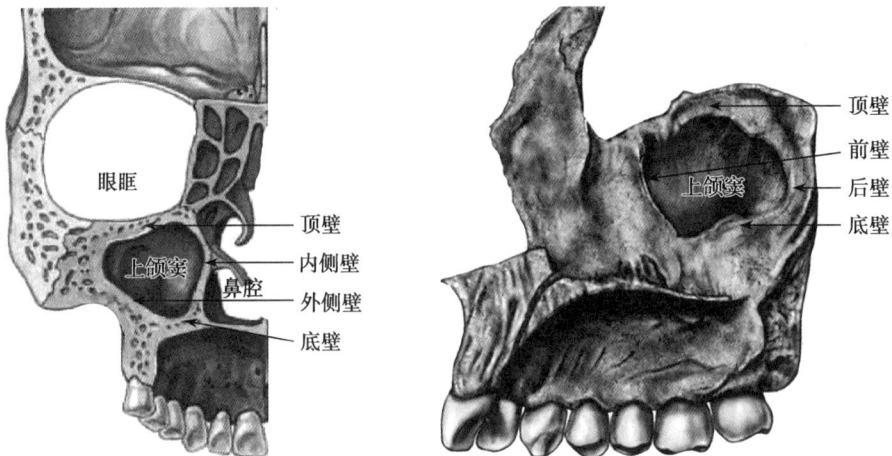

图 11-42　上颌窦大体解剖

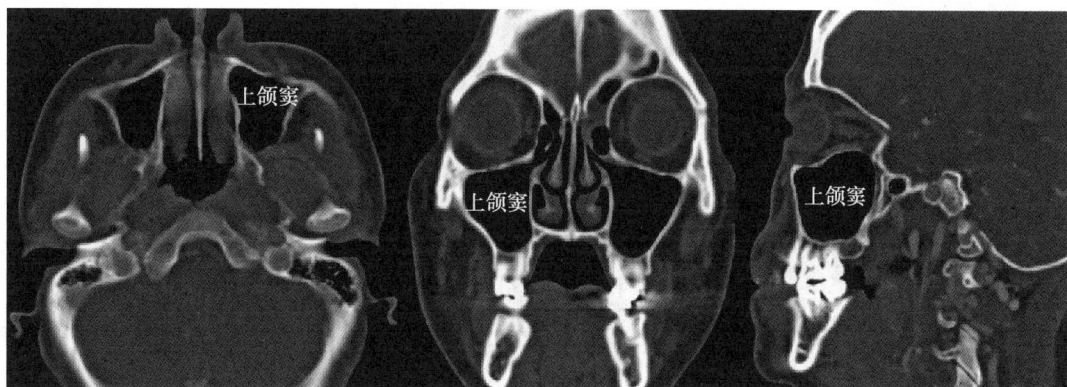

图 11-43 上颌窦 CT 影像所见
(本图由副主编罗京伟制作并授权,仅限本书使用)

上颌窦癌远处转移率较低,初诊时少于7%,多见于肺、骨、肝。

(二)治疗原则

以手术治疗为主,早期病变单纯手术治愈率高。但中晚期病变,手术+放射治疗是标准的治疗模式,且放疗主要为术后放射治疗,但对于眼眶受侵、翼腭窝受侵等高危因素者,采用术前放疗既能增加手术切缘安全保证,又能有效保留眼眶完整性。

(三)放射治疗技术

1. 常规放射治疗技术 原发肿瘤采用两野交角照射,并加用楔形板(图 11-39)。

根据颈部有无淋巴结转移决定采用病变侧全颈或上颈部切线照射(图 11-41)。

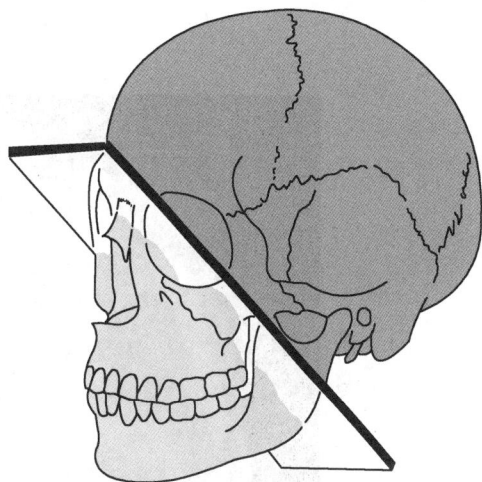

图 11-44 Ohngren 线
(本图由副主编罗京伟制作并授权,仅限本书使用)

图 11-45 为 1 例右侧局部晚期上颌窦鳞癌但未侵犯眼眶的照射野。因侧野不能照射到筛窦前组,且面前野由于高能 X 线剂量建成效应的影响也会造成浅表剂量欠缺,故筛窦前组常规另开一 6~9MeV 电子束照射野(图 11-45 面前野虚线部分)以弥补其剂量不足。

2. 调强放射治疗技术 图 11-46 为 1 例局部晚期上颌窦鳞癌采用调强放射治疗的靶区设计。

GTVp 包括影像学所见的具体肿瘤。

CTV 包括右侧上颌窦全部、翼腭窝、翼上颌裂、颞下窝,全部鼻腔筛窦、额窦、蝶窦,右侧眼眶、鼻咽、上颈深及颌下淋巴引流区。

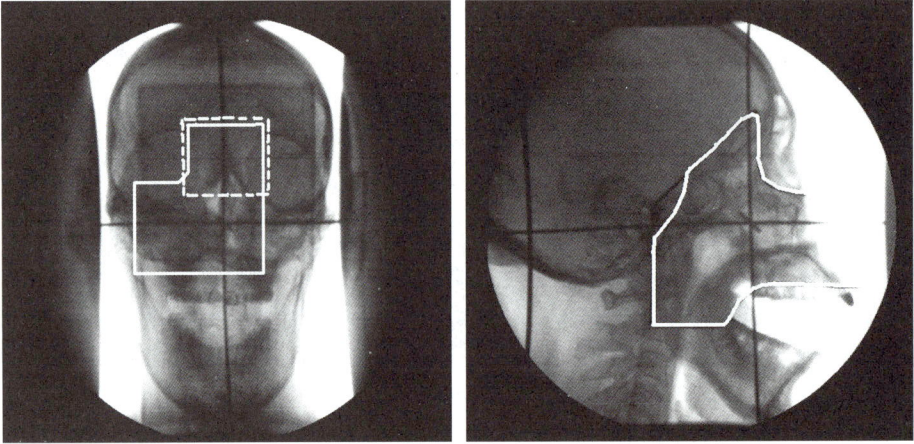

图 11-45 局部晚期但未侵及眼眶的鼻腔上颌窦癌照射野

原发灶照射野:面前野+侧野(均用 45°楔形板)。

(本图由副主编罗京伟制作并授权,仅限本书使用)

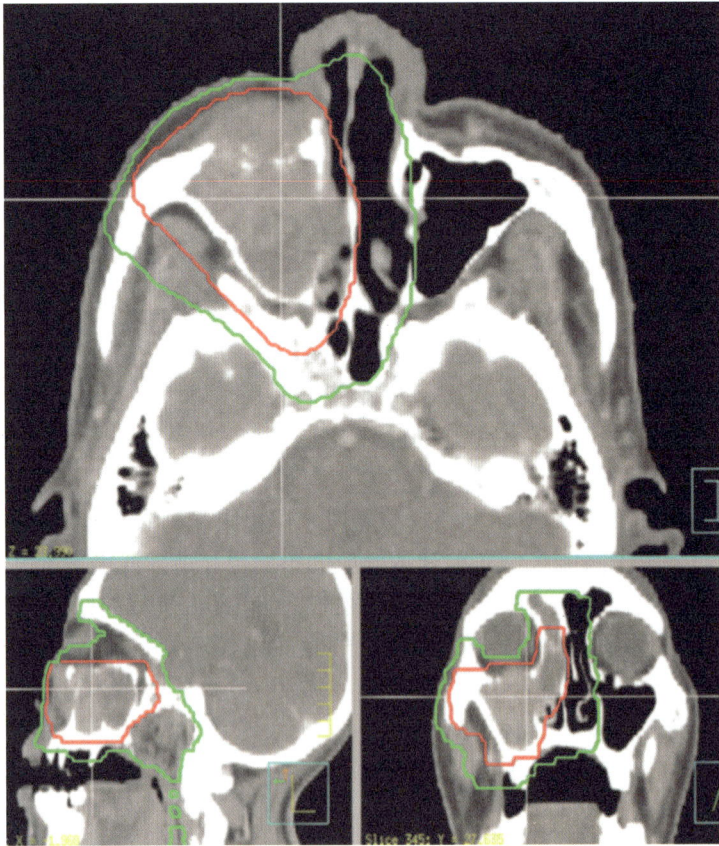

图 11-46 上颌窦癌 IMRT 的靶区勾画(红线 GTVp,绿线 CTV)

(本图由副主编罗京伟制作并授权,仅限本书使用)

三、鼻腔筛窦癌

(一)概述

鼻腔由鼻中隔分为左、右两腔。在冠状面上呈三角形上窄下宽。前经鼻前孔与外界相通,后经鼻后孔与鼻咽相连。每侧鼻腔包括内侧壁(鼻中隔)、外侧壁(与上颌窦毗邻)、下壁(与口腔毗邻)和顶壁(与筛窦、蝶窦和眼眶毗邻)。

筛窦位于鼻腔外上部与两眶之间的筛骨迷路内,两侧常不对称。整个筛窦小房和眶部仅隔很薄的筛骨眶板(纸样板),因此筛窦癌容易侵犯眼眶。

原发于筛窦的癌少见,常为鼻腔或上颌窦侵至该区所致。

鼻腔筛窦癌以局部生长为主,可以互相侵及并侵犯其他邻近结构。

淋巴引流由于部位不同而不同:

筛窦前 1/2 发生的肿瘤容易发生颌下淋巴结、上颈深淋巴结转移,浅表淋巴结如耳前淋巴结也容易发生转移。

筛窦后 1/2 发生的肿瘤则容易发生上颈深和咽后淋巴结转移。

(二)常规放射治疗技术

根据病变部位、侵犯范围而采用不同的照射技术,如单野照射、两野交角照射技术或三野照射技术(具体参见鼻腔上颌窦内容)。

(三)调强放射治疗

图 11-47 为 1 例 $T_{4a}N_0$ 的局部晚期鼻腔筛窦癌术后放疗采用调强放射治疗技术的靶区勾画。

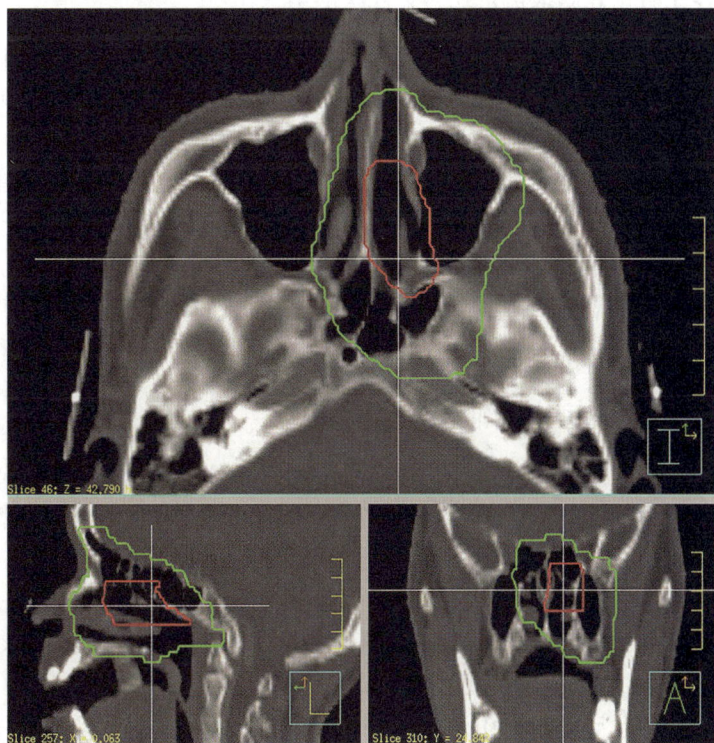

图 11-47 $T_{4a}N_0$ 鼻腔筛窦鳞癌术后调强放疗的靶区勾画(红线 GTVtb,绿线 CTV1,CTV2 图中未显示)

GTVtb：包括原发肿瘤的位置及手术涉及的区域（红线范围）。

CTV：分为两个CTV。

CTV1包括GTVtb,骨性鼻腔全部、左侧上颌窦全部、全部筛窦蝶窦、左侧额窦,左侧眼眶内侧壁、眶下裂、翼腭窝、翼上颌裂、翼管、圆孔、卵圆孔、破裂孔等,以及左侧颈部Ⅰb和Ⅱ区。

CTV2包括左侧Ⅲ区和Ⅳ区,行预防性照射。

第八节 甲状腺癌

一、概述

甲状腺癌（thyroid carcinoma,TC）发病率在全球均呈上升趋势。根据国家癌症中心2022年公布的数据,甲状腺癌是头颈部恶性肿瘤中唯一发病率排名国内前十的恶性肿瘤,排名第七（发病率由高到低依次为肺癌、结直肠癌、胃癌、肝癌、乳腺癌、食管癌和甲状腺癌）,其中女性的发病率更为明显,排在乳腺癌和肺癌之后,居第三位。

甲状腺癌好发于青壮年,女性发病率明显高于男性。

病因学有多种,主要包括以下因素。

1. 电离辐射 儿童及青少年时期电离辐射接触史是唯一被确认的甲状腺癌致病危险因素,并且暴露辐射的年龄越小,甲状腺癌发生的概率越高。但是尚无明确证据显示成年人的辐射暴露会增加甲状腺癌的风险。

2. 碘摄入 碘摄入不足是甲状腺癌发生的危险因素。但长期过高的碘摄入目前也被认为是甲状腺癌发生的一个危险因素。

3. 甲状腺良性病变的恶变 自身免疫性甲状腺病变,如自身免疫性甲状腺炎和毒性弥漫性甲状腺肿,甲状腺良性结节如结节性甲状腺肿、甲状腺功能亢进症、甲状腺腺瘤等,在TSH升高长期的刺激下,少数可恶变为甲状腺癌。

4. 雌激素 雌激素已被证明与多种癌症有关,也是女性甲状腺癌发生率明显增加的一个危险因素。

5. 遗传因素和基因突变 甲状腺癌家族聚集性较为常见,表明遗传因素在甲状腺癌的发生中起着重要作用。甲状腺癌中基因突变的概率明显增加,主要为 *BRAF/RAS* 点突变和RET/TC染色体重排。因此,目前多认为甲状腺癌是环境因素和遗传因素共同作用导致。

二、应用解剖和淋巴引流

甲状腺分为左、右两个侧叶,中间以峡部相连,形如"H"状,两叶贴附在甲状软骨和颈段食管的前面两侧。上界在甲状软骨的中部,下界在第四五气管软骨环水平,侧叶的两面贴近气管、食管及喉返神经,后方邻近颈动脉鞘（图11-48）。

甲状腺的血供为成对的甲状腺上动脉（颈外动脉的分支）和甲状腺下动脉（锁骨下动脉发出的甲状颈干的分支）。静脉回流从成对的甲状腺上中静脉到颈内静脉,以及从甲状腺下静脉到锁骨下静脉和无名静脉。

甲状腺的淋巴引流管网密集,随着甲状腺上下血管走行,向多个方向引流,因此淋巴结的双侧受累较常见。

甲状腺癌发生区域性淋巴转移较为常见(图 11-49),转移的第一站为Ⅵ区,位于舌骨和胸廓入口之间,包括喉旁、气管旁和喉前淋巴结。第二站为中、下颈深淋巴结(Ⅲ、Ⅳ区)、锁骨上淋巴结,上纵隔淋巴结(Ⅶ区)以及上颈深淋巴结区(Ⅱ区)。咽后淋巴结和颌下淋巴结转移少见,但病变晚期均有可能发生。

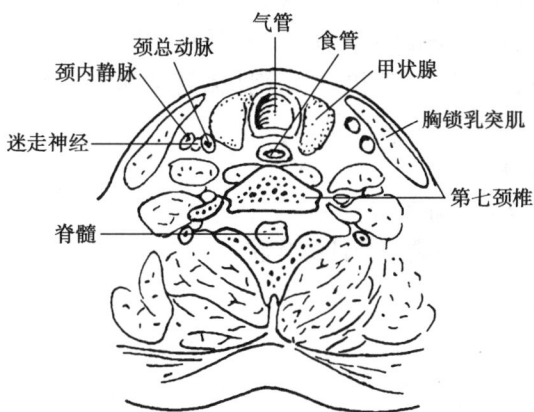

图 11-48　甲状腺横断面结构

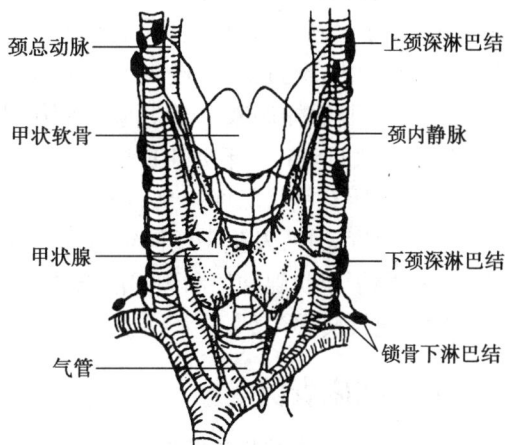

图 11-49　甲状腺淋巴转移

三、病理类型和生物学行为

甲状腺滤泡由滤泡上皮细胞混合滤泡旁细胞组成,滤泡上皮细胞分泌甲状腺激素调节新陈代谢。滤泡旁细胞分泌降钙素调节血钙水平。甲状腺癌主要为甲状腺滤泡上皮细胞起源的恶性肿瘤,国际上最新的病理分类较过去有明显的改变,现包括以下四种病理类型:甲状腺乳头状癌(papillary thyroid carcinoma,PTC)、甲状腺滤泡状癌(follicular thyroid cancer,FTC)、嗜酸细胞癌(hurthle cell carcinoma,HCC)、低分化癌(poorly differentiated carcinoma,PDC)和未分化癌(anaplastic thyroid carcinoma,ATC)。滤泡旁细胞发生的肿瘤为髓样癌。不同病理类型,其生物学行为不同。

1. 甲状腺乳头状癌　在临床最常见,占所有甲状腺癌的 80% 以上,女性多见,好发于青壮年,近年来发病率明显增加,而且渐趋年轻化。其一般生长缓慢,恶性程度低。多为腺体实质内的多发性病灶或单发病灶,颈部淋巴转移较多见,血行转移少见。预后最佳。最新的 WHO 病理分级又将乳头状癌分为 14 个亚型,其目的是将其中包含的部分表现为侵袭性、预后不佳者加以区分。高侵袭性组织学亚型有 4 个,包括高细胞型(tall cell variant)、鞋钉型(hobnail variant)、柱状细胞型(columnar cell variant)和实体/梁状型(solid trabecular variant,STV),代表着这些亚型容易发生甲状腺被膜外浸润和淋巴结转移,提示肿瘤复发风险高。而其他亚型多无特殊预后意义。

2. 甲状腺滤泡状癌　是甲状腺滤泡细胞来源的恶性肿瘤,缺乏乳头状癌核型特征,通常有包膜,呈浸润性生长方式。多数为孤立性结节,约占甲状腺癌的 10%,女性多见,可发生于任何年龄。一般病程较长,肿瘤生长缓慢。淋巴结转移和血行转移所占比例均15%~20%。其预后仅次于乳头状癌。滤泡状癌鉴别诊断要点为包膜和/或血管浸润。临床上将乳头状癌和滤泡状癌统称为分化型甲状腺癌,代表预后好,^{131}I 治疗有效。

3. 嗜酸细胞癌 是从滤泡状癌中独立分出的一个病理类型,其定义为具有 75% 以上嗜酸细胞的滤泡性肿瘤。其与滤泡状癌不同之处在于脉管浸润以血管侵犯为主,而且淋巴管内癌栓多见,因此容易血行转移,预后不如前者。

4. 低分化癌和未分化癌的生物学行为属于高度恶性,与分化型的甲状腺癌相比,其发展快,诊断时大部分已广泛侵犯甲状腺周围组织,颈部淋巴结转移和血行转移多见。

5. 甲状腺髓样癌来源于滤泡旁细胞(即甲状腺滤泡周围的 C 细胞),因此又称为滤泡旁细胞癌或 C 细胞癌,属于 APUD 瘤(apudoma)的范畴。其特点是:

(1)占所有甲状腺癌的 5%~10%,少数具有家族史。

(2)中度恶性,发生于任何年龄,男女发病率无明显差异。

(3)除了甲状腺肿块和颈部淋巴结肿大外,还有类癌综合征的症状。

(4)血性转移多见。

四、临床表现

多表现为无症状性甲状腺结节。

分化型甲状腺癌一般病史较长、肿物生长缓慢,当肿物较大或其他类型的甲状腺癌生长较快时,可出现压迫或周围器官受侵的症状:

如肿物压迫气管,使气管移位,可出现不同程度的呼吸障碍症状;

如肿瘤侵犯气管时,则可出现呼吸困难或咯血;

如肿瘤压迫或侵犯食管,可引起吞咽困难;

如肿瘤侵犯喉返神经时可以出现声音嘶哑;

如侵犯或压迫交感神经时,可引起霍纳综合征;

如侵犯颈丛时,可引起耳、枕、肩等处疼痛。

查体则可发现甲状腺区域的颈部肿物,其随吞咽上下移动,借此可与非甲状腺肿物如颈部肿大淋巴结鉴别,一旦病变晚期侵犯周围结构,则表现为肿物固定。部分患者则首先表现为颈部淋巴结肿大。

髓样癌除颈部肿块外,因其能产生降钙素、前列腺素、5-羟色胺、肠血管活性肽等,患者可有腹泻、面部潮红和多汗等类癌综合征或其他内分泌失调的表现。

五、辅助检查

1. 肿瘤标志物 甲状腺球蛋白(thyroglobulin,Tg)对于鉴别甲状腺结节的性质有一定的参考价值。降钙素是甲状腺髓样癌的特征性标志物,既可以作为诊断使用,也可以作为监测指标,判定治疗后有无肿瘤残存、转移等。

2. 颈部超声 超声检查因无创、方便、费用低廉、无辐射、可重复性等优点,成为目前甲状腺结节检查的主要影像手段。其对甲状腺结节检出有很高的灵敏度,可发现小至 2mm 的结节,随着目前体检项目的普及,颈部超声检查发现甲状腺恶性结节的正常人群明显增加,这也是导致甲状腺癌发生率明显升高的一个重要因素。超声检查对鉴别肿物为单发或多发、实性或囊性,腺体内或腺体外有很大帮助,同时超声鉴别良恶性结节的准确性也较高,但超声检查受操作者水平影响较大。

国际上超声检查判定良恶性标准为 TI-RADS 分级标准。

0 级:临床疑似病例但超声检查无异常,需要追加其他检查。

1 级:正常所见,超声显示甲状腺腺体大小、回声正常,无结节、囊肿或钙化等异常。

2 级:良性结节(恶性肿瘤风险为 0%),均需要临床随访。

3 级:可能良性结节(恶性肿瘤风险<5%),可能需要穿刺活检。

4 级:可疑恶性结节(恶性的可能 5%~80%),需要结合临床诊断。

4a(恶性可能 5%~10%)。

4b(恶性可能 10%~80%)。

5 级:可能恶性结节(提示癌的可能性>80%)。

6 级:活检证实的恶性结节。

超声检查结合细针穿刺细胞学检查是区分良恶性肿瘤最可靠的检查手段,准确性高达 95%,假阴性率不足 5%,假阳性率在 3% 以下。

3. CT/MRI 扫描　颈部 CT 可以显示甲状腺肿物及其外侵范围,有无颈部淋巴结转移,无论是对外科手术切除、还是术后放疗都有极大帮助。而 MRI 检查由于出众的软组织辨识能力,可作为 CT 检查的一种补充,如显示食管或气管是否有早期侵犯。因 CT 增强扫描所用药物为碘造影剂、内含高浓度的碘,会给以后需要做 RAI 治疗的患者带来影响,导致治疗的延迟。因此并不建议对已经明确诊断的甲状腺癌用 CT 来做分期评价。

4. 甲状腺核素检查　通过放射性碘摄取判定甲状腺肿物有无吸碘功能,诊断上对于判定甲状腺的恶性程度有一定帮助,同时还可以判定吸碘的甲状腺癌患者有无其他部位转移,并为后继的 ^{131}I 治疗提供依据。

六、TNM 分期

目前国际上通用的为 2017 年第 8 版 UICC/AJCC 的 TNM 分期标准。

1. 原发肿瘤 T 分期

T_X:原发肿瘤不能评估。

T_0:无原发肿瘤的依据。

T_1:肿瘤局限于甲状腺,最大径≤2cm。

T_{1a}:局限于甲状腺,最大径≤1cm。

T_{1b}:局限于甲状腺,1cm<肿瘤最大径≤2cm。

T_2:肿瘤局限于甲状腺,2cm<肿瘤最大径≤4cm。

T_3:肿瘤局限于甲状腺,肿瘤最大径>4cm;或甲状腺外浸润,仅累及带状肌群。

T_{3a}:肿瘤局限于甲状腺,肿瘤最大径>4cm。

T_{3b}:任何大小的肿瘤甲状腺外浸润,仅累及带状肌群。

T_4:甲状腺外浸润。

T_{4a}:任何大小的肿瘤发生甲状腺外浸润,包括侵犯皮下软组织、喉、气管、食管或喉返神经。

T_{4b}：任何大小的肿瘤发生甲状腺外浸润，包括侵犯椎前筋膜，或包绕颈动脉或纵隔血管。

注：根据肿瘤结节的多少分为单发肿瘤、多发肿瘤。对多发肿瘤者，最大肿瘤的大小决定具体分期。带状肌群包括胸骨舌骨肌、胸骨甲状肌、甲状舌骨肌、肩胛舌骨肌。

所有的甲状腺未分化癌均为 T_4，其中又分为：

T_{4a}：甲状腺内未分化癌。

T_{4b}：超出甲状腺范围的未分化癌。

2. 区域淋巴结（N）分期　区域淋巴结又分为中央组、两侧颈部和上纵隔淋巴结区域。

N_x：区域淋巴结不能评价。

N_0：区域淋巴结无转移。

N_{0a}：细胞学或组织学明确无转移的淋巴结。

N_{0b}：无淋巴结转移的影像学或临床检查证据。

N_1：区域淋巴结转移。

N_{1a}：单侧或双侧Ⅵ区或Ⅶ区淋巴结转移（气管前、气管旁，喉前/Delphian 淋巴结）。

N_{1b}：单侧、双侧或对侧颈部淋巴结转移（Ⅰ、Ⅱ、Ⅲ、Ⅳ和Ⅴ区），或咽后淋巴结。

由于甲状腺癌不同病理类型的预后明显不同，因此建议分期组合应根据病理类型如乳头状癌和滤泡状癌，髓样癌，以及未分化癌而分为三组，同时因乳头状癌和滤泡状癌的预后受年龄因素影响显著，因此分期中考虑年龄因素。

（1）分化型癌包括乳头状癌和滤泡状癌。

<55 岁者

Ⅰ期：任何 T	任何 N	M_0
Ⅱ期：任何 T	任何 N	M_1

≥55 岁者

Ⅰ期：$T_{1\sim2}$	N_0/N_x	M_0
Ⅱ期：$T_{1\sim2}$	N_1	M_0
T_3	任何 N	M_0
Ⅲ期：T_{4a}	任何 N	M_0
ⅣA：T_{4b}	任何 N	M_0
ⅣB：任何 T	任何 N	M_1

（2）髓样癌（任何年龄）

Ⅰ期：T_1	N_0	M_0
Ⅱ期：$T_{2\sim3}$	N_0	M_0
Ⅲ期：$T_{1\sim3}$	N_{1a}	M_0
ⅣA：T_{4a}	任何 N	M_0
$T_{1\sim3}$	N_{1b}	M_0
ⅣB：T_{4b}	任何 N	M_0
任何 T	任何 N	M_1

（3）未分化癌：所有诊断未分化病理类型的甲状腺癌都为临床Ⅳ期。

ⅣA：$T_{1\sim 3a}$	N_0/N_x	M_0
ⅣB：$T_{1\sim 3a}$	N_1	M_0
$T_{3b\sim 4}$	任何 N	M_0
ⅣC：任何 T	任何 N	M_1

七、治疗原则

甲状腺癌的首选治疗方式为手术切除。

不论病理类型如何，只要有指征就应尽可能地手术切除。

在手术切除范围上，国内外有一定争议：国外主张甲状腺全切除术，一方面解决甲状腺癌可能存在的多发病灶，另一方面有利于部分需要接受 ^{131}I 治疗患者的后继治疗；而国内，尤其是国家癌症中心/中国医学科学院肿瘤医院则主张甲状腺次全切除术，一方面是因为目前包括超声在内的影像检查可以精准地确定肿瘤的多少及部位，另一方面对完全局限于一侧甲状腺癌手术时保留对侧部分腺体，便于内源性甲状腺素的释放和保存，有较高的生活质量。但无争议的是，如果双侧腺体存在多发病灶，或已经有远处转移，术后需要补充 ^{131}I 治疗的患者，则行甲状腺全切除术。

因甲状腺癌对放射治疗敏感性差，单纯放射治疗对甲状腺癌的治疗并无好处。但对于术后有残留者，术后放射治疗有价值，放射治疗原则上应配合手术使用，主要为术后放射治疗。具体实施应根据手术切除情况、病理类型、病变范围、年龄等因素而定。对恶性程度较低的癌如分化好的乳头状癌或滤泡状癌，术后微小残存可用 ^{131}I 治疗，即使是术后局部复发者也可再做手术或颈清扫，仍能达到根治或长久的姑息作用。如对这些患者进行较大范围的放射治疗，一旦复发则很难再次手术或已根本不能手术。肿瘤累及较重要的部位，如气管壁、气管食管沟、喉、动脉壁或静脉内有瘤栓等，手术无法完全切除，且 ^{131}I 治疗又因残存较大无明显效果时才可考虑术后放射治疗。放射治疗宜用较小的照射野，包括残存病灶即可。对年轻患者，病理类型一般分化较好，即使是出现复发转移也可带瘤长期存活，且 ^{131}I 治疗和再次手术都为有效的治疗手段，因此外照射的应用需慎重。否则不仅效果有限，而且影响下一步的治疗。另外，可能出现放疗后遗症，如颈部发育畸形、辐射诱发癌。但对分化差的癌或未分化癌，无论分期如何、手术切除情况如何，均建议给予术后放疗。且术后放疗范围应进行必要的预防照射，以尽可能地降低局部区域复发，改善预后。

对已经发生远处转移包括肺、骨等部位的高分化乳头状癌、滤泡状癌，在甲状腺全切除术的基础上，术后补充 ^{131}I 治疗，可取得较好的效果甚至长期治愈。对分化差的乳头状癌、滤泡状癌和髓样癌，由于其吸碘功能有限，因此不宜采用 ^{131}I 治疗。可有指征地应用外照射治疗，或加用化疗，或靶向治疗，经积极治疗，部分患者仍可长期存活。

甲状腺癌的放射治疗主要用于甲状腺未分化癌，即便手术全切也应术后放疗，而且放疗采用大野照射；而对于分化型甲状腺癌，对于符合条件的病例可采用局部小野放疗。

1. 常规二维照射技术　由于甲状腺床位居舌骨至气管分叉水平之间，且颈部淋巴结很少发生舌骨水平以上的转移，所以甲状腺癌照射野在包括全部甲状腺体及区域淋巴引流的原则上，上界至舌骨水平即可，下界可根据具体病变侵犯范围而定。但对未分化癌而言，上界应至下颌骨下缘上 1cm 以包括上颈部淋巴结,下界应至气管分叉水平以包括上纵隔淋巴结(图 11-50)。

2. 调强放射治疗技术 图 11-51 为 1 例右侧甲状腺未分化癌术后采用调强放射治疗的靶区设计。GTVtb:包括术前影像显示的甲状腺肿瘤的大小,并结合术中所见、手术切除范围等因素确定的范围。CTV:因颈部为 N_0 病变,因此上界置于舌骨水平,下界置于主动脉弓上水平,包括双侧颈部的Ⅲ、Ⅳ、Ⅵ、Ⅶ区和全部甲状腺区域及其邻近结构。

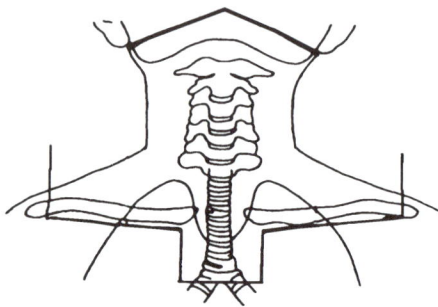

图 11-50 甲状腺未分化癌的标准照射野
(本图由副主编罗京伟制作并授权,仅限本书使用)

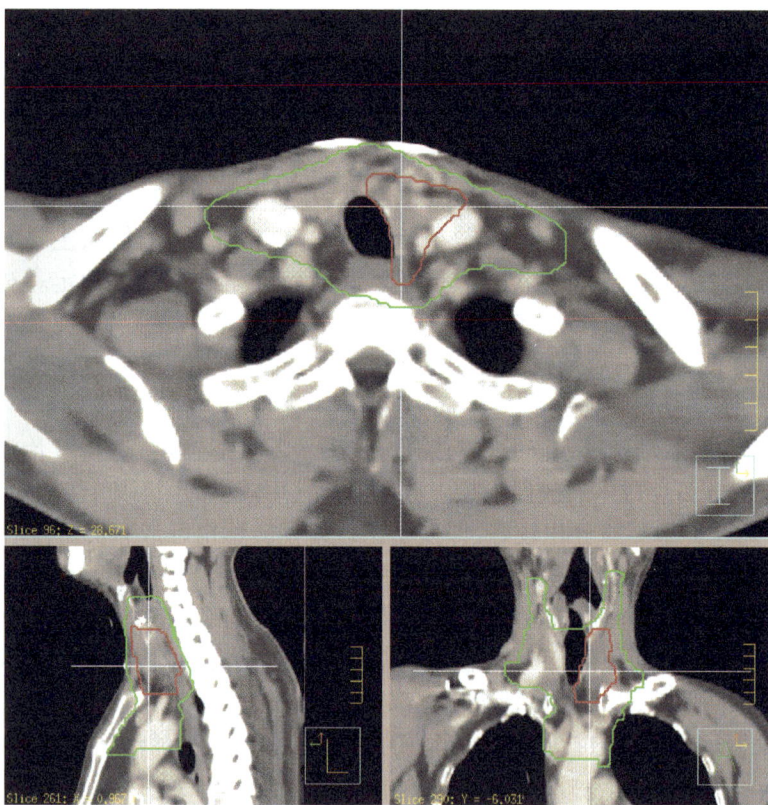

图 11-51 甲状腺未分化癌术后调强放疗的靶区设计

八、疗效和预后

甲状腺癌不同病理类型的疗效相差甚大,对分化型乳头状腺癌,即便发生远处转移也能长期生存,而未分化癌即便为局限性病变,其预后也很差。影响疗效的因素包括:

1. 病理类型 乳头状癌预后最好,10 年生存率为 73%~93%;滤泡状癌次之,10 年生存率为 43%~95%；髓样癌为 70%；未分化癌最差，5 年生存率最高不超过 20%，多数病例生存不超过 1 年。

2. 临床分期　随分期的增加，预后逐渐变差。

3. 甲状腺包膜是否受侵。

4. 年龄　乳头状癌、滤泡状癌和髓样癌的预后与年龄有密切的关系，随年龄的增加，预后逐渐变差。

5. 性别　女性甲状腺癌的生存率高于男性。

第九节　涎　腺　癌

一、概述

涎腺癌是指发生在涎腺的恶性肿瘤，包括三对大涎腺如舌下腺、颌下腺、腮腺，以及头颈部任何部位小涎腺发生的恶性肿瘤。由于部位不同，且涎腺肿瘤病理类型众多，发病率有很大差异。

不同部位发生的涎腺肿瘤，良恶性比例明显不同，腮腺肿瘤中 20% 为恶性肿瘤，颌下腺和舌下腺肿瘤中有 50% 为恶性肿瘤，而小涎腺肿瘤中 80% 为恶性肿瘤。

二、应用解剖和淋巴引流

涎腺，又名唾液腺，包括大涎腺和小涎腺，其中大涎腺又包括三对：腮腺、颌下腺、舌下腺。发生于大涎腺的肿瘤最为常见，其中发病部位最多见的为腮腺，其次为颌下腺，而舌下腺发生的肿瘤非常少见。

大涎腺的淋巴引流主要为腺体周围淋巴结、颌下和上颈深淋巴结，如腮腺引流至耳前、耳后、颌下和上颈深淋巴结，舌下腺和颌下腺则引流至颏下、颌下和上颈深淋巴引流区。

涎腺癌总体发生颈部淋巴结转移的概率并不高，但特殊类型的涎腺癌其颈部淋巴结转移发生率明显增加。影响颈部淋巴结转移的因素主要为：

1. 解剖部位　大涎腺癌患者比小涎腺癌患者更易发生颈部淋巴结转移，其中颌下腺在三对大唾液腺中颈部淋巴结转移概率最高；而小涎腺来源的恶性肿瘤则与其所在部位的淋巴引流是否丰富有关，如鼻咽、舌根、口底等部位的小涎腺癌颈部淋巴结转移的概率较唇、腭、上颌窦的小涎腺癌的颈部淋巴结转移的发生率高。

2. 病理类型　病理类型为鳞状细胞癌、透明细胞癌、淋巴上皮癌、导管癌和低分化黏液表皮样癌等，生物学行为为高度恶性，其颈部淋巴结转移率高，一般都在 30% 以上，而腺泡细胞癌、多形性低度恶性腺癌、腺样囊性癌和高分化黏液表皮样癌的颈部淋巴结转移的发生率一般不超过 10%。

3. 分化程度　根据分化程度可分为高、中和低分化三型，不同分化程度的涎腺癌颈部转移淋巴结发生率明显不同，尤其是黏液表皮样癌表现更为突出。低分化黏液表皮样癌的颈部淋巴结转移发生率可达 30%，而中、高分化黏液表皮样癌的颈部淋巴结转移发生率一般不超过 10%。

4. 原发肿瘤大小　原发肿瘤越大,其颈部淋巴结转移率越高,T_3、T_4 级患者的颈部淋巴结转移率明显高于 T_1、T_2 级患者。

三、病理类型

涎腺发生的肿瘤,病理类型众多且复杂,其中较为常见的病理类型有黏液表皮样癌、腺样囊性癌、恶性多形性腺瘤、腺泡细胞癌等。

临床为便于掌握,将所有涎腺癌分为低度恶性和高度恶性两大组。前者包括腺泡细胞癌、分化好的黏液表皮样癌,其局部浸润倾向低、淋巴结转移和远处转移较少;后者包括分化差的黏液表皮样癌、恶性混合瘤、鳞状上皮癌等,临床常表现为局部广泛浸润性生长;淋巴结转移和远处转移发生率高,预后差。

如果从肿瘤细胞分化程度来分类,则又分为高、中、低分化。一般而言,高分化癌的恶性程度较低、预后较好,而低分化癌的恶性程度高、预后差。如同样病理类型的黏液表皮样癌,其低分化者或分化差者预后明显变差,归入高度恶性范畴,而中、高分化者则归入低、中度恶性范畴。

四、临床表现

涎腺癌的临床症状多不明显,多表现为发病部位的无痛性肿物、缓慢增大。随着肿物的生长,对周围组织或器官可出现压迫或侵犯的症状;如侵及神经,则引起相关神经症状,导致感觉异常、疼痛以及麻木等,如腮腺癌侵犯面神经,出现患侧嘴歪、闭眼不能等面神经麻痹的症状和体征。

涎腺癌早期出现颈部淋巴结转移的少见,但病变晚期或病理类型为高度恶性时,颈部淋巴结转移的概率增加。常见的淋巴结转移部位因发病部位的不同而不同。

五、诊断要点

1. 病史　通过详细的病史询问,了解肿物出现的时间、演变速度以及有无相关症状。
2. 查体　对相应腺体区的肿物应进行仔细检查,包括肿物的质地、活动度、大小、有无压痛及局部皮肤受侵,有无面神经麻痹的体征。同时也应重视颈部淋巴结的检查。
3. 细针穿刺细胞学检查对诊断有重要价值,对不能定性者,可考虑手术切除、术中冰冻、术后病理学检查以明确诊断。
4. 除临床检查外,应常规 CT 和 MRI 扫描。

六、临床分期

国际上采用的为 2017 年第 8 版 UICC/AJCC 临床分期标准,适用于大唾液腺恶性肿瘤,但不适用于淋巴瘤及小唾液腺肿瘤。

T(原发肿瘤)分期:

T_1:肿瘤的最大直径≤2cm 无腺体外受侵。

T_2:肿瘤的最大直径>2cm 但≤4cm 且无腺体外受侵。

T_3:肿瘤的最大直径>4cm,和/或肿瘤有腺体外受侵。

T_4:中晚期病变和非常晚期病变。

T_{4a}:中晚期病变,肿瘤侵犯皮肤、下颌骨、耳道和/或面神经。

T_{4b}:非常晚期病变,肿瘤侵犯颅底和/或翼板和/或包绕颈动脉。

注:腺体外受侵主要是根据临床检查及术中检查发现的软组织受侵,如仅为镜下受侵则不影响分期。

N、M 分期及组合同其他头颈部癌。

七、治疗原则

本病的治疗以手术治疗为主。凡有手术指征者应先争取手术切除。早期病变,术后无须后继治疗,定期复查即可。对中、晚期病变,或病理类型为高度恶性者,主张手术+放疗的综合治疗。多数情况下采用手术+术后放疗的治疗方案。术后放疗的应用指征包括:病理类型属高度恶性的肿瘤;肿瘤包膜不完整或包膜受侵;术后局部复发的肿瘤二次手术后;肿瘤侵及神经或侵及周围肌肉或颅底者;手术切缘阳性或安全界不够;颈部淋巴结转移>N_1,或淋巴结包膜受侵。

八、放射治疗

涎腺癌的放疗主要为术后放疗,无论是常规放射治疗、还是调强放射治疗,其靶区设计需要包括全部瘤床、手术瘢痕外 2cm 的正常组织、第一站的区域淋巴引流区。其他颈部淋巴引流区是否需要照射取决于原发肿瘤的分期、病理类型、颈部淋巴结的转移情况。一般而言,局部晚期、高度恶性的病理类型、第一站淋巴结有转移时都要考虑中下颈部的预防性照射。原发于腮腺的肿瘤应包括整个腮腺、同侧茎突前间隙和乳突。原发于颌下腺的肿瘤应包括口底和颌下腺。如病理类型为腺样囊性癌,还应包括相关脑神经通道直至颅底,常见为面神经、下颌神经及其分支。其他小涎腺发生的肿瘤,根据其发生部位的不同而不同,靶区设计与该部位发生的鳞癌相似。

(一) 常规放射治疗技术

根据病变部位、病理类型、侵犯范围、是否过中线等,照射野可分别采用:

1. 单野混合束(高能 X 线+合适能量的电子线)照射 适用于病变完全局限于一侧者。

2. 同侧两野交角楔形照射技术 适用于病变完全局限于一侧者。

3. 两侧野对穿照射技术 适用于病变已过中线者。

图 11-52 为 1 例腮腺低分化黏液表皮样癌术后放疗采用常规放疗技术的照射野。原发肿瘤和上颈部淋巴引流区采用单野混合束照射,因低分化黏液表皮样癌属高度恶性,即便颈部为 N_0 病变,病变侧下颈部锁骨上进行预防性照射而设计为切线野垂直照射。

腮腺癌照射野的体表标记:

上界:颅底水平或颧弓水平。

下界:喉切迹水平或舌骨下缘。

前界:咬肌前缘。

后界:乳突后缘。

颌下腺和舌下腺癌的照射野相似。因两者病变均容易侵犯口底,多建议双侧对穿野照

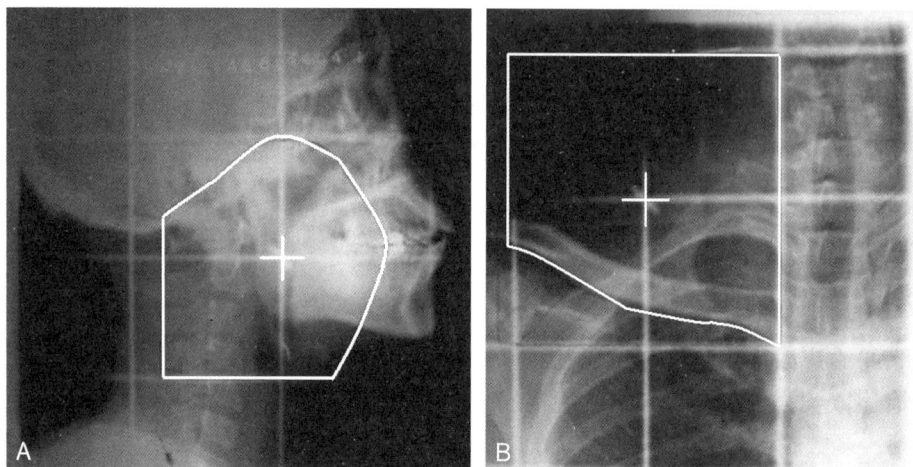

图 11-52 右侧腮腺低分化黏液表皮样癌术后常规放疗照射野
A. 单野混合束照射(6MV X+12MeV 等剂量配比);B. 同侧颈部锁骨上切线野。
(本图由副主编罗京伟制作并授权,仅限本书使用)

射(图 11-53)。但如果病变完全偏于一侧且无口底的受侵,则可采用一前一侧的两野交角照射技术,并加用合适角度的楔形板。下颈部、锁骨上是否需要照射取决于原发肿瘤的恶性程度、上颈部是否有淋巴结转移,如为低度恶性,且颈部为 N_0 病变,则照射野包括原发肿瘤的同时包括Ⅰ区和Ⅱ区即可,而Ⅲ、Ⅳ区无需颈部预防性照射,反之则病变侧的Ⅲ、Ⅳ区需要颈部预防性照射。

颌下腺和舌下腺癌侵犯口底照射野的体表标记:

上界:口角与第一颈椎横突连线,如为腺样囊性癌,则上界应至颅底水平。

下界:喉切迹水平或舌骨下缘。

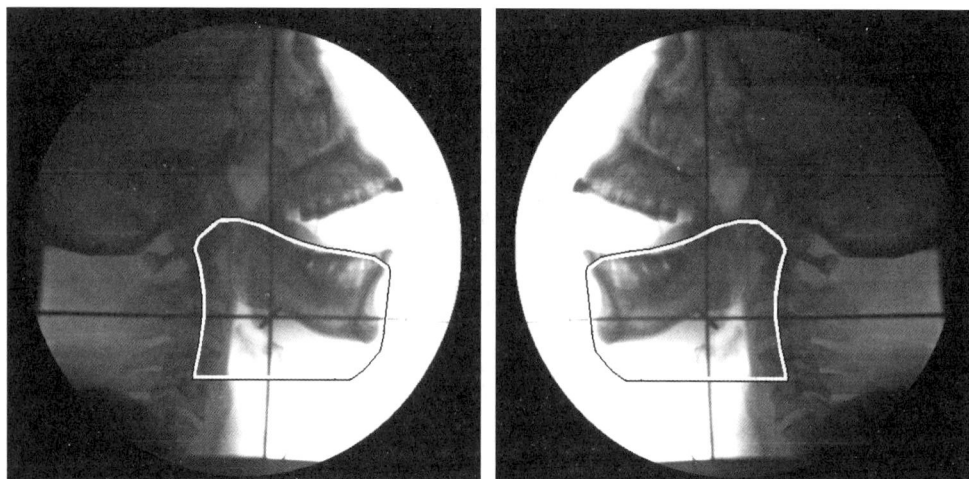

图 11-53 N_0 颌下腺癌两侧对穿照射野(非腺样囊性癌病例)
(本图由副主编罗京伟制作并授权,仅限本书使用)

前界:开放,以充分包括颏下淋巴结(Ia)。

后界:颈椎椎体1/2或中后1/3,或根据转移淋巴结的具体位置而定。

(二)调强放射治疗技术

靶区设计遵从头颈部鳞癌调强放射治疗的相关原则。

以下以具体病例显示不同部位发生的涎腺癌的靶区设计。

图11-54为1例腮腺低分化黏液表皮样癌的术后放疗。因低分化黏液表皮样癌为高度恶性,因此即便手术完整切除,也应术后放疗,且病变侧颈部预防性照射。

GTVtb:参考治疗前影像资料所显示的具体肿瘤大小,并结合术中所见包括的原发肿瘤瘤床。

CTV1:包括病变侧全部腮腺、茎突前间隙、茎乳孔,以及Ib和Ⅱ区淋巴引流区域。

CTV2:包括病变侧的Ⅲ区和Ⅳ区淋巴引流区。

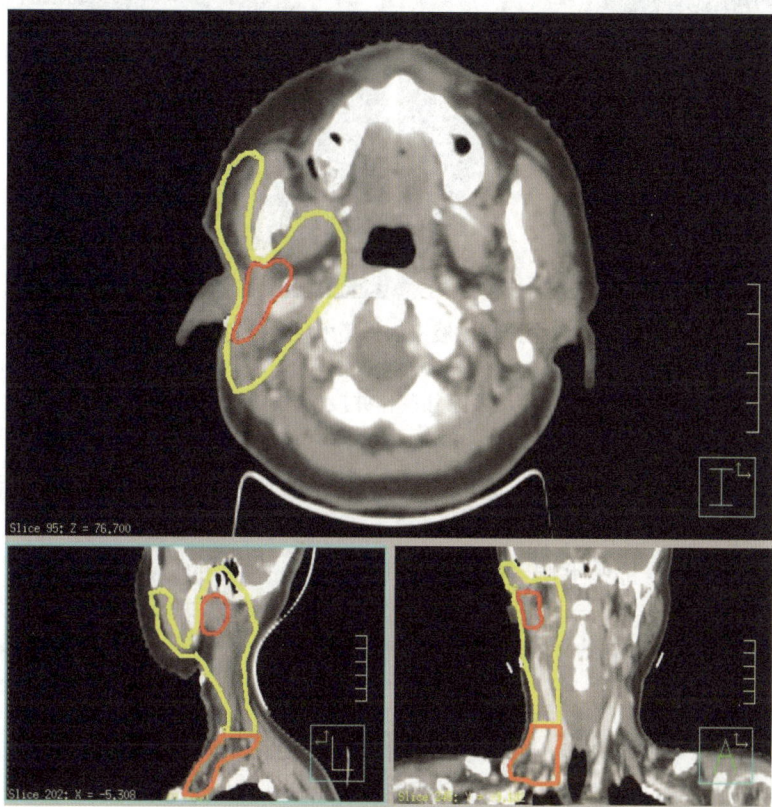

图11-54 右侧腮腺低分化黏液表皮样癌的调强放疗靶区设计(红线GTVtb,黄线CTV1,褐线CTV2)

(本图由副主编罗京伟制作并授权,仅限本书使用)

图11-55为1例左侧颌下腺中分化黏液表皮样癌的术后放疗,因有舌神经受侵,临床分期为T_4病变,尽管手术完整切除,也应术后放疗,因为N_0病变属中度恶性,因此仅预防性照射上颈部,而下颈部不予照射。

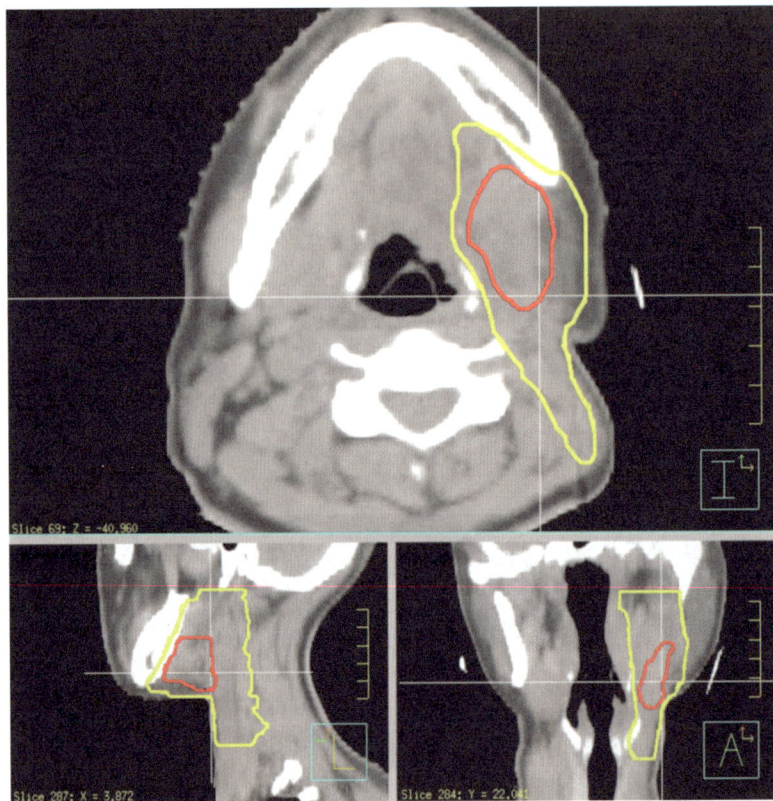

图 11-55 左侧颌下腺中分化黏液表皮样癌术后放疗靶区设计（红线 GTVtb，黄线 CTV）

（本图由副主编罗京伟制作并授权，仅限本书使用）

GTVtb：参考治疗前影像资料所显示的具体肿瘤大小，并结合术中所见包括的原发肿瘤瘤床。

CTV：包括病变侧全部舌下腺、颌下腺及其周围 1cm 左右的口底区域，以及 I 区和 II 区淋巴引流区域。因有舌神经受侵，因此 CTV 上界至颅底卵圆孔（舌神经为下颌神经的分支，而下颌神经的上界至卵圆孔）。

第十节 原发灶不明的颈部淋巴结转移癌

一、概述

原发灶不明的颈部淋巴结转移癌（metastatic cervical lymph node carcinoma with an unknown primary，MCCUP）临床首先表现为颈部肿物，并经病理证实为转移性淋巴结，但经认真查体及各种临床检查，均未发现原发肿瘤。

根据病理学类型的不同，MCCUP 可分为转移性鳞癌、转移性腺癌、未分化癌和其他病理学类型。其中，头颈部原发灶不明的颈部转移性鳞癌（metastatic squamous cell carcinoma of the neck of unknown primary，SCCUP）最为常见，占比超过 90%，因此本文主要涉及 SCCUP 相关内容。但 SCCUP 在临床少见，占比不超过全身恶性肿瘤的 5%，在所有头颈部恶性肿瘤中不超过 10%。

二、临床表现

好发部位为上、中颈部淋巴结，75% 为单发肿大淋巴结，15% 为同侧多个淋巴结肿大，10% 为双侧淋巴结肿大。

多表现为颈部无痛性肿块，抗生素治疗有可能使其暂时缩小，但总的趋势是缓慢生长。

三、诊断

1. 询问病史

（1）肿物出现时间、生长速度、有无合并其他不适。

（2）烟酒嗜好：吸烟者喉癌、肺癌发生率高；饮酒者下咽癌、食管癌发生率高；同时嗜烟酒者，口腔、口咽、下咽、喉癌的发生率均升高。

（3）口腔卫生不良，黏膜癌前病变如白斑、红斑等，咀嚼槟榔等，使口腔癌的发生率明显增加。

2. 查体　如病变位于上、中颈部，应重点检查头颈部，凡手指可触及部位，均应仔细触摸，包括口腔、口底、口咽尤其是舌根、扁桃体等部位，任何异常均应活检，必要时病变侧扁桃体摘除病理检查。

3. 辅助检查

（1）纤维鼻咽喉镜检查，并结合窄带成像技术（narrow band imaging，NBI）技术，如无异常，应对病变侧常见的可能隐匿部位如咽隐窝、扁桃体、舌根、下咽梨状窝、侧后壁等多点活检。

（2）双侧淋巴结有转移者，如怀疑头颈部来源则应重点检查。鼻咽、舌根、梨状窝、声门上喉。其中最为常见也最为隐蔽的原发肿瘤主要为鼻咽和口咽（尤其是舌根和扁桃体）。

（3）根据颈部淋巴结转移部位推测原发肿瘤的可能部位（图 11-56）。如颌下和上颈深淋巴结转移，原发灶位于口腔可能性大；如为上、中颈深淋巴结转移，则原发鼻咽、口咽、下咽可能性大。

（4）病理为低分化鳞癌或未分化癌，转移性淋巴结一定要做 p16 免疫组化和 EBER 原位杂交。如 p16-/EBER+ 则考虑鼻咽癌来源可能性大；如 p16+/EBER- 则口咽尤其是扁桃体癌、舌根癌的可能性大。

（5）怀疑肺部来源者即使 CT 阴性仍然建议使用纤维支气管镜检查。

（6）如以上检查仍未能发现原发肿瘤，且病变位于中下颈，尤其是锁骨上者，除了胸部外还应把检查重点放在腹部、盆腔上。

（7）常规行头颈部和胸部增强 CT 检查，同时应行头颈部多模态的 MRI 检查，对于发现黏膜的早期病变有帮助。

（8）PET/CT 检查是一种有效的检查手段，但不能因为 PET/CT 检查阴性而忽略其他项

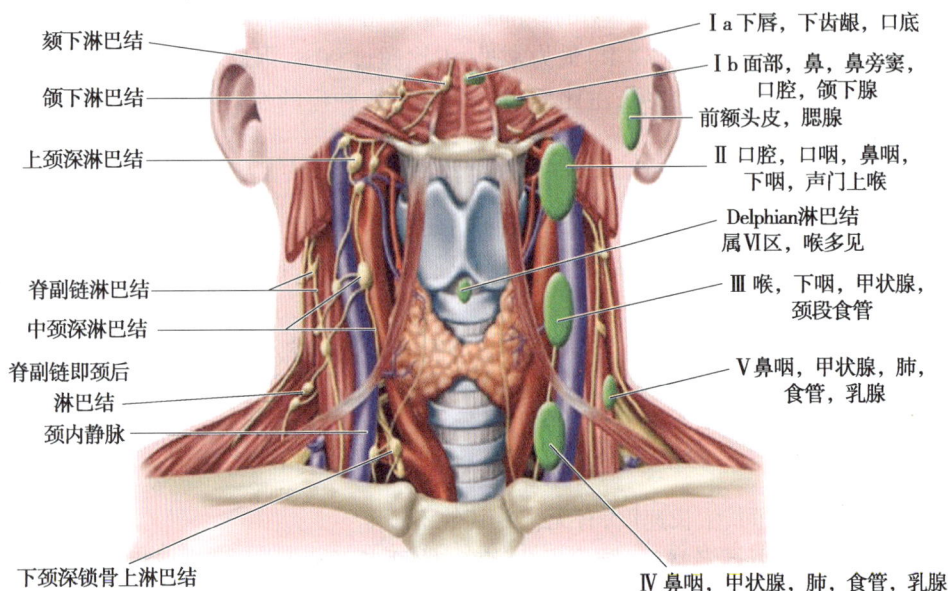

图 11-56　颈部淋巴结分区及其对应的原发肿瘤部位

图左侧显示的为正常淋巴结部位,图右侧显示的为转移淋巴结分区及可能原发肿瘤部位。

(本图由副主编罗京伟制作并授权,仅限本书使用)

目的检查。

4. 综合考虑,明确诊断　上中颈部淋巴结转移性鳞癌,国内外原发来源的肿瘤谱有所不同,国外以口咽癌,尤其是扁桃体癌最常见,而国内则是鼻咽癌最常见。因此国内患者首先应除外 NPC 的可能,头颈部增强 CT/MRI、PET/CT、鼻咽镜检查未发现异常,血 VCA-IgA 和 EBV-DNA 检测均为阴性,且鼻咽盲检也为阴性才能排除鼻咽癌,此时可考虑病变侧扁桃体、舌根的多点活检,甚或扁桃体摘除术,连续切片病理检查以除外口咽癌的可能。如患者嗜烟酒,在以上检查均未查出原发肿瘤的前提下,必要时行下咽多点盲检病理检查。如此约 80% 病变可以发现原发灶,此时应该根据原发肿瘤修正诊断,真正的原发灶不明转移癌(cancers of unknown primary,CUP)CUP 是临床经过所有检查仍不能发现原发肿瘤,其可能性主要有三:①原发灶隐匿,目前临床所有检查尚不能发现确诊;②原发肿瘤发生颈部淋巴结转移后,原发肿瘤自发消退;③原发肿瘤与转移淋巴结毗邻,转移淋巴结增大与原发肿瘤融合。

四、临床分期

国际采用 2017 年第 8 版 UICC/AJCC 分期标准。

N 分期同头颈部鳞癌颈部淋巴结转移的 N 分期标准。

首先应除外 EBV(鼻咽癌)和 HPV(口咽癌,尤其是扁桃体癌)相关肿瘤外,原发灶不明的颈部转移癌分期组合为:

T_0	N_1	M_0	Ⅲ
T_0	N_2	M_0	Ⅳa

| T_0 | N_3 | M_0 | IVb |
| T_0 | 任何 N | M_1 | IVc |

五、治疗原则

肿瘤治疗的三大手段,外科、放疗和内科化疗,应根据病变部位、病理类型、分化程度、肿瘤大小,以及患者全身情况等多种情况而定。

病变在上、中颈部,病理为鳞癌者,根据分化程度制订治疗方案:

1. 病理分化程度较好,如中、高分化鳞癌,且属于 N_1 病变,首选手术切除。如手术完整切除且无淋巴结包膜受侵,不建议下一步的积极治疗,定期复查即可;如为 N_{2-3} 病变或任何直径的淋巴结,只要出现淋巴结包膜外受侵,颈部应常规行术后放疗以降低颈部的复发率。

2. 如病理为低分化鳞癌、分化差的癌或未分化癌,如术前已经明确诊断则不建议首选手术,可首选放疗;如果已行手术,则无论分期、手术切除情况,建议术后放疗。

3. 手术切缘阳性、淋巴结包膜外受侵,则术后放疗时应同步化疗。

六、放射治疗指征

1. 低分化、未分化癌以及不超过 N_1 的鳞癌可行单纯放疗。

2. N_{2-3} 的鳞癌,治疗原则为手术+术后放疗,也可行术前放疗+手术。

3. N_1 鳞癌如颈清扫术后有淋巴结包膜受侵或脉管瘤栓也应常规术后放疗(N_1 中高分化鳞癌颈清扫术后如无以上高危因素,术后不做放疗,定期复查即可)。

4. 腺癌以手术为主,根据具体情况决定是否采用术后放疗。

七、放射治疗技术

(一) 常规放射治疗技术

1. 全颈部+全咽部黏膜照射野　适用于上颈部鳞癌、低分化癌或未分化癌。

(1) 照射范围

1) 全颈区域淋巴引流区:颌下、颏下、颈深、颈后、下颈锁骨上淋巴结(双侧I到V区和锁骨上淋巴结,如锁骨上淋巴结阳性则包括上纵隔)。

2) 全咽部黏膜:包括鼻咽、口咽、下咽、声门上喉(图 11-57),以及咽旁间隙(接受全咽部放疗后局部复发率可以从不接受放疗的 30% 降至 5%)。

(2) 照射剂量:未受侵的颈部区域 50~56Gy。全咽部黏膜国外 54Gy,国内多为 60~66Gy。转移淋巴结剂量:术前 50Gy;术后 60~66Gy;根治性放疗 70Gy。

(3) 设野方式:设野方式以面颈联合野+下颈锁骨上野为标准(图 11-58)。下颈锁骨上野照射至≤40Gy后,颈前中央挡铅继续照射,挡铅部位用 6MeV 补量(如图 11-58B 中虚线所示)。

照射野与鼻咽癌设野基本类似,但不同之处在于:

1) 下界较低,置于环状软骨下缘水平以充分包括下咽、喉。

2) 照射野需要包括颌下淋巴结、颏下淋巴结(尤其是颌下淋巴结有转移)。

3) 面颈野与下颈野共线处挡铅不能置于前方,而应在侧方脊髓处挡铅。

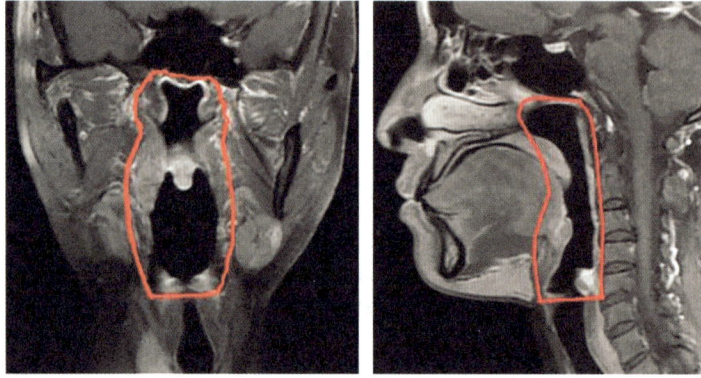

图 11-57 MRI 图像显示的全咽部黏膜（红线范围）

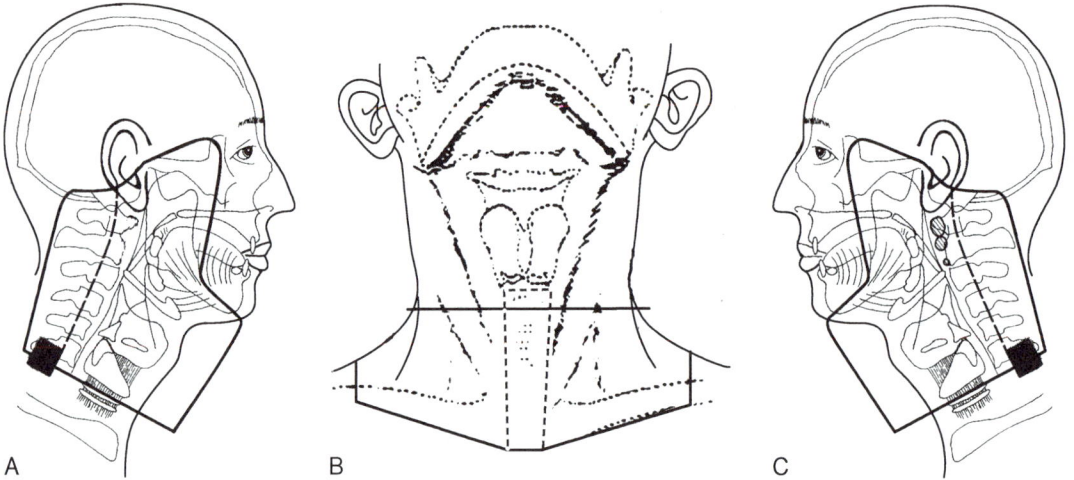

图 11-58 原发灶不明的上颈转移癌的标准照射野示意图
A. 右侧面颈联合野；B. 下颈锁骨上照射野；C. 左侧面颈联合野。
（本图由副主编罗京伟制作并授权，仅限本书使用）

2. 全颈部照射　适用于腺癌或下颈转移性鳞癌。靶区范围根据单侧颈部还是双侧颈部转移决定，单侧颈部转移者照射一侧颈部，双侧颈部转移者包括全颈区域淋巴引流区，如颏下、颌下、颈深、颈后、下颈锁骨上淋巴结。体位以仰卧位为准，头过伸，使下颌骨下缘上1cm 与耳垂根部连线垂直于床面。

3. 局部照射　适用于锁骨上淋巴结转移，或其他颈部淋巴结转移但已合并其他部位的转移，或年老体弱不能行根治性大野放疗而姑息治疗者。

（二）调强放射治疗技术

调强靶区的勾画原则同其他头颈部鳞癌，主要内容包括：

1. GTV　分为单纯放疗和术后放疗，单纯放疗者包括影像所见及查体提示的肿大淋巴结设计为 GTVnd，给予根治性剂量 70Gy。术后放疗者为 GTVtb，即瘤床，根据术前影像学所见并结合术中所见、术后病理将转移淋巴结所在部位勾画在定位 CT 上，给予 60Gy 剂量，如淋巴结包膜受侵,则局部剂量至 66Gy。

2. CTV1　包括病变侧Ib 到V区淋巴引流区,同侧咽后淋巴结也应包括在 CTV1 内;如果Ib 转移,则同侧Ia 应包括在 CTV1 内;如Ia 转移,则双侧Ia 应包括在 CTV1 内,剂量 60Gy/30 次。

3. CTV2　对侧II区到V区,包括咽后淋巴结和全咽部黏膜结构如鼻咽、口咽、下咽、喉等,剂量 54Gy/30 次。

如果 EBV 阴性或颈部淋巴结局限在中、下颈部,则鼻咽省略,剂量 54Gy。

头颈部原发不明颈部转移癌的放射治疗技术目前主要包括:

1. 全颈部照射+全黏膜照射　全面检查均不能明确为鼻咽或口咽原发肿瘤时,将双侧颈部淋巴引流区及全咽部黏膜包括鼻咽、口咽、下咽、声门上区一并包括在靶区内,病变侧颈部设计为 CTV1,而对侧颈部设计为 CTV2(图 11-59)。

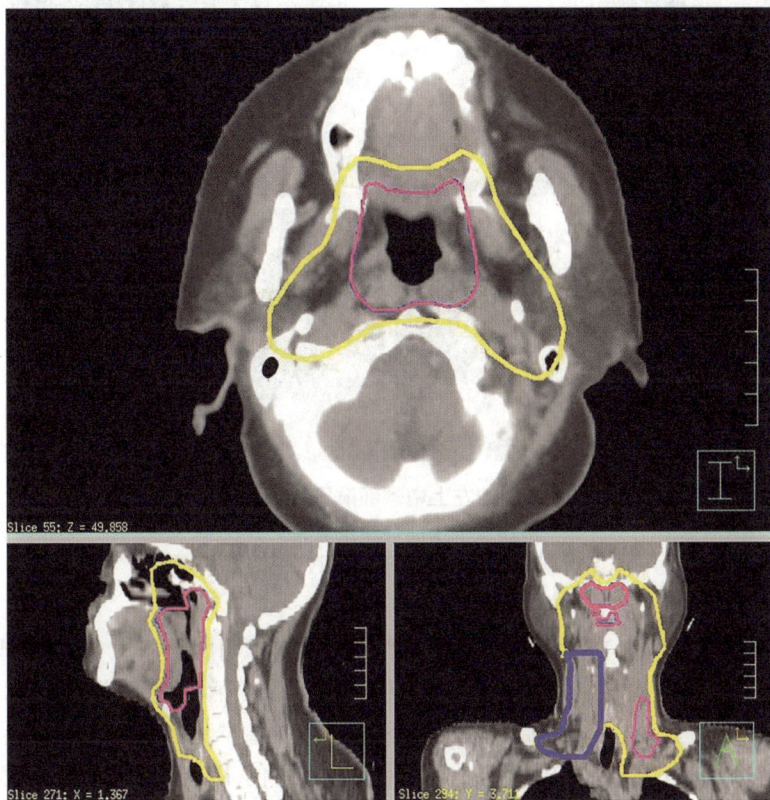

图 11-59　原发灶不明的左颈部淋巴结转移性低分化鳞癌的靶区设计
三维层面显示的靶区(红线区域为全黏膜,黄线区域 CTV1,蓝线区域为 CTV2)
(本图由副主编罗京伟制作并授权,仅限本书使用)

2. 单侧或双侧颈部照射+选择性部分黏膜照射　单侧颈部照射指征为 N_{1-2a} 病变。双侧颈部照射指征为 $N_{2b}\sim N_3$ 病变,或颈部有过手术史者。选择性黏膜照射如 EBER 阴性,则不包括鼻咽黏膜;如不吸烟者则不考虑声门上区的照射,即不进行全咽部黏膜照射的技术。

图 11-60 为 1 例原发灶不明的左上中颈部淋巴结转移性鳞癌的靶区设计,因分期属 N_{2a},且 EBER 阴性但患者吸烟,因此采用单侧颈部照射加上去除鼻咽黏膜的选择性黏膜照射技术(包括口咽、下咽和声门上喉黏膜)。

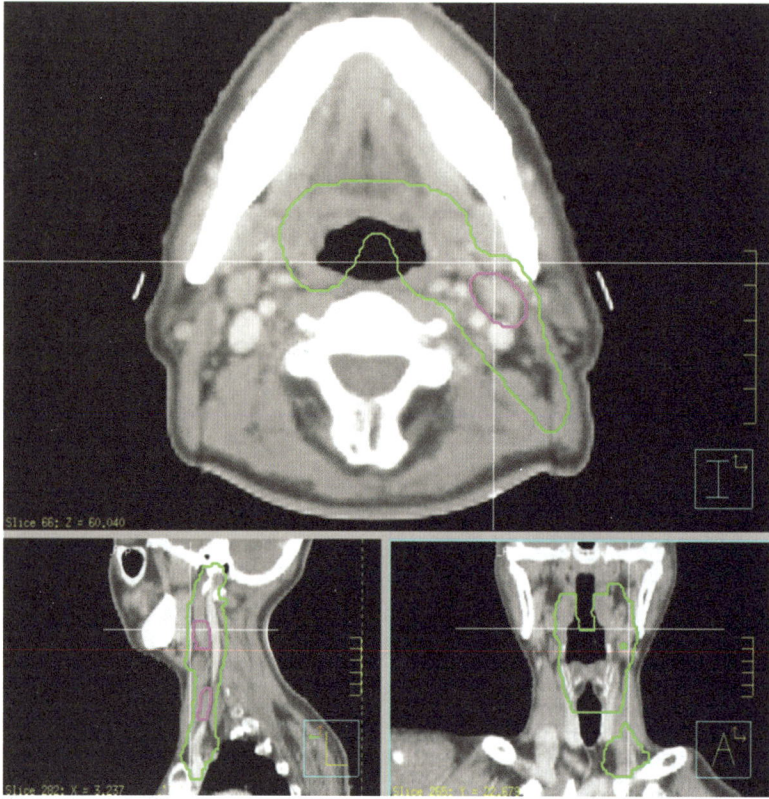

图 11-60　原发灶不明的左上中颈部淋巴结转移性鳞癌的靶区设计
三维层面显示的靶区
(本图由副主编罗京伟制作并授权,仅限本书使用)

3. 单纯颈部照射　上中颈部淋巴结转移性鳞癌,如分期属于 $N_{1~2a}$ 病变,在除外 NPC 的同时,如 p16 阴性且病变侧扁桃体摘除及舌根、下咽等多点活检病理均为阴性,可行病变侧的全颈部淋巴结照射。对中下颈部淋巴结转移,以及一些少见部位如 Ia 淋巴结转移,全面检查不能确定来自头颈部鳞癌,则不主张包括全咽部黏膜,以局部扩大野照射为原则,外扩一个颈部分区即可。图 11-61 为 1 例原发灶不明的左侧上中颈部淋巴结转移性中低分化鳞癌、分期 N_{2a},p16/EBER 均阴性,病变侧扁桃体、舌根及下咽多点活检均为阴性,靶区设计为病变侧全颈部照射。

八、预后因素

1. N 分期　随 N 分期即随着转移淋巴结直径的增加,疗效逐步变差。
2. 生物学指标　p16 阳性者或 EBER 阳性者的预后好于 p16 阴性者或 EBER 阴性者。

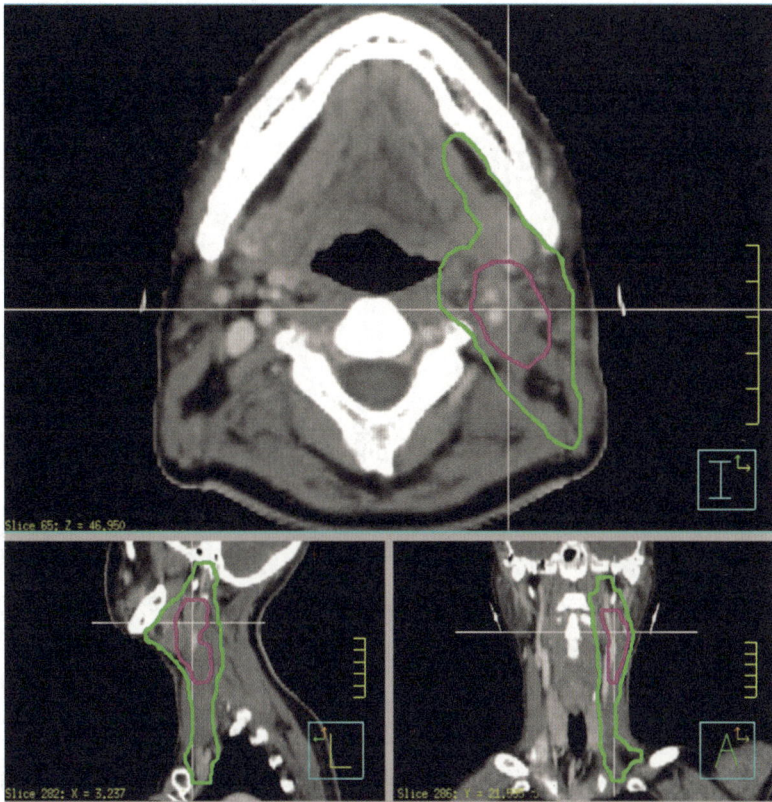

图 11-61　原发灶不明的左侧Ⅱ、Ⅲ区淋巴结转移性中低分化鳞癌的靶区设计
三维层面显示的靶区（紫线 GTVndtb，绿线 CTV）
（本图由副主编罗京伟制作并授权，仅限本书使用）

3. 原发肿瘤是否发现　如果在治疗前已经发现原发肿瘤者，其预后好于未发现者；治疗前未发现原发肿瘤者，疗后 3 年出现概率较大，如果原发肿瘤出现则生存降低 50%。

4. 下颈部或锁骨上淋巴结转移者，较上中颈部淋巴结转移者预后差。

5. 转移淋巴结放疗敏感性差者，较放射敏感性好者预后差。

第十二章 胸部肿瘤

第一节 肺 癌

一、概述

肺癌是原发于肺、气管及支气管的恶性肿瘤。在组织学上主要分为小细胞肺癌和非小细胞肺癌,后者包括鳞癌、腺癌、大细胞未分化癌及一些罕见的亚型,如腺鳞癌、腺样囊性癌和黏液表皮样癌等。

全球范围内肺癌居癌症发病率第一位(12.4%),随后为女性乳腺癌(11.6%)。据全国肿瘤防治研究办公室调查统计,20世纪70年代中期,肺癌在我国癌症死因中居第五位,至90年代初上升为第三位。近年的流行病学调查数据显示,肺癌是我国人群中发病率和死亡率上升最快的恶性肿瘤。中国国家癌症中心的统计表明,我国癌症死因首位,自2015年后,已从肝癌变为肺癌。未来我国的肺癌发病率有可能进一步攀升,因此应高度重视肺癌的防治工作。

放射治疗作为局部治疗手段,是肺癌综合治疗的重要组成部分,贯穿肺癌治疗的各个阶段。对于非小细胞肺癌,与手术治疗相比,放疗的适应证更为广泛,其主要用于不可手术切除的局部晚期非小细胞肺癌的综合治疗、可手术切除的Ⅲ期病例的术后放疗、晚期病例的减症姑息治疗等。近年来因放射治疗设备及放射物理的迅速进步,早期不可手术的非小细胞肺癌的立体定向放射治疗获得很大进步,已成为该部分患者的首选治疗手段。

已有研究显示,在小细胞肺癌的治疗中,约54%的病例在其病程的不同时期需要接受放射治疗,46%的病例在首程治疗中需行放射治疗,而非小细胞肺癌相应比例分别为64%和46%。一方面随着技术与设备的进步,放射治疗在肺癌治疗中的使用将更为广泛;另一方面放射治疗可能会造成周边正常器官和组织的损伤,因此如何在合适的时机辅以合适的技术实施肺癌的放射治疗非常重要。

二、应用解剖及病理

肺位于胸腔内,左右各一,表面覆盖脏胸膜,在肺门和下肺韧带处与壁胸膜相延续。脏胸膜与壁胸膜间存有胸膜腔,两者间可以分离及滑动,病理状态下如肿瘤侵及胸膜腔可引起胸腔积液或气胸。

斜裂由肺表面延伸至肺门,左肺被斜裂分成上叶和下叶,右肺被斜裂和水平裂分为上、中和下叶。气管上端起自环状软骨下缘,进入上纵隔并大致在第五胸椎处分叉形成左右主支气管。气管分叉处也称为隆突,在解剖学上有很重要的意义,胸部放射治疗中的体位校验常采用隆突为标志。右主支气管与气管中轴延长线夹角一般为25°~30°,小于左主支气管的40°~50°夹角,隆突角一般为65°~80°,隆突周围组织病变,如隆突下淋巴结转移,则可能引起隆突角增大及隆突尖变钝等改变,故有实际临床意义。

肺根由支气管、肺动静脉、支气管动静脉以及神经、淋巴结、淋巴管组成,其结构之间为疏松结缔组织,周边被胸膜所包绕。肺根结构进出肺脏的部位称为肺门,左右主支气管经肺门入肺后,在左肺分出左肺上叶支气管和下叶支气管,在右肺分出右肺上叶支气管和中间段支气管,中间段支气管为中下叶支气管的共同通道,长2~3cm,后分出中叶和下叶支气管。肺叶支气管在肺内再次分支形成肺段支气管及亚段支气管。近年来,支气管树近端区的概念受到重视,支气管树近端结构有隆突、左右主支气管、左右上叶支气管、中间段支气管、右中叶支气管、舌叶支气管及左右下叶支气管,支气管树近端区为上述结构各方向外放2cm的范围,此范围可视为放射治疗中央型与外周型肺癌的分界。

为便于统计与交流,国内外对纵隔淋巴结的位置描述多采用2009年国际肺癌研究协会(International Association for the Study of Lung Cancer,IASLC)淋巴结分布图,该分布图与美国癌症联合委员会(American joint committee on cancer,AJCC)第7~8版TNM分期系统相对应。肺癌不同肺叶的淋巴引流途径是不同的。上叶引流:右上叶淋巴引流至右侧气管旁淋巴结(4R和2R区),左上叶淋巴主要引流至主动脉旁和主动脉下淋巴结(5,6,4L区),也可能至对侧上纵隔静脉角。中叶和下叶淋巴引流:左右下叶淋巴引流至肺门和隆突下淋巴结(7区),并进一步至右侧气管旁淋巴结(4R,2R区),左下叶也可引流至左侧气管旁淋巴结(4L,2L区)。跳跃性转移:手术切除肺癌标本显示7%~26%的肿瘤不经肺门和叶间淋巴结而直接引流至纵隔淋巴结,这种情况在上叶肿瘤中更常见。对于胸壁受侵的病例,有可能转移至肋间神经和血管附近的肋间淋巴结。以上引流规律对于肺癌术后放疗范围有实际指导意义。

肺癌主要有四种常见病理类型:鳞癌、腺癌、大细胞癌和小细胞未分化癌,前三种统称为非小细胞肺癌,占所有肺癌病例的80%~90%。既往鳞癌是最常见的病理类型,但近些年来东亚地区腺癌发病率不断上升,在女性中表现尤为明显。

三、临床表现和诊断

(一)病史

详细询问既往有无吸烟史、高危职业接触史(如接触石棉)、电离辐射接触史,有无肺部慢性感染病史,有无肺癌家族史等。

(二)临床表现

肺癌主要有局部侵犯、淋巴转移和远处转移三种进展方式。当诊断明确时,约15%的病例仍局限在原发部位,22%有区域淋巴结转移,56%有远处转移。以病理分类,非小细胞肺癌诊断明确时约50%为局限性或局部晚期病变,50%为晚期病变;而小细胞肺癌约70%~80%为晚期病变。肺癌可以转移至全身各器官,最常见的是肺、肝、骨、肾上腺和脑转移,从而引起相应症状。

1. 咳嗽　约50%~75%病例表现为咳嗽,多见于中央型肺癌,气管易受侵,多为鳞癌或小细胞肺癌。当气管受累加剧时表现为喘鸣,完全堵塞气道会导致肺不张,从而出现气短。气短也可由阻塞性肺炎或心包、胸腔积液所致。

2. 咯血　因肿瘤侵及血管,约25%的病例表现为咯血。

3. 胸痛　20%的病例表现为胸痛,多数是由原发肿瘤的直接侵犯所致。胸膜受侵也可表现为胸膜增厚或胸腔积液。

4. 神经受累症状　肿瘤直接侵犯纵隔或淋巴结转移会导致神经受累,如侵犯位于主肺动脉窗的喉返神经会导致声嘶,侵犯膈神经的早期症状为呃逆(打嗝),随后逐渐出现横膈麻痹和气短。

5. 上腔静脉综合征　当原发肿瘤或转移淋巴结侵及纵隔可能导致上腔静脉综合征,表现为头颈部肿胀,呼吸困难,颈静脉、胸壁静脉怒张等症状和体征,小细胞肺癌较非小细胞肺癌常见。起源于肺上沟的原发肿瘤会导致Pancoast综合征,表现为肩部疼痛、霍纳综合征和臂丛神经症状,病理分类上多为鳞癌,极少为小细胞未分化癌。

6. 副肿瘤综合征　较为常见,其发生机制可能是由于肿瘤分泌某些特殊的激素、抗原、酶或代谢产物所导致,也可能是由于机体对肿瘤的免疫反应所致。症状随肿瘤缓解而缓解,复发时会再次出现。表现为异位库欣综合征、抗利尿激素分泌异常综合征、高钙血症、类癌综合征、副肿瘤综合征、凝血和造血系统异常、类风湿性关节炎和骨关节炎等。

（三）体格检查

1. 肺癌早期多无明显阳性体征。

2. 肺癌患者可有肺外征象,如杵状指(趾)、非游走性关节疼痛、男性乳腺增生、皮肌炎、共济失调和静脉炎等。

3. 当肺癌局部侵犯、转移时可表现为声带麻痹、上腔静脉综合征、霍纳综合征、Pancoast综合征等。

4. 当肺癌远处转移时可触及肝肿大、肝脏结节、皮下结节、锁骨上淋巴结肿大等。

（四）辅助检查

1. 实验室检查　包括血常规、肝肾功能、肿瘤标志物等。

2. 影像学检查

（1）胸部X线检查:简便易行、经济有效,仍为初诊时最基本的检查方法。

（2）胸腹部CT:胸部及包含肝脏和肾上腺的上腹部增强扫描CT应用于所有疑似肺癌的病例,是目前肺癌诊断、分期、疗效评价和随访中最主要和最常用的方法。目前纵隔淋巴结转移的CT诊断标准为短径大于1cm,但已有研究显示,44%病理证实的转移淋巴结直径小于1cm。荟萃分析显示CT对于纵隔淋巴结转移诊断的灵敏度和特异度分别为59%和79%。

（3）正电子发射断层成像（positron emission tomography,PET）或PET/CT:近年来应用日趋广泛,已渐成为肺癌分期的标准检查手段。PET可以提供功能成像,CT可以提供解剖图像,CT与PET融合后还可以对病变进行准确定位,如当肺部原发病变与肺不张混合在一起时PET/CT可将其区分开,对靶区确定帮助很大。PET/CT检查尚可以发现隐匿性纵隔淋巴结转移,荟萃分析显示PET对于纵隔淋巴结转移诊断的灵敏度和特异度分别为81%和90%。

但 PET/CT 仍有其局限性,当其应用于放疗靶区勾画时应特别注意其假阴性率,对于直径小于 1cm 的纵隔淋巴结,其假阴性率约为 25%,容易造成靶区脱漏。

3. 病理学检查

(1)痰细胞学检查:简便、无痛苦,仍为肺癌诊断的有效方法之一。应注意取早晨第一口痰(晨痰),取痰前应先刷牙、漱口,然后深呼吸用力咳痰,连送三天以提高诊断阳性率。

(2)支气管镜:能够观察到段支气管以上的支气管树,可以通过活检和刷检取得病理和细胞学标本。已有研究显示,当镜下疑为肺癌时,活检及刷检的阳性率分别为 77.5%、53.7%;当镜下未见明显肿瘤征象时,据影像学提示行刷检,阳性率为 22.9%。当将支气管镜与特别的 CT 装置相结合时甚至可以检查更加外周的病变。

(3)CT 引导下经皮细针穿刺活检:对于支气管镜不能抵达的外周部位可以采用此方法。气胸的概率为 25%,但大部分都是无症状的,无需处理,仅 5% 的病例需要放置引流管。对肺内良性病变的诊断准确性在 80% 以上,对恶性病变诊断的准确性在 90% 以上。

(4)内镜下细针穿刺活检:主要包括支气管腔内超声引导下的经支气管针吸活检和经食管针吸活检两类。前者对于气管旁(2 区和 4 区)、隆突下(7 区)和肺门淋巴结(10 区)有较大优势,后者对于纵隔后下区域的淋巴结如气管后(3p 区),隆突下(7 区)、食管旁(8 区)和下肺韧带淋巴结(9 区)更为准确。

(5)胸腔穿刺:肺癌的胸腔积液多为恶性,表现为血性渗出液,可行胸腔穿刺取得病理。总体而言,恶性胸腔积液胸腔穿刺取得病理的阳性率为 70%~80%。

(6)纵隔镜检查术:纵隔镜在评估气管旁(2 区和 4 区)、血管前气管后(3a 和 3p 区)、隆突下(7 区)和肺门淋巴结(10 区)时仍为最准确的手段。主肺动脉窗(5 区)和主动脉旁淋巴结(6 区)的诊断可以采用前纵隔镜技术。虽为金标准手段,但纵隔镜仍有 10% 的假阴性率,且随着损伤更小的腔内超声引导下穿刺技术的发展,纵隔镜在转移淋巴结诊断中的应用常被替代,但当有其他技术不能诊断的淋巴结时仍应考虑纵隔镜检查。对于局部晚期病变应行纵隔镜检查以排除不宜手术的 N_3 期病变,确诊需诱导治疗的 N_2 期病变。

四、分期

肺癌第 8 版 TNM 分期系统较前版改变较大,具体如下:

1. 原发灶

T_x:未发现原发肿瘤,或者通过痰细胞学或支气管灌洗发现癌细胞,但影像学及支气管镜无法发现。

T_0:无原发肿瘤的证据。

T_{is}:原位癌。

T_1:肿瘤最大径≤3cm,周围包绕肺组织及脏胸膜,支气管镜见肿瘤侵及叶支气管,未侵及主支气管。

T_{1a}:肿瘤最大径≤1cm;

T_{1b}:肿瘤最大径>1cm,≤2cm;

T_{1c}:肿瘤最大径>2cm,≤3cm;

T_2:肿瘤最大径>3cm,≤5cm;侵犯主支气管(不常见的表浅扩散型肿瘤,不论体积大小,侵犯限于支气管壁时,虽可能侵犯主支气管,仍为 T_1),但未侵及隆突;侵及脏胸膜;有阻塞性肺炎或者部分或全肺肺不张。符合以上任何一个条件即归为 T_2。

T_{2a}:肿瘤最大径>3cm,≤4cm;

T_{2b}:肿瘤最大径>4cm,≤5cm。

T_3:肿瘤最大径>5cm,≤7cm;直接侵犯以下任何一个器官,包括:胸壁(包含肺上沟瘤)、膈神经、心包;同一肺叶出现孤立性癌结节。符合以上任何一个条件即归为 T_3。

T_4:肿瘤最大径>7cm;无论大小,侵及以下任何一个器官,包括:纵隔、心脏、大血管、隆突、喉返神经、主气管、食管、椎体、膈肌;同侧不同肺叶内孤立癌结节。

2. 区域淋巴结

N_x:区域淋巴结无法评估。

N_0:无区域淋巴结转移。

N_1:同侧支气管周围和/或同侧肺门淋巴结以及肺内淋巴结有转移,包括直接侵犯而累及的。

N_2:同侧纵隔内和/或隆突下淋巴结转移。

N_3:对侧纵隔、对侧肺门、同侧或对侧前斜角肌及锁骨上淋巴结转移。

3. 远处转移

M_x:远处转移不能被判定。

M_0:没有远处转移。

M_{1a}:局限于胸腔内,包括胸膜播散(恶性胸腔积液、心包积液或胸膜结节)以及对侧肺叶出现癌结节(多数患者的胸腔积液是由肿瘤引起的,少数患者的胸腔积液多次细胞学检查阴性,既不是血性也不是渗液,如果各种因素和临床判断认为渗液和肿瘤无关,那么不应该把胸腔积液纳入分期因素)。

M_{1b}:远处器官单发转移。

M_{1c}:多个或单个器官多处转移。

4. TNM 综合分期

隐匿性癌:$T_xN_0M_0$

0 期:$T_{is}N_0M_0$

ⅠA1 期:$T_{1a}N_0M_0$

ⅠA2 期:$T_{1b}N_0M_0$

ⅠA3 期:$T_{1c}N_0M_0$

ⅠB 期:$T_{2a}N_0M_0$

ⅡA 期:$T_{2b}N_0M_0$

ⅡB 期:$T_{1\sim2}N_1M_0$,$T_3N_0M_0$

ⅢA 期:$T_{1\sim2}N_2M_0$,$T_{3\sim4}N_1M_0$,$T_4N_0M_0$

ⅢB 期:$T_{1\sim2}N_3M_0$,$T_{3\sim4}N_2M_0$

ⅢC 期:$T_{3\sim4}N_3M_0$

ⅣA 期:任何 T　任何 N M_{1a} 或 M_{1b}

ⅣB 期:任何 T　任何 N M_{1c}

五、治疗

(一) 治疗原则

肺癌的治疗不仅要考虑到肿瘤的病期及侵犯范围,还要考虑到患者身体的耐受性,在权衡之后得出合理的治疗方案。总体而言,Ⅰ期和Ⅱ期的病例应尽可能手术切除,术后必要时辅以化疗;Ⅲ期患者的治疗争议较大,对于部分可手术的ⅢA期病例,应考虑新辅助化疗或新辅助化放疗加根治性手术的治疗模式,对于不能手术的Ⅲ期病例,应首选同步放化疗,不能耐受同步放化疗的患者应考虑序贯放化疗或单纯放疗;无急症表现的Ⅳ期患者应以全身化疗为主,而有急症(上腔静脉综合征、咯血或脊髓压迫等)的Ⅳ期患者应考虑先行姑息放疗缓解症状再继以全身化疗。

(二) 放射治疗

1. 放疗适应证

(1) 不能手术的Ⅰ/Ⅱ期非小细胞肺癌、不可切除的局部晚期非小细胞肺癌、局限期小细胞肺癌患者的根治性放疗。

(2) 部分Ⅲ期非小细胞肺癌患者的术前放疗。

(3) pN_2及术后切缘阳性的非小细胞肺癌患者的术后辅助放疗。

(4) 全身治疗有效的小细胞肺癌患者全脑预防性放疗。

(5) 晚期肺癌原发灶和转移灶的减症姑息放疗。

2. 辅助放疗方式

(1) 术前放化疗:放化疗综合治疗Ⅲ期肺癌的局部控制率不佳,有研究证实,对于不能手术切除的非小细胞肺癌患者,给予65Gy的总剂量,1年的病理局部控制率仅为15%。另有研究显示局部控制率的提高导致生存率的提高。故术前放化疗能否通过提高局部控制率进而提高生存率成为临床关心的问题。一项Ⅲ期临床研究探讨了这个问题,$T_{1~3}pN_2M_0$的非小细胞肺癌先接受45Gy的同步放化疗,无进展的患者再随机分组为手术组或根治性放化疗组,放疗总剂量61Gy。手术组202例患者,根治性放化疗组194例患者,结果显示两组中位生存期分别为23.6个月和22.2个月($P=0.24$),手术组的无进展生存时间优于根治性放化疗组(12.8个月和10.5个月,$P=0.017$),故此研究未能证实手术的益处。总而言之,术前新辅助放化疗尚不能肯定其疗效,如欲实施应综合考虑到患者的体力状况分级、肺功能、病变范围、手术需切除的范围乃至治疗医师的经验等因素。

(2) 术后放疗:非小细胞肺癌术后的局部区域复发率很高,Ⅰ期患者复发率大约20%,Ⅲ期则上升至50%左右。肺癌术后主要的胸内复发模式是手术残端复发和纵隔淋巴结复发。术后放疗理论上能减少局部区域复发,故很早即有临床应用。但1998年的一项荟萃分析却得出意外结论,该研究入组了9个随机临床试验的2 128例患者,结果提示术后放疗降低了pN_1病期的生存率,而pN_2患者的生存率两组并无差别,其原因可能是术后放疗所致的并发症死亡超过了其获益。此结果引起争议,部分学者认为该研究入组了25%的pN_0患者从而降低了其获益,此外,放疗缺少质控、大野照射以及^{60}Co的使用等缺点都可能影响结果的准确性。

随后一项大样本回顾性研究显示超过7 400例Ⅱ/Ⅲ期非小细胞肺癌,其中行术后放疗的

pN_2 患者 5 年生存率 27%，明显优于未行术后放疗者 20%，但对于 pN_1 和 pN_0 的患者，术后放疗降低了生存率。

近年的 ANITA 研究提供了 N_2 患者行术后放疗的证据，此研究入组 840 例ⅠB~ⅢA 期的手术病例，随机分为术后化疗组和观察组，对术后放疗不予随机，由各研究中心自行决定是否在术后化疗结束后行术后放疗。结果显示：在 pN_1 的病例中，术后观察组中行术后放疗者生存明显优于不放疗者，术后化疗组中行术后放疗者生存明显低于不放疗者；与此相对应在 pN_2 的病例中，无论是术后观察组还是术后化疗组中，术后放疗均明显提高了生存率。故此研究再次肯定了在 pN_2 病期中术后放疗的价值。近期欧洲及国内两项关于术后放疗的随机临床研究结果显示，术后放疗未给ⅢA（N_2）患者带来无病生存期获益，但可降低约一半的纵隔复发风险。这种局部区域控制改善未转化为生存获益主要原因在于术后放疗组患者 3 年转移复发率较高，并且心肺毒性发生风险相对较高。

一项随机临床研究比较了Ⅱ~ⅢA 期病例术后放化疗与术后单纯放疗的区别，共入组 488 例，结果两组的局部控制率和生存率均无明显差别，同步放化疗组毒性反应发生率更高。

综上所述，Ⅲ期患者可能从术后放疗中获益，而完全切除的Ⅰ期和Ⅱ期患者不需行术后放疗；临床实践中，对于 pN_2 的病例术后化疗的地位在后退，可能需要选择适宜的人群，如高危 N_2 人群包括多站淋巴结转移、淋巴结包膜外侵犯、手术淋巴结清扫不充分等，化疗完成后行术后放疗。但对切缘阳性的患者，应尽早行术后放疗，如无明显禁忌证可考虑行同步放化疗。由于术后放疗存在一定的并发症概率，故应根据原发肿瘤所在肺叶的淋巴引流特点个体化地设置照射野。

（三）非小细胞肺癌

1. 不能手术的Ⅰ/Ⅱ期非小细胞肺癌　对于可手术的Ⅰ/Ⅱ期非小细胞肺癌的标准治疗仍是肺叶切除术加纵隔淋巴结清扫术，但部分患者因慢性阻塞性肺疾病或心血管疾病等不能耐受手术，既往对此类患者的标准治疗是在 6~8 周的时间内给予根治性常规放疗。近年来，由于放射物理及放疗设备的不断进步，大分割放疗方案逐渐普及，临床称之为立体定向放射治疗（stereotactic body radiotherapy，SBRT），以高适形、小体积、大分割及短疗程为主要特点。

既往常规放疗时代对于早期不能手术的非小细胞肺癌疗效欠佳，根治性放疗的 5 年生存率 10%~30%，仅为手术治疗病例的一半左右。对此虽有多种解释，但总体认为通过常规放疗很难根治早期非小细胞肺癌。Fletcher 曾推测如果使用 1.8~2.0Gy 的单次分割剂量来照射非小细胞肺癌，根治剂量应达到 100Gy 以上，但此剂量毒性过高，在临床工作中几乎不可能实现。

SBRT 在数次分割（通常是 5 次或更少）照射中将较大的单次剂量给予较小的治疗体积内，由于其明显的放射生物学效应，故可大幅度提高根治率。此方法最先为半世纪前瑞典医师 Lars Leksell 在治疗脑转移癌时使用。由于解剖上肺部与脑部区别很大，且肺部在治疗中处于运动状态，故直到近年来放疗影像技术进步才在肺部应用 SBRT 技术。

一项Ⅰ期临床研究将 $T_{1-2}N_0M_0$ 非小细胞肺癌病例分为三组，即 T_1 组、T_2<5cm 组和 T_2 5~7cm 组，结果显示 T_2 5~7cm 组的最大耐受剂量为 22Gy/3 次，而 T_1 组采用 20Gy/3 次、T_2<5cm 采用 22Gy/3 次的方案均未达到最大耐受剂量。基于此项研究，后续进行了一项Ⅱ期

临床研究,共入组了 70 例患者,采用 20Gy/3 次的治疗方案,结果中位随访 17.5 个月,局部控制率达 95%。这个研究同时发现外周型肺癌重度毒性的发生率为 17%,而中央型肺癌的发生率高达 46%,两者间差别明显,故提出 SBRT 技术可能不宜应用于中央型肺癌。但近年的一些中央型肺癌 SBRT 研究的初步结果显示:当把分割剂量减低至 7~12Gy 时,安全性和疗效同样很好。

尚有一系列的研究报道了 SBRT 治疗早期非小细胞肺癌的结果,采用了多种剂量分割方案。总体而言,局部控制率 80%~100%,3 年生存率 40%~100%,3 级放射性毒性 0~4%。由于 SBRT 技术明显缩短了治疗时间且局部控制率较好,故在相当程度上已替代常规放疗成为早期不能手术的非小细胞肺癌患者的标准治疗方法。2015 年发表了一项荟萃分析研究结果,该研究分析了两个未完成的Ⅲ期临床研究结果,将可以手术切除的Ⅰ期非小细胞肺癌患者随机分组为手术治疗组和立体定向放疗组,手术组的 3 年生存率为 79%,而立体定向放疗组为 95%。作者认为手术治疗生存率偏低是由于肺部切除造成的身体整体状况降低所致,因此这项研究支持立体定向放疗技术为早期非小细胞肺癌治疗的合理选择,尤其是对于高龄或合并其他疾病较多的患者。

2. Ⅲ期非小细胞肺癌

(1)放疗的必要性及剂量的确定:大部分不能手术的局部晚期肺癌都要行根治性的放射治疗,放疗作为综合治疗的重要组成部分,其主要目的是力争达到胸内病灶的控制。一项Ⅲ期临床研究比较了Ⅲ期非小细胞肺癌患者单纯化疗与放化疗综合治疗,结果显示综合治疗组的长期生存率明显高于单纯化疗组。目前,根治性放疗是不能手术的局部晚期非小细胞肺癌患者的标准治疗模式,但由于局部控制率低且毒性大,故最佳治疗剂量、治疗范围以及如何与化疗相结合等问题均有待明确。

1973 年,有一项前瞻性随机研究探讨单纯放疗肺癌的最佳剂量,365 例不能手术的非小细胞肺癌患者被随机分为 4 个剂量组:40Gy 分段放疗组,40Gy 组,50Gy 组,60Gy 组。结果显示 4 组的照射野内复发率分别为 58%、53%、49% 及 35%,但 5 年生存率并无区别。基于局部控制率的差异,60Gy 设定为放疗的标准剂量。美国肿瘤放射治疗协作组进行的 RTOG 0617 Ⅲ期临床试验测试了放疗高剂量组(74Gy)与标准剂量组(60Gy)的疗效差别,2011 年的中期分析结果显示 74Gy 组的生存率明显低于 60Gy 组,故此研究终止了放疗剂量的随机而全部改为 60Gy。因此,60Gy 仍是标准放疗剂量。

随着放射治疗技术的进步,有研究探讨了非常规放疗方案,结果显示超分割放疗 69.6Gy 可能会有更高的生存率。Bradley 等分析了 207 例局部晚期肺癌后指出,大体肿瘤区(gross tumor volume,GTV)的大小与患者生存明显相关,且大体积的肿瘤需要更高的放疗剂量。Rengan 等的研究则提示当放疗剂量≥64Gy 时,大体积肿瘤的局部复发率明显下降。

(2)照射范围:放射治疗的照射范围是另一个焦点问题。既往二维常规放疗时代,设定一个照射野涵盖原发肿瘤及可能发生转移的纵隔淋巴结是标准方法,但随着放疗进入三维精准时代,如能缩小照射范围将有助于放疗剂量的增加,故对于纵隔淋巴结预防照射的价值逐渐产生疑问。在Ⅰ期患者中已有充分的数据证实不做纵隔淋巴结预防照射是安全的,但在局部晚期病例中行累及野照射是否足够尚需验证,已有研究显示临床淋巴结阴性的非小细胞肺癌中约 10%~35% 的患者有隐匿性的纵隔淋巴结转移。此外,虽然 PET/CT 逐渐在临床广泛应用,但对于短径<1cm 的淋巴结仍有 25% 的假阴性率。一项研究对行累及野照射的 524 例不能手术的患者进行了回顾性分析,选择性淋巴结照射的 2 年控制率为 92.4%。另一项 207 例的病例分析显示选择性淋巴结照射的 2 年控制率为 88%。Kepka 等比较了行累及野、有限预防照射野和扩大预防照射野三组病例,作者提出即便是采用累及野照射的病例,纵隔淋巴结预防区也存在大量的"无意照射",此区域的中位剂量为 18~45Gy,其大小取决于原发肿瘤的位置、转移淋巴结及采用的放疗技术等因素。此外,有限预防照射野组和扩大预防照射野组的纵隔淋巴结预防区剂量在多数情况下无明显区别。国内一项Ⅲ期临床研究证实累及野照射组 2 年生存率高于纵隔淋巴结预防照射组,且后者的放射性肺炎发生率明显高于前者,但此结果因试验设计的一些缺陷受到争议。近年来一个单中心研究采用三维适形放疗治疗局部晚期病例,108 例患者分为累及野组和纵隔淋巴结预防照射组,累及野组放疗剂量为 69.9Gy,另一组为 63.6Gy,多因素分析显示累及野组的重度放射性食管炎发生率明显低于预防照射组,且 2 年局部控制率有更高的趋势,但未达到统计学差异,而与淋巴结预防照射组的控制率、远处转移率及总生存率上无明显差别。作者推断累及野照射由于治疗毒性更低故有更高的治疗比。

综上所述,累及野照射在临床中的使用已成为主流,主因在于其低毒高效,但仍缺乏严格设计的临床研究证实,实践中应特别注意准确判断纵隔淋巴结是否转移以防出现靶区脱漏,PET/CT、纵隔镜及腔内超声检查均有助于靶区勾画。

（3）联合化疗:尽管提高放疗剂量似有增加局部控制率的趋势,但局部晚期非小细胞肺癌的主要治疗失败模式是远处转移,比例大约为 75%~80%。为降低远处转移率,一项Ⅲ期临床研究随机分组为单纯放疗和诱导化疗加放疗两种治疗模式,共入组 155 例,放疗剂量均为 60Gy。结果显示诱导化疗加放疗组的中位生存期明显优于单纯放疗组（13.7 个月和 9.6 个月,$P=0.006\ 6$）,5 年生存率分别为 17% 和 6%。随后又有多个Ⅲ期临床研究证实了这个结论。故诱导化疗加放疗成为一种标准治疗方法。

随后一项Ⅲ期临床研究比较了同步放化疗和单纯放疗治疗局部晚期非小细胞肺癌,结果证实同步放化疗组的生存率明显优于单纯放疗组。值得一提的是,两组间的远处转移率无差别,意味着生存率的提高是由于局部控制率的提高,而局部控制率的提高可能是因为铂类为基础的同步化疗方案对放疗起到了增敏作用。2010 年发表的荟萃分析探讨了同步放化疗的价值,入组 19 个随机临床试验,共 2 728 例患者,病期为Ⅰ~Ⅲ期,分为同步放化疗组和单纯放疗组。结果显示同步放化疗降低了死亡风险（风险比 HR 为 0.71）,但此临床获益是以增加急性毒性作为代价,尤其是严重的食管炎。

（4）放化疗方案及化疗药物的选择:同步放化疗和序贯放化疗孰优孰劣? Furuse 等报道了一项Ⅲ期临床试验比较同步放化疗及序贯放化疗,同步放化疗组的中位生存期明显高于序贯放化疗组,分别为 16.5 个月、13.3 个月,两组的 5 年生存率分别为 15.8%、8.9%。随后 RTOG 9410 试验在此基础上增加了超分割同步放化疗组,此研究结果显示同步放化疗组的生存率明显高于序贯放化疗组,而超分割同步放化疗组的生存率明显高于常规分割的同步放化疗组,但毒性明显大于后者。随后又有系列研究得出相似的结论或显示提高生存率的趋势。一项荟萃分析总结了 6 个临床试验的 1 205 例患者,同样证明同步放化疗生存率优于序贯放化疗,3 年及 5 年生存率各增加 5.7% 和 4.5%,同步放化疗组无病生存率及局部区域控制率均优于序贯放化疗组,但急性食管毒性明显高于序贯组。

因同步放化疗组的急性食管炎发病率高,常导致治疗延迟,故可能导致潜在的负面作用。已有研究证实在单纯放疗治疗Ⅲ期非小细胞肺癌时,随着疗程延长,局部区域控制率和5年生存率有下降的趋势。同步放化疗的病例中是否也有此负面影响呢? Machtay等回顾分析了三个临床试验的数据,研究者将预定疗程延迟5天内完成治疗的患者分为"短程组",而治疗时间延迟5天以上者为"长程组",结果显示"短程组"中位生存期为19.5个月,"长程组"为14.8个月,中位生存期有延长的趋势但未达统计学差异。

总体而言,对于体力状况较好和无明显体重减轻的Ⅲ期非小细胞肺癌患者,同步放化疗疗效优于序贯放化疗,其获益主要来源于局部区域控制率的提高,应为首选治疗方法。但临床中应注意的是同步放化疗毒性尤其是急性食管炎发生率更高,易导致患者疗程延长,从而抵消了同步治疗的获益,故合适的患者选择非常重要。

同步放化疗的化疗标准方案为顺铂基础上的化疗,北美医师多认为顺铂加VP16为首选方案。但对于年龄大、体力状况差及合并症较多的患者,卡铂为基础的方案耐受性更好,紫杉醇通常作为VP16的替代药物。有学者认为卡铂的效果比顺铂差,但最近日本的一项研究评估不同的同步化疗方案,结果显示顺铂与卡铂效果相似。也有研究提示三代药物如多西他赛和培美曲塞用于同步化疗可获得更好的疗效,但缺乏随机对照研究结果支持。目前一项在非鳞非小细胞肺癌中,比较培美曲塞加顺铂和VP16加顺铂行同步放化疗的Ⅲ期临床研究,显示培美曲塞加顺铂的总生存不优于对照组,但可降低3~4级不良事件发生率。

对于$V_{20}>35\%$或是肺功能较差的患者,临床工作中常先行诱导化疗2~3周期,待肿瘤缩小后再行胸部单纯放疗或同步放化疗。对于那些肿瘤缩小不明显的患者则通常行单纯放疗而不做同步化疗。但一项研究提示诱导化疗加同步放化疗与同步放化疗相比未能提高生存率。

(5)巩固化疗:巩固化疗的效果争议很大,美国西南肿瘤协作组(Southwest Oncology Group,SWOG)最早进行了一个Ⅱ期临床试验,在同步放化疗后继以2个周期的多西他赛巩固化疗,5年生存率达30%。但一项Ⅲ期临床研究比较了同步放化疗后加或不加巩固化疗,结果发现两组间无差别。目前共识为同步放化疗应包含至少2个周期的足量化疗,巩固化疗的价值尚待进一步研究确认。

(6)免疫治疗:PACIFIC研究开启了局部晚期非小细胞肺癌的免疫时代,同步放化疗后行细胞程序性死亡受体配体1(programmed death-ligand 1,PD-L1)抑制剂度伐利尤单抗巩固治疗已成为局部晚期非小细胞肺癌的标准治疗模式,能够显著降低治疗复发并提高生存率。此外,有研究显示序贯放化疗后行免疫检查点抑制剂也能够显著提高该部分患者的生存。目前放疗联合免疫治疗的研究开展得如火如荼,其最佳联合模式以及治疗时机期待未来更多的研究结果。

(7)靶向治疗:目前为止,尚无任何证据支持酪氨酸激酶抑制剂、表皮生长因子受体单克隆抗体及血管生成抑制剂等靶向药物在局部晚期肺癌治疗中与放疗同时或序贯使用。美国西南肿瘤协作组(SWOG)比较了同步放化疗加巩固化疗后加或不加吉非替尼的疗效,结果显示吉非替尼组的生存率明显差于观察组,虽有多种解释但此结果仍出乎意料。欧洲的一项Ⅱ期临床研究随机比较了同步放化疗加培美曲塞巩固化疗加或不加西妥昔单抗的疗效,结果显示使用单抗组的毒性未增加,但生存率也未增加。美国肿瘤放射治疗协作组（Radiation Therapy Oncology Group, RTOG）的Ⅱ期临床研究测试了同步放化疗同时加厄洛替尼的疗效,结果中位生存期超过了两年。RTOG 0617研究显示,同步放化疗联合西妥昔单抗对生存并无影响。亦有研究显示,贝伐珠单抗与同步放化疗的联合使用结果是失败的,容易发生食管气管瘘和肺出血等严重并发症。

（8）治疗毒性:放射性食管炎和放射性肺炎是综合治疗模式最常见的并发症。一项荟萃分析显示同步放化疗对于非同步放化疗而言,放射性食管炎发生率上升了6倍。使用氨磷汀可能减少放射性食管炎的疼痛及体重减轻程度,但Ⅲ期临床试验的结果未能证实其疗效。黏膜保护剂的开发尚处于研究中。目前质子放疗已逐渐应用于临床,由于其物理学的先天优势,有望减少胸部放疗的野内损伤。

3. 转移性非小细胞肺癌

（1）姑息放疗:姑息放疗在晚期非小细胞肺癌中的使用非常广泛,主要应用于胸部、骨和脑部病变。胸内病变的进展导致的临床症状多数需要姑息放疗,如咳嗽、咯血、胸痛、上腔静脉综合征、气道阻塞引起的气短以及声嘶。一项前瞻性研究入组了134例不能手术的非小细胞肺癌,其中86例（64%）需要立即行姑息放疗以缓解症状,其余48例患者中,26例在病程的某阶段需要行放疗以缓解局部病变的进展。胸痛和咯血的缓解率高,约60%~80%,咳嗽和气短的缓解率约50%~70%。对于气道阻塞的病例,推荐照射方案为30~45Gy,分次剂量2.5~3.0Gy,2~3周内完成。部分患者的体力状况分级差,难以耐受2~3周的治疗,可以考虑大分割方案（1~2次放疗）。近期一项姑息放疗指南建议长疗程和短疗程放疗方案均可采用,但晚期患者在姑息放疗同时行化疗尚缺乏临床证据支持。

气道阻塞和咯血的患者也可考虑腔内放疗,适合于病变在支气管镜下可见,主体位于气管及主支气管内或下叶的病变。此方法需内镜医师与放疗科医师协作,前者需在直视下将后装施源器放置于肿瘤附近,再由后者给予合适的计划及照射。MD Anderson肿瘤中心一项回顾性研究共入组175例接受腔内治疗的患者,主要为转移性和复发病例,其中115例（66%）在治疗后症状缓解。腔内放疗主要适用于外照射以后气管腔内复发引起阻塞性症状的患者。对于部分需要快速缓解症状的病例,可将腔内放疗置于外照射之前,尽管相关的前瞻性或随机对照研究对于腔内放疗的价值以及治疗顺序尚无定论,但累积总剂量的增加会提高肿瘤的局部控制率。需要注意的是,对于从外部压迫支气管腔的晚期肺癌患者,腔内治疗无任何价值,反而会增加致命性继发反应的发生。另外,局部晚期周围型肺癌综合治疗后复发、残留病灶或肺内寡转移灶（直径3~5cm）的姑息减症治疗还可以考虑组织间插植近距离放射治疗（interstitial brachytherapy, ISBT）。

（2）化疗:晚期非小细胞肺癌的化疗方案不断演变。20世纪80年代末,关于全身化疗疗效的争议很大,因为铂类为基础的治疗方案毒性较大,许多临床医师认为其副作用高于潜在的治疗益处。90年代初,有研究证实铂类为基础的化疗与最佳支持治疗相比,其生存率高、全身控制好、生活质量更高。不断出现的新药如卡铂,疗效和顺铂相似,但毒性更小。另外一些新药如紫杉醇、多西他赛、吉西他滨、长春瑞滨和伊立替康等均在测试中显示出与顺铂或卡铂相似的疗效。90年代末,Ⅲ期临床试验证实挽救治疗的疗效,确立了多西他赛用于二线治疗的地位。一项Ⅲ期临床试验证实,培美曲塞和多西他赛的二线治疗疗效相当但前者毒性更小。病理类型在全身化疗中的重要性逐渐显示出来,有研究对比培美曲塞和吉西他滨的疗效,两组均联合顺铂治疗,结果显示非鳞癌组中培美曲塞的反应率和总生存率均高于吉西他滨组。另一项研究则显示鳞癌患者的一线治疗吉西他滨疗效优于培美曲塞。培美曲塞目前在肺腺癌的一线、二线及维持治疗中广泛应用。近年来维持化疗逐渐被接受,基于一项Ⅲ期临床试验结果,对于化疗后无进展的患者可采用厄洛替尼进行维持治疗,非鳞癌者也可使用培美曲塞。有荟萃分析显示与单独使用培美曲塞维持治疗相比,血管内皮生长因子抑制剂联合培美曲塞维持治疗没有总生存获益。

（3）靶向治疗:2004 年学者首次发现表皮生长因子受体（epidermal growth factor receptor, EGFR）突变可以增加 EGFR 酪氨酸激酶抑制剂（tyrosine kinase inhibitor, TKI）的疗效,但直到 2009 年 EGFR 突变在晚期肺癌 TKI 治疗中的价值才被确认。BR10 试验证实未经选择的患者二线和三线治疗厄洛替尼与安慰剂相比提高了无病生存率和总生存率。IPASS 研究首次证实了晚期肺腺癌患者中吉非替尼作为一线治疗的潜力,1 217 例初治东亚地区病例、既往不吸烟或轻度吸烟的腺癌病例,随机分组为吉非替尼组和化疗组（紫杉醇加卡铂化疗 6 周期）,所有入组病例中 437 例（36%）行基因检测,其中约 60% 患者有 EGFR 突变,吉非替尼组中基因突变的患者治疗反应率超过 70%,而野生型患者治疗有效率仅 1%。12 个月时与化疗组的患者相比,吉非替尼组中基因突变患者的无病生存率偏高,野生型患者的无病生存率偏低,均达到统计学差异,但最终吉非替尼组与化疗组的总生存率无明显差别,可能由于研究采用交叉设计,最终两组间 EGFR 突变患者和野生型患者的总生存率均无差别。此研究对临床治疗晚期非小细胞肺癌的影响很大。目前一项Ⅲ期临床研究正在测试在 EGFR 突变患者中一线治疗采用 EGFR-TKI 与标准化疗的疗效差别。总的来说,对于 EGFR 突变患者,一线采用 TKI 治疗可以获得更高的无病生存率,但却不能肯定是否提高总生存率。可以肯定的是相对于野生型患者,EGFR 突变病例只要在疾病进程的某个阶段采用 TKI 治疗就可以获得更长的生存期。克唑替尼是一种针对 ALK 靶点的小分子 ATP 竞争性酪氨酸激酶抑制剂,可特异性靶向抑制 ALK 激酶,也可抑制 c-MET 和 ROS1 等信号通路。临床试验显示对于 ALK 阳性的晚期 NSCLC 患者,克唑替尼的疗效显著优于传统化疗,目前临床已用于 ALK 阳性非小细胞肺癌的治疗。

晚期非小细胞肺癌的治疗已进入个体化时代,既往的单一治疗方案已被临床摒弃。治疗决策建立在病理及分子标记基础上,预期未来 5~10 年将有新的分子标记运用于临床。KRAS 突变在晚期非小细胞肺癌中的比例为 20%~30%,BRAF 及 HER-2/neu 在晚期腺癌中有 1%~3% 的表达,纤维母细胞生长因子受体在晚期鳞癌中有 20%~25% 的表达,相关研究正在进行中。

(四) 小细胞肺癌

小细胞肺癌的病理诊断非常重要,必须与非小细胞肺癌相区别,因两者的治疗方案差别极大。需注意的是小细胞肺癌可以与非小细胞肺癌混合存在,其比例可达 30%。小细胞肺癌通常分为局限期和广泛期,局限期是指病变局限在半胸范围内,能被一个放疗照射野所涵盖,除此之外为广泛期,恶性胸腔积液归为广泛期。第 8 版 TNM 分期系统建议对小细胞肺癌采用与非小细胞肺癌一致的 TNM 分期,但既往研究绝大多数仍建立在传统分期基础上。

小细胞肺癌占全部肺癌的 15%~20%,预后差,2 年生存率约 4%,60% 的患者诊断明确时为广泛期病变。小细胞肺癌最重要的预后因素为病期,局限期病例的中位生存期为 23 个月,广泛期为 8~9 个月。体力状况好、女性及乳酸脱氢酶不高提示预后偏好。

副肿瘤综合征在小细胞肺癌中较为常见,且与非小细胞肺癌有所不同,神经系统副肿瘤综合征发生率更高,目前认为其发生原因与自身免疫反应有关。有神经系统副肿瘤综合征的患者肿瘤往往比较局限,可能是由自身抗体抑制肿瘤所致。临床可表现为肌无力综合征,包括乏力、眼睑下垂、虚弱、周围性瘫痪及勃起障碍等一系列症状,其原因是神经肌肉接头突触前细胞膜上的电压依赖性钙通道受自身抗体影响,无法释放钙离子,继而导致乙酰胆碱释放受阻。小细胞肺癌还可表现出内分泌紊乱与代谢异常,如异位促肾上腺皮质激素综合征及异位抗利尿激素分泌异常综合征,后者是小细胞肺癌最常见的副肿瘤综合征。尽管副肿瘤综合征有助于早期诊断小细胞肺癌,但出现副肿瘤综合征常提示预后较差,通过治疗多数情况下副肿瘤综合征会得到改善。

1. 手术及化疗　早期小细胞肺癌($T_{1-2}N_0M_0$)占所有病例的比例低于 5%,这部分患者可以考虑手术治疗,有研究提示采用肺叶切除术加术后放疗治疗早期小细胞肺癌的 5 年生存率约为 50%。Tsuchiya 等报道一项 II 期临床研究,采用手术切除加 EP 方案化疗治疗 I~III 期小细胞肺癌,入组患者中多数为 I 期病例(44/62),3 年总生存率为 61%,I 期、II 期和 III 期病例 3 年生存率分别为 68%、56% 和 13%,此研究提示 I 期和 II 期小细胞肺癌可考虑手术治疗。由于小细胞肺癌早期即可出现纵隔淋巴结转移,故应在外科治疗前行纵隔镜或超声内镜检查明确有无纵隔淋巴结转移。

多数小细胞肺癌诊断明确时已有纵隔淋巴结转移或全身转移,全身化疗是治疗的基础,通常采用依托泊苷联合顺铂或卡铂。局限期患者联合胸部放疗可以明显提高生存率,两个荟萃分析显示化放疗综合治疗与单纯化疗相比不仅提高了胸部肿瘤控制率,且生存率提高 5%。广泛期小细胞肺癌通常全身化疗即可,但部分患者体力状况好且胸外病变控制较好,可行胸部放疗以减少胸部病变复发概率。化疗有效的局限期和部分广泛期小细胞肺癌应行脑预防照射,已有 III 期临床研究证实脑预防照射可以提高这部分患者的生存率。

日本一项 III 期临床研究比较了同步放化疗与序贯放化疗,结果显示同步放化疗中位生存期为 27 个月,明显优于序贯组的 20 个月。另有随机性研究比较了同步放化疗中早放疗(第 3 周)和晚放疗(第 15 周)的差别,结论是早放疗组优于晚放疗组(中位生存期 21 个月和 16 个月)。一项荟萃分析入组了 7 个临床试验超过 1 500 例患者,结果提示在化疗 1~2 周期开始放疗的患者 2 年生存率优于晚放疗或序贯放化疗的患者。

2. 局限期小细胞肺癌　局限期小细胞肺癌的标准治疗方案仍为同步放化疗,化疗采用 EP 方案。EP 方案是首选化疗方案,可替代的方案有顺铂加伊立替康,EP 联合蒽环类药物或紫杉类药物。

局限期小细胞肺癌首选的放疗剂量及分割方案是研究热点。小细胞肺癌的放疗敏感性很好,提示可能采用超分割治疗以达到不降低疗效的同时减轻正常组织的晚反应损伤。一项 III 期临床研究共入组 417 例患者,随机分组为常规放疗组和超分割放疗组,两组均采用同步放化疗,化疗采用 EP 方案,放疗总剂量均为 45Gy,区别在于常规放疗组分割剂量 1.8Gy,每日一次,疗程 5 周,而超分割组分割剂量为 1.5Gy,每日两次照射,疗程 3 周。结果显示,超分割放疗组的 5 年生存率为 26%,优于常规放疗组的 16%,两组的局部复发率分别为 36%

及 52%,超分割放疗组 3 级急性放射性食管炎发生率明显高于常规放疗组,但晚期反应两组间无明显差别。此研究所采用的方法被视为局限期小细胞肺癌的标准治疗模式。

因小细胞肺癌的放射敏感性好,所以放疗剂量相对较低(45~50Gy),但胸内复发率仍很高。Turrisi 等报道一组常规放疗者的胸部复发率高达 75%,提示常规放疗采用 45~50Gy 剂量可能不足,而既往研究中超分割组通过提高局部控制率最终提高生存率,凸显了提高局部控制率的重要性,故进行了一系列增加放疗剂量的研究。RTOG 0239 是一项 II 期临床研究,入组 72 例患者,均采用 61.2Gy/5 周方案,在最后 9 个治疗日采用超分割照射,2 年生存率 37%,2 年局部控制率高达 80%。Choi 等报道了一项 I 期临床研究,其中常规放疗组的剂量最终提高至 70Gy/35 次/7 周,且未出现剂量限制性毒性。CALGB 39808 研究采用紫杉醇加托泊替康诱导化疗两周期,继以同步放化疗,同步化疗采用 EP 方案,胸部放疗采用 2Gy 分割剂量,每日一次,先照射原发肿瘤及纵隔 44Gy,随后改累及野照射原发肿瘤及转移淋巴结 26Gy,共入组 63 例患者。结果显示 21% 的病例发生 3~4 级放射性食管炎,2 年生存率 48%。奇怪的是该研究 10 例复发病例位于 70Gy 高剂量区,但在 44Gy 低剂量区却无复发,此结果提示部分小细胞肺癌可能存在放射抵抗性。

总的来说,小细胞肺癌首选剂量及分割方案尚待确定。CALGB 30610 III 期临床试验正在进行中,研究者将患者分为 45Gy/30 次/3 周组、61.2Gy/5 周组(RTOG 0239)及 70Gy/35 次组(CALGB 39808),结果尚未公布。欧洲也有一项 III 期临床研究比较 66Gy/33 次每日一次和 45Gy/30 次每日两次放疗方案的疗效差别,结果显示每日一次放疗既没有提高生存率也没有提高副作用,支持两种放疗模式都可以用于局限期小细胞肺癌。

局限期小细胞肺癌首诊时通常肿块较大,若直接放疗则照射野偏大,故放疗前先行诱导化疗可以缩小肿瘤体积,从而减少照射范围,但同时带来的问题是化疗前后肿瘤范围存在差异,这些边缘区在缩小放疗范围后是否会导致高复发率? 为解决此问题,SWOG 进行了一项随机性研究,共入组 191 例,诱导化疗 6 周期后采用胸部放疗,随机分组为按化疗前范围照射和化疗后范围照射两组,结果显示两组间复发率无明显差异。另一回顾性研究显示小范围照射组的复发率并不比大范围组高,故在小细胞肺癌的治疗中预防性淋巴结照射的价值存有争议。

3. 广泛期小细胞肺癌 广泛期小细胞肺癌以全身化疗为主,但在部分患者中行胸部放疗可能获益。有研究入组 209 例广泛期小细胞肺癌,三周期 EP 方案化疗后,110 例胸外病变完全缓解且胸部病变部分缓解的患者随机分为单纯化疗、同步放化疗治疗胸部病灶两组。结果显示同步放化疗组 5 年生存率为 9%,优于单纯化疗组的 4%。目前有两个前瞻性随机研究正在探讨胸部放疗在广泛期小细胞肺癌中的价值。CREST 研究和 2017 年刚发表的 RTOG 0937 研究显示:胸部放疗的 1 年总生存率没有明显获益,但 CREST 研究的 2 年结果显示有获益。

4. 脑部预防性照射 小细胞肺癌初诊时脑转移发生概率为 20%,随着生存时间的延长,脑转移的概率不断上升。脑部也是小细胞肺癌治疗失败最常见的复发部位之一。一些临床试验证实了化疗有效病例行脑部预防性照射可以降低脑转移发生的概率。有荟萃分析入组了 987 例小细胞肺癌患者,其中 85% 为局限期,15% 为广泛期,所有患者在化疗达到完全缓解后分组为预防性脑照射组和观察组,结果显示预防性脑照射明显降低了脑转移的发生概率(33% *vs.* 59%),提高了总生存率(21% *vs.* 15%)。此研究证实了局限期小细胞肺癌中脑预防照射的价值,但该研究有一定缺陷,完全缓解的判断标准多为胸片而非 CT,且预防性脑照射的方案有多种。另有Ⅲ期临床研究探讨了广泛期小细胞肺癌中行脑预防照射的价值,286 例化疗有效的广泛期小细胞肺癌随机分组为脑预防照射组和观察组,结果显示脑预防照射组的 1 年脑转移率明显低于观察组(15% *vs.* 40%),前者的 1 年生存率明显高于后者(27% *vs.* 13%),该研究共允许 6 种放疗方案,等效生物剂量 25~39Gy。

脑预防照射的价值虽已确定,但由于放疗方案的多样性,首选的放疗剂量及分割方案仍是问题。一项研究比较了标准脑预防照射方案(25Gy/10 次)和高剂量方案(36Gy/18 次),共720 例患者入组,结果两组间 2 年脑转移率无差别,且高剂量组的 2 年生存率明显低于标准方案组(36% *vs.* 42%),原因可能在于高剂量组的肿瘤相关死亡更多。该研究同时还进行了生活质量评分研究,发现 1 年时高剂量组的神经学毒性发生率明显高于常规组。故目前脑预防性照射的标准方案为 25Gy/10 次。

近年来有研究报道:局限期小细胞肺癌如按照 TNM 分期系统分为Ⅰ期、Ⅱ期和Ⅲ期,随访结果显示各期患者脑转移率差别明显,病期越早,脑转移率越低,而预防性脑照射也有一定的副作用,故早期小细胞肺癌患者不必常规进行预防性脑照射。

(五)肺上沟瘤及 Pancoast 综合征

关于肺上沟瘤的记载最早见于 1838 年,1932 年 Henry Pancoast 首先描述其特征。多起源于支气管,最常见的病理类型为鳞癌,其次为腺癌,小细胞癌罕见,占肺癌比例低于 5%。

1. 临床表现　最常见症状为肩臂疼痛,原因在于肿瘤常直接侵犯壁胸膜、椎体、第 1~3 肋骨或臂丛神经。如疼痛向上肢放射超过肘关节尺侧提示病变已侵犯至 T_1 神经根,如达无名指及尾指则提示侵犯至 C_8 神经根,并可导致手掌肌肉无力及萎缩。如侵犯神经孔则可导致约 25% 的病例出现脊髓压迫症状。侵犯颈交感干可导致霍纳综合征,包括患侧上睑下垂、眼球内陷、瞳孔缩小及面部少汗,以上症状合称 Pancoast 综合征。还可以见到上腔静脉综合征。

2. 分期　肺上沟瘤的分期与小细胞肺癌和非小细胞肺癌的分期是一致的,对于未发生远处转移的肺上沟瘤,评估其手术的可切除性非常重要。因其应行完整切除,包含受累的肺叶及邻近的胸壁、神经、血管及椎体。磁共振检查对于肺上沟瘤的分期有很大助益。

3. 治疗　肺上沟瘤以综合治疗为主。SWOG 9416 研究入组了 110 例 $T_{3~4}N_{0~1}$ 肺上沟瘤患者,均先采用 VP16 加顺铂方案化疗两周期加 45Gy/25 次放疗,在随后的 3~5 周内行手术,术后予以两周期化疗。结果共 80% 的患者接受手术治疗,76% 完整切除,5 年生存率 44%。56% 的患者在手术时已达到完全缓解,这部分患者的 5 年生存率高达 54%。日本一项研究入组 76 例,包含非大肿块的 N_2 病例,采用类似的术前诱导治疗方案,76% 的患者最终接受手术治疗,68% 完整切除,5 年生存率 56%。但对于初诊时可手术切除的肺上沟瘤,先行手术应为最佳选择。美国 MD Anderson 肿瘤中心的前瞻性研究共入组 32 例可切除患者,所有患者均先采用手术治疗,28% 的病例有镜下残留,术后根据有无残留分别给予 60Gy 或64.8Gy 的术后同步放化疗,放疗分割剂量为 1.2Gy,每日两次,同步化疗方案为 VP16 加顺铂,5 年生存率为 50%,5 年局部控制率为 76%。

对于不能手术的非小细胞来源的肺上沟瘤和小细胞未分化癌来源的肺上沟瘤,根治性放化疗是唯一的选择。既往回顾性分析显示能手术治疗的患者生存率明显高于根治性放化疗，但须辩证看待这些结论，因其有明显的选择性偏倚，病期早的患者多选择手术为主的综合治疗，而接受根治性放化疗的患者多为局部晚期病例。一项前瞻性研究入组了49例肺上沟瘤，采用66Gy放疗同步每日顺铂化疗（6mg/m^2），19例退缩不明显的患者接受手术切除，其中53%达到病理完全缓解，根治性放化疗组的和手术组的5年生存率分别为18%、33%。

（六）上腔静脉综合征

上腔静脉综合征最常见的原因为肺癌，占80%。当上腔静脉被肿瘤挤压狭窄后，回心血液将通过侧支循环回流入奇静脉或下腔静脉。临床表现有发绀、静脉怒张、头颈上臂水肿、咳嗽、气短，罕见情况下可导致脑水肿及喉水肿，若肿瘤同时并发血栓则症状会进一步加重。

上腔静脉综合征通常作为急诊放疗处理，但随着经验的积累却发现其很少直接致命。一项回顾性研究显示107例上腔静脉综合征病例在疾病评估时未进行医疗干预，直至疾病的诊断和分期完成时才进行干预，也并未因为延迟治疗而产生严重后果，临床症状常在无主动医疗干预的情况下自行改善。对于恶性肿瘤所致上腔静脉综合征，当有以下状况时应立即治疗：脑水肿导致意识不清或精神改变、喘鸣、循环障碍。治疗起效最快的方法是血管支架，即使上腔静脉完全闭塞也可使用。对于无明显生命威胁症状的上腔静脉综合征患者，应按照正常的顺序行病理及分期检查后再安排合适的治疗。多数上腔静脉综合征的患者是小细胞肺癌，其化疗敏感性佳，故广泛期和局限期小细胞肺癌并发上腔静脉综合征的患者应首先接受一个周期化疗，通常肿瘤会明显退缩，此后行放疗可以更好地保护正常肺组织。而非小细胞肺癌引起上腔静脉综合征的患者其化疗敏感性低，故此类患者放射治疗和血管支架治疗的介入时机应相对较早。转移性非小细胞肺癌引起上腔静脉阻塞的病例通常应先行放射治疗。

六、肺癌放疗不良反应

胸部放疗损伤的严重性取决于放疗的剂量、体积及风险器官功能特点。既往将风险器官分为串联器官和并联器官。脊髓、食管及气管等器官为串联器官，其特点为任何一个亚功能单位受伤都可能导致整个器官丧失功能，故对此类器官即使很小体积受到高量照射都可能导致严重后果。肺则属于并联器官，特点为亚功能单位损伤会导致整个器官功能部分受损，对此类器官，照射体积甚至低剂量照射区的大小都可能在放射性损伤中扮演重要角色。

Emami等报道了正常器官的剂量体积限值，很长时间内是放射治疗剂量限值的标准，采用TD$_{5/5}$和TD$_{50/5}$作为毒性观察指标，前者指放疗后5年时出现5%并发症的剂量，后者为放疗后5年时出现50%并发症的剂量，这些数据主要来源于二维放疗时代的临床数据。近来临床正常组织效应定量分析（quantitative analysis of normal tissue effects in the clinic，QUANTEC）标准总结了三维治疗下的体积毒性数据，结合了正常组织并发症模型，为临床提供了实用的指南。

（一）放射性肺炎

肺癌放疗后出现有临床症状的放射性肺炎的概率为5%~20%，发生时间可以在放疗期间，也可以晚至放疗后18个月，最常见的发生时间为放疗后2~6个月。主要临床表现为咳嗽、气短、低热及乏力。在胸部平片及CT上可以无异常，或表现为毛玻璃样变、斑片状实变及纤维化改变,取决于放疗后时间的长短。出现异常影像学的部位与放疗照射野有一定的关联性。

一系列的指标用于放射性肺炎的预测,包括 V_{dose}、平均肺剂量(mean lung dose,MLD)以及正常组织并发症概率(normal tissue complication probability,NTCP)模式,前两个指标因其简便而在临床广为使用。MLD 预测风险与 NTCP 模式有明显相关性。QUANTEC 标准提出常规分割放疗条件下,当 MLD<20Gy 时出现放射性肺炎的概率<20%。而 V_{dose} 标准的研究更多,往往得出不同的 V_{dose} 值作为首选标准,如 V_{20}、V_5 及 V_{13} 等,这可能因为 V_{dose} 指标间本身就有相互紧密的关联,也部分因为研究采用不同的治疗技术及放射性肺炎观察指标。总的来说当 V_{20}<30%~35% 或 V_5<60% 时,放射性肺炎发生率<20%。临床医师实践中应注意,这些三维剂量体积学限值反映的是肺部放疗的物理参数,不能取代对于患者肺功能的监测,临床中也有病例在远低于限值时发生严重的放射性肺炎,可能需要更多地从生物个体性角度统筹兼顾。

以上剂量体积参数是建立在常规分割及简单计划的基础上,对调强放疗、质子放疗及大分割放疗的预测性不足。对调强放疗胸部照射采用的剂量体积限值时应特别注意,因为风险器官达到剂量体积限值标准的代价是其余未限制的正常组织分担剂量。已有研究显示在胸膜间皮瘤中采用调强放疗会导致超出预期的放射性肺损伤。

立体定向放疗的放射性肺炎发生率较常规放疗低,其发生率有明显的剂量体积关联性,目前尚无公认的剂量体积限值标准。一项以≥2 级放射性肺炎为观察指标的回顾性研究显示:MLD>4Gy 时,放射性肺炎发生率 17%,MLD≤4Gy 时发生率为 4%;V_{20}>4% 时发生率为 16%,V_{20}≤4% 时发生率为 4%。

放疗诱发的气短可能由多种因素所致而不仅仅是放射性肺炎。已有证据显示心脏照射剂量与气短之间有关联,部分气短可能归因于胸腔积液、限制性心包炎、心脏疾病、气管狭窄或闭塞。QUANTEC 推荐常规放疗时主支气管的最大剂量应低于 80Gy。立体定向放疗中气管狭窄概率较常规放疗更高,可能是因为其更强的生物学效应,既往有研究显示中央型肺癌的立体定向放疗肺毒性更高,这可能是部分原因。

尚有一些其他因素影响放射性肺炎的发生概率,有研究显示下叶病变的放射性肺炎发生率更高,高龄患者发生率高,而放疗期间持续吸烟的患者发生率更低,虽然戒烟可以带来更大的好处。某些化疗药物会增加放射性肺炎发生率,如多西他赛和吉西他滨,尤其是后者,胸部放疗时应尽量避免使用。

糖皮质激素用于治疗放射性肺炎,但其起始剂量和减量标准尚未确立,通常起始采用 60mg 或 1mg/kg 的泼尼松,持续 1~2 周,在随后的 4~8 周逐渐减量。使用糖皮质激素的目的是减轻晚期肺纤维化,但尚未证实其疗效,停用激素后症状可能反复。预防性使用抗生素和抗凝药物不能减少放射性肺炎的发生。己酮可可碱可以改善微血管灌注,一项研究随机入组了 40 例患者,己酮可可碱组的肺炎发生率明显低于对照组。有多个临床研究测试了氨磷汀,但结果难以肯定。卡托普利在动物实验中显示可以减少放射性肺纤维化的发生,但在人体中此效果未得到证实。

(二)放射性食管炎

急性放射性食管炎是另一个胸部放疗的常见并发症,多表现为吞咽时疼痛加重,会导致患者脱水、治疗中断及体重下降。晚期放射性损伤包括食管狭窄、穿孔或瘘形成。放化疗综合治疗期间或之后≥3级急性食管炎发生率为15%~25%，但晚期放射性食管损伤并不常见，发生率<5%。

重度放射性食管炎的剂量体积限值尚未达成一致，QUANTEC标准提示超过40~50Gy的食管体积与食管炎的发生相关，同时建议任何体积的食管都不应受到超出处方剂量水平的照射，这点在调强放疗计划设计中很重要。超分割放疗加重放射性食管炎，高龄和同步化疗的使用也会增加其发生率，特别值得一提的是一项研究采用同步放化疗及贝伐珠单抗联合治疗，结果发生了超过预期的食管气管瘘。

食管炎的治疗以支持治疗为主，包括改变饮食习惯、镇痛及外用药物等处理，当出现病毒性或念珠菌性食管炎时应慎重，可采用抗真菌药物及质子泵药物处理。氨磷汀在小样本研究中显示出疗效，在大样本研究中未能观察到客观获益，但患者主观症状有所改善。食管狭窄可通过反复食管扩张恢复，食管瘘则需支架或外科处理，有致死风险。

（三）心脏毒性

放射治疗的心脏毒性研究主要是建立在乳腺癌和纵隔淋巴瘤的基础上，总的来说胸部照射后心源性死亡率低，报道的毒性有急性心包炎、心肌缺血性改变、充血性心力衰竭等，也有报道提及心瓣膜病，可能是晚期纤维化所致。QUANTEC标准推荐如$V_{25}<10\%$，缺血性改变导致的心源性死亡率15年时低于1%。平均心包剂量<26Gy或心包$V_{30}<46\%$时心包炎概率可以降到最低，在靶区剂量达到治疗要求时，心脏和心包剂量应尽可能低，但不应为降低心脏心包剂量而降低靶区剂量。其他增加心源性死亡的风险因素有肥胖、糖尿病及高血压等。有研究证实，年龄>60岁、序贯使用蒽环类药物及同步使用紫杉醇会增加心源性死亡的风险。

七、预后因素

既往对于肺癌预后的判断多建立在是小细胞肺癌还是非小细胞肺癌的基础上，过于简单。近年来的进展已使得肺癌的预后判断因素多元化，主要分为两类：肿瘤相关的预后因素和患者相关的预后因素。

1. 肿瘤相关的预后因素

（1）核苷酸切除修复交叉互补组1（excision repair cross-complementary gene 1，ERCC1），是核苷酸切除修复途径的限速酶。术后患者ERCC1表达阳性者生存期优于阴性者，同时ERCC1的高表达却与含铂类化疗方案的反应率呈负相关。

（2）EGFR突变提示对酪氨酸激酶抑制剂类药物如吉非替尼等效果较好。

（3）胸苷酸合成酶（thymidylate synthase，TS）表达水平的高低，与培美曲塞和铂类联合化疗的疗效呈负相关，其表达水平高提示培美曲塞化疗效果差，鳞癌组织中TS基因表达水平明显高于非鳞癌。

2. 患者相关的预后因素

（1）体力状况分级（卡氏评分或ECOG评分）与预后相关，其中卡氏评分与预后呈正相关，ECOG分级与预后呈负相关。

（2）体重减轻与预后呈负相关。

八、肺癌的放疗物理计划与实施

三维适形放疗与调强放射治疗已在肺癌的放疗中普及,精确的计划与实施非常重要,需考虑以下因素影响:患者的体位与固定、肺部肿瘤运动性、肺邻近区域的组织不均匀性及不同剂量分割方案间的物理与生物学意义等。

首先应考虑患者的体位与固定,应让患者处于舒适体位。固定方式有多种,包括真空气垫、热塑体膜及立体定向放疗专用固定装置等。固定完成后行 CT 扫描,建议层厚≤5mm,层厚越薄数字重建像的质量越高,有利于提高治疗的精确性。扫描范围从环状软骨至第二腰椎。扫描时如仅有肺内病灶可不做增强扫描,如有中央型病变或纵隔淋巴结转移则需行增强扫描。

胸部肿瘤照射的一个重要问题为肿瘤运动,既往最简便的方法为透视机下直视,可以观察肿瘤在冠状位的运动。但此方法观察到的肿瘤运动不能与 CT 扫描的图像相对应,且有时因肿瘤位置的原因观察不清楚,因此可使用四维 CT 或慢速 CT 形成 ITV。为减少呼吸运动以减小靶区,可采用腹部压迫、深吸气屏气、主动呼吸门控、呼吸门控及跟踪等技术,对于运动较大的肿瘤这些措施可以明显减少正常组织的照射剂量,但实施起来较为复杂。

因摆位误差外放 PTV 边缘时应考虑到随机误差和系统误差的区别。对于非小细胞肺癌,在有影像引导放疗(image guided radiotherapy,IGRT)设备的情况下 ITV 通常外放 5~10mm 以形成 PTV,如未生成 ITV 或未使用 IGRT 装置,此边缘通常为 10~20mm。在立体定向放疗中,生成 ITV 及 IGRT 治疗是标准治疗模式,PTV 边缘在此情况下可减少至 3~6mm。

物理计划的目标是治疗比最大化,即最大化靶区剂量及最小化周边正常组织剂量。对于中央型大肿块病变可行简单平行相对野照射,此照射野因脊髓限量剂量一般不超过 40~45Gy,如需更高剂量照射应避开脊髓设置照射野。对于更局限一些的肺癌应采用多野、多角度照射,使得靶区受到足量照射而周边正常组织剂量位于限值内。应注意调强放疗时多叶光栅运动与器官运动间有相互作用效应,这使得实际剂量与计划剂量间可能存在差异,在分割次数≥30 次时此效应影响小,但在大分割立体定向放疗时可能会对剂量产生较大影响,故实施立体定向放疗时应慎用调强放疗技术。

评估调强放疗或立体定向放疗的计划需仔细评估剂量体积直方图(dose and volume histogram,DVH)和每个层面上的剂量学分布。除考虑靶区的剂量分布以外尚需评估以下因素:正常器官勾画,正常器官的 DVH 值,计划的边缘与靶区和正常风险器官的距离,放疗中器官运动,组织不均匀性校正,靶区内的"热点"和"冷点",计划的可实施性。应对每个病例的治疗计划的监测单位(monitor unit,MU)、计划中心及二维剂量分布进行验证。

放射治疗的实施应在影像介导下进行,参考的图像可以来源于兆伏或千伏级 X 线,也可来源于锥形束 CT 图像。使用门控系统在呼吸特定阶段进行放疗,使用跟踪系统可以实时追踪肿瘤的运动。近来容积调强弧形治疗(volumetric modulated arc therapy,VMAT)开始应用于临床,一项研究对比常规调强放疗和 VMAT 技术实施立体定向放疗,结果显示 VMAT 技术靶区覆盖更好,正常组织剂量相似,而治疗时间与常规调强放疗相比缩短了 60%。长时间在治疗床上保持固定体位会让患者感觉不适,VMAT 技术缩减了放疗时间,从而可以明显减少患者治疗中的移动。但仍应注意多叶光栅运动与器官运动间存在的相互作用效应。

九、放射治疗技术与未来方向

1. 大体肿瘤区（gross tumor volume，GTV） 运用各种影像学乃至纤维支气管镜检查手段得到的大体肿瘤范围,须注意的是肺内肿瘤 GTV 勾画的大小与 CT 的参数设置明显相关。Harris 等提出肺内结节的测量在窗宽 1 600HU 及窗位–600HU 时与实际肺内肿瘤大小最为接近,故勾画肺内病变时需设置好 CT 的窗宽及窗位。肺不张时应行 PET/CT 检查以更准确地定义 GTV。纵隔淋巴结的 GTV 勾画较原发病灶更为困难,通常将 CT 上短径>1cm 的淋巴结归入 GTV,但此标准准确性仅 60%。PET/CT 可以明显提高准确性,荟萃分析显示 PET/CT 和单独 CT 诊断纵隔淋巴结转移的灵敏度和特异度分别为 0.79 和 0.91（PET/CT）,0.60 和 0.77（CT）。尽管如此,金标准仍为侵入性的分期,如纵隔镜或腔内超声经气管食管穿刺检查。

2. 临床靶区（clinical target volume，CTV） 对于原发肿瘤已有研究证实 9mm 的边缘可以涵盖 90% 的肺腺癌镜下侵犯,也有研究认为应基于不同病理给予不同的 CTV,腺癌推荐为 8mm,鳞癌为 6mm。对于转移淋巴结,有研究提示<2cm 的淋巴结给予 3mm 的边缘将涵盖 95% 的镜下侵犯,但对于>2cm 的淋巴结仍应给予更宽的边缘以生成 CTV。

3. 内靶区（internal target volume，ITV） 根据 ICRU 62 号报告应定义为 CTV 加运动的范围,但实际操作中,因 CTV 包含亚临床病灶,其运动不能被直观地观察,故多数临床医师选择将 GTV 加上运动范围形成 IGTV。IGTV 实际上是在不同呼吸时相 GTV 的不同位置的总和,通过四维 CT 可以获得 IGTV。对于没有四维 CT 的单位,慢速 CT 是一个替代选择。在 IGTV 的基础上向各方向均匀外扩以形成 CTV。

4. 计划靶体积（planning target volume，PTV） PTV 为考虑到摆位误差和系统误差,CTV 向各方向外放形成。既往通常是采用经验性的外放边缘,但随着各种影像技术介入到放疗的日常摆位中,外放的边缘有可能明显缩小。Grills 等报道,考虑到摆位误差,立体定向体架固定无锥形束 CT 的患者通常要外放 9~13mm,但在有锥形束 CT 校验位置的基础上外放范围可减少至 1~2mm。未来更多的影像技术加入放疗的日常治疗中,将个体化地决定每个病例的外放边缘。

5. 剂量限值 正常组织的勾画应参照标准图谱,减去 GTV 的双肺、食管和脊髓,在所有患者中都应勾画,临床需要时也需勾画心脏、心包及臂丛神经。所有病例均应考虑到正常组织剂量限值与靶区剂量的平衡。有多种模式预测正常组织毒性,如 V_{dose} 模式、平均剂量模式和 NTCP 模式。近年来 QUANTEC 标准汇总了既往数据,为临床医师提供了实用的指南。

QUANTEC 建议常规分割放疗时,如 $V_{20}<30\%\sim35\%$ 或 $V_5<60\%$ 或平均肺剂量<20Gy,治疗后发生放射性肺炎的概率<20%。对于食管而言,既往文献显示其急性症状与受到>40~50Gy 照射的食管体积密切相关,故应使得尽可能小的食管体积受到以上剂量照射。QUANTEC 对心脏和心包的限制剂量较保守,若 $V_{25}<10\%$,15 年缺血性改变导致的心源性死亡概率<1%,平均心包剂量<26Gy 或心包 $V_{30}<46\%$ 可使得心包炎概率最小化。当剂量≤60Gy 时臂丛神经损伤罕见,故臂丛神经的剂量限值各研究差别很大。RTOG 0617 建议点剂量不应超过 66Gy,而 RTOG 0972 则建议臂丛神经 $V_{20}\leqslant35\%$。

第二节 纵隔肿瘤

一、总论

(一) 概述

纵隔内组织和器官种类繁多,包括气管、主支气管、心脏、大血管、食管,此外,还有丰富的淋巴、神经和结缔组织。纵隔胚胎发育过程中出现异常或后天的囊肿或肿瘤形成,称为纵隔肿瘤。

纵隔肿瘤可分为实质性和囊性,良性和恶性,先天性和后天性。先天性纵隔肿瘤是指其组织来源于纵隔内的任何脏器和组织的肿瘤,常见的起源组织或器官有胸腺、神经、淋巴、间质组织和胚胎细胞等。后天性纵隔肿瘤较先天性多见,最常见为转移性淋巴结,其原发病灶通常为肺、食管、胃和膈下脏器等。

(二) 应用解剖和常见分类

纵隔位于胸腔的正中,在两侧胸膜腔之间,两侧外缘为纵隔胸膜,前为胸骨和附着的肌肉,后达脊柱及其两侧脊柱旁沟,上界为第 1 胸椎与胸骨柄形成的胸廓入口,下界为膈肌。

由于不少纵隔病变在纵隔内有其多发部位,所以纵隔分区对纵隔肿瘤的诊断十分重要。纵隔可被分为前、中及后纵隔,每区均从胸廓入口起始至膈肌为止。也有作者基于以上纵隔划区的基本方法,将纵隔分为 3~4 个区。虽然纵隔分区方法较混乱,但胸部侧位像上的四分区方法最为实用,即上纵隔(前纵隔,后上纵隔)、前下纵隔、中下纵隔和后下纵隔。

1. 上纵隔　自胸骨柄、体分界处至第 4、5 胸椎之间的连线,相当于主动脉弓水平面以上为上纵隔。再以气管分界,气管以前为前上纵隔,气管以后为后上纵隔。

2. 前下纵隔　前下纵隔为一狭窄的尖端向下的三角形区,其前为胸骨,后为气管、升主动脉和心包前缘,又称为胸骨后间隙。

3. 中下纵隔　中下纵隔前界为心包和大血管的前缘,后界为心包和肺门后缘。

4. 后下纵隔　后下纵隔位于心包后缘或食管前缘以后至脊柱之间,包括脊柱旁沟。

纵隔之所以按以上划分区域,主要是为了方便纵隔肿瘤的诊断及鉴别诊断。不同纵隔区域内包含有不同组织来源的器官和组织结构。胸腺位于前纵隔内;心脏、大血管和大多数淋巴结位于中纵隔内;气管、主支气管、食管、胸主动脉及奇静脉、半奇静脉、胸导管、交感和外周神经位于后纵隔内。不同组织和脏器可以产生不同的肿瘤,临床上在发现纵隔内有占位时,便可根据占位所在纵隔的位置,初步分析该肿瘤是何种组织来源。

纵隔肿瘤虽不常见,但可以发生于任何年龄段,以 30~40 岁为多见。胸腺肿瘤、神经源性肿瘤、畸胎瘤、各类囊肿和甲状腺肿瘤是最常见的纵隔肿瘤,它们的发病占纵隔肿瘤的80%~90%,其中前三者占纵隔肿瘤的 2/3。前纵隔肿瘤以胸腺肿瘤为最多见,其次为淋巴瘤、生殖细胞肿瘤。中纵隔肿瘤以肠源性和心包源性囊肿为多见,其次为淋巴瘤、间质组织来源肿瘤。后纵隔肿瘤以神经源性肿瘤为最常见,其次为肠源性囊肿、间质组织来源肿瘤和内分泌组织来源肿瘤等。

按照解剖位置来划分,成人的上、前下、中下和后下纵隔肿瘤分布分别为 20%、20%、20% 及 26%;儿童则 62% 位于后纵隔,26% 位于前纵隔,中纵隔仅占 11%。纵隔肿瘤多数为良性,成人纵隔恶性肿瘤仅占 10%~25%,儿童则一半以上是恶性的。按年龄划分,儿童中以神经源性肿瘤为多见,成人以胸腺瘤、淋巴瘤为多见。本章仅介绍胸腺肿瘤中原发纵隔胚胎细胞性肿瘤和神经源性肿瘤,纵隔淋巴瘤参见本书淋巴瘤章。

(三)临床表现和诊断

由于纵隔内组织来源的复杂性,纵隔肿瘤的临床表现可多种多样。40% 的纵隔肿瘤患者无症状,60% 患者的症状为肿块直接压迫和/或侵犯纵隔及其周围组织结构引起。

临床上无症状的纵隔肿瘤以良性为多见,反之以恶性为多见。纵隔肿瘤中恶性的临床症状要显著多于良性。良性肿瘤生长缓慢,大多数无症状,常由查体时胸透或胸部 X 线检查发现。恶性肿瘤除了有占位性的临床表现外,常常伴有贫血、消瘦、疼痛及恶病质等表现。纵隔肿瘤的常见症状有胸闷、胸痛、咳嗽、气急、呼吸困难、疲劳、神经痛、上腔静脉综合征、神经麻痹、吞咽困难等。不同肿瘤也有各自特殊的表现,如胸内甲状腺肿常有甲状腺功能亢进的表现;胸腺瘤并发重症肌无力;神经源性肿瘤常有肿瘤压迫脊髓或上肢臂丛神经所致的症状或体征。

(四)诊断与鉴别诊断

1. 诊断

(1)询问病史:详细询问病史及全面体格检查有助于诊断。诊断的手段有多种,要根据患者具体的临床表现进行选择。

(2)非创伤性检查

1)常规 X 线检查:一部分患者无任何症状和体征,是因有其他疾病行胸部 X 线检查时才发现的。胸透、胸部正侧位片及体层摄影对纵隔肿块的部位、形态、大小、轮廓、密度及与邻近组织的关系可提供有价值的资料。通过吞钡检查可清楚显示肿块与食管的关系,这对判断中纵隔占位是来自肿瘤或囊肿有价值。X 线透视可动态显示肿块的位置,并观察肿块与肺呼吸运动的关系,从而判断肿块是位于纵隔还是肺内。若肿块随呼吸而上下移动,提示肿块在肺内;不随呼吸而移动者,肿块多数在纵隔内。

2)CT 检查:胸部 CT 检查是判断纵隔内有无肿块的必须检查项目。CT 检查可以对肿瘤的浸润情况进行评价,明显优于普通 X 线,提高了纵隔肿瘤和囊肿诊断的准确性;能够准确显示纵隔肿块的位置、大小、侵犯范围以及与周围组织和器官的关系,有助于肿瘤定性和估计手术切除的可能性;它还能够检出纵隔内、胸膜或肺内转移灶,并决定纵隔肿块诊断性穿刺活检的最佳途径。下述 CT 特性对判断纵隔肿块的性质十分有价值:肿块内是否有无钙化;组织密度是否均匀;有无多种组织来源成分的混合;用造影剂后肿块是否有强化的表现。

3)MRI 检查:胸部 MRI 优点是平扫能准确分辨纵隔淋巴结和血管(无需增强扫描),同时能三维立体观察纵隔肿瘤与大血管及心脏的关系,特别对后纵隔肿瘤,能观察肿瘤与脊柱和脊髓的关系,并清楚观察到肿瘤是否侵犯心血管、胸壁、肺及脊柱;MRI 无放射性,避免使用含碘造影剂,并能做冠状位及矢状位扫描;有利于识别残留肿瘤与纤维化。胸部 MRI 缺点是分辨率低,体内金属假体如缝合胸骨的钢丝和心脏人工瓣膜等对磁场有影响,将显著影响 MRI 的临床应用。

4）放射线核素 ^{131}I 扫描：可用于胸内甲状腺肿物及甲状腺肿的诊断，其阳性率达 55%~89%。

5）纵隔超声检查：有助于实性与囊性病变的鉴别，阳性率达 70%，特别适用于紧贴胸骨后的肿瘤。

（3）创伤性检查

尽管根据胸片、胸透、CT 和 MRI 等非创伤性检查方法，能获得纵隔肿块部位、大小、性质以及与周围组织和/或器官关系的信息。根据这些信息，已能初步判定纵隔肿块的性质和组织来源，但由于纵隔肿瘤组织来源的复杂性，不同组织来源的肿瘤所需要的治疗策略和手段不一致，因此纵隔肿瘤特别是前纵隔肿瘤，通常需要明确肿瘤病理组织学诊断。

1）经皮针吸活检：这是一种简单而有效的可获得组织细胞学或病理诊断的方法，它可为非手术治疗的患者取得明确细胞学或病理诊断。但此项不适合于淋巴瘤，因为淋巴瘤的诊断需要较多的组织，以便于进行分型及免疫组化病理学检测。

经皮针吸活检常见的并发症及其发生率为：单纯气胸 25%，严重气胸需放置胸腔闭式引流管 5%，痰中带血 7%~15%。

2）纵隔镜检查：适用于肿块位于气管前、气管旁、左侧无名静脉及右侧支气管上动脉区肿大淋巴结的活检。

3）胸腔镜检查：相对以上创伤性检查来说，胸腔镜检查创伤较大，通常需要在双腔气管导管麻醉下施行。它常作为经过纵隔镜检查仍未获得诊断，或诊断不明确者。后纵隔肿瘤，胸腔镜有时颇为有用，可避免剖胸探查而获得组织学诊断。但必须注意的是，在后纵隔占位行或拟行胸腔镜检查之前，应先排除此占位来自主动脉瘤的可能。

4）其他特殊检查：包括支气管造影、心血管造影、纵隔充气造影、支气管镜、食管镜等，有助于进一步明确病变范围及鉴别大血管异常。

（4）实验室血清和生化检查

部分纵隔肿瘤可释放某些成分进入外周血液，可通过放射免疫方法测出它们，用于帮助临床诊断，评价治疗效果，判断有无肿瘤复发等。如纵隔内胚胎细胞性肿瘤可使患者血清中甲种胎儿球蛋白（alpha-fetoprotein, AFP）、人绒毛膜促性腺激素（beta-human chorionic gonadotropin, β-hCG）和乳酸脱氢酶（lactic dehydrogenase, LDH）升高。另外外周血中肾上腺皮质激素、甲状腺素等是否升高对判断纵隔肿块的性质亦有帮助。

通过以上诊断检查方法，80% 纵隔肿瘤的术前可以明确诊断。必须强调，如患者不能接受开胸探查，在放疗前必须做肿块穿刺活检术，以取得细胞学或病理诊断。

2. 鉴别诊断

（1）囊肿：囊肿是纵隔内最常见的非新生物性肿块。多与心包邻近，常在心膈角附近，肠源性囊肿在中纵隔多无症状，一般位于心包之后，脊柱之前。在隆突部的囊肿，特别是在儿童，可引起阻塞感。CT 检查除能显示肿块轮廓外，还能显示肿块内是否会有液体，对肿块性质诊断有极大帮助。食管吞钡检查可了解占位与食管的关系，进而了解此占位是囊肿还是实质性占位。

（2）肿大的纵隔淋巴结：它可分为非肿瘤性和肿瘤转移性肿大的淋巴结。前者多源于继发感染后，可为化脓性或肉芽肿性病变。目前，应用 CT 和/或 MRI 判断纵隔淋巴结肿大是否为肿瘤转移所致，仍依据影像学上所见的淋巴结大小，通常以其短径大于 1cm 为肿瘤转移性淋巴结的影像学诊断标准。但 CT 和/或 MRI 用于诊断纵隔淋巴结是否为肿瘤转移的准确性较低，近年来，正电子发射计算机体层显像仪（positron emission tomography and computed tomography，PET/CT）越来越多地应用于判定纵隔肿大淋巴结性质。结果显示，与 CT/MRI 相比，PET/CT 评估纵隔淋巴结转移的准确性高达 80%~90%，可能是一种重要的诊断和鉴别诊断的方法。

对于肿瘤转移性肿大淋巴结，通常伴有原发肿瘤所产生的症状者，如咳嗽、痰血、胸闷、气急、吞咽和进食困难等。肿瘤转移的淋巴结常为多发和多部位的。其他检查可发现原发肿瘤直接和间接的征象。

（3）胸骨后甲状腺：胸骨后甲状腺是颈部甲状腺沿着气管、颈部大的血管和神经下降至纵隔内。多数无症状，有时会因肿大而产生诸如吞咽不适、胸闷及上腔静脉压迫等征象。放射性核素扫描和 PET/CT 检查可将胸骨后甲状腺与其他纵隔肿瘤鉴别开来。体检和影像学表现为颈部甲状腺缺如，胸骨后有对碘高摄取（热结节）或不摄取（冷结节）或部分摄取（温结节）的结节，肿块随吞咽上下移动。

（4）纵隔恶性淋巴瘤：它是不适合外科手术治疗的疾病。起病急，病程短，早期出现气管或上腔静脉严重受压的症状，也常伴随浅表淋巴结及肝脾肿大。X 线片上显示一侧或双侧气管或支气管周围迅速增大的巨大结节状肿块，有时伴有胸腔积液，试探性放疗或化疗使症状很快改善及 X 线片上见肿块阴影明显缩小。

（5）纵隔结核性淋巴结炎：常见于儿童和青年。一般无症状，有时伴低热、盗汗、乏力、消瘦、体重下降等结核的全身中毒症状。X 线片显示上纵隔（气管旁或支气管旁），边界清楚的结节样肿块，如融合成团，呈波浪状则诊断无困难，但如果是单个肿大淋巴结，边缘光整时，可观察到肿块内密度不均匀，且肺内常有结核的卫星病灶，结核菌素实验常呈强阳性。

（6）中央型肺癌：一般呼吸道症状出现早（刺激性咳嗽，痰中带血），X 线片显示肺门部单侧边缘毛刺状肿物或伴肺不张；常伴腔静脉压迫及神经麻痹等晚期表现，痰中可找到癌细胞，支气管镜检查常可确诊。胸部 CT 或 MRI 可区别肿块在肺内还是在纵隔内。

（7）血管肿块：包括主动脉迂曲膨隆、右侧主动脉弓、静脉瘤样扩张、动脉瘤及各种先天性血管异常等。纵横、垂直记波摄影及血管造影可鉴别，CT 及 MRI 对鉴别诊断意义很大。

（8）结节病：其他需要鉴别诊断的疾病如食管平滑肌瘤，贲门痉挛引起的食管扩张，贴近纵隔面的肺内囊肿，肋骨或胸骨源性的胸壁肿瘤以及胸脊膜膨出等。另外还需与纵隔棘球蚴病，巨大淋巴结增生等疾病鉴别诊断。

（五）治疗

1. 治疗原则

外科手术是纵隔肿瘤的首选治疗方法。即使是良性肿瘤也可因增大而压迫周围重要器官或组织，或因继发感染，溃破或恶变造成不良后果。所以一旦诊断为纵隔肿瘤，只要无手术禁忌证，均应开胸探查，力争完整切除肿瘤，对不能完整切除或无法切除者则应标记肿瘤范围,以便术后进行放射治疗。

2. 放射治疗

放射治疗分单纯放疗和与手术综合的放射治疗。单纯放疗又根据患者和肿瘤两方面的不同情况分为诊断性放疗、根治性放疗和姑息性放疗。

（1）单纯放疗

1）诊断性放疗:主要用于经临床仔细检查未能取得病理证实的患者,或上腔静脉压迫综合征者,压迫症状明显的急性减症性放疗。诊断性放疗仅对放射线敏感的肿瘤有价值,对放射线不敏感的肿瘤价值不大,甚至会对以后诊断和治疗造成混乱,故不应轻易使用诊断性放疗。一般常用于前、中纵隔的巨大肿瘤,压迫症状明显又不宜行手术的患者。放疗方法可采用前后野或单前野,给予 D_T 10~20Gy/1~2 周,要求至少每周透视 1~2 次,观察肿瘤退缩情况。

2）根治性放疗:主要用于淋巴瘤类肿瘤和不宜手术患者或无法根治性切除的浸润性胸腺瘤和精原细胞瘤等。一般采用多野等中心照射,使用 X 线定位片或 CT 扫描图,通过计算机作治疗计划。总剂量根据不同病理类型和放疗敏感性而定,根据肿瘤退缩情况及时缩野。

3）姑息性放疗:主要用于晚期患者,目的是解除患者痛苦和缓解压迫症状。一般采用单前野或前后野,给予肿瘤量 D_T 20~40Gy/2~4 周。

（2）与手术综合的放射治疗

分为术前和术后放疗两大类。术前放疗不常用,有时用于临床诊断为非淋巴瘤类肿瘤,估计单纯手术困难的患者,为提高手术切除率,采用前后野,给予 D_T 30~40Gy/3~4 周,或采用多野技术,设野要注意避免在手术切口部位给予太高的剂量,放疗后 2 周手术。术后放疗常用于浸润性胸腺瘤和精原细胞瘤术后,或其他纵隔肿瘤因术前估计不足,术后肿瘤有残留(术中已有金属标记)。一般术后 2~4 周给予局部放疗,剂量根据不同病理类型而定。

3. 化学治疗

以铂类药物为主的联合化疗方案可明显提高某些纵隔肿瘤(如胸腺肿瘤、非精原细胞瘤、神经母细胞瘤)的缓解率和生存率。

二、胸腺肿瘤

胸腺胚胎发育时期,重量可达到 30~40g。随着人的出生和发育的成熟,到青春期最盛,以后随年龄的增长逐渐萎缩、变小,最后被脂肪组织替代。成年后胸腺很难辨认,胸腺由皮质和髓质组成。髓质内以网状上皮细胞为主,有散在分布的胸腺淋巴细胞,髓质内可见胸腺所特有的哈氏小体(Hasall),皮质内密集胸腺淋巴细胞。

临床上常将胸腺肿瘤分为:胸腺瘤、胸腺癌、胸腺类癌和胸腺脂肪瘤等。以下分别介绍这四种肿瘤诊断和治疗情况。

（一）胸腺瘤

胸腺瘤是成人前纵隔最常见的肿瘤,约占整个纵隔肿瘤的 20%。大多数胸腺瘤患者为成人,男女发生率基本相同,通常在 50~60 岁最常见,儿童发病率低,如果发生多为恶性。

1. 解剖　胸腺位于前上纵隔,是一个不规则的分叶状器官,上至颈部甲状腺下缘,下达第 4 肋软骨水平,有时可达第 6 肋软骨水平,前方紧贴胸骨,后方从上至下贴附于气管、无名静脉、主动脉弓和心包。

2. 病理 依赖于生长方式以及与周围组织和器官关系,胸腺瘤以往被划分为良性和恶性两种,目前被改称为非浸润型和浸润型两类。

(1)大体标本:非浸润型胸腺瘤即指肿瘤呈膨胀性生长,具有完整包膜,与周围组织无粘连或仅有纤维性粘连,易被手术完整切除者;反之,肿瘤呈浸润性生长,无完整包膜或无包膜,侵犯包膜或包膜外周围脂肪组织及器官组织如胸膜、心包、肺、大血管和胸壁等,被称为浸润型胸腺瘤。

(2)组织学分类

1)根据胸腺细胞的形态与肿瘤上皮细胞和淋巴细胞的比例,将胸腺瘤分为四种类型,即 L-B 分类,包括①上皮细胞为主型:以上皮细胞增生为主,淋巴细胞数量少,散在于上皮细胞之间。②淋巴细胞为主型:以淋巴细胞增生为主,形成弥漫结节样增生,上皮细胞不多。③混合型:两种细胞均匀地增生,间质中结缔组织增生明显。④梭形细胞型:梭形上皮细胞以束状或螺旋状排列,是上皮细胞为主型的亚型。

2)1999 年世界卫生组织(WHO)公布了胸腺瘤的分型方案(表 12-1)。

表 12-1　1999 年 WHO 胸腺瘤的分型方案

分型	描述
A 型	(梭形细胞,髓质型)梭形/卵圆形肿瘤上皮细胞均匀分布,缺乏核异型性,无或很少见非肿瘤性淋巴细胞
AB 型	肿瘤由具有 A 型特征的局限小灶和富含淋巴细胞的局部小灶混合而成,两种小灶可分界清楚,也可不清楚
B_1 型	(淋巴细胞富有型,皮质优势型,器官样型)肿瘤表现为类似于正常功能的胸腺样组织,即由与正常胸腺皮质无法区别的膨大区和其相连的近似胸腺髓质的区域组成
B_2 型	肿瘤表现为在浓重的淋巴细胞背景中,散在分布着饱满的肿瘤细胞成分,细胞内带有小囊泡状的核及清楚的核仁。血管周围间隙常见
B_3 型	(上皮型,非典型性,鳞状上皮性,高分化胸腺癌)肿瘤主要由圆形或多角形、表现为轻度异型性的上皮细胞组成,其间夹杂少量淋巴细胞和鳞状化生灶,血管周围间隙常见
C 型	胸腺癌。具有明显细胞异型性,肿瘤小叶间和边缘可见淋巴细胞和浆细胞,无各型胸腺瘤的细胞排列特征,类似其他器官的癌

WHO 分类强调细胞超微结构、细胞形态和核异形性与肿瘤行为的联系,能更好地反映肿瘤分型与预后的关系。

3)大多数胸腺瘤通过常规光学显微镜检查可作出诊断,必要时可做免疫组织化学检查,因为胸腺上皮细胞可表达不同分子量的角蛋白。

3. 临床表现 胸腺瘤一般生长相对缓慢,30%~40% 病例无症状。它的症状及体征一般是由于肿瘤压迫、侵犯、转移或伴随疾病而造成的。严重者有胸骨后疼痛、呼吸困难、胸膜渗出、心包积液、上腔静脉阻塞综合征等,一般提示为浸润型胸腺瘤,也以胸内进展为主,它们可向颈部延伸侵犯甲状腺。侵及胸膜及心包时,出现胸腔积液、心包积液,并可直接侵犯周围组织及器官。淋巴结转移少见,血行转移更少见,以肝、肺、骨为常见转移部位。

伴随疾病有重症肌无力、单纯红细胞再生障碍性贫血、获得性丙种球蛋白缺乏症,也可合并库欣综合征、系统性红斑狼疮或硬皮病等。

4. 诊断 胸腺瘤主要靠胸部 X 线检查,当然,行胸部 CT 或 MRI 检查最好,可显示肿瘤的全貌,是判断肿瘤位置、范围及与周围组织结构关系的最佳方法,也可以发现胸膜、心包、肺内种植转移等,避免不必要的手术。

大部分胸腺瘤需外科手术切除,对不能进行开胸探查术的病例,治疗前病理诊断常采用经皮针吸活检或胸腔镜、纵隔镜活检术。另外,对伴随肌无力者,测定血清内乙酰胆碱受体的抗体,一般 90% 左右是阳性。

5. 临床分期 胸腺瘤的临床分期有不少方案,最常采用的是 1981 年 Masaoka 提出的分期标准(表 12-2),它与预后有明显的相关性。

表 12-2 胸腺瘤的 Masaoka 分期

分期	描述
I 期	肉眼所见,完整的包膜,显微镜下,包膜未侵犯
II 期	肉眼所见,周围脂肪组织或纵隔胸膜受侵或显微镜下见包膜侵犯
III 期	肉眼所见,邻近器官受侵(如心包、大血管或肺)
IVa 期	胸膜或心包播散
IVb 期	淋巴系统或血行转移

6. 治疗

(1)治疗原则

1)外科手术是胸腺瘤治疗的首选方法,尽可能完整地切除或尽可能多地切除肿瘤。

2)对浸润型胸腺瘤,术后一律给予根治性放疗。

3)对 I 期非浸润型胸腺瘤,不需常规术后放疗,术后定期复查,一旦发现复发,争取二次手术后再行根治性放疗。

4)对晚期胸腺瘤(III、IV期),只要患者情况允许,不要轻易放弃治疗,应积极给予放疗和/或化疗,仍有获得长期生存的可能。

(2)外科手术治疗:术前尽可能做 CT 增强扫描或 MRI 检查,了解肿瘤范围及与周围组织结构的关系,只要具有临床切除可能,均应行剖胸手术探查切除肿瘤,以获得准确组织学分型和临床分期,并用于指导术后治疗。对切除可能性不大的巨大肿瘤,可先行术前放疗,剂量为 D_T 40Gy/4 周,提高手术切除率;一般术式以胸骨正中开口,胸膜外操作,尽可能完整地切除肿瘤或尽可能多地切除肿瘤浸润的邻近组织,完整切除肿瘤后,应做纵隔脂肪清扫术,以清除所有胸腺组织。值得强调的是,包膜是否完整和是否存在外侵是判断胸腺瘤生物学行为的最重要指标。因此外科医师在术中要仔细检查、仔细评估肿瘤包膜是否完整,肿瘤与周围组织和器官是否存在粘连和侵犯。手术切除是否完全是影响该类患者预后最重要的因子。因此手术范围需要强调广泛性和彻底性。肿瘤无法通过手术完全切除者,术中应留置金属标记,以便术后放疗定位用。

(3)放射治疗:胸腺瘤是对放射敏感的肿瘤,因此放射治疗在胸腺瘤的治疗中占据重要的地位。

1）放疗适应证：①浸润性生长的胸腺瘤行外科手术后；②胸腺瘤未能完全切除的患者，仅行活检的患者及晚期患者；③部分胸腺瘤的术前放疗；④复发胸腺瘤的治疗。

2）放疗技术：可采用常规放疗或三维适形（调强）放疗。

放射源：高能 X 线或电子线。

放疗范围：局部瘤床边缘外放 1cm（包括胸腺瘤和可能被浸润的组织及器官）；对已明确有心包种植转移或心包积液者，应先给予全纵隔、全心包放疗，给予肿瘤量 D_T 30~35Gy/3~3.5 周后，局部瘤床加量。如已有胸膜转移结节者，视条件谨慎使用全胸膜放疗。双锁骨上区不需做预防性照射。

放疗剂量：单纯放疗包括胸腺瘤未能完全切除的患者、仅行活检的患者和晚期患者，给予 D_T 54~60Gy 常规分割或稍高；对手术完整切除的浸润型胸腺瘤，术后放疗剂量 D_T 45~50Gy 常规分割。

放射野设计：一般采用二维计划两前斜野等中心治疗或三维适形（调强）放疗。对肿瘤巨大和/或病情偏晚的病例及部分浸润型胸腺瘤术后病例，可采用高能 X 线和电子线综合使用，一般先给予前后对穿治疗，采用前后野不同剂量比，注意脊髓受量控制在肿瘤吸收剂量 D_T 40Gy 以下，前后野比例一般为 2：1 或 3：1，然后改为两前斜野加楔形板等中心治疗，这样可提高肿瘤靶区剂量，同时减少肺受量。如果肿瘤巨大，位置较深时，可采用两前斜野加楔形板和一正中后野等中心治疗，剂量分配为正中后野为两前斜野的 1/4 或 1/3。双锁骨上区不需常规做预防性照射。

近年来，三维适形（调强）放疗的应用，可更好地提高局部剂量，减少正常组织受量和治疗并发症，提高局部控制率和生存率。三维放疗中靶区定义：GTV 为胸腺肿瘤或术后残留病变；CTV 为 GTV 边界外 1cm；PTV 为 CTV 外放 0.5cm（视各中心数据）。重要危及器官限量为双肺 V_{30}≤30%，脊髓 D_{max}≤45Gy，心脏 V_{40}≤30%，V_{30}≤40%，食管 V_{50}≤50% 等。

3）注意事项：①对不伴重症肌无力的胸腺瘤放疗时，一般分次剂量为 2Gy，每周 5 次，至少一周透视一次，了解肿块退缩情况，对肿块退缩明显者，应在剂量达 30~40Gy 后及时缩野，避免放射性肺炎的发生。②胸腺瘤合并重症肌无力时，放疗应慎重，放疗前应先用抗胆碱酯酶药物控制肌无力，放疗开始剂量要小，可以从 1Gy 起，缓慢增加剂量至 2Gy，治疗中或治疗后要密切观察肌无力的病情变化，一旦出现肌无力加重，应及时处理。③注意照射野的设计及分割剂量，减少心包炎等并发症。④脊髓剂量不超过其耐受量。

（4）化学治疗：近年来，对于浸润型胸腺瘤，越来越多作者主张术后需要应用化疗。具有肯定疗效的药物有顺铂（DDP）、多柔比星（ADM）、异环磷酰胺（IFO）等和皮质激素等，应用含顺铂的联合化疗是治疗浸润型胸腺瘤最主要的化疗方案。胸腺瘤是化疗敏感的肿瘤，其有效率约占 70%，完全缓解率约占 1/3（0~43%）。

（5）综合治疗：对于Ⅲ~Ⅳ期浸润型胸腺瘤，新辅助化疗后约半数以上患者仍能获得手术切除机会，术后有残留者可给予术后放疗。建议对晚期胸腺瘤行综合治疗。

7. 疗效 非浸润型胸腺瘤和浸润型胸腺瘤的 5 年生存率分别是 85%~100%、33%~55%。

8. 预后因素

（1）肿瘤的浸润性是最重要的预后因素。

（2）手术切除的完整程度。

（3）伴有肌无力：不少作者认为伴肌无力的胸腺瘤恶性程度低，其术后复发及转移少，生存率高。

（4）病理类型：对预后的意义争议较多，多数作者发现上皮细胞为主型胸腺瘤中，浸润型的比例明显高于其他型。

（5）其他：年龄，儿童胸腺瘤比成人恶性度高，年龄大于 60 岁的预后也差。

（二）胸腺癌

胸腺癌是少见的恶性程度高、预后差的胸腺肿瘤。

1. 组织病理学及临床表现　胸腺癌是来源于胸腺上皮的恶性肿瘤，但其所具有的细胞恶性特征有别于胸腺瘤，细胞学形态呈现严重的原始化和细胞排列很不规范的恶性特点，包括鳞状细胞癌、淋巴上皮样癌、黏液表皮样癌、透明细胞癌和腺鳞癌等。1999 年 WHO 提出的胸腺肿瘤国际组织学分类中将胸腺癌归为 C 型胸腺瘤。一些学者建议将胸腺癌分为低分级组恶性肿瘤（包括鳞状细胞癌、黏液表皮样癌）和高分级组恶性肿瘤（淋巴上皮样癌、透明细胞癌、未分化癌及小细胞癌等）。一般病理为高分级组的恶性肿瘤其侵袭性、局部复发率及远处转移率明显高于低分级组的恶性肿瘤。

多数胸腺癌患者初始症状为咳嗽、胸痛、上腔静脉阻塞综合征或膈神经麻痹等，进一步检查可显示纵隔肿块。与胸腺瘤相似，胸腺癌也常发生在前上纵隔。胸腺癌一般病程短，进展快，除了表现为胸内快速进展和侵犯，如胸膜、心包和肺的直接侵犯和种植转移外，胸外淋巴结转移及血行转移也多见，预后比胸腺瘤明显差。由于胸腺癌的外侵和死亡率较高，通常需要多种形式的治疗。

2. 临床分期　部分作者仍应用胸腺瘤的 Masaoka 分期。

3. 治疗　胸腺癌目前以多学科的综合治疗为主，首选手术，争取尽可能多地切除肿瘤，如估计肿瘤巨大或与邻近结构关系密切而切除困难时，可先做术前放疗 D_T 40Gy/4 周，提高手术切除率，术后一律根治性放疗，部分患者先化疗。

（1）手术治疗：仍需要强调切除的彻底性。

（2）放疗：多数患者需行术后放疗。放疗范围应包括相应的纵隔、部分或全心包，如包括全心包的照射剂量为 D_T 30~35Gy/3~3.5 周，然后缩野包括瘤床加量至 D_T 60~70Gy/6~7 周，双锁骨上区预防性照射 D_T 40~50Gy/4~5 周。多数文献报道，放疗范围多为瘤床外放 1~2cm。目前三维适形及调强放疗已应用于胸腺癌的治疗中，可以更好地保护正常组织，减少放疗毒副作用，提高肿瘤局部剂量。术后放疗应成为常规治疗，辅助放疗可以提高生存率，增加局部控制率。术后放疗剂量多为 D_T 50~60Gy，对于不能手术或仅做单纯活检的患者放疗剂量要达到 D_T 60Gy 以上。局部复发多在照射野外、纵隔及胸膜。

（3）化疗：因为胸腺癌发病率低，化疗方案到目前为止尚没有统一的化疗标准。有报道称，给予以顺铂类为主，包含长春新碱、多柔比星和环磷酰胺的联合化疗方案对胸腺癌有一定效果。

4. 预后因素　手术切除程度、Masaoka 分期、组织学分级及分类、治疗模式等为主要的预后因素。KPS 评分、年龄、性别以及肿瘤大小不影响切除率和生存率。

(三) 胸腺类癌

胸腺类癌非常少见,主要发生于男性。胸腺类癌恶性程度高,肿瘤生长活性高,易出现远处转移,文献资料显示初次确诊后 8 年内 70% 患者会出现远处转移。

1. 临床表现和诊断　胸腺类癌临床症状无特异性,约 34% 患者伴库欣综合征。影像学表现同胸腺瘤,但术中所见肿瘤包膜很少完整。胸腺类癌诊断常需要对手术活检标本进行检查方可明确诊断。

2. 治疗　手术为首选的治疗方法,手术必须强调切除的彻底性,然而经手术切除后,局部复发率仍较常见。术后辅助放疗和化疗在该肿瘤中治疗价值迄今尚未得到确认。对于手术未能完全切除肿瘤的患者,多数作者建议术后需要补充放疗,放疗计划设计原则可参照胸腺癌。至于胸腺类癌术后的化疗是否需要用,用什么药物,目前尚无一致的意见。

3. 预后　胸腺类癌完全切除后,局部复发和远处转移较常见。

(四) 胸腺脂肪瘤

胸腺脂肪瘤为少见的良性肿瘤,由分化好的脂肪和胸腺组织构成,约占胸腺肿瘤的 1%~5%。男女发病率基本无差异,发病中位年龄为 27 岁。50% 患者可出现胸骨后疼痛和呼吸困难。在成年人,有作者报道会伴有重症肌无力和红细胞减少等。胸腺脂肪瘤质地软,有完整包膜,在出现临床症状前常可以长到很大。胸腺脂肪瘤不会恶变。手术完全切除是治疗唯一选择,术后不会出现局部复发。

三、纵隔生殖细胞肿瘤

纵隔是年轻人生殖细胞肿瘤发生在性腺外的最常见部位。纵隔生殖细胞肿瘤占恶性纵隔肿瘤的 5%~13%,约占所有纵隔肿瘤的 2.5%。

纵隔生殖细胞肿瘤可分为良性和恶性两种。良性纵隔生殖细胞肿瘤是指畸胎瘤(成熟型和非成熟型)。恶性纵隔生殖细胞肿瘤可分为精原细胞瘤和非精原细胞瘤(包括胚胎癌、绒毛膜上皮细胞癌、内胚窦瘤及混合细胞瘤)两种。单纯精原细胞瘤占恶性纵隔生殖细胞肿瘤的 40%。

(一) 畸胎瘤

纵隔畸胎瘤中位年龄是 28 岁,男女发病率相似,50% 以上患者无症状,大多是由于其他原因需要拍摄 X 线胸片时意外发现的。如有症状出现,通常是前纵隔肿块增大所致,压迫邻近器官造成咳嗽、胸痛及气短等症状,严重呼吸困难常提示肿块压迫气道或肺血管。X 线片表现为前纵隔近心基部向一侧生长的圆形或椭圆形阴影,多数边缘清晰,常可见囊性钙化或不规则骨及牙齿影,CT 及 MRI 可进一步显示肿瘤轮廓及范围。

畸胎瘤的病理类型分为成熟型及未成熟性畸胎瘤。分化好的组织构成的畸胎瘤为成熟性畸胎瘤;只有成熟的角化鳞状上皮和皮肤附属成分时称为皮样囊肿;肿瘤中含有分化不成熟的组织成分如原始外胚、中胚和内胚层组织均为未成熟性畸胎瘤。

畸胎瘤的治疗以手术为主。良性畸胎瘤行彻底的手术切除后,无需进行术后辅助治疗;未成熟性畸胎瘤为潜在恶性肿瘤,其预后与肿瘤的部位、患者的年龄和肿瘤的分级有关。恶性畸胎瘤手术切除后,应给予术后化疗和/或放疗。畸胎瘤的转移以淋巴道为主,其次是血行转移。

（二）恶性纵隔生殖细胞瘤

恶性生殖细胞肿瘤 90% 以上发源于睾丸,生殖系统以外的恶性生殖细胞肿瘤不常见,发病率约占生殖细胞肿瘤的 1%~5%。恶性纵隔生殖细胞肿瘤有原发和继发之分,后者是指睾丸恶性生殖细胞瘤的纵隔淋巴结转移,此时多伴有腹膜后淋巴结转移。继发和原发的发生率比例为 47∶1.4,发病年龄 20~35 岁。按病理类型可分为精原细胞瘤和非精原细胞瘤。非精原细胞瘤包括卵黄囊瘤、胚胎性癌、绒毛膜癌、恶性畸胎瘤。不含畸胎瘤成分的纵隔非精原细胞瘤中卵黄囊瘤发病率最高。

1. 纵隔精原细胞瘤

（1）临床表现:原发性纵隔精原细胞瘤生长缓慢,20%~30% 无症状,症状是由于压迫或侵犯局部纵隔结构引起。

（2）诊断:纵隔精原细胞瘤的胸部 X 线或 CT 及 MRI 检查显示前纵隔中部一个大而密度均匀的肿块,没有坏死及钙化。

近 90% 的精原细胞瘤的血清生化检查是正常的,大部分患者血清 LDH 水平升高。AFP 效价正常,约 7%~10% 患者 β-hCG 效价可轻度升高,如 β-hCG>100ng/ml 或 AFP 升高则提示有非精原细胞成分存在,即"混合型精原细胞瘤"。

对年轻男性的前纵隔肿块应考虑到纵隔生殖细胞瘤的可能,应做胸部和腹部 CT 或 MRI,以及 AFP 和 β-hCG 等血清学检查。如发现腹膜后肿块,应做睾丸或睾丸超声检查等,以排除睾丸原发肿瘤。多数作者主张开胸活检,一般不主张经皮针吸活检的细胞学检查。

（3）治疗:提倡综合治疗模式,其目的应考虑是根治性的,因为绝大多数患者给予合适的治疗是可治愈的。对于小的、非浸润型、无症状的、可切除的肿瘤,建议手术完整切除肿瘤后辅以放射治疗。局部进展或有远处转移病例首选以顺铂为主的联合化疗方案。

放射治疗范围包括全纵隔及双锁骨上区,主张放疗剂量 D_T 45~50Gy。原发性纵隔精原细胞瘤与原发于睾丸的精原细胞瘤相似,均对放疗敏感。放疗作为原发性纵隔精原细胞瘤的首选治疗,其长期生存率高达 60%~80%。

按国际生殖细胞肿瘤协作组危险因素分析,原发性纵隔精原细胞瘤属于低危组,有肺转移时为中危组。

2. 纵隔非精原细胞瘤

（1）临床表现:与精原细胞瘤相比,非精原细胞瘤的病程短、发展快,诊断时常有自觉症状,有 85%~95% 病例在诊断时已有远处转移,常见部位为肺、胸膜、锁骨上和腹膜后淋巴结和肝脏,骨转移的发生率低于精原细胞瘤。

（2）诊断:CT 或 MRI 显示为前纵隔一个大的密度不均匀的肿块,其内可见出血和坏死区。血清肿瘤标志物常明显升高,80% 患者 AFP 水平升高,30%~35% 患者 β-hCG 水平升高。100% 的绒毛膜癌患者 β-hCG 水平明显升高,50% 的胚胎癌患者 β-hCG 水平升高。80%~90% 的纵隔非精原细胞瘤患者有上述一种或两种肿瘤标志物升高。这两种肿瘤标志物不仅有诊断意义,而且有评估预后的意义,应作为治疗中及治疗后定期复查的监测指标。

（3）治疗:以顺铂为主的联合化疗是纵隔非精原细胞瘤的主要治疗方法。纵隔非精原细胞瘤的预后比睾丸非精原细胞瘤差,总生存率不高。纵隔非精原细胞瘤的治疗及预后均比原发纵隔精原细胞瘤要差。

按国际生殖细胞肿瘤协作组危险因素分析,无论是否转移、肿瘤标志物情况如何,原发纵隔非精原细胞瘤均属高危组。

(三) 纵隔神经源性肿瘤

神经源性肿瘤是纵隔最常见的三种肿瘤之一,约占纵隔肿瘤的 30%。成人神经源性肿瘤占纵隔肿瘤的 10%~35%,居第一、二位,大多数是良性的,仅 10% 是恶性的。儿童神经源性肿瘤占儿童纵隔肿瘤的 50%~60%,其中一半是恶性。神经源性肿瘤大多数起源于脊柱旁沟的神经组织,也可起源于肋间神经、迷走神经和膈神经。肿瘤大多位于后纵隔的中 1/3 部分,也可位于中纵隔或上纵隔,女性多于男性。以神经类型为主可分为三类,起源于神经鞘的肿瘤(包括神经纤维瘤、神经鞘瘤、神经源肉瘤)、起源于交感神经细胞的肿瘤(包括神经节细胞瘤、神经节母细胞瘤、神经母细胞瘤)、起源于副神经节系统的肿瘤(包括嗜铬细胞瘤及非嗜铬细胞瘤)。

神经源性肿瘤可发生于任何年龄。在不同年龄段有不同的生物学特性,在婴儿及儿童期发病的,常出现远处转移,表现为恶性肿瘤的生物学特性;而在成年时发病的,绝大多数表现为良性肿瘤的生物学特性。

临床上,大多数患者无自觉症状或偶有胸背疼痛。根据肿瘤起源、大小、肿瘤所在部位,可以有同侧交感神经麻痹、脊髓压迫、肌肉萎缩等体征。胸部 X 线片显示单侧后纵隔可见边缘清楚,密度均匀圆形或椭圆形阴影,紧贴椎体,部分患者有椎间孔扩大。CT 或 MRI 显示肿瘤位于后纵隔的脊柱旁沟内,呈半圆形突向肺内,部分病例的病变沿椎间孔向椎管内生长,椎间孔扩大,并推压脊髓,恶性病变可见椎体骨质破坏改变。

神经源性肿瘤不论良、恶性,原则上一经诊断,应早期手术切除。良性肿瘤多数有完整包膜,完整切除后能治愈;但对于肿瘤已长入椎管内,或位于胸膜顶或来源于迷走神经者,术中应注意避免损伤脊髓、交感神经及喉返神经等;个别术后复发者,再次手术切除,治愈率仍很高。

第三节　食　管　癌

一、概述

食管癌是全世界范围内常见的恶性肿瘤之一,据 2020 年全球癌症数据统计,食管癌新发病例达 60.4 万,死亡达 54.4 万,我国是食管癌高发区。根据 2015 年中国肿瘤流行情况,中国食管癌新发病例 24.6 万,死亡 18.1 万,发病率和死亡率分别位列第 6 位和第 4 位。我国食管癌组织学类型以鳞状细胞癌为主,发病具有典型地域性,高发区集中于太行山脉区域(河南、河北、山西、山东部分地区)、安徽、江苏苏北地区、四川南充和盐亭、广东汕头和福建闽南等。男性发病率高于女性,农村人口高于城市。但自 2000 年起,我国食管癌无论在城市还是农村、男性或是女性,发病率呈现下降趋势,尤其是女性更为明显。

迄今为止还没有确定引起食管癌的病因,目前认为是由多因素(环境因素、遗传因素、饮食生活习惯等)协同作用所致,如亚硝胺、真菌、营养不足、维生素、微量元素、饮酒、吸烟、肥胖或体重超重、HPV 感染、喜烫食与炭烤食物等。

二、应用解剖、病理及淋巴引流

食管上接下咽起始于环状软骨,相当于第 6 颈椎下缘,沿气管后缘经上纵隔,后纵隔通过横膈的食管裂孔,相当于第 11 胸椎水平止于胃的贲门。成人的食管长度一般为25~30cm,正常有三个生理性狭窄,分别位于食管入口处、主动脉弓处(主动脉弓从其左壁越过和左支气管从食管前方越过形成)、膈肌入口处。

食管癌在临床分为颈段、胸上段、胸中段和胸下段与部分食管胃结合部。①颈段:上自下咽,下达胸廓入口即胸骨上切迹水平,周围毗邻气管、颈血管鞘和脊椎。内镜下通常距门齿 15~20cm。②胸上段:上起胸廓入口,下至奇静脉弓下缘(即肺门水平之上),前面被气管、主动脉弓的 3 个分支及头臂静脉包围,后面毗邻脊椎。内镜下通常距门齿 20~25cm。③胸中段:上起奇静脉弓下缘,下至下肺静脉下缘(即肺门水平之间),前方夹在两肺门之间,左侧与胸降主动脉相邻,后方毗邻脊椎,右侧游离直接与胸膜相贴。内镜下通常距门齿25~30cm。④胸下段:上起自下肺静脉下缘,下至食管胃结合部(即肺门水平之下)。内镜下通常距门齿 30~40cm。临床上,综合多种影像学与内镜学检查结果,以病变中心位置所处食管分段进行判断(图 12-1 和表 12-3)。食管胃交界部即食管末端和胃的起始,与组织学上的鳞柱交界不一定一致,解剖范围包括胸下段食管、食管胃交界线及胃近端 5cm 范围。若肿瘤累及食管胃交界部,肿瘤中心在食管胃交界部食管侧者或在胃侧 2cm 之内,遵照食管癌分期原则。若肿瘤中心在近端胃 2cm 之外或肿瘤中心虽在近端胃 2cm 之内但未累及食管胃交界部者,则归属并遵循胃癌分期原则。

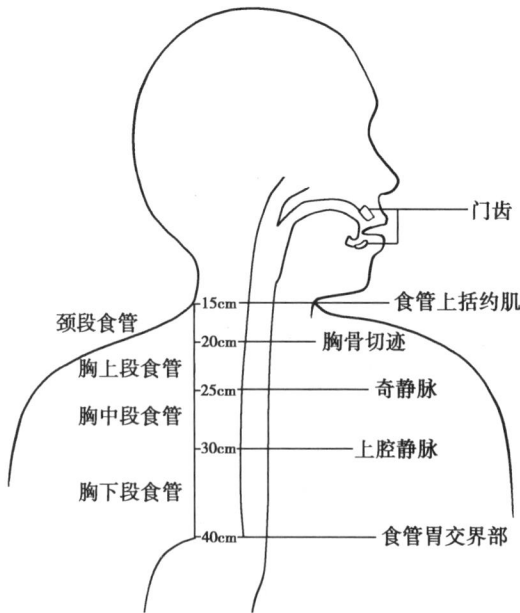

图 12-1　肿瘤上缘所在的解剖部位

表 12-3 食管癌分段的定义

解剖名称	食管部位	解剖边界	距门齿距离/cm
颈部	颈段	下咽至胸骨切迹	15~20
胸部	上段	胸骨切迹至奇静脉	20~25
	中段	奇静脉下界至下肺静脉下界	25~30
	下段	下肺静脉下界至食管胃交界	30~40
腹部	食管胃交界癌	贲门近端 5cm 内侵及食管胃交界和下段食管	40~45

食管的组织:食管壁由黏膜、黏膜下层、肌层和外膜组成。黏膜位于食管壁的内层,包括上皮和黏膜肌。黏膜下层由疏松结缔组织组成,黏膜和黏膜下层突入管腔,形成 7~10 条纵行皱襞,在食管造影黏膜相显示食管黏膜紊乱和/或黏膜连续性中断要怀疑早期食管癌。肌层分内环、外纵两层。食管各段的肌组织成分不同,食管上 1/4 段为骨骼肌,其下 1/4 段含有骨骼肌和平滑肌两种成分。食管下半段只有平滑肌。外膜为纤维膜,由疏松结缔组织构成,与周围结缔组织相连续,富含淋巴管、血管、神经。

食管癌的蔓延及转移通过三个途径①直接浸润:由于食管外膜为疏松结缔组织,与周围结缔组织连续,肿瘤侵入外膜时可累及邻近器官。原发肿瘤所在部位不同,侵犯邻近的组织器官不同,如颈段和上段食管癌侵犯甲状腺占 6%~12%。②淋巴结转移:食管黏膜下层有广泛而密集的淋巴网,纵横方向分布,且纵行淋巴管的数量是横行的 6 倍,因此较早就会出现颈、腹部淋巴结转移,甚至多于胸内转移。淋巴管网之间相互沟通,淋巴引流没有明显的节段性,但有主要引流的方向,分别向上、下或跳跃式转移。食管上 2/3 主要是向上引流进入食管旁、锁骨上及颈深淋巴结,主要收集颈段和上胸段食管的淋巴液,下 1/3 主要是向下引流进入贲门旁及胃左动脉旁淋巴结,主要收集胸下段食管或胸中段食管的淋巴液。③血行转移:可远处转移至肝、肺、骨、脑及腹膜等。

食管癌的大体分型:早期食管癌分为隐伏型(充血型)、糜烂型、斑块型、乳头型,进展期包括髓质型、蕈伞型、溃疡型、缩窄型及腔内型。

1. 髓质型 占 56%~61%,癌组织主要向食管壁内扩展,食管壁明显增厚,边缘呈坡状隆起。

2. 蕈伞型 占 12.1%~17%,肿瘤突向食管腔内,类似蘑菇状,边缘高起且外翻,表面多有浅溃疡,多数病例表现为癌组织仅侵犯食管壁的一部分或大部。

3. 溃疡型 占 11%~12.6%,癌组织常累及食管壁的一部分,形成一个较深的溃疡,溃疡边缘稍高起。

4. 缩窄型 占 5.5%~8.5%,病变处呈明显狭窄与梗阻,大小一般在 3~5cm,向食管壁内及两端呈浸润性生长,病变上段食管扩张明显。

5. 腔内型 占 3.3%,肿瘤突向食管腔内,呈圆形或卵圆形隆起,无蒂或有蒂,表面常有糜烂和浅溃疡。

参照 2019 版 WHO 消化系统肿瘤分类,食管癌的常见病理组织学类型包括鳞癌、腺癌、神经内分泌肿瘤等类型,其中 95% 以上为鳞状细胞癌或腺癌。中国 90% 以上为鳞状细胞癌,其次为腺癌,偶见其他类型如未分化癌、恶性黑色素瘤、平滑肌肉瘤、淋巴瘤等。

三、临床表现和诊断

(一)临床症状和体征

1. 早期食管癌　症状多为非特异性,时隐时现,多数患者因未重视而延误病情。临床上早期食管癌通常无明显特异性体征。

(1)吞咽食物哽噎感:占51%~63%,在大口吞咽干性食物和其他不宜咀嚼完善的食物时较为明显,症状可未经治疗自行消失,但如重复出现,或逐渐加重且频率增多时,要高度怀疑食管癌。

(2)胸骨后不适或闷胀:与食管癌早期的黏膜糜烂和浅溃疡有关,当食物接触此面时可出现以上症状。

(3)食管内的异物感:20%左右的患者在吞咽时有食管内的异物感。

(4)咽喉部干燥及紧缩感:约30%的患者常常有此症状。

(5)食物通过缓慢并有滞留感:少部分患者能感觉到当食物通过食管病变处时下行缓慢或有停滞感。

2. 中晚期食管癌　最常见的典型症状为进行性吞咽困难,追溯病史时,有多数患者已有较长时间的早期自觉症状且逐渐加重、频率增加。由于肿瘤直接侵犯、转移淋巴结浸润和压迫周围不同的邻近组织器官而出现不同的伴随症状,如侵犯椎前筋膜可伴有胸背痛或后背发沉不适等。出现无远处转移至肝、肺、胸腹膜等时,会出现相应的远处转移脏器部位的表现。

(1)声音嘶哑:侵犯或压迫喉返神经可导致声带麻痹,造成声音嘶哑。

(2)颈部和/或锁骨上肿物:食管癌较常见淋巴结转移部位。

(3)压迫症状:决定于肿瘤原发部位和转移病灶侵犯和压迫相邻的组织器官。如压迫气管或支气管可引起刺激性干咳或血痰,肺不张或肺阻塞性改变以及食管气管瘘;侵及主动脉造成胸背疼痛甚至发生食管主动脉穿孔大出血。

(4)远处转移:肝转移会出现触诊肝肿大或肝区痛、黄疸。恶性胸腔积液时表现呼吸受限、浅快、肋间隙饱满或气管向健侧移位等。恶性腹水则表现为腹壁紧张度增加、腹式呼吸运动减弱及移动性浊音阳性。近期体重明显下降、舟状腹等营养不良或恶病质表现。

(二)诊断

食管癌诊断与分期的检查方法包括:①症状体征;②影像学检查:MRI和CT、上消化道造影、PET/CT、超声;③内镜学检查:食管普通光镜、色素内镜、特殊内镜技术、超声内镜等;④其他检查:如血液肿瘤标志物等;⑤病理和细胞学诊断:食管镜下活检确诊。

1. 食管钡餐检查　是诊断食管癌特别是中晚期食管癌既简便又实用且容易被患者接受的一种常规检查方法,对判断肿瘤长度、溃疡深度、是否有穿孔危险及食管狭窄程度等都有效且直观。上界包括下咽,下界达胃幽门以远。食管造影的X线分型对放射敏感性的判断、放疗结束后疗效的评估如食管钡餐治疗前后的比较、在随访过程中对复发的判断等都有很大帮助。食管X线钡餐造影检查在评估原发灶浸润深度或区域淋巴结转移上仍有一定的局限性。

（1）早期：食管黏膜皱襞增粗，中断迂曲，黏膜破坏和/或龛影。

（2）中晚期：食管钡餐显示管腔内黏膜充盈缺损，管壁有程度不同的僵硬，扩张受限甚至狭窄。在病变上端的正常食管有不同程度的扩张。食管 X 线钡餐造影在显示食管腔内的病变、管壁僵硬程度和明确诊断方面有较突出的特征，其诊断符合率占 70%~94.5%。

2. CT/MRI 检查 推荐胸段食管癌 CT 扫描常规包括颈、胸、腹部区域，食管胃结合部癌 CT 扫描根据病情可纳入盆腔区。CT 平扫与增强扫描以多角度重建影像，判断肿瘤位置、浸润深度及肿瘤与周围正常组织器官的关系、区域淋巴结转移以及周围血管侵犯等。对于 CT 无法判别食管癌原发灶与周围气管及支气管膜部、主动脉外膜邻界关系时，MRI 可提供有价值的补充信息。MRI 对诊断肝脏、颅脑及骨骼等远处转移灶具有临床价值，但对于患者有体内金属植入物或幽闭恐惧症者慎用或禁用。

3. 内镜检查

（1）食管普通光镜：食管癌临床诊断的必要检查项目之一，兼顾食管癌原发病灶大体分型与活检病理学确诊。如存在食管不全或完全梗阻，食管内镜可能无法获得肿瘤远端累及信息，可结合上消化道造影或胸部 CT、MRI、PET/CT 影像进行判断。

（2）食管色素内镜：常用染剂包括碘液、甲苯胺蓝等，可单一染色，也可联合使用。通过喷洒色素对比正常黏膜显示上皮不典型增生或多原发早癌区域，提高 T 分期准确性。

（3）特殊内镜技术：利用窄带成像技术结合放大内镜观察食管上皮乳头内毛细血管祥（intrapapillary capillary loops，IPCL）与黏膜微细结构有助于更好地区分病变与正常黏膜及评估病变浸润深度；放大内镜通过直接观察食管黏膜表面形态，根据 IPCL 的分型可进一步鉴别病变良恶性及食管病变可能的浸润深度，可指导靶向活检及判断是否符合治疗适应证；激光共聚焦显微内镜（confocal laser endomicroscopy，CLE）可将组织放大至 1 000 倍，从微观角度显示细胞及亚细胞结构，在无需活检的情况下即可从组织学层面区分病变与非病变区域，实现"光学活检"的效果；上述特殊内镜技术，需要在医疗设备条件允许时再考虑选择。

（4）食管超声内镜（endoscopic ultrasonography，EUS）：内镜下超声技术有助于显示食管癌原发病灶侵及层次，对于 T 分期诊断比较重要。此外，EUS 还可评估食管及腹腔干周围淋巴结，EUS 引导下细针穿刺活检（endoscopic ultrasonography guided fineneedle aspiration，EUS-FNA）可获得病理学确认 N 分期。影像学检查提示管腔狭窄导致 EUS 无法通过者，或者存在可疑穿孔患者禁忌。EUS 同样受内镜诊断医师经验影响，专业资质雄厚的医疗机构可选择。

4. 血液肿瘤标志物 目前缺乏食管癌特异性血液肿瘤标志物，诸如循环肿瘤细胞、循环肿瘤 DNA/RNA、表观遗传学标志物（DNA 甲基化、非编码 RNA、组蛋白修饰等）外泌体等，尚处于实验室或临床前研究阶段，除非在临床研究范畴内，否则不推荐常规临床诊疗。

5. 病理学诊断 食管内镜下活检取得病理学结果是食管癌确诊的金标准。存在内镜检查禁忌或者多次尝试活检未能明确病理学诊断者，可综合上消化道造影、（颈）胸（腹）部增强 CT、全身 PET/CT 或 EUS/EBUS 引导下穿刺活检辅助诊断。影像学检查可疑转移性淋巴结或远隔脏器，应根据医疗条件及操作风险因素经综合评估后，由主诊医师酌情选择合理的活检方式。

四、食管癌分期

过去食管癌 T、N 分期建立在术后病理分期的基础上,但临床能根治性手术切除的病例仅占 25%,多数患者没有手术机会或需行术前放化疗。对于非手术病例的分期,国内外尚缺乏公认的、较一致的标准。临床分期诊断应包括(颈)胸/腹(盆)部增强 CT,以及选择性超声、EUS、PET/CT 及 MRI 等影像学检查综合评估而获得。随着综合治疗模式的临床应用,部分患者通过术前新辅助治疗可获得根治性手术机会或更好预后,而新辅助治疗后的再分期诊断,应以治疗前的初始临床分期方法为基础,综合医疗条件及操作风险,针对可疑转移性区域淋巴结或远隔脏器可进行有创性活检病理学再确认。

国际抗癌联盟(UICC)和美国癌症联合委员会(AJCC)联合发布的最新版食管癌 TNM 分期为第 8 版,将临床分期(cTNM)、病理分期(pTNM)和新辅助治疗后分期(ypTNM)区分开来,不再应用同一个分期模式。需要注意的是,与 cTNM 和 pTNM 分期不同,鳞癌与腺癌两种病理类型的 ypTNM 分期完全相同,且本分期原则不适用于食管的神经内分泌瘤及非上皮性肿瘤如淋巴瘤、肉瘤、胃肠道间质瘤和黑色素瘤等。具体分期标准和定义见表 12-4、表 12-5、表 12-6、表 12-7、表 12-8、表 12-9。

表 12-4　UICC/AJCC 第 7、8 版食管癌 T 定义

UICC/AJCC-7th-T 分期定义		UICC/AJCC-8th-T 分期定义
T_x	原发肿瘤不能确定	同左
T_0	无原发肿瘤证据	同左
T_{is}	高度不典型增生或原位癌	重度不典型增生
T_{1a}	侵及黏膜固有层	侵及黏膜固有层或黏膜肌层
T_{1b}	侵及黏膜下层	同左
T_2	侵及固有肌层	侵及食管肌层
T_3	侵及纤维膜	侵及食管纤维膜
T_{4a}	侵及胸膜、心包、膈肌	侵及胸膜、心包、奇静脉、膈肌或腹膜
T_{4b}	侵及其他邻近器官如主动脉、椎体、气管等	同左

表 12-5　UICC/AJCC 第 7、8 版食管癌 N、M 定义

UICC/AJCC-7th-N/M 分期定义	UICC/AJCC-8th-N/M 分期定义
N_x:区域淋巴结无法确定	N_x:同左
N_0:无区域淋巴结转移	N_0:同左
N_1:区域淋巴结转移 1~2 枚	N_1:同左
N_2:区域淋巴结转移 3~6 枚	N_2:同左
N_3:区域淋巴结转移 ≥7 枚	N_3:同左
M_x:远处转移无法确定	M_x:同左
M_0:无远处转移	M_0:同左
M_1:远处转移	M_1:同左

表 12-6　AJCC 第 8 版食管鳞状细胞癌病理 pTNM 分期

分期	T 分期	N 分期	M 分期	组织学分级	肿瘤部位
0 期	T_{is}	N_0	M_0	—	任何部位
IA 期	T_{1a}	N_0	M_0	高分化或不确定	任何部位
IB 期	T_{1a}	N_0	M_0	中或低	任何部位
	T_{1b}	N_0	M_0	任何或不确定	任何部位
	T_2	N_0	M_0	高分化	任何部位
IIA 期	T_2	N_0	M_0	中、低或不确定	任何部位
	T_3	N_0	M_0	高分化	上或中段
	T_3	N_0	M_0	任何分化	下段
IIB 期	T_3	N_0	M_0	任何分化	不确定
	T_3	N_0	M_0	不确定	任何部位
	T_3	N_0	M_0	中或低	上或中段
	T_1	N_1	M_0	任何分化	任何部位
IIIA 期	T_2	N_1	M_0	任何分化	任何部位
	T_1	N_2	M_0	任何分化	任何部位
IIIB 期	T_{4a}	N_{0-1}	M_0	任何分化	任何部位
	T_3	N_{1-2}	M_0	任何分化	任何部位
	T_2	N_2	M_0	任何分化	任何部位
IVA 期	T_{4b}	N_{0-2}	M_0	任何分化	任何部位
	T_{4a}	N_2	M_0	任何分化	任何部位
	任何 T	N_3	M_0	任何分化	任何部位
IVB 期	任何 T	任何 N	M_1	任何分化	任何部位

表 12-7　AJCC 第 8 版食管腺癌/食管胃结合部腺癌病理 pTNM 分期

分期	T 分期	N 分期	M 分期	组织学分级
0 期	T_{is}	N_0	M_0	—
IA 期	T_{1a}	N_0	M_0	高或不确定
IB 期	T_{1a}	N_0	M_0	中分化
	T_{1b}	N_0	M_0	高或中，或不确定
IC 期	T_1	N_0	M_0	低分化
	T_2	N_0	M_0	高或中
IIA 期	T_2	N_0	M_0	低或不确定
IIB 期	T_3	N_0	M_0	任何分化
	T_1	N_1	M_0	任何分化

续表

分期	T 分期	N 分期	M 分期	组织学分级
ⅢA 期	T_2	N_1	M_0	任何分化
	T_1	N_2	M_0	任何分化
ⅢB 期	T_3	$N_{1\sim2}$	M_0	任何分化
	T_2	N_2	M_0	任何分化
ⅣA 期	T_4	$N_{0\sim2}$	M_0	任何分化
	任何 T	N_3	M_0	任何分化
ⅣB 期	任何 T	任何 N	M_1	任何分化

表 12-8 AJCC 第 8 版食管癌临床 cTNM 分期（鳞状细胞癌与腺癌不同）

鳞状细胞癌		腺癌/食管胃交界部腺癌	
分期	TNM	分期	TNM
0 期	$T_{is}N_0M_0$	0 期	$T_{is}N_0M_0$
Ⅰ期	$T_1N_{0\sim1}M_0$	Ⅰ期	$T_1N_0M_0$
Ⅱ期	$T_3N_0M_0$	ⅡA 期	$T_1N_1M_0$
	$T_2N_{0\sim1}M_0$	ⅡB 期	$T_2N_0M_0$
Ⅲ期	$T_3N_1M_0$	Ⅲ期	$T_{3\sim4a}N_0M_0$
	$T_{1\sim3}N_2M_0$		$T_{2\sim4a}N_1M_0$
ⅣA 期	$T_4N_{0\sim2}M_0$	ⅣA 期	$T_{4b}N_{0\sim2}M_0$
	任何 T N_3M_0		$T_{1\sim4a}N_2M_0$
			任何 T N_3M_0
ⅣB 期	任何 T 任何 N M_1	ⅣB 期	任何 T 任何 N M_1

表 12-9 AJCC 第 8 版食管癌新辅助治疗后病理 ypTNM 分期（鳞状细胞癌与腺癌相同）

分期	TNM
Ⅰ期	$T_{0\sim2}N_0M_0$
Ⅱ期	$T_3N_0M_0$
ⅢA 期	$T_{0\sim2}N_1M_0$
ⅢB 期	$T_{4a}N_0M_0$
	$T_3N_1M_0$
	$T_{0\sim3}N_2M_0$
ⅣA 期	$T_{4b}N_{0\sim2}M_0$
	$T_{4a}N_{1\sim2}M_0$
	$T_{4a}N_xM_0$
	任何 T N_3M_0
ⅣB 期	任何 T 任何 N M_1

五、治疗原则

需要结合患者分期、病变部位、年龄、一般身体状态等综合确定治疗原则,早期通常选择局部手段如内镜治疗、手术切除及放疗,进展期及晚期患者通常选择多学科综合治疗模式,包括以手术为主的综合治疗、以放疗为主的综合治疗以及系统性全身治疗等。

食管癌的可切除性,需经验丰富的胸外科医师评估后判定,包括手术入路及淋巴结清扫策略,以达到包括原发肿瘤及区域淋巴结在内的根治性切除目标。手术方式可选择传统开放式或腔镜辅助或机器人辅助下的食管癌切除术及淋巴结清扫术,不耐受经胸手术的 $cT_{1\sim2}N_0$ 期食管癌患者,可选择经膈肌裂孔食管内翻拔脱术等其他手术方式。

放射治疗是食管癌综合治疗的重要组成部分,涉及术前新辅助、术后辅助、根治性及姑息性治疗多个方面。对于 $cT_{is\sim2}N_{1\sim3}M_0$ 期或 $cT_{3\sim4a}$ 任何 N M_0 期食管癌拟行手术者推荐新辅助放化疗,以提高根治性切除率、病理学完全缓解率和局部肿瘤控制率,进而改善术后长期生存。无手术指征或拒绝手术治疗者,推荐行根治性同步放化疗。术后经病理学评估为非根治性切除(R1 或 R2),或者虽为 R0 切除,但为(y)pT4 任何 N M_0 期者,可根据患者恢复情况考虑行术后辅助同步放化疗。术后局部复发、晚期食管癌合并食管梗阻、广泛性淋巴结转移、合并远隔脏器转移(肺、骨、脑等)经全身系统性药物治疗后评估疾病稳定或肿瘤退缩者,可考虑姑息性放射治疗。

大多数食管癌患者在确诊时已为局部晚期或存在远处转移,因此系统性药物治疗在食管癌的治疗中占有重要地位。近年来,随着分子靶向治疗、免疫治疗新药的出现和发展,药物治疗在食管癌综合治疗中的作用前景广阔。目前,药物治疗在食管癌中的主要应用领域,包括针对局部晚期患者的新辅助治疗和辅助治疗,以及针对晚期患者的化疗、分子靶向治疗和免疫治疗等。

六、放射治疗

(一)体外放射治疗

1. 放疗前的准备工作

(1)患者及家属的准备:解决患方的思想顾虑,与患者及家属充分沟通病情与治疗方案,以及放疗中可能出现的问题和不良反应,签知情同意书。

(2)医师的准备

1)明确诊断分期与放疗适应证。

2)全面评估肿瘤大小,部位与范围,明确治疗的目的和性质(根治性或姑息性),制订放疗方案(靶区、处方剂量、分割及放疗技术等)。

3)放疗前的对症处理:①如营养状态不良、脱水或其他并发症者应及时积极处理;②X线显示有尖刺、龛影或胸背痛或白细胞数升高者应积极地抗感染治疗。

放射治疗方法可分为:单一放射治疗和/或与放疗相结合的综合治疗如术前,术后放射治疗或放化同步治疗。放射治疗技术采用调强(IMRT)或 3D-CRT 放疗技术,或合并腔内照射。

2. 放射治疗的适应证和禁忌证

（1）根治性放疗或放化同步治疗

1）目的：局部肿瘤得到较好的控制，放射治疗后不能因放射所致的并发症而影响生存质量。

2）适应证：一般情况好，病变比较短，食管病变处狭窄不明显（能进半流食），无明显的外侵，如无明显的胸背疼痛，食管造影和/或 CT 显示无明显的穿孔迹象如侵及主动脉或气管支气管树等邻近的组织和器官。无锁骨上和腹腔淋巴结转移（包括 CT 检查未发现明显肿大的淋巴结），无严重的并发症。年龄大于 70 岁者，不建议行同步放化治疗。

（2）姑息放射治疗

1）目的：减轻症状，提高生活质量，延长寿命（如骨转移的镇痛放疗，转移淋巴结压迫症状等）。

2）相对禁忌证：食管穿孔（已有食管穿孔特别是食管气管瘘或即将出现大出血的患者，但假设食管穿孔已有食管支架或鼻饲管，可试探性放射治疗）；恶病质 KPS 评分<50 分，且多个脏器转移者，后者如 KPS 评分≥70 分，有进食困难的症状，远处器官转移没有明显症状，也可试探性放射治疗或同步放化疗。

3. 放射治疗技术　建议采用三维适形放疗或调强放疗技术，优选后者。相较于早年的常规二维放疗技术，三维适形或调强放疗在靶区剂量分布和正常组织器官保护等方面均表现优异，特别是对于心脏和肺的保护，可降低放疗相关不良反应。

4. 模拟定位　采取仰卧位，双臂伸直置于体侧或者双手交叉抱肘置于额前。颈段及上段患者建议头颈肩罩固定，中下段及食管胃交界癌体膜固定。行静脉造影增强扫描，层厚 0.5cm。有对比剂过敏史者可不行增强扫描。

食管下段及食管胃交界癌，或者需要照射胃左、腹腔淋巴结的患者，为减少胃部充盈大小造成的照射体积差异，CT 模拟定位前空腹 3~4 小时，CT 扫描前及每次放疗前 15 分钟，患者需服用 200~300ml 半流质饮食（如稠粥、酸奶等，每次定量）。术后残胃位于纵隔的患者，不要充盈胃，以胃内无内容物时定位为佳，放疗时亦如此。

5. 靶区定义与勾画

（1）食管癌新辅助同步放化疗或根治性同步放化疗靶区定义：大体肿瘤靶区 GTV 包括食管原发灶 GTVnx 及阳性转移淋巴结 GTVnd，其中 GTVnx 以食管造影、内镜（食管镜和/或腔内超声）可见的肿瘤长度，以及 CT 片（纵隔窗和肺窗）显示的食管原发肿瘤（左右前后）。GTVnd 勾画时，应结合查体和影像学（CT/PET-CT/EUS）所示转移淋巴结。

临床靶区 CTV 的勾画有①颈/胸上段食管癌：GTV 上下外扩 3cm，GTVnd 三维外扩 0.5~1cm。一般需包括中颈，1（下颈、双侧锁骨上），2、4、7 区淋巴结引流区。颈段可不包括 7 区。相离较远的靶区可考虑累及野照射，如上段食管癌伴腹腔淋巴结转移。②胸中段食管癌：GTV 上下外扩 3cm，GTVnd 三维外扩 0.5~1cm。一般需包括 1、2、4、7、部分 8 淋巴结引流区。因中段食管癌腹腔淋巴结转移概率亦比较高，部分患者可能需要照射 15、16、17 甚至是 20 区。③胸下段食管癌/部分（Siewert I/II 型）食管胃交界癌：GTV 上下外扩 3cm，GTVnd 三维外扩 0.5~1.0cm，一般需包括 7、8、15、16、17、20 淋巴结引流区，部分患者可能需要包括 18、19 区的近端。相离较远的靶区可考虑累及野照射，如下段食管癌伴 1 区淋巴结转移。

计划靶区 PTV 的勾画,根据实际摆位误差决定,一般在 CTV 的基础上三维外扩 0.5cm 形成,头颈肩网罩固定的颈段或胸上段食管癌可外扩 0.3cm。

（2）术后辅助放疗/放化疗靶区定义:需考虑吻合口情况,原发于颈段或上段食管癌,或切缘距肿瘤≤3cm。GTV 及 GTVnd:R1 或 R2 切除后,GTV 包括残留的原发肿瘤、切缘阳性的吻合口,GTVnd 包括残留的淋巴结。

CTV 有①颈段/胸上段食管癌:包括 GTV+GTVnd(如有),吻合口、1、2、4、7 淋巴结引流区。颈段可不包括 7 区。T_{4b} 需包括瘤床。②胸中段食管癌:包括 GTV+GTVnd(如有),1、2、4、7、部分 8 淋巴结引流区。根据病理学结果酌情包括 15、16、17、20 淋巴结引流区。T_{4b} 需包括瘤床。③胸下段食管癌/部分（Siewert I/II型）食管胃交界癌:包括 GTV+GTVnd(如有),1、2、4、7、8、15、16、17、20 淋巴结引流区。T_{4b} 需包括瘤床。

PTV:根据实际摆位误差决定,一般在 CTV 的基础上外扩 0.5cm 形成,头颈肩网罩固定的颈段或上段食管癌可外扩 0.3cm。

6. 放疗剂量与分割方式

（1）新辅助放疗/同步放化疗:95% PTV 40~50Gy/1.8~2.0Gy,每日 1 次,每周 5 次。有条件的单位也可采用同步加量技术。

（2）术后辅助放疗/同步放化疗

R0 术后:95%PTV 50~54Gy/1.8~2.0Gy,每日 1 次,每周 5 次;R1/2 术后:95%PTV 50Gy/1.8~2.0Gy,序贯 95% PGTV 10Gy/1.8~2.0Gy,每日 1 次,每周 5 次。有条件的单位也可采用同步加量技术。

（3）根治性放疗/同步放化疗:①95%PTV 60Gy/1.8~2.0Gy,每日 1 次,每周 5 次。②95%PTV 50Gy/1.8~2.0Gy,序贯 95%PGTV 10Gy/1.8~2.0Gy,每日 1 次,每周 5 次。有条件的单位也可采用同步加量技术。根治性同步放化疗中放疗剂量目前国内单位多数采用 60Gy,部分患者情况酌情降至 50~54Gy。

对于正常组织剂量,术后或术前放疗的患者,建议先按足量处方剂量（如 95%PTV 60Gy）进行正常组织评估,再按实际处方剂量执行,同时确定正常组织的实际受量。①双肺:平均剂量≤14~16Gy,V_{20}≤28%,V_{30}≤20%,同步放化疗者 V_{20}≤25%;②脊髓:D_{max}<45Gy;③心脏:V_{30}<40%,V_{40}<30%;④胃:V_{40}<40%,D_{max}<55~60Gy;⑤小肠:V_{40}<40%,D_{max}<55Gy;⑥肝:V_{30}<30%;⑦双肾:V_{20}<30%。

（二）腔内放射治疗

非手术治疗患者接受放射治疗或者放化疗后,肿瘤残存比率仍然较高,超过 50%。高剂量率腔内近距离治疗是一种有效且耐受良好的治疗方法。与外照射相比,近距离放射治疗技术具有可以给予局部高剂量放射治疗的独特优点,放射治疗的剂量符合平方反比定律,即某点所受的辐射量与该点和辐射源之间的距离平方成反比,当近距离放射源被放置在食管内目标病灶的位置时,放射源附近的恶性肿瘤会吸收非常高照射量,而目标以外的正常组织接受的剂量与肿瘤组织相比要低得多,并且最大限度地减少治疗不确定性。结合计算机优化的逆向治疗计划算法,近距离放射治疗非常适合向食管病变提供高剂量的照射量,可对食管表浅肿瘤或局部复发给予肿瘤致死剂量,并限制了周围的正常组织如脊髓、肺、心脏和其他附近组织器官的剂量。根据美国近距离放射治疗协会（American brachytherapy society,

ABS)指南的选择标准,腔内近距离放射治疗的最佳适用范围包括原发性食管癌患者:长度≤10cm;局限于食管壁;胸段食管肿瘤;无区域淋巴结或全身性转移。禁忌证包括食管瘘;颈部食管受累(因治疗可能引起食管气管瘘);严重无法通过的食管狭窄。

腔内放射治疗仅适合肿瘤最大外缘浸润深度≤1.5cm 的患者。否则肿瘤最大外缘(如在 2.0~2.5cm)的剂量仅为 224~166cGy,达不到有效剂量。中国医学科学院肿瘤医院行腔内放疗,在外照射 95%PTV 处方剂量 50~54Gy 后加两次腔内,参考点剂量为 50~60Gy。参考点根据 MRI 所示气囊的大小、施源器的位置、肿瘤的大小决定。多数情况参考点为 1.0~1.2cm。腔内放疗时机的选择:食管癌的近距离治疗,仅作为辅助治疗手段之一。其主要原因为肿瘤很大时(最大浸润深度>2.0cm),近距离治疗剂量达不到理想的剂量分布。仅有少部分患者在外照射开始时适合做腔内放疗。腔内放疗应在外照射之后。腔内放射治疗时如不采用带气囊施源器的医院,建议参考点为 0.8~1.0cm,参考点剂量为 500~600cGy 较好,以减少食管黏膜的受量,降低吞咽疼痛的发生率。必须了解肿瘤的最大浸润深度,如肿瘤较大,就不适合腔内治疗。否则出现较严重的并发症,而肿瘤达不到有效控制剂量。

（三）同步化疗方案

紫杉醇+铂类、顺铂+氟尿嘧啶/卡培他滨/替吉奥、顺铂+长春瑞滨,紫杉醇+氟尿嘧啶/卡培他滨/替吉奥,奥沙利铂+氟尿嘧啶/卡培他滨/替吉奥(推荐腺癌),老年患者可考虑单药卡培他滨或替吉奥。

七、放疗损伤处理

（一）全身放疗反应

多数患者无明显的全身反应或有很轻,无需处理。有个别的患者较明显。常表现为乏力,食欲缺乏,恶心呕吐。给予输液、支持治疗及增加食欲的药物治疗,即可保证顺利完成放射治疗。

（二）放射性食管炎

多数患者表现为吞咽疼痛,进食困难的症状较前有加重。多数患者为Ⅰ~Ⅱ级反应,但三维适形放疗和/或合并化疗后的副反应较单纯放疗明显增加,因此需要及时处理。放射性食管炎多数情况下不需要用镇痛药,特别是局部有溃疡或穿孔前征象时,可能会因镇痛药物的作用漏诊了穿孔。发生时间多数为 D_T 20~40Gy,主要原因为食管黏膜的充血、水肿、渗出及糜烂。处理:①消除患者误认为病情加重的思想负担,解释其原因;②轻者观察,重者则给予输液,适当少量激素和抗生素治疗,可获得较好的效果。

（三）气管反应

多数表现为刺激性干咳或痰不易吐出。轻症患者无需处理或对症治疗,如氯化铵等,雾化治疗(可加用糜蛋白酶和少量的激素行雾化吸入治疗)可以帮助排痰。

（四）放射治疗中及结束后穿孔问题

1. 穿孔原因　放疗中穿孔的基本理论认为是肿瘤的消退速度与正常组织修复速度不均衡所致。

（1）肿瘤的消退速度过快

1）与肿瘤对放疗很敏感有关(如 X 线片显示腔内型或蕈伞型)。

2）照射剂量大速度快,常常是周剂量和/或单次剂量大。

（2）影响正常组织修复能力的因素

1）放疗后的纤维化和/或局部供血差。

2）从尸检病理看,多数情况下合并感染,局部有大量的急慢性炎性细胞渗出,感染是影响正常组织修复能力的主要因素之一。

2. 临床表现　主要表现为白细胞数升高,特别是中性粒细胞高。发热,常常低热。胸背疼痛或胸部不适、发沉的感觉。

3. 处理

（1）先进行积极有效的消炎治疗和促进蛋白合成的药物治疗。

（2）食管镜检并取活检,镜下可直接观察局部的情况,诊断的阳性率比未消炎治疗前要高。

（3）动态观察原发病变及溃疡的变化。

（4）一旦发生食管气管瘘,食管支架也是有效的姑息手段之一,但需要控制感染否则有发生大出血的可能。

八、放疗后评估及随访

（一）新辅助放疗后评估

推荐新辅助放疗结束 1 个月后评估疗效,复查项目包括增强 CT（包含颈部、胸部及腹部区域）及血常规、生化等实验室检查。上消化道造影、全身 PET/CT、骨扫描、颅脑 MRI 检查可根据病情选择;为准确临床再分期需要,酌情可考虑行食管内镜重复活检、纤维支气管镜检及 EBUS 引导下经支气管镜针吸活检术（endobronchial ultrasound guided transbronchial needle aspiration,EBUS-TBNA）或 EUS-FNA 区域肿大淋巴结再次活检等有创性检查。建议在放疗结束后 4~8 周实施食管癌根治术。

（二）术后辅助放疗后随访

推荐术后辅助放疗结束后 3 个月开始随访,推荐频次为初始 2 年内每 3 个月复查 1 次,2~5 年每半年复查 1 次,5 年以后每年复查 1 次,包括增强 CT（包含颈部、胸部及腹部区域）及血常规、生化等实验室检查。上消化道造影、全身 PET/CT、骨扫描、颅脑 MRI 检查可根据病情选择;随访期间若发现吻合口、区域淋巴结或远隔脏器可疑转移灶,酌情可考虑行上消化道内镜检查、纤维支气管镜检查及 EBUS-TBNA 或 EUS-FNA 区域肿大淋巴结有创性检查。

（三）根治性放化疗后随访

推荐根治性放化疗结束后 1~2 个月开始随访,初始 2 年内每 3 个月复查 1 次,2~5 年每半年复查 1 次,5 年以后每年复查 1 次,包括增强 CT（包含颈部、胸部及腹部区域）及血常规、生化等实验室检查。上消化道造影、全身 PET/CT、骨扫描、颅脑 MRI 检查可根据病情选择;随访期间若发现吻合口、区域淋巴结或远隔脏器可疑转移灶,酌情可考虑行上消化道内镜检查、纤维支气管镜检查及 EBUS-TBNA 或 EUS-FNA 区域肿大淋巴结有创性检查。

第四节　恶性胸膜间皮瘤

一、概述

恶性胸膜间皮瘤（malignant pleural mesothelioma，MPM）是原发于胸膜的恶性肿瘤，发病率非常低，但呈上升的趋势。手术切除、放射治疗和化疗效果均差，属于对三大治疗抗拒的肿瘤。直至目前，尽管一些选择性手术较有效，但对大多数恶性胸膜间皮瘤的作用仍不确定。同时，因肺部组织对放射线耐受性较差的限制，使得放射治疗的作用也有限。尽管化疗进展很快，但对改变它的自然病程的作用也很小。

二、流行病学

胸膜间皮瘤发病率非常低，约占恶性肿瘤的 0.04%，国外的发病率高于国内，其原因可能与石棉工业发达有关。英国、澳大利亚、比利时为高发国家，发病率约 3.0/10 万，美国约 0.9/10 万，在美国平均每年有 2 000~3 000 的新发病例。而在北京市男性脑膜恶性肿瘤发病率为 0.3/10 万，女性为 0.2/10 万。但我国云南省大姚县为高发区，高达 17.75/10 万。尽管发达国家对石棉的接触于 20 世纪 80 年代得到了控制，但石棉接触的人群向我国及亚洲等国和地区转移，另外，石棉致癌作用有较长的潜伏期。因此，在世界范围内恶性胸膜间皮瘤的发病率将会继续升高。随着对石棉工业的控制，有研究者预计，恶性胸膜间皮瘤的发病率将在 21 世纪初达峰值后迅速下降。

恶性胸膜间皮瘤的发病高发年龄多为 40~60 岁，中位年龄 60 岁，此年龄发病占 60%，在 60~64 岁以上的发病率是 30~34 岁的 10 倍。男性比女性多发，一般在 3∶1 以上，中位自然病程为 4~18 个月。根据 WHO 统计，全球胸膜间皮瘤的死亡率为 0.23/10 万，死亡高发年龄为 75~89 岁，平均年龄 70 岁，男女比例为 3.7∶1，中位生存时间为诊断后 9~12 个月。

三、病因学

1. 石棉　石棉是导致胸腹膜间皮肿瘤的主要病因，约 75% 以上的病例先前有石棉接触史，特别是在高发人群中更明确。另外，接触石棉的年龄愈小发病愈早。20 世纪 40 年代末，已有病例报道显示胸膜间皮瘤可能与石棉有关，但直到 1960 年才被 Wagner 首次提出胸膜间皮瘤与石棉粉尘的接触有关。继之，不少类似研究结果报道证实，胸膜间皮瘤与石棉粉尘的接触有关才逐渐引起世界的注意。石棉主要以两种形式存在：温石棉和闪石棉（也称曲状石棉和棒状石棉）。温石棉纤维长、卷曲、柔韧，而闪石棉纤维短、直、坚硬。闪石棉比温石棉致癌性更强。其发病机制为石棉被吸入肺内和胸膜腔内形成含氧化小体，它不但不能被吞噬细胞消化，还可以引起反应性多核吞噬细胞增生，增生失控导致胸膜间皮细胞变异、发生癌变。

石棉纤维可干扰有丝分裂，引起基因的持续表达改变，如 c-fos 和 c-jun；或形成氧化物引起基因损伤，如通过释放活性氧（reactive oxygen species，ROS）和活性氮（reactive nitrogen species，RNS）使 DNA 发生碱基替换、删除、重排、插入、姐妹染色单体交换等；还可通过释放炎症因子如肿瘤坏死因子 TNF-α 和核因子 NF-κB，产生抗凋亡效应和 DNA 的累积损伤。

除石棉是胸膜间皮瘤的病因外,亚硝胺、玻璃纤维、放射线以及肺部疾病(结核、脂质吸入性肺炎等)等也是致病病因。石棉所致的胸膜间皮瘤潜伏期平均为48.7年(14~72年)。

2. 分子病因学　胸膜间皮瘤的分子学病因主要是22号染色体的1p、3p、9p和6p缺失,这些部位被认为是肿瘤抑癌基因,如 *TP53*、*CDKN2A/ARF*、*NF2*、*p16INKa*、*p14ARF* 等;有研究发现,与年龄相关的基因位点 CpG 岛甲基化也是增加胸膜间皮瘤易感性的一个因素。这些基因的突变使肿瘤细胞凋亡水平降低,导致对各种治疗的抗拒,但凋亡水平降低的原因尚待了解。

四、病理与临床分期

1. 病理改变　恶性胸膜间皮瘤发生部位以右侧胸腔多见,约占60%,发生在双侧胸膜者仅占5%。大体标本见肿瘤分布在胸膜的壁层和脏层,像果皮一样增厚,有些部位病变可达5cm以上,病变可累及胸壁,甚至累及肺组织与纵隔的组织器官。在尸检资料中,约70%的患者有胸腔内淋巴结转移,淋巴结转移多发生在肺门、纵隔、乳腺内和锁骨上淋巴结;远处转移约为33%~60%,远多于临床所见,可能与临床中没有仔细检查或小的病灶不能被检查出来有关。恶性胸膜间皮瘤的组织学形态为多样性,分为上皮型、肉瘤型与混合型。上皮型多见,约占胸膜肿瘤的50%,预后较好;其次为肉瘤型(16%)与混合型(34%),预后相对较差。

2. 临床分期　目前普遍采用的是 AJCC 第8版恶性胸膜间皮瘤分期(表12-10)。

表 12-10　AJCC 第八版恶性胸膜间皮瘤分期

临床分期	T	N	M
ⅠA 期	T_1	N_0	M_0
ⅠB 期	T_{2-3}	N_0	M_0
Ⅱ期	T_{1-2}	N_1	M_0
ⅢA 期	T_3	N_1	M_0
ⅢB 期	T_{1-3}	N_2	M_0
	T_4	任何 N	M_0
Ⅳ期	任何 T	任何 N	M_1

(1) T:原发肿瘤和范围。

T_x:原发肿瘤无法评估。

T_0:没有原发肿瘤的证据。

T_1:原发肿瘤局限于同侧壁胸膜,有或无脏胸膜、纵隔胸膜、横膈胸膜受侵。

T_2:肿瘤侵及同侧胸膜表面一个部位(壁胸膜、纵隔胸膜、横膈胸膜、脏胸膜),并具备至少一种特征(侵及膈肌或通过脏胸膜侵及肺实质)。

T_3:局部晚期但有潜在切除可能的肿瘤。肿瘤侵及同侧胸膜各表面(壁胸膜、纵隔胸膜、横膈胸膜、脏胸膜),并具备至少一种以下特征:侵及胸腔内筋膜;侵及纵隔脂肪;单个、可完全切除的肿瘤病灶侵及胸壁软组织;非透壁性心包受侵。

T_4:局部晚期基础上不可切除的肿瘤。肿瘤侵及同侧胸膜各表面(壁胸膜、纵隔胸膜、横膈胸膜、脏胸膜),并具备至少一种以下特征:胸壁的弥漫性浸润或多个病灶,有或没有肋骨破坏;直接经膈肌侵入腹腔;直接侵及对侧胸膜;直接侵及纵隔器官;直接侵及脊柱;穿透心包的内表面,有或没有心包积液,或侵犯心肌。

(2)N:转移淋巴结。

N_x:淋巴结转移情况无法评估。

N_0:无区域淋巴结转移。

N_1:同侧支气管、肺、肺门或纵隔(包括同侧内乳、横膈周围、心包脂肪垫、肋间淋巴结)淋巴结转移。

N_2:对侧纵隔、同侧或对侧锁骨上淋巴结转移。

(3)M:远处转移。

M_0:无远处转移。

M_1:远处转移。

五、临床诊断

由于此病发病率非常低,又无特异性症状和体征,使诊断困难和误诊率高,即使临床病理诊断也困难,文献报道高达 50%。

1. 影像学诊断　影像学是胸膜间皮瘤的主要诊断依据之一。

(1)X 线胸部正侧位片:胸腔积液、胸膜结节、肿块或弥漫性增厚是最常见的表现,它对于较小病变的检出灵敏度差。

(2)胸部 CT:多为胸膜弥漫多发结节和肿块或增厚,约为 92%;少量或中等量胸腔积液为 74%,胸膜钙化为 20%~50%,但比活检标本中钙化少,活检标本中 87% 有钙化。还可发现伴有肺叶间裂肿物或结节、纵隔淋巴结肿大、胸膜周边组织和器官受累的表现。肿瘤局部浸润的 CT 表现为胸膜外脂肪层消失、肋间肌受累、肋骨移位,骨质破坏。CT 可以用来鉴别良、恶性胸膜疾病,恶性胸膜疾病的以下表现具有特征性:①胸膜环状增厚;②结节状胸膜增厚;③胸膜增厚>1cm;④纵隔胸膜受累。尽管胸部 CT 是诊断胸膜病变的较好手段,但仍较难区分胸膜间皮瘤和转移性病变。

(3)胸部 MRI:MRI 对于胸膜原发病变的诊断劣于胸部 CT,但对于评价肿瘤局部浸润程度优于 CT。

(4)PET 和 PET/CT:随着 PET 和 PET/CT 的广泛使用,其诊断胸膜间皮瘤的优势逐渐显示出来。在诊断疾病和病情评估方面,PET/CT 的准确度均高于 PET 及其他影像学检查,对肿瘤的分期也有帮助。

2. 分子生物学诊断

(1)PAS-D:间皮瘤极少出现 PAS-D(淀粉酶消化法过碘酸雪夫染色)阳性,当 PAS-D 阳性时,结合其他病理表现基本可以排除诊断恶性胸膜间皮瘤。

(2)一些单克隆抗体的免疫组织化学染色:如角蛋白(keratin protein)在间皮瘤的细胞质内或在细胞内形成环状强阳性,而腺癌是细胞周围染色阳性;单克隆抗体 D2-40 在上皮来源的间皮细胞内阳性率较高,而在肉瘤样分化的间皮细胞及腺癌细胞内阳性率较低。

（3）Leu-M1：在恶性间皮瘤中缺乏表达，而腺癌染色可以为中强度阳性。

（4）骨桥蛋白：恶性胸膜间皮瘤患者的血清中骨桥蛋白水平远高于有过石棉接触史的健康人。

（5）p53：另外约50%的胸膜间皮瘤有p53阳性表达。

上述这些可用于其鉴别诊断。

3. 病理诊断　光镜下病理特征是诊断的主要依据。肿物穿刺活检和胸腔镜下活检可得到病理诊断，而且创伤性小，但因获得组织少，可能影响诊断结果。由于组织学的多样性和没有明显的临床特征，在诊断时有困难，上皮型恶性胸膜间皮瘤要与腺癌来源的胸膜病变相鉴别，排除肺、乳腺和胃为原发灶的胸膜转移性腺癌；肉瘤型要与其他软组织来源的肿瘤相鉴别。电镜下的细胞超微结构改变也可用于间皮瘤的鉴别诊断，电镜下间皮瘤细胞的绒毛较细长，而腺癌的细胞绒毛较宽而短。

六、治疗

（一）手术治疗

对于孤立性胸膜间皮瘤，手术治疗是首选，对于弥漫性胸膜间皮瘤，手术治疗的作用存在争议。对胸膜间皮瘤的手术可分为根治性、姑息性或减瘤性、减状性手术。根治性手术一般指胸膜全肺切除术（extrapleural pneumonectomy，EPP），是切除患侧的胸膜、肺、部分心包和膈肌以及受累的胸壁等，但手术创伤大，在早期的手术死亡率非常高，有报道为30%以上，尽管随外科技术的进展，手术死亡率明显下降，但仍为5%左右。姑息性或减瘤性手术一般指胸膜部分切除术/剥脱术（pleurectomy/decortication，P/D），是尽可能切除剥离的壁、脏胸膜，并切除胸膜肿瘤保留肺组织，此手术创伤性和手术难度相对较小，并发症和手术死亡少。然而，由于肿瘤容易发生局部浸润，胸膜剥脱术不易完全切除肿瘤，约80%的手术者可能有肿瘤残留，其残留部位多为脏胸膜、膈肌、纵隔和胸壁，因而此手术在根除肿瘤方面存在局限性。胸膜剥脱术由于肿瘤残存，需要给予术后辅助治疗如放射治疗或放射治疗加化疗等。然而，由于肺组织对放射线的耐受性低，当给予肿瘤术后放射治疗剂量照射时，肺组织将产生严重而不可逆的损伤。另外，由于胸腔和胸膜的特殊结构，当照射胸膜病变时，不易达到既保护肺组织又给予肿瘤高剂量照射，这样将严重影响肿瘤的照射剂量和肿瘤的控制。

既往回顾性分析结果也没有显示在胸膜剥脱术和胸膜全肺切除术（EPP）有明显的疗效差别。胸膜剥脱术的手术并发症和死亡率低，通常的并发症为术中剥离胸膜时可能伤到肺组织，愈合延期导致胸腔漏气（超过7天），大约有10%的患者发生此并发症。约50%的胸腔引流管放置时间延长超过5天（一般在第4天拔管）和引流口愈合延期，严重并发症脓胸发生率约为2%。早期的手术死亡率为8%~10%，而目前为2%左右，一些报道称没有手术直接造成的死亡，死亡的主要原因是呼吸衰竭和出血。手术对胸腔积液的控制率大约为88%~98%。总的说来，胸膜剥脱术疗效不佳，仅能作为姑息治疗。由于单纯胸膜剥脱术为姑息性治疗，为了改善预后，近十几年来多采用术后辅助其他治疗的综合治疗。

（二）放射治疗

由于恶性胸膜间皮瘤生长位置的独特性，肿瘤易累及周围组织和器官，使根治性手术切除困难,需要术后的辅助治疗。临床结果和基础研究中显示,胸膜间皮瘤对放射线并不抗拒,应该属于对放疗敏感,而放射治疗疗效差的主要原因是胸膜的特殊结构和胸膜弥漫生长。当照射胸膜病变时,不易避开肺组织、纵隔器官和肝脏,特别是肺组织耐受性非常差,照射剂量较小时就会出现损伤,在20Gy时,将出现病理性损伤。另外,肺组织损伤的修复属于非功能性,也就是说,即使修复了也在不同程度上丧失功能。由于治疗方式、病情和放疗设野与剂量的明显不一,要比较疗效或评价哪种治疗疗效好较为困难。总之,放疗时考虑提高肿瘤照射剂量的同时,要注意减少肺损伤,这样才能达到比较满意的肿瘤控制和姑息肿瘤的目的。有研究显示,给予穿刺部位、手术引流口或胸腔镜切口的放射治疗,可以明显减少肿瘤的局部复发或局部种植。放射治疗对疗效改善的作用和胸膜间皮瘤对放射线的敏感性,也说明即使是完全切除的患者,也应给予选择性的局部放射治疗。

由于约80%进行胸膜剥脱术者可能有肿瘤残留,其残留部位多为脏胸膜、膈肌、纵隔和胸壁;尽管胸膜全肺切除术(EPP)能更广泛地切除肿瘤,如果不进行辅助治疗,胸腔内复发仍是主要失败原因。因此,术后辅助治疗是非常必要的。尽管没有术后随机分组研究结果,但放射治疗作为综合治疗的一部分,在改善疗效方面发挥了重要作用。Rusch报道单纯胸膜全肺切除术后的中位存活时间仅为10个月,而给予多种治疗的综合治疗后,疗效有所改善,中位生存时间为33.8个月(Ⅰ期和Ⅱ期)与10个月(Ⅲ、Ⅳ期)。结合相关文献及大量研究,手术联合术后的综合治疗患者的中位生存期为17~24个月,显示出联合放射治疗可改善胸膜间皮瘤的疗效。

三维适形放射治疗和三维调强放射治疗的剂量学优势和近年来的广泛应用,可能对术后放射治疗带来一定程度的突破。Forster对7例EPP患者进行了三维调强放射治疗的剂量学研究,发现能给予更多潜在的肿瘤治愈剂量,而且治疗靶区内剂量均匀,其他正常组织的剂量在能够接受的范围内。因此,有条件者应该给予三维适形放射治疗和三维调强适形放射治疗。如果为胸膜全肺切除术,剂量应该在55Gy以上,可以合并同步化疗或放疗后的化疗,放射治疗靶区应该包括同侧的胸壁、膈顶和纵隔胸膜。而在胸膜剥脱术者,由于肺对放射线耐受性差,除了考虑照射靶区高剂量和剂量均匀外,要注意肺照射体积和剂量,特别是中低剂量的肺照射体积。治疗靶区仍为胸壁、膈顶和纵隔胸膜,争取肿瘤剂量达到50Gy或以上。如果治疗前肺功能正常,在综合评价高剂量照射肺体积和肝脏剂量的情况下,肺V_{20}可控制在35%以下。总之,胸膜剥脱术者的术后放射治疗的难度大,使用三维调强适形放射治疗。

常规放射治疗的难度更大,目前尚没有较佳的设野能同时达到肿瘤高剂量、肿瘤剂量均匀、不漏照肿瘤或全胸膜、正常组织在正常耐受照射范围内。

1. 胸膜剥脱术后的放射治疗　首先,应该让外科医师在术中标记可能有肿瘤残留处和手术困难的部位,综合文献报道的易复发部位,给予适当局部扩大野和各种切线野照射技术,这样可能给予较高的肿瘤剂量(45~55Gy),而后肿瘤残留部位补量,不足之处是没有进行全胸膜照射,局部复发的可能性增加。如果进行全胸膜照射,因肺组织对放射线的耐受性差,限制了肿瘤的剂量,不易达到治疗目的。要尽量给予全胸膜照射较高的肿瘤剂量(40~55Gy),肿瘤残留部位补量。总之,治疗中要特别注意保护肺组织,否则可能因并发症使治疗失败。

2. EPP 后的放射治疗　因患侧的肺已经切除,无需考虑放射治疗对肺组织的影响。因此,在治疗时除要注意保护心脏和肝脏外,可以适当提高肿瘤照射剂量,达到更好的局部控制率。照射范围仍为胸壁、纵隔和膈顶胸膜处,可以采用各种切线照射野技术加电子线照射,也可以先采用半胸照射技术,而后瘤床局部加量。在保护好心脏和肝脏的同时,给予50~55Gy 或以上的照射剂量。

3. 没有进行手术的治疗者　可采取整体挡铅方法,前后野照射纵隔、膈肌、胸顶和侧胸壁的胸膜,肺组织挡铅保护,对于因挡铅没有照射的前后胸壁的胸膜用电子线照射。虽然能较好地照射胸膜肿瘤,但对保护肺组织欠佳,必须尽可能减少肺组织的照射,可以先照射30~40Gy 后,肿瘤局部补量 10~20Gy,也可根据病情,只是给予肿瘤累及范围加适当的扩大野照射。

目前,各种调强放疗技术迅速发展,如旋转容积调强技术等,克服一些常规放疗技术不能克服的困难,使之能够给予更高的肿瘤剂量和更少的正常组织照射,从而达到提高肿瘤疗效的目的。然而,除了胸部放疗本身的特性外,剂量升高也容易导致功能性肺损伤。在 D_T 20Gy 时,肺的气体交换功能下降约 70%,剂量继续上升会增加肺部纤维化的严重程度。而胸壁的不规则性,不仅导致计划的适形性不好,还使减少肺组织的低剂量照射体积难度大。然而,不管如何困难,必须要把胸部放疗时肺 V_{20} 的 DVH 控制在 28% 或以下,特别是 V_{10} 和 V_{15} 的肺体积,有利于减少肺损伤、保护肺功能。因此,在单个或少个不能手术的胸膜间皮瘤患者中,宜给予局部肿瘤的放射治疗,同时尽力控制低剂量照射的肺体积。而在多发或几乎全胸膜者,宜先给予足量的化疗,之后给予放疗。如果照射野仍旧比较大,可以在 30Gy 或40Gy 以内行二程计划,尽力减少照射范围,争取实体肿瘤达到 50Gy 或稍高。如果化疗效果好,可仅照射残留病灶。对于术后残留者,手术者应给予标记,对手术放疗有帮助,否则会因术后改变影响靶区范围的确定;照射范围及计划仍以局部治疗为主,照射剂量依残留多少和照射范围确定,50Gy 或以上为宜。完全切除者,先给予化疗,术后放疗则不作为常规辅助治疗。由于下胸壁活动度较大,争取 4D-CT 定位,图像引导下的放射治疗,这不仅增加肿瘤疗效,还可减少肺损伤。另外,尽可能给予同步肿瘤加量的放射治疗,这样可以保证肿瘤适当的剂量增加,增加肿瘤控制,同时保护肺组织。

尽管常规放射治疗的难度很大,很难得到比较满意的放射治疗方案。因此,在治疗中要权衡各方面,尽可能地保护肺组织、心脏和肝脏。给予肿瘤较高治疗剂量,仍可取得相对满意的治疗效果,使患者得到更多的治疗益处。总之,放射治疗对部分恶性胸膜间皮瘤患者能改善疗效,对其他患者也有姑息治疗的作用。在考虑治疗肿瘤的同时,也要注意正常组织的保护,特别是与化疗同时进行时。要进行个体化治疗和进行多种治疗措施的综合性治疗,这样有可能达到其治疗目的。

(三)化学治疗

单药化疗的疗效有限,反应率为 10%~20%,有效的单药为多柔比星、铂类、丝裂霉素、吉西他滨等。多柔比星的单药反应率最高,但仅仅在 20% 以下。顺铂单药的反应率为 14%,而每周 80mg/m² 的剂量可获得 36% 的较高反应率。联合化疗的反应率分别为 30%~40%。肿瘤化疗发展很快,一些新药已经用于治疗恶性胸膜间皮瘤,而且取得比较满意的效果。培美曲塞(pemetrexed)被用于治疗恶性胸膜间皮瘤,Ⅱ期临床研究结果显示为 14% 的有效率,中位生存时间为 10.7 个月。Chahinian 报道了一个培美曲塞加顺铂与单纯顺铂的Ⅲ期研究结果，显示反应率分别为 41% 与 17%，中位生存时间分别为 12.1 与 9.3 个月，但并发症高，3~4 级的血液毒性达 46%。EORTC 与 NCIC 也进行了单纯顺铂与顺铂加雷替曲塞的研究，中位生存时间分别为 11.2 个月与 8.8 个月，1 年生存率分别为 45% 与 40%。总的说来，尽管化学治疗恶性胸膜间皮瘤已经显示好处，但其改善有限。结合一些新药，可能使疗效进一步改善。

（四）其他治疗

胸膜腔内化疗的主要机制是利用胸膜腔内药物浓度是血浆的 3~5 倍的药代动力学原理，由高的药物浓度将肿瘤细胞杀死。肺癌研究组对 47 例胸膜间皮瘤进行了胸膜腔内化疗的研究，主要是用顺铂和阿糖胞苷，49% 的患者胸腔积液有 75% 以上的减少。给予积极的支持治疗，可以提高生存质量，可能取得与化疗或常规放疗相近或稍差的疗效。总的说来，恶性胸膜间皮瘤发病率非常低，但恶性程度高，预后差。给予积极的综合治疗后，疗效仍非常不满意，中位生存期仅为 17~24 个月。放射治疗有效，但由于胸膜结构的特殊性和肺组织对放射线的低耐受性，限制了取得更好疗效的努力。放疗中除了重视肿瘤剂量和剂量均匀性外，要特别注意保护正常组织，以提高疗效和保证生存质量。

第十三章 乳腺癌

乳腺癌是女性最常见的恶性肿瘤之一。自 20 世纪 70 年代以来,乳腺癌发病率以每年 2% 的速度递增。流行病学研究显示,在英美等国家和我国的北京、上海、天津等城市,乳腺癌发病率一直处于女性癌症发病率的第一位。乳腺癌病因尚不清楚,发病的危险因素与年龄、乳腺组织密度、家族史、曾患乳腺癌病史、电离辐射、初潮年龄、月经周期等有关。放射治疗是乳腺癌综合治疗的重要组成部分,已成为保乳术后和根治术后不可或缺的治疗方法,是降低乳腺癌胸壁及局域淋巴结复发、改善预后的有效手段之一。在日常的放疗实践中,乳腺癌约占总病例数的 25%。

第一节 应 用 解 剖

一、外部形态及组织结构

成年女性乳房呈半球形或圆锥形,两侧基本对称。一般位于胸前第 2~6 肋骨之间,内侧达到同侧的胸骨缘,外侧为同侧的腋前线或腋中线,有时乳腺可向外上方延伸至腋窝,成为乳腺的尾部,称为乳腺尾部或角部,又叫 "Spence's axillary tail",乳腺的根治手术解剖边界需包括上述范围。乳腺由皮肤、乳腺小叶、输乳管、纤维组织、脂肪组织等主要组织构成,有 15~20 个乳腺小叶,其内部结构如一棵倒着生长的小树。乳腺位于皮下浅筋膜的浅层和深层之间。浅筋膜伸向乳腺组织内形成条索状的小叶间隔,一端连于胸肌筋膜,另一端连于皮肤,将乳腺腺体固定在胸部的皮下组织之中。这些起支持作用和固定乳房位置的纤维结缔组织称为乳房悬韧带,又称之为 "Cooper韧带",它可使乳房既相对固定,又能在胸壁上有一定的移动性,其矢状面解剖见图 13-1。乳腺癌浸润时,因乳房悬韧带受侵,纤维组织增生,韧带缩短,使表面皮肤产生一些凹陷,称"酒窝征"。至癌症晚期,由于淋巴回流受阻,组织发生水肿,而癌变处与皮肤粘

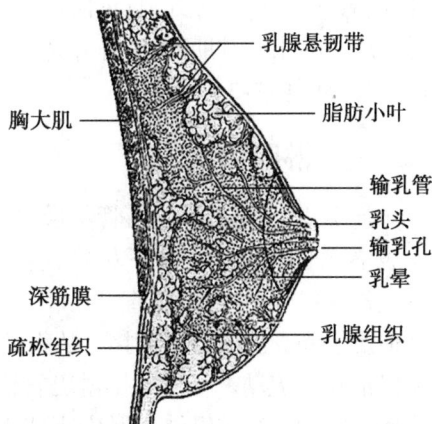

图 13-1 正常乳腺解剖图

连较紧,尤其是皮肤的毛囊处与深层的粘连更加紧密,使皮肤上出现许多小凹,皮肤呈"橘皮样"改变。乳腺的后方为皮下浅筋膜的深层,在胸大肌筋膜前方呈疏松结构,称为乳腺后间隙,故乳腺可在胸大肌表面自由推动。如果肿瘤侵犯了胸大肌筋膜或胸大肌,其活动就会减弱或与之固定。这些特征有助于乳腺癌的诊断。

二、血管分布

乳腺的血液供应主要来自腋动脉的分支、内乳动脉的第1~4肋间穿支和第3~7肋间动脉穿支。腋动脉分支中从内到外有胸最上动脉、胸肩峰动脉和胸外侧动脉。在胸外侧动脉外有一稍大的肩胛下动脉。此血管虽然不供血于乳腺,但做乳癌根治术时需清除其周围的淋巴结,术中易损伤,需小心操作,必要时可结扎、切断,解剖见图 13-2。

静脉回流可分为浅、深两组。浅静脉位于皮下,血液注入内乳静脉或颈浅静脉。深静脉与上述同名动脉伴行,分别注入腋静脉、内乳静脉和奇静脉或半奇静脉。值得注意的是,肋间静脉与椎静脉丛相交通。椎静脉丛无静脉瓣且压力低,是沟通上下腔静脉的重要途径。乳腺癌细胞可经肋间静脉注入椎静脉系,并可在注入腔静脉前流入股骨上段、盆骨、椎骨、肩胛骨、颅骨等处,且可能形成转移灶。临床称其肋间-椎静脉系转移,解剖见图 13-3。

三、淋巴引流

乳房皮下或乳头淋巴管丛通过体表淋巴管回流。乳晕下丛接收乳头乳晕淋巴管,并通过垂直淋巴管与

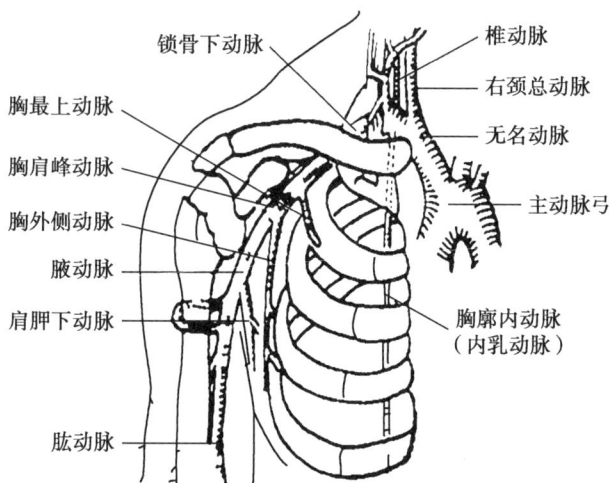

图 13-2　正常乳腺血液供应图

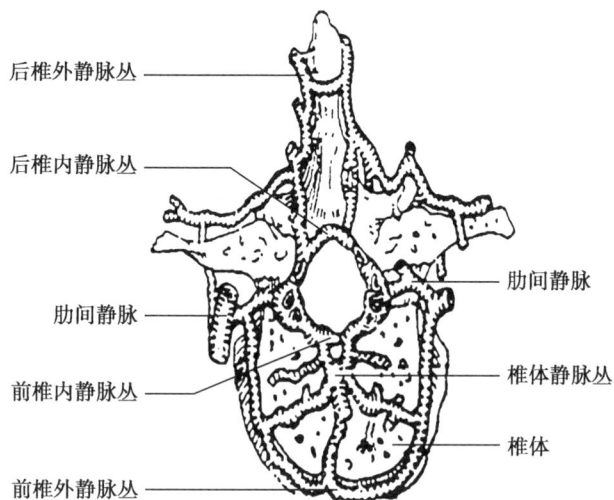

图 13-3　乳腺肋间-椎静脉系统

其他皮下和真皮淋巴管连接。从表面到深丛,从经输乳管的乳晕下丛到小叶间和深皮下丛,淋巴液单向流动。导管周围淋巴管恰好位于管壁肌上皮层,从深皮下到乳房内淋巴管离心流向腋窝和内乳淋巴结。据统计,乳房的淋巴液大约3%回流到内乳淋巴链,而97%回流到腋窝淋巴结。前哨淋巴结研究使我们对淋巴解剖和淋巴回流生理有了新的认识,皮肤和腺

体的淋巴回流到同一腋窝淋巴结,也是乳房淋巴回流最主要的汇聚地,深部腺体或乳房后的淋巴结回流到内乳淋巴结。乳晕下丛淋巴回流 90% 为单个管道越过或侧向通过乳晕旁,止于腋窝前哨淋巴结,75% 第二条淋巴管道经过乳晕,没有进入内乳淋巴链。

(一)腋窝淋巴结

1. 分群

(1)尖群或锁骨下淋巴结位于内侧至胸小肌。

(2)腋群沿腋静脉分布于胸小肌与胸外侧静脉腋窝段之间。

(3)胸肌间(Rotter)淋巴结沿胸外侧神经分布于胸大小肌之间。

(4)肩胛群包括沿肩胛下血管分布的淋巴结。

(5)中央群位于胸大肌外缘后方和胸小肌下方。

2. 分组

通常以胸小肌为标记,将腋窝淋巴结分为三组。

(1)位于胸小肌下缘以下的淋巴结为第一组(水平Ⅰ)。

(2)在胸小肌上、下缘之间的为第二组(水平Ⅱ)。

(3)胸小肌上缘上方的淋巴结为第三组(水平Ⅲ),也即通常所指的腋顶或锁骨下淋巴结,锁骨下淋巴结位置在锁骨中段下方,皮下 1~1.5cm 处。

(二)内乳淋巴结

位于胸骨旁肋间隙,淋巴结位于胸膜外脂肪层内乳动静脉周围,以第 1~3 肋间隙多见,第一、第二肋间隙出现的概率分别为 88%、76%,第三肋间隙为 79%,乳腺的淋巴引流途径见图 13-4。内乳淋巴结被同一平面的横向肌薄层从胸膜分开。淋巴结在乳房血管从内到外分布。淋巴回流途径被阻塞时,此时可供选择的通路就变得十分重要。这些通路包括深部的、胸骨下的、对侧内乳淋巴链;浅部的交通支、肋间横向支和纵隔回流系统回流;通过腹直肌鞘到达膈下和腹膜下丛,最后一条路线使肿瘤直接播散到肝和腹膜后淋巴结。

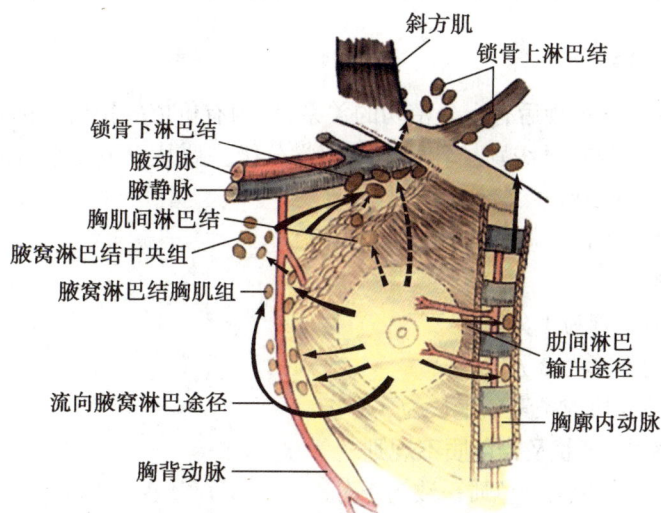

图 13-4　乳腺淋巴结回流系统

第二节 病理学分类、组织学分级

一、病理学分类

乳腺癌病理组织形态较为复杂,类型众多,而且往往在同一块癌组织中,甚至同一张切片内可有两种以上类型同时存在。每种类型乳腺癌综合治疗方法及预后不同,临床制订治疗方案亦需结合病理类型及组织学分级。目前国内多采用以下病理分型:

(一)非浸润性癌

1. 乳腺导管原位癌(癌细胞未突破导管壁基底膜)

2. 小叶原位癌(癌细胞未突破末梢乳管或腺泡基底膜)

3. 导管内乳头状瘤

4. 湿疹样癌 此型属早期,预后较好。

(二)早期浸润性癌

1. 早期浸润性导管癌(癌细胞突破管壁基底膜,开始向间质浸润)

2. 早期浸润性小叶癌(癌细胞突破末梢乳管或腺泡基底膜,开始向间质浸润,但仍局限于小叶内)(早期浸润是指癌的浸润成分小于10%),此型仍属早期,预后较好。

(三)浸润性癌

1. 浸润性特殊癌 乳头状癌、髓样癌(伴大量淋巴细胞浸润)、小管癌(高分化腺癌)、腺样囊性癌、黏液腺癌、大汗腺癌、鳞状细胞癌等。此型分化一般较高,预后尚好。

2. 浸润性非特殊癌 包括浸润性导管癌(临床上最常见类型)、浸润性小叶癌、硬癌、髓样癌(无大量淋巴细胞浸润)、单纯癌、腺癌等。此型一般分化低,预后较上述类型差,且是乳腺癌中最常见的类型,占80%,但判断预后尚需结合疾病分期等因素。

(四)其他罕见癌

分泌型癌,富脂质癌,腺纤维瘤癌变及乳头状瘤病癌变、伴化生的癌。

二、组织学分级

乳腺癌的分化程度与预后有十分密切的关系,作为有价值的预后指标,目前认为常规的病理组织学中应包括组织学级别。乳腺癌组织学分级主要从以下3个方面进行评判:腺管分化的程度、细胞核的多形性、核分裂计数。

我国常见恶性肿瘤诊治规范的分级标准如下。

(一)腺管形成

1. 有多数明显腺管为1分。

2. 有中度分化腺管为2分。

3. 细胞呈实性片块或条索状生长为3分。

(二)细胞核大小、形状及染色质不规则

1. 细胞核大小、形状及染色质一致为1分。

2. 细胞核中度不规则为2分。

3. 细胞核明显多形性为3分。

（三）染色质增多及核分裂象（×400）

1. 1/10HPF 为 1 分。

2. 2~3/10HPF 为 2 分。

3. >3/10HPF 为 3 分。

各标准的 3 项指标所确定的分数相加,3~5 分为 I 级(高分化),6~7 分为 II 级(中分化),8~9 分为 III 级(低分化)。

第三节　乳腺癌分期及检查

临床分期包括体检、影像以及对乳腺和其他有助于乳腺癌诊断的组织病理学检查,体检包括对皮肤、乳腺腺体和淋巴结(腋窝、锁骨上和颈部)仔细的视诊和触诊。已经接受新辅助化疗、内分泌治疗、免疫治疗或放射治疗的患者的影像学和手术结果不能作为最初分期的依据。

一、临床检查

（一）体格检查

应检查两侧乳房的情况,包括有无乳头溢液、脱屑、糜烂等,乳房皮肤有无水肿或扩张的静脉。皮肤凹陷表明乳房悬韧带受侵,有临床意义。病历中应详细记录乳房内肿块的部位、大小、活动度等,还应仔细检查及记录两侧腋窝及锁骨上区淋巴结肿大情况。

（二）实验室检查

除了血常规,肝、肾功能以及肿瘤学指标检查外,对晚期患者应做血钙测定。

（三）X 线检查

X 线检查包括双侧乳腺钼靶摄片。

（四）其他检查

其他检查包括 B 超、CT、MRI、骨同位素扫描,有条件者 PET/CT 检查。

（五）病理学或细胞学检查

乳腺癌的最后诊断有赖于组织学证实。常用的方法有肿块细针抽吸活检细胞学检查或切除活检做病理学检查。近年来普遍采用空心针穿刺活检,其优点是可取得条状组织快,获得组织学诊断。文献报道它对患者的长期生存率无影响。

二、AJCC 乳腺癌 TNM 分期（2018 第 8 版）分期标准（表 13-1）

（一）原发肿瘤的分期

原发肿瘤的分期定义,不管是临床还是病理都是一样的。如果肿瘤的大小由体检得到的,可用 T_1、T_2 或 T_3 来表示。如果是由其他测量方法,如乳腺 X 线摄片或病理学测量得到的,可用 T_1 的亚分类。肿瘤大小应精确到 0.1cm。

T_x:原发肿瘤无法评估。

T_0:无原发肿瘤证据。

T_{is}:原位癌。

表 13-1　临床分期标准

0 期	$T_{is}N_0M_0$	ⅢA 期	$T_0N_2M_0$
ⅠA 期	$T_1N_0M_0$		$T_1N_2M_0$
ⅠB 期	$T_0N_{1mi}M_0$		$T_2N_2M_0$
			$T_3N_1M_0$
	$T_1N_{1mi}M_0$		$T_3N_2M_0$
ⅡA 期	$T_0N_1M_0$	ⅢB 期	$T_4N_0M_0$
	$T_1N_1M_0$		$T_4N_1M_0$
	$T_2N_0M_0$		$T_4N_2M_0$
ⅡB 期	$T_2N_1M_0$	ⅢC 期	任何 T N_3 M_0
	$T_3N_0M_0$	Ⅳ期	任何 T　任何 N M_1

T_{is}（DCIS）:导管原位癌;

T_{is}（Paget）:乳头 Paget 病,乳腺实质中无浸润癌和/或原位癌。伴有 Paget 病的乳腺实质肿瘤应根据实质病变的大小和特征进行分期,并对 Paget 病加以注明。

T_1:肿瘤最大直径≤2cm。

T_{1mi}:微小浸润癌,最大径≤0.1cm;

T_{1a}:肿瘤最大径>0.1cm,但≤0.5cm;

T_{1b}:肿瘤最大径>0.5cm,但≤1cm;

T_{1c}:肿瘤最大径>1cm,但≤2cm。

T_2:肿瘤最大径>2cm,但≤5cm。

T_3:肿瘤最大径>5cm。

T_4:无论肿瘤大小,侵及胸壁或皮肤(溃疡或者卫星结节形成)。

T_{4a}:侵及胸壁,单纯的胸肌受累不在此列;

T_{4b}:没有达到炎性乳腺癌诊断标准的皮肤的溃疡和/或卫星结节和/或水肿(包括橘皮样变);

T_{4c}:同时包括 T_{4a} 和 T_{4b};

T_{4d}:炎性乳腺癌。

（二）区域淋巴结（N）

cN_x:区域淋巴结不能确定(例如曾经切除)。

cN_0:区域淋巴结无转移(影像学检查或临床体检)。

cN_1:同侧腋窝(Ⅰ、Ⅱ组)淋巴结转移,可活动

cN_{1mi}:(最大直径>0.2mm,或单个淋巴结单张组织切片中肿瘤细胞数量大约 200 个,但最大直径≤2mm)。

cN_2:同侧腋窝淋巴结转移,固定或相互融合或缺乏同侧腋窝淋巴结转移的临床证据,但临床上发现有同侧内乳淋巴结转移。

cN_{2a}:同侧腋窝淋巴结转移,固定或相互融合;

cN_{2b}:缺乏同侧腋窝淋巴结转移的临床证据,但临床上发现 * 有同侧内乳淋巴结转移。

cN_3:同侧锁骨下（Ⅲ组）淋巴结转移伴或不伴有腋窝（Ⅰ、Ⅱ组）淋巴结转移;或临床上发现 * 同侧内乳淋巴结转移和腋窝（Ⅰ、Ⅱ组）淋巴结转移的临床证据;或同侧锁骨上淋巴结转移伴或不伴腋窝或内乳淋巴结转移。

N_{3a}:同侧锁骨下淋巴结转移;

N_{3b}:同侧内乳淋巴结及腋窝淋巴结转移;

N_{3c}:同侧锁骨上淋巴结转移。

注:"临床上发现 *"指影像学检查或临床体检异常。

(三) 病理学分期(pN)

pN_x:区域淋巴结无法评估(先行切除或未切除)。

pN_0:无区域淋巴结转移证据或者只有孤立的肿瘤细胞群(ITCs)。

$pN_0(i+)$:区域淋巴结中可见孤立的肿瘤细胞群(ITCs≤0.2mm);

$pN_0(mol+)$:无 ITCs,但 PCR 阳性(RT-PCR)。

pN_1:微转移;或转移到 1~3 个腋窝淋巴结;和/或临床分期阴性的内乳淋巴结在前哨淋巴结活检中发现微转移或宏转移。

pN_{1mi}:(最大直径>0.2mm,或单个淋巴结单张组织切片中肿瘤细胞数量超过 200 个,但最大直径≤2mm);

pN_{1a}:1~3 枚腋窝淋巴结转移,至少 1 处转移灶>2mm;

pN_{1b}:同侧内乳淋巴结在前哨淋巴结活检中发现微转移或宏转移,不包括孤立的肿瘤细胞;

pN_{1c}:$pN_{1a}+pN_{1b}$。

pN_2:4~9 个患侧腋窝淋巴结转移;或临床上发现患侧内乳淋巴结转移而无腋窝淋巴结转移。

pN_{2a}:4~9 个患侧腋窝淋巴结转移,至少 1 处转移灶>2mm;

pN_{2b}:有临床转移征象的同侧内乳淋巴结转移,但无腋窝淋巴结转移;

pN_3:10 个或 10 个以上患侧腋窝淋巴结转移;或锁骨下淋巴结转移;或临床表现有患侧内乳淋巴结转移伴 1 个以上腋窝淋巴结转移;或 3 个以上腋窝淋巴结转移伴无临床表现的镜下内乳淋巴结转移;或锁骨上淋巴结转移。

pN_{3a}:10 个或 10 个以上同侧腋窝淋巴结转移(至少 1 处转移灶>2mm)或锁骨下淋巴结(Ⅲ区腋窝淋巴结)转移;

pN_{3b}:有临床征象的同侧内乳淋巴结转移,并伴 1 个以上腋窝淋巴结转移;或 3 个以上腋窝淋巴结转移,通过前哨淋巴结活检发现内乳淋巴结转移,但无临床征象;

pN_{3c}:同侧锁骨上淋巴结转移。

注:(1)"临床上发现 *"指影像学检查(淋巴结闪烁扫描除外)或临床体检异常。

(2)区域淋巴结只有游离的肿瘤细胞(ITC)属 pN_0;ITC 是指单个的肿瘤细胞或小的细胞簇(最大直径不超过 0.2mm),通常由免疫组化或分子生物学方法检测到,但也可通过 HE 染色观察证实。ITC 通常不表现典型的肿瘤转移活性(如增殖或间质反应)。

(3)无临床表现是指体格检查或影像学检查不能检测出(除外放射性核素淋巴结显像);临床表现是指体格检查或影像学检查可检测出(除外放射性核素淋巴结显像)或肉眼检

查可见。

（四）远处转移（M）

M_x：远处转移无法评估。

M_0：无临床或者影像学证据。

$cM_0(i+)$：无临床或者影像学证据，但是存在通过外周血分子检测，骨髓穿刺，或非区域淋巴结区软组织发现≤0.2mm 的转移灶，无转移症状或体征。

M_1：临床有转移征象，并且组织学证实转移灶>0.2mm。

第四节　放射治疗模式

一、根治性放疗

根治性放疗指给予肿瘤根治剂量，以达到全部永久消灭恶性原发肿瘤和转移灶的目的。在乳腺癌治疗中根治性放疗主要应用于以下情况：

1. 早期乳腺癌的单纯根治性放疗。

2. 早期乳腺癌保乳术后放射治疗。

3. 初治治疗未放疗的单纯局部复发乳腺癌。

二、放疗与手术的综合应用

（一）术前放疗

1. 术前放疗原则

（1）应用于单纯手术局部复发率高或肿瘤部位对扩大切除有限制的肿瘤，如局部晚期和炎性乳腺癌。

（2）射野应大于手术切除范围，包括可能存在的亚临床病灶。

（3）照射剂量应恰当，以不影响手术进行和术后愈合为前提，一般常规分割，照射剂量为 45Gy。

（4）放疗后手术间隔依据照射剂量分割方式，一般不宜低于 2 周，也不宜超过 5 周。

（5）合理选择放射源。

2. 术前放疗优点

（1）放疗使肿瘤细胞活性降低，减少医源性播散。

（2）缩小瘤体和消灭亚临床病灶，提高局部控制率。

（3）肿瘤血供未被破坏，利于放疗效应的发挥。

（4）对术前局部分期较晚、估计切除困难的肿瘤，术前放疗可提高切除率。

（5）便于观察放疗效果。

3. 术前放疗缺点

（1）不利于组织学检查。

（2）延迟切口愈合。

（3）病例选择不适当，可能因肿瘤放疗不敏感而延误手术。

（二）术后放疗

1. 术后放疗原则

（1）手术与放疗间隔的时间不宜过长，保乳术后不超过 12 周，根治术后不超过 24 周。

（2）术中对术后放疗必要性做出估计，以便为术后放疗做准备，如术中标记银夹。

（3）严格掌握放疗靶区的范围、照射剂量及剂量分割，尽量减少放射并发症的发生。

2. 术后放疗优点　定位准确，放疗指征相对明确。

3. 术后放疗缺点　手术所致局部区域血供差、氧效应低及短期内无法判断疗效。

（三）术中放疗

术中放疗是近年来研究较为活跃的课题之一。目的在于避免或减少放疗对周围正常组织的辐射损伤，提高局部控制率，技术问题及远期效果尚待深入研究。

三、姑息性放疗

姑息性放疗指对已无治愈希望或治愈希望很小的恶性肿瘤原发灶和/或转移灶给予限量放疗的方法，以延缓肿瘤生长和/或改善因肿瘤引起的症状（如骨转移引起的疼痛）。姑息性放疗在晚期乳腺癌的治疗中有着相当重要的地位。

第五节　乳腺癌根治术或改良根治术后放射治疗

术后放射治疗的目的是降低局部复发率（local relapse rate，LRR），提高总生存率（overall survival，OS）。循证医学的 I 类证据表明：在全身化疗的基础上，乳腺癌根治术后放射治疗可以降低乳腺癌患者 2/3 的局部复发率，并且 LRR 每降低 20%，15 年 OS 提高 5%。术后放射治疗是复发高危患者必要和主要的治疗手段之一。

一、术后放疗适应证

1. 原发肿瘤为 T_3 或 T_4。

2. 腋窝淋巴结阳性数≥4 个。

3. 腋窝淋巴结阳性数 1~3 个的 T_1/T_2 患者。

包含以下某一项高危复发因素：年龄≤40 岁、肿瘤>3cm、激素受体阴性、肿瘤淋巴结清扫数目<10 个或转移比例大于 20%、Her-2/neu 过表达，也应考虑术后放射治疗。

二、放疗时机选择

先化后放，或先放后化，还是化-放-化，这种顺序上的差别对于生存或复发的影响并不大，但总的原则是如果局部复发为主要危险时建议先放疗，远处转移为主要危险时建议先化疗，当局部复发和远处转移都为主要危险时可采用放疗和化疗同步。

三、放疗靶区或范围

（一）胸壁

多个研究证实胸壁是乳腺癌局部复发的最常见部位，一般而言，只要患者需要术后放疗就应该照射胸壁。最近的数个临床试验均发现胸壁照射可以明显提高患者生存。随着三维适形放疗、调强放疗技术的应用,肺和心脏能得到更好的保护,胸壁照射的生存优势可能会进一步显现。

(二) 锁骨上淋巴结区

是仅次于胸壁的常见复发部位。文献报道5%~10%的患者首次治疗失败部位是锁骨上淋巴结区,15%~20%的患者最终会出现锁骨上淋巴结转移,术后放疗可以明显降低复发率。其转移率与腋窝淋巴结转移的程度明显相关。

(三) 腋窝

腋窝清扫术后的腋窝复发率只有1%左右,多项研究发现即使腋窝淋巴结有包膜外侵犯,术后腋窝复发率也没有明显上升,而腋窝照射会导致同侧上肢水肿,皮肤感觉异常及上肢乏力等并发症增多,故目前对根治术后患者只有两种情况下考虑腋窝照射:未行腋窝清扫手术及腋窝淋巴结较大或融合成团伴有包膜外侵犯。

(四) 内乳淋巴结

尽管内乳淋巴结病理受侵率比较高,但临床复发比较少见,文献报道内乳淋巴结临床复发率为0~7%。目前认为大部分患者不需行内乳预防性照射,只有当病变位于中央区且>3cm或腋窝淋巴结多发转移并包膜外侵犯时可考虑内乳区放疗。

四、放疗技术

乳腺癌术后放疗时应使用专用的乳腺托架,固定患者于舒适的体位,经过适当的调节使胸廓走行与射野平行,尽量减少肺受照射的体积。应在X线模拟机或CT模拟机下定位。

(一) 胸壁野

1. 上界　不做锁骨上野照射时,设在锁骨头下缘水平。做锁骨上野照射时,设在第2前肋水平。
2. 下界　乳房皱襞下1.5~2cm。
3. 外界　腋中线或腋后线。
4. 内界　体中线。

设胸壁野时应注意充分包及手术瘢痕(瘢痕外放1~2cm)。若瘢痕超出上述边界较长,可将超出范围的瘢痕单设一小野用电子线照射以减少不必要照射。

选用^{60}Co或4~6MV X线切线照射,并可与适当能量的电子线垂直野按一定比例混合照射,为了提高胸壁皮肤剂量可加用适当厚度填充物。切线野内包及肺组织的厚度不宜超过2~3cm。

(二) 锁骨上野/腋顶野

1. 上界　环状软骨水平。
2. 下界　第2前肋(与胸壁野上界相接);不设胸壁野时下界放在第1前肋。
3. 外界　肱骨头内侧。
4. 内界　体中线健侧1cm(头偏向健侧)。

用^{60}Co或4~6MV X线与12MeV电子线混合垂直照射,剂量计算参考点深度为3cm。

(三) 内乳野

1. 上、下界　包括 1~3 肋间(少数病例需包括第四肋间,个别特殊病例包括第 5 肋间)。
2. 外界　体中线患侧 5~6cm。
3. 内界　体中线(电子线照射时过体中线向健侧 1cm)。

用 ^{60}Co 或 4~6MV X 线与 12MeV 电子线混合垂直照射。若病灶接近中线或胸廓较窄的患者,单独设内乳野有困难,可将内乳野并入胸壁切线野,此时内切野的位置应设在体中线健侧 3cm 处,剂量参考点深度按 3cm 计算。

第六节　早期乳腺癌保乳术后放射治疗

目前保乳手术在国内外已经成为早期乳腺癌的首选术式,占所有乳腺癌手术的 50% 以上。众多大型Ⅲ期临床试验证实保乳术加术后放疗的生存率和肿瘤局部控制率与根治术相近。原则上所有保乳手术后的患者均需要放射治疗,可选择常规放射治疗或适形调强放射治疗。70 岁以上、TNM 分期为Ⅰ期、激素受体阳性的患者可以考虑选择单纯内分泌治疗。

一、适应证

1. 乳腺单发病灶,最大径 ≤3cm。
2. 乳腺与肿瘤相比有足够大小,术后乳房外形无明显改变。
3. 乳房肿瘤位于乳晕区以外的部位。
4. 腋窝无肿大淋巴结或有单个可活动的肿大淋巴结。
5. 无胶原血管病病史。
6. 患者愿意行保乳术。

二、照射靶区放疗靶区

1. 腋窝淋巴结清扫或前哨淋巴结活检阴性,或腋窝淋巴结转移 1~3 个但腋窝清扫彻底(腋窝淋巴结检出数 ≥10 个),且不含有其他复发的高危因素的患者,照射靶区为患侧乳腺。
2. 腋窝淋巴结转移 ≥4 个,照射靶区需包括患侧乳腺、锁骨上/下淋巴引流区。
3. 腋窝淋巴结转移 1~3 个但含有其他高危复发因素,如年龄 ≤40 岁、肿瘤>3cm、激素受体阴性、淋巴结清扫数目<10 个或转移比例大于 20%、Her-2/neu 过表达等,照射靶区需包括患侧乳腺,和/或锁骨上/下淋巴引流区。
4. 腋窝未作解剖或前哨淋巴结阳性而未做腋窝淋巴结清扫者,照射靶区需包括患侧乳房、腋窝和锁骨上/下区域。

三、放射治疗靶区设计及剂量

(一) 常规放射治疗乳腺/胸壁野

采用内切野和外切野照射全乳腺。

1. 上界　锁骨头下缘,即第一肋骨下缘。

2. 下界 乳腺皮肤皱褶下 1.5~2cm。

3. 外界 腋中线或腋后线。

4. 内界 体中线。

照射剂量:6MV X 线,全乳 D_T 50Gy/5 周/25 次,不加填充物或组织补偿物,原发灶瘤床补量。

原发灶瘤床补量:在模拟机下根据术中银夹标记定位或手术瘢痕周围外放 2~3cm,用合适能量的电子线或 X 线小切线野。

补量总剂量:D_T 10~16Gy/1~1.5 周/5~8 次。也可采用高剂量率近距离治疗技术进行瘤床补量。

(二)常规放射治疗锁骨上/腋顶野

1. 上界 环甲膜水平。

2. 下界 与乳腺/胸壁野上界相接,即第一肋骨下缘水平。

3. 外界 肱骨头内缘。

4. 内界 体中线至胸骨切迹水平沿胸锁乳突肌的内缘。

照射剂量:D_T 50Gy/5 周/25 次,可应用电子线和 X 线混合线照射,以减少肺尖的照射剂量,并与乳腺切线野衔接。

(三)调强适形放射治疗

需在 CT 图像上逐层勾画靶区和危及器官,以减少乳腺内照射剂量梯度,提高剂量均匀性,改善美容效果;降低正常组织如肺、心血管和对侧乳腺的照射剂量,降低近期和远期毒副作用。采用正向或逆向调强放射治疗计划设计(仍以内切野和外切野为主)。年轻、乳腺大的患者可能受益更大。CT 扫描前要用铅丝标记全乳腺和手术瘢痕,以辅助 CT 确定全乳腺照射和瘤床补量的靶区。

第七节 复发和转移乳腺癌放射治疗

乳腺癌保乳术后的局部复发,通常需行根治术或改良根治术切除乳腺,但也有学者认为如乳腺内较小的浸润性癌复发或导管原位癌复发可以考虑再次行保乳手术,但需面对较大的二次复发风险,一般认为保乳术后复发第二次术后乳腺照射是没有必要的。根治术后胸壁复发最好的治疗方法是争取局部肿块切除术加术后放疗,术后放疗范围包括全胸壁和锁骨上淋巴结区域。先用切线野照射全胸壁 50Gy,如果病变已经完全切除,瘤床局部缩野加量至 60Gy;如果仍有残留病变,放疗总剂量应为 65~70Gy。

转移性乳腺癌的治疗以全身治疗为主,放疗应用于姑息减症,最常见的转移部位为骨转移,欧洲多采用大分割照射,认为可以取得与常规照射近似的姑息效果,如 20Gy/5 次方案和 30Gy/10 次方案。即使出现远处转移,通过有效的化疗和内分泌治疗,乳腺癌患者仍有较长的生存期,故对于乳腺癌骨转移仍尽可能地提高照射剂量,一般采用 40Gy/20 次方案。脑转移也较常见,对于多发性脑转移,建议采用 30Gy/10 次方案;但对于单发性脑转移,可采用高姑息性治疗,建议采用照射剂量不低于 40Gy,有条件者推荐做立体定向放疗。

第八节 常见并发症的防治和处理

乳腺癌术后常见并发症有上肢或乳房水肿、放射性肺炎、心脏损伤、肋骨骨折、皮肤损伤、乳腺（胸壁）纤维化等。

一、上肢水肿

行腋窝淋巴结清扫术的患者，腋窝放疗时同侧上肢水肿的发生率约为 36%，不放疗者仅为 12%，故应严格掌握腋窝放疗适应证。照射中和照射后加强上肢功能锻炼。必要时给予利尿剂、糖皮质激素脱水消肿治疗。

二、放射性肺炎

放射性肺炎的发生一般在治疗后的 1~3 个月。放射性肺炎可以发生在化疗后进行放疗的患者，也可以发生在放射治疗中或放射治疗即将结束的时候。由于化疗的应用而诱发放射性肺炎的发生，临床上称为"回忆效应"，实际上是化疗和放疗共同造成肺损伤的表现。有 5%~15% 患者出现放射性肺炎的临床表现。其严重程度取决于肺受照射的体积和剂量。在行切线野照射时受照射肺组织以 2~3cm 厚为宜。对有明显症状的放射性肺炎的临床治疗包括吸氧、祛痰、支气管扩张剂以及肾上腺皮质激素的应用。但激素不能预防放射性肺炎的发生。对合并感染者可酌情应用抗生素。

三、心脏损害

可以引起心律失常、心包积液、心包炎等心脏病的发生。在化疗后及左乳腺（胸壁）和内乳野照射更易引起。研究显示行内乳野照射较未照射者心血管并发症死亡风险上升 2.3 倍，因此，使用内乳野应慎重。照射内乳野时只照射同侧 1~3 肋间，以使心脏照射体积减小。放射性心脏损伤主要表现为胸闷、气急、心率快，严重者出现心力衰竭的症状。心电图有低电压的表现。治疗方面可给利尿、激素、解毒。治疗无效时可做心包穿刺引流。

四、肋骨骨折

发生在乳腺或胸壁照射后，多在照射数年后出现，发生率为 2%~5%，多发生在相邻两野邻接处的剂量重叠区如锁骨上和腋窝野与乳腺切线野的邻接，可通过改进照射技术来避免。一般无症状，无骨痂形成则无需处理。

五、皮肤损伤

在照射中可出现皮肤损伤尤其在胸壁、腋窝皮肤皱褶区常见。表现为红斑、干性脱皮、湿性脱皮甚至溃疡。晚期可出现皮肤色素沉着和皮肤纤维化。照射野皮肤应保持局部干燥、清洁，避免理化刺激，可用射线防护喷剂喷涂，三乙醇胺乳膏涂抹，忌用热水、膏药、胶布、酒精等。

第十四章 恶性淋巴瘤

第一节 总 论

恶性淋巴瘤是指由 B 淋巴细胞、T 淋巴细胞或自然杀伤细胞（natural killer cell，NK）异常克隆增殖引起的一组淋巴系统疾病，归属于淋巴血液肿瘤。恶性淋巴瘤根据病理类型可分为霍奇金淋巴瘤（Hodgkin's lymphoma，HL）和非霍奇金淋巴瘤（non-Hodgkin's lymphoma，NHL），而根据原发部位又可分为结内淋巴瘤和结外淋巴瘤。结内淋巴瘤的病理类型包括 HL 和 NHL，但结外淋巴瘤则以 NHL 为主。NHL 是一种异质性很强的疾病，分为 T 细胞淋巴瘤和 B 细胞淋巴瘤两类，包括一百多种病理类型。每一种病理类型都有其独特的临床病理特征和预后，治疗原则也大不相同。即使是同一病理类型，原发部位也不同，临床表现和预后也不同。

近几十年来，恶性淋巴瘤的研究取得了重要进展。分子生物学和免疫学的进步创造了新的淋巴瘤组织病理学类型，加深了对此类疾病的理解，治疗手段的发展尤其是放射治疗技术的进步改变了淋巴瘤的治疗原则。放疗作为恶性淋巴瘤的传统治疗方法之一，适应证较广，对于某些类型淋巴瘤甚至是唯一的根治性手段。现如今，调强放射治疗（intensity modulated radiation therapy，IMRT）、图像引导放射治疗（image guided radiation therapy，IGRT）等放疗新技术也越来越多地应用于淋巴瘤的治疗。

一、流行病学

淋巴瘤是全球第八大常见癌症。NHL 的发病率至少是 HL 的五倍。2023 年，在美国估计有 89 380 人被诊断为淋巴瘤，约有 21 080 人死于该疾病。其中，估计有 8 830 例 HL 新发病例和 900 例 HL 死亡病例，估计有 80 550 例 NHL 新发病例和 20 180 例 NHL 死亡病例。在中国，2022 年估计有 6 984 例 HL 和 97 788 例 NHL 新发病例，估计有 2 948 例 HL 和 57 929 例 NHL 死亡病例。HL 和 NHL 的男性发病率均高于女性。HL 和 NHL 的发病率在发达国家中最高，年龄调整后的发病率随着年龄的增长而上升。HL 的发病高峰在 65 岁以上，但最常见的发病年龄为 20~34 岁。NHL 的发病率高峰也在 65 岁以上，几乎一半的患者在诊断时年龄在 65~84 岁之间。

传染性疾病是淋巴瘤最常见和公认的危险因素。EB 病毒（Epstein-Barr virus，EBV）可能是 HL 的病因之一，在 HL 患者的血清中可检测到针对 EBV 抗原的抗体水平升高，在

Reed-Sternberg 细胞中可检测到 EBV 基因组。基于 Burkitt 淋巴瘤细胞中存在 EBV DNA 以及克隆性 EBV 的高检出率,EBV 和 Burkitt 淋巴瘤之间的因果关系可能更加明确。EBV 也与中枢神经系统(central nervous system,CNS)淋巴瘤有关。幽门螺杆菌是引起黏膜相关淋巴组织(mucosa-associated lymphoid tissue,MALT)淋巴瘤的原因之一,而人 T 细胞白血病病毒 1 型(human T-cell leukemia virus type 1,HTLV-1)感染可引起成人 T 细胞淋巴瘤/白血病。

虽然大多数淋巴瘤的直接病因尚不清楚,但在许多淋巴瘤中可以发现特征性遗传易位,如滤泡性淋巴瘤 t(14;18)(q32;q21)、Burkitt 淋巴瘤 t(8;14)、套细胞淋巴瘤 t(11;14)和 MALT 淋巴瘤 t(11;18)。例如,t(14;18)重排通过将 18 号染色体上的 *Bcl-2* 基因转位到 14 号染色体上的重链免疫球蛋白 Ig 基因旁,导致 *Bcl-2* 癌基因表达失控。类似地,t(11;14)重排使 *Bcl-1* 癌基因易位,t(8;14)重排使 *c-myc* 癌基因在相同的重链 Ig 位点处易位。t(11;18)(q21;q21)易位产生融合产物 c-IAP2/MALT1,激活 NF-κB 转录通路,导致恶性转化。

二、组织病理学分类

随着对淋巴增生性疾病生物学了解的增加,对该类疾病的分类也在不断演变。世界卫生组织在 2022 年造血和淋巴组织肿瘤分类修订版中确认了 B 细胞和 T 细胞/NK 细胞肿瘤以及 HL 的分类。

(一) 霍奇金淋巴瘤

过去 40 年间进行的生物学和临床研究表明,霍奇金淋巴瘤可分为两种类型:结节性淋巴细胞为主型霍奇金淋巴瘤(nodular lymphocyte predominance Hodgkin's lymphoma,NLPHL)和经典霍奇金淋巴瘤(classical Hodgkin's lymphoma,CHL)。与 HL 相关的组织学表现为 Reed-Sternberg(RS)细胞,该细胞体积巨大,具有丰富的轻度嗜碱性细胞质和至少两个核叶或核,呈现猫头鹰眼的外观。RS 细胞只占肿瘤浸润细胞的少数,比例在 1%~10% 之间,混合在丰富的炎症细胞背景中。单细胞聚合酶链式反应(polymerase chain reaction,PCR)分析显示 HL 包含一些可能来源于生发中心的 B 细胞单克隆群体。对于初始诊断疑似淋巴瘤的患者,建议进行切除活检,并可通过细胞表面标志物的免疫表型进行诊断。RS 细胞的典型表型是 CD15+、CD30+ 和 CD45–。

CHL 可进一步分为特定的亚型,其中结节硬化型是西方人群中最常见的亚型(表 14-1)。NLPHL 与 CHL 有着不同的病理和临床特征。NLPHL 中的肿瘤细胞被称为淋巴细胞为主型细胞,或基于其细胞核通常折叠或多叶的特征性外观被称为"爆米花细胞"。免疫表型是区分 HL 亚型的关键。

表 14-1 经典霍奇金淋巴瘤亚型

经典霍奇金淋巴瘤亚型	经典霍奇金淋巴瘤亚型
经典型霍奇金淋巴瘤 　结节硬化型 　混合细胞型 　富于淋巴细胞型 　淋巴细胞减少型	结节性淋巴细胞为主型霍奇金淋巴瘤

（二）非霍奇金淋巴瘤

非霍奇金淋巴瘤是一组具有生物学和临床特征异质性的淋巴增生性疾病。每种淋巴瘤亚型都代表了特定淋巴细胞谱系或亚谱系的克隆扩增，例如来源于 B 细胞、T 细胞、NK 细胞或罕见的组织细胞/树突状细胞等。每种淋巴瘤亚型的自然史、预后和治疗方法取决于其特定的淋巴瘤亚型和临床分期，因此病理诊断和准确分期是实现最佳治疗的关键。

第 5 版 WHO 造血和淋巴组织肿瘤分类极大地完善了 NHL 的 REAL 分类，通过整合形态学、免疫表型、分子遗传学和临床特征来定义各个分类。NHL 分为前体细胞和成熟 B 或 T/NK 细胞型（表 14-2）。在西方国家，90% 以上的 NHL 是成熟 B 细胞来源，弥漫大 B 细胞

表 14-2　非霍奇金淋巴瘤分类

B 细胞淋巴瘤	T/NK 细胞淋巴瘤
前体 B 细胞	**前体 T 细胞**
● B 淋巴母细胞淋巴瘤/白血病	● T 淋巴母细胞淋巴瘤/白血病
成熟 B 细胞肿瘤	**成熟 T 细胞肿瘤**
高度侵袭性淋巴瘤	侵袭性淋巴瘤
● Burkitt 淋巴瘤/急性 B 细胞白血病	● T 细胞幼淋巴细胞白血病
侵袭性淋巴瘤	● 侵袭性 NK 细胞白血病
● 弥漫大 B 细胞淋巴瘤（DLBCL）	● 外周 T 细胞淋巴瘤，NOS
● 中枢神经系统原发性 DLBCL	● 血管免疫母细胞性 T 细胞淋巴瘤
● 原发性皮肤 DLBCL，腿部型	● 间变性大细胞淋巴瘤，ALK+
● 老年人 EBV 阳性 DLBCL	● 间变性大细胞淋巴瘤，ALK–
● 原发性纵隔大 B 细胞淋巴瘤	● 结外 NK/T 细胞淋巴瘤，鼻型
● 血管内大 B 细胞淋巴瘤	● 肠病型 T 细胞淋巴瘤
● 淋巴瘤样肉芽肿病	● 肝脾 T 细胞淋巴瘤
● ALK 阳性大 B 细胞淋巴瘤	● 皮下脂膜炎样 T 细胞淋巴瘤
● 浆母细胞性淋巴瘤	● 成人 T 细胞淋巴瘤/白血病
● HHV-8 相关的多中心 Castleman 病	● 原发性皮肤 T 细胞淋巴瘤
● 原发性渗出性淋巴瘤	
交界型	
● B 细胞淋巴瘤，特征不明确，在 DLBCL 和 Burkitt 淋巴瘤之间	
● 套细胞淋巴瘤	
惰性 B 细胞淋巴瘤	**惰性 T 细胞淋巴瘤**
● 滤泡性淋巴瘤	● T 细胞大颗粒细胞白血病
● 原发性皮肤滤泡中心淋巴瘤	● NK 细胞慢性淋巴增生性疾病
● 结外黏膜相关淋巴组织边缘区淋巴瘤（MALT）	● 蕈样肉芽肿
● 淋巴结边缘区淋巴瘤	● Sezary 综合征
● 脾边缘区淋巴瘤	● 原发性皮肤 CD30+T 细胞淋巴增生性疾病
● 脾 B 细胞淋巴瘤/白血病，无法分类	● 原发性皮肤 CD4+小/中型 T 细胞淋巴瘤
● 淋巴浆细胞性淋巴瘤重链病	
● 浆细胞肿瘤	
● CLL/SLL	
● B 细胞前淋巴细胞性白血病	
● 毛细胞白血病	

淋巴瘤（diffuse large B-cell lymphoma，DLBCL）和滤泡性淋巴瘤是最常见的亚型。NHL 的发病率在亚洲人群中较低，其中 T 细胞肿瘤较为常见。基于临床目的，NHL 通常分为惰性和侵袭性两类。局限性惰性淋巴瘤可能通过局部放疗治愈，但晚期惰性淋巴瘤通常无法通过传统治疗手段达到治愈，并且往往具有反复复发和进展的慢性病程。惰性 NHL 的中位生存期通常为 8~10 年，但也常常超过 15~20 年。侵袭性淋巴瘤有可能通过联合方案化疗达到治愈。与惰性淋巴瘤相比，侵袭性淋巴瘤通常起病更急、进展更快。

三、分期和风险分层

分期检查包括细致的淋巴结及肿大器官的体格检查，以及颈部、胸部、腹部和盆腔的计算机断层扫描（computed tomography，CT），用以确定疾病的解剖范围。常规进行骨髓穿刺和活检，但如果正电子发射断层成像（positron emission tomography，PET）显示骨髓活性均质，则可以不做骨髓检查。^{18}F-FDG PET 扫描，无论其是否联合 CT 扫描，都具有良好的灵敏度，在诊断、分期和评估治疗反应中具有重要价值。剖腹探查、脾切除术和双足淋巴管造影已不再常规用于诊断。

Ann Arbor 分期系统（表 14-3）通常用于描述淋巴瘤的疾病程度。根据不存在（A）或存在（B）全身症状，以及是否存在大肿块病灶（X）（直径>6.5cm 或>胸廓内横径 1/3 的结节或结节样肿块）将患者进一步分层。B 症状包括：盗汗，发热>38.0℃，6 个月内体重下降>10%。

表 14-3　Ann Arbor 分期系统

分期	定义
I	侵及单个淋巴结区域（I）或单个结外器官或部位（IE）
II	横膈同侧有两个或多个淋巴结区域受侵（II），或一个淋巴结外器官或部位受侵合并横膈同侧淋巴结区域受侵（IIE）
III	横膈膜两侧淋巴结区域受侵（III），可伴有局部淋巴结外器官或部位受侵（IIIE），或脾脏受侵（IIIS），或结外器官和脾脏受侵（IIISE）
IV	弥漫性或播散性侵及一个或多个远处结外器官，伴或不伴淋巴结受侵

四、治疗原则

侵袭性淋巴瘤的治疗，通常选择以化疗为基础的综合治疗模式；惰性淋巴瘤的治疗，则需要根据治疗指征来决定开始治疗的时机。因此，结合患者的年龄、体力状况、淋巴瘤病理类型、分期及预后因素，在规范化治疗的原则下制订个体化的诊疗方案尤为重要。

五、疗效评价

化疗后的疗效评价是预测预后的重要指标，并越来越多地被用于确定治疗策略。Deauville 评分是 PET 评估疗效的标准化方法（表 14-4）。

通常情况下，Deauville 评分 1 到 2 被认为是完全缓解（complete response，CR），Deauville 评分 3 到 4 被认为是部分缓解（partial response，PR），Deauville 评分 5 被定义为疾病进展（progressive disease，PD）。值得注意的是，在一些试验中，Deauville 评分 3 被认为是 CR。

表 14-4 Deauville 评分

Deauville 评分	
1	$SUV_{max} \leq$ 本底
2	$SUV_{max} \leq$ 纵隔血池
3	纵隔血池 $< SUV_{max} \leq$ 肝脏血池
4	SUV_{max} 略高于肝脏血池
5	SUV_{max} 远高于肝脏血池和/或出现新病灶
X	新发摄取异常,考虑与淋巴瘤无关

六、预后

与实体瘤不同,大多数情况下,临床分期不是决定淋巴瘤患者预后的最关键因素,病理类型的预后价值更重要。此外,同一病理类型还可依据多项基线数据进一步判断预后,如国际预后指数(international prognostic index,IPI)为侵袭性淋巴瘤最常用的预后评估体系。部分病理类型尚有特有的评分体系,详见相应章节。

第二节 霍奇金淋巴瘤

一、概述

霍奇金淋巴瘤(Hodgkin's lymphoma,HL)又称霍奇金病,是一种独立的淋巴瘤病理类型。HL 发病率低。2023 年美国估计新发 HL 病例数为 8 830 例,约占新诊断癌症的 0.45%,占全部恶性淋巴瘤的 10% 左右,男性发病率略高于女性,男女之比约为 1.2∶1。在发达国家,HL 的发病年龄呈双峰分布,高峰期在 25 岁左右和 60~70 岁。发展中国家 HL 发病率低于发达国家,2022 年中国估计新发 HL 病例数为 6 984 例,约占新诊断癌症的 0.14%,占全部恶性淋巴瘤的 6.7% 左右,男性发病率高于女性,男女之比约为 2∶1。中国 HL 发病年龄高峰在 20~30 岁,双峰模式不明显。

HL 病因不明,可能和 EBV 感染之间存在关联。HL 诊断性 Reed-Sternberg(RS)细胞中已经发现并分离出了 EBV DNA。有传染性单核细胞增多症病史的患者罹患 HL 的风险更高。

二、病理学特征和分型

Reed-Sternberg(RS)细胞是诊断 HL 的重要依据,尽管这些细胞仅占肿瘤内全部细胞的 1%~2%,其余背景细胞为淋巴细胞、嗜酸性粒细胞和浆细胞等。典型的 RS 细胞是典型的双核细胞,直径为 15~45μm,胞质丰富呈嗜酸性,核圆形,染色质稀少,含有大而红染的核仁,核仁边界清晰且其周围有空晕,双核形态基本相同,表现为典型的"镜影"细胞形态。RS 细胞可能起源于前体 B 细胞。

根据肿瘤细胞形态、反应细胞背景和免疫表型,HL 分为两大类:结节性淋巴细胞为主型

HL(NLPHL)和经典型 HL,后者包括结节硬化型、混合细胞型、富于淋巴细胞型和淋巴细胞削减型。几种 HL 亚型的病理学特征和免疫表型特征略有差异(表 14-5)。

表 14-5 霍奇金淋巴瘤病理学特征

	组织学	比例	临床病理学特征	免疫表型
经典型 HL	结节硬化型	>70%	预后差于富于淋巴细胞型。病理可见胶原束包绕细胞团,细胞团主要由淋巴细胞、嗜酸性粒细胞、浆细胞和组织细胞组成,其间夹杂着非典型单核细胞和 RS 细胞。发病率没有性别倾向。中位发病年龄约为 26 岁。通常发生纵隔受累。1/3 患者有 B 症状	CD15+,CD30+,偶尔 CD20+
	混合细胞型	约20%	预后差于结节性硬化型。弥漫性增大的淋巴结由淋巴细胞、嗜酸性粒细胞、浆细胞和相对丰富的非典型单核细胞和 RS 细胞组成。男性和大龄患者更常见。通常伴有腹部受累或晚期疾病。1/3 的患者有 B 症状	CD15+,CD30+,偶尔 CD20+
	富于淋巴细胞型	5%	预后最好。肿瘤内大部分细胞是正常外观的淋巴细胞,偶尔有 RS 细胞。男性更常见。中位发病年龄为 30 岁。疾病多为 I~II 期,B 症状发生率不到 10%。胸腔及腹部受累罕见	CD15+,CD30+,偶尔 CD20+
	淋巴细胞消减型	<5%	预后最差。缺乏正常外观的细胞,异常单核细胞、RS 细胞及其变异细胞丰富。与间变性大细胞淋巴瘤难以区分。男性和大龄患者更常见。疾病多为晚期病变。2/3 的患者有 B 症状	CD15+,CD30+,偶尔 CD20+
结节性淋巴细胞为主型 HL		5%	缺乏 RS 细胞。转化为弥漫大 B 细胞淋巴瘤的比率较高,复发频繁。应用利妥昔单抗有一定的缓解率。EB 病毒阴性	CD19+,CD20+,CD45+,CD15−,CD30−

三、临床表现

HL 主要表现为无痛性进行性淋巴结肿大,孤立或多个融合,质地中等、软或韧。HL 转移途径有规律性,主要沿邻近区域淋巴结转移,很少出现跳跃性转移和结外器官受侵。80%的患者表现为颈部淋巴结肿大,超过 50% 的患者表现为纵隔淋巴结肿大。结外病变罕见,最常见的结外淋巴器官病变部位是脾脏。三分之一的患者确诊时伴有全身症状。

四、临床诊断

临床诊断主要依靠全面病史询问、体格检查、影像学检查和病理学检查。

1. 病史 发现肿块的时间,肿块的大小、质地、活动度和增长情况,有无全身症状等。

2. 全面体格检查 体能状态评分、全身浅表淋巴结、肝脾等,应常规检查鼻咽、扁桃体、下咽和喉等。

3. 实验室检查 妊娠试验、人类免疫缺陷病毒(human immunodeficiency virus,HIV)、血

常规、红细胞沉降率、白蛋白、肝功能、乳酸脱氢酶、β-微球蛋白、蛋白电泳、免疫球蛋白、肺功能检查等。

4. 影像学检查

（1）胸部 X 线检查：用于测定纵隔肿瘤和胸廓横径的比值，以确定是否诊断为大纵隔。也可用胸部 CT 来诊断大纵隔。

（2）PET/CT：推荐 PET/CT 作为常规检查，经济困难时可作胸腹盆强化 CT，不建议 B 超作为常规分期手段。

（3）心电图：如果考虑使用多柔比星化疗，建议行超声心动图或门控核素心血池显像（multiple gated acquisition，MUGA）。

5. 病理检查　推荐行完整淋巴结切除活检或切取活检，细针穿刺活检可能造成诊断不充分。

6. 建议在治疗前进行骨髓穿刺或活检。尤其是在 PET 提示骨髓高代谢或患者存在骨髓抑制时，须进行骨髓活检。

五、临床分期

HL 按照 Ann Arber 分期进行，详见表 14-4。Ann Arbor 分期对淋巴结区域进行了明确的定义，这对准确的临床分期和预后分组十分重要。Ann Arbor 分期定义了 13 个淋巴区域（图 14-1），包括：①韦氏环；②颈部、锁骨上、枕后和耳前淋巴结；③锁骨下淋巴结；④腋窝淋巴结；⑤纵隔淋巴结；⑥肺门淋巴结；⑦滑车上淋巴结；⑧脾脏；⑨主动脉旁淋巴结；⑩肠系膜淋巴结；⑪髂血管淋巴结；⑫腹股沟及股管淋巴结；⑬腘窝淋巴结。对于对称部位，右侧和左侧各为一个区域。用于分期时，韦氏环和脾脏被视为淋巴组织外的淋巴器官。欧洲 EORTC 和德国 GHSG 的淋巴结分区方法与经典的 Ann Arbor 分期系统不同：EORTC 将腋窝和锁骨下淋巴结视为一个区域；GHSG 将颈部和锁骨下淋巴结视为一个区域。EORTC 和 GHSG 都将纵隔和双侧肺门淋巴结视为一个区域。

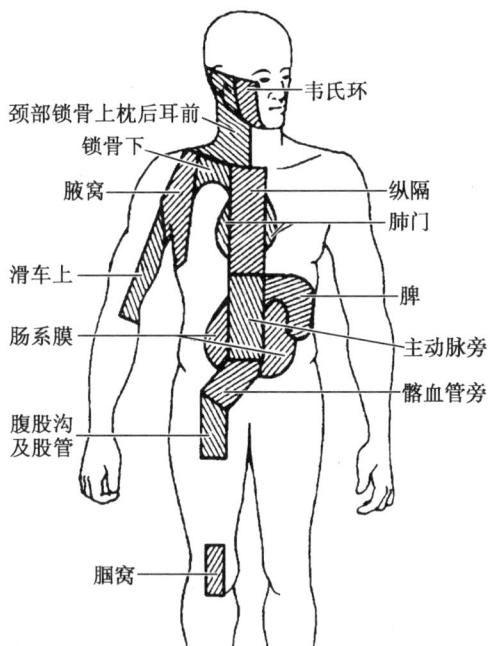

图 14-1　全身淋巴结区域分布示意图

六、预后因素

早期 HL 需要进行预后分组，晚期 HL 需要进行预后评分。

影响早期 HL 预后的因素包括年龄、红细胞沉降率（erythrocyte sedimentation rate，ESR）、受累淋巴结区域数目、结外受累情况和是否存在大肿块。Ⅰ～Ⅱ期 HL 根据有无不良预后因素，分为早期预后良好和早期预后不良组，以确定治疗方案。不良因素根据不同的共识声明

而有所不同,具体为:

GHSG:ESR>50mm/h 且无 B 症状,或 ESR>30mm/h 伴有 B 症状;纵隔肿块最大径/胸腔最大直径>0.33;>2 个受累淋巴结区域数目;有任何结外病变。具有以上四项中任何一项者,即为早期预后不良组。

EORTC:ESR>50mm/h 且无 B 症状,或 ESR>30mm/h 伴有 B 症状;纵隔肿块最大径/胸腔 T5-6 水平横径>0.35;>3 个受累淋巴结区域数目;年龄≥50 岁。具有以上四项中任何一项者,即为早期预后不良组。

NCCN:ESR>50mm/h 或有 B 症状;纵隔肿块最大径/胸腔最大直径>0.33;>3 个受累淋巴结区域数目;大肿块>10cm。具有以上四项中任何一项者,即为早期预后不良组。

Ⅲ~Ⅳ期 HL 的国际预后评分(international prognostic score,IPS)由七个因素组成:白蛋白<40g/L,血红蛋白<105g/L,男性,年龄≥45 岁,Ann Arbor Ⅳ期,白细胞≥15×10⁹/L,和淋巴细胞占白细胞比例<8% 和/或淋巴细胞计数<0.6×10⁹/L。最初的报道中,IPS 0~7 分患者的 PFS 从 84% 下降到 42%。2012 年的报道中进行了再次分析,IPS 0~7 分患者的 PFS 从 88% 下降到 69%。

七、治疗原则

HL 是可以治愈的惰性淋巴瘤。HL 的治疗原则从根治性放疗逐渐演变为综合治疗,其治疗目标是在保持高生存率的前提下,降低治疗引起的长期并发症和死亡率。早期(Ⅰ~Ⅱ期)HL 的治疗原则是化疗联合放疗为主的综合治疗,使用高效低毒的化疗方案,减少化疗周期,降低照射剂量和缩小照射靶区。晚期(Ⅲ~Ⅳ期)HL 的治疗原则是以化疗为主,放疗主要应用于化疗前大肿块或化疗后残存肿瘤者。

(一) 早期预后良好组 HL

2~4 周期 ABVD 方案化疗+累及部位照射(involved-site radiation therapy,ISRT)20Gy 是标准治疗。

基于 PET-CT 中期疗效评价,ABVD 方案化疗 2 周期后,如果 PET-CT 检查为阴性,即 Deauville 评分 1~2 分,则继续给予 ABVD 方案化疗 1~2 周期+ISRT 20Gy。患者 ABVD 化疗 2 周期后,如果 PET-CT 检查为阳性,即 Deauville 评分≥3 分,则应增加化疗强度,改为 BEACOPP 方案化疗 2 周期+ISRT 30Gy。

目前关于仅单纯化疗而省略放疗是存在争议的。在局部控制方面,单纯化疗的 PFS 明显差于化放疗综合治疗,肿瘤复发率增高。即使在中期 PET-CT 显示疗效良好的患者中,省略放疗会增加复发风险。在长期生存方面,单纯化疗失败后可应用自体骨髓移植做挽救性治疗,故单纯化疗与化放疗综合治疗的 OS 无明显差异。

(二) 早期预后不良组 HL

4 周期 ABVD 方案化疗+ISRT 30Gy 是标准治疗。

2 周期增强的 BEACOPP 方案化疗+2 周期 ABVD 方案化疗+ISRT 30Gy。此方案更适合年龄较轻患者。

基于 PET-CT 中期疗效评价,2 周期 ABVD 方案化疗后,如果 PET-CT 检查为阴性,即 Deauville 评分 1~2 分,则继续给予 ABVD 方案化疗 2 周期+ISRT 30Gy。患者 ABVD 化疗2周期后,如果PET-CT检查为阳性,即Deauville评分≥3分,则应增加化疗强度,改为BEACOPP方案化疗2周期+ISRT 30Gy。

基于PET-CT中期疗效评价,2周期BEACOPP方案化疗+2周期ABVD方案化疗后,如果PET检查为阴性,即Deauville评分1~2分,可以省略放疗。这需要结合患者的一般情况、年龄和患者意愿来考虑。

(三)晚期HL

标准治疗是ABVD方案化疗6周期,或增强剂量的BEACOPP方案化疗4~6周期,可联合或不联合局部放疗。基于PET-CT中期疗效评价,接受2周期ABVD方案化疗后,如果PET-CT检查为阴性,即Deauvillel评分1~3分,则继续接受4周期ABVD方案化疗。患者ABVD化疗2周期后,如果PET-CT检查为阳性,即Deauville评分≥4分,则应增加化疗强度,改为BEACOPP方案化疗4周期。

化疗前大肿块者需要进行巩固放疗(36Gy)。ABVD方案化疗2周期和6周期化疗后PET-CT检查为阴性(Deauville评分1~3分)者,可考虑不进行放疗。

化疗后有残留病灶者,需要对PET阳性病灶进行放疗。如果化疗后PET-CT Deauville评分1~3分,无肿瘤残留,则不给予放疗。如果化疗后PET-CT Deauville评分4分或是PET-CT为阴性但残留肿瘤>2.5cm仍然需要放疗。

八、放射治疗

(一)放疗适应证

放疗曾经是治愈HL的唯一方法,目前放疗仍然在HL的综合治疗中发挥重要作用。到目前为止,没有一项随机试验确定早期HL患者可以省略放疗而不导致明显的复发率增加。NCDB研究调查了1998年至2011年期间Ⅰ/Ⅱ期HL中放疗的使用情况,发现放疗的使用率从55%下降到44%,而接受放疗者的5年总生存率明显高于未接受放疗者(94.5% vs.88.9%)。

关于放疗的适应证,在早期HL患者中,放疗是综合治疗的重要组成部分;在晚期HL患者中,放疗可用于部分晚期患者的巩固治疗。对于不可耐受化疗或化疗抗拒的患者,放疗可以作为根治性治疗手段。

(二)放疗原则和靶区勾画

在历史上,淋巴瘤的放射治疗曾经使用扩大野照射[包括斗篷野(mantle)、倒Y型野(inverted-Y)或全淋巴结放疗(mantle + inverted Y)等]和累及野照射(involved-field radiation therapy,IFRT)。目前,ILROG指南推荐使用累及淋巴结照射(involved-node radiation therapy,INRT)或ISRT,其中IFRT主要在欧洲应用,而ISRT应用更为广泛。对于晚期(Ⅲ~Ⅳ期)HL,确定需要进行放疗者,建议在化疗完成后3~4周内开始放疗。

早期HL的INRT概念是由EORTC建立和实施的,取代了EORTC和其他小组使用的传统的更大范围的IFRT。INRT技术将治疗体积减到最小,但为了安全,需要在化疗前和化疗后进行最佳成像。PET-CT是确定HL病变程度最准确的成像方法,因此化疗前进行PET-CT是INRT技术的强制性要求。为了实现化疗前PET-CT图像和化疗后计划图像的图像融合,化疗前PET-CT扫描需在患者处于治疗体位时进行,使用合适的固定装置,使用后续将用于放疗过程中的相同的呼吸控制方式,并在皮肤表面进行定位标记。用于制订放疗计划的定位CT扫描是在患者处于与化疗前 PET-CT 扫描相同的体位和呼吸控制方式下获得的。

INRT 靶区勾画过程如下:

1. 在化疗前 PET/CT 的 CT 图像上勾画初始受累淋巴瘤范围,根据 CT 上的淋巴结形态勾画 GTV_{CT}。

2. 在化疗前 PET/CT 的 PET 图像上勾画初始受累淋巴瘤范围,由 FDG 摄取程度确定 GTV_{PET}。

3. 将化疗前的 PET/CT 图像与化疗后计划 CT 图像进行图像融合,并将 GTV_{CT} 和 GTV_{PET} 传输至计划 CT 图像。

4. 利用化疗前 PET 和化疗前 CT 的影像学信息,同时考虑到肿瘤缩小和其他解剖学变化,勾画出化疗后的照射范围,即为 CTV。CTV 需要包括所有初始的淋巴瘤受累范围。同时,根据临床判断,肺、肾和肌肉等明显没有受累的正常结构应该被排除在 CTV 之外。勾画 CTV 时,应考虑以下几点:治疗前影像的质量和准确性,治疗前影像扫描之后肿瘤体积的变化,疾病的播散模式,潜在的亚临床病灶,以及相邻危及器官的剂量限制。考虑到 HL 连续性播散的特点,当两处病灶间隔 5cm 之内时,在二者之间 CTV 应进行连续性勾画。

5. 必要时考虑器官运动,由 CTV 形成 ITV。最常见的是胸部和上腹部的呼吸运动,最佳的方法是使用 4D-CT 模拟定位来获得 ITV 外放数据。或者,ITV 可以通过透视确定或由有经验的临床医师进行估算。在胸部或上腹部,通常需要上下方向 1.5~2cm 的外放边缘。

6. CTV(或 ITV)进一步外扩形成 PTV。该外放数据取决于固定装置、照射部位和患者配合度等因素。

在 INRT 概念的基础上发展出了 ISRT 的概念。在 INRT 和 ISRT 概念中,化疗前 GTV 决定 CTV,照射体积明显小于 IFRT。然而,ISRT 适用于无法获得化疗前最佳影像学(治疗前的放疗体位的 PET-CT 成像)的患者。由于缺乏治疗前的放疗体位下 PET-CT 成像,无法进行化疗前影像和计划 CT 影像的精准融合,因此,不可能将 CTV 缩小至与 INRT 相同的程度。ISRT 需要一个较大的 CTV 来包括图像融合和位置差异等不确定因素。CTV 需要包括原始淋巴瘤范围,并根据正常组织边界进行修改,同时需要扩大范围以包含上述不确定因素。在 ISRT 中,化疗前影像仍然可以发挥辅助勾画的重要作用。图 14-2 显示了一例 ISRT 勾画示例。

（三）放疗剂量

放疗剂量设定应遵循肿瘤分期,并根据 PET-CT 疗效评价和化疗周期数而定。对于早期预后良好组,放疗剂量为 20~30Gy/10~15 次。对于早期预后不良组,建议放疗剂量为 30Gy/15 次,化疗前大肿块病灶的推荐放疗剂量为 30~36Gy/15~20 次。对于晚期患者,针对 PET-CT 阳性的化疗后残留病灶或化疗前大肿块病灶进行巩固放疗,推荐的放疗剂量为 30~36Gy/15~20 次。

（四）计划评价

同其他实体肿瘤一样,采用 CB-CHOP 法进行计划评价。C（contour）表示勾画,评价放疗计划时,首先要审核靶区 GTV、CTV、ITV 和 PTV 以及危险器官的勾画是否正确。B（beam）即射野,包括评价射野的数量、角度和剂量模式是否合理。需要注意的是,对于纵隔或腹腔

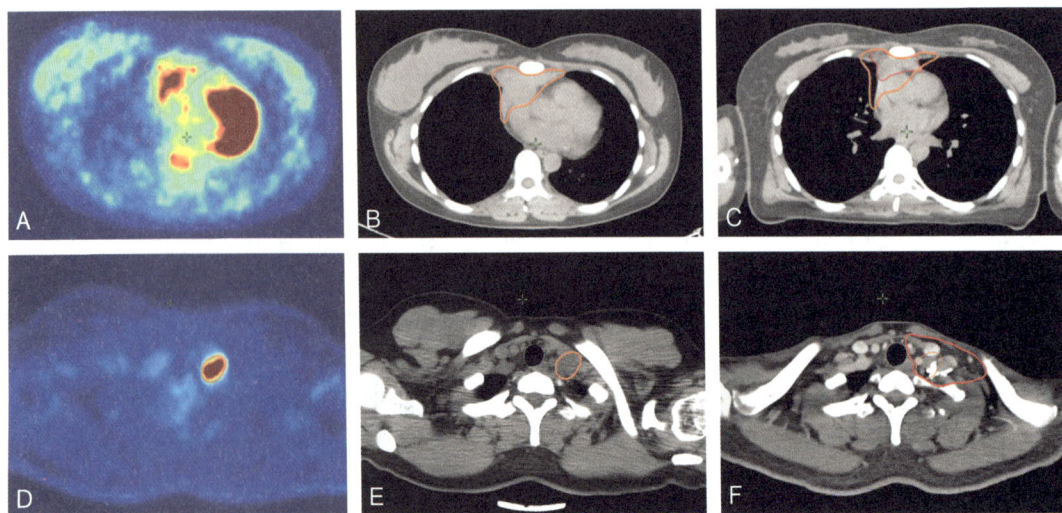

图 14-2　ISRT 的 GTV 和 CTV 勾画示例（橙色线条：治疗前 GTV，红色线条：CTV）
A、D. 治疗前 PET 图像；B、E. 治疗前 CT 图像；C、F. 治疗后定位 CT 图像。

HL，建议采用"蝴蝶野"射野模式，即前后对穿野为主的射野，可降低双肺及双肾的受量。C（coverage）表示覆盖范围，即处方等剂量线应覆盖其相应的 PTV，并且应确定和评估处方剂量线覆盖不到的 PTV 区域为非肿瘤容易复发的部位，以及处方剂量线包绕的 PTV 之外的区域未累及重要危及器官。H（heterogeneity），表示异质性，是指整个计划中剂量分布的均匀性，包括检查 PTV 内的最小剂量（冷点）和 PTV 内外的最大剂量（热点）。在常规分割的放疗计划中，PTV 中可接受的最小剂量通常为处方剂量的 95%，最大剂量约处方剂量的 115%。O（organ at risk，OAR），表示危及器官，在评估 OAR 时，应该同时检查剂量体积直方图（dose-volume histogram，DVH）和三维空间剂量分布情况。DVH 可确保 OAR 满足最大剂量、平均剂量和剂量体积限制。但 DVH 不提供有关剂量空间分布的信息。因此，需要在冠状面、矢状面和水平面逐层查看每个 OAR 的剂量分布情况。P（prescription）表示处方剂量，最后一步是确认处方剂量是否正确。

　　在大多数情况下，用于实体肿瘤放疗计划的剂量限制不太适于淋巴瘤的放疗计划，因为 HL 的处方剂量要比实体肿瘤低得多。所有正常结构的受照剂量应保持在尽可能低的水平，以最大限度降低长期并发症的风险，尤其是心脏等危及器官更为关键。建议 5Gy 等剂量线包绕尽量少的危及器官体积。具体限量见表 14-6。

表 14-6　危及器官限量

危及器官	剂量限制
心脏	$D_{mean}<5Gy$，可放宽至 $D_{mean}<15Gy$
冠状动脉和左心室	$D_{max}<5Gy$
双肺	$D_{mean}<13.5Gy$，$V_{20}<30\%$，$V_5<55\%$
双乳腺	$D_{mean}<4Gy$，或剂量尽可能低

危及器官	剂量限制
甲状腺	$V_5<30\%$，$V_{20}<33\%$
肾脏	$V_5<30\%$，$V_{20}<33\%$
甲状腺	$D_{mean}<5Gy$，或剂量尽可能低
下颌下腺	$D_{mean}<11Gy$
脾脏	$D_{mean}<9Gy$
肝脏	$D_{max}<10Gy$

(五) 放疗技术

对于每一例 HL 患者，需要个体化选择合适的放疗技术。在大多数情况下，更先进的放疗技术，如调强放疗、容积弧形调强放疗或断层放疗等，可能会更好地保护危及器官。目前质子放疗的优势尚不明确，尚未得到广泛的应用。

HL 患者常需要进行纵隔放射治疗。研究表明，深吸气屏气状态下治疗可以显著降低心脏和肺的受照剂量。图 14-3 展示并对比了一例患者深吸气屏气和自由呼吸状态下的定位 CT 图像和治疗计划，深吸气屏气状态下，双肺和心脏的平均剂量分别为 387cGy 和 382cGy；自由呼吸状态下，双肺和心脏的平均剂量分别为 522cGy 和 543cGy。对比可见深吸气屏气

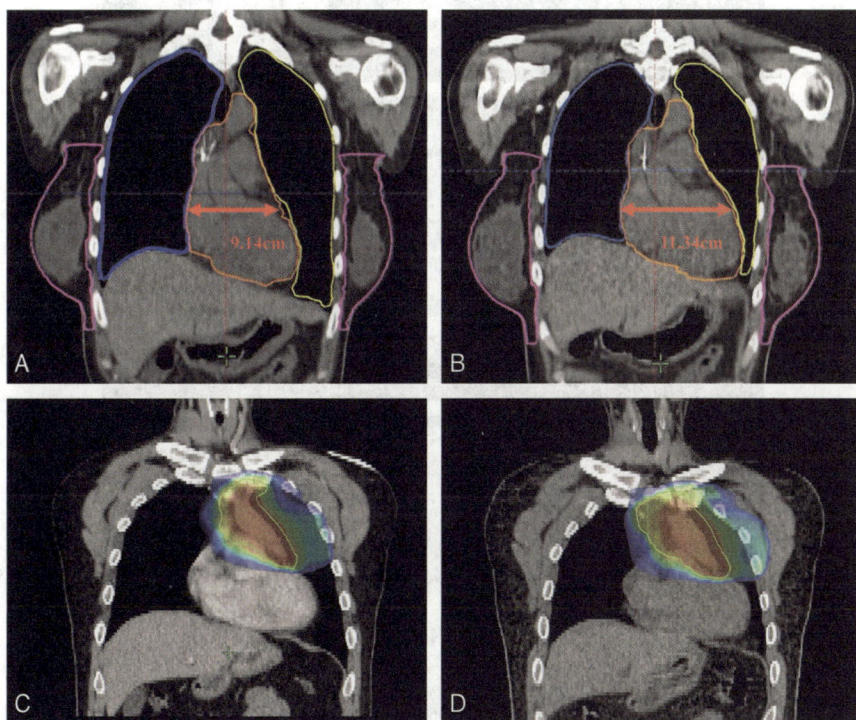

图 14-3　一例纵隔 HL 患者深吸气屏气和自由呼吸状态下的定位 CT 图像和治疗计划

A. 深吸气屏气状态下定位 CT 冠状面；B. 自由呼吸状态下定位 CT 冠状面；C. 深吸气屏气状态下治疗计划；D. 自由呼吸状态下治疗计划。

状态下,纵隔变窄,心脏下移,双肺体积增大,双肺及心脏平均剂量均低于自由呼吸状态。对于女性患者,深吸气屏气状态下乳腺向外移动,同时可采取倾斜15°体位,使患者乳腺向下向外移动,可进一步降低乳腺受照剂量。图14-4显示了一例女性纵隔HL患者的倾斜放疗体位。图14-5显示了一例女性纵隔HL患者倾斜体位联合深吸气屏气状态下的放疗计划,乳腺受量明显降低。双乳腺的平均剂量分别为399cGy(平躺体位+自

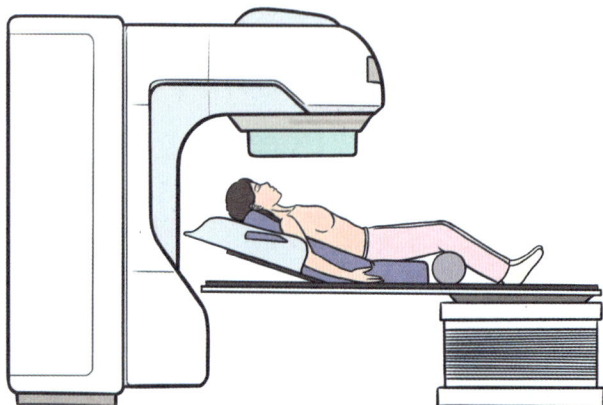

图 14-4 一例女性纵隔 HL 采用倾斜 15°体位进行放疗

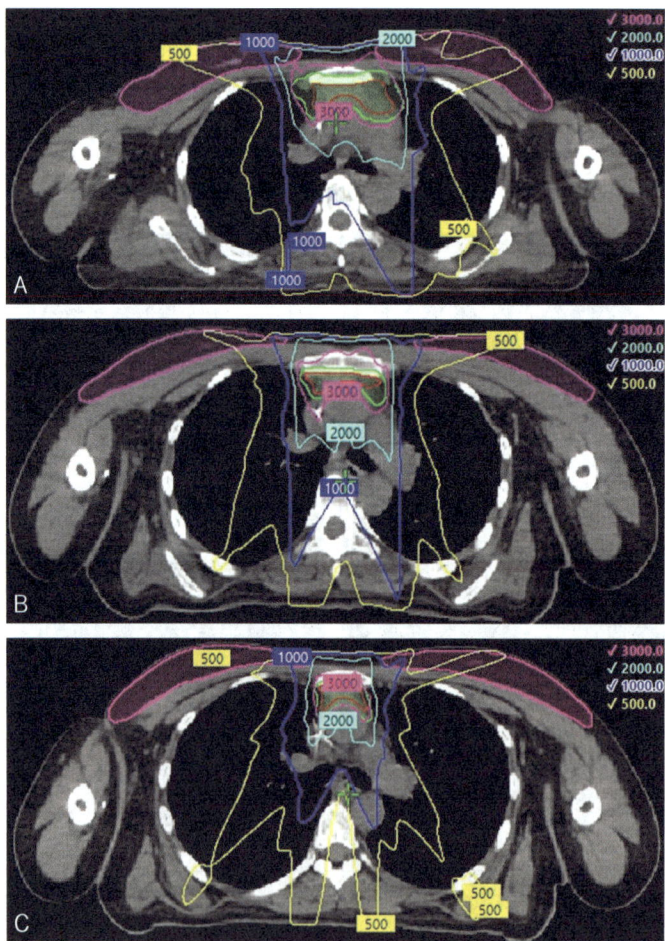

图 14-5 一例女性纵隔 HL 患者的放疗计划
A. 平躺体位+自由呼吸;B. 倾斜体位+自由呼吸;C. 倾斜体位+深吸气屏气。

由呼吸）、302cGy（倾斜体位+自由呼吸）和212cGy（倾斜体位+深吸气屏气）。

九、放射治疗损伤及处理

（一）急性反应

疲劳、骨髓抑制、肺炎、皮炎、食管炎、咳嗽、口干、恶心、黏膜炎等。可给予针对各症状的对症支持治疗。

（二）晚期反应

历史数据显示，HL在诊断后25年时的死因最常见的是HL本身（24%），其次是第二原发恶性肿瘤（13.5%）和心血管疾病（6.9%）。

1. 第二原发肿瘤　主要包括乳腺癌和肺癌，尤其见于年轻患者。放疗导致的第二原发肿瘤与高剂量大射野有关，有证据显示，化疗后小射野低剂量放疗显著降低了第二肿瘤发生率。

2. 心血管毒性　放疗引起的长期心脏毒性和照射野大小与剂量明确相关，这些毒副作用主要发生于HL根治性放疗年代，采用扩大野高剂量照射。长期生存的患者，心脏大血管照射可以引起心律失常、心肌梗死、冠心病、心包炎和心肌炎等。放射治疗能够轻微增加心肌梗死的风险性，其发生与不适当的照射技术使前纵隔和心脏照射剂量增高有关，这些不适当技术包括使用低能射线、前野权重大、单次剂量大于2Gy、每天仅照射一野、大野或高剂量等。应用现代放射技术如IMRT或呼吸门控技术，缩小照射野如INRT和ISRT，严格限制全心照射剂量，可以显著减少心血管照射剂量和照射体积，并降低心脏长期毒副作用。

3. 肺毒性　扩大野高剂量照射如斗篷野照射可导致放射性肺炎，常发生在放疗后1~6个月，症状包括干咳、低热、呼吸困难等。受累部位和低剂量照射有症状放射性肺炎的发生率低于5%，当大纵隔或斗篷野照射合并MOPP化疗时，肺炎的发生率增高2~3倍，达10%~15%。通常，急性肺炎不会产生长期的肺功能障碍。Ⅲ级以上严重放射性肺炎极少发生。

4. 其他毒性　斗篷野照射后约30%的患者出现甲状腺功能减退，早期表现为促甲状腺激素增高，但血清甲状腺素正常，应常规做激素替代治疗。斗篷野或扩大野常规放疗后6周~3个月，10%~15%的患者发生急性一过性脊髓炎或莱尔米特征。现代放疗条件下，脊髓得到很好保护，极少出现莱尔米特征。

十、化学治疗

既往使用的MOPP方案（氮芥、长春新碱、丙卡巴肼、泼尼松）可导致不孕不育（男性80%）和继发性非淋巴细胞白血病。现代化疗方案引起不孕不育和继发性恶性肿瘤风险较小，包括以下方案：

ABVD：包括多柔比星、博来霉素、长春碱和达卡巴嗪。毒性包括恶心、呕吐、脱发和骨髓抑制。长期毒性包括心脏和肺毒性。

Stanford V：包括氮芥、表柔比星、长春碱、长春新碱、博来霉素、依托泊苷和泼尼松。此方案治疗时间更快（仅需8~12周，ABVD需16~24周），多柔比星和博来霉素累积剂量较低。此方案设计为联合治疗，不应省略放疗。

BEACOPP：包括博来霉素、依托泊苷、多柔比星、环磷酰胺、长春新碱、丙卡巴肼和泼尼松。在疗效不佳或预后不良患者中进行强化治疗。有更高的有效率，但也伴有更高的骨髓抑制和脱发发生率。

化疗疗程数目：不同研究中的治疗周期数目不同。通常应根据风险组选择治疗，并按该风险组研究中的反应评估结果进行治疗。

第三节 非霍奇金淋巴瘤

一、概述

(一) 流行病学

非霍奇金淋巴瘤（non-Hodgkin Lymphoma，NHL）是一组包含多种病理亚型的恶性淋巴细胞肿瘤，由 B、T 及 NK 淋巴细胞在不同的细胞分化阶段产生恶变。大约 85%~90% 的 NHL 来自 B 淋巴细胞，其余来自 T 淋巴细胞或 NK 淋巴细胞。NHL 在发达国家多见，澳大利亚、北美、西欧和太平洋岛国的发病率最高，东欧、亚洲和中国的发病率较低。NHL 发病和死亡以男性稍高，男女比例大约为 3∶2。最近几十年，恶性淋巴瘤特别是 NHL 的发病率有明显的上升趋势。从全球层面来看，NHL 的发病率从 1990 年的 4.75/10 万逐渐上升到 2017 年的 6.18/10 万，2018 年全球有 509 590 例新发病例，248 724 例死亡。

从 NHL 各病理亚型发病率看，弥漫大 B 细胞淋巴瘤（diffuse large B cell lymphoma，DLBCL）是最常见的成人 NHL，占全部的 30%~50%。DLBCL 可发生于任何年龄，中位发病年龄 50~60 岁，男性略多于女性。其次为惰性淋巴瘤中的滤泡性淋巴瘤（follicular lymphoma，FL）和结外黏膜相关淋巴组织边缘区（mucosal-associated lymphoid tissue，MALT）淋巴瘤。MALT 淋巴瘤占所有 NHL 的 20%~45%，其中 35%~60% 的患者初始分期为 Ⅰ~Ⅱ期，中国 MALT 淋巴瘤占全部 NHL 的 5%~10%，在 B 细胞淋巴瘤中仅次于 DLBCL，比 FL 常见；而在欧美，FL 是最常见的惰性淋巴瘤，发病率仅次于 DLBCL。T 和 NK 细胞淋巴瘤，亚洲和中国发病率较欧美更高。其中，结外鼻型 NK/T 细胞淋巴瘤在亚洲和南美洲较常见，欧美极少见。结外鼻型 NK/T 细胞淋巴瘤在中国占全部 NHL 的 20%~30%，是我国最常见的外周 T 细胞淋巴瘤亚型，占所有外周 T 细胞淋巴瘤的 40%~50%。

(二) 病因

淋巴瘤主要特征为非遗传性的染色体异位，多种因素和恶性淋巴瘤的发生相关，主要为感染（多为病毒）和免疫抑制。感染高危因素与淋巴瘤的相关性较高，包括 HIV 和侵袭性淋巴瘤、人类嗜 T 淋巴细胞病毒-1（HTLV-1）和成人 T 细胞淋巴瘤/白血病、EBV 和伯基特淋巴瘤/霍奇金淋巴瘤/结外鼻型 NK/T 细胞淋巴瘤、HPV-8/卡波西肉瘤相关疱疹病毒和原发渗出性淋巴瘤、幽门螺杆菌（*Helicobacter pylori*，Hp）感染和胃肠道黏膜相关淋巴瘤等。原发或继发性免疫缺陷是淋巴系统疾病发生的高危因素，这些高危因素包括遗传性免疫缺陷疾病、器官移植后免疫抑制、自身免疫性疾病、感染引起的免疫抑制。通常，免疫缺陷与淋巴瘤危险性的相关强度和免疫缺陷程度相关。其他病因还包括肿瘤家族史、自身免疫性疾病和环境因素等。

DLBCL 发病的高危因素包括:淋巴瘤家族史、自身免疫性疾病、HIV 或 HCV 感染、青年高 BMI 和某些职业暴露。结外鼻型 NK/T 细胞淋巴瘤是 EBV 相关淋巴瘤,约 90% 患者的肿瘤组织中 EBV 阳性。结外 MALT 淋巴瘤的病因和抗原刺激有关,例如胃 MALT 淋巴瘤和 Hp 感染有关,腮腺 MALT 淋巴瘤和干燥综合征有关,眼 MALT 和沙眼衣原体有关,肝淋巴瘤和丙肝有关。

二、病理分类和分子遗传学

(一) 病理分类

NHL 的分类经历了多种演变。最早的分类以 HE 染色形态学为基础,如 Rappaport 分类。20 世纪 70 年代后引入了免疫学的概念,Lukes-Collins 根据细胞来源进行分类,在欧洲应用最多的则是 Kiel 分类。1982 年提出的工作分类(working formulation,WF)主要基于病理形态学和临床预后,按各种淋巴瘤的自然病程、治疗反应和生存率而综合分类。1994 年国际淋巴瘤研究组提出了新的"修订欧美淋巴瘤分类方案(REAL)"。REAL 分类原理根据形态学、免疫表型、细胞来源、遗传学特征和临床特征来定义不同的淋巴瘤,该分类将 NHL 根据细胞来源分为 B 细胞淋巴瘤和 NK/T 细胞淋巴瘤两大类。世界卫生组织(WHO)根据 REAL 分类原则对其做了进一步修改,提出了一个更完善、合理的淋巴瘤 WHO 分类。2022 年修订发布的第 5 版 WHO-HAEM 分类中,为防止对淋巴瘤的过度诊断和治疗,将很多与淋巴瘤类似的肿瘤、着重需要鉴别的疾病也进行了归纳与涵盖。同时将很多与淋巴瘤发展相关的癌前综合征也进行梳理罗列。在某些淋巴瘤类型中,如 B 淋巴母细胞白血病和淋巴瘤,已经全面引入细胞遗传学诊断分类手段进行亚型的诊断和指导治疗。新的分类还强调对肿瘤相关的病毒存在状态及免疫缺陷背景的报告;不同感染和免疫背景下的疾病的临床表现和诊疗存在很大不同。不同的原发部位、人群这些临床特征,在疾病诊断分型中起到重要作用。

DLBCL 病理形态上肿瘤细胞表现为大细胞,胞核大,两倍于小淋巴细胞淋巴瘤。肿瘤细胞和中心母细胞(大无裂细胞)或免疫母细胞相似,最常见中心母细胞样和免疫母细胞样混合。DLBCL 可以为原发或继发,后者由惰性 B 细胞淋巴瘤进展或转化而来。分类原则主要依据 1994 年 REAL 分类,包括临床表现、形态、基因和免疫表型、分子特征和正常组织来源。在 WHO 新病理分类中,DLBCL 分为十余种类型,包括 DLBCL-非特指(DLBCL-NOS)、原发纵隔弥漫大 B 细胞淋巴瘤、原发中枢神经系统淋巴瘤、血管内大 B 细胞淋巴瘤和皮肤弥漫大 B 细胞淋巴瘤等。DLBCL-NOS 是最常见的病理亚型,主要表现为中心母细胞和免疫母细胞弥漫性生长,部分或完全侵犯邻近正常器官或组织。

结外鼻型 NK/T 细胞淋巴瘤病理形态特征性表现为血管中心性病变,肿瘤细胞侵犯小血管壁或血管周围组织,导致组织缺血和广泛坏死,血管坏死性病变占 60%~80%。肿瘤坏死导致炎性反应,镜下可见较多的急性或慢性反应性炎症细胞,而肿瘤细胞较少。病理形态上表现为非均质性,大部分肿瘤细胞为中等大小细胞或小细胞和大细胞混合,极少见大细胞、免疫母细胞或间变性大细胞形态。众多反应性细胞的背景容易模糊肿瘤细胞浸润。

MALT 淋巴瘤含有的增殖细胞存在异质性,包括星形细胞样细胞、单个核样细胞、浆细胞样细胞,偶尔还有母细胞。MALT 淋巴瘤形态学上具有诊断特征的表现有:滤泡的克隆化,为淋巴瘤浸润生发中心;淋巴上皮病变,即巢状的淋巴瘤细胞浸润邻近的上皮结构;荷兰小体,核内嗜酸性的 acid-Schiff 阳性的小体。

(二)免疫表型和遗传学

NHL 来源于相应的淋巴细胞,大部分 B 细胞或 T 细胞淋巴瘤具有相应正常淋巴细胞不同分化阶段的免疫特征。不同病理类型的淋巴瘤具有相应正常淋巴细胞的抗原表达,免疫组化是鉴别诊断的重要依据。表 14-7 总结了 B 细胞和 T 细胞的抗原表达情况,也显示了部分淋巴瘤典型的抗原表达特征。

表 14-7 NHL 的抗原特征和免疫表型

淋巴瘤类型	CD 抗原表达特征
B 细胞抗原	CD19,CD20,CD22
T 细胞抗原	CD2,CD3,CD4,CD7,CD8
间变性大细胞淋巴瘤	CD30+(Ki-1 抗原)
结外鼻型 NK/T 细胞淋巴瘤	CD2+,CD56+,表面 CD3−,CD3+,EBER+
小淋巴细胞淋巴瘤(B 细胞慢性淋巴细胞白血病)	CD5+,CD10−,CD23+,B 细胞抗原+
滤泡性淋巴瘤	CD5−,CD10+,CD23±,CD43−,B 细胞抗原+
边缘区 B 细胞淋巴瘤	CD5−,CD10−,CD23−,B 细胞抗原+
套细胞淋巴瘤	CD5+,CD10±,CD23−,CD43+,B 细胞抗原+

成熟 B 细胞淋巴瘤最常见,多来源于生发中心(GC)或生发中心后 B 细胞(激活/活化 B 细胞)。NHL 具有系列基因突变,包括癌基因激活和抑癌基因失活等。和上皮类恶性肿瘤不同的是,淋巴瘤细胞的基因相对稳定。染色体易位是 NHL 癌基因激活的主要机制,导致相关癌基因产物的高表达(表 14-8)。此外,NHL 常有特异性染色体缺失、体细胞突变等。

表 14-8 NHL 常见的细胞遗传学异常

病理类型	染色体易位	癌基因	基因产物	百分比
滤泡性淋巴瘤	T(14;18)(q32;q21)	*Bcl-2*	BCL2	90%
结外黏膜相关淋巴组织边缘区淋巴瘤	T(11;18)(q21;q21)	*API2,MLT*		50%
	T(1;14)(p22;q32)	*BCL10*		极少
套细胞淋巴瘤	T(11;14)(q13;q32)	*BCL1*	Cyclin D1	70%
淋巴浆细胞淋巴瘤	T(9;14)(p13;q32)	*PAX5*		50%
弥漫大 B 细胞淋巴瘤	Der(3)(q27)	*BCL6*	BCL6	35%
伯基特淋巴瘤	T(8;14)(q24;q32)	*c-myc*	c-myc	80%
	T(2;8)(p12;q24)			15%
	T(8;22)(q24;q11)			5%
全身间变性大细胞淋巴瘤	T(2;5)(p23;q35),2p23 相关易位	*NPM-ALK*	ALK	60%(成人)
		ALK,TPM3	ALK	80%(儿童)
前体 T 淋巴母细胞淋巴瘤	T(1;4)(p32-34;q11)	*TAL1*		

三、临床表现

无痛性进行性的淋巴结肿大或局部肿块是淋巴瘤共同的临床表现,NHL 具有以下特点①全身性:淋巴结和淋巴组织遍布全身且与单核巨噬细胞系统、血液系统相互沟通,故淋巴瘤可发生在身体的任何部位。其中淋巴结、扁桃体、脾及骨髓是最易受到累及的部位。常伴全身症状。②多样性:组织器官不同,受压迫或浸润的范围和程度不同,引起的症状也不同。③随年龄增长而发病增多,男较女多;除惰性淋巴瘤外,一般发展迅速。④NHL 对各器官的压迫和浸润较 HL 多见,常以高热或各器官、系统症状为主要临床表现。咽淋巴环病变可有吞咽困难、鼻塞、鼻出血及颌下淋巴结肿大。胸部以肺门及纵隔受累最多,半数有肺部浸润或胸腔积液,可致咳嗽、胸闷、气促、肺不张及上腔静脉压迫综合征等。累及胃肠道的部位以回肠为多,其次为胃,临床表现有腹痛、腹泻和腹部包块,常因肠梗阻或大量出血实施手术而确诊。肝肿大、黄疸仅见于较晚期病例,原发于脾的 NHL 较少见。腹膜后淋巴结肿大可压迫输尿管,引起肾盂积水。肾损害主要为肾肿大、高血压、肾功能不全及肾病综合征。中枢神经系统病变累及脑膜、脊髓为主。硬膜外肿块可导致脊髓压迫症。骨骼损害以胸椎、腰椎最常见,表现为骨痛、腰椎或胸椎破坏、脊髓压迫症等。约 20% 的 NHL 患者在晚期累及骨髓,发展成淋巴瘤白血病。皮肤受累表现为肿块、皮下结节、浸润性斑块、溃疡等。

DLBCL 可原发于淋巴结或结外器官,局部会形成占位效应,出现肿块和压迫梗阻,但较少出现破溃和明显疼痛。同时肿瘤会导致一系列细胞因子、炎症介质水平升高,引起全身症状,如发热、盗汗及体重下降。临床症状包括局部占位和全身症状两方面,无痛性淋巴结肿大是最常见症状,由于 DLBCL 也会发生于各个结外部位,具体表现各不相同,如原发中枢DLBCL 引起神经功能障碍,局部脑水肿引起头痛、恶心及呕吐等,而原发浅表淋巴结的病变可能无明显不适,仅仅是触及浅表肿物。但若为纵隔大肿块,因为肿块挤压纵隔内器官而出现相应症状,如胸闷气短等。通常而言,B 细胞来源的淋巴瘤多呈膨胀性生长,较少浸润侵蚀周围正常结构,较少出现肿瘤表面或内部坏死溃疡,可伴有不明原因发热、盗汗及体重下降的 B 组症状。

结外鼻型 NK/T 细胞淋巴瘤最常见的原发部位是鼻腔和韦氏环,其他部位包括皮肤、胃肠道、睾丸、肾等。原发鼻腔 NK/T 细胞淋巴瘤最常见的症状为鼻塞,局部病变广泛受侵时,出现眼球突出、面部肿胀、硬腭穿孔、脑神经麻痹、恶臭和发热等症状和体征。肿瘤常局限于鼻腔及其邻近结构,邻近器官或结构受侵以同侧上颌窦和筛窦最常见,其他依次为鼻咽、局部皮肤、硬腭、软腭、眼球和口咽等。70%~90% 的患者在诊断时为临床 ⅠE 或 ⅡE 期,肿瘤常局限于鼻腔或直接侵犯邻近结构或组织,而较少有远处淋巴结受侵或结外器官受侵。就诊时,颈部淋巴结受侵和远处结外器官转移少见,颈部淋巴结受侵以颌下淋巴结最常见,其次为中上颈淋巴结,这和鼻腔淋巴引流途径相符合。远处转移以皮肤最常见,与 T 淋巴细胞归巢现象有关。

结外黏膜相关淋巴组织边缘区淋巴瘤(MALT)是惰性淋巴瘤,原发于结外,以胃肠道和眼最常见,初诊时约 80%~90% 为早期,可见区域淋巴结受侵,临床症状和原发部位有关,B 组症状极少见。胃 MALT 淋巴瘤最常见的症状为上消化道不适、出血、上腹疼痛和消化不良。最常受侵部位为胃体部,其次为胃窦,20%~30% 的患者表现为胃内多灶性病变。眼

MALT 中结膜眼睑原发最常见,可出现结膜水肿、红肿刺激、眼睑上翻、溢泪等,眶内组织原发次常见,可出现眼周水肿、疼痛、动眼障碍、复视及视力改变。任何大涎腺或小涎腺都可发生 MALT 淋巴瘤,最常侵犯的部位为腮腺。患者常有长期腮腺肿大。双侧腮腺受侵少见,大部分患者伴有干燥综合征。

四、诊断及鉴别诊断

(一) 诊断

根据临床表现、影像学和实验室检查,特别是病理检查结果,可以确定诊断。病理诊断依赖于淋巴结切除或活检。颈部淋巴结受侵时,应常规做头颈部间接或直接内镜检查,排除上呼吸消化道原发病灶。分期检查包括体检、血常规、肝肾功能、血生化和乳酸脱氢酶(lactate dehydrogenase,LDH)、病毒指标、头胸腹盆腔 CT。头颈部原发病灶或受侵时,应常规做 MRI。条件许可,PET-CT 可作为常规分期检查手段。治疗后 PET-CT 可以很好地预测无进展生存率和总生存率,但 R-CHOP 化疗中 PET-CT 却未能很好地预测生存率。

DLBCL 病理诊断依赖形态学和免疫组化和/或流式细胞检查,由有经验的淋巴瘤病理学家复阅以准确诊断。手术完整切除肿瘤仍是最佳的活检方法,可保留正常的淋巴结结构并获得足够的组织。粗针穿刺活检和内镜活检仅在患者无法接受手术时进行,或用于复发的诊断。当取样不充分而不足以确诊时,应进行切取或者切除活检。仅依靠细针穿刺细胞学结果来诊断 DLBCL 是不充分的。DLBCL 病理形态上肿瘤细胞表现为大细胞,胞核大,两倍于小淋巴细胞淋巴瘤。肿瘤细胞和中心母细胞(大无裂细胞)或免疫母细胞相似,最常见中心母细胞样和免疫母细胞样混合。DLBCL 表达 B 细胞相关抗原:CD19、CD20、CD22 和 CD79a 阳性,SIg 和 CIg+/-,CD45+/-CD5+/-CD10+/-典型的免疫组化为:CD20+,CD45+和 CD3-。

结外鼻型 NK/T 细胞淋巴瘤典型形态表现为弥漫性异型淋巴细胞浸润和血管中心性、破坏性生长,并导致组织坏死,以及黏膜、皮肤等部位溃疡;典型免疫表型为 CD2+、CD56+,表面 CD3-和胞质 CD3+,至少有一项细胞毒性相关蛋白阳性,如颗粒酶 B、TIA-1 和/或穿孔素阳性,肿瘤组织中 EBER 阳性。其他 T 细胞和 NK 细胞相关抗原常为阴性,如 CD4、CD5、CD8、TCRβ、TCR、CD16 和 CD57。所有病例都不表达 B 细胞抗原如 CD19、CD20、CD22 和 CD79a 等。如果免疫组化表现为 CD56 阴性,但 CD3+、细胞毒分子+和 EBV+,仍可诊断为结外鼻型 NK/T 细胞淋巴瘤。如果 CD56 阴性,无细胞毒分子和 EBV 表达,不能诊断为结外鼻型 NK/T 细胞淋巴瘤,应诊断为外周 T 细胞淋巴瘤-非特指型。

MALT 淋巴瘤形态学上具有诊断特征的具体表现有:滤泡的克隆化,为淋巴瘤细胞浸润生发中心;淋巴上皮病变,即巢状的淋巴瘤细胞浸润邻近的上皮结构;荷兰小体,核内嗜酸性的 acid-Schiff 阳性的小体。MALT 含有的增殖细胞存在异质性,包括星形细胞样细胞、单个核样细胞、浆细胞样细胞,偶尔还有母细胞。MALT 淋巴瘤是边缘带 B 细胞淋巴瘤的一种病理类型,表达 B 细胞抗原:CD20 和 CD79a 阳性,但缺乏 CD5、CD10、CD23 和 CD43 表达。边缘带 B 细胞通常表达 IgM 和 Bcl-2,IgD 低表达或阴性。其他抗原表达为 ALP,CD21/CD35 和 CD3 阳性。

(二) 鉴别诊断

1. 与其他淋巴结肿大疾病相区别　局部淋巴结肿大需排除淋巴结炎和恶性肿瘤转移。

结核性淋巴结炎多局限于颈的两侧,可彼此融合,与周围组织粘连,晚期由于软化、溃破而形成窦道。

2. 以发热为主要表现的淋巴瘤　与结核病、败血症、结缔组织病、坏死性淋巴结炎和嗜血细胞性淋巴组织细胞增多症等鉴别。

3. 结外淋巴瘤　与相应器官的其他恶性肿瘤相鉴别。

4. 淋巴结转移癌　恶性肿瘤常通过累及淋巴结而导致局部或全身淋巴结肿大,肿大淋巴结质地较硬,一般无压痛,可与周围组织粘连或多个肿大淋巴结相互融合。

五、诊断分期和预后评估

(一) 分期检查项目

准确的临床分期检查是确定治疗方案的前提,临床分期步骤包括下列几方面。

1. 必要检查项目

(1) 病理检查:临床诊断为淋巴瘤的患者均应完整切除淋巴结,再做病理检查。由于淋巴瘤的病理诊断依赖于肿瘤细胞异质性和结构是否受侵,在初诊时,通常不做淋巴结穿刺,而应完整切除活检。原发结外淋巴瘤,如伴有淋巴结肿大,除原发病灶活检外,应同时做淋巴结切除活检,做病理检查。

(2) 病史:重点描述原发肿瘤部位,描述症状、肿块首次出现的时间、大小、质地、增长情况等,有无 B 组症状。

(3) 体格检查:一般状况评分、全身浅表淋巴结、肝脾、韦氏环、下咽、喉和皮肤等。在中国,鼻腔和韦氏环淋巴瘤占全部淋巴瘤的 30%,应常规做内窥镜检查,以鉴别肿瘤是否原发于上呼吸消化道。

(4) 实验室检查:全血细胞计数,肝肾功能,ESR,LDH,β2-微球蛋白,蛋白电泳,免疫球蛋白(IgG,IgA,IgM,IgD)。

(5) 病毒指标:血清中相关抗体检测(抗 HIV、抗 EBV)和病毒拷贝数。

(6) 磁共振检查:MRI 是头颈部原发肿瘤的常规分期检查,和 CT 相比,可以更加准确地明确肿瘤侵犯范围。

(7) CT:头胸腹盆腔 CT 是常规分期检查手段,以评价原发肿瘤大小,侵犯范围等。只有在患者经济困难时才考虑做腹部 B 超检查。

(8) PET/CT:能够发现微小受累病灶,改变疾病分期和治疗原则。在淋巴瘤分期中得以广泛推荐。

(9) 骨髓活检和/或骨髓穿刺:治疗开始前进行,骨髓活检准确性优于骨髓穿刺。

(10) 心电图:治疗前后评估心脏毒性和耐受性。

2. 选择检查项目

(1) 胃肠道造影:胃肠道原发或继发淋巴瘤应做胃肠道造影。

(2) 内窥镜检查(胃镜、肠镜、咽喉镜、气管镜、纵隔镜等)。

(3) 同位素骨骼扫描、骨骼 X 射线片。

(4) 腰椎穿刺与脑脊液检查:颅内原发淋巴瘤应做脑脊液常规和细胞学检查。

(5) 剖胸探查术。

（6）渗出液细胞学检查:胸腔积液和心包积液检查等。

PET-CT 已成为大部分淋巴瘤临床分期、疗效评估的标准检查手段。对于 FL 和 FDG 活性淋巴瘤,PET-CT 比 CT 显著提高了诊断的准确性。横膈下 CT 扫描能够明确腹主动脉旁、腹腔、盆腔淋巴结以及肝脏和脾脏病变。PET-CT、CT 和 MRI 等对膈下小淋巴结病变诊断的可靠性低。

骨髓活检是常规的分期检查手段,B 细胞淋巴瘤易侵犯骨髓,但临床 I A 和 II A 期 HL 极少侵犯骨髓(<1%),可不必作为常规检查。骨髓活检检出率高于骨髓穿刺,应尽量做骨髓活检。PET-CT 检查不能代替骨髓活检。

实验室检查包括血液生化,如血常规、肝肾功能等。血沉、LDH 和 β-微球蛋白对 NHL 的预后有指导意义,应常规检查。有胸腔和腹腔积液和心包积液时,应做渗出液和漏出液常规和细胞学检查,在细胞学检查未发现肿瘤细胞时,不改变临床分期。原发中枢神经系统淋巴瘤应常规做脑脊液检查。

（二）分期原则和预后分组

目前非霍奇金淋巴瘤的分期常应用 Ann Arbor 分期系统(表 14-9)。最近在原发结内淋巴瘤中,使用 Lugano 修正分期系统(表 14-10)。此外,还应计算国际预后指数(international prognostic index,IPI)。

表 14-9　Ann Arbor 分期

分期	描述
I 期	一个淋巴结区域或淋巴样结构(如脾、胸腺或韦氏环)受侵(I 期);或一个淋巴结外器官或部位受侵(I_E)
II 期	横膈一侧两个或两个以上淋巴结区域受侵(II);或者一个淋巴结外器官/部位局部延续性受侵合并横膈同侧区域淋巴结受侵(II_E)
III 期	横膈两侧的淋巴结区域受侵(III),可合并局部结外器官或部位受侵(III_E);或合并脾受侵(III_S);或结外器官和脾受侵(III_{S+E})
IV 期	同时伴有远处一个或多个结外器官广泛受侵

下列定义适用于各期

A:无全身症状

B:有全身症状,定义如下述,只要具有其中之一即认为 B 症状

E:连续性的结外部位受侵,或淋巴结侵及邻近器官或组织

S:脾受侵

CS:临床分期

PS:病理分期

注:B 症状主要包括连续 3 天不明原因发热超过 38℃;6 个月内不明原因体重减轻>10%;盗汗。因感染或其他原因引起的发热,或因胃肠道疾病等引起的体重减轻,不能认为是 B 组症状。

肝脾受侵:脾受侵可以表现为脾正常大小或脾大。脾大在临床上很常见,多种因素可以导致脾大,如血量变化、生长因子使用和其他因素,脾大并非诊断脾受侵的标准。PET-CT 诊断脾受侵的标准为均质性脾大、弥漫浸润伴粟粒状病变、局灶结节性病变或大的孤立病变。目前脾大无统一的测量标准,大部分研究应用 10~12cm,但修正分期建议为>13cm。和脾受

表 14-10 Lugano 修正分期导航(2014 年)

分期	侵犯	结外状态(E)
局限期		
I 期	一个淋巴结或一组邻近淋巴结	单一结外病变,无淋巴结侵犯
II 期	两组或两组以上淋巴结,位于横膈一侧	结内 I 或 II 期伴局限和连续性结外受侵
II 大肿块期	II 期伴大肿块	不适用
晚期		
III 期	淋巴结位于横膈两侧;膈上淋巴结伴脾受侵	不适用
IV 期	同时有另外的、非连续性结外受侵	不适用

注:FDG 活性淋巴瘤病理类型的病变程度由 PET-CT 决定,无 FDG 活性淋巴瘤病理类型的病变程度由 CT 决定;II 期大肿块的早期或晚期治疗原则取决于病理类型和其他预后因素;扁桃体、韦氏环和脾考虑为淋巴组织;Lugano 标准取消了 B 组症状定义。

侵诊断相似,肝受侵诊断为 FDG 弥漫性摄取增高或局灶高摄取,可合并或不合并局灶或弥散结节。

大肿块:HL 大肿块定义为 CT 检查淋巴结>10cm 或纵隔肿瘤最大横径之比>1/3。胸正位片不再是定义纵隔大肿块的必要检查。NHL 大肿块的定义不明确,有人建议滤泡性淋巴瘤>6cm 为大肿块,利妥昔单抗年代,学者将弥漫大 B 细胞淋巴瘤的大肿块定义为 5~10cm,德国的系列研究中应用 7.5cm 为大肿块标准。

NHL 的预后与疾病本身及患者状态两大类因素有关。肿瘤相关因素包括病理类型、临床分期、LDH、部位、肿瘤大小、原发肿瘤侵犯范围等,患者相关因素包括年龄和一般状态等。

1. 常见预后因素 病理类型是最重要的预后因素,不同病理类型的临床表现、预后和治疗原则都不相同。惰性淋巴瘤如滤泡性淋巴瘤、结外黏膜相关淋巴组织边缘区淋巴瘤、小淋巴细胞淋巴瘤的预后较好,弥漫大 B 细胞淋巴瘤、原发纵隔 B 细胞淋巴瘤、结外鼻型 NK/T 细胞淋巴瘤和原发系统间变性大细胞淋巴瘤的预后中等,但套细胞淋巴瘤、外周 T 细胞淋巴瘤和 T 淋巴母细胞淋巴瘤的预后很差。

原发部位是重要的预后因素,同一病理类型但原发部位不同,意味着不同的疾病,预后和治疗均有明显不同。例如,原发中枢神经系统和睾丸弥漫大 B 细胞淋巴瘤的预后明显低于结内弥漫大 B 细胞淋巴瘤,原发系统间变性大细胞淋巴瘤是侵袭性淋巴瘤,而原发皮肤间变性大细胞淋巴瘤是惰性淋巴瘤。肿瘤负荷也是影响预后的重要因素,如临床分期晚、LDH 异常、远处结外器官受侵等都是预后不良因素。原发结外淋巴瘤的原发肿瘤大小、侵犯范围也是重要的预后因素。年龄是 NHL 的重要预后因素,老年患者对化疗的耐受性差,预后较差。

2. 预后指数 应用淋巴瘤预后指数/模型进行危险度分层,对预后和治疗有非常重要的指导意义。不同的淋巴瘤预后因素不同,有各自的预后指数或模型。常见淋巴瘤预后模型包括 DLBCL、外周 T 细胞淋巴瘤非特指型、晚期套细胞淋巴瘤、滤泡性淋巴瘤和结外鼻型 NK/T 细胞淋巴瘤(表 14-11),可以进一步进行危险度分层,指导临床治疗和研究。年龄和 LDH 是所有淋巴瘤预后模型中的预后因素,分期和一般状况是大部分淋巴瘤预后模型的预后因素。

表 14-11　常见淋巴瘤预后模型

预后模型	病理类型和适用人群	独立预后因素	预后分组	5年总生存率/%
IPI [Shipp,1993]	弥漫大B细胞淋巴瘤	年龄(≤60,>60岁)	低危:0~1	73
		LDH(正常,升高)	低中危:2	51
		分期(Ⅰ~Ⅱ,Ⅲ~Ⅳ)	中高危:3	43
		一般状况(0~1,≥2)	高危:4~5	26
		结外受侵(≤1,>1部位)		
年龄调整IPI	年龄<60岁,弥漫大B细胞淋巴瘤	LDH(正常,升高)	低危:0	83
		分期(Ⅰ~Ⅱ,Ⅲ~Ⅳ)	低中危:1	69
		一般状况(0~1,≥2)	中高危:2	46
		结外受侵(≤1,>1部位)	高危:3	32
R-IPI [Sehn,2007]	利妥昔单抗化疗,弥漫大B细胞淋巴瘤	LDH(正常,升高)	低危:0	94*
		分期(Ⅰ~Ⅱ,Ⅲ~Ⅳ)	中危:1~2	79
		一般状况(0~1,≥2)	高危:3~5	55
		结外受侵(≤1,>1部位)		
PIT [Gallamini,2004]	外周T细胞淋巴瘤非特指型	年龄(≤60,>60岁)	低危:0	58.9
		LDH(正常,升高)	低中危:1	45.6
		一般状况(0~1,≥2)	中高危:2	39.7
		骨髓受侵(无,有)	高危:3~4	18.3
NKTCL-NRI [Yang,2015; Chen SY,2021]	结外鼻型NK/T细胞淋巴瘤	年龄(≤60,>60岁)	低危:0	84.1
		LDH(正常,升高)	低中危:1	61.6
		分期(Ⅰ~Ⅱ,Ⅲ~Ⅳ)	中高危:2	43.5
		一般状况(0~1,≥2)	高危:3~5	29.2
		原发肿瘤浸润(无,有)		
PINK [Kim,2016]	结外鼻型NK/T细胞淋巴瘤,非多柔比星方案化疗	年龄(≤60,>60岁)	低危:0	81(3年总生存率)
		分期(Ⅰ~Ⅱ,Ⅲ~Ⅳ)	中危:1	
		远处淋巴结(无,有)	高危:≥2	62(3年总生存率)
		上呼吸消化道外(无,有)		25(3年总生存率)
MIPI [Hoster,2008]	晚期套细胞淋巴瘤	年龄(<50,50~59,60~69,≥70)	低危:<5.7	60
		LDH(<0.67,0.67~0.99,1.00~1.49,≥1.5)	中危:5.7~6.2	51(中位OS)
		一般状况(0~1,2~4)	高危:≥6.2	29(中位OS)
		白细胞计数(<6.7,6.70~9.99,10.0~14.99,≥15.0)		
FLIPI [Solal-Celigny, 2004]	滤泡性淋巴瘤	年龄(≤60,>60岁)	低危:0~1	70.7
		LDH(正常,升高)	中危:2	50.9
		分期(Ⅰ~Ⅱ,Ⅲ~Ⅳ)	高危:3~5	35.5
		血红蛋白(≥120,<120g/L)		
		淋巴结受侵数(≤4,>4部位)		

续表

预后模型	病理类型和适用人群	独立预后因素	预后分组	5年总生存率/%
FLIPI2 [Federico,2009]	利妥昔单抗化疗,滤泡性淋巴瘤	年龄(≤60,>60岁) β2-微球蛋白(正常,升高) 最大直径(≤6cm,>6cm) 血红蛋白(≥120,<120g/L) 骨髓受侵(无,有)	低危:0 中危:1~2 高危:3~5	79.5[&] 51.2 18.8

注:[*]4年总生存率;[&]4年无进展生存率。

六、治疗原则

恶性淋巴瘤的治疗手段包括化疗、免疫治疗、放疗、放射免疫治疗、抗感染治疗等。放射治疗是早期惰性淋巴瘤的根治性治疗手段,对于某些特殊类型的侵袭性 NHL 如结外鼻型 NK/T 细胞淋巴瘤,由于肿瘤对化疗抗拒,Ⅰ~Ⅱ期以放疗为主可取得好的疗效,放疗是主要治疗手段。化疗和放疗综合治疗是大部分早期侵袭性淋巴瘤的主要治疗手段,如弥漫大 B 细胞淋巴瘤、Ⅲ级滤泡性淋巴瘤、原发纵隔 B 细胞淋巴瘤和间变性大细胞淋巴瘤等,通常采用化疗后放疗模式。对于晚期(Ⅲ~Ⅳ期)恶性淋巴瘤和任何期别的高度侵袭性 NHL 如 T/B 淋巴母细胞淋巴瘤、伯基特淋巴瘤和套细胞淋巴瘤,化疗是主要治疗手段。B 细胞淋巴瘤如弥漫大 B 细胞淋巴瘤、滤泡性淋巴瘤和套细胞淋巴瘤可以采用化疗联合抗 CD20 的免疫治疗和放射免疫治疗。

(一)放射治疗原则

DLBCL 主要按照 Ann Arbor 分期进行分层治疗。早期(Ⅰ~Ⅱ期)DLBCL 的治疗以短疗程免疫化疗+放疗的综合治疗为主。对早期非大肿块患者(<7.5cm),3 周期 RCHOP 方案化疗+ISRT 或 6 周期 RCHOP 方案化疗±ISRT;早期大肿块患者(≥7.5cm),需接受更强的 6 周期 RCHOP 方案化疗+ISRT。对于>80 岁的老年患者,可应用 R-mini-CHOP 方案化疗以提高化疗耐受性,不适宜化疗者推荐应用单纯 ISRT。晚期(Ⅲ~Ⅳ期)DLBCL 以化疗为主,放疗主要应用于化疗前大肿块或化疗后残存肿瘤。

早期结外鼻型 NK/T 细胞淋巴瘤需要进行风险分层治疗,Ⅰ期无危险因素(年龄<60 岁,ECOG 0~1 分,LDH 正常,Ⅰ期无原发肿瘤局部广泛侵犯),单纯放疗即可取得较好的效果,和综合治疗结果相似;Ⅰ期伴有危险因素及初治Ⅱ期需要考虑增加化疗以降低复发概率,推荐的治疗模式为放疗+辅助化疗或者短周期诱导化疗(2~3 周期)+放疗±化疗。非蒽环类化疗方案成为治疗 NK/T 淋巴瘤最有效的全身化疗方案。晚期患者目前仍以化疗为主,但总体疗效很差。目前尚无标准化疗方案,多倾向于使用含有门冬酰胺酶或者吉西他滨方案化疗,如 SMILE 方案或 GDP 等新方案化疗。含门冬酰胺酶方案的近期疗效优于其他方案,但Ⅲ~Ⅳ期患者预后差,即使采用新方案化疗,中位生存期仅为 8~12 个月,5 年总生存率仍然低于 30%。

MALT 淋巴瘤主要按照 Ann Arbor 分期进行分层治疗。放疗是早期结外 MALT 淋巴瘤的根治性治疗手段,既能取得很好的疗效,又可保留器官功能。抗 Hp 治疗适用于 Hp 阳性Ⅰ期胃 MALT 淋巴瘤。常规化疗或利妥昔单抗主要应用于晚期 MALT 淋巴瘤,不是早期 MALT 淋巴瘤的标准治疗。胃肠道 MALT 淋巴瘤放疗能保留胃功能,提高生存质量,放疗已成为Ⅰ～Ⅱ期胃淋巴瘤保留胃功能治疗的主要治疗手段之一。胃 MALT 淋巴瘤放疗适应证主要包括:抗感染治疗无效或 Hp 阴性Ⅰ期、Ⅱ期或有 t(11;18)(q21;q21)易位的早期胃 MALT 淋巴瘤,放疗的 5 年生存率和无病生存率分别超过 90% 和 80%。早期胃 MALT 淋巴瘤伴大细胞转化或胃弥漫大 B 细胞淋巴瘤先化疗,再行辅助放疗或挽救性放疗。Ⅰ～Ⅱ期眼 MALT 淋巴瘤首选放疗,安全有效,放疗后极少复发或死亡,5 年无病生存率超过 90%,眼、皮肤和腮腺早期 MALT 淋巴瘤放疗预后优于其他部位 MALT 淋巴瘤。放疗是晚期 MALT 淋巴瘤的重要姑息性治疗手段,化疗未控、肿瘤压迫、器官功能受损等情况下,应考虑姑息性受累部位放疗。

(二) 化疗和免疫治疗

化疗是大部分早期和晚期淋巴瘤的主要治疗手段,大部分 B 细胞淋巴瘤对化疗敏感。CHOP±利妥昔单抗方案是侵袭性和惰性 B 细胞淋巴瘤的标准化疗方案。20 世纪 90 年代开始的大量临床随机研究证明,CHOP 一线化疗方案和高强度化疗方案如 m-BACOD、ProMACE-CytaBOM、MACOP-B 疗效相同,而后者的毒副作用显著增加。

利妥昔单抗联合化疗提高了侵袭性 B 细胞淋巴瘤的生存率,R-CHOP 成为中高危或晚期 B 细胞淋巴瘤,如预后不良早期和晚期弥漫大 B 细胞淋巴瘤、晚期滤泡性淋巴瘤或套细胞淋巴瘤的标准化疗方案。

免疫治疗在淋巴瘤中应用包括多个方面。针对 PD-1/PD-L1 途径的免疫治疗是霍奇金淋巴瘤、原发纵隔大 B 淋巴瘤和结外 NK/T 细胞淋巴瘤的首选挽救治疗方案。另外,细胞免疫 CAR-T 在复发难治的 DLBCL 中取得良好的挽救治疗效果。新的方法不断涌现,成为当前淋巴瘤领域重要研究方向。

(三) 抗感染治疗

某些惰性淋巴瘤,单纯抗感染治疗取得了好的疗效。例如,Hp 阳性ⅠE 期胃 MALT 淋巴瘤抗 Hp 治疗可取得根治性效果。衣原体阳性眼 MALT 淋巴瘤抗感染治疗和丙肝病毒阳性的脾淋巴瘤应用 INF-α 治疗能取得明显的疗效。

(四) 综合治疗

早期侵袭性 NHL 综合治疗改善了患者的生存率。化疗作为一种全身治疗,能有效地控制远处器官亚临床转移,而放疗局部控制率高。综合治疗的另一个重要目的在于降低治疗毒性,不至于因长疗程和高剂量化疗产生更多的长期毒性。因此,3~4 周期 R-CHOP 方案化疗合并受累部位照射是早期弥漫大 B 细胞淋巴瘤的首选治疗原则。

七、放射治疗

(一) 原则

目前均采用 INRT 或 ISRT 的放疗靶区定义(Ⅰ级推荐)。INRT:化疗前充分对肿瘤进行评估,在放疗治疗体位下行 PET/CT 检查,并融合至化疗后放疗的定位 CT 中,准确照射所有化疗前大体肿瘤位置,即为受累淋巴结照射。ISRT:当没有条件获得精准的治疗前影像时,可以通过适度增大射野来涵盖治疗中的不确定性因素,由此衍生出受累部位照射的概念。

在缺乏化疗前治疗体位的精确影像学资料时,可参考化疗前和化疗后的影像学信息,勾画出化疗前肿瘤位置,外放一定边界来补偿这种影像学的不确定性,即为受累部位照射。

（二）放疗技术

淋巴瘤放射治疗技术包括常规照射、IMRT、IGRT 和质子治疗等。现代先进放疗技术可取得更好的靶区剂量分布和适形度,并更好地保护正常组织,减少肺、心脏、乳腺、肾、脊髓、肝和胃肠道等正常组织照射剂量。纵隔淋巴瘤可采用 4D-CT 和呼吸门控技术,减少呼吸运动对靶区和肺的影响。

（三）靶区

1. 弥漫大 B 细胞淋巴瘤

（1）结内原发病变 ISRT

1）GTV 是勾画化疗前(或手术、活检前)阳性淋巴结。

2）CTV 原则上应覆盖最初任何治疗之前的 GTV。但若化疗后病变退缩,应避让肺、骨、肌肉或肾等正常器官。勾画 CTV 时应考虑以下几点:影像的质量和准确性;肿瘤的侵犯模式;潜在的亚临床病灶;邻近器官的照射限量。如果有数个淋巴结受侵,但是彼此距离≤5cm,可以考虑仅勾画一个 CTV;但如果有数个淋巴结受侵,彼此距离>5cm,则分别勾画 CTV。

3）内靶区（intenal target volume,ITV）定义:依据 ICRU 第 62 号报告,考虑到 CTV 的大小、形状、位置的不确定性,所以外扩 CTV 形成 ITV。ITV 大多与靶区运动有关,而靶区运动基本出现于受呼吸影响的胸部和上腹部。四维 CT 是明确 ITV 边界的最佳方法。通过 X 线透视或者资深医师经验性判断也可作为替代方法。胸部或上腹部的 ITV 需要在头脚方向外扩 1.5~2cm。如果靶区在放疗的分次内或分次间照射不易出现形状或位置改变(例如:头颈部),就不必需要外扩 ITV。

4）PTV 定义:PTV 包括 CTV(相关时也包括 ITV)和放疗计划设计、治疗各个环节中存在由摆位造成的患者位置与射线束的不确定性。各个放疗中心对 PTV 范围的设置是不同的。医师和/或物理师设置的 PTV 及其外扩边界取决于摆位误差和系统误差。固定装置的性能、体位、内部器官运动以及患者的配合程度都会影响摆位误差。

（2）结外病变 ISRT:结外病变 ISRT 靶区勾画原则和结内器官 ISRT 相同。对大多数结外器官的 CTV 应包括整个器官,如胃、涎腺、甲状腺等。对其他器官,如眼眶、乳腺、骨、局部皮肤,或化疗后巩固放疗患者,可能仅需照射部分器官。

2. 结外鼻型 NK/T 细胞淋巴瘤　不同原发部位的结外鼻型 NK/T 细胞淋巴瘤具有异质性,临床特征也不同,因此 CTV 和原发部位有关。鼻腔和韦氏环是最常见的原发部位,靶区和剂量已达成共识,建议分别采用扩大受累野照射。鼻腔原发 NK/T 细胞淋巴瘤局限于一侧鼻腔,未侵犯邻近器官或组织结构(局限 I 期),CTV 包括双侧鼻腔、双侧前组筛窦、硬腭和同侧上颌窦内壁;若双鼻腔受侵则包括双侧上颌窦内壁。肿瘤超出鼻腔时(广泛 I 期),靶区应扩大至受累的邻近器官和结构。合并上颌窦内壁受侵时,照射受侵侧整个上颌窦,前组筛窦受侵时,应包括同侧后组筛窦。如果肿瘤邻近后鼻孔或侵犯鼻咽,CTV 应扩展至鼻咽。I 期不做颈预防性照射的区域淋巴结失败率低于 5%,因此不做颈部淋巴结预防性照射;II 期需同时做双颈照射或照射中上颈部淋巴结。韦氏环包括鼻咽、口咽、扁桃体和舌根,任何原发部位韦氏环 NK/T 细胞淋巴瘤 CTV 应包括整个韦氏环和后鼻孔。韦氏环 NK/T 细胞淋巴瘤在初诊时约 60% 伴有颈部淋巴结受侵，区域淋巴结复发较常见，因此，Ⅰ 期可以考虑做颈部淋巴结预防性照射，Ⅱ 期做治疗性照射。

3. 早期胃 MALT 淋巴瘤 CTV 包括全胃及胃周围淋巴结，通常包括全胃和胃周围外放 1~2cm，不做淋巴结预防性照射。早期眼 MALT 淋巴瘤 CTV 通常需要包括整个眼和球后，病变局限于结膜时，可用单前野 8~12MeV 电子束照射，包括整个结膜，但角膜和晶体需要用铅点遮挡。

（四）剂量

早期 DLBCL 化疗达 CR 患者推荐巩固性放疗 30~40Gy，化疗后 PR 患者推荐 40~50Gy，难治性病变或不能耐受化疗患者放疗为主要治疗，推荐 40~55Gy。结外鼻型 NK/T 细胞淋巴瘤的根治剂量为 50Gy，50Gy 时检查鼻腔和鼻咽，并作 MRI 评价肿瘤是否残留。如果肿瘤残存，局部补量 5~10Gy。韦氏环 NK/T 细胞淋巴瘤颈部预防性照射剂量为 40Gy。结外鼻型 NK/T 细胞淋巴瘤化疗达到 CR 仍应接受 50Gy 根治性照射。低度恶性结外 MALT 淋巴瘤对放疗高度敏感，推荐根治性照射剂量 24~30Gy，姑息性放疗的照射剂量为 2×2Gy 或其他剂量分割模式。

八、放疗损伤及处理

淋巴瘤属于全身性疾病，各个部位的放疗均有可能对周围正常组织产生副作用，因此在制订放疗计划时要注意对正常组织的保护。

皮肤及其附属器都是放射敏感组织，其中最敏感的是皮脂腺，以下依次是毛囊、表皮、汗腺。不同照射剂量的射线作用于皮肤后，也可发生程度不同的皮肤放射损伤。RTOG/EORTC 将放射性皮肤损伤分为 4 级：1 级为点或片状红斑/脱毛/干性脱皮/出汗减少，2 级为明显红斑/斑状湿疹脱皮/中度水肿，3 级为融合性湿性脱皮/凹陷性水肿，4 级为溃疡/出血/坏死。放疗时应保持治疗区皮肤干燥，不能涂抹有刺激性的药物，避免抓挠，穿柔软的衣服，1 级一般不需特殊治疗，2 级时可以选择外用皮肤保护剂，3 级时皮肤可出现水疱，水疱逐渐增大、破裂、流出渗出液，并可出现长期不愈的溃疡。湿性反应一旦出现，要中止放射治疗，局部可用含维生素 B_{12} 的药物涂抹，一般 1~4 周可治愈。4 级出现皮肤溃疡坏死时，如果不影响患者的生理功能，保持溃疡处清洁可不做特殊治疗；如果严重影响生理功能，可切除全部坏死组织，做整形修补手术。

口腔、鼻腔、鼻咽、喉部、食管、胃肠道、膀胱等处经照射后，均可出现不同程度的黏膜反应。由于照射部位的不同，临床症状也各异，但其病理表现是一致的。开始表现为黏膜充血、水肿，继之黏膜上皮细胞脱落、糜烂，伴有纤维蛋白和白细胞渗出，形成假膜，假膜剥脱后可有出血。涉及鼻咽、口咽及喉部受照射时，要保持这些部位的清洁。进行鼻咽冲洗，可用复方硼酸溶液含漱或药物喷雾。如果已经出现糜烂或不能进食时，要停止放射治疗，有感染者要用抗生素类药物治疗。

早期结外 MALT 淋巴瘤照射剂量低，放疗的严重毒副作用罕见。低剂量胃照射无严重毒副作用，极少引起胃穿孔或出血、肾毒性或第二原发肿瘤。眼 MALT 淋巴瘤放疗后白内障发生率约 10%~30%，高能 X 线或电子线照射时用铅遮挡角膜或晶体，可以显著降低白内障的发生率。部分患者有轻微眼干、角膜炎和水肿等。白内障手术可以恢复视力,绝大部分患者晚期毒副作用在治疗后得到明显改善。

九、疗效评价及随访

2014 年,应用 PET-CT 的评价标准-Lugano 标准引入分期和疗效评价中,并在 NCCN 指南中作为推荐(表 14-12)。有 FDG 活性的病理类型(如 HD、DLBCL)推荐应用 PET-CT。并应用 5 分法 Deauville 评分系统进行疗效评价。疗中 PET-CT 用于评估早期治疗反应,治疗末 PET-CT 用于评估肿瘤消退状态。PET-CT 阴性预测值为 80%~100%,阳性预测值为 50%~100%。

表 14-12　淋巴瘤治疗的疗效评价标准(2014 年)

疗效和部位	PET-CT 标准	CT 标准
完全缓解(CR)		
淋巴结和结外部位	5-PS[a] 1~3 分,伴或不伴肿瘤残[b]	病变淋巴结最大横径(LDi)≤1.5cm;结外病灶消失
非测量病灶	不适用	无
器官增大	不适用	恢复正常大小
新病变	无	无
骨髓	无 FDG 高亲和性病灶	病理形态学恢复正常;如形态学不能确诊,则需免疫组化阴性
部分缓解(PR)		
淋巴结和结外部位	FDG 摄取较治疗前减少,5-PS 4~5 分。治疗期间评价视为治疗有效;治疗结束评价视为肿瘤残存	6 个最大结内/结外病灶的 SPD 缩小≥50%[d]
非测量病灶	不适用	无/正常/缩小
器官增大	不适用	脾脏长度超过正常部分缩小≥50%
新病变	无	无
骨髓	FDG 摄取介于治疗前与正常骨髓之间[e]	不适用
疾病稳定(SD)		
淋巴结和结外部位	治疗期间/治疗结束评价时,FDG 摄取较治疗前无明显变化,5-PS 4~5 分	6 个最大结内/结外病灶[e]的 SPD 缩小<50%
非测量病灶	不适用	增大但未达 PD
器官增大	不适用	增大但未达 PD
新病变	无	无
骨髓	FDG 摄取较治疗前无变化	不适用

疗效和部位	PET-CT 标准	CT 标准
疾病进展（PD）		
淋巴结和结外部位	治疗期间/治疗结束评价时，FDG 摄取增高，5-PS 4~5 分；或新发 FDG 高亲和性病灶	1. 单个病灶 LDi>1.5cm、PPD 超过 50% 且 LDi/SDi 增加超过界值（病变≤2cm 时，要求 LDi/SDi 增加 0.5cm；病变>2cm 时，要求 LDi/SDi 增加 1cm）； 2. 疗前脾大，则脾脏长度超过正常的部分需增大>50%；疗前脾正常，则脾脏长度增加≥2cm； 3. 新出现或再次出现脾大
非测量病灶	无	治疗前存在的非测量性病灶 [f] 明显进展或出现新病灶
新病变	新 FDG 活性病灶，与非感染和炎症等其他原因无关；新病灶性质未定，考虑活检或复查 PET-CT	1. 治疗后缓解的病灶再次增大； 2. 新发淋巴结最大径>1.5cm； 3. 新发结外浸润灶>1.0cm；（若<1.0cm，需确定为淋巴瘤浸润）； 4. 淋巴瘤浸润所致的任何大小可评估病灶
骨髓	新发或复发的 FDG 高亲和性病灶	新发或复发病灶

注：LDi，最大横径；PPD，LDi 与其垂直径的乘积；SDi，LDi 的最短垂径；SPD，两条最大垂直径线乘积之和。

[a] PET 5-PS：①背景以上无摄取；②摄取≤纵隔；③摄取>纵隔但≤肝脏；④任何病灶摄取程度较肝脏适度增加；⑤任何病灶摄取程度较肝脏明显增加和/或出现新发病灶；X，新的摄取区域不太可能与淋巴瘤相关。

[b] 当韦氏环、伴生理性摄取的结外部位或脾脏/骨髓中（如使用化疗或粒细胞集落刺激因子后）存在摄取增高时，如果原发灶部位摄取低于周边正常组织，也可考虑为完全代谢缓解。

[c] 化疗后骨髓可出现反应性弥漫摄取增高，骨髓存在持续性局灶性病变，应考虑 MRI、骨髓穿刺或复查 PET-CT。

[d] CT 不能测量的小病灶取默认值 5mm×5mm；病灶已消失取 0mm×0mm；病变淋巴结大小介于 5mm×5mm 与正常淋巴结之间时，取实际测量值。

[e] 测量目标病灶：至少 6 个淋巴结/结外病灶，所选择的淋巴结或结外病灶的标准是：①二个垂直径能准确测量；②尽可能在身体的不同部位；③若纵隔、腹膜后受侵，应包括这些部位。

[f] 非测量病灶：包括任何未入选测量病灶的淋巴结或结外病灶、不满足测量条件的不正常病灶及其他难以定量测量的病灶如胸腔积液、腹水、骨质破坏、脑膜病灶及腹腔包块等。

治疗后要告知患者和家属估计的预后、需要注意的问题及复查间隔。需强调营养指导、皮肤和黏膜损伤的防治，对于头颈部患者要强调保持口腔清洁，定期牙齿检查，通常不要 3 年内拔牙。治疗后复查间隔通常 2 年内每 3 个月 1 次，2~5 年每 6 个月 1 次，5 年后每年 1 次，至少治疗后 2 年内每 6 个月进行 1 次影像学检查（CT/MRI），有条件的患者可行 PET/CT 复查。

第十五章 消化系统肿瘤

第一节 胃　癌

一、概述

(一)流行病学

胃癌是指原发于胃的上皮源性恶性肿瘤。据全球最新数据表明,胃癌发病率居恶性肿瘤第 5 位,2020 年全球胃癌病例数新增 108.9 万例;死亡率居第 4 位,新增死亡 76.9 万例。在中国,2020 年胃癌发病率居恶性肿瘤第 3 位,在性别、年龄及地区上均存在差异。我国早期胃癌占比很低,约 20%,临床上大多数发现时已是进展期,总体 5 年生存率不足 50%。近年来,随着胃镜检查的普及,早期胃癌比例逐年增高,胃癌 5 年生存率呈逐年上升趋势,2000—2004 年、2005—2009 年和 2010—2014 年统计数据分别为 30.2%、33.2% 和 35.9%。

(二)病因

胃癌的发生是由多种因素共同造成的。其中最常见的病因包括幽门螺杆菌(*Helicobacter pylori*,Hp)感染、癌前病变、遗传因素、环境和饮食因素等。

1. **基本病因**　已有的慢性炎症、萎缩性胃炎、萎缩性胃炎伴肠上皮化生、异型增生等病变,在幽门螺杆菌感染、不健康饮食和不良环境等多种因素的作用下,逐渐向胃癌转变。

2. **诱发因素**

(1)感染因素:幽门螺杆菌感染与胃癌有共同的流行病学特点,目前幽门螺杆菌感染被认定为Ⅰ类致癌源。

(2)环境和饮食因素:流行病学研究提示,腌菜、腌制烟熏食品、霉变食品,以及过多摄入食盐,均可增加患胃癌的风险。此外,火山岩地带、高泥炭土壤、水土含硝酸盐过多、微量元素比例失调或化学污染可直接或间接增加胃癌风险。

(3)遗传因素:10% 的胃癌患者具有遗传倾向,具有胃癌家族史者,其胃癌发病率高于普通人群 2~3 倍。

二、应用解剖和胃癌的分型

(一)胃的解剖

胃由贲门接于食管,下由幽门止于十二指肠。胃的上缘短而凹陷,称为胃小弯;下缘长而外凸,称为胃大弯。胃贲门在第 11 胸椎左侧,幽门在第 1 腰椎下缘右侧。解剖学上通常以贲门口、角切迹和幽门口为标记把胃分为四部分:贲门部、胃底、胃体和幽门部。胃前壁右侧份邻接左半肝,左侧份上部紧邻膈,下部接触腹前壁,此部位移动性大,通常称为胃前壁的游离区。胃后壁隔网膜囊与胰、左侧肾上腺、左肾、脾、横结肠及其系膜相毗邻,这些器官共同形成胃床。胃周围有如此众多的脏器和组织,因此如果胃癌晚期肿瘤外侵,依据肿瘤位于胃的不同部位,可以侵犯其周围不同的组织和器官(图 15-1)。

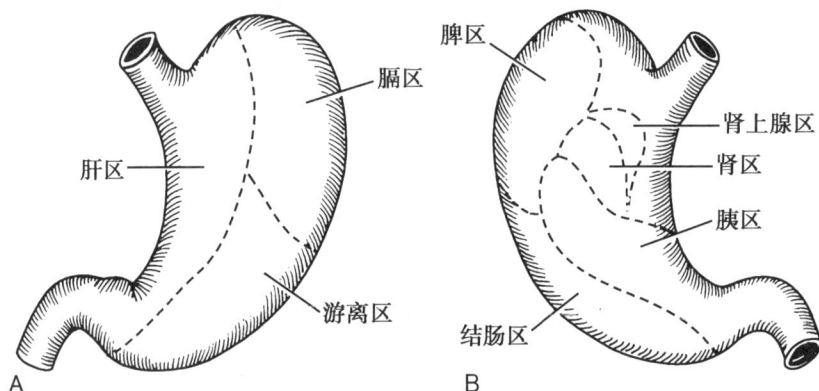

图 15-1　胃的解剖
A. 胃前壁;B. 胃后壁。

(二)胃的血液供应

胃的动脉供应全部来自腹腔动脉,并借胰十二指肠动脉与肠系膜上动脉相交通。腹腔动脉发出胃左动脉、肝总动脉和脾动脉。发自肝固有动脉或肝总动脉的胃右动脉和发自腹腔动脉的胃左动脉相吻合,形成胃小弯侧动脉弓,形成小弯侧的血供;发自脾动脉的胃网膜左动脉和发自胃十二指肠动脉的胃网膜右动脉,沿胃大弯走行,相互吻合形成大弯侧动脉弓,提供大弯侧的血液供应。两个动脉弓分别发出多个分支,支配除胃底以外的大部分胃壁。发自脾动脉的终末分支的胃短动脉支配胃底的血供。此外,左膈下动脉发出一胃底支经膈胃韧带分布于胃底(图 15-2、图 15-3)。

胃静脉大多与同名动脉伴行。胃左和胃右静脉收集胃小弯的静脉回流,直接注入门静脉;胃网膜左和胃网膜右静脉收集胃大弯和胃底静脉回流,分别经脾静脉和肠系膜上静脉注入门静脉。因此,肝脏是胃癌血行转移最常见的部位。

(三)胃的淋巴引流和分组

胃的淋巴管来自胃黏膜,在胃壁各层形成淋巴管网并形成广泛的交通,通过交通支与食管黏膜下淋巴管丛相连。胃的淋巴管收集胃壁淋巴液后穿出浆膜流向胃壁周围的区域淋巴结,然后按由近到远的方式引流向胃外更远的淋巴结。胃癌淋巴结的解剖学分组对制订胃癌根治术的手术标准及手术方案的选择,具有重要的意义。目前,临床使用的胃癌淋巴结分组是按照 2017 年日本胃癌学会(Japanese Gastric Cancer Association,JGCA)制定的《胃癌处理规约》(第 15 版)来进行划分的(表 15-1)。

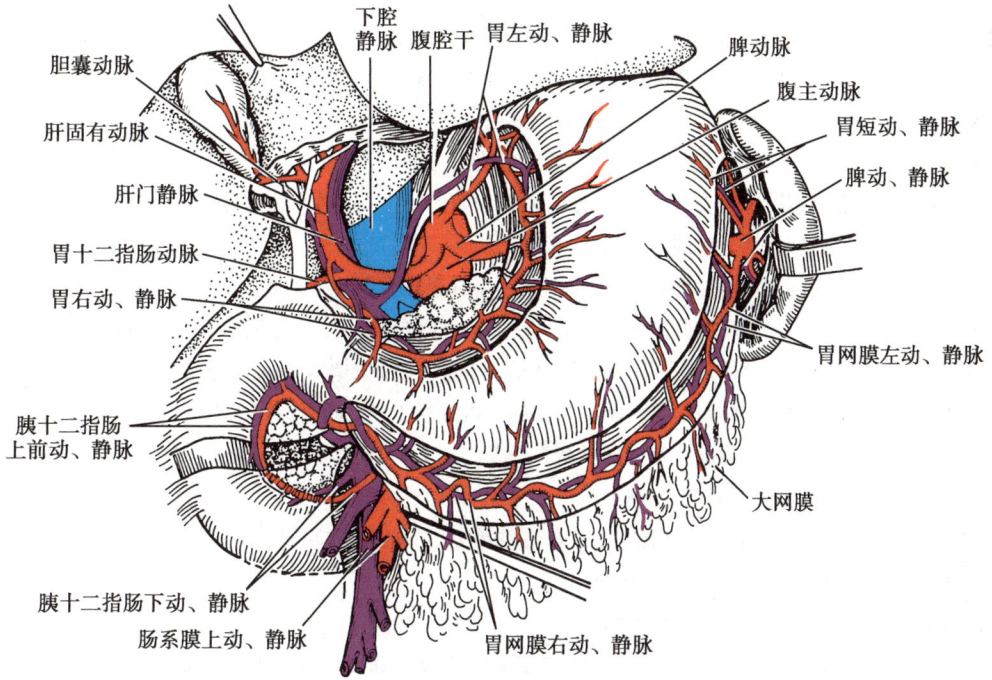

图 15-2　胃的血管（前面观）

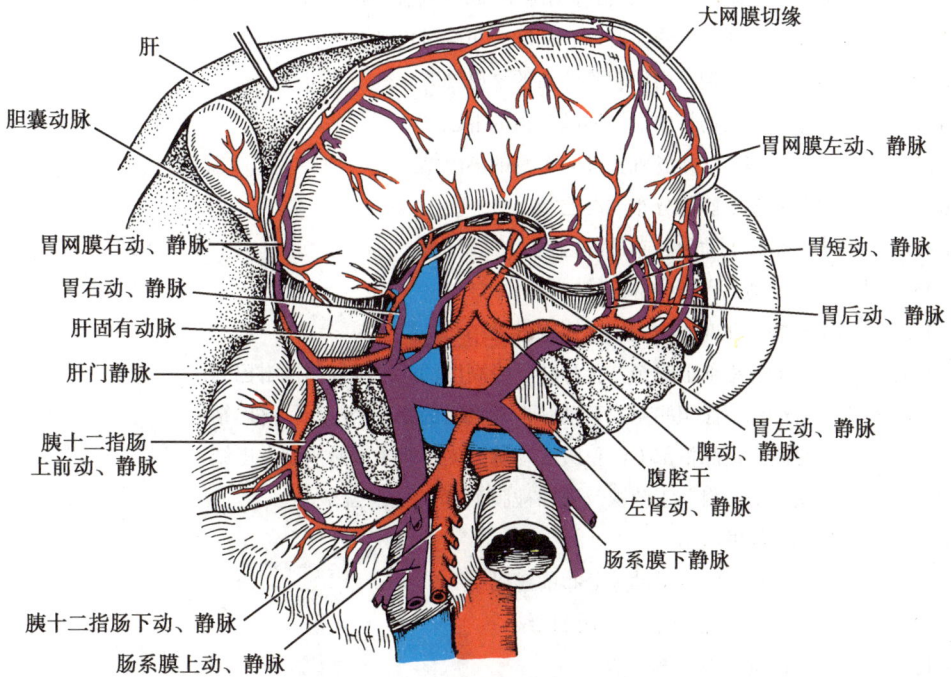

图 15-3　胃的血管（后面观）

表 15-1　胃癌淋巴结分组及其定义

淋巴结分组	定义
No.1	胃左动脉向胃小弯的第 1 分支以上贲门右侧的淋巴结
No.2	沿左膈下动脉贲门食管支分布的淋巴结
No.3a	沿胃左动脉分支的小弯淋巴结,贲门支下方淋巴结
No.3b	沿胃右动脉分支的小弯淋巴结,由胃小弯的第 1 支向左的淋巴结
No.4sa	沿胃短动脉分布的淋巴结(含脾部)
No.4sb	沿胃网膜左动脉分布,上至胃网膜左动脉至胃大弯的第 1 支,下至胃大弯侧无血管区域
No.4d	沿胃网膜右动脉分布的淋巴结,上至胃大弯侧无血区,下至胃网膜右动脉向大弯的第 1 支
No.5	自胃右动脉根部与胃右动脉至胃壁第 1 分支之间的幽门上区淋巴结
No.6a	胃网膜右动脉根部与胃网膜右动脉至胃壁第 1 支之间沿胃网膜右动脉分布的淋巴结
No.6v	沿胃网膜右静脉分布的淋巴结
No.6i	沿幽门下动脉分布的淋巴结
No.7	沿胃左动脉分布,从胃左动脉根部到至上行支的分叉部淋巴结
No.8a	沿肝总动脉前方、上方的淋巴结
No.8p	沿肝总动脉后方的淋巴结
No.9	腹腔干周围的淋巴结以及与之相连的胃左动脉、肝总动脉、脾动脉根部的淋巴结
No.10	脾门部淋巴结
No.11p	脾动脉近端淋巴结,起自脾动脉根部,至脾动脉全程的中点
No.11d	脾动脉远端淋巴结,起自脾动脉全程的中点,至胰尾部
No.12a	肝十二指肠韧带内沿肝固有动脉分布的淋巴结
No.12b	肝十二指肠韧带内沿胆管分布的淋巴结
No.12p	肝十二指肠韧带内沿门静脉分布的淋巴结
No.13	胰头后部十二指肠乳头部向头侧的淋巴结
No.14v	沿肠系膜上静脉分布的淋巴结
No.14a	沿肠系膜上动脉分布的淋巴结
No.15	结肠中动脉周围的淋巴结
No.16a1	主动脉裂孔部的腹主动脉周围淋巴结
No.16a2	腹腔动脉根部上缘至左肾静脉下缘高度的腹主动脉周围淋巴结
No.16b1	左肾静脉下缘至肠系膜下动脉根部上缘的腹主动脉周围淋巴结
No.16b2	肠系膜下动脉根部上缘至腹主动脉分支部腹主动脉周围淋巴结
No.17	胰头部前方附着于胰腺及胰腺被膜下存在的淋巴结
No.18	胰体下缘淋巴结
No.19	膈肌腹腔面沿膈下动脉分布的淋巴结
No.20	食管膈肌裂孔部食管周围淋巴结
No.110	胸下段食管周围淋巴结
No.111	膈肌胸腔面以上,与食管分开的淋巴结
No.112	与食管裂孔和食管分离的后纵隔淋巴结

（四）胃癌的分型

1. **病理分类**　胃癌有许多种不同的病理分型,95% 的胃部恶性肿瘤为胃腺癌,通常所说的胃癌也是指胃腺癌。其他胃部恶性肿瘤包括胃鳞癌、类癌、平滑肌肉瘤、胃间质细胞肉瘤、淋巴瘤等。

2. **大体分型**　早期胃癌和进展期胃癌各有不同的大体分型标准。国内外一般采用日本内镜学会提出的早期胃癌分型标准和 Borrmann 提出的进展期胃癌的分型标准。

（1）早期胃癌:早期胃癌是指肿瘤局限于黏膜或黏膜下层,而不论肿瘤大小和/或有无淋巴结转移。根据 1962 年日本内镜学会提出的早期胃癌大体分型标准,分为 I 型(隆起型)、Ⅱ型〔浅表型(Ⅱa 型:浅表隆起型;Ⅱb 型:浅表平坦型;Ⅱc 型:浅表凹陷型)〕、Ⅲ型(凹陷型)。混合型包括Ⅱa+Ⅱc、Ⅱb+Ⅱc,Ⅱc+Ⅲ等。

（2）进展期胃癌:癌组织侵入胃壁肌层、浆膜层或浆膜外,无论肿瘤大小和有无转移,均称为进展期胃癌,也称为中、晚期胃癌。目前国内外采用的进展期胃癌大体分型是 Borrmann 分型,共分为 5 型:I 型为隆起型和溃疡型;Ⅱ型为局限溃疡型,溃疡深陷,其边缘呈堤状隆起;Ⅲ型称为浸润溃疡型,溃疡边缘呈坡状,与周围胃壁分界不清;Ⅳ型为弥漫浸润型,又称"皮革胃",肿瘤在胃壁内呈弥漫浸润生长,胃壁广泛增厚变硬,肿块与正常胃壁无明显界限,胃表面黏膜消失,胃腔变小,胃蠕动消失;Ⅴ型为未分型。

Lauren 根据肿瘤的组织学特点、流行病学特点和病因学,将胃癌分为肠型(intestinal type)、弥漫型(diffuse type)和混合型(mixed type)。肠型胃癌的肿瘤细胞在镜下倾向于为腺样排列,而弥漫型则表现为大量聚集的小细胞,在黏膜下的广泛浸润性生长。肠型胃癌更常见,多见于远端胃癌;弥漫型常见于贲门区胃癌,预后比肠型胃癌差。

三、临床表现和诊断

（一）临床表现

1. **临床症状**　早期胃癌患者常无特异的症状,随着病情的进展可出现类似胃炎、溃疡病的症状,主要有:

（1）上腹饱胀不适或隐痛,以饭后为重。

（2）食欲减退、嗳气、反酸、恶心、呕吐、黑便等。

进展期胃癌除上述症状外,常出现:

（3）体重减轻、贫血、乏力。

（4）胃部疼痛,如疼痛持续加重且向腰背放射,则提示可能存在胰腺和腹腔神经丛受侵。胃癌一旦穿孔,可出现剧烈腹痛的胃穿孔症状。

（5）恶心、呕吐,常为肿瘤引起梗阻或胃功能紊乱所致。贲门部癌可出现进行性加重的吞咽困难及反流症状,胃窦部癌引起幽门梗阻时可呕吐宿食。

（6）出血和黑便,肿瘤侵犯血管,可引起消化道出血。小量出血时仅有大便隐血阳性,当出血量较大时可表现为呕血及黑便。

（7）其他症状如腹泻(患者因胃酸缺乏、胃排空加快)、转移灶的症状等。晚期患者可出现严重消瘦、贫血、水肿、发热、黄疸和恶病质。

2. **体征**　一般胃癌尤其是早期胃癌,常无明显的体征,进展期乃至晚期胃癌患者可出现下列体征：

（1）上腹部深压痛，有时伴有轻度肌抵抗感，常是体检可获得的唯一体征。

（2）上腹部肿块，位于幽门窦或胃体的进展期胃癌，有时可扪及上腹部肿块；女性患者于下腹部扪及可推动的肿块，应考虑 Krukenberg 瘤的可能。

（3）胃肠梗阻的表现：幽门梗阻时可有胃型及振水音，小肠或系膜转移使肠腔狭窄可导致部分或完全性肠梗阻。

（4）腹水征，有腹膜转移时可出现血性腹水。

（5）锁骨上淋巴结肿大。

（6）直肠前窝肿物。

（7）脐部肿块等。

其中，锁骨上淋巴结肿大、腹水征、下腹部盆腔包块、脐部肿物、直肠前窝种植结节、肠梗阻表现均为提示胃癌晚期的重要体征。因此，仔细检查这些体征，不但具有重要的诊断价值，同时也为诊治策略的制订提供了充分的临床依据。

（二）临床诊断

胃癌的诊断包括血清学检查、内镜诊断、影像学检查与诊断、腹腔镜诊断，以及病理诊断。

1. 血清学检查　广泛应用于临床诊断，血清学检查包括胃蛋白酶原 1（pepsinogen-1，PG1）、PG2、PG1/PG2、胃泌素 17（G-17）及肿瘤标志物癌胚抗原（carcinoembryonic antigen，CEA）、糖类抗原 19-9（carbohydrate antigen 19-9，CA19-9）、甲胎蛋白（alpha-fetoprotein，AFP）、CA72-4、CA125，肿瘤标志物的联合检测为我们提供了动态观察肿瘤发生发展及临床疗效评价和患者预后判断的依据，从而提高了检出率和鉴别诊断准确度。

2. 内镜诊断

（1）内镜筛查：针对胃癌高危人群进行筛查，符合下列第 1 条和第 2~6 条中任一条者均应列为胃癌高危人群，建议作为筛查对象。

1）年龄 40 岁以上，男女不限。

2）胃癌高发地区人群。

3）幽门螺杆菌感染者。

4）既往患有慢性萎缩性胃炎、胃溃疡、胃息肉、术后残胃、肥厚性胃炎、恶性贫血等胃癌前疾病。

5）胃癌患者一级亲属。

6）存在胃癌其他高危因素（高盐、腌制饮食、吸烟、重度饮酒等）。

目前指南采纳 PG 结合 Hp 检测并联合胃镜检查作为筛查方案，并推荐新型筛查评分系统与筛查流程。

（2）内镜诊断：胃镜和内镜下超声胃镜是胃癌最重要的诊断方法。通过胃镜，除了可以直接观察胃黏膜的变化，更重要的是可以获取组织学证据，即利用胃镜的活检钳取得胃部可疑病灶的活检或进行细胞学刷片，来进行病理组织学或细胞学的诊断。内镜下超声越来越多地用于胃癌的诊断和分期。它可以比较清楚地显示胃癌侵犯胃壁各层的深度，并且可以发现胃周淋巴结有无肿大，因此可以进行术前的 T 和 N 分期，对治疗有指导作用。内镜下超声对 T 分期的诊断准确率达 90%，N 分期达 75%，高于腹部 CT 对胃癌分期诊断的准确率。

3. 影像学检查 X线造影可辅助判断食管受侵范围,但灵敏度及特异度不高;腹盆腔增强 CT 是胃癌分期首选的检查方法,可判断淋巴结,肝脏及腹膜转移情况,影像报告应包括原发病灶、淋巴结及远处转移等详细内容,进展期胃癌常规行胸部 CT 或增强 CT,排除肺及纵隔淋巴结转移;MRI 可作为 CT 增强扫描禁忌或怀疑肝转移时的补充检查,增强 MRI 是胃癌肝转移的首选或重要补充检查,特别是注射肝特异性对比剂更有助于诊断和确定转移病灶数目、部位,MRI 有助于判断腹膜转移状态,可酌情使用;PET-CT 可辅助胃癌分期,但不做常规推荐。如 CT 怀疑有远处转移可应用 PET-CT 评估患者全身情况。另外,研究显示 PET-CT 对于放化疗或靶向治疗的疗效评价也有一定价值,但亦不作常规推荐。在部分胃癌组织学类型中,肿瘤和正常组织的代谢之间呈负相关联系,如黏液腺癌,印戒细胞癌,低分化腺癌通常是 18F-FDG 低摄取的,故此类患者应慎重应用。

4. 腹腔镜探查 腹腔镜探查及术中腹腔灌洗细胞学检测可评估腹腔内肿瘤是否转移以及转移的程度。适应证为:CT 怀疑腹膜转移,拟行新辅助治疗,肿瘤分期较晚($cT_{3~4}$ 或 N_+)者。禁忌证为严重腹腔粘连等无法接受腹腔镜手术或不能耐受麻醉及 CO_2 气腹者。腹水或腹腔灌洗液细胞学检查是目前诊断腹腔内游离癌细胞的"金标准"。

四、临床分期

胃癌分期即 AJCC/UICC 第 8 版 TNM 分期。该分期标准是国际抗癌联盟和美国癌症联合委员会于 2016 年共同发布的胃癌 TNM 分期法,分期的依据是原发肿瘤浸润胃壁的深度(T)、区域淋巴结转移情况(N)、远处转移情况(M),并根据 TNM 的不同组合可将胃癌分为 Ⅰ、Ⅱ、Ⅲ、Ⅳ四种临床分期。TNM 分期对胃癌治疗方案的制定有重要意义(表 15-2 和表 15-3)。

表 15-2　胃癌临床分期(cTNM)

	N_0	N_1	N_2	N_3
T_1	Ⅰ	ⅡA	ⅡA	ⅡA
T_2	Ⅰ	ⅡA	ⅡA	ⅡA
T_3	ⅡB	Ⅲ	Ⅲ	Ⅲ
T_{4a}	ⅡB	Ⅲ	Ⅲ	Ⅲ
T_{4b}	ⅣA	ⅣA	ⅣA	ⅣA
M_1(任何 T,任何 N)	ⅣB			

表 15-3　胃癌病理分期(pTNM)

	N_0	N_1	N_2	N_{3a}	N_{3b}
T_1	ⅠA	ⅠB	ⅡA	ⅡB	ⅢB
T_2	ⅠB	ⅡA	ⅡB	ⅢA	ⅢB
T_3	ⅡA	ⅡB	ⅢA	ⅢB	ⅢC
T_{4a}	ⅡB	ⅢA	ⅢA	ⅢB	ⅢC
T_{4b}	ⅢA	ⅢB	ⅢB	ⅢC	ⅢC
M_1(任何 T,任何 N)	Ⅳ				

原发肿瘤（T）：

T_x：原发肿瘤无法评估。

T_0：无原发肿瘤的证据。

T_{is}：原位癌，上皮内肿瘤，未侵及固有层，高度不典型增生。

T_1：肿瘤侵犯固有层，黏膜肌层或黏膜下层。

T_{1a}：肿瘤侵犯固有层或黏膜肌层。

T_{1b}：肿瘤侵犯黏膜下层。

T_2：肿瘤侵犯固有肌层。

T_3：肿瘤穿透浆膜下结缔组织，而尚未侵犯脏腹膜或邻近结构（胃的邻近结构包括脾、横结肠、肝脏、膈肌、胰腺、腹壁、肾上腺、肾脏、小肠以及后腹膜。注意：经胃壁内扩展至十二指肠或食管的肿瘤不考虑为侵犯邻近结构，而是应用任何这些部位的最大浸润深度进行分期）。

T_4：肿瘤侵犯浆膜（脏腹膜）或邻近结构。

T_{4a}：肿瘤侵犯浆膜（脏腹膜）。

T_{4b}：肿瘤侵犯邻近结构。

区域淋巴结（N）：

N_x：区域淋巴结无法评估。

N_0：区域淋巴结无转移。

N_1：1~2 个区域淋巴结有转移。

N_2：3~6 个区域淋巴结有转移。

N_3：7 个或 7 个以上区域淋巴结有转移。

N_{3a}：7~15 个区域淋巴结有转移。

N_{3b}：16 个或 16 个以上区域淋巴结有转移。

远处转移（M）：

M_0：无远处转移。

M_1：有远处转移。

根据上面的综合评估，TNM 三者之和数值越大，分期越晚，预后越差。

五、治疗原则

胃癌应根据肿瘤病理学类型及临床分期，结合患者一般状况和器官功能状态，采取 MDT 模式（包括胃肠外科、消化内科、肿瘤内科、内镜中心、放疗科、介入科、影像科、康复科、营养科等），有计划、合理地应用手术、化疗、放疗和生物靶向等治疗手段，达到根治或最大限度地控制肿瘤，延长患者生存期，提高生活质量。

1. 早期胃癌且无淋巴结转移证据，根据肿瘤侵犯深度，可考虑内镜下手术治疗，术后无需辅助放疗或化疗。

2. 局部进展期胃癌或伴有淋巴结转移的早期胃癌，应当采取以手术为主的综合治疗。根据肿瘤侵犯深度及是否伴有淋巴结转移，可考虑直接行根治性手术或术前先行新辅助化疗，再行根治性手术。成功实施根治性手术的局部进展期胃癌，需根据术后病理分期决定辅助化疗,必要时考虑辅助化放疗。

3. 复发、转移性胃癌采取以药物治疗为主的综合治疗手段,在恰当的时机给予姑息性手术、放疗、介入、射频等局部治疗,同时也应当积极给予镇痛、支架置入、营养支持等最佳支持治疗。

六、放射治疗

(一) 胃癌放疗适应证

放疗在胃癌的治疗中起着重要的作用,其中新辅助放疗可显著提高肿瘤降期率、R0切除率并改善生存时间且不显著增加手术并发症,术后辅助放疗可降低局部复发风险,姑息放疗可减轻患者症状。

1. 术前放疗　$cT_{3\sim4}N_0/N_+$的胃食管结合部癌,术前同步放化疗为 I 级推荐;潜在可切除$cT_{4b}N_0/N_+$胃癌,推荐术前同步放化疗,治疗后争取手术;临床评估可 R0 切除$cT_{3\sim4}N_0/N_+$胃癌患者,推荐参加术前同步放疗相关临床研究。

2. 术后放疗　R1/R2 切除;<D2 手术且$pT_{3/4}$和/或N_+;D2 术后N_3或N_+>25% 者,术后放疗为Ⅲ级推荐。

3. 不手术胃癌根治性放疗　cT_{4b}或区域淋巴结转移固定融合成团或存在非区域淋巴结转移患者推荐同步放化疗;因心脏、肺功能等原因等不能耐受手术治疗者或者拒绝接受手术治疗者。

4. 局部复发放疗　临床评估无法再次手术且未曾接受过放疗,可同步放化疗后 6~8 周评估争取再手术;局部区域淋巴结复发,可考虑全身治疗结合局部根治性放疗。

5. 晚期转移姑息性放疗　原发灶或转移灶存在梗阻、压迫、出血或疼痛时,可选择以缓解症状为目的的减症放疗。

术前放疗临床靶区包括原发病灶、阳性淋巴结及高危淋巴结引流区。术后放疗靶区应结合原发病灶部位、切除清扫范围、消化道重建方式以及术后病理情况。姑息治疗时可仅照射原发病灶及引起症状的转移病灶。放疗选择同步化疗时,化疗药物以氟尿嘧啶类药物、紫杉醇类、铂类为主。

(二) 靶区设计和剂量制定

靶区设计:GTV 包括原发肿瘤 GTVp 和转移淋巴结 GTVnd。GTVp 参考内镜、钡餐、基线腹部增强 CT 及 MRI 等检查共同确定范围。建议有条件的单位在 CT 定位前一天行内镜下银夹标记,标记 2~4 枚(至少标记原发灶上、下界)。GTVnd 的勾画可结合超声内镜及腹部增强 CT 结果。PET-CT 是否能更明确地显示原发灶的范围及阳性淋巴结尚不明确。CTVp:在 GTVp 基础上沿食管长轴方向外放 3cm,其他方向外放不小于 1cm(根据肿瘤侵犯情况及周围危及器官决定具体外放范围);CTVnd:包括 GTVnd 和外扩 0.5cm;CTVnde:为选择性照射的高危 LN 区,其设置应参照原发肿瘤的部位、期别和肿大淋巴结的组别,病变和肿大淋巴结较广泛的病例可选择包括更远处的淋巴结。淋巴结区靶区勾画可根据相应的脂肪间隙和原发肿瘤的部位,沿相应血管外扩 0.5~1cm。

剂量制定:术前放疗剂量:一般采用单一剂量 41.4~45Gy/23~25 次,每周 5 次常规分割照射。对于局部分期较晚 T_{4b} 的患者可以考虑推量至 50Gy。术后放疗剂量:推荐剂量

45~50.4Gy/25~28 次,每周 5 次。对于 R1/R2 切除的患者,在正常器官可耐受的情况下,可以加量至 50~60Gy。对于预期不能切除的患者,根治性放疗剂量:50~60Gy/25~30 次。姑息性放疗剂量:D_T 30~40Gy/10~20 次。具体放疗范围和剂量根据患者一般情况、照射野大小、预计生存期和对正常组织和器官可能造成的放射损伤等多方面考虑。胃出血的放疗:30~36Gy/10~12 次。脑转移或骨转移放疗:30Gy/10 次、40Gy/20 次或 20Gy/5 次,提高剂量可能有利于局部控制率的提高。其中脑转移灶数目局限(1~5 个)一般情况良好者推荐行 SRS 或者 SBRT。

七、放射损伤及处理

胃癌患者接受放射治疗,最常见的放射损伤有:放射性胃肠炎、放射性食管炎和放射性肝炎,虽然部分纵隔可能会纳入部分照射野中,但临床上导致放射性肺炎和心脏损伤的情况罕见,并且,由于精确放疗在临床上的普遍开展,放射性肾和脊髓损伤的发生也极为少见。

(一)放射性胃肠炎

基本伴随放疗全程,放射性胃炎的诊断主要靠胃镜检查以明确。多数患者在放疗早期就会发生。主要表现为恶心、呕吐、食欲下降、乏力等,后期因进食减少而继发体重减轻,伴随有不同程度的营养不良的症状。术后患者出现肠粘连症状的较多见,而消化道出血、穿孔、肠梗阻等较严重的症状不常见。治疗原则以止吐、修复胃肠道黏膜损伤及营养支持治疗为主。可给予止吐、抗炎、激素、抑酸、口服消化道黏膜保护剂等;因食欲减退导致体重减轻,并发营养不良状况,可予以肠内联合肠外营养支持治疗;如遇穿孔、出血、肠梗阻等严重并发症时,需请外科、介入科等积极协同处理。

(二)放射性食管炎

一般于放疗 2~3 周后出现,主要表现为吞咽疼痛、进食梗阻感加重、胸骨后灼烧感或不适。治疗原则为消炎、止痛、修复受损的食管黏膜及营养支持治疗。如果不影响进食,可暂观察,进温热、无刺激的半流质饮食,鼓励多饮水;中重度疼痛影响进食者,可给予静脉补液、抗炎、激素、抑酸、口服消化道黏膜保护剂如硫糖铝等对症处理。

(三)放射性肝炎

一般很少发生。急性放射性肝炎多发生在照射后 1 个月内。主要表现为乏力、腹痛、肝肿大、黄疸以及血清碱性磷酸酶升高,部分患者还会出现明显升高的血清转氨酶。轻度患者可予以高蛋白、高热量、高维生素、低脂饮食,并服用护肝药物;重度者应卧床休息,减少蛋白质摄入,以防蛋白质分解产生过多氨进入血液而诱发肝性昏迷。

八、预后和随访

(一)预后

胃癌术后的疗效与分期息息相关,全球不同的国家,胃癌手术切除范围和淋巴结清扫范围不同,术后辅助治疗的不同,从而导致各国不同分期胃癌的术后 5 年生存率略有不同。我国资料显示,Ⅰ、Ⅱ、Ⅲ、Ⅳ期胃癌术后的 5 年总生存率分别为 86.8%、58.7%、28.4% 和 7.6%。

胃癌术后患者的疗效随着 T 分期的增加而逐步下降,淋巴结转移的数目也是影响胃癌术后患者生存率的重要影响因素,N_0 患者的 5 年生存率达 78.9%,而 N_1、N_2、N_3 分别为

46.2%、39.0% 和 19.3%。同时,转移淋巴结占检出淋巴结的比率(淋巴结转移率)也是影响胃癌预后的重要因素。淋巴结转移率为 0 者,5 年生存率为 90.3%,当淋巴结转移率为 0~10%、10%~30% 和 30% 以上时,相应的 5 年生存率分别为 69.9%、45.7% 和 10.6%。除了 T 分期和 N 分期,多因素分析结果表明,术后 TNM 分期高、手术范围小、Borrmann 分型和肿瘤体积大是导致胃癌治疗疗效差的重要预后因素,而综合治疗可以在一定程度上提升疗效。

(二) 随访

随访/监测的主要目的是更早发现肿瘤复发或第二原发胃癌,并及时干预处理,以提高患者的总生存率,提高生活质量。目前尚无高级别循证医学证据来支持何种随访/监测策略是最佳的。随访应按照患者个体化和肿瘤分期的原则,如果患者身体状况差,不允许接受一旦复发而需要的抗癌治疗,则不主张对患者进行常规肿瘤随访/监测。

胃癌术后的胃镜随访,其主要目的是在胃镜下发现新生肿瘤或原发肿瘤复发,胃镜下可观察吻合口情况并取胃的局部组织活检以判断肿瘤复发情况。胃镜检查的策略:推荐术后 1 年内进行胃镜检查,每次胃镜检查行病理活检,若发现有高级别不典型增生或者胃癌复发证据,则需在 1 年内复查。建议患者每年进行 1 次胃镜检查。对全胃切除术后,发生大细胞性贫血者,应当补充维生素 B_{12} 和叶酸。

PET-CT、MRI 检查仅推荐用于临床怀疑复发,合并常规影像学检查为阴性时,比如:持续 CEA 升高,腹部 CT 检查或超声为阴性。目前不推荐将 PET-CT 检查列为常规随访/监测手段。

第二节　直　肠　癌

一、流行病学

结直肠癌是全世界常见的恶性肿瘤,其中直肠癌占 1/3。2023 年美国约新增 10.7 万结直肠癌患者,发病率居恶性肿瘤的第四位,死亡 5.3 万人占恶性肿瘤死亡率的第 2 位。尽管美国新增患者人数很多,但每 10 万人中结直肠癌的发病率从 1976 年的 60.5 下降到 2005 年的 46.4,最近下降到 2016 年的 38.7。而来自日本、韩国、中国的研究表明,亚洲结直肠癌发病率有上升的趋势。中国目前结直肠癌发病率约为 37.6/10 万,死亡率为 19.1/10 万。由于早期诊断以及治疗模式的优化,近几十年来,结直肠癌的死亡率一直在下降,目前比峰值死亡率下降了 50% 以上。

直肠癌的发病率男性略高于女性,约为 3∶2。发病的危险性在 40 岁以后开始增长,到 50~55 岁达到高峰。然而,近年来直肠癌的发病呈现年轻化趋势,美国国家癌症研究所发现,50 岁以下患者的结直肠癌发病率一直在上升。虽然直肠癌仅占所有结直肠癌的 30% 或更少,但它占结直肠癌死亡人数的 45%。

二、病因

大约 20% 的结直肠癌病例与遗传因素有关。结直肠癌的遗传易感性包括明确定义的遗传综合征,如林奇综合征(也称为遗传性非息肉病性结直肠癌,hereditary non-polyposis colorectal cancer，HNPCC）和家族性腺瘤性息肉病（familial adenomatous polyposis，FAP）。非遗传因素方面，环境因素和不健康的生活习惯同样重要。此外，其他发病因素还包括溃疡性结肠炎或克罗恩病、血吸虫感染以及盆腔放疗史等。结直肠癌的发病原因是多因素相互作用的结果。

三、解剖

直肠位于骶骨前方，在第三骶椎水平与乙状结肠相连，沿骶、尾骨前面向下延伸，穿过盆膈续为肛管，全长 12~15cm。以腹膜反折为界，分为上段直肠和下段直肠。上段直肠前方和两侧有腹膜覆盖，下行至第 4~5 骶椎水平，腹膜仅包裹直肠前方，在男性移行于膀胱后方，覆盖精囊腺的上部，构成直肠膀胱陷凹；在女性反折至阴道穹后部，形成直肠子宫陷凹。

直肠的血供主要来自直肠上动脉，为肠系膜下动脉的终支，在乙状结肠系膜内下行至第三骶椎水平，分为左、右支，自直肠侧壁进入直肠，供应齿状线以上的直肠血运。直肠下动脉由髂内动脉或阴部内动脉延伸，由直肠两侧韧带进入直肠，主要供应直肠下段血运。

直肠的淋巴引流主要朝上。黏膜层的淋巴滤泡引流至紧贴直肠外表面的直肠上淋巴结和直肠旁淋巴结，然后沿直肠上血管到达肠系膜下动脉起始处的主动脉前淋巴结。直肠下的淋巴管可沿直肠下动脉和肛动脉到达髂内淋巴结。直肠癌侵入肠壁越深，环绕肠管周径越广，淋巴转移发生率越高，以向上转移为主（图 15-4）。

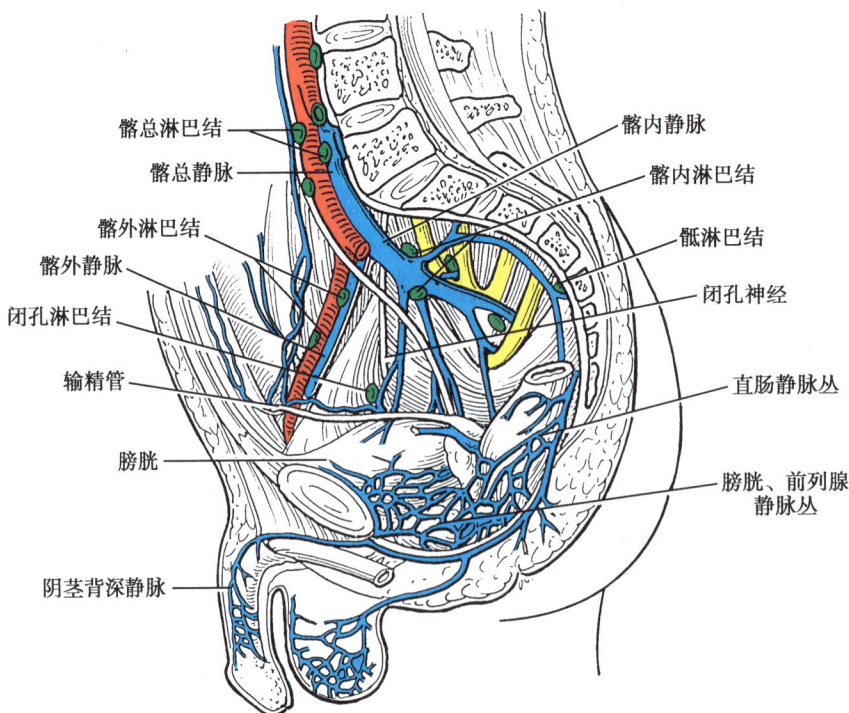

图 15-4 盆部的静脉与淋巴结

四、临床表现

早期可无明显的临床表现,随着病程的发展,从而产生一系列症状,主要表现为大便习惯改变,如排便次数增多、便秘,或者大便性状的改变,如大便不成形、稀便、排便困难或便中带血,肛门坠痛或里急后重、肠梗阻、全身乏力、体重减轻、贫血等全身症状。

五、临床诊断

直肠癌的诊断有赖于细致的病史采集、体格检查,并结合多种影像学检查,金标准仍为病理组织学检查。

(一)体格检查

全面查体是正确诊断所必需的,体检中尤为重要的是直肠指诊,可了解直肠有无肿块以及肿块的部位,肿块下界距肛门口的距离,肿块的质地、大小、形态、活动度、与周围组织的关系以及有无出血等。

(二)实验室检查

常规的实验室检查包括血常规、粪便常规、血生化和消化道肿瘤标志物(CEA、CA19-9、CA72-4、CA242)等。

(三)电子肠镜

电子肠镜可检查全部结肠和直肠,并发现60%~70%的大肠癌,发现肿物后进行活检,其病理结果是诊断结直肠癌的金标准。

(四)直肠MRI、CT或直肠腔内超声

直肠MRI分辨率较高,可清晰地显示直肠肿物的浸润深度、侵犯范围、盆腔淋巴结转移情况、肿瘤环周切缘情况以及与周围脏器的毗邻关系等,对直肠癌的分期有准确的提示;直肠腔内超声可判断直肠内肿瘤的浸润深度以及周围淋巴结转移情况。CT检查主要用于不适合接受MRI检查的患者。

(五)胸部、腹部增强CT/MRI或彩超

主要用于明确有无胸部及腹部转移情况。

六、临床分期

目前直肠癌分期推荐采用AJCC TNM分期(第8版)(表15-4)。

原发肿瘤(T):

T_x:原发肿瘤无法评价。

T_0:无原发肿瘤证据。

T_{is}:原位癌,局限于上皮内或侵犯黏膜固有层。

T_1:肿瘤侵犯黏膜下层。

T_2:肿瘤侵犯固有肌层。

T_3:肿瘤穿透固有肌层到达浆膜下层,或侵犯无腹膜覆盖的结直肠旁组织。

T_4:肿瘤侵犯脏腹膜或侵犯/黏附邻近器官或结构。

T_{4a}:肿瘤穿透腹膜脏层。

表 15-4　直肠癌 AJCC TNM 分期（第 8 版）

分期	T	N	M
0	T_{is}	N_0	M_0
I	T_1	N_0	M_0
	T_2	N_0	M_0
II A	T_3	N_0	M_0
II B	T_{4a}	N_0	M_0
II C	T_{4b}	N_0	M_0
III A	$T_{1\sim2}$	N_1/N_{1c}	M_0
	T_1	N_{2a}	M_0
III B	$T_{3\sim4a}$	N_1/N_{1c}	M_0
	$T_{2\sim3}$	N_{2a}	M_0
	$T_{1\sim2}$	N_{2b}	M_0
III C	T_{4a}	N_{2a}	M_0
	$T_{3\sim4a}$	N_{2b}	M_0
	T_{4b}	$N_{1\sim2}$	M_0
IV A	任何 T	任何 N	M_{1a}
IV B	任何 T	任何 N	M_{1b}
IV C	任何 T	任何 N	M_{1c}

T_{4b}：肿瘤直接侵犯或粘连于其他器官或结构。

区域淋巴结（N）：

N_x：区域淋巴结无法评价。

N_0：无区域淋巴结转移。

N_1：有 1~3 枚区域淋巴结转移。

N_{1a}：有 1 枚区域淋巴结转移。

N_{1b}：有 2~3 枚区域淋巴结转移。

N_{1c}：浆膜下、肠系膜、无腹膜覆盖结肠/直肠周围组织内有肿瘤种植（TD，tumor deposit），无区域淋巴结转移。

N_2：有 4 枚以上区域淋巴结转移。

N_{2a}：4~6 枚区域淋巴结转移。

N_{2b}：7 枚及更多区域淋巴结转移。

远处转移（M）：

M_0：无远处转移。

M_1：有远处转移。

M_{1a}：远处转移局限于单个器官（如肝、肺、卵巢、非区域淋巴结），但没有腹膜转移。

M_{1b}：远处转移分布于一个以上的器官。

M_{1c}:腹膜转移有或没有其他器官转移。

七、治疗原则

直肠癌的治疗应根据患者的病理类型、TNM 分期、体力状态、基因表达以及患者意愿等综合因素,合理运用包括手术、放疗、消融介入等局部治疗,以及化疗、靶向、免疫药物等系统治疗等手段。Ⅰ期:建议手术治疗,单纯根治性手术即可获得较满意的长期生存,术后一般不做辅助治疗。有手术禁忌者可行根治性放化疗。Ⅱ/Ⅲ期:推荐手术及放化疗的综合治疗。Ⅳ期:要综合考虑原发灶及远处转移灶,全身治疗是基础,需在 MDT 框架下讨论制订最佳治疗方案。

八、放射治疗

(一) 适应证

1. **Ⅰ期直肠癌放疗** Ⅰ期直肠癌局部切除术后,有高危因素者(肿瘤组织学分化差、脉管神经浸润、切缘阳性、肿瘤浸润至黏膜下的外 1/3 或 pT_2),推荐行根治性手术;如因各种原因无法进一步行根治性手术,建议局部放疗。

2. **Ⅱ~Ⅲ期直肠癌新辅助放化疗** 推荐根据肿瘤位置并结合 MRI 提示的复发危险度进行分层治疗,依据复发危险度进行分层治疗。①低危组:对于直肠系膜筋膜阴性(mesorectal fascia,MRF)、壁外血管侵犯(extramural venous invasion,EMVI)阴性的,中/高位 $cT_{3a/b}$ 且 cN_0 或高位且 cN_1 的患者,首选直接行 TME 手术,并行手术质量评估,根据术后病理结果决定是否行术后辅助治疗;对于体弱、高危以及拒绝手术的患者可行经肛门内镜显微手术(transanal endoscopic microsurgery,TEM)或长程同步放化疗(concurrent chemoradiation therapy,CRT)。②中危组:MRF(−)且满足以下条件:低位 $cT_{3a/b}$,未累及肛提肌;中/高位 $cT_{3a/b}$,cN_{1-2}(无结外种植);EMVI(−),可选择直接行 TME 手术,并行手术质量评估,根据术后病理结果决定是否行术后辅助治疗;如外科无把握做到高质 TME,推荐行 CRT 后延迟手术,或短程放疗(short-course radiation therapy,SCRT)联合即刻手术。③高危组:MRF(−)且满足以下任一条或多条:$cT_{3c/d}$ 或极低位,未累及肛提肌;cN_{1-2}(结外种植);EMVI(+)选择术前 CRT 后延迟 TME 手术或 SCRT 联合即刻 TME 手术。④极高危组(符合下列条件之一):MRF(+);cT_4;肛提肌受侵;侧方淋巴结(+)推荐行术前 CRT/SCRT 序贯化疗后延迟手术,也可以选择新辅助化疗序贯 CRT 后延迟手术等全程新辅助治疗(total neoadjuvant therapy,TNT)模式。⑤体弱及老年患者,或不能耐受长程同步放化疗的严重合并症患者:推荐短程放疗后延迟手术。⑥低位直肠癌有强烈保肛意愿的患者,可建议先放化疗,如果肿瘤对放化疗敏感,达到临床完全缓解,可考虑等待观察的治疗策略;未达临床完全缓解,建议行根治性手术。

3. **Ⅱ~Ⅲ期直肠癌术后辅助放化疗** 对于未接受过术前放化疗的中下段直肠癌,经腹切除后 pT_{3-4} 和/或 N_+的患者;未接受术前放化疗的中下段直肠癌,术后出现预后不良组织病理学特征的患者,如环周切缘(circumferential resection margin,CRM)(+)、肿瘤区域穿孔、不完全肠系膜切除等,建议行术后辅助放疗。

4. **Ⅰ~Ⅲ期直肠癌根治性放疗** 因各种原因不能手术的患者,建议行根治性放疗联合同步化疗。主要使用长程同步放化疗;目前不推荐单纯短程放疗用于根治性目的治疗直肠癌。

5. 局部复发直肠癌放疗　对既往未接受过盆腔放疗者,推荐行术前同步放化疗(尽量在放疗前取得复发病灶的病理学诊断),再考虑行手术;局部病灶可切除者,也可考虑先行手术,再考虑行术后放化疗;也可根据既往放化疗方案考虑是否先行放化疗,然后再行手术。既往接受过盆腔放疗的患者原则上短期内不再进行放疗,实施放疗时需谨慎考虑疗效与副作用的平衡。建议 MDT 讨论,制订最合理的治疗方案。对不能耐受手术或外放疗的局部复发患者,放射性粒子植入治疗(如 ^{125}I 粒子)也能起到姑息减症作用。

(二) 放疗规范

1. 二维放疗定位及靶区　推荐在定位和治疗前饮水使膀胱充盈,并使用有孔腹盆定位架及俯卧位技术使小肠位于盆腔之外,减少小肠受照的体积。可选择口服造影剂溶于饮用水中,显影小肠。推荐热塑体膜固定。行直肠癌术前放疗或 Dixon 术后放疗者,为明确肛缘的位置,可在肛门口放置铅点标记;行直肠癌腹会阴联合切除术后的放疗患者,用细铅丝标记会阴部瘢痕。在模拟机透视下确定照射野的范围。

照射范围包括直肠原发肿瘤或术后瘤床,以及高危淋巴引流区,大野照射后可以根据临床需要使用缩野技术给原发肿瘤或高危区局部追加剂量。通常推荐使用等中心三野(+/−楔形板)照射技术,三野技术的一"后"两"侧"野的剂量比为 2:1:1。也可以根据剂量分布情况选择等中心四野(+/−楔形板)照射技术。

2. 三维放疗及调强放疗　放疗定位:定位前 1 小时排空膀胱,饮入 1 000ml 饮用水并憋尿,以充盈膀胱(可选择口服造影剂溶于饮用水中,显影小肠;也可单纯用水显示肠道)。定位时,建议患者俯卧于有孔腹盆定位架,使小肠远离靶区。对于年老体弱或者不能维持俯卧位者,或者无有孔腹盆定位装置的单位,可以采用仰卧位。推荐热塑体膜固定。对于直肠癌术前放疗或术后放疗者,建议肛门缘放置铅点以标记;对于经腹会阴联合切除术后放疗者,用细铅丝标记会阴部瘢痕。CT 模拟定位扫描的范围:上界自膈顶水平,下界至股骨上中 1/3 段;层厚 5mm 扫描,建议在不过敏的前提下行增强扫描,以清楚显示肿瘤和血管。对直肠下段癌,或直肠系膜筋膜受累者,或 T$_{4b}$ 者同行时 MRI 定位,将定位 MRI 与定位 CT 图像融合,参照 MRI 表现在 CT 图像上勾画靶区,进行剂量计算。定位 MRI 序列应该包含小野高分辨率 T$_2$WI 成像等。推荐采用 3D-CRT 或 IMRT 或 VMAT 技术。

(三) 靶区定义

1. 术前放疗靶区　GTV:包括影像学(肠镜和直肠 MRI/盆腔 CT)显示的直肠肿瘤、直肠壁外血管受侵。GTVnd:包括直肠系膜区、骶前区、髂内、闭孔转移淋巴结和癌结节;CTVp:特指原发灶的 CTV,包括原发灶头脚方向外扩 2cm 的范围;对 T$_{4b}$ 侵犯前列腺、精囊腺、子宫、阴道、膀胱者,CTVp 要包括受侵器官外扩 1~2cm 范围。同时要考虑上述器官动度和形变给予适当外扩。对 T$_{4b}$ 合并直肠膀胱瘘/直肠阴道瘘者以及穿透肛门外括约肌侵犯到坐骨肛门窝者,CTVp 要包括整个膀胱/阴道/同侧坐骨肛门窝。CTV:包括 GTV 及 CTVp、GTVnd、高危淋巴结引流区及高危复发区。淋巴引流区及高危复发区的亚分区包括:①盆腔骶前区;②直肠系膜区;③髂内淋巴引流区;④闭孔淋巴引流区;⑤髂外淋巴引流区;⑥腹股沟淋巴引流区;⑦坐骨肛门窝;⑧肛门括约肌复合体。CTV 的勾画是根据肿瘤分期及位置进行个体化的处理,具体可参考《直肠癌靶区勾画及计划设计指南》。PTV 为 CTV 及 CTVp 外扩,一般在腹背方向三维外扩 0.7~1.0cm、头脚方向外扩 1cm,不包括皮肤。

2. 术后放疗靶区 CTV 包括瘤床、吻合口(Dixon 术)、会阴瘢痕(APR)、术后高危淋巴结引流区及高危复发区。术后高危淋巴结引流区及高危复发区参照术前放疗该区域的定义。CTV 应根据不同的术式和肿瘤位置个体化勾画。PTV 建议为 CTV 左右、腹背方向外扩 0.7~1.0cm,头脚方向外扩 1cm,建议三维外扩。

(四)放疗剂量及分割模式

1. 术前放疗/术前放化疗

(1)长程同步放化疗:推荐对原发肿瘤和高危区域照射肿瘤剂量 45.0~50.4Gy,每次 1.8~2.0Gy,共 25~28 次。长程放疗期间同步化疗方案推荐氟尿嘧啶类单药。有条件的医院可在 *UGT1A1* 基因型指导下调整伊立替康剂量的 CAPIRI 方案同期化疗。

(2)短程放疗:一般原发肿瘤和高危区域给予 5Gy/5 次放疗。放疗结束后 1 周内完成手术。适于不需要通过术前放疗使肿瘤明显降期以期获得 R0 切除者,或局部晚期直肠癌合并较为严重远处转移时,先给予短程放疗控制局部肿瘤,随后进行全身化疗与靶向治疗等。单纯短程放疗分割模式不适于 MRF(+)或 T_4 期直肠癌患者(即初始不能达到 R0 切除或无法切除的局部晚期直肠癌)。

对于治疗前评估 MRF(+)或 T_{4b} 期或侧方淋巴结转移的局部晚期直肠癌,在长程同步放化疗或短程放疗之后,根据肿瘤退缩情况进行化疗,以增加肿瘤退缩程度,再进行手术。化疗方案可采用 FOLFOX、CapeOx 或卡培他滨单药方案,建议间隔期化疗 2~6 个疗程。

2. 术后放疗/术后放化疗 术后对瘤床和高危区域给予肿瘤剂量 45.0~50.4Gy,每次 1.8~2.0Gy,共 25~28 次。对术后有肿瘤残留或切缘阳性者,建议行二次手术;如不能行二次手术或患者拒绝二次手术,建议在全盆腔照射后局部缩野追加照射剂量。不建议短程放疗。长程放疗期间同步化疗方案推荐氟尿嘧啶类单药。

3. 根治性放疗 新辅助放化疗后 cCR 者,如采用观察等待策略,不需要二程放疗推量;新辅助放化疗后未达 cCR 者,如放弃手术,可根据两疗程放疗之间的间隔时长及正常组织受照射剂量,酌情给予二程放疗适度推量。治疗前明确放弃手术者,推荐常规分割同步放化疗,照射剂量 50~54Gy/25~30 次。

4. 局部复发灶的放疗 既往未接受过盆腔放疗,术前或术后可考虑照射复发病灶或瘤床及盆腔淋巴引流区,照射剂量为 50Gy 左右。既往接受过盆腔放疗,需行再次放疗者,仅照射复发肿瘤区域。根据首次照射剂量决定再照射剂量,一般为 30~40Gy,推荐使用超分割放疗,1.2~1.5Gy,2 次/d,两次间隔时间 6 小时以上。同步放化疗结束后 6~12 周实施手术。有术中放疗条件的可加用术中放疗,选择 6~18MeV 的电子线,照射 12~15Gy。

(五)危及器官剂量限制

常规分割情况下危及器官限量如下:小肠、结肠:>35Gy 的小肠体积≤180cc,>40Gy 的小肠体积≤100cc,>45Gy 的小肠体积≤65cc,D_{max}≤50Gy;膀胱:50% 膀胱体积的照射剂量>50Gy;股骨头:照射>50Gy 的股骨头体积<5%;会阴:照射>40Gy 的外阴体积<5%;照射>30Gy 的外阴体积<35%;照射>20Gy 的外阴体积压<50%。

25Gy 分 5 次的危及器官限制,建议小肠及结肠的 D_{max}<25Gy,50% 膀胱体积的照射剂量<25Gy,>25Gy 的股骨头体积<5%。

（六）放疗的损伤及处理

直肠癌盆腔放疗中常见的副反应如下：

1. 血液学毒性　白细胞、血红蛋白、血小板低下，需每周或每2周复查血常规，若出现3度及以上骨髓抑制，需及时行粒细胞集落刺激因子或巨噬细胞集落刺激因子治疗。

2. 放射性皮肤反应　每次放疗结束后温水坐浴，对症给予皮肤保护剂治疗。一般放疗后1~3个月皮肤红肿会逐渐消退，但色素沉着会持续更长时间。

3. 放射性肠炎　表现为腹泻或黏液便，大便次数增多，肛门下坠感及里急后重感，肛周疼痛等。放疗期间宜进低脂肪、高蛋白、适量维生素饮食，戒烟戒酒，避免辛辣刺激食品。给予激素保留灌肠或静脉消炎可获得较好疗效。经积极治疗后未见明显好转者，应暂停放疗，必要时修改放疗计划。

4. 放射性泌尿系统损伤　表现为尿频、尿急、尿痛、排尿困难等。多数表现轻微，经多饮水，必要时激素治疗，可减轻或自愈。

（七）放疗进展

近年来，研究主要集中在优化局部进展期直肠癌新辅助治疗模式以及放化疗后疗效的预测。

在优化新辅助治疗模式上，一方面强化新辅助治疗方案，如强化同步放化疗方案、全新辅助治疗、短程放疗联合化疗、免疫联合放化疗等，以进一步提高疗效，使更多患者免除根治性手术获得器官保留的机会；另一方面，对于局部复发风险低的初始可保肛的直肠癌患者，探索"去放疗"，以期在不影响疗效的前提下，降低治疗毒性，提高生活质量。同时，多项临床研究提示在错配修复缺失（mismatch repair-deficient，dMMR）/微卫星高度不稳定（microsatellite instability-high，MSI-H）肠癌患者新辅助治疗中，单药免疫治疗可获得较高的病理完全缓解率。虽然单纯免疫治疗在pMMR/MSS肠癌患者中疗效欠佳。但研究表明，免疫联合放疗可能改变pMMR/MSS肠癌患者免疫微环境，是潜在的治疗模式。在局部晚期直肠癌中，已有多项新辅助免疫治疗联合放化疗的Ⅱ期临床研究提示较好的近期疗效，但能否转化为长期生存优势还有待于更多数据积累及更长时间的随访。

鉴于直肠癌新辅助放化疗的疗效及手术对患者生活质量的影响（肠道功能、泌尿功能及性功能等），对于获得临床完全缓解的患者，治疗策略可以选择观察等待（Watch & Wait）策略。而对放化疗抵抗的患者，尽早采用其他有效方案，避免新辅助放化疗带来的不良反应。因此，预测直肠癌新辅助放化疗疗效，一直是直肠癌研究领域的研究热点。近年来，循环肿瘤DNA（circulating tumor DNA，ctDNA）、人工智能、肠道微生物等在直肠癌新辅助化放疗疗效预测中的应用价值引起关注，多数尚在研究阶段，期待这些新技术早日应用于临床。

九、预后及随访

与消化系统其他肿瘤相比，直肠癌的生物学行为相对较好，预后也相对较好。影响直肠癌预后的因素如下。

1. 年龄　一般认为年轻的直肠癌患者预后相对较差，可能与年轻患者的肿瘤分化程度低、浸润深及淋巴结转移更早有关。

2. 病理组织学分级　乳头状腺癌及高分化管状腺癌预后相对较好，低分化及印戒细胞癌预后较差。

3. 分期　分期是影响患者生存的最主要因素,分期越晚,患者的生存期也越短。

4. 微卫星稳定性(MSI)　MSI 状态与患者的预后密切相关,大量研究表明,Ⅱ期患者,MSI-H 是预后良好的一个标志物。

5. 肿瘤消退分级　许多研究表明,术前放化疗后的治疗反应是重要的预后因素,准确评估肿瘤治疗反应有助于预测肿瘤的预后及决定后续治疗。新辅助治疗后病理完全缓解(pathological complete response,pCR)是预后良好的指标。

6. 环周切缘(circumferential resection margin,CRM)　为镜下肿瘤浸润最深处与直肠系膜切除边界间的最短距离,CRM 小于或等于 1mm 时被认为存在 CRM 阳性。CRM 阳性的患者术后局部复发率为 53%,阴性的患者则降到 8% 以下。

随访内容包括肛门指诊、消化道肿瘤标志物、直肠或盆腔增强 MRI 或 CT、胸腹部 CT,必要时 PET-CT。推荐根治性治疗后每 3~6 个月复查,持续 2 年,此后每 6~12 个月复查,持续 5 年,此后每年复查一次。

第三节　肛　管　癌

一、概述

(一)流行病学

肛管癌发病率较低,在所有新诊断的癌症中占比<1%,在胃肠道肿瘤中占比<3%。以美国的数据为例:2021 年美国新增约 9 090 例肛门区癌(含肛管癌和肛周癌)病例(男性 3 020 例,女性 6 070 例),约占消化系统癌症的 2.7%。同时到 2021 年,美国约有 1 430 人死于肛门区癌。然而数据显示,近年来肛管癌的发病率和死亡率均有所上升。2001—2015 年 SEER 数据库分析显示,美国肛管癌发病率每年增长 2.7%。肛管癌死亡率(2001—2016 年)也有所上升,平均每年增长 3.1%。

(二)病因学

肛管癌目前已知的病因包括:人乳头瘤病毒(human papilloma virus,HPV)感染;肛交或性传播疾病;宫颈、外阴或阴道癌;实体器官移植或人类免疫缺陷病毒感染后的免疫抑制;血液系统恶性肿瘤;某些自身免疫性疾病;吸烟。据估计,90% 的肛管鳞癌患者感染了 HPV。该组病毒共有约 100 种亚型,其中 HPV-16 与肛管癌相关性最强,HPV-18、HPV-31、HPV-33 和 HPV-35 其次。另有大型临床研究表明,HPV 疫苗可能会降低该人群患肛管癌的风险。目前尚无证据表明,HPV 感染与肛管癌预后相关。与普通人群相比,人类免疫缺陷病毒(human immunodeficiency virus,HIV)感染患者被诊断为肛管癌的可能性增加了约 15~35 倍。虽然一些抗 HIV 药物可以有效控制艾滋病相关疾病,但并没有降低肛管癌的发生。

二、应用解剖和病理

(一)肛管的解剖

肛管的定义有外科肛管和组织学肛管之分。组织学肛管是指从肛管上皮移行区开始至肛缘的范围,将直肠黏膜上皮和肛管鳞状上皮分界。外科肛管的上界是以内括约肌为标志,包括远侧的直肠并一直延伸到肛缘;其平均长度3~5cm。同时,外科定义中包括了直肠远端的腺癌,其治疗应该按照直肠癌的规范进行。

肛管以齿状线为界可以分为肛管移行区和肛梳,齿状线上方的肛管移行区有肛柱,肛柱近齿状线处有肛乳头和肛窦。肛管移行区包括齿状线区,由范围不同的移行上皮和鳞状上皮覆盖,在此区域内可以见到内分泌细胞和黑色素细胞。肛梳由非角化的鳞状上皮所覆盖。

(二)肛管的血供和淋巴引流

肛管的动脉血供来自直肠上动脉、阴部动脉的直肠下分支以及骶正中动脉的分支。肛管的静脉回流分为两个部分,齿状线以上的静脉回流通过直肠上静脉至肠系膜静脉和门静脉系统,齿状线以下的部分则通过直肠下静脉回流、阴部静脉至髂内静脉。

肛管癌的淋巴回流同样与齿状线相对位置相关,齿状线以上的淋巴引流至直肠周围淋巴结和椎旁淋巴结,齿状线周围的淋巴引流经阴部内血管周围淋巴结至髂内淋巴结,而以下的部分则引流至腹股沟淋巴结。

(三)肛管癌的组织病理学分类

肛管癌的病理分类中,鳞状细胞癌占80%以上。其他肛管肿瘤病理类型还包括恶性黑色素瘤、肛管腺癌、神经内分泌肿瘤(neuroendocrine tumor,NET)、基底细胞癌、间质瘤等。一项基于SEER数据的分析显示,确诊病例的97%为鳞状细胞癌,罕见的肛管肿瘤病理类型如黑色素瘤、小细胞NET和NET占其余病例的3%(黑色素瘤2%、NETs和小细胞NETs 1%)。然而病理亚型的分布在不同的人群中似乎存在差异,与西方国家相比,东方国家的肛管腺癌的比例相对较高。

三、临床表现和诊断

(一)肛管癌的临床表现

肛管鳞癌最常见的临床症状是出血,约45%的肛管癌患者出现直肠出血。另外肛周肿物、疼痛也是常见的临床症状。大约30%有疼痛或直肠肿块的感觉。其他可能出现的症状还包括肛周溃疡、肛周瘙痒等。较大的肿瘤会影响肛门括约肌的功能,表现为肛门失禁。部分患者可扪及腹股沟区或肛周肿大淋巴结。

(二)肛管癌的体格检查

体格检查包括一般状况评价、全身浅表淋巴结(特别是腹股沟淋巴结)检查、直肠指检。如果患者疼痛剧烈无法配合查体,应在局部麻醉下完成检查。须记录肛门区肿物的大小、位置、与齿状线的关系、质地、活动度等。如触诊发现腹股沟肿大淋巴结,应记录肿大淋巴结大小、形态、质地、活动度、有无触痛等情况。对于女性则应加做三合诊检查以明确有无阴道受侵及妇科疾病。

(三)肛管癌的实验室检查

1. 血常规 了解有无贫血。

2. 尿常规 观察有无血尿,如有血尿需结合泌尿系统影像学检查了解肿瘤是否侵犯泌尿系统。

3. 粪便常规 注意有无红细胞、白细胞。

4. 生化系列。

5. HPV、HIV 检测等。

（四）肛管癌的影像学检查

肛管癌患者治疗前推荐行增强 MRI 检查来了解原发灶及区域淋巴结转移情况。推荐以非脂肪抑制、小视野（field of view，FOV）高分辨 T_2 加权序列及扩散加权成像作为主要的评价序列。对于有 MRI 禁忌证的患者，可行盆腔增强 CT 扫描。肛管内超声检查推荐作为早期肛管癌的常规检查项目，与盆腔 MRI 联合确定术前分期，判定是否可行局部扩大切除手术。

为排除远处转移，推荐行胸腹盆增强 CT 检查。当临床、超声或 CT 不能确诊肝转移瘤，或肝转移瘤数目影响到治疗决策时，推荐行肝脏增强 MRI 检查进一步明确。有条件的医院可考虑行肝脏特异性对比剂增强扫描。

欧美国家普遍建议将 PET-CT 或 PET-MRI 检查作为肛管鳞癌临床分期评估的一部分，因为 PET 在判断区域淋巴结是否受累时有较高的灵敏度和特异度。但目前认为 PET 并不能取代常规检查。

（五）肛管癌的病理学诊断

病理学活检是诊断肛管鳞癌的金标准，是肛管癌治疗的依据。结合查体情况，给予局部麻醉行局部肿物活检后，组织应送检病理组织学检查，明确诊断以及病理类型。细针穿刺活检可用于证实肿大淋巴结是否为转移。对于女性可行宫颈脱落细胞学检查，与宫颈癌鉴别。

四、临床分期

目前肛管癌分期推荐采用 AJCC TNM 分期（第 8 版）（表 15-5）。

原发肿瘤（T）：

T_x：原发肿瘤无法评估。

表 15-5　肛管癌 AJCC TNM 分期（第 8 版）

T	N	M	分期
T_{is}	N_0	M_0	0
T_1	N_0	M_0	I
T_1	N_1	M_0	ⅢA
T_2	N_0	M_0	ⅡA
T_2	N_1	M_0	ⅢA
T_3	N_0	M_0	ⅡB
T_3	N_1	M_0	ⅢC
T_4	N_0	M_0	ⅢB
T_4	N_1	M_0	ⅢC
任意 T	任意 N	M_1	Ⅳ

T_0：无原发肿瘤证据。

T_{is}：原位癌，鲍恩病，鳞状上皮高级别上皮内瘤变（HSIL），肛管上皮内瘤变 Ⅱ~Ⅲ（AIN Ⅱ~Ⅲ）。

T_1：肿瘤最大直径≤2cm。

T_2：肿瘤最大直径>2cm，≤5cm。

T_3：肿瘤最大直径>5cm。

T_4：肿瘤累及周围器官，如阴道、尿道、膀胱。

备注：直接侵犯直肠壁、肛周皮肤、皮下组织或括约肌不是 T_4。

区域淋巴结（N）：

N_x：淋巴结转移无法评估。

N_0：无区域淋巴结转移。

N_1：有区域淋巴结转移。

N_{1a}：腹股沟淋巴结、直肠系膜淋巴结和/或髂内淋巴结转移。

N_{1b}：髂外淋巴结转移。

N_{1c}：髂外淋巴结和任何 N_{1a} 淋巴结转移。

远处转移（M）：

M_x：远处转移无法评估。

M_0：无远处转移。

M_1：有远处转移。

五、治疗原则

在 1980 年以前，手术是肛管癌的主要治疗模式，绝大多数患者均需施行腹会阴联合切除术（abdomino perineal resection，APR），意味着手术将把患者的会阴、肛门全部切除、腹壁进行永久造瘘术（人工肛门）。近年来，随着一系列肛管癌综合治疗的 Ⅲ 期临床研究的完成，多学科综合治疗模式（multi-disicipline team，MDT）的疗效被肯定，肛管癌的治疗已经不仅限于治愈，更要保留肛门以提高生活质量。放化疗的治疗模式完全缓解率为 70% 左右，5 年总生存率为 75% 左右。目前同步放化疗取代了单纯手术，成为肛管癌的标准治疗手段。肛管癌的病理类型包括鳞癌、腺癌及黑色素瘤，大多数为鳞状细胞癌（80%），本节主要讨论肛管鳞癌的治疗。

（一）手术治疗

单纯手术治疗肛管癌，5 年局部复发率为 27%~47%，生存率为 50%~70%，但是目前除对可局部切除的 T_1 期肛管病变及可局部切除的肛周病变外，APR 手术不再作为治疗初诊肛管鳞癌的优选治疗方式。

局部切除适应证：①病灶较小（<2cm）、主要位于肛缘皮肤（肛周皮肤癌）、能通过局部切除获得>5mm 以上的安全切缘并同时保全肛门括约肌功能。②表浅的肛管鳞癌，局部切除能获得阴性切缘者，局部切除后应满足基底受侵≤3mm 且肿瘤沿肛管纵径侵犯≤7mm，否则应考虑追加放化疗。③中等分化以上的 T_1N_0 及部分 T_2N_0 肛周鳞癌，局部切除能获得≥1cm 的阴性切缘。

目前,手术通常用来作为挽救性治疗手段,用于同步放化疗后肿瘤残存或复发。建议同步放化疗后评估需要足够的间隔时间,对于临床可疑残存病变进行穿刺活检并进行充分的影像学检查再次分期。如考虑肿瘤残存,建议行挽救性手术。此类患者预后较差,5年总生存率30%~50%,即使接受了R0手术切除,局部复发率仍较高。肛管癌的手术适应证还包括:第一,预计患者身体原因不能完成同步放化疗,或患者出现了直肠阴道瘘,可行暂时性腹壁造瘘术,避免并发症的出现,或直接进行根治性 Mile's 手术;第二,肿瘤已经侵犯肛门括约肌,排便功能已经丧失,这些患者建议采取手术+术前/术后同步放化疗的治疗策略。

(二) 单纯放射治疗与同步放化疗

肛管鳞癌对放疗比较敏感,所以单纯放疗也是肛管癌的治疗选择之一。肛管鳞癌的放疗可以是单纯外照射,也可以是外照射与腔内照射的结合。肛管癌放疗后,大约75%患者可最终保留肛门,部分患者放疗后的局部控制率和生存率可达到70%~90%。放疗剂量是影响治疗疗效的重要因素,剂量≥54Gy疗效优于低剂量者,但高剂量也会带来严重的治疗并发症。

Ⅰ~ⅢB期肛管鳞癌的标准治疗是同步放化疗。放疗同步 5-FU/MMC 治疗肛管鳞癌的局部控制率为 60%~80%。最终确定放化疗在肛管癌治疗地位的是 3 个前瞻性临床研究,分别来自英联邦肿瘤研究协作组(Unites Kingdom Coordinating Committee for Cancer Reasearch,UKCCCR)、欧洲肿瘤研究与治疗组织(European organization for research and treatment of cancer,EORTC)和北美放射治疗研究组/东部肿瘤研究协作组(Radiation Therapy Oncology Group,RTOG/Eastern Cooperation Oncology Group,ECOG),5-FU/MMC 同步放化疗疗效优于 5-FU 同步放化疗。

(三) 内科治疗

对于局限性初治肛管鳞癌,同步放化疗为首选标准治疗,治疗目标是提高肿瘤完全缓解率及无疾病生存时间,延长非手术治疗间歇期,最大可能使患者获得根治;对于初治手术的术后辅助化疗,治疗目标是消除可能残留或脱落的肿瘤细胞,降低复发风险;对于复发或转移性肛管癌,治疗目标是缓解症状,提高生活质量,延长总生存期。

1. 适用人群

(1)局限性肛管癌(AJCC Ⅰ~Ⅲ期)同步放化疗。

(2)初治手术治疗后的辅助化疗。

(3)局限性肛管癌放化疗后失败或复发、无法行解救手术者。

(4)转移性肛管鳞癌(Ⅳ期)。

2. 系统治疗方案

(1)同步放化疗:推荐局限性肛管癌行同步放化疗,化疗方案首选 5-FU/MMC,可以提高完全缓解率、保肛率和无病生存率。其他有效方案还包括 5-FU 或卡培他滨联合顺铂、卡培他滨联合奥沙利铂,患者无法耐受双药方案时,可考虑单药 5-FU 或卡培他滨同步放疗。长期临床随诊观察认为 MMC 可能增加肾脏、肺和骨髓的长期毒性反应,而顺铂与放疗同步进行,产生的不良反应可能低于 MMC 同步放化疗。多个临床研究结果提示,顺铂/5-FU 同步放化疗可以取得与 MMC/5-FU 同步放化疗相似的近期和远期疗效,而前者未发现严重的骨髓抑制的不良反应。不推荐放疗前使用诱导化疗。

（2）一线姑息化疗：姑息化疗方案选择会受到既往接受的同步放化疗方案及无疾病进展时间、患者体力状况和治疗意愿等因素影响，推荐用于复发或转移性肛管癌一线化疗包括双药（铂类联合紫衫醇，铂类联合5-氟尿嘧啶）及三药方案（标准 DCF 或改良 DCF）。FOLFOX 也可能对进展期肛管癌有效。

（3）靶向治疗：不推荐表皮生长因子受体（epidermal growth factor receptor，EGFR）单抗药物用于局限期或晚期肛管癌的治疗。

（4）后线治疗：尚无公认有效的二线化疗方案，可考虑帕博利珠单抗和纳武利尤单抗作为复发或转移性肛管癌二线治疗或参加临床研究。

（四）局部复发及放化疗抵抗性肿瘤

对于放化疗治疗缓解后出现局部复发的肛管鳞癌，或前期经过标准的局部放射治疗后并观察 6 个月以上肿瘤无消退的患者，可选择挽救性手术治疗。

1. 原发灶复发或持续不消退

（1）APR 应作为放疗失败后的首选治疗措施。

（2）会阴部切除范围应大于标准的 APR 手术，以保证阴性的皮肤切缘。

（3）会阴伤口感染风险高者，优先选择采取肌皮瓣或筋膜瓣修补。

2. 腹股沟复发

（1）对于已接受放疗的患者，应选择腹股沟淋巴结清扫术。

（2）根据肛管病变是否复发，可联合或不联合 APR 手术。

3. 远处转移　肛管癌远处转移的常见部位是肝脏、肺脏以及盆腔外淋巴结。伴有远处转移的肛管鳞癌，总体治疗原则是全身治疗（见肛管鳞癌内科治疗），一般不再考虑原发灶的局部手术切除，但如果原发灶出现破溃、肛周皮肤侵蚀、异味等严重影响患者生活质量的症状时，如果技术上可行，也可以考虑原发灶的局部切除，提高生活质量。

六、放射治疗

放疗范围的确定应以肿瘤自然病程的规律和复发转移高危区域为基础。术后病理的研究资料显示，直肠周围和髂内淋巴结转移的发生率高达 30%，腹股沟淋巴结转移率 20%。腹股沟淋巴结接受照射后的复发率 2%，未行照射复发率 16%~23%。单纯近距离治疗后的盆腔淋巴结复发率 16%。选择行淋巴结照射同步化疗可以降低区域淋巴结复发率。

IMRT（intensity-modulated radiation therapy，IMRT）技术与早期二维传统放疗（2D-CRT）或三维适形放疗（3D-CRT）比较，靶区适形度更好，剂量更均匀，提高肛门区癌的剂量，并可以降低周围正常组织器官的剂量，从而降低治疗副反应，减少治疗中断时间，推荐肛管癌放疗采用 IMRT 技术。

如果仅行单纯放疗，外照射应考虑提高处方剂量。建议原发灶剂量 60~65Gy/6~7 周，淋巴引流区 42~50.4Gy/4~5.5 周。局部加量可考虑近距离放疗。但是目前的数据并不支持对于早期病变的剂量调整。需要考虑原发灶高剂量治疗对肛管功能的影响。

放疗靶区和剂量：肛管癌的精准放疗靶区范围建议，见表 15-6；预防淋巴引流区定义及边界见表 15-7；处方剂量建议见表 15-8。

表 15-6　精确放疗靶区范围建议

	建议
GTV	根据临床信息、影像学资料、指检结果、内镜检查结果确定
GTVa	原发肛管/肛门区肿瘤
GTVnd	转移区域淋巴结
CTV	包含 GTV+亚临床病灶区域+淋巴引流区
CTVa	包括原发肿瘤、肛管、肛门内外括约肌及外放 2cm（避开空气和骨）
CTVnd	转移淋巴结外放 1~2cm（避开骨、外生殖器、肌肉和小肠）
CTV	包括预防淋巴引流区 *、CTVa 及 CTVnd 淋巴引流区：直肠周围、骶前、双侧腹股沟、双侧髂外、双侧髂内淋巴引流区
PTV**	
PTVa	CTVa 外放 0.5~1cm
PTVnd	CTVnd 外放 0.5~1cm
PTV	CTV 外放 0.5~1cm

注：* 预防引流区主要包括 7 个亚区，建议预防照射，具体见表 15-8；**CTV,CTVa,CTVnd 均需要外放形成相应 PTV,PTVa,PTVnd。

危及器官勾画推荐如下：建议勾画股骨头和股骨颈，下界至小转子下缘水平；膀胱：沿膀胱壁外缘勾画；小肠和结肠：勾画 PTV 上 15mm 范围内的所有小肠与大肠；骨髓：骨盆内的骨髓，下界在髋臼下缘；外生殖器：上界为耻骨联合下极；男性：阴茎、阴囊、耻骨联合前的皮肤和脂肪；女性：阴蒂、大小阴唇、耻骨联合前的皮肤和脂肪。

表 15-7　预防淋巴引流区定义及边界

亚区名称	边界
直肠系膜区	上界：直肠乙状结肠交界 下界：肛门直肠交界，具体为肛提肌与肛门外括约肌融合处，也可参考尾骨尖与耻骨联合下缘的连线水平 后界：骶前 前界：男性（阴茎球部、前列腺、精囊腺、膀胱后缘） 女性（膀胱、阴道、宫颈、子宫后缘） 考虑到膀胱体积变化，前界包含 1cm 的膀胱、精囊、子宫 侧界：下盆腔为肛提肌内侧缘，上盆腔为髂内血管
骶前区	上界：骶岬水平，L_5~S_1 之间 下界：尾骨下缘 侧界：骶髂联合 前界：骶骨前 1cm 后界：骶骨前缘包含骶孔
髂内淋巴结区	上界：髂总血管分叉处（常位于 L_5~S_1 之间） 下界：可参考为闭孔内肌与中线正常组织（膀胱、精囊腺等）无空间的层面 外侧界：下盆腔为闭孔内肌或骨的内界，上盆腔为髂腰肌的内缘 内侧界：下盆腔为直肠系膜区或骶前区，上盆腔为血管外 7mm 前界：下盆腔为闭孔内肌或骨，上盆腔为血管前 7mm

续表

亚区名称	边界
坐骨直肠窝 (不区分左右)	上界:肛提肌、臀大肌和闭孔内肌构成 下界:一般是肛外缘水平 外侧界:沿着骨和肌肉 前界:闭孔内肌、肛提肌和肛门括约肌融合处 后界:臀大肌内缘
闭孔淋巴结区	上界:闭孔管上 3~5mm,沿着闭孔动脉 下界:闭孔动脉离开骨盆层面 前界:闭孔内肌前缘 后界:髂内 外侧界:闭孔内肌 内侧界:膀胱
髂外淋巴结区	上界:髂总动脉分叉 下界:髂外动脉出盆腔的位置 外侧界:髂腰肌 内侧界和前界:血管外 7mm 后界:髂内淋巴结区
腹股沟淋巴结区	上界:同髂外淋巴结区的下界 下界:a. 大隐静脉汇入股静脉处,b.缝匠肌和长收肌相接处,折中定义位于坐骨结节下缘 后界:髂腰肌、耻骨肌、长收肌 前界:至少腹股沟血管前 2cm,包含任何可见的淋巴结 外侧界:缝匠肌或髂腰肌的内缘 内侧界:血管内 1~2cm,大约为 1/3~1/2 的耻骨或长收肌

表 15-8 处方剂量建议

分期	处方剂量		
	原发灶	转移淋巴结	预防淋巴结区域
T_2N_0	95% PTVa 50.4Gy/1.8Gy		95% PTV42Gy/1.5Gy
T_3N_0/T_4N_0	95% PTVa 54Gy/1.8Gy		95% PTV 45Gy/1.5Gy
任何 T、N+	95% PTVa 54Gy/1.8Gy	95% PTVnd 54Gy/1.8Gy(N>3cm) 95% PTVnd 50.4Gy/1.68~1.8Gy (N≤3cm)	95% PTV 45Gy/1.5~1.8Gy

七、放疗损伤及处理

急性期毒性反应与同步放化疗、化疗方案和放疗剂量密切相关。研究结果发现,同步放化疗组血液学毒性、皮肤反应、胃肠道反应和泌尿系统毒性反应发生率和严重毒性反应发生率均高于单纯放疗组。同步放化疗急性毒性反应相关死亡率<2%,死因主要是粒细胞下降导致的败血症,预防性抗生素的应用和积极的支持治疗可以降低治疗相关死亡率。5-氟尿

嘧啶和 MMC 方案的急性毒副反应主要为中性粒细胞减少、血小板降低、肛门直肠炎、尿道炎、膀胱炎和会阴皮肤反应。RTOG9811 研究中,5-FU+DDP 组严重血液学毒性发生率 42%,低于 5-FU+MMC 组的 62%($P<0.001$),严重非血液学毒性反应发生率两组类似($P=0.81$)。

严重晚期不良反应主要与放疗剂量相关。放疗剂量低于 30Gy 的研究中,尚无报告严重晚期不良反应发生。但是高剂量的研究中,严重晚期不良反应发生率为 5%~10%。

调强适形放疗的应用,可以降低正常组织的剂量,减少不良反应的发生率。多个回顾性研究认为 IMRT 在保证疗效的基础上,可以降低严重血液学和胃肠道毒性反应,进一步提高患者生活质量。

八、预后及随访

(一) 肛管癌的预后

欧洲的统计数据表明,肛管鳞癌的 15 年总生存率(OS)从 1980 年 64% 增加到 2010 年的 75%。而中国的统计数据显示,肛管鳞癌的 5 年生存率约为 44.5%,中位生存期 52.5 个月。

(二) 肛管癌的随访

1. 对于完全缓解患者　在完成放化疗后 8~12 周接受直肠指检评估。评估为完全缓解的患者,前 2 年每 3~6 个月随访 1 次;然后每 6~12 个月随访 1 次至第 5 年。随访内容包括:①直肠指检;②腹股沟淋巴结触诊;③肛门镜或直肠镜检查(必要时取组织活检);④部分人群需要接受盆腔 MRI;⑤部分人群需要接受胸腔、腹腔及盆腔 CT 检查。疾病持续但无进展证据者可接受密切随访(4 周内)以观察是否有进一步退缩发生。

2. 对于局部进展或复发患者　建议患者每 3~6 个月 1 次接受评估持续 5 年。随访内容包括:①直肠指检;②腹股沟淋巴结触诊;③肛门镜或直肠镜检查(必要时取组织活检);④部分人群需要接受盆腔 MRI;⑤部分人群需要接受胸、腹及盆 CT 检查(对最初为局部晚期疾病如 T_3/T_4 肿瘤,或淋巴结阳性肿瘤者,推荐每年进行胸、腹、盆增强检查,持续 3 年);⑥活检病理证实局部进展或复发者需接受 PET-CT 检查。

第四节　原发性肝癌

一、概述

原发性肝癌是我国高发病率高死亡率的疾病,2016 年,我国原发性肝癌发病 38.9 万例和死亡 33.6 万例,分别占所有恶性肿瘤的第 4 位和第 2 位。

原发性肝癌主要可分为肝细胞癌、肝内胆管细胞癌、混合型肝癌和其他少见类型肝癌(如肝肉瘤、肝母细胞瘤等)。肝细胞癌是我国最常见的肝癌类型,占原发性肝癌的 90% 以上,本节内容主要介绍肝细胞癌的诊疗,以下将肝细胞癌简称为肝癌。我国肝细胞癌绝大多数与病毒感染相关,特别乙型肝炎病毒是我国肝细胞性肝癌的主要致病因素。而西方国家中丙肝、酒精性肝病是常见的肝癌致病因素。病毒相关肿瘤通常认为是放疗敏感肿瘤,基于我国肝癌与西方肝癌的不同,放射治疗在我国肝癌治疗中的作用更加重要,也是治疗策略的特色之一。

二、应用解剖和病理

（一）应用解剖

肝脏是人体最大的实质器官，由肝动脉系统（约25%）和门静脉系统（约75%）双重供血，肝癌多由肝动脉系统供血。肝内的管道可分为肝静脉系统（肝左、中、右静脉，肝右后静脉和尾状叶静脉）和Glisson系统两部分，后者由Glisson囊包绕肝门静脉、肝动脉和肝管形成。以肝静脉系统和门静脉系统将肝脏进行分段，即Couinaud提出的左右半肝、五叶、八段划分法，肝脏外科根据这种划分方式，进行半肝、肝叶、肝段或亚肝段切除术。

肝脏的淋巴引流分为深、浅两组。浅组位于肝实质表面的浆膜下，形成淋巴管网，引流至贲门、肝门区及膈淋巴结。深组淋巴结一部分沿肝静脉、下腔静脉至膈淋巴结，一部分沿门静脉至肝门区淋巴结。

（二）病理分型

肝细胞癌是由肝实质细胞起源，向肝细胞分化的恶性肿瘤，约占所有原发性肝癌的80%以上。肝细胞癌大体分型可分为结节型、巨块型和弥漫型。肝细胞癌根据镜下组织病理学及分子遗传学特征被分为不同亚型，其中最常见的是肝细胞癌，非特殊型（HCC,NOS），约占所有肝细胞癌的80%。肝细胞癌常采用Edmondson-Steiner四级分级法或WHO推荐的高中低分化来评价癌细胞的分化程度。微血管侵犯（microvascular invasion,MVI）是指在显微镜下于内皮细胞衬覆的血管腔内见到癌细胞巢团，被认为是肝癌复发转移的高危因素，对治疗方案的选择有重要参考意义。M_0指未发现MVI；M_1是指≤5个MVI，且距离癌灶均≤1cm；M_2指>5个MVI，或MVI距离癌灶>1cm。

三、临床表现和诊断

（一）临床表现

肝癌早期大多数患者无典型症状，少数患者可以有上腹闷胀、腹痛、乏力和食欲缺乏等慢性基础肝病的相关症状，通常一旦出现典型症状，诊断时多数已达中晚期。中晚期最常见的症状包括局部肝区疼痛，食欲减退，消化不良，恶心、呕吐和腹泻等消化系统症状等，晚期患者则出现黄疸、腹水、上消化道出血等。肺转移、骨转移的患者会出现相应的肺内及骨痛的症状。

（二）体格检查

查体要注意肝硬化、门静脉高压体征以及腹部包块。了解肝脏、脾脏有无增大，有无腹水、下肢水肿、腹壁静脉曲张，皮肤、巩膜有无黄染，有无肝掌、蜘蛛痣等。

（三）辅助检查

1. 实验室检查

（1）常规项目：包括血常规、生化功能、凝血功能等，用于评估全身情况及肝功能状态。

（2）病毒指标：乙肝和丙肝患者需检查相关病毒指标检测，包括乙肝两对半、丙肝抗体以及HBV-DNA及HCV-RNA等，指导抗病毒治疗。

（3）肿瘤标志物：肝癌常用的肿瘤标志物有AFP、异常凝血酶原（PIVKA-Ⅱ）、CEA、CA19-9、血清铁蛋白（serum ferritin,FER）等。肝细胞癌最重要的肿瘤标志物是AFP，其不仅仅可用于肝癌初筛,更在预测预后和评估疗效中起重要作用。

2. 影像学检查　影像学检查结合患者的病史及实验室检验结果,可以进一步明确肝内恶性肿瘤的性质、范围及分期,为临床诊断与治疗提供重要信息,常规必要的检查包括胸腹盆增强 CT 与肝脏增强 MRI 检查,其余检查为非常规必要检查。肝细胞癌的影像学特征为"快进快出"的强化方式;肝内胆管细胞癌为少血供肿瘤,增强扫描呈延迟不均匀强化;而肝转移瘤典型的影像表现为病灶周围环形强化,呈"牛眼征"。其中,肝脏多序列 MRI 增强扫描对肝癌诊断的特异度和灵敏度均可达 90% 以上,其显著高于增强 CT,尤其是对<2cm 的小肝癌或肝内子灶优势更加显著,是分期必须检查。

(四) 诊断标准

按国家卫生健康委员会发布的《原发性肝癌诊疗指南》(2022 年版),可不需要以诊断为目的的肝病灶穿刺活检,而进行临床诊断。临床主要诊断要求包括以下三点:

A. 高危因素:有 HBV 或 HCV 感染,或有任何原因引起肝硬化的患者。

B. 影像学特征表现:在进行多参数增强 MRI、动态增强 CT、超声造影或肝细胞特异性对比剂、Gd-EOB-DTPA 增强 MRI 四种影像学检查时,肝内病灶表现为动脉期病灶明显强化,门静脉和/或延迟期强化下降,呈"快进快出"这种影像学特征强化方式。

C. 血清 AFP 升高:血清 AFP 是诊断肝癌重要的指标,血清升高,在排除妊娠、慢性或活动性肝病、生殖腺胚胎源性肿瘤以及消化道肿瘤后,应高度考虑肝癌可能。

基于以上要求,临床诊断标准为:若肝内肿瘤>2cm,则上述要点中,A+B 中至少有一种影像学表现为"快进快出"即可临床诊断肝癌;若肝内肿瘤≤2cm,则上述要点中,A+B 中至少有两种影像学表现为"快进快出"即可临床诊断肝癌,若同时结合 A+B+C,则临床诊断将更为明确。对于无法满足上述临床诊断的肝细胞癌,应行穿刺活检明确病理诊断。

四、临床分期

肝细胞癌目前临床应用的有多种分期方案,最常用的分期方案包括国际 TNM 分期、巴塞罗那 (Barcelona Clinic Liver Cancer,BCLC) 分期,以及国内的中国肝癌分期方案 (China liver cancer staging,CNLC),各分期方案各有特色,目前国内肝癌相关的共识都以 CNLC 分期为基础。TNM 分期未考虑到 Child-Pugh 肝功能分级 (表 15-9) 与患者一般状态对预后及策略的影响,而 BCLC 分期和 CNLC 分期均将两者纳入分期方案中。

表 15-9　Child-Pugh 肝功能分级

临床和生化指标	异常情况得分		
	1 分	2 分	3 分
总胆红素/(mg·dl⁻¹)	<2	2~3	>3
白蛋白/(g·dl⁻¹)	>3.5	2.8~3.5	<2.8
凝血酶原时间/s	<3	3~6	>6
腹水	无	少,易控制	中等,难控制
脑病	无	轻	昏迷

注:A 级,5~6 分;B 级,7~9 分;C 级,10~15 分。

（一）国际抗癌联盟（UICC）第 8 版肝癌 TNM 分期标准（表 15-10）

表 15-10　UICC 第 8 版肝癌 TNM 分期标准

	T	N	M
Ⅰ A 期	T_{1a}	N_0	M_0
Ⅰ B 期	T_{1b}	N_0	M_0
Ⅱ 期	T_2	N_0	M_0
Ⅲ A 期	T_3	N_0	M_0
Ⅲ B 期	T_4	N_0	M_0
Ⅳ A 期	任何 T	N_1	M_0
Ⅳ B 期	任何 T	任何 N	M_1

原发肿瘤（T）：

T_x：原发肿瘤无法评估。

T_0：无原发肿瘤证据。

T_1：孤立肿瘤最大径 ≤2cm；或最大径 >2cm 且无血管浸润。

T_{1a}：孤立肿瘤最大径 ≤2cm。

T_{1b}：孤立肿瘤最大径 >2cm 且无血管浸润。

T_2：孤立肿瘤最大径 >2cm 且有血管浸润；或多发肿瘤，无一最大径 >5cm。

T_3：多发肿瘤，至少有一个最大径 >5cm。

T_4：任意大小的孤立或多发肿瘤，累及门静脉或肝静脉主干，或肿瘤直接侵犯除胆囊外的邻近器官，或穿透脏腹膜。

区域淋巴结（N）：

N_x：区域淋巴结无法评估。

N_0：无区域淋巴结转移

N_1：有区域淋巴结转移。

远处转移（M）：

M_0：无远处转移。

M_1：有远处转移。

（二）巴塞罗那肝癌临床分期（表 15-11）

表 15-11　巴塞罗那肝癌临床分期

期别	ECOG PS 评分	肿瘤状态		肝功能状态
		肿瘤数目	肿瘤大小	
0 期：极早期	0	单个	<2cm	没有门静脉高压
A 期：早期	0	单个	任何	Child-Pugh A-B
		3 个以内	<3cm	Child-Pugh A-B
B 期：中期	0	多结节肿瘤	任何	Child-Pugh A-B
C 期：进展期	1~2	门脉侵犯或 N_1、M_1	任何	Child-Pugh A-B
D 期：终末期	3~4	任何	任何	Child-Pugh C

(三) CNLC 分期

CNLC 分期包括 CNLC Ⅰa 期、Ⅰb 期、Ⅱa 期、Ⅱb 期、Ⅲa 期、Ⅲb 期、Ⅳ期,具体分期如下:

CNLC Ⅰa 期:ECOG PS 0~2 分,肝功能 Child-Pugh A/B 级,单个肿瘤、直径≤5cm,无影像学可见血管癌栓和肝外转移。

CNLC Ⅰb 期:ECOG PS 0~2 分,肝功能 Child-Pugh A/B 级,单个肿瘤、直径>5cm,或 2~3 个肿瘤、最大直径≤3cm,无影像学可见血管癌栓和肝外转移。

CNLC Ⅱa 期:ECOG PS 0~2 分,肝功能 Child-Pugh A/B 级,2~3 个肿瘤、最大直径>3cm,无影像学可见血管癌栓和肝外转移。

CNLC Ⅱb 期:ECOG PS 0~2 分,肝功能 Child-Pugh A/B 级,肿瘤数目≥4 个、肿瘤直径不论,无影像学可见血管癌栓和肝外转移。

CNLC Ⅲa 期:ECOG PS 0~2 分,肝功能 Child-Pugh A/B 级,肿瘤情况不论、有影像学可见血管癌栓而无肝外转移。

CNLC Ⅲb 期:ECOG PS 0~2 分,肝功能 Child-Pugh A/B 级,肿瘤情况不论、有无影像学可见血管癌栓不论、有肝外转移。

CNLC Ⅳ期:ECOG PS 3~4 分,或肝功能 Child-Pugh C 级,肿瘤情况不论、有无影像学可见血管癌栓不论、有无肝外转移不论。

五、治疗原则

肝癌发病隐匿,初诊时不足 20% 的患者可以行手术切除,多数患者在治疗时需采用综合治疗手段。肝癌目前常用的治疗方法包括肝癌切除术、肝移植术、消融治疗、介入治疗、放射治疗、全身治疗等。

(一) 早期病变

对于 BCLC A 期和部分 B 期或者 CNLC Ⅰ期和Ⅱa 期的早期患者,可选的根治性手段包括手术治疗、消融治疗、SBRT 等,一般单一治疗即可达根治;早期患者邻近大血管无法手术或拒绝手术者,首选 SBRT。

(二) 中晚期病变

1. 联合治疗策略 对于大多数 BCLC B 期及 C 期,或者 CNLC Ⅱb 期以上患者则采用介入治疗、放射治疗、手术治疗、全身治疗等多种治疗手段相结合,主要结合方式通常采用一到两种局部治疗联合全身治疗,尽量转化根治的策略,但具体的结合方式目前尚无统一原则,建议通过 MDT 讨论个体化的综合治疗方案。

2. 放疗在综合治疗中的优势 对于中晚期患者,放疗最主要的优势体现在三方面,一是与手术结合,提高手术的局部控制率和生存率;二是对于瘤栓患者的控制率高;三是可行腹膜后淋巴结引流区照射,同期可对转移淋巴结加量,肝门及腹膜后淋巴结转移的患者控制率高。

除了上述抗肿瘤治疗外,肝癌的治疗还包括对肝癌基础疾病的治疗,如抗病毒治疗、保肝利胆、利尿营养支持治疗等。对于 HBsAg 阳性的患者,无论 HBV-DNA 水平是否正常,均应进行抗病毒治疗,首选高效低毒、耐药率低的恩替卡韦、替诺福韦酯、丙酚替诺福韦或艾米替诺福韦等核苷(酸)类似物药物。

六、放射治疗

随着三维适形放疗、调强放疗等技术的临床应用,放射治疗可以在提高局部肿瘤剂量的同时保障足够的剩余肝功能。放射治疗目前已经应用于早期到进展期肝癌的各个方面,并越来越发挥重要的作用。

(一)前提条件与适应证

放疗在肝癌中的应用主要包括早期肝癌的立体定向放射治疗(stereotactic body radiation therapy,SBRT)、肝癌的术后辅助放疗、肝癌伴门脉瘤栓/淋巴结转移的放射治疗和姑息放疗等。

1. 肝癌放疗的前提条件

(1)Liver-肿瘤体积(GTV)的体积≥700ml(该条件不是绝对条件,但适合绝大多数单位进行肝癌的放疗,对于肝癌放疗的前沿研究机构正在提出更合理的条件)。

(2)Child-Push 分级 Child A5、A6、B7。

(3)肝功能基本正常,基本要求为 ALT 在正常上限的 2.5 倍以内。

2. 放疗适应证

(1)BCLC A 期或 CNLC Ⅰ期早期患者,对于肝功能储备不足而无法手术或者不愿行手术切除的患者,可行 SBRT 治疗。

(2)可手术切除肝癌,术后窄切缘(切缘≤1cm),或者门静脉瘤栓(portal vein tumor thrombosis,PVTT),或者 MVI 阳性患者,应行术后放射治疗,术后放疗可提高局部控制率和生存率。

(3)BCLC B 期或 CNLC Ⅱ期不可手术切除患者,经动脉化疗栓塞(transarterial chemo-embolization,TACE)联合放疗较单纯 TACE,可显著提高局部控制率,延长总生存期。

(4)瘤栓对放疗敏感,肝癌伴门脉瘤栓,或者肝癌肝静脉瘤栓,应尽早行放疗,放疗可同步全身治疗,放疗可作为术前新辅助或转化治疗手段。

(5)肝癌伴肝门及腹膜后淋巴结转移患者,放疗较其他治疗手段可以保全并预防照射所有淋巴结转移的区域,应考虑尽早行放疗。

(二)放疗技术与定位

三维适形与调强放疗技术的应用是肝癌放疗得以安全而有效地应用的前提,而调强放射治疗技术较三维适形技术能够更好地保护正常剩余肝组织,因此无论是采用大分割还是常规分割放疗均首选调强放射治疗技术。主要定位注意点包括如下几点:

1. SBRT 患者 可以采用金标植入或 TACE 碘油方式对肿瘤位置进行标记,在加速器上跟踪标记进行图像引导放疗,有条件的单位,也可以不标记,采用 MRI 加速器根据肿瘤及周边血管或胆管等进行跟踪定位。

2. 呼吸控制 对于采用少分次的大分割放疗,可采用深吸气屏气技术(deep inspiration breath holding,DIBH),以提高精准治疗。

3. 定位前准备 建议放疗前空腹或 4 小时不进食,在定位前 10~20 分钟口服 50~100ml 碘化油或泛影葡胺稀释液(药物:水为 20ml:500ml),以显影小肠。

4. 定位扫描 有 MRI 模拟定位机的单位,建议采用门静脉期或静脉期 CT 定位增强扫描+多期多序列 MRI 增强定位扫描;无 MRI 模拟定位机的单位,可采用动脉期与静脉期双期 CT 定位增强扫描。建议 CT 同时进行 4DCT 扫描,以确定肿瘤的动度范围。

（三）放疗靶区

1. 大体肿瘤体积（GTV） 增强 MRI 或增强 CT 所示的肝癌原发灶及所连接的瘤栓(注:不建议单独只放疗瘤栓,此种照射将使患者失去对原发灶后续放疗的机会);对于有淋巴结转移的患者,可以定义为 GTVnd;如果是术后患者则定义为 GTVtb,包括手术瘤床区及肝切面 0.5cm 肝实质。

2. 临床肿瘤体积（CTV） GTV 或 GTVtb 外放 0.5cm,但不超过肝实质,同时如果有瘤栓则沿瘤栓血管方向上+1.0cm;肝细胞癌的淋巴结转移率<10%,如果没有淋巴结转移,则不行淋巴结预防照射;如果有肝门或腹膜后淋巴结转移,需行淋巴结预防照射,建议包括上至胃左动脉旁下至肠系膜下动脉旁的肝门、门腔静脉间、胃左及腹膜后淋巴引流区。

3. 计划肿瘤体积（PTV） 肝内肿瘤在没有碘油沉积的情况下,4DCT 图像上极难勾画肿瘤的 ITV,4DCT 图像主要用于判断肝脏的动度范围,通过肝脏肝顶与肝底的运动范围来外扩 PTV。如果没有 4DCT,建议 CTV+0.5cm,头脚方向至少+1.0cm。

（四）放疗剂量

肝癌放疗剂量与分割方式的考虑因素包括很多方面,最主要的因素包括新辅助或转化放疗后对手术的影响、空腔器官与肿瘤的距离、放疗部位与目的等。根据治疗策略不同,推荐的放疗剂量也不同,具体推荐如下:

1. 术后辅助放疗 建议 GTVtb 或 GTVtb 内邻近大血管窄切缘的区域 60Gy/25 次,PTV 50Gy/25 次;

2. SBRT 离胃肠等空腔器官越远,分割次数可以越少。按分割次数,SBRT 可分别单次分割,3~5 次分割,6~10 次分割。5 次分割较常用。通常建议给予 40~50Gy/5 次;

3. 肝癌伴门脉瘤栓/肝静脉瘤栓 建议 GTV 60Gy/25 次,PTV 50Gy/25 次;

4. 肝癌伴肝门/腹膜后淋巴结转移 建议 GTV 60Gy/25 次,PTV 45Gy/25 次。

（五）正常组织限量

肝脏是全身最大的实质器官,其内部可以给予高剂量,但影响肝脏肿瘤受照剂量的最主要限制器官按重要先后顺序考虑包括:剩余肝体积受量（Liver-GTV）;食管、胃、十二指肠、结肠、小肠受量;肾脏受量。如果给予较高 GTV 剂量时应考虑对皮肤剂量的限制。SBRT 不同分次正常组织限量通常参考 2017 年和 2022 年英国专家共识。对于常规 20~30 次分割肝癌常用正常组织限量基本推荐要求 Liver-GTV D_{mean}<24Gy,如果受到 5Gy 以下照射的体积足够大,在执行过程密切观察肝功能,若一直耐受性好,D_{mean} 可适当放宽,但最大不得超过 28Gy;食管、胃、十二指肠、小肠受量:D_{max}<54Gy,V_{50}<10ml;结肠 D_{max}<56Gy,V_{52}<10ml。肾脏:双肾远离肿瘤 V_{20}<20%,贴临肿瘤或腹膜后受累则同侧肾受量 V_{20}<40%,同时要尽量保护对侧肾,降低对侧肾剂量。限量同时要结合临床实际情况,状态好无合并症患者可适量放宽,而状态差合并症患者则需要更严格,此外同步全身治疗的患者也需要考虑更为严格的限制。

七、放疗不良反应评级

放疗不良反应主要由所照射肿瘤相邻的正常器官受到照射引起,临床实践中常用不良事件通用术语标准（common terminology criteria for adverse events, CTCAE）对毒副反应进行分级，并根据分级决定处置方案。肝癌放疗中常见的 CTCAE 不良事件见表 15-12。

表 15-12 肝癌放疗中常见的 CTCAE 不良事件

不良反应	分级				
	1	2	3	4	5
血液学毒性					
白细胞 × 10^9/L	<LLN~3	2~<3	1~<2	<1	死亡
血红蛋白/($g \cdot L^{-1}$)	<LLN~100	80~100	65~80	<65	
血小板 × 10^9/L	<LLN~75	50~<75	25~<50	<25	
肝功能损伤					
ALT	>1~3ULN	>3~5ULN	>5~20ULN	>20ULN	—
AST	>1~3ULN	>3~5UNL	>5~20UNL	>20ULN	—
ALP	>1~2.5ULN	>2.5~5ULN	>5~20ULN	>20ULN	—
血胆红素升高	>1~1.5ULN	>1.5~3ULN	>3~10ULN	>10ULN	—
凝血功能					
INR	>1~1.5ULN	>1.5~2ULN	>2ULN	—	—
PT	>1~1.5ULN	>1.5~2ULN	>2ULN	—	—
放射性皮炎	轻微的红斑或干性脱皮	明显红斑，皮肤反折处湿性脱皮	非反折处湿性脱皮，轻微外伤出血	皮肤全层坏死溃疡，自发出血	—
腹泻	每日排便量较基线增加<4 次	每日排便次数较基线增加 4~6 次，需<24h 静脉补液	每日排便次数较基线增加 ≥7 次，需 ≥24h 静脉补液	危及生命	死亡
小肠炎	无症状，影像/内镜可见	腹痛伴黏液血便	腹痛、发热、排便习惯改变，伴肠梗阻或腹膜刺激征	危及生命	死亡
胃炎	无症状，影像/内镜可见	有症状影响胃肠功能，需<24h 静脉补液	有症状严重影响胃肠功能，需 ≥24h 静脉补液	危及生命，需切除胃	死亡
恶心	食欲下降，但正常饮食	经口进食明显下降，体重无明显下降，需<24h 静脉补液	进食不足，需>24h 静脉补液或鼻饲	危及生命	死亡
呕吐	较疗前呕吐次数多 1 次/24h	较疗前呕吐次数多，2~5 次/24h，需<24h 静脉补液	较疗前呕吐次数多，≥6 次/24h，需>24h 静脉补液或 TPN	危及生命	死亡
消化道溃疡	无症状，影像学或内镜检查可见	有症状影响胃肠功能，需<24h 静脉补液	有症状严重影响胃肠功能，需 ≥24h 静脉补液或鼻饲或 TPN，需手术治疗	危及生命	死亡

不良反应	分级				
	1	2	3	4	5
消化道出血	轻度不需治疗（除外铁剂）	有症状并需治疗，小的烧灼止血	需输血，介入、内镜或手术治疗	危及生命，需紧急治疗	死亡
肝功能衰竭	—	—	扑翼样震颤	肝性脑病或昏迷	死亡

注:ALT,谷丙转氨酶;AST,谷草转氨酶;ALP,碱性磷酸酶;INR,国际标准化比值;PT,凝血酶原时间;LLN,正常值下限;ULN,正常值上限;TPN,全胃肠外营养;h,小时。

对于肝癌的放疗，最严重的不良事件是放射性肝病（radiation-induced liver disease,RILD），是肝癌放疗最需要避免发生的不良反应。RILD 诊断标准:①接受过肝脏高剂量的放射治疗。②在放射治疗结束后发生，一般在结束后 2 周到 4 个月内。③临床表现分为 2 种:典型 RILD 表现为疾病发展快，患者在短期内迅速出现大量非恶性、非黄疸性腹水和肝肿大，伴 ALP 升高>正常值上限 2 倍;非典型 RILD 则定义为仅有肝脏功能的损伤:Child-Pugh 评分增加≥2 分或 ALT、AST 升高>正常值上限 5 倍，无肝肿大和腹水。④排除肝肿瘤进展造成的临床症状和肝功能损害。合并典型 RILD 的患者预后极差，多数在短期内死于肝衰竭。诊断后应立即给予对症支持治疗，包括糖皮质激素、利尿剂等，并积极给予保肝治疗，必要时反复抽取腹水并补充人血清白蛋白。临床上应尽量避免 RILD 的发生，严格限制剩余肝的受照剂量是关键。

八、预后与随访

(一)预后

肝癌预后差，总体 5 年生存率仅为 9%~18%。荟萃分析的结果放疗与介入的联合应用较介入可显著提高肝癌患者的生存期，中位生存期从 13.5 个月提高到 22.7 个月。术后窄切缘（切缘≤1cm）行术后放疗后，5 年生存率可以提高到 70% 以上。肝癌伴门脉瘤栓患者放疗联合靶向或免疫治疗后，中位 OS 可以达到 16~18 个月。

(二)随访

治疗后 1 个月复查，以后 2 年内每 3 个月复查 1 次,3~5 年内每半年复查 1 次,5 年后每年复查 1 次，出现进展相关症状随时复查。随访项目包括症状询问、体格检查、营养状态评估、治疗后的早晚期不良反应评价、血常规、肝肾功能、血清 AFP 等肿瘤标志物、肝脏增强 MRI、胸腹盆部增强 CT 或胸部 CT 等。疗效评价最佳的手段是肝 MRI 增强扫描，放疗后疗效最佳时间一般是放疗后 3 个月。

第五节 胰 腺 癌

一、概述

在所有恶性肿瘤中，胰腺癌几乎是预后最差者。2020 年，来自全球 185 个国家的统计数据显示:胰腺癌发病率居恶性肿瘤的第 14 位,死亡率居第 7 位,新发病例 495 773 例,死亡病例 466 003 例,严重危害人类健康。在人群分布方面,男性发病率及死亡率高于女性,发达国家的发病率和死亡率高于发展中国家和地区。2016 年,我国公布的癌症年报中,胰腺癌发病率居恶性肿瘤第 10 位,死亡率居第 6 位,新发 100 400 例,死亡 87 900 例,而死亡率有逐年上升趋势。

与胰腺癌紧密相关的发病因素主要涉及日常习惯、慢性病史和基因三个层面。生活习惯方面,吸烟、过量饮酒、肥胖、萘胺、联苯胺、杀虫剂、石棉、苯和氯化碳氢化合物等化学物质接触史、重金属接触史、肥胖、运动量不足等与胰腺癌发病相关。维生素 D 的摄入究竟是胰腺癌的致病因素还是抑病因素,现有的研究结论不一致。慢性胰腺炎、乙型肝炎病毒感染、系统性红斑狼疮等也可能会增加胰腺癌的发病风险,但仍需进一步研究证实。同为胰腺系统疾病,长期糖尿病史也可能会增加胰腺癌的发病风险。与此同时,降糖药物如二甲双胍的使用,则可能会改善胰腺癌患者的预后。家族性胰腺炎、家族性恶性黑色素瘤综合征、林奇综合征也会增加胰腺癌的发病风险。约 10% 的胰腺癌发生与胰腺癌家族史有关,随着家族中胰腺癌患者的人数增加及其发病年龄的提前,胰腺癌的发病风险会随之增加。与胰腺癌发病相关的基因有 BRCA1/2、ATM、PALB2、MLH1、MSH2、MSH6、PMS2、CDKN2A 及 TP53 等。70% 的患者发生 K-RAS 基因突变,50% 的患者发生 TP53 基因突变。然而,胰腺癌遗传易感性的相关机制尚不清楚,约 80% 有家族史的胰腺癌患者无已知的基因。

二、应用解剖和病理

(一) 胰腺的解剖及淋巴引流

胰腺是人体第二大消化腺,呈长条形粗分叶状,向右比邻十二指肠,向左延伸到脾门,向前隔网膜囊与胃后壁相邻,向后紧邻下腔静脉、肠系膜上静脉、脾静脉、左肾等。胰腺自右向左分为四部分,包括胰头(包括钩突)、胰颈部、胰体部、胰尾部。胰头后面与下腔静脉和胆总管相邻,钩突是胰头的一部分,从胰头下部延伸至肠系膜上静脉和动脉后方。胰颈是胰头和胰体之间的狭窄部分,后方有肠系膜上静脉和肝门静脉起始部通过。胰体部为胰颈向左延伸的部分,呈三棱柱形,后面与腹主动脉、左肾、左肾上腺相邻;胰尾部向左相接脾门。胰头肿瘤位于肠系膜上静脉-门静脉汇合处右侧,胰体部肿瘤位于肠系膜上静脉左缘和主动脉左缘之间,胰尾部肿瘤位于腹主动脉左缘与脾门之间。胰腺腺癌的 60%~70% 发生于胰头,20%~25% 发生在胰体和胰尾,10%~20% 弥漫性累及胰腺。

胰腺的淋巴引流丰富。胰头以壶腹为界,分为上、下两部分。胰头前、后上部的淋巴可沿胃十二指肠动脉回流至肝固有动脉周围淋巴结,或经幽门回流至腹腔动脉周围淋巴结,也可以沿肝十二指肠韧带与肝门区淋巴回流交通;胰头前、后下部的淋巴可沿胰下淋巴结,可向左汇入肠系膜上动脉淋巴结,进入腹腔动脉周围淋巴结,也可直接汇入主动脉周围淋巴结。胰体右上部淋巴直接回流至肝总动脉淋巴结;胰体右下部淋巴直接回流至肠系膜根部淋巴结,最后进入腹主动脉周围淋巴结;胰体左上部淋巴回流至脾动脉干淋巴结;胰体左下部淋巴经结肠中动脉起始部淋巴结回流至肠系膜根部淋巴结。胰尾部淋巴回流可沿脾动脉干或脾门淋巴结回流至腹腔动脉周围淋巴结。

外科手术清扫的胰头部和胰颈部肿瘤的区域淋巴结包括胆总管、肝总动脉、门静脉、幽门、胰十二指肠腹侧及背侧、肠系膜上静脉、肠系膜上动脉右侧壁的淋巴结。胰体部和胰尾部肿瘤的区域淋巴结包括肝总动脉、腹腔干、脾动脉和脾门的淋巴结。若其他部位的淋巴结受累则认为是远处转移。

(二) 病理

根据 WHO 胰腺肿瘤分类(2019 年版),胰腺癌可分为起源于胰腺导管上皮的恶性肿瘤和起源于非胰腺导管上皮的恶性肿瘤。其中,起源于胰腺导管上皮的恶性肿瘤病理类型包括导管腺癌、腺鳞癌和鳞癌、胶样癌、肝样腺癌、髓样癌、浸润性微乳头状癌、印戒细胞癌、未分化癌(间变型/肉瘤样型)及未分化癌伴破骨细胞样巨细胞等;起源于非胰腺导管上皮的恶性肿瘤病理类型包括腺泡细胞癌、胰母细胞瘤、实性-假乳头状肿瘤及胰腺神经内分泌肿瘤。胰腺癌大部分为导管起源,80%~90% 为腺癌。

三、临床表现和诊断

胰腺癌恶性程度高,进展迅速,早期可无症状,多数发现时已为中晚期。常见的首发症状为上腹部不适或隐痛、钝痛和胀痛等,若胰管受阻可出现进食后疼痛或不适加重,中晚期肿瘤侵犯腹腔神经丛,可导致持续性剧烈腹痛;80%~90% 患者可出现消瘦、乏力症状;肿瘤阻塞胆总管下端和胰腺导管,影响胆汁和胰液进入十二指肠,可出现消化不良症状,胰腺外分泌功能损害可导致腹泻,晚期肿瘤侵及十二指肠可出现消化道梗阻或出血;当胰头部肿瘤压迫胆道出口,可以出现黄疸,伴有皮肤瘙痒、浓茶色尿和陶土样便;其他症状包括持续或间段低热,部分还可出现血糖异常。胰腺癌侵犯或转移到腹膜时出现腹水。若有血行转移,如肝、肺、骨等,则表现为相应位置的症状和体征。

一般来说,对疑似胰腺癌患者的鉴别诊断评估包括病史、查体、实验室检查以及影像学检查。胰腺癌早期无明显体征,伴随疾病进展可出现消瘦、上腹压痛、腹部包块、肝肿大、胆囊肿大和黄疸等体征,晚期可出现锁骨上淋巴结肿大、腹水等特征。血液生化检查早期无特征性改变,当肿瘤累及肝脏、阻塞胆管时可引起 ALT、AST、胆汁酸、胆红素升高,部分胰腺癌患者可有血糖变化,晚期可有低蛋白血症、电解质紊乱。CA19-9 是目前应用价值最高的胰腺癌相关肿瘤标志物,其对胰腺癌的灵敏度为 70%~92%,特异度为 68%~92%。CA19-9 灵敏度与肿瘤分期、大小及位置有关,在胆道感染、胆管炎或胆道梗阻时可出现假阳性。

在高度怀疑胰腺癌之后,接下来需要做的是明确诊断。目前,病理学诊断仍是诊断胰腺癌的金标准,胰腺占位病灶或转移灶活检,经病理学和/或细胞学检查诊断为胰腺癌。常用的胰腺癌原发灶取病理的方法有超声引导下经皮活检、超声内镜引导下活检或一些患者可能因黄疸接受内镜逆行胰胆管造影(endoscopic retrograde cholangio-pancreatography,ERCP)并在术中取得活检病理。目前超声内镜引导下活检是最佳组织学诊断方法,诊断胰腺癌灵敏度 89%~92%,特异度 96%。亦有部分临床初步影像学检查怀疑胰腺癌,且判定病变范围局限预计可行手术,患者手术耐受性良好且分期评估为潜在可切除,有时可直接手术,于术中取得冰冻病理结果,无需先行术前活检确诊胰腺癌。

在确诊胰腺癌之后,辅助检查的主要目的是确定病变的范围以辅助治疗决策并用于来日的疗效评估。影像学检查可分为局部分期检查和全身分期检查,局部检查主要评估肿瘤大小、侵犯范围及区域淋巴结状态,一般采用增强 MRI、磁共振胰胆管成像(magnetic resonance cholangiopancreatography,MRCP）、腹部增强 CT 或腹部超声、超声内镜下检查并获取肿瘤组织送病理检查,如患者伴有黄疸,可行 ERCP。全身检查主要评估是否存在远处转移,包括胸部 CT、颈部超声/CT、盆腔 CT、骨扫描、十二指肠低张造影。基于 PET-CT 的广覆盖性和对淋巴结性质评判的精确性,在可行的条件下,亦推荐行 PET-CT 检查。

四、临床分期

美国癌症联合委员会（AJCC）分期是胰腺癌的常用分期模式,其主要根据肿瘤的大小、是否侵犯血管、淋巴结个数及其他脏器有无转移,进行 TNM 分期（表 15-13）。

表 15-13　胰腺癌 AJCC 第 8 版 TNM 分期

分期	T	N	M
0	T_{is}	N_0	M_0
ⅠA	T_1	N_0	M_0
ⅠB	T_2	N_0	M_0
ⅡA	T_3	N_0	M_0
ⅡB	T_1	N_1	M_0
	T_2	N_1	M_0
	T_3	N_1	M_0
Ⅲ	任何 T	N_2	M_0
	T_4	任何 N	M_0
Ⅳ	任何 T	任何 N	M_1

目前采用的是第 8 版胰腺癌 TNM 分期标准。

原发肿瘤（T）:

T_x:原发肿瘤无法评价。

T_0:未见原发肿瘤。

T_{is}:原位癌。

T_1:肿瘤最大径≤2cm。

T_2:肿瘤最大径>2cm 且≤4cm。

T_3:肿瘤最大径>4cm,未累及腹腔干或肠系膜上动脉。

T_4:肿瘤无论大小,侵犯腹腔干、肠系膜上动脉和/或肝总动脉。

区域淋巴结（N）:

N_x:区域淋巴结不能评价。

N_0:无区域淋巴结转移。

N_1:1~3 个区域淋巴结转移。

N_2:≥4 个区域淋巴结转移。

远处转移（M）:

M_0:无远处转移。

M_1:远处转移。

五、治疗原则

分期的意义主要是对病变进行分组以确定治疗模式,并对预后作出判断。通常来说,若无明显的淋巴结转移,$T_{1\sim2}$及部分T_3病变一般可以行手术切除。而交界可切除胰腺癌需至少涵盖解剖位置、生物行为和患者一般状况这三个标准中的一个。解剖标准:肿瘤侵犯了肠系膜上动脉或腹腔干,包绕弧度<180°,且无狭窄和畸形;肿瘤侵犯了肝总动脉但尚未侵犯肝固有动脉和/或腹腔干;肿瘤侵犯了肠系膜上静脉和/或门静脉,同时可伴有狭窄或闭塞,但未超出十二指肠的下界。生物行为标准为正电子发射计算机体层显像仪(PET/CT)提示有可疑的淋巴结转移或远处转移,或是伴有 CA19-9 的明显升高(≥500U/ml)。一般状况方面指的是患者的东部肿瘤协作组一般状况评分≥2分。肿瘤侵出胰腺或与腹腔大血管关系密切时手术切除困难,通常为$T_{3\sim4}$或者N_+者,被认为是局部晚期。若出现远处转移,M_1,则为晚期病变。

基于如上分组,胰腺癌的基本治疗原则如下:

1. 手术切除是胰腺癌的潜在治愈手段,对可切除患者,首选手术治疗。若术后切缘阳性,推荐给予术后放疗;若术后切缘阴性,可选择性给予辅助化疗或辅助放化疗。

2. 针对交界可切除患者,建议选择新辅助放化疗后行手术治疗。

3. 对局部晚期胰腺癌患者或新辅助治疗后仍未能达到手术切除标准者,推荐给予根治性放化疗。

4. 包括化疗在内的系统性全身治疗是晚期患者的主要治疗手段,对于症状明显者可以辅助姑息减症放疗。

5. 对症治疗 无论对任何期别的胰腺癌,若症状明显,都应重视对症治疗。如疼痛明显者,可按阶梯使用止痛药物,或行腹腔神经丛神经松解术;合并黄疸者,可在 ERCP 下进行支架植入;特定位置,如骨转移灶的姑息放疗也是很好的减症方式。

6. 其他 值得注意的是,无论哪种治疗手段,胰腺癌的疗效都甚为有限,故而也可推荐患者加入各项正规临床试验,以期获得潜在更优的疗效。

六、放射治疗

(一)原则和适应证

放疗在胰腺癌中能起到的作用主要有如下几方面:术后/术中辅助放疗、术前新辅助放疗、根治性放疗和姑息放疗。放疗适应证如下:

1. 完整切除患者,可选择性采用术后放疗,尤其是对于$T_{3\sim4}$或者N_+患者,其目的是降低局部复发率。

2. 对未能完整切除或局部晚期不可切除患者,或原定可切除但因年龄,一般状况等不能耐受者,可考虑行根治性放疗或根治性同步放化疗。

3. 交界可切除患者,可给予术前放疗,或术前放化疗,提高其完整切除率。

4. 对于切缘预期较近或术中发现不可切除者,可考虑行术中放疗。

5. 对局部复发或症状明显的胰腺癌患者,可考虑相应部位的姑息减症放疗。

6. 对任何期别的胰腺癌患者,在确保知情同意的前提下,可考虑推荐入组经严密伦理审核通过的临床试验。

(二) 放疗方法

1. 调强放疗　目前放疗已经全面步入精准治疗时代,理论上讲,调强放疗技术与传统二维技术和早期的三维适形放疗相比较,能够在保障靶区较高剂量的同时,最大限度地保护周围正常器官。鉴于胰腺被小肠、胃等射线高度敏感的器官包绕的解剖特性,调强放疗无疑是合理的外照射方法。已有研究证实,在同样确保安全的条件下,调强放疗较三维适形放疗能够给予靶区更高的处方剂量,也就意味着潜在更好的肿瘤局部控制作用。因此,调强放疗是胰腺癌外照射的首选放疗技术。

在定位时,通常采取仰卧位,热塑体膜固定。定位前应关注患者胃充盈状态,以保证与日后治疗时一致。通常使用的方法为空腹 4 小时以上之后,定位前空腹或食用特定量(如300ml 左右)的半流食。空腹的优势在于重复性最好,但若病变紧邻胃部,空腹后的胃若亦紧邻胰腺病变,则会有较多的胃壁邻近靶区,给限量带来一定的困难。空腹后食用特定量半流食的优势在于胃在充盈状态下,邻近靶区的胃壁体积最小;但半流食的浓度、食用时间以及人体不同时间段消化节律的不同则可能导致重复性欠佳。除非巨大的胰腺癌,CT 上的胰腺肿物显影通常不佳,故而 MRI 联合 CT 定位能够更精确地判断病灶的界限。此外,联合4D-CT 扫描、呼吸门控、腹带加压等方法有助于判断胰腺病灶的活动度。

2. 术中放疗　术中放疗是在手术过程中,对病灶进行的单次大剂量照射。其完全在手术直视状态下操作,由外科医师和放疗科医师共同确定靶区,精确性更优。术中靶区和正常组织的相对位置可以手工调整,例如可采用铅皮遮挡或者器械牵拉等方法,将重要的正常组织暂时放置于照射野之外,减少对正常组织的损伤。且术中单次照射的剂量在生物学上等同于更高的外照射剂量,例如术中照射 10Gy,相当于外照射等效生物剂量的 20~30Gy。故而也适用于特定亚组胰腺癌的治疗。

(三) 放疗靶区

1. 大体肿瘤区　术前新辅助放疗、根治性的放疗和未能完全切除术后的靶区应包括影像学可见的大体肿瘤、受侵淋巴结,以及 4D-CT 上描绘出的肿瘤运动轨迹。根治术后放疗应照射原瘤床区,若瘤床区被正常组织填充,则应适当修回。姑息放疗应纳入引起症状的病灶区。

2. 淋巴引流区　术前放疗是否行预防性淋巴引流区照射,目前尚有争议,可以根据患者耐受性和病变范围选择性使用。根治性放疗若采用常规分割模式,也考虑行预防性淋巴引流区照射。术后预防性照射推荐同时给予淋巴引流区照射,相应的预防淋巴结区域如下。

(1) 胰头癌:预防幽门下、肝总动脉区、腹腔干、胰十二指肠后方、肝十二指肠韧带、肠系膜上动脉区、腹膜后和胰十二指肠前方淋巴引流区。

(2) 胰体尾癌:预防幽门下、肝总动脉区、腹腔干、脾门、脾动脉、肝十二指肠韧带、肠系膜上动脉、腹膜后和胰体下淋巴引流区。

(四) 放疗剂量

处方剂量前提:需要注意,放疗剂量分割制订时,应密切关注照射范围并严格考量周围正常组织耐受剂量。在保障正常组织安全的前提下,可考虑给予确切的肿瘤和转移灶区域尽量高的剂量。现有的临床探索中常用的剂量如下：

1. 新辅助放疗的剂量一般为 36Gy,2.4Gy/次(放疗前联合足量足周期化疗,且行同步放化疗),或 45~54Gy,1.8~2.0Gy/次。

2. 术后辅助放疗的剂量一般为 45~50.4Gy,1.8~2.0Gy/次。

3. 根治性放疗的剂量一般为 45~54Gy,1.8~2.0Gy/次。对肿瘤体积有限,且不行淋巴引流区预防的患者,也有中心采用立体定向放疗的模式,通常为 30~45Gy/3 次,或 25~50Gy/5 次,或 67.5Gy/15 次,或 75Gy/25 次。需要注意的是,根治性放疗通常建议尽量给予更高的剂量,之所以现有的指南和临床科研通常使用 50Gy 左右,并不是因为 50Gy 是足够的剂量,而是因为胰腺周围的胃肠道众多,而胃肠道对于射线的高敏感性制约了放疗剂量的提升。故而基于病变的大小和位置,尽可能给予更高的剂量。

4. 术中放疗实施时,在根治性术后,切缘安全时,一般采用 10.0~12.5Gy 的剂量;潜在安全界不够或 R1 切除时,多采用 12.5~15.0Gy 的剂量;R2 切除或有大体残留时,可考虑 15.0~20.0Gy 的剂量。

(五) 正常组织限量

常规分割模式下,美国国家综合癌症网络(NCCN)推荐的正常组织限量如表 15-14。但在实践中,我们通常对胃肠道和肝肾剂量要求更为严格。而在立体定向放疗模式下,推荐使用英国的立体定向放疗限量共识。

表 15-14　正常组织限量

正常组织	NCCN 新辅助放疗/根治性放疗	NCCN 辅助放疗
双肾	V18<30% V18<0(若仅单肾功能正常)	右肾 V18<50% 且左肾 V18<65%; V18<15% 且 V14<30%(若仅单肾功能正常)
胃,十二指肠,空肠,其余小肠	D_{max}<55Gy	D_{max}<54Gy V50<10% V45<15%
肝脏	D_{mean}<30Gy	D_{mean}<25Gy
脊髓	D_{max}<45Gy	D_{max}<45Gy

(六) 注意事项

相对于其他消化系统肿瘤,放疗在胰腺癌中的具体作用,实施方法尚处在不断探索阶段。故而在实践中应充分结合患者的一般状况,既往已经接受的治疗、对治疗的反应,以及后续的治疗方案,综合考量后实施放疗。

(七) 放疗损伤及处理

胰腺位于腹膜后,胰头被十二指肠包绕,胰体尾与胃和小肠毗邻,因此在放射治疗中最常见的毒副反应为胃肠道损伤。受呼吸运动与胃肠道生理运动影响,胰腺自身活动度大,因此在放疗过程中可通过呼吸门控技术或腹部加压技术,减小周围正常组织受照剂量,从而减轻治疗相关毒副反应。根据发生时间可将胰腺癌放疗的毒副反应分为急性期反应(放射治疗开始至结束后 1 个月内出现)和晚期毒副反应(放射治疗后 3~6 个月后出现)。临床实践中常用不良事件通用术语标准（common terminology criteria for adverse events，CTCAE）对毒副反应进行分级，并根据分级决定处置方案。由于胰腺癌恶性程度极高，预后极差，本章主要讨论急性期毒副反应及处理原则。胰腺癌放疗中常见的CTCAE不良事件可同样参考表15-12。

1. 消化道溃疡、出血、穿孔　常见于胰腺癌立体定向体部放疗（SBRT），国外研究报道3级及以上的消化道反应发生率为10%~20%，且风险随分割剂量增大而增加。在制订胰腺癌放疗计划时，应充分权衡局部肿瘤细胞杀伤与周围正常组织损伤，严格限制消化道照射剂量。在放疗过程中，一旦出现消化道溃疡的临床症状、体征，应根据严重程度进行分级并给予积极处理。1级消化道溃疡可给予口服抑酸、护胃药，2级及以上则建议给予静脉补液和抑酸治疗，严重时需禁食，并给予静脉营养支持治疗，必要时行内镜下处理或外科手术处理。对于无明显临床症状但化验提示大便潜血阳性的患者，可口服补充铁剂等，并监测血红蛋白变化。若出现黑便、便血、呕血等症状，需尽快行内镜下止血或介入栓塞、外科手术治疗。消化道穿孔的常见症状包括发热、腹痛、轻度休克症状，查体常见腹部压痛、反跳痛、肌紧张等腹膜炎体征，是严重的威胁生命的毒副反应，需紧急行外科手术处理。急性期消化道毒副反应可能严重影响放疗正常实施，从而导致患者预后变差，因此应给予高度重视。由于胰腺毗邻胃肠道，在放射治疗过程中几乎无法避免消化道损伤，建议放射治疗开始时即给予抑酸、护胃治疗。

2. 其他急性期反应　其他常见急性期反应及处理如下。

（1）白细胞减少、贫血、血小板减少：1~2级可给予口服药物，对症升白细胞、血红蛋白、血小板治疗。3级及以上白细胞、血小板减少可予注射粒细胞集落刺激因子、促血小板生成素。3级及以上贫血可考虑输血治疗。若评判为4级血小板减少，可考虑输血治疗。

（2）胃肠道反应：出现恶心呕吐时可给予甲氧氯普胺、多潘立酮片或5-羟色胺3受体拮抗药等药物治疗。出现腹泻和胃肠炎时可给予口服蒙脱石散、洛哌丁胺等，如出现脱水可根据具体情况给予输液、抗感染治疗。

（3）急性皮肤反应：可给予三乙醇胺乳膏、重组人表皮生长因子等局部治疗。

3. 注意事项　如今胰腺癌的治疗已经步入综合治疗时代，对于之前接受过化疗、免疫治疗的患者，在放疗期间、放疗后也可能出现化疗、免疫治疗相关的副反应。所以，在观察到副反应时，应该充分询问病史、症状、治疗史，以便准确归因，精确治疗。

七、预后及随访

胰腺癌预后极差，5年生存率仅为7.2%~9%。胰腺癌术后，局部复发率高达50%~86%，5年生存率小于20%。即便是手术切除的患者，局部及区域复发率仍高达60%，5年生存率仅为3%~15%。而无法手术切除的胰腺癌，中位生存率一般小于1年。发生远处转移的胰腺癌患者5年生存率仅为3%左右。

随访间隔：接受手术治疗后的胰腺癌患者，术后第1年，建议每3个月随访1次；第2~3年，每3~6个月随访1次；之后每6个月随访1次，5年后每年随访1次。接受非手术治疗的患者，通常第一次复查安排在全身治疗2周期后，或放疗1个月后，以后第1~2年每3个月复查1次，对长期存活者，2~5年每6个月复查1次，5年后每年随访1次。此外对于随访间期有新发症状或症状加重者,需要提早复查。

随访项目包括患者自主感觉的主诉或家属代诉、体格检查、血常规、血生化、凝血功能及 CA19-9、CA125、CEA 等血清肿瘤标志物,影像学检查主要包括胸腹增强 CT 或增强 MRI 及必要时进行腹盆腔 B 超检查。怀疑肝转移或骨转移的患者,加行肝脏 MRI 和骨扫描。出现头部相关症状时须行头颅 MRI 检查。PET-CT 仅推荐用于临床怀疑复发,但常规影像学检查阴性时,如持续 CA19-9 升高。不推荐 PET-CT 作为常规随访或检测手段。早期胰腺癌患者经治疗后均应终身规律随访。

局部进展期或合并远处转移的晚期胰腺癌患者,在治疗过程中应至少每 2~3 个月随访 1 次。随访包括患者自主感觉的主诉或家属代诉、体格检查、血常规、血生化、凝血功能及 CA19-9、CA125、CEA 等血清肿瘤标志物,胸腹部增强 CT 或增强 MRI 检查,必要时复查 PET-CT。体格检查应注重患者的症状和体征,胆道梗阻情况,生活质量及营养状态(体重、胰腺外分泌功能等),心理精神状态及疼痛控制。

临床怀疑复发,比如持续性 CA19-9 升高,但是常规影像学检查正常时,建议行 PET-CT 检查。临床怀疑胰腺癌,但难以与自身免疫性胰腺炎、慢性胰腺炎等疾病鉴别时,应对患者进行密切随访。随访项目包括体格检查、胰腺增强 MRI 或增强 CT 等影像学检查和 CA19-9、CA125、CEA 等血清肿瘤标志物检查,必要时可重复行 EUS 穿刺活检和/或 PET-CT 检查。

第十六章　泌尿系统肿瘤

第一节　膀　胱　癌

一、概述

膀胱癌是泌尿系统常见恶性肿瘤,国外多发,而我国发病率较低,约 7/10 万,是我国泌尿系统肿瘤的第二多发肿瘤。60~80 岁男性多见,男女比例(4~5):1。其发病的原因有:遗传因素、药物及环境污染、芳香族类等有害物质的接触及摄入、吸烟及局部炎症的慢性刺激等。膀胱癌治疗效果与肿瘤分期、病理特点密切相关。单一手段的局部治疗较易复发及转移,目前以手术、放射治疗及化疗的综合治疗为主要治疗方式。

二、应用解剖和病理(淋巴引流)

(一)应用解剖

膀胱位于盆腔前部腹膜外及耻骨联合后上方,是一个中空的肌囊性器官,因充盈程度不一,其位置、大小及形状随之变化。空虚的膀胱呈三棱椎体形,膀胱顶朝前上方,腹膜覆盖,毗邻回肠、乙状结肠、女性的子宫体等。膀胱顶与膀胱底之间为膀胱体,膀胱的最下部为膀胱颈,向后毗邻输尿管、直肠、男性的前列腺、精囊腺和女性的盆膈等结构。膀胱壁分四层,由内向外分为黏膜层、黏膜下层、肌层和浆膜层。其中肿瘤好发于膀胱内壁两输尿管口和尿道内口形成的三角区域内。膀胱的淋巴引流伴行静脉:前部引流至髂内淋巴结,后部及三角区引流至髂外,少部分至髂内、骶前及髂总淋巴结。而膀胱黏膜下层淋巴管则汇聚至底部及后部淋巴引流管,引流至相关盆腔淋巴结,最后由髂内、髂外注入腹主动脉旁淋巴结。

(二)病理

病理膀胱癌移行细胞癌约占 90%,其余为鳞癌、腺癌、小细胞癌、肉瘤等。肿瘤分级直接影响肿瘤诊断、治疗及预后。治疗前可通过影像学和膀胱镜检查获得准确的病理分级和临床分期。1973 年 WHO 分级标准根据肿瘤分化程度进行病理分级(表 16-1)。WHO 2004年分级标准将尿路上皮肿瘤分为低度恶性潜能乳头状尿路上皮肿瘤(papillary urothelial neoplasms of low malignant potential,PUNLMP)、低级别乳头状尿路上皮癌和高级别乳头状尿路上皮癌。

表 16-1　WHO 1973 年膀胱癌病理分级系统

乳头状瘤	分化	乳头状瘤	分化
G1	分化良好	G3	分化不良
G3	中度分化		

三、膀胱癌的分子分型

基因改变在膀胱癌中很常见,癌症基因组图谱(cancer genome atlas)的数据将膀胱癌列为第三高突变癌症。一项研究观察了 295 例晚期尿路上皮癌的综合基因组图谱,发现 93% 的病例至少有 1 个临床相关的基因改变,平均每个病例有 2.6 个临床相关的基因改变,支持这一点最常见的临床相关基因改变是细胞周期依赖性激酶抑制因子 2A(CDKN2A,34%)、FGFR3(21%)、磷脂酰肌醇 3-激酶分解亚单位 α(PIK3CA,20%)和 ERBB2(17%)。

四、临床表现和诊断

(一)临床表现

无痛性的肉眼血尿是膀胱癌最常见和最典型的表现,约占 75%,部分患者表现为镜下血尿。约 1/4 患者表现或伴随有尿频、尿痛、排尿困难和尿潴留等膀胱刺激症状和梗阻症状。晚期患者因肿瘤侵犯及增大压迫盆腔内脏器出现腹胀、腹痛等症状,远处转移至肺、肝、骨等可导致出现呼吸困难、疼痛等相应器官的各种症状。

(二)诊断

出现间歇性、无痛性的肉眼血尿或尿频、尿痛、排尿困难和尿潴留等膀胱刺激症状和梗阻症状,建议完善以下检查。

1. 病史、症状和体格检查　符合无痛性肉眼血尿,伴或不伴尿频、尿痛、排尿困难和尿潴留等膀胱刺激症状和梗阻症状。

2. 尿常规　可判断血尿的存在以及初步明确是否合并感染或其他肾脏疾病的可能性。

3. 尿液脱落细胞学检查　可连续 3 天行尿液脱落细胞学检查,检查阳性高度提示膀胱癌的存在。

4. 尿液肿瘤标志物　膀胱肿瘤抗原(bladder tumor antigen,BTA)是检测膀胱癌的肿瘤标志物,多采用 BTA Stat 和 BTA Trak 方法检测尿液中的人补体因子 H 相关蛋白(HCFHrp)。核基质蛋白 22(nuclear matrix protein 22,NMP22)在低分级和低分期膀胱癌中灵敏度较高,可协助早期诊断膀胱癌。

5. 膀胱镜及病理检查　膀胱镜可直观明确膀胱内是否有肿瘤存在,明确肿瘤的位置、形状、大小、侵犯范围、数目等。病理是诊断膀胱癌的金标准,根据病理可判断肿瘤分级、浸润深度等病理特征。

6. 超声检查　膀胱肿瘤常规的检查手段,初步判断肿瘤存在病变程度的有效手段。经尿道超声检查可提高其灵敏度。

7. 静脉肾盂造影(intravenous pyelography,IVP)　该检查协助明确上尿路是否有肿瘤存在及肿瘤侵犯情况,同时可了解上尿路是否合并梗阻;并可观察膀胱充盈情况。

8. CT　　间接显示膀胱内病变特点,增强扫描可显示膀胱壁肿瘤浸润深度,可区分肿大淋巴结,但其准确性不如 MRI;胸部 CT 可明确有无肺部转移。

9. MRI　　在软组织分辨上优于 CT,尤其是判断肿瘤是否侵及邻近器官等方面具有优势,行该检查可更准确进行肿瘤分期。

10. PET-CT　　了解肿瘤转移情况的有效手段,但尿液影响可导致对原发灶的判断不甚理想。

11. 在麻醉下直视下诊断性经尿道电切术(TUR)　　诊断性 TUR 在切除肿瘤同时又可对肿瘤标本进行组织学检查,以明确病理诊断,是肿瘤诊断及治疗的有效手段。

(三) 鉴别诊断

应与泌尿系统结核、泌尿系统结石、膀胱炎、输尿管肿瘤以及肾脏肿瘤等鉴别。

五、临床分期

主要根据原发肿瘤侵犯范围、区域淋巴结是否受累及其他部位是否转移等进行评估。采用国际抗癌联盟(UICC)制定的膀胱癌 TNM 分期系统第 8 版,见表 16-2、表 16-3。

表 16-2　UICC 膀胱癌 TNM 分期(第 8 版)

UICC 膀胱癌 TNM 分期(第 8 版)	
T(原发肿瘤)	
T_x	不能评估原发肿瘤
T_0	无原发肿瘤证据
T_a	非浸润性乳头状癌
T_{is}	原位癌("扁平肿瘤")
T_1	肿瘤侵及上皮下结缔组织
T_2	肿瘤侵犯肌层
T_{2a}	肿瘤侵及浅肌层(内侧 1/2)
T_{2b}	肿瘤侵及深肌层(外侧 1/2)
T_3	肿瘤侵及膀胱周围组织
T_{3a}	显微镜下可见肿瘤侵及膀胱周围组织
T_{3b}	肉眼可见肿瘤侵及膀胱周围组织(膀胱外肿块)
T_4	肿瘤侵及以下任何一器官或组织:前列腺、精囊、子宫、阴道、盆壁、腹壁
T_{4a}	肿瘤侵及前列腺、精囊、子宫或阴道
T_{4b}	肿瘤侵犯盆壁或腹壁
N(区域性淋巴结)	
N_x	区域性淋巴结无法评估
N_0	无区域淋巴结转移
N_1	真骨盆腔单个淋巴结转移(闭孔、髂内、髂外及骶前淋巴结)
N_2	真骨盆腔多个淋巴结转移(闭孔、髂内、髂外及骶前淋巴结)
N_3	髂总淋巴结转移

UICC 膀胱癌 TNM 分期（第 8 版）	
M（远处转移）	
M_x	无法评估远处转移
M_0	无远处转移
M_1	有远处转移
M_{1a}	非区域淋巴结
M_{1b}	其他部位远处转移

表 16-3　膀胱癌分期组合

分期	TNM 情况		
0a	T_a	N_0	M_0
0_{is} 期	T_{is}	N_0	M_0
I 期	T_1	N_0	M_0
II 期	T_{2a}	N_0	M_0
	T_{2b}	N_0	M_0
IIIA 期	T_{3a}	N_0	M_0
	T_{3b}	N_0	M_0
	T_{4a}	N_0	M_0
	$T_{1\sim4a}$	N_1	M_0
IIIB 期	$T_{1\sim4a}$	$N_{2\sim3}$	M_0
IVA 期	T_{4b}	任何 N	M_0
	任何 T	任何 N	M_{1a}
IVB 期	任何 T	任何 N	M_{1b}

六、治疗原则

（一）综合治疗

根据膀胱癌的分期、病理类型及患者状态选择不同的治疗方案。非肌层浸润性膀胱癌首选手术治疗，切除局部肿瘤，术后辅以卡介苗或化学治疗，预防肿瘤复发和进展。肌层浸润性膀胱癌建议行膀胱切除加盆腔淋巴结清扫并尿路改道术，术后根据病理结果予以化学治疗和/或放射治疗等辅助治疗方式。部分局部晚期浸润性膀胱癌可行术前放疗缩小肿瘤后再行手术治疗。转移性膀胱癌以全身化疗为主，可用姑息性手术、放疗缓解症状。

（二）放射治疗

1. 放射治疗原则　根据肿瘤的病理类型、分期以及患者的一般状态，放射治疗在膀胱癌的应用方式不同，有术后辅助放疗、根治性放疗、术前放疗等多种方式。

2. 放射治疗的适应证

（1）根治性放疗：根治性放疗主要应用于进展期膀胱癌、术后局部复发、不能耐受手术或拒绝手术的患者。既往研究表明,根治性膀胱切除术较根治性放疗能够进一步提高治疗效果。Petrovich 等学者通过总结既往研究发现膀胱癌根治性放射治疗后 5 年生存率为 20%~40%,约 70% 的病例可保存正常膀胱功能,局部失败率高达 50%,其中局部复发或病变残存为其主要失败模式。

(2)术前放疗:手术切除困难的 $T_{3~4}$ 或 N_+ 浸润性膀胱癌;具有多个病灶或复发的患者可行术前放疗。

术前放疗可缩小肿瘤,达到降期的目的,目前尚无高质量研究证据证明术前放疗能够延长总生存时间。部分研究显示 T_3 期膀胱癌可能在术前放疗/放化疗模式下获益。Anderson 医院分析了 B2C 期(T_3)的膀胱癌术前放疗(125 例)与单纯放疗(533 例)、术后放疗(61 例)患者治疗效果,发现接受术前膀胱照射 50Gy/25 次并于术后 6 周行根治性膀胱癌切除术患者,获得了更高的 10 年生存率及更低的局部复发率。针对 T_3 膀胱癌该院随后也进行了进一步的随机研究,结果显示,术前放疗组 5 年生存率为 46%,明显高于单纯放疗组 16%。另外,在术前放疗与单纯手术的对比中,T_3 膀胱癌治疗中 5 年局部控制率术前放疗组为 91%,高于单纯手术组 72%,术前放疗组获得较高的总生存率和无病生存率。一项 Meta 分析总结了术前放疗能够降低 60% 的 T_3 期膀胱癌的临床分期,使 30% 可获得完全缓解。较单纯手术,能够提高约 15%~20% 的 5 年生存率。同时并不增加手术并发症和死亡率以及远处转移率。

(3)术后辅助放疗:切缘阳性、T_{4b} 或高分级患者;术后分期对于 $pT_{3~4}pN_{0~2}$ 尿路上皮癌(单纯尿路上皮或原发性尿路上皮混合其他亚型)以及姑息性切除术后病理为鳞状细胞癌、腺癌或癌肉瘤患者,可考虑术后辅助盆腔放疗。

研究表明,局部晚期膀胱癌($pT_{3~4}$)接受根治性膀胱切除术、盆腔淋巴结清扫(pelvic lymph node dissection,PLND)以及围手术期化疗后,有 20%~45% 患者出现盆腔进展,5 年生存率为 10%~50%。因此,人们尝试通过术后放疗进一步减少盆腔局部失败。Zaghloul 等对 236 例 $pT_{3a~4a}$ 膀胱癌患者进行了一项随机研究,结果显示,手术联合术后放疗 5 年无瘤生存率和局部控制率较单纯手术有所提高。而在另一项随机Ⅱ期试验中,120 例鳞状细胞癌比例较高的具有一个或多个危险因素的局部晚期疾病(≥pT_{3b}、3 级或淋巴结阳性)的患者被纳入研究,接受辅助序贯化疗和放疗患者 3 年局部控制率为 96%,明显高于接受单独辅助化疗的患者($P<0.01$)。同时,其 DFS 和 OS 也获得了一定的改善并获得了较低的 ≥3 级延迟胃肠道毒性反应(7%)。2019 年的一项对膀胱癌或 UTUC 辅助放疗的肿瘤学疗效进行的系统综述得出结论,根治性手术(如膀胱切除术)后辅助放疗没有明显的益处,尽管辅助放疗与化疗的结合可能对局部晚期疾病有益。对于根治性膀胱切除术后 $pT_{3~4}pN_{0~2}$ 尿路上皮性膀胱癌、手术切缘不净,仅行姑息手术的病例,应当考虑术后放疗。

(4)术中放疗操作困难,疗效不确切,目前缺少相关临床研究。

(5)姑息放疗局部晚期伴疼痛、血尿、排尿困难及骨痛,可行姑息性放疗或化放疗。

3. 放射治疗技术

(1)定位取仰卧位,采用热塑体模或真空体模固定。在模拟定位和实施放射治疗时,应尽量排空膀胱,以保证放射治疗的可重复性。分别于定位前 1 小时、半小时口服 0.5% 泛影葡胺各 500ml,然后进行 CT 定位扫描,增强 CT 扫描范围为 L_3 椎体上缘至坐骨结节下 5cm,

层厚 5mm。

（2）靶区勾画：GTV：临床检查可见的实体肿瘤及阳性淋巴结。CTV：膀胱、近端尿道（男性包括前列腺及其相应尿道）、区域淋巴结（髂内淋巴结、髂外淋巴结、闭孔淋巴结和 $S_{1~2}$ 骶前淋巴结）。CTV2（缩野加量）：GTV 所累及的膀胱（弥漫性病变时）或部分膀胱（病变较局限）及明确的盆腔转移淋巴结。

（3）常规照射或三维适形放疗技术/调强放疗技术时选用 6~15MV X 线。

（4）采用常规分割 1.8~2.0Gy/次，全膀胱加或不加区域淋巴结照射 39.6~50.44Gy/5~6 周，然后 GTV 进行缩野补量至 60~66Gy。根治量推荐剂量为 60~66Gy，术前放疗 40~45Gy/ 4~5 周，术后放疗建议给予 50Gy/5 周。姑息减症推荐 30Gy/10 次/2 周或 30Gy/5 次/2~3 周。危及器官限量为①直肠：50Gy 照射体积<25%，45Gy 照射体积<40%，40Gy 照射体<50%；②股骨头：50Gy 照射体积<30%，45Gy 照射体积<60%，30Gy 照射体积<100%；③小肠：点剂量<50Gy。

4. 同步化疗　以顺铂或 5-FU 联合丝裂霉素的同步化疗方案可以在不增加放疗毒性反应的同时提高放疗敏感性。

七、放疗损伤及处理放射治疗毒副作用

急性反应主要表现为放射性膀胱炎、尿道炎、直肠炎、小肠炎以及骨髓抑制等，多数出现在治疗过程中，可根据患者临床表现及相关血液学检查进行监测，必要时对症处理。晚期反应出现概率较低，表现为放疗结束 3 个月后出现无痛性血尿、尿频，以及膀胱挛缩或尿道狭窄等，部分病例会出现不同程度的性功能障碍，主要原因为放疗致间质纤维化和闭塞性血管内膜炎。出现后需排除肿瘤复发可能。

八、预后及随访

早期非浸润性膀胱癌患者 5 年生存率较高，可达 75%~90%，较易复发，70% 将在随诊过程中出现复发，20%~25% 将发展为肌壁浸润癌。浸润性膀胱癌 50% 将出现远处播散，该型病例的 5 年生存率可达 50%，随着近年来分子分型的进一步细化以及新辅助化疗、新辅助免疫治疗及免疫治疗等手段的介入，其生存预后有望进一步提高。早期非肌层浸润性膀胱癌患者根据危险因素分层及个体预后因素决定复查间隔时间及检查。建议常规完善超声检查，推荐所有早期非浸润性膀胱癌患者术后 3 个月或更早进行第一次膀胱镜检查，必要时行病理活检。同时可行尿脱落细胞学、CT/CTU 或 MRI/MRU 等检查。肌层浸润性膀胱癌后必须进行长期随访，常规推荐：血液生化检查、胸部 X 线/CT 检查、腹盆部 B 超检查、CT 和/或 MRI 检查。必要时上尿路影像学检查排除输尿管狭窄和上尿路肿瘤，PET-CT 等明确远处转移。

第二节　肾　　癌

一、概述

肾癌（renal carcinoma）是起源于肾小管上皮细胞的最常见的肾脏实质性恶性肿瘤，约

占恶性肿瘤的 1%~3%,确诊时的中位年龄为 65 岁,男女比例约为 2∶1。长期吸烟、体重超重、高血压、环境因素、职业暴露、激素以及遗传等因素都与肾癌的发生有关。本病常为单侧发病,左、右肾发病率相似。分期为影响预后的独立因素,Ⅰ~Ⅲ 期和部分Ⅳ期肾癌以手术为主,不可手术的Ⅵ期患者则选择综合治疗。早期肾癌(Ⅰ期和Ⅱ期)的 5 年总体生存率高达 80%~90%;晚期肾癌(Ⅲ期和Ⅳ期)的 5 年总体生存率较低,为 30%~40%。

(一) 肾脏解剖

肾脏是分布于腹膜后的一对器官,长约 11~12cm,外形似蚕豆。双肾常从 T_{11} 延伸至 L_3 水平。左肾较右肾位置稍高。肾脏外侧有纤维膜包裹,纤维膜外有肾周脂肪覆盖,肾脏、肾周脂肪又由 Gerota's 筋膜(肾周筋膜)包绕。右肾上方是肝脏,内侧毗邻十二指肠和椎体,前方有横结肠和小肠;左肾邻近脾脏,内侧有胃、胰腺和椎体,在前方有横结肠和小肠。双肾为可移动器官,随着正常呼吸运动在腹膜后腔做垂直移动,幅度平均可达 0.9~1.3cm,最大幅度约 4cm。

(二) 淋巴引流

肾脏的淋巴引流系统沿着肾血管走行。右肾淋巴主要引流至腔静脉旁淋巴结和腹主动脉旁淋巴结,左肾淋巴引流至腹主动脉旁淋巴结。

(三) 病理

肾癌病理类型主要分为以下五类:透明细胞癌最常见,占肾癌的 70%~80%,肿瘤多位于肾脏的上、下极,对放射线敏感度不高;其次为乳头状癌或称为嗜色细胞癌,占肾癌的 10%~15%,预后较好;嫌色细胞癌占肾癌的 5% 左右,预后较好;而集合管癌较少见,占肾癌的 1% 左右,但其恶性程度最高,平均生存期约为 1 年;此外,除了上述四种肾癌以外的肾恶性肿瘤称为未分类肾癌,约占肾细胞癌的 3%~5%。

二、临床表现和诊断

(一) 临床表现

肾癌早期症状常不明显,晚期常表现为局部和相应转移部位的症状。约有 7% 的肾癌由于其他疾病做检查时被发现。在诊断肾癌时,约 45% 的患者病变局限于肾脏,约 25% 有区域淋巴结转移,约 30% 患者已有远处转移。

1. 症状

(1)局部症状:无痛性血尿是肾癌最常见的症状,也是最重要的症状。无痛性、间歇性反复发作和肉眼血尿为肾癌的典型症状。肾癌患者出现血尿时说明肿瘤侵及肾盂肾盏。另外,腰部疼痛也为肾癌常见症状,可见于约 50% 的患者。肺、软组织、骨、肝、皮肤、中枢神经系统出现转移者,在转移部位也往往有相应的局部症状出现。

(2)全身症状:常见恶心呕吐、食欲减退,晚期则出现消瘦、贫血、发热和全身衰竭等症状。

2. 体征 本病体征主要是肾脏增大,消瘦患者用双合诊可触及肾脏及肿瘤。肿瘤边缘清楚,质坚硬,面有隆起;未侵及肾周组织时,肿块可随呼吸而运动,如肿块固定则说明已侵犯肾周围组织。体检中还应注意转移灶的体征,如骨骼压痛和骨折、肝脏增大及软组织肿块等。

3. 副瘤综合征　肾癌伴随多种副瘤综合征,如甲状旁腺激素、促红细胞生成素、肾素、促性腺激素、胎盘催乳素、催乳素、肠高血糖素、胰岛素样激素、促肾上腺皮质激素、前列腺素异常。

(二)诊断与鉴别诊断

1. 诊断

(1)一般检查:病史采集及体格检查。主要询问患者有无典型的无痛性血尿、腰痛及腹部肿块三联征,并进行相应部位体格检查。

(2)实验室检查:血常规,血生化(包括乳酸脱氢酶、血清钙、肝功能测试、血尿素氮、血清肌酐等),尿常规。

(3)影像学检查:包括腹部 X 线检查、静脉肾盂造影、超声、CT、MRI 及 PET-CT 检查等。

(4)细胞学检查:如肿瘤侵犯肾盂,可能在尿沉渣中查到癌细胞。

(5)病理检查:肿瘤穿刺活检或手术取得标本进行检查,此为确诊依据。穿刺活检对肾癌诊断价值有限,不推荐对能够进行手术治疗的肾肿瘤患者行术前穿刺检查。对于不能手术治疗的或需要其他治疗的晚期肾肿瘤患者,治疗前为明确诊断可选择肾穿刺活检。

2. 鉴别诊断

(1)肾囊肿:肾囊肿是最常见的肾脏占位性病变,单纯的肾囊肿是一种良性病变,但对于囊肿壁不规则增厚,或者是囊肿内有出血、囊壁有分隔等情况需要行 CT 或者磁共振检查进一步鉴别。

(2)肾错构瘤:又称为肾血管平滑肌脂肪瘤,由于肿瘤内有脂肪成分,所以超声表现为低回声或高回声。可进一步通过 CT、磁共振的检查以鉴别。

(3)肾脏转移瘤:多发于肾皮质或者双侧肾脏,应结合患者的病史,如患者有其他恶性肿瘤的病史,出现双侧肾脏恶性肿瘤有可能为转移瘤。

三、临床分期(AJCC 第 8 版)

T——原发肿瘤:

T_x:原发肿瘤无法评估。

T_0:无原发肿瘤证据。

T_1:肿瘤最大径≤7cm,局限于肾脏。

T_{1a}:肿瘤最大径≤4cm 肿瘤,局限于肾脏。

T_{1b}:4cm<肿瘤最大径≤7cm,局限于肾脏。

T_2:最大径>7cm,局限于肾脏。

T_{2a}:7cm<肿瘤最大径≤10cm,局限于肾脏。

T_{2b}:最大径>10cm,局限于肾脏。

T_3:肿瘤侵犯主要静脉,或者肾周软组织,但是未侵及同侧的肾上腺和未超出 Gerota's 筋膜。

T_{3a}:肿瘤侵犯肾静脉或其主要分支,或侵及肾盂,或肾周肾窦脂肪组织,但未超出 Gerota's 筋膜。

T_{3b}:肿瘤延伸至横膈以下腔静脉。

T_{3c}:肿瘤延伸至横膈以上腔静脉,或侵犯腔静脉壁。

T_4:肿瘤已超出 Gerota's 筋膜(包括直接侵及同侧肾上腺)。

N——区域淋巴结:

N_x:区域淋巴结无法评估。

N_0:无区域淋巴结转移。

N_1:区域淋巴结转移。

M——远处转移:

M_0:无远处转移。

M_1:远处转移。

肾癌总分期见表 16-4。

表 16-4 肾癌总分期

分期	T	N	M
I	T_1	N_0	M_0
II	T_2	N_0	M_0
III	$T_{1\sim2}$	N_1	M_0
	T_3	N_x、$N_{0\sim1}$	M_0
IV	T_4	任何 N	M_0
	任何 T	任何 N	M_1

四、治疗原则

1. 对于 I ~ III 期的肾细胞癌患者,首选手术治疗,术后可进行观察或靶向治疗。

2. 对于 IV 期患者,若发现有孤立转移灶,应考虑进行肾脏加转移灶切除或采取精确放射治疗并进行系统性内科治疗。

3. 对于伴随有多发转移的患者,综合治疗以内科治疗为主,可在需要时辅以手术或姑息性放疗。

4. 对于无法进行手术切除或术后残留的患者,可采用放射治疗。

5. 对于复发转移和无法切除的肾细胞癌患者,可以采用分子靶向药物舒尼替尼、帕唑帕尼、依维莫司、阿昔替尼、索拉非尼、贝伐珠单抗加 IFN、大剂量 IL-2 等治疗方法。此外,作为一线治疗方法,也可以选择免疫检查点抑制剂帕博利珠单抗、纳武利尤单抗和伊匹木单抗等。

五、放射治疗

(一) 治疗原则

主要用于术后补充放射治疗和姑息性放射治疗。

(二) 适应证

1. 术后放疗 常规行术后放射治疗并未明显改善患者生存率,但在以下情况下可以考虑实施术后放疗。

（1）原发肾脏肿瘤无法切除。

（2）原发肾脏肿瘤切除不彻底，瘤床有肉眼残留，或切缘有镜下肿瘤残留；术后放疗可以提高局部控制率，但对生存率的影响尚不确定。

2. 姑息性放射治疗

（1）对于晚期肾癌无法手术切除，而由于肿块较大造成严重的压迫症状、剧痛及血尿不止者，可行姑息性放疗。

（2）对于有骨、脑等远处脏器转移者，可行姑息性放疗。

（3）对于术后复发不宜再次手术的患者，可行姑息性放疗。

（三）放疗方法

推荐选择 3D-CRT 或 IMRT 技术设计多野放疗计划，并采用 6MV X 射线进行放疗。

（四）靶区勾画

1. 术后放疗　对于术后放疗患者，应参考术前检查情况和 CT 模拟表现，将残留肿瘤标记为 GTV，将瘤床标记为 CTV（图16-1）。对于术前影像学检查发现有肾门淋巴结肿大或术后证实有肾门淋巴结转移的患者，应将肾门区标记在 CTV 中，而对于未发现有淋巴结肿大的术前影像学检查，无需照射肾门区。

2. 姑息性放射治疗　对于无法切除肿瘤而仅进行姑息治疗的患者，GTV 应包括可见肿瘤。是否应照射同侧肾门需要根据具体情况而定。

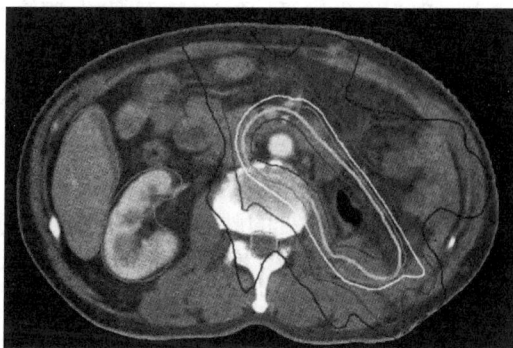

图 16-1　肾癌术后 IMRT 剂量分布图

（五）照射剂量

1. 术后放疗　通常为 45~50Gy/5 周，1.8~2Gy/次，5 次/周。对存在肉眼或镜下残留的患者，可局部加量 10~15Gy，使总剂量达到 50~60Gy。

2. 姑息性放射治疗　通常会采用 30~40Gy/4~5 周的放疗剂量以缓解其出血、疼痛等症状。

（六）正常组织限量

注意保护健侧肾脏，使至少 1/3 的体积受照射剂量不超过 15Gy；脊髓受照最大剂量不应超过 40Gy；肝脏受到照射时需保证 30% 的肝脏受照射剂量<30Gy。

（七）注意事项

1. 治疗开始前须完成剂量学验证，使用 EPID 或 CBCT 进行误差验证，以确保达到治疗的要求。

2. 在治疗过程中，应尽可能保持相同的进食状态和浅快的呼吸，以减少器官运动引起的误差。推荐采用图像引导下的 IMRT。

六、放疗损伤及处理

常见的急性不良反应主要包括乏力、恶心呕吐、骨髓抑制、肝功能损伤,严重者有上消化道出血等。治疗上以对症为主,多数急性不良反应在治疗后可以恢复。以下为较常见并发症的症状及处理。

(一) 泌尿系统并发症

常见的是放射性膀胱炎。放射性膀胱炎是指在膀胱放射治疗后,由于辐射损伤引起的膀胱黏膜损伤和炎症反应。主要表现为无痛性血尿,可伴有尿频、尿急、尿痛等。经多饮水,必要时激素治疗可减轻或自愈。严重者排尿时尿液中有血块形成,从而堵塞尿道,引起排尿困难或者尿潴留。

其他泌尿系统并发症还有出血性膀胱炎、膀胱挛缩、尿道狭窄伴挛缩等。

(二) 胃肠道并发症

表现为食欲减低、恶心、甚至呕吐、腹痛及腹泻等,轻者对症处理,补充维生素,止吐、解痉挛药物,重者可暂停放疗,静脉补液,甚至调整放疗计划。

七、预后及随访

(一) 预后

肾癌是一种常见的肿瘤,预后主要取决于病理类型、肿瘤分期和治疗手段等因素。根据统计数据,早期肾癌(Ⅰ期和Ⅱ期)的 5 年总体生存率高达 80%~90%;晚期肾癌(Ⅲ期和Ⅳ期)的 5 年总体生存率则较低,仅为 30%~40%。此外,不同的病理类型也会影响肾癌患者的预后。其中,肾透明细胞癌是最常见的一种类型,其 5 年总体生存率为 60%~80%。

(二) 随访

肾癌治疗后推荐定期随访。随访中密切监测肿瘤复发转移,观察手术、放化疗等治疗相关的远期反应及对患者日常生活的影响。推荐的随访方案:前 3 年,每 3~6 个月询问病史和查体、生化全套、尿常规、胸部 CT、腹部 CT 或 MRI 检查,并根据指征进行其他检查,之后每年一次随访至第 5 年,5 年后随访根据基于患者个体特征和肿瘤危险因素的临床指征而定。

第十七章　男性生殖系统肿瘤

第一节　前列腺癌

前列腺癌(carcinoma of prostate)发病率逐年增高,肿瘤相关死亡率在欧美国家居第二位。在不同种族及地区间发病率差异很大,我国前列腺癌的发病率远低于西方国家,但由于生活方式西化、人口老龄化及前列腺特异抗原筛查的普及,近10年来发病率呈直线上升的趋势。前列腺特异抗原(prostate-specific antigen,PSA)筛查使大部分前列腺癌患者得到早期诊断。根据前列腺癌疾病特点,如治疗前的PSA水平、肿瘤分化(Gleason评分)及病理分级等,将前列腺癌分成不同危险组,有助于选择观察等待、内分泌治疗、根治性前列腺切除术、外照射放疗、近距离放疗及联合治疗等方式。对高危患者,内分泌治疗和/或近距离放疗联合外照射可提高疗效。

一、流行病学

2021年WHO国际癌症研究机构发表的全球癌症统计报告2020年版显示,2020年全球新发前列腺癌1 414 259例,占全身恶性肿瘤的7.3%,发病率仅次于乳腺癌和肺癌,位于第3位;前列腺癌死亡病例375 304例,占全身恶性肿瘤的3.8%,死亡率居第8位。2019年国家癌症中心公布了2015年我国恶性肿瘤最新发病率和死亡率情况,其中前列腺癌新发病例7.2万,发病率为10.23/10万,居男性恶性肿瘤的第6位;死亡3.1万,死亡率为4.36/10万,居男性恶性肿瘤的第10位。从世界范围看,前列腺癌发病率有明显的地理和种族差异,澳大利亚/新西兰、北美及欧洲地区发病率高,发病率在85/10万以上;亚洲地区发病率最低,发病率在4.5/10万至10.5/10万。我国前列腺癌的发病率虽远低于欧美国家,但近年来呈逐年上升趋势。我国前列腺癌发病率增加的主要原因可能是:人口老龄化、人民生活方式改变以及PSA等前列腺癌筛查方式的普及应用。我国前列腺癌的另一特点是城市的发病率显著高于农村,2015年我国城市前列腺癌的发病率为13.44/10万,而农村为6.17/10万。近期报道中国人前列腺癌发病率较前呈上升趋势,以低分化癌为主(占74.6%),而美国、日本患者低分化癌只占28.5%和32.8%。前列腺癌种族之间的临床差异可能与疾病诱发因素有关。年龄是前列腺癌最重要的危险因素,前列腺癌很少发生在50岁以下男性,诊断的中位年龄为68岁,3/4的患者为65岁以上男性,随着年龄的增加前列腺癌的发病率陡增。在发达国家,前列腺癌占新发病例的19%,而在发展中国家只占5.3%。

二、病因学及发病机制

(一)性激素

雄激素可使前列腺癌发生发展。有学者研究 1 008 位男性血浆雄烯二酮水平,发现其与前列腺癌进展呈正相关。一项 18 882 位男性参与的"前列腺癌预防实验"证实非那雄胺可降低前列腺双氢睾酮水平,使前列腺癌发生率减少 25%。

(二)饮食

流行病学研究表明,纤维膳食可降低前列腺癌风险,饮食中某种微量元素不足是重要危险因素之一。体重指数和消耗的食物总量是独立的危险因素。大豆、黄豆含有植物雌激素异黄酮,可抑制裸鼠内前列腺癌细胞生长。番茄等富含番茄红素,可降低 10%~20% 前列腺癌风险。微量元素硒可降低 50%~60% 前列腺癌风险。锌和维生素 E、维生素 D 等微量元素也可预防前列腺癌。

(三)家族因素

20 世纪 60 年代首次报道了前列腺癌家族聚集现象。有家族史者前列腺癌患病风险比无家族史者高出 2.6 倍。Aprikian 发现有家族史者和无家族史者患前列腺癌的概率分别为 40% 和 29%。

(四)遗传和分子因素

前列腺癌的发病率在不同种族间有巨大的差别,黑人发病率最高,其次是白种人,亚洲人种发病率最低,提示遗传因素是前列腺癌发病的最重要因素之一。流行病学研究显示:一位直系亲属(兄弟或父亲)患有前列腺癌,其本人患前列腺癌的风险会增加 1 倍以上;2 个或以上直系亲属患前列腺癌,相对风险会增至 5~11 倍,有前列腺癌家族史的患者比无家族史的患者确诊年龄早 6~7 年。

对高危家庭患者 DNA 分析表明,前列腺癌存在特殊高危等位基因,主要易感基因位于 1 号染色体长臂(1q24~25)。遗传性前列腺癌基因 1(*HPC1*)与低龄前列腺癌相关,其他还有 *RNASEL*、*ELAC2*、*MSR1*、*AR*、*SRD5A2* 等基因。Giovannucci 等发现雄激素受体基因短 CAG 重复序列预示高分级及分期、高转移及死亡率。Milla 等发现特殊位点异常甲基化导致谷胱甘肽-S-转移酶 P1(*GSTP1*)基因表达缺失,导致前列腺上皮瘤或前列腺癌。

(五)其他因素

淋病或梅毒等引起慢性或长期炎症,促使前列腺癌发生。Armenian 等发现前列腺良性增生患者患前列腺癌风险增加 3.7 倍。Giovannucci 等发现切除输精管的男性患前列腺癌风险增加 1.85 倍。

三、解剖和淋巴引流

(一)前列腺的解剖及分区

前列腺形态类似倒置的锥体,位于膀胱与盆底之间,尿道穿越其中。前列腺底部邻接膀胱颈,尖部向下,底部和尖部之间为前列腺体部,体部的后面平坦,中央有前列腺中央沟。成年前列腺重约 20g,约 3.5cm × 2.5cm × 2.5cm 大小,精囊位于前列腺后上方。射精管在前列腺后方邻近膀胱处穿入前列腺,并斜行通过腺体约 2cm,开口于精阜中央和前列腺小囊的两侧。前列腺前壁紧贴耻骨,侧壁和下壁与肛提肌相邻,后壁依托于直肠壶腹部。

前列腺内部结构可进行分叶或分区,前列腺分为 5 叶:前叶、后叶、中叶和两侧叶。临床上最常用的前列腺分区,将前列腺分为 4 个区:纤维肌肉基质区、外周区、中央区和移行区。前列腺纤维肌肉基质区位于前列腺的腹侧(前方)。外周区组成前列腺的外侧、后侧或背侧部分,状似漏斗,占前列腺腺体成分的 70%。中央区状似楔形,楔形底部位于膀胱颈下,中央区腺体占前列腺腺体的 25%。移行区由两个独立的小叶组成。前列腺由腺体和纤维肌肉组成,腺上皮成分占重量的 70%,余 30% 为纤维组织。腺体的导管和腺泡由柱状上皮覆盖,腺体成分主要位于前列腺后外侧,其前方主要为纤维肌肉组织。前列腺解剖图见图 17-1。

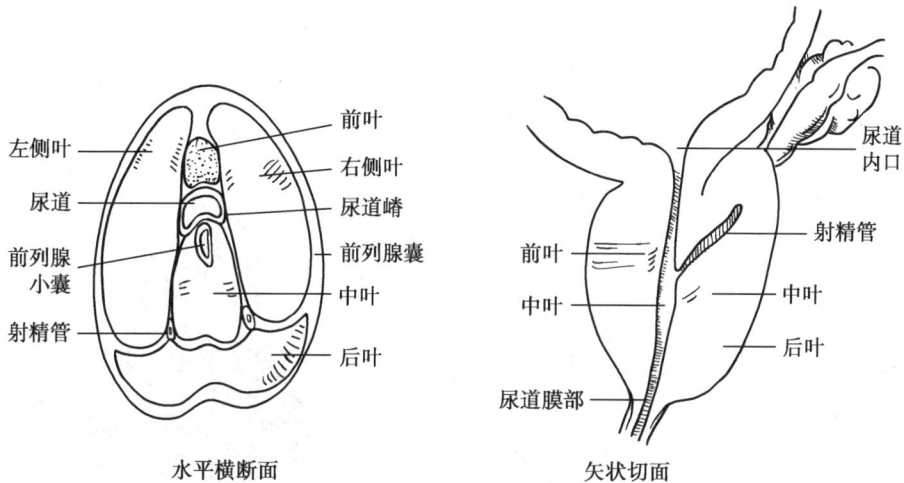

图 17-1 前列腺解剖图

(二)淋巴引流

前列腺淋巴引流主要途径如下,第一组淋巴结沿髂内动脉至髂外淋巴结组,髂外淋巴结有 3 条淋巴链:外侧链位于髂外动脉外侧,由 3~4 个淋巴结组成;中链位于髂外静脉前方,由 2~3 个淋巴结组成;内侧链位于髂外静脉下方,有 3~4 个淋巴结,内侧链有一附属淋巴链,位于闭孔神经周围,即闭孔神经淋巴结,此组淋巴结为前列腺癌淋巴结转移的第一站。解剖学家描述的"真正"的闭孔淋巴结位于闭孔水平,只有 7% 的人有此淋巴结,无明显临床意义。第二组淋巴结从前列腺背侧离开前列腺引流至骶侧淋巴结,然后至髂总动脉周围的髂总淋巴链。第三组淋巴结通过膀胱旁淋巴结引流至髂内周围淋巴结。髂外或髂内淋巴结未转移时,仅有 7% 的骶前淋巴结转移。前列腺的动脉供应来自膀胱下动脉,静脉则流入前列腺静脉丛,后者与骶前巴氏静脉丛(Batson's plexus)交通。

四、病理学

(一)病理类型

前列腺癌主要类型是来源于腺泡的腺癌(占 95%),移行细胞癌和鳞癌<3%;多发生于后叶,但两侧叶亦偶有发病;常为多病灶,单个结节仅占 10% 以下;任何部位都可发生癌,但常起源于外周带(表 17-1)。

表 17-1　前列腺恶性肿瘤的病理类型

上皮肿瘤	非上皮肿瘤	上皮肿瘤	非上皮肿瘤
腺癌	横纹肌肉瘤	鳞癌	纤维肉瘤
黏液腺癌	脂肪肉瘤	移行细胞癌	恶性纤维组织细胞瘤
腺样囊腺癌	骨肉瘤	神经上皮瘤	恶性淋巴瘤
印戒细胞癌	血管肉瘤	粉刺样癌	转移性恶性肿瘤
腺鳞癌	癌肉瘤	内膜样癌	

（二）前列腺癌的病理分级分组

前列腺癌病理分级与预后关系密切,最常用的分级方法为 Gleason 评分和 WHO 分级。病理上,通过观察腺体分化程度,细胞异型性和核异常,判断肿瘤的分化程度。肿瘤分级是指导前列腺癌治疗和预后的重要指标,是常规的病理检查方法。

Gleason 分级和预后密切相关,在欧美国家及我国得到广泛应用。Gleason 分级系统于 1966 年提出,此系统是根据前列腺癌腺体的生长方式,即腺体的分化程度来划分的,不包括细胞学的改变。腺体的生长方式是指从腺体分化好至分化差,分为 5 个等级（1~5 级）。根据肿瘤的异质性,将肿瘤的生长方式分为主要和次要两种方式。主要生长方式指最占优势面积的生长方式,次要生长方式指不占主要面积的生长方式,若肿瘤结构单一,则可看作主要生长方式和次要生长方式相同。Gleason 分级总分为两种生长方式相同,全部组织学计分范围为 2~10分。2~4 分表示分化好的腺癌,5~6 分为中分化腺癌,7 分为中低分化腺癌,8~10 分为低分化腺癌。Gleason 绘制模式图表示腺体结构类型和分级见图17-2。

与前列腺全切标本相比,Gleason 分级穿刺活检的可重复性为 50%,最高者可达 85%。Gleason 分级与肿瘤临床分期、淋巴结转移率、总生产率密切相关,是影响前列腺癌的重要预后因子。

新版 WHO 提出的前列腺癌新的分级分组是基于 2014 年国际泌尿病理协会（International Society of Urological Pathology,ISUP）共识会议上提出的一种新的分级系统,并称之为前列腺癌分级分组系统,该系统根据 Gleason 总评分和疾病危险度的不同,将前列腺癌分为 5 个不同的组别。

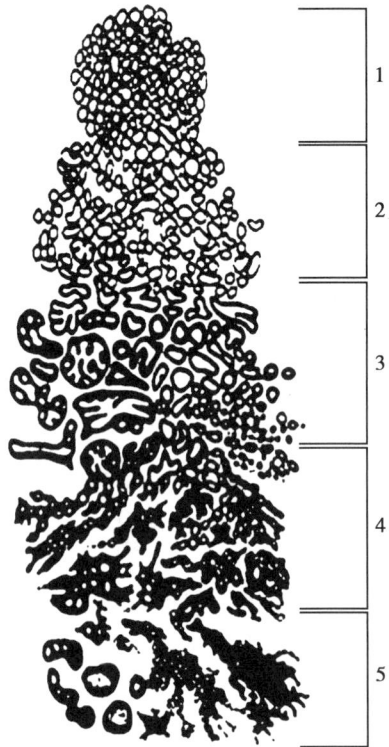

分级 ＿＿＿ + 分级 ＿＿＿ = 评分 ＿＿＿

图 17-2　前列腺 Gleason 腺结构类型分级

ISUP1 级:Gleason 评分≤6,仅由单个分离的、形态完好的腺体组成。

ISUP2 级:Gleason 评分 3+4=7,主要由形态完好的腺体组成,伴有较少的形态发育不良腺体/融合腺体/筛状腺体组成。

ISUP3 级：Gleason 评分 4+3=7，主要由发育不良的腺体/融合腺体/筛状腺体组成，伴少量形态完好的腺体。

ISUP4 级：Gleason 评分 4+4=8、3+5=8、5+3=8，仅由发育不良的腺体/融合腺体/筛状腺体组成；或者由以形态完好的腺体为主伴少量缺乏腺体分化的成分组成；或者由以缺少腺体分化的成分为主伴少量形态完好的腺体组成。

ISUP5 级：Gleason 评分 9~10，缺乏腺体形成结构（或伴坏死），伴或不伴腺体形态发育不良/融合腺体/筛状腺体。

（三）局部扩散及远处转移

前列腺癌的扩散可分为局部侵犯、淋巴转移和血行转移三个途径。前列腺癌从腺泡发生后常向尿道方向扩展，前列腺包膜是重要屏障，穿破包膜则预后不良。晚期肿瘤可侵犯尿道、膀胱颈和精囊，侵犯膀胱三角区引起输尿管梗阻，一般不侵犯直肠。受侵犯的淋巴结是闭孔-髂内链。骨转移是最常见的血行播散，常见部位依次为骨盆、腰椎、股骨、胸椎、肋骨。内脏转移常见为肺、肝、肾上腺等。

五、临床表现

（一）症状

早期前列腺癌多数无症状，当肿瘤增大时压迫邻近器官和组织，出现相应的症状和体征，临床表现为局部症状如尿频、尿急、尿痛、夜尿、排尿障碍、尿流变细、甚至尿潴留、血尿等，侵犯直肠可有血便或排便习惯改变，侵犯射精管可致血精，射精量减少。当压迫或侵犯周围淋巴结或血管时，可出现下肢水肿。晚期前列腺癌可以出现远处器官转移相关的症状，如骨转移疼痛、病理性骨折、排便困难等。神经血管束受侵犯发生勃起功能不全。

（二）体征

直肠指诊（digital examination of rectum，DRE）是诊断前列腺癌最简单有效的方法之一，所有患者均应做直肠指诊，注意前列腺大小、外形，有无不规则结节、肿块大小、质地、扩展范围、有无包膜外侵犯（包括精囊）、指套退出有无血迹。直肠指诊发现前列腺硬结节约有 50% 活检证实为癌。前列腺癌指诊常表现为腺体增大、结节坚硬、高低不平、中央沟消失、腺体固定、有时侵犯肠壁。直肠指诊阳性时，患者不论 PSA 值如何，尤其是游离 PSA 与总 PSA 比率（%fPSA）<15 者，若经 2~3 周抗生素治疗后结节仍不缩小，均推荐行穿刺活检。

六、影像学与相关检查

（一）影像学检查

影像诊断是前列腺癌治疗前评估及治疗选择的重要方面，影像新技术的发展可以精确地评估肿瘤位置、体积、侵犯范围及生物学活性。影像学检查包括胸正侧位 X 线片、腹部 B 超或 CT、盆腔 CT 和/或 MRI。正侧位 X 线片用于观察有无肺转移，腹部 B 超或 CT 用于观察腹主动脉旁淋巴结和肝转移情况。

1. 经直肠超声检查（TRUS） 此项检查可以了解前列腺包膜外和精囊侵犯情况，常规应用于引导经直肠取活组织检查以及前列腺近距离放射治疗。肿瘤可表现为强回声且边界不清晰。

2. CT 扫描 CT 扫描主要作用是确定前列腺腺体大小、制订放疗计划和评估盆腔淋巴结转移,前列腺局限于前列腺包膜时,肿瘤和正常前列腺组织密度相近或相等,CT 敏感性低于 MRI。Roach 等发现 CT 确定的前列腺体积较 MRI 增加 32%,而 Kagawa 使用 CT-MRI 融合软件做三维适形放疗(3D-CRT)计划时发现 MRI 在确定前列腺尖、底、神经血管束、直肠前壁时明显优于 CT。CT 扫描对常规分期作用不大。

3. 骨扫描 全身骨扫描诊断骨阳性率远比 X 线平片高,其敏感性达 92%~100%,但当存在骨髓炎、骨折、代谢性骨病、退行性骨关节病等,均可造成假阳性,需做 MRI 检查予以鉴别。早期低危患者 PSA 大于 20ng/ml 或有骨痛时,骨扫描阳性率增加。美国泌尿外科协会指南推荐 PSA 大于 10ng/ml 时行骨扫描,PSA 大于 20ng/ml 时行盆腔 CT 或 MRI 扫描。

4. 磁共振(MRI) MRI 检查可较精确评估局部侵犯程度,与 CT 扫描相比,MRI 能提供良好的软组织解剖结构,更有利于分期。肿瘤穿透包膜后,外形不规则,腺体周围脂肪消失,精囊腺和邻近的肌肉界线模糊或消失。前列腺 MRI 扫描的诊断价值优于 CT,T_1 权重像上前列腺为一均匀的中等信号强度,能清楚地显示前列腺周围脂肪层。研究证实 MRI 诊断包膜外侵犯特异度 94%,灵敏度 50%。前列腺癌在 T_2 权重像上表现为在高信号的前列腺周边带内出现低信号的缺损区,病变区包膜中断,则说明肿瘤侵犯了前列腺包膜。

5. 磁共振波谱成像(MRSI) MRSI 利用 MRI 的脉冲序列识别不同的化合物,检测前列腺癌代谢活性,用于定位前列腺肿瘤、区分活检后组织肿胀、出血或肿瘤浸润,以及随访、精确治疗及治疗效果的评估。多个放射医学研究证实了 MRI 联合代谢活性研究对评估局部侵犯的作用。

6. 其他 胸部 X 线检查可了解高危患者肺部有无转移。放射性核素显像可显示前列腺癌及转移病灶,有报道应用单光子发射计算机断层成像(SPECT)及双核素示踪和计算机减影技术,得到肿瘤定位图像,检出率比 B 超及 CT 更高。放射免疫显像是一种无创性检查,可作为筛选检查方法,但费用较高,可出现假阴性结果,且需配合上述各项检查才能确诊。正电子发射计算机体层显像仪(PET/CT)对前列腺癌的骨、淋巴结、肝转移灶有诊断价值,阳性预测率达 98%,诊断特异高,但对骨转移诊断灵敏度较全身骨扫描低。

(二)实验室检查

1. 前列腺特异抗原(PSA) 1979 年从前列腺组织中分离纯化出 PSA,它是一种糖蛋白,具有丝氨酸蛋白酶活性,能溶解精液中的胶原蛋白。PSA 主要存在于前列腺组织、精液及前列腺癌患者血清中。半衰期 2.2~3.2 天。男性血清 PSA 标准正常值为 0~4ng/ml(Hybritech 分析法)。PSA 在血清中以两种形式存在:游离 PSA 和结合 PSA。PSA 常用指标包括总 PSA(tPSA)、游离 PSA(fPSA)、结合 PSA(cPSA)、游离与总 PSA 比率(%fPSA)。PSA 水平越高,前列腺癌可能性越大,而炎症、感染、良性前列腺增生、新近行 DRE 检查或射精均可能出现假阳性。PSA 对前列腺组织有特异性,但不是前列腺癌的特异性抗原。引起 PSA 增高最常见的疾病为良性前列腺增生。PSA 在 4~10ng/ml 的男性,1/4 的患者在活检时证实为前列腺癌,PSA 值超过 10ng/ml 时,为前列腺癌的可能性增加至 44%。前列腺炎、活检、射精和经尿道操作都可导致暂时性血清 PSA 增高,而常规直肠指检对 PSA 的影响极小。PSA 的半衰期为 2.2~3.2 天,因此前列腺炎或前列腺活检后,须等待 4~8 周后再行血清 PSA 的检测。PSA

水平在一段时间内突然升高,预示前列腺癌可能性大。PSA 可作为治疗失败、复发及监测前列腺癌进展的指标,但对筛选早期前列腺癌的特异度低。

鉴别由于恶性肿瘤或良性疾病的 PSA 升高的方法包括年龄、调整 PSA 水平、fPSA,PSA 密度(血清 PSA 与 B 超测定前列腺体积比值)和 PSA 速度(每年增长>0.75ng/ml 者患前列腺癌概率增加)。

前列腺癌普查的临床意义:前列腺癌的肿瘤负荷和预后有关,大部分经过 PSA 检测出的早期前列腺癌可经过现代放疗或根治术治愈,而转移性前列腺癌不可治愈。部分研究认为,前列腺癌普查降低了癌症相关死亡率,但其他研究中未得到证实,需大样本随机对照研究。

2. 前列腺特异膜抗原(PSMA)　前列腺特异膜抗原是位于细胞膜内的前列腺组织特异性抗原,是一种糖蛋白。在正常前列腺及前列腺癌细胞膜均呈阳性反应,后者更为明显。在前列腺癌淋巴结和骨转移病灶中也可呈阳性反应,其中以激素抗拒性前列腺癌细胞最为明显,可为今后前列腺癌早期诊断提供帮助。

3. 前列腺酸性磷酸酶(prostatic acid phosphatase,PAP)　诊断前列腺癌灵敏度和特异度分别为 14% 和 90%,很大程度被 PSA 替代。

4. 其他如全血细胞计数、基本的血液生化、肝功能、肾功能、总睾酮等检测。

(三) 前列腺穿刺活检

前列腺活检的适应证为血清 PSA 高于正常值和/或 DRE 异常。超声引导下前列腺穿刺活检术在临床应用广泛,可经直肠或会阴穿刺。经直肠超声穿刺更方便、更精确。超声引导穿刺使病理组织完整,取材部位准确,可精准确认病变部位。经会阴穿刺适用于体弱易感染、严重痔疮、直肠或肛周疾病的患者。

为了更好地诊断肿瘤,必须做系统穿刺活检(图 17-3)。PSA 在 4.0~10.0ng/ml 的患者,通过系统的前列腺穿刺活检,25% 的患者将被确诊为前列腺癌,系统穿刺活检不会漏诊这部分患者。常规的系统前列腺活检采用均匀分布的六点穿刺法,两侧上中下各有一穿刺点。根据前列腺易发生于外周区的特点,实行新的穿刺方法,增加外周区穿刺点,比传统六点法的肿瘤检出率提高了 14%~20%。

前列腺活检可提供病理标本,并对肿瘤进行分级。活检误差可导致活检的肿瘤分级和

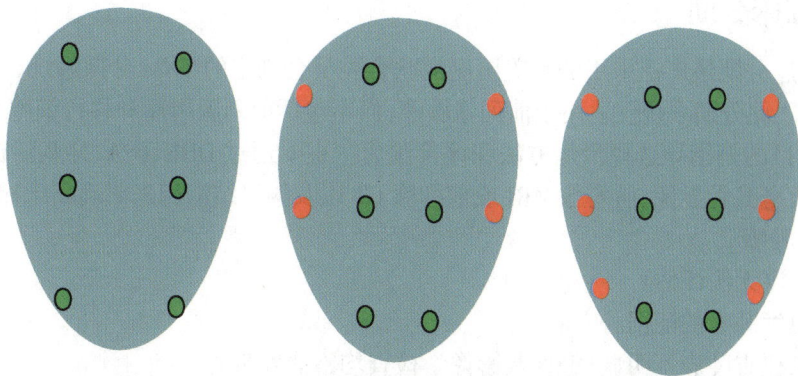

图 17-3　前列腺系统穿刺活检图
红色代表经典的 6 针法,加上绿色的针则成为扩大的 18 针法。

术后病理肿瘤分级不同,通常前列腺活检会低估肿瘤的分级。多个穿刺点阳性的患者,其包膜受侵和首程治疗后复发的危险性增高。

经直肠超声引导下的前列腺穿刺术安全可靠,并发症少,24%的患者感觉明显疼痛,40%~50%的患者会出现血性精液和血尿,感染高热极少见。穿刺前行肠道准备,穿刺后预防性用抗生素可减少术后感染机会。

七、诊断与鉴别诊断

(一)诊断

早期诊断主要靠早期筛查,50岁以上的中年男性每年体检常规行直肠指诊及血清PSA检查,可早期发现前列腺癌。

1. 常规 病史及临床检查、直肠指诊。

2. 实验室检查 全血细胞计数、血生化、血清PSA(fPSA、tPSA、fPSA/tPSA)、血浆酸性磷酸酶。

3. 影像学及相关检查 直肠内MRI、盆腔CT、胸片(高危转移者)、全身骨扫描SPECT、经直肠超声引导活组织检查、前列腺针吸活检(经直肠或会阴)、淋巴结清扫活检(淋巴结转移高危患者)。前列腺侵犯CT影像见图17-4。

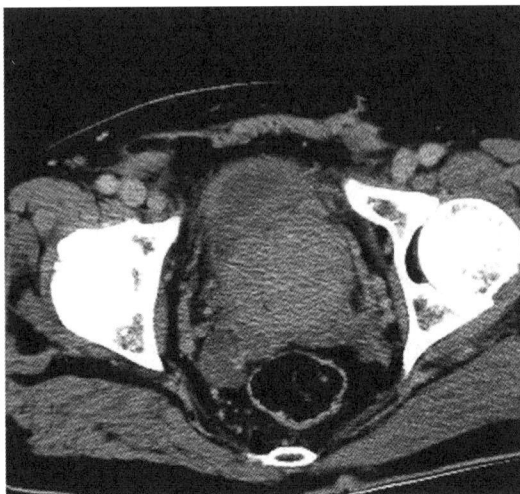

图17-4 前列腺侵犯CT影像(累及膀胱及双侧精囊腺)

(二)鉴别诊断

前列腺癌主要与良性前列腺增生鉴别。前列腺增生多为中央带明显增生,多表现为形态规则,对称,超声没有局灶性低回声改变,经直肠超声检查时用探头压迫前列腺可见腺体变形,而前列腺癌较硬,压之不变形,可见MRI中等信号强度的中央带对称性增大,高信号周边带受压变薄,易与前列腺癌鉴别。

八、临床分期

前列腺癌分期最广泛采用的是美国癌症联合委员会制定的TNM分期系统,2018年开始采用第8版。此分期系统仅适用于前列腺腺癌,而不包括前列腺肉瘤和移行细胞癌等。前列腺癌分期的目的是指导选择治疗方法和评价预后。主要通过DRE、PSA、穿刺活检阳性针数和部位、核素全身骨显像、前列腺MRI或前列腺CT以及淋巴结清扫来明确临床和病理分期。

T:原发肿瘤

T_x:原发癌无法评估。

T_0:无原发肿瘤的证据。

T_1:临床检查肿瘤不明显(触诊及影像学检查均不能发现)。

T_{1a}:组织学检查偶然发现的肿瘤,占≤5%的切除前列腺组织。

T_{1b}:组织学检查偶然发现的肿瘤,占>5%的切除前列腺组织。

T_{1c}：前列腺穿刺活检发现的肿瘤（如血清 PSA 增高）。

T_2：肿瘤局限于前列腺内（穿刺活检在一叶或两叶内发现肿瘤，但触诊或影像学均未发现者，应归为 T_{1c}）。

T_{2a}：肿瘤侵犯前列腺一叶的一半以内。

T_{2b}：肿瘤侵犯前列腺一叶的一半以上，但非双叶。

T_{2c}：肿瘤侵犯双叶。

T_3：肿瘤累及前列腺外（侵犯前列腺尖部或前列腺被膜但未穿透，应归为 T_2 期而不是 T_3 期）。

T_{3a}：包膜外扩展（单侧或双侧）。

T_{3b}：肿瘤侵犯精囊。

T_4：肿瘤固定或侵犯精囊外邻近结构（膀胱颈、外括约肌、直肠、肛提肌和/或盆壁）。

N：区域淋巴结

N_x：区域淋巴结未能评估。

N_0：无区域淋巴结转移。

N_1：区域淋巴结转移。

M：远处转移。

M_x：远处转移未能评估（任何模式）。

M_0：无远处转移。

M_1：远处转移。

M_{1a}：非区域淋巴结转移。

M_{1b}：骨转移。

M_{1c}：远隔部位转移（有或无骨转移）。

前列腺癌 AJCC 2018 TNM 分期见表 17-2。

表 17-2　前列腺癌 AJCC 2018 TNM 分期

分期	T	N	M	PSA/(ng·ml⁻¹)	Gleason 评分
I 期	$T_{1a\sim c}$	N_0	M_0	<10	≤6
	T_{2a}	N_0	M_0	<10	≤6
	$T_{1\sim 2a}$	N_0	M_0	X	X
IIA 期	$T_{1a\sim c}$	N_0	M_0	<20	7
	$T_{1a\sim c}$	N_0	M_0	≥10, <20	≤6
	T_{2a}	N_0	M_0	<20	≤7
	T_{2b}	N_0	M_0	<20	≤7
	T_{2b}	N_0	M_0	X	X
IIB 期	T_{2c}	N_0	M_0	任何 PSA	任何评分
	$T_{1\sim 2}$	N_0	M_0	≥20	任何评分
	$T_{1\sim 2}$	N_0	M_0	任何 PSA	≥8
III 期	$T_{3a\sim b}$	N_0	M_0	任何 PSA	任何评分

续表

分期	T	N	M	PSA/(ng·ml^{-1})	Gleason 评分
IV期	T_4	N_0	M_0	任何 PSA	任何评分
	任何 T	N_1	M_0	任何 PSA	任何评分
	任何 T	任何 N	M_1	任何 PSA	任何评分

九、治疗

(一) 局限期前列腺癌的治疗

根据患者自身情况和检查结果选择治疗方式。前列腺癌治疗前根据血清 PSA 浓度、肿瘤分级和临床分期进行危险度分析,判断肿瘤的预后,以确定临床治疗方案。PSA 结合肿瘤分级和临床分期提高了预测淋巴结转移状况、前列腺包膜或精囊受侵概率的灵敏度和特异度。

前列腺癌的治疗原则主要根据临床分期、PSA、Gleason 分级和年龄,将前列腺癌分为早期(局限期)前列腺癌和晚期(转移性)前列腺癌。早期前列腺癌定义为肿瘤局限于前列腺,无转移淋巴结或远处转移。根据其危险度高低,可将早期前列腺癌分成低危(预后好)、中危(预后中等)和高危(预后不良)三组,低危局限期前列腺癌的治疗应考虑局部根治性治疗手段,包括根治性前列腺切除术或根治性放疗。由于前列腺自然病程长,根据年龄和预期寿命,部分低危患者可密切随诊;中危患者需做综合治疗,如根治性前列腺切除术加术后辅助性放疗,术后放疗需考虑高剂量照射;高危患者或局部晚期前列腺癌仅单纯手术或放疗不可治愈,必须考虑放疗和内分泌综合治疗,放疗合并激素治疗优于单纯放疗,可改善生存率。转移性前列腺癌的治疗主要为内分泌治疗,辅以姑息性放疗,改善其局部控制率和缓解症状。转移性前列腺癌在临床上认为不可治愈,但部分患者可带瘤长期存活(表 17-3)。

表 17-3　前列腺癌的预后分组和治疗原则(根据 NCCN 指南制定的治疗原则)

预后分组和定义	局部治疗后复发率/%	治疗建议
局限期低危(预后好)		
$T_{1~2a}$ 或 Gleason 2~6 分(ISUP 1 级),PSA<10ng/ml	6~20	
预期寿命<10 年		观察;三维适形/调强适形放疗或粒子植入
预期寿命为 10 年		观察;三维适形/调强适形放疗,粒子植入或根治性手术±盆腔淋巴结清扫
局限期中危(预后中等)	34~60	
$T_{2b~2c}$ 或 Gleason 7 分(ISUP 2/3 级)或 PSA 10~20ng/ml		
预期寿命<10 年		观察;三维适形/调强适形放疗(合并或不合并组织间照射)或根治性手术±盆腔淋巴结清扫

预后分组和定义	局部治疗后复发率/%	治疗建议
预期寿命为 10 年		三维适形/调强适形放疗(合并或不合并组织间照射)或根治性手术+盆腔淋巴结清扫
局限期高危(预后不良)	50~100	三维适形/调强适形放疗+内分泌治疗(2~3 年)
T$_{3~4}$ 或 Gleason 8~10 分(ISUP 4/5 级)或 PSA>20ng/ml		
局部晚期(预后不良)		三维适形/调强适形放疗+内分泌治疗(2~3 年)
任何 T N+M$_0$(盆腔淋巴结转移)		
晚期(转移性)		内分泌治疗或化疗
任何 T 任何 N M$_1$		

1. 观察等待与主动监测　观察等待包括前列腺癌病程监测,以期在症状出现、检查结果改变或 PSA 提示即将出现症状时能及时提供姑息治疗。因此,观察不同于主动监测。观察的目的是在前列腺癌不太可能导致死亡或显著发病时,通过避免非治愈性治疗保持患者的生活质量。观察的主要优势是避免不必要的治疗[如雄激素剥夺治疗(androgen deprivation therapy,ADT)]可能引起的副作用。一般适用于预期寿命小于 10 年的各期患者。

主动监测包括对疾病进程的主动动态监测,以期在发现肿瘤进展时能及时采取以根治为目的的干预措施,主要适用于预期寿命 10 年以上的低危前列腺癌患者,目的是在不影响总生存时间的前提下,推迟可能的治愈性治疗从而减少治疗可能引起的副作用。由于这类患者有着更长的预期寿命,因此应当对他们进行密切随访,包括 DRE、PSA、mpMRI 以及重复穿刺等,一旦发现肿瘤进展,应立即开始治疗以免错过治愈机会。

主动监测的患者入选标准包括:预期寿命 10 年以上,肿瘤分期 cT$_1$ 或 cT$_2$,PSA ≤ 10ng/ml,活检 Gleason 评分≤6,阳性针数≤2 个,每个穿刺标本中肿瘤所占比例≤50%。对这类患者实施主动监测前,要与患者充分沟通根治性手术和根治性放疗的情况,告知患者在未来的某个阶段可能要接受根治性的手术或者放疗。随访过程中要进行 DRE(至少每年 1次)、PSA(至少每半年 1 次)、mpMRI 以及重复穿刺(至少每 3~5 年 1 次)等检查。

当重复活检后的病理发生变化时,如 Gleason 评分、阳性针数或者肿瘤所占体积以及 T分期进展,则应将主动监测调整为积极治疗。

在选择观察等待及主动监测前,应充分告知可能的获益及风险,得到患者及家属的理解和配合。

2. 根治性前列腺切除术　1905 年由 Young 等提出根治性前列腺切除术,用于局限于前列腺的肿瘤。经典术式包括耻骨后和经会阴两种方法,切除范围包括前列腺及其包膜、精囊、壶腹和输精管,耻骨后 RP 有利于切除两侧盆腔淋巴结。如果技术成熟应保留神经功能。腹腔镜和机器人显微外科可减少失血、术后疼痛,术后恢复快。切除方式根据淋巴结转移状况选择。

根治性前列腺切除术的适应证为肿瘤局限于前列腺、无淋巴结转移和远处转移的患者，具体指临床分期 $T_{1\sim2}N_0M_0$。前列腺包膜局部少量受侵的患者，也可考虑根治性前列腺切除术。$T_{3\sim4}$ 或盆腔淋巴结转移的患者，前列腺切除术不能根治切除肿瘤，不是前列腺根治术的适应证。

年龄大于 70 岁，预期寿命小于 12 年的早期前列腺癌，不考虑行根治性前列腺切除术，建议根治性放疗。肿瘤侵犯前列腺尖部，手术难以切除干净，这部分患者也可优先考虑根治性放疗。

3. 放射治疗　放射治疗是局限性前列腺癌患者及晚期转移患者的重要治疗手段，放疗方法包括外照射和近距离放射治疗，外照射技术包括常规照射、三维适形放疗和调强适形放疗等。

在过去的几十年间，随着放疗技术的发展，已能够安全地采用较高的放射剂量进行外照射治疗。3D-CRT 使用计算机软件，结合治疗部位内部解剖 CT 图像，能够以较低的迟发性反应风险，施加更高的累积剂量。第二代三维技术，IMRT，在实际应用中越来越多，因为在部分而非所有研究中，IMRT 与 3D-CRT 相比降低了胃肠道毒性风险。对于 3D-CRT 或 IMRT，必须每日采用 IGRT 进行前列腺定位，以达到靶区边界缩小和治疗精确的目的。对于低危患者适合采用 75.6~79.2Gy 的总剂量，常规分次照射前列腺（包括或不包括精囊）。中危和高危患者可接受最高达 81.0Gy 的放疗剂量。大分割影像引导 IMRT 方案（每次 2.4~4Gy，共 4~6 周），其疗效和毒性与常规分割 IMRT 相似。可以考虑使用这些放疗技术代替常规分割方案，临床随机试验的结果已表明，剂量提升与生化结果的改善具有相关性。立体定向放射治疗（stereotactic body radiation therapy，SBRT）是一种新兴的治疗技术，在 5 次或更少次数分割治疗中提供高适形、高剂量辐射，只有在精确的影像引导下，这种治疗才是安全的。与标准放疗技术相比，SBRT 具有较好的无生化进展生存率和相似的早期毒性（膀胱、直肠和生活质量）。但与 IMRT 相比，SBRT 可能不良反应相对更加严重。

近距离放射治疗是一种治疗局限性前列腺癌的技术手段，通过三维治疗计划系统的准确定位，将放射性粒子植入前列腺内，提高前列腺的局部剂量，减少直肠和膀胱的放射剂量，其疗效肯定、创伤小，尤其适合于不能耐受根治性前列腺切除术的高龄前列腺癌患者。

传统上近距离放疗用于低风险病例，因为早期研究发现对于高风险患者，近距离放疗的疗效低于 EBRT。但是，越来越多的证据表明，随着近距离放疗的技术进步，在高危局限性和局部晚期前列腺癌中，近距离放疗也能发挥一定的作用。目前主要有两种前列腺近距离放疗方法：低剂量和高剂量近距离放疗。

低剂量近距离放疗包括在前列腺中放置永久性粒源植入物。从这些低能量场源发射的小范围辐射允许将足够的放射剂量作用到前列腺内的病变，避免了膀胱和直肠的过度照射。

永久性近距离放疗作为一种单一疗法，适合治疗低危患者（$cT_{1c}\sim T_{2a}$、Gleason 评分为 6 分及以下、PSA<10ng/ml）。对于中危前列腺癌，近距离放疗可结合 EBRT（45Gy），以及加用或不加用新辅助 ADT。高危患者通常被认为不适合单纯使用永久性近距离放疗。前列腺很大或很小、有膀胱出口梗阻症状（国际前列腺症状评分高）、之前接受过经尿道前列腺手术的患者不是近距离放疗的理想候选者。对于这些患者，放射性粒子的植入可能会更困难，且发生副作用的风险增加。

高剂量近距离放疗是指临时插入辐射源,是对高危前列腺癌患者在 EBRT 治疗中的一种增强剂量的新方法。联用 EBRT(40~50Gy)和高剂量近距离放疗,可在高危局限性或局部晚期前列腺癌患者中提高放射剂量,同时最大限度地减少急性或晚期毒性。

近距离放疗联合 EBRT,同时加入 ADT(2 或 3 年)是治疗高危患者的常见方案。三种治疗联合应用效果较好,有研究表明 9 年无疾病进展生存率和疾病特异性生存率分别达 87% 和 91%。

随着放射治疗技术不断改进,靶区剂量提高而正常组织剂量减少或未增加,从而大大增强疗效及减少并发症。局部晚期($T_{3~4}N_xM_0$)前列腺癌不能手术切除,放疗和激素治疗是有效的治疗手段,综合治疗提高局部晚期前列腺癌的局部控制率和生存率。

4. 质子治疗 早在 20 世纪 50 年代就开始应用质子束放疗治疗癌症患者。质子治疗的支持者认为,这种形式的放疗在某些临床情况下可能优于 X 射线(光子)为基础的放疗。质子治疗可以将高度适形的放射剂量送到前列腺。以质子束为基础的治疗在前列腺周围正常组织照射到剂量更低。然而,这些组织并不是前列腺放疗不良反应的常规致病因素,所以降低对这些非关键组织的剂量,益处并不明显。美国放射肿瘤协会(American Society for Radiation Oncology,ASTRO)认为质子束治疗与其他前列腺癌治疗的疗效比较尚无明确结论。因此目前可用的治疗方案中,质子束治疗局限性前列腺癌的作用尚不明确。虽然质子束治疗不是一种新技术,但其在治疗前列腺癌中的应用还要继续发展。ASTRO 强烈支持对临床试验中的患者数据进行开发,对达成质子治疗前列腺癌的共识非常必要,特别是对比较质子治疗与其他放疗方式(如 IMRT 和近距离放疗)至关重要。

5. 局限性前列腺癌的其他治疗 对于局限性前列腺癌,除了上述提到的治疗方法以外,还相继出现了多种其他方法。目前比较成熟而且有一定数据支持的方法主要是前列腺冷冻消融(focal cryosurgical ablation of the prostate,CSAP)和高能聚焦超声(high-intensity focused ultrasound,HIFU)。

CSAP 是通过局部冷冻来破坏肿瘤组织。有研究指出,低危患者经过冷冻治疗后 5 年无生化复发率在 65%~92%。冷冻治疗和根治性前列腺切除术对于前列腺癌具有类似的肿瘤治疗结果。有研究对比了 T_2 或 T_3 期前列腺癌患者冷冻治疗和 EBRT 的治疗效果。所有患者均接受新辅助 ADT。结果显示在 3 年总生存率和无疾病生存率上都无统计学差异,接受冷冻治疗的患者治疗后性功能较差。但也有研究发现,尽管肿瘤特异性生存时间和总体生存时间相似,CSAP 相比 EBRT 无生化进展生存率较低。

CSAP 潜在的适应患者包括局限性前列腺癌 PSA<20ng/ml,Gleason 评分<7 分,低危前列腺癌或者中危前列腺癌患者但身体状况不适合放疗或者手术治疗,前列腺体积<40ml。目前尚无 10 年以上有关肿瘤治疗效果的长期数据,因此对于预期寿命 10 年以上的患者,应充分告知。

HIFU 是利用超声波,通过机械作用和热作用损伤肿瘤组织,达到治疗作用。HIFU 目前已经用于前列腺癌的初始治疗以及放疗后复发。一项前瞻性研究显示,111 例局限性前列腺癌患者使用 HIFU,2 年无其他根治性治疗生存率为 89%,12 个月时患者保留控尿功能和勃起功能的比例分别为 97% 和 78%。在中位随访 64 个月后,48% 的患者免于应用 ADT。

HIFU 也可用于放疗后复发的患者。研究指出,HIFU 治疗后,中位无生化复发发生存时间为 63 个月,5 年总生存率 88%,肿瘤特异性生存率 94%。在中位随访 64 个月后,48% 的患者免于应用 ADT。

其他新兴的局部疗法,如血管靶向光动力学(vascular targeting photodynamics,VTP)治疗和前列腺不可逆电穿孔等,值得进一步完善长期随访数据。

6. 内分泌治疗　中高危患者应考虑放疗和内分泌综合治疗,疗效优于单纯放疗,放疗加内分泌治疗是中高危患者的标准治疗。前列腺正常细胞和肿瘤细胞都对抗雄激素治疗敏感,新辅助内分泌治疗的目的在于减少前列腺体积和照射靶区,降低正常组织毒性作用。内分泌治疗的目的在于消灭局部或远处残存的肿瘤细胞。

内分泌治疗可选方案有睾丸切除术,雌激素己烯雌酚,促黄体激素释放激素(luteinizing hormone releasing hormone,LHRH)类似物如醋酸亮丙瑞林(leuprorelin)或戈舍瑞林(goserelin),甾体类抗雄激素药物包括激素类抗雄激素药物醋酸环丙孕酮(cyproterone acetate,CPA)、非那雄胺及非激素类抗雄激素药物氟他胺(flutamide)、比卡鲁胺(bicalutamide)。LHRH 类似物(如戈舍瑞林和醋酸亮丙瑞林)可联合抗雄激素药物(如氟他胺和比卡鲁胺)增强疗效。间歇性内分泌治疗可延缓肿瘤的发展并节省治疗费用。

7. 化学治疗及其他　前列腺癌对化学治疗相对不敏感。TAX327 随机Ⅲ期研究激素抗拒的前列腺癌,结果表明,3 周多西他赛生存期长于盐酸米托蒽醌,每周多西他赛无明显生存优势,3 周多西他赛更好地缓解疼痛、提高生命质量、明显降低 PSA,是激素抗拒的前列腺癌患者化疗首选方案。

顺铂+泼尼松治疗进展期激素抗拒前列腺癌的Ⅲ期研究表明,其对紫杉类、蒽环类抗生素或其他铂类耐药的细胞有效,M00-244 研究认为内皮素受体拮抗阿曲生坦可使 90% 患者 PSA 降低 50%。有研究认为 CYP17(P450c17)阻滞剂可抑制雄激素合成。

(二) 转移性前列腺癌的治疗

转移性前列腺癌是严重影响患者预后的重要疾病阶段。在欧美人群中,转移性前列腺癌仅占新发前列腺癌的 5%~6%,而在我国,这一比例则高达 54%。ADT 是晚期转移性前列腺癌患者的主要全身性基础治疗,也是各种新型联合治疗方案的基础。ADT 包括多种实施方案,其中,单纯去势(外科或者药物去势)是最广为接受的核心治疗方式。近年来,出现了一系列突破性进展,主要是 ADT 与新型内分泌治疗药物或化疗药物的联合使用,改善了转移性前列腺癌的总体治疗效果。

转移性前列腺癌患者转移病灶的数目及肿瘤负荷与治疗预后有关。

高转移负荷与低转移负荷:CHAARTED 研究将高转移负荷定义为内脏转移,或者骨转移病灶≥4 个,其中至少有 1 处在脊柱或者骨盆以外。低转移负荷定义为无内脏转移,且骨转移病灶≤3 处。

高危与低危疾病的定义也是源于大型临床研究。LATITUDE 研究将高危疾病定义为满足以下 3 个危险因素中的 2 个:Gleason 评分≥8 分,骨转移病灶≥3 处,存在内脏转移。低危疾病为具备不超过 1 个上述危险因素者。

1. ADT　ADT 可采用手术去势(双侧睾丸切除术)或药物去势。手术去势是通过双侧睾丸切除,达到阻断睾丸雄激素分泌的作用。手术相对简单,成本低,不良反应小。术后血清睾酮水平迅速下降,通常在 12 小时以内,患者的睾酮可以达到去势水平。当患者病情需要尽快降低睾酮,如骨转移压迫脊髓等,双侧睾丸切除是一种合理的选择。但与药物去势相比,手术去势可能会给患者带来负面的心理影响。

药物去势的原理是通过影响下丘脑-垂体-性腺轴,减少睾丸产生的雄激素,常用药物包括促黄体素释放激素(luteinizing hormone releasing hormone,LHRH)激动剂,或者 LHRH 拮抗剂。在开始应用 LHRH 激动剂治疗时,LHRH 激动剂与受体结合能够引起黄体生成素与卵泡刺激素释放,进而引起睾酮水平的突然上升,导致"闪烁反应",这种现象可能会刺激前列腺癌的生长,并引起骨痛、膀胱出口梗阻或脊髓神经压迫等症状加重。对于明显转移,且有可能因初期单纯使用 LHRH 激动剂治疗引起睾酮急剧增加而出现相关症状的患者,在应用开始 1 周前,可使用经典非甾体抗雄激素药物,之后可联合应用至 4 周左右。而 LHRH 拮抗剂能够通过与 LHRH 受体迅速结合,降低黄体生成素与卵泡刺激素的释放,继而抑制睾酮的水平,避免因睾酮升高导致疾病加重的现象,不必与抗雄激素一起给药。目前国际上公认的去势水平的定义是睾酮<50ng/dl(1.735nmol/L),但实际上这一标准是多年前制定的,受限于当时的检测技术水平。现有的方法证实手术去势后睾酮的平均水平是 15ng/dl,因此睾酮<20ng/dl(0.694nmol/L)应该是比较合理的去势水平。ADT 期间睾酮下降到更低水平(深度降酮)与更佳的疾病预后和转归相关。睾酮管理贯穿前列腺癌诊断、评估、治疗及预后评价多个过程,对于不同疾病阶段的患者均具有重要临床意义。

2. ADT 与其他药物的联合治疗　手术去势联合一种传统抗雄激素制剂如比卡鲁胺或者氟他胺被称为联合雄激素阻断。来自欧美人群的荟萃分析结果显示,采用这种联合雄激素阻断方案,能够较单纯去势治疗,使 5 年生存率绝对值增加 2.9%(从 24.7% 升高至 27.6%)。近年来,化疗或新型内分泌药物在转移性前列腺癌中广泛使用,取得较好疗效。从现有的研究结果来看,去势联合新型内分泌药物如阿比特龙、恩扎卢胺、阿帕他胺或联合化疗药物多西他赛等均可以显著改善转移性激素敏感性前列腺癌的预后,这些药物已经成为转移性前列腺癌患者治疗的标准方案之一。至于 ADT 联合化疗,还是 ADT 联合新型内分泌治疗这两类治疗方法之间也没有头对头的比较,从各自的临床研究数据看,生存时间获益相似,因此临床上在选择治疗方案时,要兼顾患者意愿、特殊的不良反应、对化疗的耐受性,以及药物的可及性和费用等因素。

3. 转移性前列腺癌针对原发灶及转移灶的局部治疗　近 10 多年来,多项回顾性研究报道了转移性激素敏感性前列腺癌行原发灶手术或者放疗,给患者带来获益。但并不是所有针对原发灶的治疗都能对预后有帮助。有研究显示,对于年轻且一般状态好、低转移肿瘤负荷和 Gleason 评分低的转移性前列腺癌患者接受原发灶局部放射治疗获益的可能性相对大。因此,对于减瘤性前列腺切除术,建议采取临床研究的方法谨慎开展。

对于转移灶将导致脊髓压迫和病理性骨折等紧急并发症的患者,在充分评估治疗获益与危害的前提下,与患者及家属充分沟通,可考虑行转移灶部位手术或者放射治疗。

(三)CRPC 的治疗

1. 无症状非转移性去势抵抗性前列腺癌(nmCRPC)的治疗　满足以下条件即可被诊断为非转移性去势抵抗性前列腺癌(non-metastatic castration-resistant prostate cancer,nmCRPC),包括①血清睾酮维持在去势水平以下:即血清睾酮水平<50ng/dl 或 1.7nmol/L;②PSA 进展:PSA 值>2ng/ml,间隔 1 周,连续 3 次较基础升高>50%;③传统影像学检查包括 CT、MRI 及骨扫描未发现远处转移。nmCRPC 患者，尤其是 PSA 倍增时间在 10 个月之内，在疾病发展过程中很容易出现转移并最终导致患者死亡。最新的 3 项有关 nmCRPC 的临床研究，改变了目前 nmCRPC 患者的标准治疗方案。阿帕他胺（spartan）研究、恩扎卢胺（prosper）研究以及达罗他胺（darolutamide）研究，都以无转移生存时间作为主要研究终点，3 项临床研究均显示了显著的无转移生存时间获益。因此建议在 ADT 的基础上，联合阿帕他胺、恩扎卢胺或者达罗他胺治疗。

2. mCRPC 的治疗　在缺乏前瞻性研究的前提下，维持去势治疗可能获得的收益超过治疗可能带来的风险，因此在这类患者人群中应维持去势治疗。

COU-AA-302 研究结果显示阿比特龙可以显著延长中位无影像学进展时间（16.5 个月 *vs.* 8.2 个月）和中位生存时间（34.7 个月 *vs.* 30.3 个月）。此外阿比特龙可以减缓疼痛进展，推迟化疗和阿片类药物的使用。

PREVAIL 研究同样显示，恩扎卢胺可以显著延长患者的生存时间（36 个月 *vs.* 31 个月），死亡风险降低 17%，在 75 岁以上人群中耐受性良好。

以多西他赛为基础的化疗也是 mCRPC 的标准治疗方案之一。该方案是基于 TAX327 的研究结果。TAX327 研究比较多西他赛（每 3 周或每周用药 1 次）+泼尼松与米托蒽醌+泼尼松的不同治疗效果。多西他赛相比米托蒽醌获得了更高的中位总体生存时间（18.9 个月 *vs.* 16.5 个月）。这种生存获益在延长随访期中得到维持。当然，米托蒽醌+泼尼松方案也是一种有效的治疗选择，可在一定程度上控制疾病进展，提高生活质量，特别是减轻疼痛。因此可以用于多西他赛无法耐受或者治疗失败的患者。

3. mCRPC 的二线治疗

阿比特龙：一项基于Ⅲ期随机安慰剂对照临床试验（COU-AA-301）的结果，显示阿比特龙可联合低剂量泼尼松用于治疗存在多西他赛治疗失败的 mCRPC 患者。阿比特龙和安慰剂组的中位生存时间分别为 15.8 个月与 11.2 个月。阿比特龙组在影像学进展时间、PSA 下降程度和疼痛缓解方面也有所改善。

恩扎卢胺：基于一项Ⅲ期随机安慰剂对照试验（AFFIRM）的结果，恩扎卢胺用于治疗多西他赛治疗失败的 mCRPC 患者。恩扎卢胺组和安慰剂组中位生存时间分别为 18.4 个月和 13.6 个月。在不同的亚组中，包括内脏转移的患者，生存时间都有获益。

镭-223：镭-223 属于 α 粒子靶向治疗药物，是目前唯一可以改善伴骨转移的 CRPC 患者生存的核素治疗药物。镭-223 Ⅲ期临床研究（ALSYMPCA）结果提示：治疗组相较于安慰剂组可显著改善化疗失败或者无法耐受化疗的 mCRPC 骨转移患者的总生存时间（14.9 个月 *vs.* 11.3 个月），并能显著推迟症状性骨骼事件（SSE）的发生时间（15.6 个月 *vs.* 9.8 个月）。镭-223 的耐受性良好，与安慰剂组相比镭-223 组中发生与治疗相关的所有等级的不良事件的患者比例更低。

β 粒子的放射性药物：对于广泛转移的患者，采用发射 β 粒子的放射性药物治疗也是一种治疗方案，尤其是当这类患者不适合进行有效化疗的时候。最常用于治疗前列腺癌骨转移疼痛的放疗药物包括锶-89 和钐-153。由于这类患者往往存在多灶性骨痛，这种放射性全身靶向治疗可以缓解疼痛。然而与发射 α 粒子的镭-223 不同，目前的放射性 β 粒子治疗并无生存优势，只能用作姑息治疗，且骨髓抑制的发生率较高，可能会影响后续全身治疗的进行。

多腺苷二磷酸核糖聚合酶［poly（adenosine diphosphate ribose）polymerase，PARP］抑制剂：PARP是存在于多数真核细胞中的一个多功能蛋白质翻译后修饰酶。在DNA损伤修复与细胞凋亡中发挥着重要作用。PARP抑制剂通过抑制肿瘤细胞DNA损伤修复、促进肿瘤细胞发生凋亡，达到治疗肿瘤的目的。PROfound是一项前瞻性、多中心、随机、Ⅲ期临床试验，旨在评估PARP抑制剂奥拉帕利治疗mCRPC患者的效果，这些患者之前接受过恩扎卢胺或阿比特龙治疗，并出现疾病进展，而且他们携带有 *BRCA1/2* 突变、*ATM* 突变（*HRR* 基因突变亚群），或者HRR信号通路中12个基因中任何一个的突变。研究结果显示，奥拉帕利使患者疾病进展或死亡的风险降低了66%，中位无影像学进展生存时间为7.4个月，而恩扎卢胺或阿比特龙为3.6个月。总生存时间延长到了19.0个月，而恩扎卢胺或阿比特龙为14.6个月。奥拉帕利联合阿比特龙对比单药阿比特龙在mCRPC患者中疗效的PROPELⅢ期临床试验（NCT01972217）目前已经启动。评估帕博利珠单抗联合奥拉帕利在未接受多西他赛治疗的mCRPC患者中安全性的试验仍在进行中。

免疫治疗：基于KEYNOTE-199的Ⅱ期临床试验结果，PD-1抑制剂帕博利珠单抗可用于治疗检测出错配修复缺陷及微卫星高度不稳定型mCRPC患者。此外，帕博利珠单抗联合恩扎卢胺治疗阿比特龙治疗失败后mCRPC的KEYNOTE-365Ⅰb/Ⅱ期临床试验也显示出较好的耐受性及肿瘤反应率。2020年公布的纳武利尤单抗联合伊匹木单抗治疗多西他赛未化疗前/化疗后进展的mCRPC的Ⅱ期临床试验（CheckMate-650）结果提示，未使用化疗直接使用该组合的患者与使用化疗后再用该组合的患者分别随访11.9个月和13.5个月，客观反应率分别为25%和10%，总生存时间分别为19.0个月和15.2个月。PD-L1≥1%、存在DNA损伤修复、存在同源重组缺陷或高肿瘤突变负荷患者的客观反应率较高。

4. mCRPC患者的骨骼健康相关药物 一项多中心研究显示唑来膦酸可显著增加mCRPC患者至首次骨相关事件的中位时间，但总体生存时间未发现显著差异。其他双膦酸盐类尚未显示出可有效预防疾病相关性骨并发症。

核因子κB配体受体激活剂（receptor activator of nuclear factor κB ligand，RANKL）是破骨细胞表达的RANK结合细胞因子，是维持骨骼完整性的关键信号分子。地舒单抗是针对RANKL的单克隆抗体，在预防骨相关事件以及延迟首次骨相关事件的时间方面被证实优于唑来膦酸。

针对唑来膦酸和地舒单抗所报告的治疗相关性毒性类似，其中包括低钙血症（更常见于地舒单抗，13% *vs.* 6%）、关节痛和颌骨坏死（发生率1%~2%）。

（四）放疗相关技术

1. 靶区定义

（1）肿瘤靶区（GTV）：指在通过临床检查、CT或其他影像学检查发现的肿瘤。前列腺癌常为多灶性，靶区需包括整个前列腺及其包膜。因此，常直接勾画CTV，不需勾画GTV。

（2）临床靶区（CTV）：指GTV加上可能受侵的亚临床病灶，低危患者CTV通常包括整个前列腺及其包膜外2mm。分化好的中危患者CTV需包括精囊，低分化的中危及高危患者CTV需考虑盆腔淋巴结预防照射区域（包括髂外、髂内及骶前淋巴引流区）。

（3）计划靶区（PTV）：前列腺的运动受到直肠和膀胱的充盈状态、呼吸运动和治疗体位的影响，其运动主要在前后和上下方向，而左右方向的运动幅度较小。各放疗中心需分别测量本中心摆位误差,CTV 到 PTV 的外放范围,如果未测定,可考虑 PTV 在 CTV 外放 10mm,为减少直肠照射剂量,PTV 在后方仅外放 5mm。

2. 外照射放疗

（1）外照射原则

局限期前列腺癌外照射的基本原则如下。

1）建议应用三维适形放疗或调强适形放疗技术。

2）低危患者适宜的照射剂量为 70~75Gy/35~41 次,包括或不包括精囊。

3）中危或高危比男人的照射剂量提高至 75~80Gy,提高了局部控制率和无病生存率。

4）高危或更高危患者应考虑盆腔淋巴结照射,合并辅助内分泌治疗和/或新辅助内分泌治疗。

5）高剂量照射大于 75Gy 时,建议应用图像引导放疗技术如前列腺粒子标记、腹部超声定位、直肠充盈等,以减少 PTV 边界。

（2）常规外照射

1）体位和固定:仰卧位或俯卧位,膀胱充盈,排空直肠,体模固定。

2）模拟定位:体表标记前列腺中心点。前列腺中心点通常位于体中线耻骨联合上缘下 1cm。CT 模拟定位片从 L_1~S_5 至坐骨结节下 1cm,扫描层厚≤3mm。在定位片或 CT 重建的前后位片勾画靶区和正常组织器官。为协助定位和确定 PTV,通常在膀胱和直肠内插入 Foley 导管并注入造影剂泛影葡胺。

3）照射野及剂量:盆腔和前列腺均采用前后野及两侧野的四野(盒式)等中心照射,每日剂量 1.8~2.0Gy,每周 5 次,每天照射四野,淋巴结阳性患者初始野应包括髂总淋巴结。盆腔前后野上界在 L_5~S_1 间隙,下界在坐骨结节下缘,两侧界在真骨盆缘外 2cm;侧野前界在耻骨联合前缘,后界上方在 S_2/S_3 之间,后界下方则至直肠中部。初始剂量 45Gy,前列腺补量至 70Gy。前列腺前后野上界位于 Foley 球囊上方 2cm,下界位于坐骨结节下缘,两侧界常为射野中心各旁开 3.5~4.0cm;侧野前界位于耻骨骨皮质后缘,后界包括直肠前壁后 6~10mm,需避开直肠后壁。

（3）三维适形及调强适形放疗:三维适形放疗照射野与患者 CT 扫描的肿瘤形状相符合,调强放疗使用不规则治疗野达到精确适形,强调靶区及正常组织剂量,调强放疗需要多叶光栅技术,疗效明显优于常规放疗。

1）体位同常规外照射。

2）模拟定位体模固定:为帮助鉴别前列腺尖,建议行尿道造影。其他技术包括 MRI 融合,模拟定位前 1~2 周前列腺内植入 3~4 个粒子标记、B 超和锥形束 CT 等辅助设野。

3）照射野及剂量:前列腺野常用 5~7 野等中心照射,CTV 包括整个前列腺及包膜,高危患者 CTV 包括相应淋巴引流区域,PTV 边界因器官运动及变异,以及各放疗中心使用的影像引导技术不同而不同。盆腔野多中心倾向使用调强放疗,比较三维适形放疗和调强放疗对高危患者首次全盆腔放疗效果(45Gy/25 次),调强放疗明显提高高危淋巴结覆盖范围,同时有效保护直肠、小肠和膀胱。调强放疗要求盆腔淋巴结 CTV 应覆盖 94.5% 盆腔高危淋巴结,推荐全盆腔剂量 45Gy/25 次,前列腺 PTV 最小剂量≥72Gy,1.8~2.0Gy/次。前列腺癌原发灶及盆壁淋巴结转移灶 IMRT 放疗见图 17-5 及图 17-6。

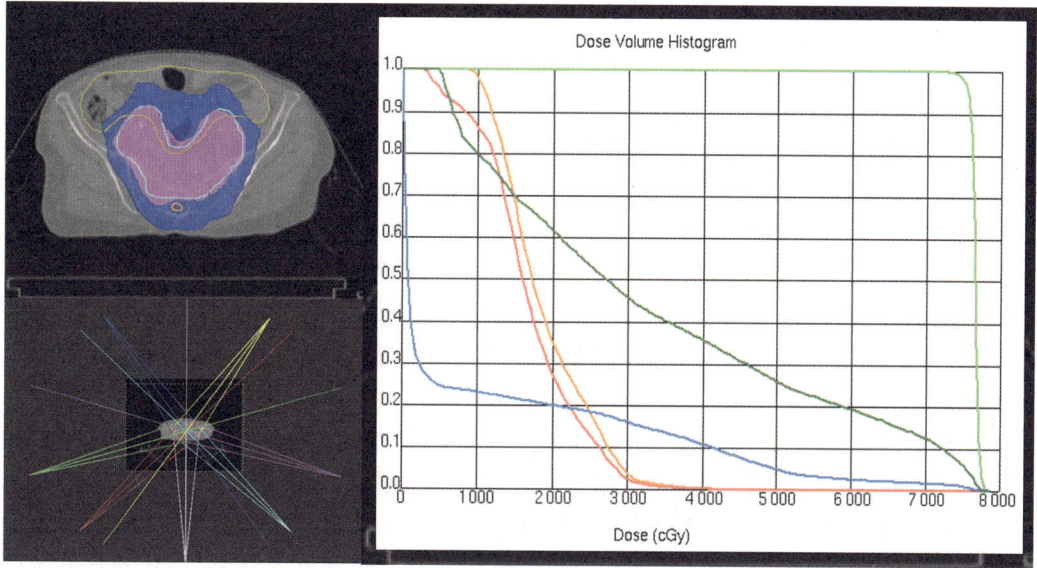

图 17-5　前列腺癌原发灶 IMRT 放疗

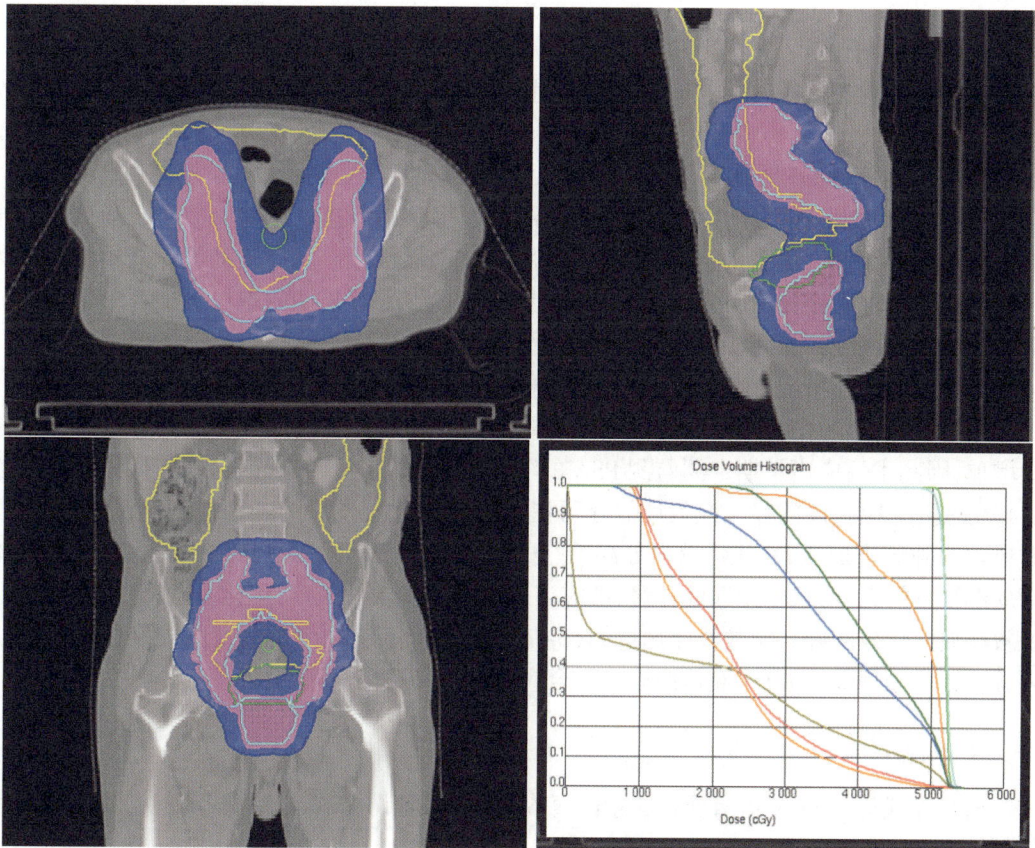

图 17-6　前列腺癌盆壁淋巴结转移灶 IMRT 放疗

最近研究表明前列腺癌 α/β 比率低,大分割或超分割也许更有效,且治疗时间缩短,但因其有可能致晚期直肠和膀胱毒性,因此大分割放疗并不常规用于临床。

(4)常规外放射治疗的后遗症:外放射治疗的耐受性一般尚可,最常见的副作用是 1~2 级的急性直肠并发症(如里急后重、腹泻)和泌尿系统并发症(尿频、排尿困难、尿急、夜尿)等。很少有需要外科干预的严重并发症。1%~3% 的病例被报道有晚期慢性泌尿系统后遗症(膀胱炎、血尿、尿道狭窄、膀胱挛缩)或慢性肠道后遗症(直肠出血、慢性腹泻、会阴痛、直肠炎、瘘、直肠/肛门狭窄、直肠壁溃疡)。小于 1% 的患者会出现肠穿孔或肠梗阻。大部分并发症发生治疗后的最初 3~4 年,致命并发症的发生率约为 0.2%。当剂量超过 70Gy 时,并发症的发生率开始增加。直肠或膀胱毒性反应的发生率与暴露于高剂量射线中的直肠前壁或膀胱体积的大小有关。

3. 近距离放射治疗　外照射联合近距离放射治疗补量的适应证为包膜外和/或精囊侵犯风险非常高的前列腺癌患者,美国近距离治疗协会推荐近距离放射治疗可作为 $T_{2b \sim c}$,Gleason 评分 8~10,PSA 大于 20ng/ml 患者外照射的补量治疗。近距离放射治疗补量可用低剂量率(LDR)或高剂量率(HDR),局部进展期常给予高剂量率补量,具有剂量分布好、剂量精确特点,如 ^{192}Ir 后装治疗,但高剂量率剂量分割无统一意见。低剂量率近距离放射治疗常用 ^{125}I 或 ^{103}Pd,剂量分割分别为 100~110Gy 和 90~100Gy,主要用于术前或术中治疗。

4. 术后放射治疗　前列腺癌根治术后具有复发高危因素的患者,接受术后辅助性放疗或 PSA 出现生化复发后尽早接受挽救性放疗,获益显著。术后放疗通常包括辅助放疗和挽救放疗。

辅助性放疗,能降低具有不良病理因素(切缘阳性、侵犯精囊、包膜外受侵、Gleason 评分>8 分)的前列腺癌患者的生化复发率、局部复发率和肿瘤进展风险。故对于前列腺癌根治术后具有不良病理因素的患者,推荐进行术后辅助性放疗。术后辅助放疗开始的时间为 4~6 个月。术后放疗可用调强放疗或影像引导放射治疗,有条件的单位更推荐影像引导放射治疗,辅助放疗前列腺瘤床推荐剂量 60~66Gy。

生化复发的临床最新定义为:前列腺癌根治术后 PSA 连续 2 次测定 ≥0.2ng/ml。

前列腺癌根治术后 PSA 升高即意味着局部复发和远处转移风险和前列腺癌致命风险的增加,因此术后应当长期定期监测 PSA 的变化,以便早期发现 PSA 复发(排除远处转移以后),及时接受挽救性放疗。挽救性放疗可提高患者生化复发后的肿瘤控制率,降低局部复发风险和肿瘤进展风险,并延迟内分泌治疗的应用。对于前列腺癌根治术后生化复发或临床局部复发的患者,只要无远处转移,都应当及时给予挽救性放疗,生化复发患者 PSA 越低,挽救性放疗疗效越好。挽救放疗剂量为 65~70Gy。高危患者可考虑全盆腔放疗(45~50Gy)。内分泌治疗与辅助性放疗、挽救性放疗联合应用的意义目前尚不明确。

十、随访

治疗完成后,NCCN 指南推荐 5 年内每 6~12 个月随访 PSA,以后每年随访,直肠指诊每年随访。

第二节　睾丸恶性肿瘤

睾丸恶性肿瘤是包括组织形态学和临床表现不同的一大类恶性肿瘤,绝大部分发生在阴囊内睾丸,也可发生于异位睾丸,如盆腔隐睾或腹股沟隐睾。睾丸恶性肿瘤在病理上分为生殖细胞瘤(germ cell tumors,GCTs)和非精原细胞生殖细胞瘤(nonseminomatous germ cell tumors,NSGCTs),超过 95% 的睾丸恶性肿瘤是 GCTs,分为精原细胞瘤和非精原细胞瘤。睾丸恶性肿瘤的治疗取决于病理类型。本章将简单介绍睾丸恶性肿瘤的相关知识并讨论睾丸精原细胞瘤的治疗。

一、流行病学与病因

(一)流行病学

睾丸恶性肿瘤的发生率有明显的地理分布,北欧和西欧国家的发病率最高(9/100 000),亚洲和非洲发病率最低(<1/100 000)。北美和大多数西欧国家的年轻男性中,睾丸恶性肿瘤是最常见的恶性肿瘤。精原细胞瘤最常见于 30~34 岁男性青年,而非精原细胞瘤发病高峰要提前 5~10 年。美国每年新增睾丸恶性肿瘤患者约为 8 300 人,而死亡人数约为 350 人。总之,生殖细胞瘤和非生殖细胞瘤的发病率呈现出上升趋势,但是生存率明显提高,尤其是20 世纪 70 年代由于以顺铂为基础的化疗出现,死亡率显著下降。精原细胞瘤的 10 年生存率从 1970—1979 年的 81% 提高到 2000—2002 年的 95%,同时非精原细胞瘤的 10 年生存率从 54% 提高到 92%。

(二)病因

1. 隐睾　隐睾发生恶性肿瘤的危险性显著高于正常下降的睾丸,是正常人发病率的3~14 倍。目前认为,睾丸生殖细胞异常、温度升高、血供障碍、内分泌失调、性腺发育不全等因素可能与隐睾恶变有关。

2. 环境因素　研究表明,男性精液质量逐渐下降,同时睾丸恶性肿瘤发病率上升。男性不育增加了睾丸癌的发病风险,精液异常的不育男性与正常男性相比,睾丸恶性肿瘤的发病率增加 20 倍。研究者推断胚胎发育期的性腺发育中断导致了睾丸发育不良综合征,表现为精液质量不佳、睾丸恶性肿瘤、隐睾、尿道下裂。很多外源性激素物质(例如外源性雌激素)可能与此相关,但是目前还没有结论性证据。

3. 遗传因素　大约 2% 的患者有家族史。患者的子代患病风险增加 4~6 倍,而患者的兄弟患病风险增加 8~10 倍。目前已经提出一些候选基因来解释家族性睾丸肿瘤,然而还没有单个基因改变能解释大多数家族性病例。

研究认为,家族易感性和子宫内激素水平失衡的早期影响,加上后期环境因素影响造成睾丸精子生成障碍,导致 GCTs 发生。

二、病理学分类和解剖

(一)病理学分类

超过 95% 的睾丸肿瘤是 GCTs,分为精原细胞瘤和非精原细胞瘤。非精原细胞瘤包括胚胎癌、卵黄囊瘤(内胚窦瘤)、畸胎瘤、绒毛膜癌和混合性生殖细胞瘤。普遍认为管内生殖细胞瘤（intratubular germ cell neoplasia，IGCN）是绝大多数生殖细胞瘤的前期病变（表17-4）。

表 17-4　睾丸 GCTs 的分类

睾丸 GCTs 的分类			
生殖细胞瘤	管内生殖细胞瘤		
	精原细胞瘤	经典型	
		精母细胞型	
	非精原细胞生殖细胞瘤	胚胎癌	
		卵黄囊瘤（内胚窦瘤）	
		畸胎瘤	成熟型
			未成熟型
			有恶性分化的畸胎瘤（有癌或肉瘤成分）
		绒毛膜癌	
		混合性生殖细胞瘤	

精原细胞瘤在所有的 GCTs 中占比超过 50%。由于合体滋养层细胞的存在，15%~30%的患者血清中人绒毛膜促性腺素（human chorionic gonadotropin，hCG）的水平会升高。纯的精原细胞瘤不会有血清甲胎蛋白水平（alpha-fetoprotein，AFP）升高。15%~20% 精原细胞瘤血清 hCG 增高，但 AFP 阴性。精原细胞瘤表现为黄褐色、多结节的质软肿块，有时会出现局部坏死，明显的淋巴细胞浸润常见于纤维化间质中。超过 90% 的精原细胞瘤胎盘碱性磷酸酶（PLAP）染色阳性。精母细胞精原细胞瘤占睾丸肿瘤的 2%，发病人群一般年龄较大，平均发病年龄为 54 岁。从精原细胞瘤中区分出精母细胞精原细胞瘤是非常重要的，因为自然病程和治疗的差异很大。精母细胞精原细胞瘤局限于睾丸，可以通过睾丸切除术治愈，转移很罕见，预后极好。精母细胞精原细胞瘤的细胞来源还不清楚，它不含糖原，PLAP 染色阴性。所以，许多专家认为几乎没有证据表明精母细胞精原细胞瘤来源于生殖细胞。

（二）解剖和自然病程

胚胎发育过程中，睾丸起源于第二腰椎附近的生殖嵴，经由腹股沟管下降至阴囊。睾丸淋巴网分深浅 2 层，深层淋巴网来自睾丸实质和附睾，沿精索上行，经过腹股沟内环达腹膜后。睾丸肿瘤的第一站淋巴转移是腹膜后淋巴结。腹膜后淋巴结位于 T_{11}~L_4 椎体的前方，集中在 $L_{1~3}$ 椎体水平。左侧睾丸肿瘤首先转移至左肾门周围的主动脉前和主动脉旁淋巴结，然后至主动脉腔静脉间淋巴结。右侧睾丸肿瘤首先转移至腔静脉前或主动脉腔静脉间淋巴结，然后至主动脉前淋巴结。右侧睾丸肿瘤可以蔓延至对侧，而左侧睾丸肿瘤很少蔓延至对侧。腹膜后淋巴结可通过乳糜池和胸导管到后纵隔和左锁骨上。5%~10% 的患者会出现右锁骨上淋巴结转移。有阴囊或腹股沟手术史的患者可能会出现异常淋巴引流，导致同侧腹股沟淋巴结和髂淋巴结转移。

精原细胞瘤的淋巴结转移很有规律。腹膜后淋巴结是转移的第一站，接着精原细胞瘤从腹膜后淋巴结转移至纵隔淋巴结，然后到锁骨上淋巴结。极少数情况下，会从腹膜后淋巴结直接经由胸导管转移至锁骨上淋巴结，而没有纵隔淋巴结转移。纯精原细胞瘤血行转移少见,而 NSGCTs 多见,最常见转移部位的是肺。

三、诊断与临床分期

(一) 症状与体征

睾丸肿瘤通常表现为阴囊内无痛性肿块,半数患者有睾丸沉重下坠和牵拉感,有时有疼痛感,挤压或撞击时加重。急性疼痛少见,如有则表示肿瘤内急性出血或睾丸急性蒂扭转。睾丸恶性肿瘤的症状和体征与睾丸的部位有关。腹膜后淋巴结转移可能会引起后背痛或腹部肿块。肺、肝、骨、脑的广泛播散少见,如果出现,可能引起相关系统的症状。胚胎癌和某些性索间质瘤患者中偶可见男子乳腺发育。一些患者因转移灶的症状就诊,通过活检或者血清肿瘤标志物的升高诊断为生殖细胞瘤,但睾丸触诊没有发现肿块。隐匿的睾丸原发肿瘤常可以通过睾丸超声发现。如果无法证实为睾丸原发,就可以诊断为睾丸外的生殖细胞瘤,常见于纵隔、后腹膜或松果体。

(二) 诊断检查

睾丸肿瘤的诊断检查见表 17-5。

表 17-5　睾丸肿瘤的诊断检查

睾丸肿瘤的诊断检查		
一般检查	病史(有无隐睾、有无腹股沟和阴囊手术史)	
	体格检查	
实验室检查	血常规检查	
	生化检查	
	血清肿瘤标志物	AFP
		β-hCG
手术	经腹股沟高位睾丸切除术	
影像学检查	全胸正侧位片	
	腹部和盆腔 CT	
	胸部 CT(非精原细胞瘤和 II 期精原细胞瘤)	
	对侧睾丸超声	
其他检查	精液分析	

表 17-5 列出了评估睾丸恶性肿瘤患者的必要检查。完整的问询病史,包括是否有腹股沟或阴囊手术史、隐睾病史,睾丸是否可回缩,是否曾行睾丸固定术。体格检查需要重点注意淋巴结可能转移的部位,需要检查对侧睾丸,注意是否有男性乳腺发育。如果怀疑睾丸肿瘤,需要行睾丸超声检查,通常可以发现睾丸的实质性肿块以及睾丸微石症。经腹股沟根治性睾丸切除术兼有诊断和治疗作用。常规行血常规和生化检查。对于可能会接受博来霉素化疗或联合化疗的患者需要行肺功能或肾功能检查。另外,还需要进行血清肿瘤标志物检查,β-hCG(β-subunit of human chorionic gonadotropin)和 AFP。80%~85% 的晚期 NSGCTs 患者至少有其中一种标志物升高。AFP 的代谢半衰期约为 5 天,而 β-hCG 为

18~24 小时。15%~30% 的纯精原细胞瘤患者会有 β-hCG 升高,而 AFP 升高只见于非精原细胞肿瘤中。血清乳酸脱氢酶(LDH)是非特异性的,80% 的进展期睾丸恶性肿瘤患者会出现升高。

如果怀疑睾丸恶性肿瘤,睾丸切除术前后都要检测血清肿瘤标志物,而对其数值解释时要考虑它们的代谢半衰期。血清肿瘤标志物的监测能够发现术后或化疗后未控或复发的肿瘤,可以预测非精原细胞瘤对治疗的反应。三周方案的有效化疗每个周期都可以使 β-hCG 的水平下降超过 90%。治疗后 β-hCG 缓慢下降可能提示肿瘤对化疗的敏感性一般,允许在化疗无效之前早期采用挽救性治疗,而 AFP 的预测性则要差一些。

研究表明应该对所有患者常规行胸部 X 线检查,对睾丸 NSGCTs 患者需进一步行胸部 CT 检查。应行腹部和盆腔 CT 检查来评估腹膜后淋巴结区域和肝脏。腹部和盆腔 CT 对腹膜后淋巴结的评估受到淋巴结大小的影响,灵敏度为 40%,特异度为 95%。1~2cm 的腹膜后淋巴结很难鉴别良恶性。在诊断腹膜后淋巴结的大小和位置上,磁共振成像(MRI)和 CT 的作用相当。脱氧葡萄糖正电子发射断层成像(FDG-PET)检查和 CT 相比,灵敏度更高,可达 60%,而特异度相似,为 98%。FDG-PET 在疾病初始分期上作用有限,但是在 CT 不能明确时有一定帮助,同时不能检测出小于 5mm 的病灶和任何大小的畸胎瘤,因为畸胎瘤的代谢活性非常低,但是在评估化疗后残留的腹膜后病灶中起到重要的作用。

对侧睾丸需要行常规超声检查。如果对侧睾丸萎缩并且患者年龄小于 30 岁,那么有 30% 的风险发生 IGCN。在这种情况下,需要考虑行对侧睾丸活检。如果治疗可能导致患者不育,那么疗前要考虑行精液质量分析和精子冷冻。

(三) 分期和预后因素

按照美国癌症联合委员会(AJCC)2010 年的标准对患者进行分期,包括原发肿瘤(T),淋巴结(N),转移(M)和血清肿瘤标志物(S)(表 17-6)。

表 17-6 AJCC 2010 年睾丸肿瘤分期

AJCC 2010 年睾丸肿瘤分期	
原发肿瘤(T)(病理分期)	
pT_x	原发肿瘤不能评估
pT_0	无原发肿瘤证据
pT_{is}	原位癌
pT_1	肿瘤局限于睾丸和附睾,无血管/淋巴管浸润;肿瘤可侵及白膜,但未侵及睾丸鞘膜
pT_2	肿瘤局限于睾丸和附睾,合并血管/淋巴管浸润,或肿瘤侵及鞘膜
pT_3	肿瘤侵及精索,有或无血管/淋巴管浸润
pT_4	肿瘤侵及阴囊,有或无血管/淋巴管浸润
淋巴结(N)	
N_0	没有区域淋巴结转移
N_1	淋巴结转移最大直径≤2cm
N_2	淋巴结转移最大直径>2cm,但≤5cm
N_3	淋巴结转移最大直径>5cm

AJCC 2010 年睾丸肿瘤分期	
远处转移（M）	
M_0	无远处转移
M_{1a}	区域外淋巴结转移或肺转移
M_{1b}	肺以外其他部位远处转移
血清肿瘤标志物（S）	
S_x	未检测血清肿瘤标志物
S_0	血清肿瘤标志物在正常限值内
S_1	LDH<1.5×N 和 hCG<5 000 和 AFP<1 000
S_2	LDH（1.5~10）×N 或 hCG 5 000~50 000 或 AFP 1 000~10 000
S_3	LDH>10×N 或 hCG>50 000 或 AFP>10 000
分期	
ⅠA	$T_1 N_0 M_0 S_0$
ⅠB	$T_{2~4} N_0 M_0 S_0$
ⅠS	任何 T $N_0 M_0 S_{1~3}$
ⅡA	任何 T $N_1 M_0 S_{0/1}$
ⅡB	任何 T $N_2 M_0 S_{0/1}$
ⅡC	任何 T $N_3 M_0 S_{0/1}$
ⅢA	任何 T 任何 N $M_{1a} S_{0/1}$
ⅢB	任何 T 任何 N $M_{1a} S_2$
ⅢC	任何 T 任何 N M_{1b} 或 S_3

注：LDH，乳酸脱氢酶；hCG，人绒毛膜促性腺素；AFP，甲胎蛋白。

大约 80% 的精原细胞瘤患者和 50%~60% 的非精原细胞瘤患者就诊时分期为Ⅰ期。肿瘤大小和睾丸网浸润是最常报道的Ⅰ期精原细胞瘤复发预测因素。对于所有分期的睾丸恶性肿瘤患者来说，年龄越小，预后越差。

四、治疗

所有睾丸恶性肿瘤都应行经腹股沟高位睾丸切除术，避免经阴囊手术切除睾丸或经阴囊肿物穿刺。经阴囊手术或穿刺和根治性睾丸切除术相比，增加了局部复发率（分别为 2.9% 和 0.4%），但是远处转移率和总生存率没有差别。根治性睾丸切除术既有诊断作用又有治疗作用。睾丸精原细胞瘤的术后治疗主要取决于肿瘤的临床分期。

（一）Ⅰ期精原细胞瘤的治疗

Ⅰ期的精原细胞瘤患者术后复发风险约为 20%。术后辅助放疗或者单药卡铂的辅助化疗均可以达到超过 95% 的无病生存率和 100% 的疾病特异性生存率。除此之外，术后仅密切随访，当肿瘤复发时再做治疗，总生存率相似还可以使 80% 的患者免于相关治疗并发症。

1. 密切随访 密切随访已经成为大多数Ⅰ期精原细胞瘤患者的治疗选择。研究表明，采取密切随访的患者约有 20% 会复发,中位复发时间为 14 个月。87% 的复发发生在 2 年内,仅有 2% 发生在 5 年后。复发最常见的部位是腹膜后(76%~94%),大约 5%~15% 的患者在纵隔或肺复发,曾行阴囊手术或活检的患者 3%~11% 出现腹股沟复发。初次复发患者过去大多采取放射治疗,二次复发率约为 10%(6%~16%)。二次复发几乎都是发生在远处部位,90%~95% 可以通过化疗成功挽救。最近的研究广泛采用化疗作为初次复发治疗,尽管化疗有效,但是比放疗毒性更大。

研究中单因素分析表明肿瘤大小、白膜受侵、淋巴血管受侵是复发的危险因素。多因素分析中,肿瘤大小和白膜受侵仍然有显著意义。肿瘤<4cm 没有白膜受侵的无复发率是 87.8%,而肿瘤>4cm 有白膜受侵的无复发率是 68.5%。根据复发时间和模式的不同,合理的随访策略是 2 年内每四个月复查一次,3~4 年每六个月复查一次,5~10 年每年复查一次。复查的项目包括体格检查、胸部 X 线、腹部和盆腔 CT。

密切随访的花费更高,所以应该有计划地针对那些依从性好的患者施行,并且要让他们充分了解后期复发的风险,密切随访期至少要达到 10 年。密切随访的大样本研究的生存率为 99.5%,与辅助治疗的结果相似,显示这是一种安全有效的治疗措施。

2. 辅助放疗　行腹主动脉旁和同侧盆腔淋巴结照射("狗腿野"),曾经是 I 期精原细胞瘤患者的术后标准治疗,照射剂量为 20~26Gy。这是一种有效的治疗模式,许多研究报道的复发率为 1%~5%,疾病特异性生存率为 100%。由于在密切随访中观察到大多数的复发都发生在腹主动脉旁区域,很多医师采用省略盆腔的单纯腹主动脉旁照射从而降低治疗的毒性。研究表明仅照射腹主动脉旁会使盆腔淋巴结的复发率增高,但是发生率仍然很低,并且无病生存率相似。

研究表明,腹主动脉旁和同侧盆腔照射(PA)照射可以取得和"狗腿野"(DL)照射相似的疗效,且毒副作用低;PA 照射后盆腔淋巴结复发率升高,但复发率仍然很低;PA 照射可能不适用于既往睾丸下降不全、盆腔手术史、腹股沟区和阴囊手术史的患者;PA 照射后因盆腔淋巴结复发率升高,需要盆腔 CT 随访。

3. 辅助化疗　研究发现,I 期精原细胞瘤患者术后卡铂单药化疗的疗效显著。一些研究者建议对 I 期精原细胞瘤患者进行危险度分级,低危者采用密切随访,而肿瘤较大或白膜受侵的高危者接受两周期卡铂化疗。中位随访 34 个月,卡铂化疗后 5 年无病生存率为 96.2%,疾病特异性生存率为 100%。

综合来说,I 期精原细胞瘤的治疗策略是以治愈为目的,尽可能降低治疗毒性。密切随访、放射治疗或单药卡铂一周期或二周期化疗都是合理的辅助治疗手段。不论采用哪种治疗策略,I 期精原细胞瘤患者的生存率都可以达到 100%。对于依从性好的低危患者,可以采取密切随访,对于依从性差或高危的患者,辅助放疗或辅助化疗都可以显著降低复发风险。然而,关于辅助化疗的长期效果或毒性目前的数据还很有限。

(二)Ⅱ期精原细胞瘤的治疗

放疗仍然是低负荷Ⅱ期(Ⅱa 期或Ⅱb 期肿瘤≤3cm)睾丸精原细胞瘤的主要治疗手段。Ⅱ期精原细胞瘤患者的推荐治疗依赖于腹膜后淋巴结的大小。对于ⅡA 或ⅡB 精原细胞瘤患者(淋巴结最大直径≤5cm)治疗的主要选择是行腹主动脉旁和同侧盆腔淋巴结放疗,放疗剂量 25~35Gy,复发率小于 10%,疾病特异性生存率为 97%~100%。放疗后最常见的复发部位是锁骨上或纵隔,复发后行挽救化疗。ⅡA/B期精原细胞瘤患者也可以通过以顺铂为基础的化疗治愈,但比单纯放疗毒性大。

如果患者有生育要求,在接受"狗腿野"治疗前应当进行精子冻存,放疗中铅罩保护健侧睾丸有利于保存患者生育功能。

ⅡC患者腹膜后病灶(淋巴结>5cm)通常采取全身化疗,推荐采用含顺铂的联合化疗〔通常是依托泊苷/顺铂(EP)或博来霉素/依托泊苷/顺铂(BEP)〕。放疗对正常组织的损伤较大,且复发率高,故不作推荐。

Ⅲ期患者(例如膈上淋巴结转移或者实质脏器转移)或放射治疗后复发的患者,目前的标准治疗是三周期BEP或四周期EP方案化疗。根据有无肺以外的脏器转移,将患者分为预后好和预后一般。预后好组5年生存率约为91%,而预后一般组5年生存率为80%。以顺铂为基础的联合化疗比单药卡铂的疗效更好。

(三) 残留肿块的治疗

Ⅱ期或Ⅲ期患者化疗后一个月,80%的患者肿块仍有残留,但绝大多数在随后的几个月中会逐渐退缩。治疗措施包括巩固放疗,手术切除或者观察。多项研究表明,对于残留病灶<3cm的患者仅需观察。化疗后CT检查有两种表现:①残留病灶边界清楚;②残留病灶边界模糊与周围结构融合,形成纤维斑块。出现第一种情况更应该行手术切除,进一步来说,如果残留病灶在CT上表现为边界清楚并且肿块>3cm,病理阳性率达到50%,所以手术是合理的。如果残留病灶边界模糊,即使肿块>3cm,病理阳性率小于10%,这些患者也应该观察,手术并不合理,反而可能引起血管、输尿管和小肠损伤。在持续存在的病灶检测上,FDG-PET比CT的特异性更高。FDG-PET可以考虑用来评估>3cm的残留病灶,然后决定下一步治疗。研究结果表明巩固放疗的作用不显著,仅使无进展生存率提高了2.3%。

(四) 放射治疗技术

目前放疗的趋势是照射野更小,照射剂量更低。调强放疗与三维适形相比没有优势,故不推荐调强放疗。等根治性术后切口愈合,立即开始放疗。如果患者希望保留生育能力,在放疗前行精液分析和精子冷冻。采用6MV以上能量的直线加速器,患者仰卧位,体模固定,常规定位或行模拟CT施行三维适形放疗,保护对侧睾丸。

1. Ⅰ期　对没有盆腔和阴囊手术史的患者,采取PA照射。照射总剂量20Gy,单次剂量为2.0Gy。双侧肾脏限量D50%≤8Gy,若只有一个肾脏,限量D15%≤20Gy。常规条形野定位,上界:T_{11}下缘,下界:L_5下缘,两侧界:体中线左右各旁开5cm。3D-CRT:上下界同常规定位,两侧界:在CT上勾画腹主动脉和下腔静脉,在此基础上两侧外放1.2~1.9cm形成CTV,CTV在各个方向上外放0.7cm形成PTV。

有盆腔和阴囊手术史的患者可能会出现异常淋巴引流,采取放疗时需包及同侧腹股沟淋巴结,髂淋巴结转移和手术瘢痕。考虑到放疗的长期并发症,推荐采取其他治疗方法。

2. Ⅱ期　如果患者有马蹄肾、肠炎或放疗史,不建议放疗。放疗由连续的两部分构成(改良DL照射和局部推量)。改良DL照射剂量为总剂量20Gy,单次剂量为2.0Gy。常规定位:上界位于T_{11}下缘,两侧在体中线旁开5cm,内界为对侧L_5横突至同侧闭孔内缘连线,外界为同侧L_5横突至同侧髋臼外上缘连线,下界位于髋臼上缘。3D-CRT:上下界同常规定位,在CT上勾画腹主动脉、下腔静脉和同侧髂血管,在此基础上两侧外放1.2~1.9cm形成CTV,

CTV 在各个方向上外放 0.7cm 形成 PTV。局部推量照射对肿瘤病灶（GTV）外放 2cm，ⅡA 期加量至 30Gy，ⅡB 期加量至 36Gy，单次剂量为 2Gy。

（五）放疗并发症

放疗的长期并发症与剂量相关，包括以下几种。

1. 精子生成障碍和不育　大约 50% 的精原细胞瘤患者就诊时有不同程度的精子生成障碍。辅助放疗中如残留睾丸受到照射会使损伤更重，损伤的程度是剂量依赖的。文献报道允许的剂量<50cGy，如果累积剂量>2Gy 则导致不可逆的损伤。

2. 第二原发恶性肿瘤　睾丸恶性肿瘤患者治疗后发生第二原发恶性肿瘤的风险增加。研究表明 10 年以内的存活者第二原发恶性肿瘤的发生率是正常人群的 2 倍。

3. 心脏病　即使没有行纵隔放疗，精原细胞瘤患者放疗后心脏病相关死亡率也会升高。

第十八章 女性生殖系统肿瘤

第一节 宫 颈 癌

宫颈癌（cervical cancer）是妇女最常见的恶性肿瘤，在女性生殖系统恶性肿瘤中占首位，发病仅次于乳腺癌，居妇女恶性肿瘤第二位，严重危害妇女的健康和生命。它的治疗手段目前是以放疗、手术为主，化疗为辅的综合治疗。其中放射治疗作为一种有效的治疗妇科恶性肿瘤的方法，至今已有 100 余年的历史，大约有 80% 的宫颈癌患者需接受放射治疗。

一、病因

19 世纪 70 年代德国科学家 Zur Hausen 提出人乳头瘤病毒（human papilloma virus，HPV）感染与宫颈癌关系的病因假设，1983 年发现宫颈癌组织中 HPV16 DNA，并首次揭示其致病机理。此后，大量分子生物学和流行病学资料证明 HPV 感染与宫颈癌发生的病因学关系。20 世纪 90 年代提出高危型 HPV 感染是宫颈癌及宫颈上皮内瘤变（cervical intraepithelial neoplasia，CIN）发生的必要条件，这是宫颈癌病因研究的重大突破，使宫颈癌成为目前人类癌症中唯一病因明确的恶性肿瘤，也为宫颈癌疫苗的研制奠定了基础。目前已经有 100 多个国家把宫颈癌疫苗应用于宫颈癌的预防。

虽然 HPV 被明确认为是宫颈癌的主要病因，但并不是每个感染 HPV 的妇女最终都能发展成宫颈癌。宫颈癌的发生发展有一定的病理过程，只有在 HPV 持续感染和其他致癌因素共同作用下才会发生宫颈上皮癌变。易发生癌变的高危人群如：过早性生活，早婚多产，多个性伴侣，高危 HPV 持续感染，生殖道梅毒及生殖道淋病等。

二、诊断及临床分期

（一）诊断

1. 病史　详细询问病史，性伴侣数，孕产次数，阴道出血史，有无性传播疾病等。

2. 临床表现　宫颈癌早期没有明显症状，也没有明显的体征。有时与慢性宫颈炎无区别，如果是颈管型宫颈癌，宫颈外观可以表现光滑，如果病情进一步发展，临床可以出现以下症状。

（1）阴道排液：患者通常有白带增多，呈稀薄水样，黄色脓样，脓血样伴腥臭味。晚期肿瘤缺血坏死合并感染，可以表现白带恶臭。

（2）阴道出血：年轻患者可以表现为接触性阴道出血，多出现在性生活后或妇科检查后阴道出血。老年患者可以出现绝经后的不规则阴道出血。外生菜花型肿瘤一般出血早，量多。内生溃疡型肿瘤出血较晚。

（3）晚期症状：疼痛是晚期宫颈癌的症状。晚期肿瘤病灶增大侵犯周围组织，可以出现一些继发性症状，如病灶累及盆腔结缔组织或骨盆壁，患者会出现下腹痛、下肢痛及腰骶痛，严重时导致输尿管梗阻、肾盂积液，最后导致肾功能衰竭。如果病灶累及膀胱和直肠，患者会出现尿频、尿急和肛门坠胀等压迫症状。晚期浸润性宫颈癌可出现远处转移，根据转移部位不同，表现也不同。淋巴结转移可随淋巴液回流方向，依次出现盆腔淋巴结、腹主动脉旁淋巴结及锁骨上淋巴结转移等。其中，锁骨上淋巴结转移可表现为淋巴结无痛性、进行性增大，活动度差，淋巴结穿刺常可见转移的癌细胞。肺转移可表现有咳嗽、咯血、胸痛、气急等。此外，还可能出现骨、肝脏皮下等部位的转移。

3. 体格检查　进行常规体格检查，观察有无贫血貌、下肢水肿、恶病质，检查全身浅表淋巴结有无肿大，特别是锁骨上淋巴结和腹股沟淋巴结是否肿大。妇科双合诊和三合诊的盆腔检查是宫颈癌临床分期的基础和依据。根据宫颈肿瘤的形态和生长方式临床多分为以下四型。

（1）糜烂型：宫颈外形可见，肉眼看不到肿瘤，表面糜烂样，也可呈颗粒样粗糙不平，质地较硬，触摸易出血。这种类型多见于早期浸润性宫颈癌。

（2）菜花型：属外生型肿瘤，癌瘤生长像菜花样自宫颈向阴道内生长，瘤体较大、血供丰富、质地较脆、接触性出血明显、常伴有感染和坏死灶并存。此型癌瘤较少侵犯宫旁组织。对此型宫颈癌患者在进行宫颈部位检查时，窥阴器应缓慢推入，同时充分视诊，避免一次性直接推入，造成瘤体破裂大出血。

（3）结节型：属外生型肿瘤，癌瘤自宫颈外口向宫颈表面形成团块样结节，或者多个结节融合在一起形成大团块，有明显的突起，常常伴有深浅不等的溃疡形成，质地较硬或坚硬，触诊时出血明显。

（4）溃疡型：属内生型肿瘤，癌瘤自宫颈向宫腔内呈侵蚀性生长，形成溃疡和空洞，有时整个宫颈和阴道穹窿部组织溃疡而完全消失，边缘不规则，组织坏死、质地较硬、分泌物恶臭。此型多见于体质虚弱、体型消瘦、一般情况较差的患者。

4. 辅助检查

（1）宫颈细胞学检查：常用于宫颈癌的筛查，传统的巴氏细胞涂片检查逐渐被新发展的液基细胞学方法所取代。选择宫颈移行带区刮片可以提高阳性率。

（2）阴道镜检查：阴道镜检查是对宫颈癌筛查阳性的专项检查，检查目的是尽快为受检查者确诊是否有宫颈浸润癌或癌前病变。建议宫颈癌筛查阳性及高危HPV持续感染者进行阴道镜检查，减少高级别癌前病变漏诊率。

（3）宫颈活检组织病理：宫颈细胞学检查的脱落细胞，其特征与活体细胞的特征不完全相同，且无组织结构，故脱落细胞涂片检查只能作为筛查，不能作为最后的诊断依据，确诊需要依靠阴道镜或肉眼下的宫颈活检病理。

（4）宫颈锥切术：宫颈细胞学检查多次阳性，而宫颈活检阴性，或者活检为原位癌但不能排除浸润癌时，建议进行宫颈锥切术。

（5）CT、MRI 检查:CT 是最主要的检查方法,由于女性生殖系统肿瘤生长部位的解剖特点及生物学行为,CT 检查的物理特性使得 CT 检查在女性生殖系统肿瘤中的显示、诊断及确定病变累及范围,既可以提供肿瘤侵犯范围、淋巴结转移及远处转移,也可以观察肿瘤治疗效果及进行治疗后随访。MRI 具有高度的软组织分辨力,多序列、多位体扫描方式,使 MRI 已成为妇科肿瘤检查的重要手段。MRI 可以清晰地观察到肿块所在的位置、大小形态,可以在任意层面和方位进行成像,可以清晰地观察到盆腔的内部结构。从横断面上,可以看到宫颈的内部结构、宫旁组织及盆壁结构,前方可以观察膀胱,后方可以观察直肠,可以从血管分叉区向下至盆底观察沿血管、淋巴管走行区有无肿大的淋巴结;从矢状位上,可以清晰显示宫颈与宫体、阴道、膀胱、直肠的解剖位置;从冠状位上,能够观察到宫颈与盆膈的关系。

（6）PET-CT:由于盆腔和腹部的解剖结构较复杂,CT 和 MRI 形态学的检查手段对病灶的鉴别和评估有一定的不足,而 PET-CT 利用肿瘤细胞葡萄糖代谢显著增高的特点,能够更准确地检出肿瘤原发和转移病灶,提高了定位的准确性,并且发现正常大小的肿瘤转移淋巴结,以及鉴别治疗后的坏死纤维化灶和残存复发灶,在评估疗效和判断预后有一定的优势。

（二）临床分期

宫颈癌分期目前仍采用临床分期(表 18-1),临床分期应该在正式的治疗前确定,治疗开始后将不能更改,即使有其他的阳性发现提示不同的分期。因此,治疗前应该进行严格细致的临床检查和必要的辅助检查,当怀疑肿瘤不是常规浸润时,应该考虑行膀胱镜检查和乙状结肠镜检查。临床检查最好由高年资的有经验的医师进行。

表 18-1　宫颈癌临床分期（FIGO 2018）

宫颈癌临床分期（FIGO 2018）	
Ⅰ期	癌症仅局限于子宫颈(扩散至子宫体者不予考虑)
ⅠA	显微镜下诊断的浸润癌,最大浸润深度≤5.0mm[a]
	间质浸润深度≤3.0mm
	间质浸润深度>3.0mm 而≤5.0mm
ⅠB	最大浸润深度>5.0mm 的浸润癌(大于ⅠA 期的范围);病变局限在子宫颈,病变大小为肿瘤最大直径[b]
	ⅠB1 间质浸润深度>5.0mm 而最大径线≤2.0cm 的浸润癌
	ⅠB2 最大径线>2.0cm 而≤4.0cm 的浸润癌
	ⅠB3 最大径线>4.0cm 的浸润癌
Ⅱ期	宫颈癌侵犯至子宫外,但未扩散到阴道下 1/3 或骨盆壁
ⅡA	累及阴道上 2/3,无子宫旁浸润
	ⅡA1 浸润癌最大径线≤4.0cm
	ⅡA2 浸润癌最大径线>4.0cm
ⅡB	子宫旁浸润,但未达骨盆壁
Ⅲ期	癌症累及阴道下 1/3 和/或扩散到骨盆壁和/或导致肾积水或无功能肾和/或累及盆腔和/或腹主动脉旁淋巴结
ⅢA	癌症累及阴道下 1/3,未扩散到骨盆壁

续表

宫颈癌临床分期（FIGO 2018）
ⅢB　扩散到骨盆壁和/或肾积水或无功能肾（明确排除其他原因所致）
ⅢC　盆腔和/或腹主动脉旁淋巴结受累（包括微小转移）^c，不论肿瘤的大小与范围（采用 r 与 p 标注）^d
ⅢC1 只有盆腔淋巴结转移
ⅢC2 腹主动脉旁淋巴结转移癌症已扩散超出真骨盆或已累及膀胱或直肠黏膜（活检证实）。出现泡状水肿不足以诊断为Ⅳ期
Ⅳ期
ⅣA　扩散至邻近的器官
ⅣB　转移至远处器官

注：^a 所有的分期，都可以利用影像学和病理学检查结果来辅助临床所见而判定肿瘤的大小与浸润深度。病理学检查结果优于影像学与临床判别。

^b 脉管受累不改变分期。不再考虑病灶的横向范围。

^c 孤立的肿瘤细胞不改变分期，但需要记录下来。

^d r 与 p 的加入是为了标注诊断ⅢC 期的依据来源。例如：假如影像提示盆腔淋巴结转移，则分期为ⅢC1r 期，当病理学检查确诊后，就成为ⅢC1p 期。影像学的检查手段、病理学诊断技术都应该记录下来。

三、病理

1. 病理分类

（1）鳞状细胞癌：占 80%~85%，包括鳞状细胞癌（HPV 相关）、鳞状细胞癌（非 HPV 相关）、鳞状细胞癌（非特异性）等。

（2）腺癌：约占 15%，包括原位腺癌、腺癌、内膜样腺癌等。

（3）其他：占 3%~5%。主要为腺鳞癌，极少为癌肉瘤、黏液表皮样癌、腺样基底细胞癌、腺肉瘤等。

2. 宫颈鳞癌的发生、发展

（1）CIN 反映了宫颈癌发生发展的一个典型的连续病理过程。依据鳞状上皮细胞异常增生和形态改变所占上皮厚度（如细胞排列不规则、胞核增大、核深染、大小差异、核分裂象等）。将 CIN 分为三级。

1）CINⅠ：轻度不典型增生，异形细胞局限在上皮层的下 1/2 内。

2）CINⅡ：中度不典型增生，异形细胞达上皮细胞层的下 2/3，但未达全层。

3）CINⅢ：重度不典型增生，异型细胞占据鳞状上皮层全层，但其基底膜完整。有时可累及腺管开口和腺泡，也称浸润前期癌（原位癌）。

CIN 的自然转归有 3 种：自然消退、持续不变和发展到浸润癌。CINⅠ是可逆性病变，经治疗后可恢复，CINⅢ可认为是癌前病变或称原位癌。有文献报道，CINⅠ、CINⅡ、CINⅢ级的转癌率分别是 0.69%~6.2%、4.3%~13.3%、12%~65%。

（2）浸润癌：癌细胞不仅占据上皮全层，而且某一点或某一部分穿破基底膜。浸润癌分早期和晚期，临床上ⅠA 期、ⅠB1 期及ⅡA 期称早期浸润癌，ⅠB2 期~ⅣB 期均称局部晚期和晚期浸润癌。

四、转移途径

宫颈癌的扩散主要以直接蔓延及淋巴转移为主,血行转移少见。

1. 直接蔓延 向上累及宫体,向下累及阴道壁,向前后侵犯膀胱三角区和直肠,两侧侵犯宫颈旁组织及宫骶韧带,甚至压迫输尿管造成输尿管梗阻、输尿管肾盂积水。

2. 淋巴转移 首先宫颈旁、闭孔淋巴结,其后髂内、髂外淋巴结,然后髂总淋巴结乃至腹主动脉旁淋巴结。晚期可见锁骨上淋巴结转移。

3. 血行转移 很少见,可转移至肺、肝、骨和脑等。

五、治疗原则

应根据临床分期、病理类型、组织分化、患者年龄、全身情况、设备条件和医疗技术水平等决定治疗措施,常用的方法以放疗和手术为主,化疗为辅助的综合治疗。

早期宫颈癌指ⅠA、ⅠB1、ⅠB2、ⅡA1期,选择放疗和手术均可,疗效相仿;中晚期宫颈癌指IB3、ⅡA2、ⅡB~ⅣA期,选择同步放化疗的综合治疗。

(一)宫颈癌放疗

各期宫颈癌都适合放疗,包括各种病理学类型,患有内科疾病不能耐受手术的CINⅢ可以选择单纯腔内放疗。但对于年轻的早期宫颈癌患者,考虑到对卵巢功能的保护,主要采用手术治疗或卵巢移位以后的盆腔放疗。

(二)放射治疗原则

宫颈癌放疗包括远距离体外照射(体外照射)和近距离放疗,两者针对的靶区不同。外照射主要针对宫颈癌原发灶和盆腔蔓延及淋巴转移区域,近距离放疗主要照射宫颈癌的原发病灶区域。应有足够的剂量以保证疗效,与此同时也需要最大限度地保护邻近正常组织,提高患者生存质量。需要根据患者一般状况、肿瘤范围以及治疗单位放疗设备条件、患者意愿来选择放疗方式。体外放疗可选择前后二野传统照射技术,或精确放疗技术如三维适形放疗(three-dimensional conformal radiotherapy,3D-CRT)、适形调强放疗(intensity-modulated radiotherapy,IMRT)、容积调强放疗(volumetric modulated arc therapy,VMAT)、螺旋断层放疗(tomotherapy,TOMO)等。腔内照射可选择二维、三维或四维技术。外照射不能取代后装治疗在宫颈癌根治性放疗中的作用。

宫颈癌的放疗剂量根据分期不同而有所差别。A点总剂量为盆腔体外照射联合后装治疗换算后的总的生物等效剂量,对于早期(ⅠA期及病灶小于1.0cm的ⅠB1期)子宫颈局部肿瘤小的患者,也可以单独接受后装腔内治疗,特别是对外照射放疗(external beam radiation therapy,EBRT)有相对禁忌证者。A点常给予60~65Gy的等效剂量。EBRT与腔内近距离放疗(intracavitary radiotherapy,ICRT)联合方案也是这类患者的一种选择。局部肿瘤大或晚期患者A点总剂量≥85Gy[常规2Gy分次放射的生物等效剂量(equivalent dose in 2Gy/f,EQD2)]。治疗剂量应根据治疗过程中的患者症状、盆腔检查及影像学检查等获得的肿瘤变化及时调整,采用个体化放疗方案。根治性放疗应尽量在8周内完成。无化疗禁忌患者,放疗过程中需要接受铂类药物为基础的同步化疗。

（三）体外照射

体外照射主要针对宫颈癌原发灶和盆腔蔓延及淋巴转移区域,要求在5~6周内完成,尽量避免放疗时间延长。强调不能以任何体外照射方式替代后装放疗。

1. 体外照射靶区设定　宫颈癌放疗靶区的设定应根据妇科检查情况和影像学检查(如CT、MRI、PET/CT)确认,应包括子宫、子宫颈、子宫旁和上1/3阴道(或距阴道受侵最低点下2.0cm,ⅢA期患者包括全部阴道)以及盆腔淋巴引流区,如闭孔、髂内、髂外、髂总、骶前;如果腹股沟区淋巴结、腹主动脉旁淋巴结转移,该区域也应包括在照射野内。

2. 照射野设定

（1）盆腔等中心照射:包括下腹及盆腔,设前后野等中心垂直照射。上界在L_4~L_5间隙,下界在闭孔下缘或肿瘤下界以下至少2.0cm,侧界在真骨盆最宽处向外1.5~2.0cm,同时,应用铅块[有条件者用多叶光栅技术(multi-leave collimators,MLC)]遮挡正常器官。每次盆腔中平面处方剂量为1.8~2.0Gy,每周4~5次。盆腔等中心照射可分两阶段完成,第1阶段为全盆腔等中心照射,D_T量为20~30Gy,2~3周完成;第2阶段建议行影像学复查,可根据情况重新定位,中间遮挡照射,全盆腔中间遮挡4.0cm×(8.0~12.0)cm,以降低危及器官膀胱和直肠的受量,给后装治疗提供剂量空间,D_T量为20~25Gy(EQD2),2~3周完成。

（2）四野箱式照射:即盆腔前后两野照射加两个侧野照射,主要适用于特别肥胖的患者拟增加子宫旁或淋巴引流区的剂量。上界在L_4~L_5间隙,下界在闭孔下缘或肿瘤下界以下至少2.0cm,侧界在真骨盆最宽处向外1.5~2.0cm。两侧野前缘达耻骨联合(包括髂外淋巴引流区),后缘在S_2~S_3骶椎交界水平(包括骶前淋巴引流区),如子宫颈原发灶大,宫骶韧带受累,后缘可达S_3~S_4骶椎水平,应用铅块或MLC技术遮挡正常器官。每天四野同时照射,一般给予B点D_T量为45~50Gy(EQD2),4~5周完成。

（3）腹主动脉旁野(延伸野)照射:髂总或主动脉旁淋巴结转移时需行延伸野照射,照射野的宽度一般为6.0~8.0cm,长度依据淋巴结转移的范围予以个体化设计。建议D_T量为40~45Gy,4~5周,每天1次,1.8~2.0Gy,照射时要注意保护肾脏和脊髓。对腹主动脉旁淋巴引流区的照射,建议采用适形或调强精确放疗技术。

3. 靶区勾画　宫颈癌的靶区包括大体肿瘤区(gross target volume,GTV)、临床靶区(clinical target volume,CTV)和计划靶区(planning target volume,PTV)。

（1）GTV:指临床可见的肿瘤灶靶区,一般诊断手段,如妇科检查、CT、MRI、PET/CT,能够确定具有一定形状和大小的病变范围,包括原发病灶、转移淋巴结和其他转移病灶。理论上,宫颈癌行广泛性子宫切除术+淋巴结切除术后没有GTV。未行手术切除者,GTV应包括子宫颈和受累的阴道、子宫体、子宫旁、转移淋巴结及其他转移病灶。

（2）CTV:包括肿瘤临床靶区和亚临床靶区。CTV主要包括盆腔原发肿瘤区和淋巴引流区,亚临床灶靶区为肿瘤可能侵犯的范围。盆腔原发肿瘤区对于未行子宫切除者包括肿瘤、全子宫(子宫颈+子宫体)、部分阴道、子宫旁或阴道旁软组织;对于已行子宫切除者包括残存肿瘤、阴道残端、上段阴道(3.0~4.0cm)、阴道旁或瘤床软组织。淋巴引流区包括闭孔、髂内、髂外、髂总±腹主动脉旁淋巴结引流区。对于影像学诊断子宫颈间质受侵的患者,应包括骶前淋巴引流区;如果髂总淋巴结、腹主动脉旁淋巴结有转移则需行腹主动脉旁淋巴引流区照射,其靶区上界要求达肾血管水平;如果转移淋巴结超过肾血管水平,则根据受侵淋巴结范围决定上界;肿瘤侵及阴道下 1/3 时,靶区需包括全阴道及双腹股沟淋巴引流区。需要特别指出的是,应建立考虑膀胱体积变化的内靶区(internal target volume,ITV),若在制订计划时发现直肠过度扩张,应考虑再次行 CT、MRI 模拟定位。

(3)PTV:确定 PTV 的目的是确保临床靶区到规定的治疗剂量。PTV 应包括 CTV、照射中患者器官运动和由于日常摆位、治疗中靶位置和靶体积变化等因素引起的扩大照射范围。宫颈癌体外照射由 CTV 外放一定距离形成 PTV,目前没有统一标准。

4. 处方剂量 外照射处方剂量约 45~50Gy,对于转移淋巴结可采用同步加量照射或后程加量,根据转移淋巴结大小,增加剂量 10~15Gy,总剂量可达 55~65Gy。加量照射时需要注意保护邻近正常组织。

(四)近距离放射治疗

近距离放射治疗主要照射宫颈癌的原发区域,在宫颈癌治疗中占有重要地位。根据情况选择传统二维后装或图像引导的三维后装治疗。

1. 照射范围 主要照射宫颈癌的原发区域,包括阴道、宫颈、宫体及宫旁三角区。靶区、危及器官(organ at risk,OAR)勾画,参考 ICRU89 号文件:以 MRI-T$_2$ 加权像上的高信号及灰色信号加上妇科查体病灶确定为 GTV。CTV 分 3 类:肿瘤高危临床靶区(CTV-THR),包括整个子宫颈和后装治疗时残留的可见肿瘤及查体和 MRI 确定的残留病变组织。肿瘤中危临床靶区(CTV-TIR),包括 GTV-Tinit 的范围映射在近距离治疗时影像上的区域,及 CTV-THR 基础上外扩的总和。肿瘤低危临床靶区(CTV-TLR)代表来自原发肿瘤潜在的连续或非连续的具有临床上病灶扩散的危险区域。

2. 放射源 常用的有镭(^{226}Ra)、钴(^{60}Co)、铯(^{137}Cs)、铱(^{192}Ir)、锎(^{252}Cf)。

3. 剂量参考点 一般以"A"点作为腔内照射的计算点,A 点在穹隆上方 2cm,子宫中轴旁 2cm 的交点处,临床上相当于子宫动脉与输尿管交叉点,代表正常组织所接受剂量(图 18-1)。

4. 剂量率 因所用放射源活度不同而有高、中、低不同剂量的机器,目前国内外普遍采用的是高剂量率后装机。

低剂量率:<0.2Gy/hr。

中剂量率:0.2~12Gy/hr。

高剂量率:>12Gy/hr。

高剂量率后装的优点:

(1)治疗时间短,治疗患者数量多。

(2)可适用于门诊治疗。

(3)不需特别护理。

(4)患者痛苦少。

(5)盆腔感染少。

(6)施源器不易移位,剂量分布均匀,使疗效提高,并发症降低。

5. 传统的腔内照射法

(1)斯德哥尔摩法。

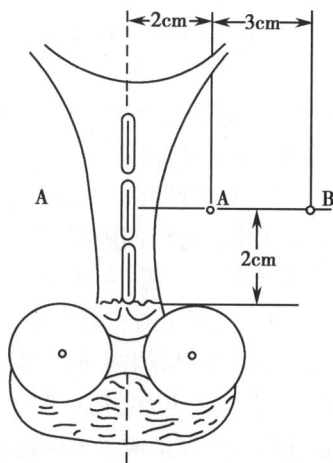

图 18-1 宫颈癌参考点(A 点、B 点定位)

（2）巴黎法。

（3）曼彻斯特法。

6. 后装腔内放射治疗　应与体外照射剂量统筹考虑，一般给予 A 点剂量 20~42Gy，体外联合腔内放疗总剂量（EQD2）大于 75Gy，每次 5~7Gy，每周 1 次，腔内后装治疗当天不进行体外照射。体外照射联合腔内治疗 A 点的 EQD2 因期别而异，ⅠA2 期应达到 75~80Gy（EQD2），ⅠB1、ⅠB2 和ⅡA1 期达到 80~85Gy，ⅠB3、ⅡA2 和ⅡB~ⅣA 期≥85Gy（EQD2），采用不同剂量率后装机治疗时，应进行生物剂量转换（腔内剂量以体外常规分割等效生物剂量换算），同时注意对膀胱及直肠剂量的监测，避免膀胱及直肠的过高受量。宫颈腺癌可适当增加剂量。

7. 组织间照射　对于宫颈巨大菜花肿瘤，可于术前或常规放疗前予以宫颈肿瘤插植放疗，以缩小肿瘤体积，利于手术和放疗的顺利进行。靶区范围应尽可能包括肿瘤边缘，如肿瘤体积过大，可分次照射，治疗深度由肿瘤表面至宫颈外口。剂量 800~1 000cGy/（次·周），一般 1~3 次/例。

8. 后装治疗时机　通常在外照射开始后，子宫颈口便于暴露时进行，在子宫颈条件允许原则下应尽早进行，最好与体外照射同步进行，以缩短总放疗时间。最常用的传统二维后装治疗采用剂量参数系统包括 A、B 点及膀胱和直肠点的剂量。

9. 特殊情况后装治疗　对于子宫切除术后患者（尤其是阴道切缘阳性或肿瘤近切缘者），可采用阴道施源器后装治疗作为体外放疗的补充。以阴道黏膜表面或阴道黏膜下 5mm 处为参照点，高剂量率 ^{192}Ir 剂量为 20~24Gy（EQD2）。对于子宫颈外生型大肿瘤，特别是出血较多者，体外放疗前可先给予后装治疗消瘤止血，肿瘤表面出血多采用阴道施源器，以阴道黏膜表面为参考点，一般给予 10~12Gy。

（五）近距离照射与体外照射的配合

根据病期的早晚，一般情况下，病变局限盆腔而无远处转移，盆腔脏器浸润不严重者，可行根治性放疗，采用体外照射和腔内照射相配合，具体根据分期、肿瘤形态、大小、浸润范围、病理等制定具体方案。

1. ⅠA1 期宫颈癌的放疗　ⅠA1 期宫颈癌的放疗以后装腔内治疗为主，如果子宫颈锥切标本无淋巴脉管间隙浸润（lymphovascular space invasion，LVSI），可单独行后装治疗，子宫颈锥切标本有 LVSI，后装治疗±盆腔外照射，参考点 A 点的 EQD2 为 60~65Gy。

2. ⅠA2、ⅠB1、ⅠB2、ⅡA1 期宫颈癌的放疗　采用盆腔外照射+后装治疗，盆腔外照射 45~50Gy，后装治疗+外照射给予 A 点的 EQD2 为 75~85Gy（EQD2）。

3. ⅠB3、ⅡA2、ⅡB~ⅣA 期宫颈癌的放疗　放疗前必须进行盆腔淋巴结状况的评估，建议用影像学评估或手术评估确定放射野，盆腔 45~50Gy 的体外放射剂量，局部病灶可以在图像引导下加量 10~15Gy。如腹主动脉旁淋巴引流区需加量，应在影像引导下予以 45~50Gy 照射，局部病灶可缩野加量 10~15Gy。对于子宫颈局部病灶，后装治疗+外照射给予 A 点总剂量 85Gy 以上。放疗中应该有 2~3 次临床和影像学疗效评估，必要时重新定位，以确定个体化治疗剂量。

（六）与手术配合的放射治疗

宫颈癌术后放疗包括宫颈癌根治术后放疗及单纯性子宫全切术后意外发现的宫颈癌

的放疗。由于术后粘连,肠管的活动度变差,容易导致肠道局部受量过大,推荐调强放疗等立体照射技术,盆腔剂量 45~50Gy,建议在术后 8 周内完成。放射野可根据术后病理学检查结果来确定。有髂总或腹主动脉旁淋巴结转移者,腹主动脉旁淋巴引流区也应给予(50±5)Gy 的照射剂量,阴道切缘阳性或近切缘者,应增加后装近距离治疗,推荐柱状施源器阴道黏膜下 0.5cm 5.5Gy/2 次,或阴道黏膜面 6.0Gy/3 次。

1. 术后放化疗应遵循的原则如下。

(1)术后存在高危因素者,补充治疗可选择同步放化疗。

(2)宫颈癌术后放疗野设计应覆盖瘤床和引流淋巴结区域在内的盆腹腔,通常剂量为 45~50Gy。

(3)IMRT 是一种先进和精细的放射治疗技术,有条件应用者可减少放疗的毒性及不良反应。

(4)对于切缘阳性或肿瘤靠近切缘者、肿瘤直径大于 4.0cm 或深间质浸润、子宫旁或阴道受累者可采用阴道残端近距离放疗。

(5)对于广泛的 LVSI,需加铂类药物为主的化疗加阴道残端近距离放疗。

2. 术后病理学检查结果显示存在高危因素 宫颈癌根治术后存在淋巴结阳性、切缘阳性或子宫旁阳性任一个高危因素均需补充放疗。术后补充盆腔放疗+铂类同步化疗(1 类证据)±阴道近距离放疗,无髂总或腹主动脉旁淋巴结转移,仅行盆腔照射;髂总、腹主动脉旁淋巴结转移,照射需包括腹主动脉旁淋巴引流区,如果盆腔淋巴结多枚阳性,腹主动脉旁淋巴结清扫阴性,可不延伸放射野,如未做腹主动脉旁淋巴结清扫,可选择延伸放射野;如有腹主动脉旁淋巴结转移者,还需进一步明确有无其他部位的远处转移。

3. 术后病理学检查结果显示存在中危因素 病理学类型和肿瘤浸润范围是重要因素,鳞状细胞癌,需按 Sedlis 标准来决定是否进行辅助治疗,ⅠB~ⅡA 期宫颈癌患者行根治性子宫切除术后补充放疗或放化疗者,腺癌预后更差。因此,腺癌或腺鳞癌患者术后是否补充治疗应参照"四因素模式",如肿瘤≥3.0cm、浸润子宫颈外 1/3、间质脉管间隙见癌栓、腺癌/腺鳞癌,术后病理学因素中,有以上 4 个中危因素中的 2 个以上,应当辅助治疗。任何病理学类型,病灶近切缘应当考虑辅助放疗。

(七)ⅣB 期宫颈癌的放射治疗

ⅣB 期宫颈癌的放疗为姑息性治疗,剂量基本同ⅣA 期宫颈癌治疗剂量,但由于有直肠或膀胱侵犯,应尽量采用个体化放疗。

寡转移ⅣB 期宫颈癌,若适合局部治疗,可考虑局部切除±个体化放疗,或局部消融治疗±个体化放疗,或个体化放疗±全身系统性治疗,也可考虑综合治疗。对于腹股沟、颈部淋巴结、肺、肝等寡转移病灶,可以考虑根治性放疗。采用 SBRT 给予 1~5 分次的较高剂量照射;照射野内复发病灶的二程放疗可以考虑采用 SBRT 技术。在进行盆腔局部放疗的同时,应加强以铂类药物为基础的联合化疗,并针对转移灶进行个体化治疗,加强对症治疗、营养治疗、止痛治疗,以控制病情进展,提高生存质量。

影响放疗效果的因素如下。

1. 贫血 Hb<80 与 Hb>120 比较,疗效相差 30%。如治疗时发现贫血,应积极快速纠正。

2. 宫腔积脓　5 年生存率比无宫腔积脓者低 10% 左右,其内膜有癌率为 55.6%。宫腔积脓在宫颈癌放射治疗后仍持续不愈或放射治疗后出现者,则宫颈癌局部未控或复发的可能性极大。如有手术条件可考虑手术治疗。

3. 盆腔感染　可降低治愈率 20%,如治疗前或治疗中出现盆腔感染要积极抗感染治疗。

4. 输尿管梗阻　比无输尿管梗阻者五年生存率降低 13% 左右,且梗阻症状经放疗后改善者预后好,无改善或改善后再次出现梗阻者预后差。

5. 病理组织类型　一般认为腺癌放疗敏感性差,其预后较鳞癌差,中国医学科学院肿瘤医院治疗宫颈癌的统计资料表明,宫颈腺癌的 5 年生存率比鳞癌低 20% 左右。其他特殊病理组织类型,如小细胞未分化癌、透明细胞癌及浆液性乳头状腺癌等预后更差,并出现早期远处转移,可进行全身化疗以提高疗效。

6. 宫颈肿瘤大小　李爱苓报道 512 例宫颈癌放疗结果,Ⅱ期宫颈肿瘤>4cm 者 5 年生存率为 60.5%,而≤4cm 者 5 年生存率为 79.7%,二者差异有统计学意义。

7. 淋巴转移　手术标本发现淋巴结阳性的患者,五年生存率 38%~60%。特别是髂总和腹主动脉旁淋巴结受累者更差。

8. 年龄　一些学者认为,年龄是影响预后的一个独立因素,年龄低于 35 岁者预后差。

9. 剂量和疗程　剂量过小或疗程过长,达不到对肿瘤的最大破坏作用。剂量过大或疗程过短,可引起严重的并发症。临床实践的结果表明,宫颈癌放射治疗的适当剂量和疗程是:"A"点剂量腔内和体外照射共 7 000cGy 左右,体外照射"B"点剂量不应低于 4 000~5 000cGy。总疗程以 6~8 周较为理想。

(八) 放射治疗反应及并发症

宫颈癌放疗邻近器官的耐受剂量:宫颈癌放疗的 OAR 包括膀胱、直肠、结肠、骨髓、皮肤、小肠、输尿管等,一般用 $TD_{5/5}$ 表示最小放射耐受量,表示在治疗后 5 年内,预计严重并发症发生率不超过 5%。

由于放疗方法、照射部位、照射面积、总剂量、分割次数及总治疗时间等因素的不同,以及患者对放射线敏感性的差异,放射治疗并发症的发生率及严重程度也各不相同。宫颈癌放疗引起的并发症,可分近期反应和远期并发症,其中以直肠和膀胱并发症最为重要。

1. 早期并发症　治疗中及治疗后不久发生的并发症。

(1) 阴道炎:由于放射线引起阴道物理性炎症反应,也可同时合并感染,表现为阴道黏膜水肿、充血、疼痛及分泌物增多。应积极控制感染并建议患者坚持阴道冲洗半年。

(2) 胃肠道反应:表现为食欲缺乏、恶心、呕吐、腹痛及腹泻。可对症处理或调整放疗计划。

(3) 直肠反应:表现为里急后重、大便疼痛甚至黏液血便。应预防感染,必要时修改放疗计划。

(4) 机械损伤:可见子宫穿孔或阴道撕裂。

2. 晚期并发症

(1) 皮肤及皮下组织改变。

(2) 生殖器官的改变:放疗后组织纤维化,表现在阴道壁弹性消失、阴道变窄。盆腔纤维化严重者,可引起循环障碍导致下肢水肿,可压迫神经导致疼痛。

（3）放射性肠炎:80% 在放疗后半年至 2 年间出现,大部分在 3 年内可望恢复。主要是对症处理,重要的是预防。

（4）放射性膀胱炎:发生率 3%,约 70% 的患者在放疗后 1~6 年出现尿频、尿急、血尿甚至排尿困难等症状。临床只能抗炎、止血、大量补液等治疗。

（九）宫颈癌放疗中的个别对待

虽然宫颈癌放疗有标准的治疗方案,但仍应根据患者的具体情况,医院的条件和设备来设计治疗方案。

1. 早期浸润癌单纯腔内放疗即可。A 点总量 5 000cGy。

2. 宫颈肿块体积较大可先给予消瘤量。肿瘤消瘤量不计算在 A 点总量内。

3. 阴道狭窄或合并炎症者从全盆腔外照射开始,放疗前积极抗感染。

4. 腹主动脉旁淋巴结、髂总淋巴结转移及盆腔多个淋巴结转移,可考虑延伸野照射。照射时应避免损伤肾和脊髓。常需配合化疗。

5. 腹股沟淋巴结有转移者,照射野下移,另设腹股沟野适当增加剂量。

6. 宫颈残端癌,可增加盆腔外照射的剂量。

7. 合并卵巢肿瘤或盆腔炎症包块,可考虑先行肿块切除。

8. 宫颈癌合并妊娠,先盆腔大野外照射（3 000~4 000cGy）,促其流产,然后完成放疗计划。比不合并妊娠者预后差,而哺乳期宫颈癌预后更差。

9. 姑息性放疗,对于特别晚期宫颈癌患者,也可行腔内放疗或体外放疗,来达到缩小肿瘤、止血、止痛、延长生存期的目的。

（十）宫颈癌放疗后未控、复发及转移

中国医学科学院肿瘤医院统计表明,宫颈癌放射治疗失败的患者中,70% 为盆腔内复发,30% 为远处转移,盆腔内复发者中 60% 以上是宫旁复发,近 40% 局部复发。远处转移中第一位是肺,其次是锁骨上淋巴结,然后是腹主动脉旁淋巴结、脊柱、肝脏等。

放疗为局部治疗,放疗后未控与复发均指治疗区内有肿瘤存在。一般放疗半年内治疗区内有肿瘤存在称为未控,放疗半年后治疗区内有肿瘤存在称为复发。治疗区以外有肿瘤存在,称为转移。

放疗完成时,一般宫颈肿瘤消失,宫颈萎缩,局部可有白膜,阴道上段可有一定程度的狭窄,穹隆消失,充血及水肿,宫旁组织软化并可呈纤维化改变。此时认为肿瘤已获控制,可结束治疗。建议患者阴道冲洗半年,以减少感染、促进上皮愈合、避免阴道粘连。定期随诊。

放疗后肿瘤是否被控制,在临床诊断中比较困难,特别在根治放疗后的近期将更加困难,下面的一些临床表现对诊断有所帮助。

1. 宫颈肿块不缩小或萎缩不满意。

2. 宫颈局部没有白膜反应,代之为黑色坏死组织及质硬的结节、溃疡。

3. 有恶臭的阴道排液。

4. 子宫增大考虑宫体受侵或剂量不够。

5. 宫旁结节出现或肾盂积水出现。

有上述表现之一者,应结合治疗前肿瘤情况、治疗过程的反应以及影像学检查等全面考虑,在可能的情况下,应追加剂量或进行手术、化疗等挽救治疗。

六、放疗新技术

3D-CRT 和 IMRT 最初的概念是由日本学者高桥在 20 世纪 50 年代提出的,称之为原体照射,但直到 20 世纪 90 年代后才逐步发展起来。它是一种高精度的放射治疗技术,被视为肿瘤放射治疗技术上的一项重大进展,该项技术的发展主要是基于计算机科学和影像学技术的迅猛发展。3D-CRT 的优点是能够使照射剂量的分布与肿瘤形状基本一致,而 IMRT 则通过对射野诸点的输出剂量率或能量的调整,不仅能够使照射剂量的分布与肿瘤形状基本一致,还能调节射野诸点的放射通量或强度,使靶区的剂量分布更为优化合理,减少靶区周围的正常组织不必要的照射。

放射治疗是宫颈癌的主要治疗手段,作为日益普及的精确放射治疗手段在宫颈癌放射治疗中应用,具有其独特的优势,主要体现在增加肿瘤靶区治疗剂量,降低正常组织受量,提高患者的生存质量(减少放射性肠炎和膀胱炎的发生)。

有学者提出能否用先进的调强放射治疗替代传统的宫颈癌治疗方法,有研究报道:采用单一 IMRT 方式治疗宫颈癌,在保证靶区剂量的条件下,危及器官剂量是不可耐受的,与传统外照射+近距离腔内治疗模式相比没有优势。进一步说,IMRT 若要替代传统方式达到靶区的剂量要求,必须外放足够的靶区,将导致危及器官超剂量,而近距离治疗中,施源器的位置可随靶区运动,不需外放。从剂量上分析,近距离治疗时施源器贴近瘤体表面照射,可保证瘤体内部的高剂量,按照传统的宫颈癌放射治疗的剂量学特点,单纯高剂量率后装治疗,子宫颈口外 10~20mm 的剂量已经高达 10 000~5 500cGy,这是宫颈癌根治性放疗取得目前很好疗效的重要原因。这也是 IMRT 无法实现的。

目前三维后装技术及影像引导技术的发展已将近距离治疗带入一个崭新的阶段,新技术的涌现,必将在宫颈癌的治疗中有突破和发展。宫颈癌近距离治疗中采用图像引导的三维治疗计划有明显优势,可以提高局部控制率、肿瘤特异性生存率和总生存率。采用 CT 或 MRI 进行定位,扫描范围从髂前上棘(或子宫底上 3.0cm)至坐骨结节下缘,层厚 3mm。对于无法行 MRI 定位的单位,可进行 CT 扫描定位,但需要参照定位前 MRI 扫描图像。

目前宫颈癌 IMRT 还存在着一些困惑:①分次间摆位误差的控制。②内位器官生理运动的评估(器官移位)。③临床靶区和计划靶区的确定(需考虑器官运动和摆位误差)。④靶区的勾画(膀胱直肠充盈差异,固定技术差异)。⑤治疗中局部肿块缩小,靶区重新勾画。⑥调强放射治疗(外照射)与腔内后装放疗的配合。⑦调强放射治疗(外照射)与三维高剂量率(腔内适形放疗)近距离放疗的配合。⑧单一 IMRT(外照射)能否替代外照射+腔内近距离放疗(经典模式)。

中国医学科学院肿瘤医院妇科对妇科恶性肿瘤采用适形调强放疗技术已有 10 年之久,回顾性研究显示对于复发性宫颈癌主要应用于手术及放射治疗后局限性复发及转移病灶,特别是盆腔淋巴结及主动脉旁淋巴结的转移病灶。

IMAT 是一种在机架连续旋转过程中通过动态多叶准直器连续运动不断改变射野大小和形状的锥形束 IMRT 实施方式,它通过机架多弧或单弧旋转,实现在不同射野方向上射束强度的调整。将 IMRT 的空间调强,发展为空间和时间两方面的调强,更适合于器官生理运动度较小部位的放疗。目前常见的 IMAT 技术,有单弧 IMAT 及多弧 IMAT。其优点主要是缩短了治疗时间,剂量分布比 IMRT 更优化,但 IMAT 计划的优化更复杂,所需时间明显长于 IMRT,对物理师的经验要求更高。IMAT 治疗会使靶区外低剂量区域明显增加,关于这一剂量分布特点是否会产生后继影响仍有待观察,可能限制 IMAT 技术对骨髓和卵巢的保护作用。

TOMO 技术集调强放疗、图像引导剂量引导于一体,采用螺旋断层照射方式快速二元气动 MLC 机架 360° 连续旋转,通过多子野的螺旋断层照射方式,能够实现 60cm × 160cm 超长范围的调强照射野,在适形度、均匀度和治疗范围等方面更有优势,可用于治疗大范围多发或形态复杂的肿瘤。TOMO 采用的放射治疗与 CT 同源,采用扇形束兆伏级 CT(fan beam CT),影像质量明显优于常规加速器的锥形束千伏级 CT(cone beam CT)。在完成 IMRT 的同时收集影像适时校正摆位误差。TOMO 同时具有剂量引导(dose guided radiotherapy,DGRT)的优势,利用影像追踪解剖结构和剂量的变化,通过剂量重新计算和/或剂量重建验证治疗计划从而判断计划是否需要修改,保证放疗技术实施的精确性和重复性。Oliver 等则对 RapidArcIMAT、IMRT 及 TOMO 放疗进行了计划质量比较,发现 TOMO 能够达到较多的优化标准且剂量分布最均、累积剂量较高,但 TOMO 计划时间和治疗时间相对较长是其不足之处。

除 IMRT 放疗是一种有效的方法外,正在发展的肿瘤放射治疗的新技术控制等中心移位技术、赛博刀及从三维走向四维(增加了时序因素)等新技术,也应逐渐应用到妇科肿瘤的体外及腔内放射中,使其疗效有所突破并达到更高水平。

七、宫颈癌的全身治疗策略

1. 化学治疗(化疗) 宫颈癌化疗以顺铂为基础的联合化疗或单用顺铂化疗为主。目前主要适用于同步放化疗、新辅助化疗和姑息化疗。同期放化疗一般采用顺铂单药,不能耐受顺铂者可采用卡铂或可选择的含铂联合化疗。新辅助化疗主要用于 IB3 或 IA2 期,即肿瘤直径 ≥4.0cm 的局部晚期宫颈癌术前化疗,一般 2~3 个疗程。新辅助化疗可以提高局部控制率和手术切净率,但不能改善宫颈癌的预后,且术后病理学高危因素易被掩盖,原则上不推荐使用。晚期及复发性宫颈癌初始化疗首选含铂类药物联合化疗+贝伐珠单抗的联合方案,如顺铂/卡铂+紫杉醇/紫杉醇酯质体+贝伐珠单抗,也可选择顺铂+紫杉醇/紫杉醇酯质体、托泊替康+紫杉醇/紫杉醇酯质体等联合化疗方案。

2. 免疫治疗及靶向治疗 免疫治疗可用于晚期或复发的宫颈癌。免疫治疗患者检出相关的分子标志物才能取得较高的缓解率[包括程序性死亡受体配体-1(programmed death-ligand 1,PD-L1)、高度微卫星不稳定(micro satellite instability-high,MSI-H)、高肿瘤突变负荷(tumor mutation burden-high,TMB-H)等]。其他药物靶向治疗和生物制剂仍然需要更多的临床研究数据支持,鼓励参加相关的临床试验。接受化疗或化疗后出现疾病进展时,对于 PD-L1 阳性或 MSI-H/错配修复缺陷(mismatch repair-deficient,dMMR)患者首选派姆单抗。派姆单抗也可用于无法切除或转移性的 TMB-H 肿瘤。靶向治疗药物在ⅣB 期患者中得到广泛应用,以贝伐珠单抗为代表。贝伐珠单抗可应用于复发晚期的宫颈癌,通常与铂类药物/紫杉醇或铂类药物/托泊替康等联合使用,应用前仔细评估患者胃肠道/泌尿生殖系统毒性的风险。拉罗替尼、恩曲替尼用于 *NTRK* 基因融合阳性肿瘤。

八、预后

(一)五年生存率

综合国外资料:Ⅰ期 79%,Ⅱ期 58%,Ⅲ期 32%,Ⅳ期 8.2%,各期总生存率 54.1%。综合国内资料:Ⅰ期 86%,Ⅱ期 67%,Ⅲ期 49%,Ⅳ期 17%,各期总生存率 60.1%。其中,中国医学科学院肿瘤医院 Ⅰ期 93%,Ⅱ期 83%,Ⅲ期 64%,Ⅳ期 27%,各期总生存率 68.1%。

(二)晚期主要死因

1. 尿毒症 肿瘤压迫双侧输尿管。
2. 出血 癌灶侵犯大血管引起。
3. 感染 局部或全身感染。
4. 恶病质 全身重要脏器转移或全身衰竭而死亡。

第二节 子宫内膜癌

子宫内膜癌(endometrial carcinoma)是原发于子宫内膜的上皮性恶性肿瘤,由于原发于子宫体部,所以也称为子宫体癌,临床上常简称为宫体癌,在中国居女性生殖系统恶性肿瘤的第二位,在发达国家居首位。近年来,由于高脂高热饮食和低运动量生活方式的影响,子宫内膜癌在我国的发病率呈上升趋势。子宫内膜癌发病的确切机制尚不明确,但雌激素和子宫内膜癌的发生有着密切的关系,已经被广大学者所肯定。雌激素可以引起子宫内膜的过度增生,以致不典型增生,进而发展成内膜癌。根据流行病学资料分析,存在下列因素,可以增加发生子宫内膜癌的危险性,如:持续雌激素暴露〔如卵巢排卵功能障碍,分泌雌激素的卵巢肿瘤(无孕激素保护的雌激素替代治疗,选择性雌激素受体调节剂治疗,如他莫昔芬等)〕、代谢异常(如肥胖、糖尿病)、初潮早、未育、绝经延迟、携带子宫内膜癌遗传易感基因,如林奇综合征(Lynch syndrome)以及高龄等。年轻妇女的内膜癌常发生于卵泡膜颗粒细胞瘤或多囊卵巢综合征者。

一、病理

1. 分弥漫型和局限型

(1)弥漫型:沿宫内膜弥漫生长累及大部分子宫内膜,呈绒毛状或多发性息肉状,表面可有坏死或溃疡。可沿子宫角向输卵管蔓延或延伸至宫颈口。晚期可浸透浆膜层并累及盆腔邻近器官。

(2)局限型:病变癌组织局限于宫腔内某一部分,肿瘤发展可以呈结节状或菜花状,多见于子宫底或宫角部,宫腔内可见内膜组织,早期癌灶局限于内膜层,肿瘤发展癌灶可向肌层及宫外组织浸润。

2. 镜下所见 2020 年世界卫生组织对子宫内膜癌病理学类型进行了修订,并整合了子宫内膜癌的分子分型。以子宫内膜样癌非特指型最多见,另可有浆液性癌非特指型、透明细胞癌非特指型、未分化癌非特指型、混合细胞癌、中肾腺癌、鳞状细胞癌非特指型、黏液性癌（肠型）及癌肉瘤非特指型。

2013年,癌症基因组图谱（The Cancer Genome Atlas,TCGA）根据全基因组测序基因特征（有无POLE基因超突变、MMR缺失、拷贝数变异等）将子宫内膜癌分为4种分子类型:①POLE超突变型;②MSI-H型（微卫星不稳定型）或错配修复系统缺陷（mismatch repair-deficient,dMMR）型;③微卫星稳定（microsatellite stability,MSS）型或无特异性分子谱（no-specific molecular profile,NSMP）型或低拷贝型;④p53突变型或高拷贝型。子宫内膜癌分子分型有助于预测患者预后和指导治疗。其中POLE超突变型预后极好,这类患者如果手术分期为Ⅰ~Ⅱ期,术后可考虑随访,不做辅助治疗。MSI-H型预后中等,对免疫检查点抑制剂的治疗敏感,但目前的证据仅限于晚期和复发病例。MSS型预后中等,对激素治疗较敏感,年轻患者保育治疗效果较好。p53突变型预后最差,对化疗可能敏感。

二、扩散途径

1. 淋巴转移　子宫肌层淋巴网丰富。子宫底部的淋巴引流沿卵巢血管走行,可经阔韧带上部、输卵管、卵巢等转移至腹主动脉旁淋巴结。位于子宫角的癌肿可经圆韧带转移至腹股沟淋巴结。位于子宫下段或宫颈的肿瘤可按宫颈癌的淋巴引流途径而转移至宫颈旁、输尿管、髂内外及髂总淋巴结。另外尚可逆行引流而转移至阴道的前壁和下段。

2. 器官扩散和转移　可通过蔓延或种植直接向邻近器官扩散,如输卵管、卵巢、膀胱、直肠子宫陷凹及直肠等盆腔器官和组织。

3. 远处转移　通过淋巴或血行播散至远处器官,如肺、肝、脑及骨等。

三、诊断

1. 症状与体征

（1）不规则阴道流血、排液:约90%的子宫内膜癌患者有不规则阴道流血症状,通常发生在绝经后。有的患者表现为阴道异常排液,可为浆液性或血性分泌物。围绝经期患者可以表现为月经量增多、月经期延长、月经淋漓不尽、月经间期出血等。应注意一些子宫内膜良性病变同样可以引起类似症状,如子宫内膜息肉、子宫内膜增生等。

（2）子宫增大及其他晚期表现:因大部分子宫内膜癌诊断时为早期,体检往往没有子宫增大等阳性体征。若肿瘤侵犯子宫颈内口,导致子宫腔积血或积脓,可引起下腹胀痛及痉挛样疼痛。晚期患者因癌组织侵犯周围组织或神经可引起下腹及腰骶部疼痛。

2. 评估　初次评估包括现病史、既往史、家族史、体格检查、影像学检查、子宫颈细胞学检查、子宫内膜活检等。通过子宫内膜活体组织病理学检查可以明确诊断,并进行初步的临床分期。

（1）子宫内膜活检:结合患者临床表现和辅助检查,高度怀疑子宫内膜病变时,应进行子宫内膜活检以明确诊断。子宫内膜活检方式包括子宫内膜吸取活检、诊断性刮宫或宫腔镜下诊断性刮宫等。子宫内膜活体组织病理学检查是确诊子宫内膜癌的"金标准"。病理学检查报告需要详细地描述病理学类型及分化程度等特征,必要时需进行免疫组织化学检查。

（2）影像学检查：术前的影像学检查可以了解子宫肌层浸润深度和腹膜后淋巴结状况，帮助诊疗方案的制订。①超声检查是子宫内膜癌最常用的检查方法，盆腔超声可以初步了解子宫体大小、子宫内膜厚度、肌层浸润情况、附件有无占位等，经阴道彩超检查的准确性更高。②盆腹腔增强 MRI 或增强 CT。用于评估子宫肿瘤累及范围、盆腹腔淋巴结及其他器官累及情况。首选增强 MRI，其对评估子宫内膜癌灶子宫肌层浸润深度和范围、子宫颈间质受累情况具有较高的特异性。③胸部影像学检查推荐胸部 CT 扫描。④对于有可疑远处转移的患者，推荐全身 PET/CT 检查。

（3）肿瘤标志物检测：对于子宫内膜癌，尚无特异敏感的肿瘤标志物可用于诊断与随访。对于有子宫外病变的患者，糖类抗原 125（carbohydrate antigen 125，CA125）有助于监测临床治疗效果。但炎症或者放射损伤等因素也会引起 CA125 异常升高，而有些患者（如阴道孤立转移）的 CA125 可能并不升高。因此，在缺乏其他临床表现时，CA125 不能准确预测复发。人附睾蛋白 4（human epididymal protein 4，HE4）的检测对子宫内膜癌患者的诊断和预后预测可能有一定的参考价值。

四、分期

子宫内膜癌多采用手术病理学分期。目前采用的子宫内膜癌的分期包括第 8 版美国癌症联合委员会（American Joint Committee on Cancer，AJCC）的 TNM 分期（2017 年版）和国际妇产科联盟（International Federation of Gynecology and Obstetrics，FIGO）的 FIGO 分期（2009 年）。具体见表 18-2、表 18-3。

表 18-2　子宫内膜癌 FIGO 分期（2009 年）

子宫内膜癌 FIGO 分期（2009 年）	
Ⅰ期	病变局限于子宫体
	ⅠA 期　肿瘤浸润深度<1/2 肌层
	ⅠB 期　肿瘤浸润深度≥1/2 肌层
Ⅱ期	肿瘤侵犯子宫颈间质，但无子宫体外蔓延
Ⅲ期	肿瘤局部和/或区域扩散
	ⅢA 期　肿瘤累及子宫浆膜层和/或附件
	ⅢB 期　阴道和/或子宫旁受累
	ⅢC 期　盆腔淋巴结和/或腹主动脉旁淋巴结转移
	ⅢC1 期　盆腔淋巴结转移
	ⅢC2 期　腹主动脉旁淋巴结转移，伴或不伴盆腔淋巴结转移
Ⅳ期	肿瘤侵及膀胱和/或直肠黏膜，和/或远处转移
	ⅣA 期　肿瘤侵及膀胱和/或直肠黏膜
	ⅣB 期　远处转移，包括腹腔内和/或腹股沟淋巴结转移

注：尽管腹水或腹腔冲洗液细胞学检查结果不影响 FIGO 分期，但是细胞学阳性是不良预后因素，因此仍应常规送检，并单独报告。

表 18-3　子宫内膜癌 TNM（2017 年）和 FIGO（2009 年）手术分期系统

TNM 分期	FIGO 分期	标准
原发肿瘤定义（T）		
T_x		原发肿瘤无法评估
T_0		无原发肿瘤证据
T_1	Ⅰ	肿瘤局限于子宫体，包括子宫颈腺体累及
T_{1a}	ⅠA	肿瘤局限于子宫内膜或浸润子宫肌层小于 1/2
T_{1b}	ⅠB	肿瘤浸润子宫肌层大于等于 1/2
T_2	Ⅱ	肿瘤浸润子宫颈间质结缔组织，但未超出子宫。不包括子宫颈腺体累及
T_3	Ⅲ	肿瘤累及浆膜、附件、阴道或宫旁
T_{3a}	ⅢA	肿瘤累及浆膜和/或附件（直接浸润或转移）
T_{3b}	ⅢB	阴道累及（直接浸润或转移），或子宫旁累及
T_4	ⅣA	肿瘤浸润膀胱黏膜和/或肠黏膜大疱性水肿，不足以将肿瘤定义为 T_4
区域淋巴结定义（N）		
N_x		区域淋巴结无法评估
N_0		无区域淋巴结转移
$N_0(i+)$		区域淋巴结见孤立肿瘤细胞≤0.2mm
N_1	ⅢC1	盆腔区域淋巴结转移
N_{1mi}	ⅢC1	盆腔区域淋巴结转移（转移灶直径>0.2~2.0mm）
N_{1a}	ⅢC1	盆腔区域淋巴结转移（转移灶直径>2.0mm）
N_2	ⅢC2	腹主动脉旁淋巴结转移，伴或不伴盆腔淋巴结转移
N_{2mi}	ⅢC2	腹主动脉旁区域淋巴结转移（0.2mm<转移灶直径≤2.0mm），伴或不伴盆腔淋巴结转移
N_{2a}	ⅢC2	腹主动脉旁区域淋巴结转移（转移灶直径>2.0mm），伴或不伴盆腔淋巴结转移
远处转移定义（M）		
M_0		无远处转移
M_1	ⅣB	远处转移（包括转移至腹股沟淋巴结、腹腔内病灶、肺、肝或骨）（不包括转移至盆腔或腹主动脉旁淋巴结、阴道、子宫浆膜面或附件）

注：如仅通过前哨淋巴活检发现有转移，N 前加 sn。

　　手术病理学分期需通过全面分期手术，对子宫、输卵管、卵巢及淋巴结等进行病理学评估后进行分期。然而，并非所有子宫内膜癌患者都适合用手术病理学分期，如部分年轻的希望保留生育功能的患者、有严重的内科疾患或手术禁忌证无法接受手术的患者、单纯放疗或需要术前放疗的患者。对这些患者仍采用 1971 年 FIGO 发布的临床分期标准。

五、放射治疗

　　子宫内膜癌治疗以手术为主，放疗和化疗是常用的辅助治疗方式。制订治疗方案应结合患者的年龄、病理学类型和分子分型、临床(影像)分期、体能状态等综合考虑决策。放疗主要用于子宫内膜癌的术后辅助治疗。对于不适合手术的各期子宫内膜癌的患者,也可选择放疗,包括体外照射和/或近距离腔内照射。放疗前必须进行影像学检查以评估局部照射范围和排除远处转移。一般体外放疗包括盆腔区域和/或腹主动脉区域。单独近距离放疗可以用于术前或术后的辅助放疗。

(一) 放疗适应证

1. 术前放疗 术前放疗的目的是为手术创造条件,即缩小子宫、降低癌细胞的活力,提高手术切除的成功率,降低局部复发率和远处播散率。放疗后2~4周手术。术前放疗多以腔内放疗为主,照射剂量为F点5 000cGy,A点4 500cGy。Ⅰ期、Ⅱ期术前全量腔内放疗5年生存率高达96.5%和90.9%,效果大于单纯手术、单纯放疗及术前非全量腔内放疗。

2. 术后放疗 适用于手术可能未切净、盆腔内有明显残留肿瘤及术后有下列高危因素者,如高危病理类型:浆液性乳头状腺癌、腺鳞癌、透明细胞癌、未分化腺癌。Ⅰb期G3以及Ⅰb期以晚的子宫内膜癌患者均应进行术后放疗。术后放疗多以盆腔体外照射为主。个别阴道切除不足者或有阴道切缘肿瘤阳性者需要增加阴道腔内照射。

3. 单纯放疗 子宫内膜腺癌是一种对放射线较为敏感的肿瘤,单纯放疗的Ⅰ、Ⅱ期患者的5年生存率可达70%~80%。单纯放疗适用于:①有手术禁忌证不适手术者,如心肺功能不全、糖尿病、高血压病等;②分期较晚的Ⅲ、Ⅳ期患者;③拒绝手术要求放疗的各期患者。Ⅰa期患者可采用单纯腔内放疗;Ⅰb期以上及恶性程度高者均应采用腔内放疗加体外照射,单纯体外照射适用于盆腔及阴道广泛浸润盆腔内放疗亦有困难者。

4. 复发和转移子宫内膜癌的放射治疗 外照射放疗通常是未接受过放疗患者局部复发的首选治疗方法,必要时可联合阴道近距离放疗和/或系统治疗。手术切除复发病灶,切除后可酌情考虑给予术中放疗(intraoperative radiotherapy,IORT),如盆侧壁病灶或包膜外受累的转移淋巴结切除后,可给予针对瘤床的IORT。术后治疗:①病变局限在阴道或者阴道旁,术后给予外照射,可联合阴道近距离放疗或系统治疗;②病变局限在盆腔或腹主动脉旁淋巴结,术后给予外照射,并联合系统治疗;③上腹部病灶术后无肉眼可见的残留,给予系统治疗;④上腹部病灶术后有肉眼可见的残留者,应给予系统治疗。必要时酌情给予局部放疗,上腹部的外照射放疗应慎重选择。对既往仅接受过阴道近距离放疗的患者,处理同初治未接受过放疗的患者。

对放疗野内孤立可切除的复发病灶,可选择手术切除,联合系统治疗。二程放疗需十分谨慎,应根据复发病灶范围、以前的放射野和距离、以前放疗的时间进行个体化治疗。更多的二程放疗是采用组织间插植近距离放疗或IORT,特别是对局限在阴道残端或盆侧壁的病灶。对个别经过充分评估的病例,二程外照射放疗、立体定向放疗、质子或重离子治疗也是一种可以考虑的选择,特别是盆侧壁或淋巴结转移病灶。通常都需要联合系统治疗。

对远处复发的孤立病灶可考虑手术切除和/或外照射,联合系统治疗。

(二) 放疗方法

1. 腔内放疗 腔内放疗的照射范围包括宫腔、宫颈及阴道,重点在宫腔。传统的腔内放疗曾沿用宫颈癌的腔内治疗的方法及其治疗容器,不能形成宫内膜癌所需要的倒梨形剂量分布,现普遍开展腔内后装放疗,先将不含放射源的宫腔容器置于宫腔内,根据宫腔深度及治疗需要,决定放射源移动的长度,不同驻留点及驻留时间,以获得与子宫形态近似的倒梨形剂量分布曲线。应用宫腔管治疗时以 F 点和 A 点为剂量参考点。F 点位于宫腔放射源顶端,旁开 2cm,代表着宫底部的剂量(图 18-2);A 点为宫颈癌放射治疗时的 A 点。腔内放疗的剂量视剂量率、期别、子宫大小而定,根据是否配合体外照射及其照射方式而调整。

高剂量率腔内后装放疗:Ⅰ期 F 点 4 000~ 4 500cGy,A 点 3 600~4 000cGy;Ⅱ期 F 点和 A 点均应达 4 500~5 000cGy。每周照射 1 次,6~8 次完成治疗。

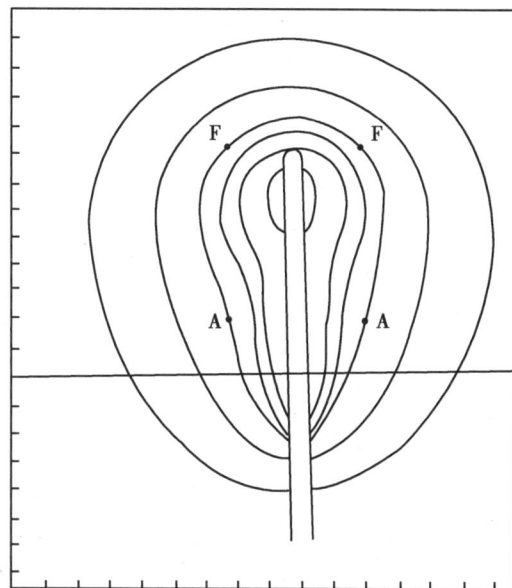

图 18-2 子宫内膜癌腔内放疗 F 点、A 点位置示意图

(1)近距离放疗应在阴道切缘愈合后尽早开始,一般在 6~8 周最好,原则上不超过 12 周。近距离放疗采用阴道表面或阴道黏膜下 0.5cm,剂量通常视体外放疗剂量而定。子宫切除术后阴道近距离放疗范围不应该超过阴道上 2/3,对弥漫脉管瘤栓或切缘阳性者,阴道放疗范围可延长。

(2)对单独高剂量率(high dose rate,HDR)阴道近距离放疗,放疗方案包括黏膜表面 6Gy/5 次、黏膜下 0.5cm 7Gy/3 次或 5.5Gy/4 次,虽然黏膜下 0.5cm 7Gy/3 次方案最常应用,但在某些病例中,使用更小的分割可能会进一步减少毒性。

(3)对无放疗史的复发性子宫内膜癌患者,放疗野应根据复发病灶个体化设计。可以考虑在总剂量等效于 75~80Gy 的低剂量率(low dose rate,LDR)照射的方案中,插入 1~2 次的 HDR 照射。

(4)组织间插植近距离放疗是将多根针/导管插入肿瘤病灶,可以使靶区的剂量最大化,而对危及器官的剂量最小化。三维治疗计划允许在 CT 和/或 MRI 上通过剂量-体积直方图对目标靶区和危及器官进行体积剂量描绘。剂量和分次取决于先前的放疗剂量、靶区体积和危及器官剂量,并将近距离放疗剂量统一换算成相当于 2Gy 时的等效生物剂量,即 EQD2,便于与外照射剂量叠加计算。

(5)用于根治性治疗的近距离放疗剂量应基于临床情况个体化。建议采用基于 CT 和/或 MRI 的三维近距离放疗,照射范围包括子宫体、子宫颈和阴道上部 1~2cm。基于现有的最佳证据,如果单独使用近距离放疗,剂量应至少达到 48Gy;如果近距离照射与外照射联合,剂量应增加至 65Gy。如果能利用 MRI 勾画出残留肿瘤,则建议此处剂量(GTV)可增加至 80Gy 及以上。

2. 体外照射 放疗技术推荐使用 IMRT。

（1）盆腔放疗的靶区应包括肉眼可见的病灶（如果存在）、髂总、髂外、髂内、闭孔、宫旁、骶前淋巴结区域、阴道上部和阴道旁组织（子宫颈受累的患者）。

（2）如术后病理学或影像学检查结果显示腹主动脉旁区域淋巴结阳性，应给予延伸野放疗。延伸照射野应包括盆腔区、整个髂总和腹主动脉旁淋巴结区。延伸野的上界取决于临床情况，但至少应到达肾血管上方1~2cm。

（3）盆腔的照射区域，特别是在子宫切除术后，应考虑肠管和膀胱充盈的影响。临床靶体积（clinical target volume，CTV）包括器官运动和变形范围的内靶区（internal target volume，ITV），应完全在照射野中覆盖。

（4）亚临床病灶区域放疗剂量通常应用45~50Gy。如术后病理学检查显示子宫切除术后阴道切缘阳性或肿瘤近阴道切缘，可以考虑联合阴道近距离放疗。黏膜表面4~6Gy/2~3次为阴道近距离放疗推量时的常用方案。

（5）术后如果有肉眼残留的病灶，并且可以被准确定位，在考虑周围正常组织可以耐受的前提下，可以推量照射至60~70Gy。

（6）对于肿大淋巴结，在周围正常组织可以耐受的前提下，可以推量照射至60~65Gy。

六、预后因素

子宫内膜腺癌是一种生长缓慢、症状出现较早、病变能较长时间局限在子宫内，转移较晚的恶性肿瘤，只要治疗方案合理，预后较好。影响其预后的主要因素包括以下几个方面。

1. 临床分期　直接与预后有关，分期越高，预后越差。1985年FIGO年报告Ⅰ、Ⅱ、Ⅲ、Ⅳ期的5年生存率分别为75.1%、51.8%、30.0%和10.6%。孔为民等报道单纯放疗59例，Ⅰ、Ⅱ、Ⅲ、Ⅳ期的5年生存率分别为79.2%、75.3%、31.4和0。

2. 病理类型及分级　病理类型及分级是判断预后的重要指标，已被国内外学者共识，高危病理类型(浆液性乳头状腺癌、腺鳞癌、透明细胞癌、未分化腺癌)5年生存率低于腺癌和腺棘癌。高危病理类型其生物学行为险恶，浸润、转移性强，易于发生远处转移。随着分级越高，预后越差。Vavia等报道Ⅰ、Ⅱ、Ⅲ级的5年生存率分别为72%、59%和31%。

3. 肌层浸润　肌层浸润深度被认为是肿瘤恶性度的指标，浅肌层浸润与深肌层浸润预后有显著差别，随着肌层浸润深度的增加，生存率明显下降，同时深肌层浸润淋巴结转移率也会增高，预后差。

4. 淋巴结转移　淋巴结转移是影响预后的主要因素，有、无淋巴结转移的5年生存率分别为36.4%~46.5%和74.4%~81.3%。

5. 年龄　年龄与预后有一定的关系，有学者报告60岁以上者的存活率小于56%，60岁以下者大于80%。

6. 腹水及腹腔冲洗液细胞学检查　腹水及腹腔冲洗液细胞学检查阳性多见于组织病理分级G3、附件转移及淋巴结阳性的病例。深肌层浸润的腹水细胞学检查阳性率高于浅肌层浸润者。

7. 治疗方法　以手术加放射治疗的综合治疗好，单一治疗方法的效果较综合治疗差。术前腔内全量放疗能明显提高生存率，孙建衡等报道术前腔内全量放疗组与非腔内全量放疗组，Ⅰ、Ⅱ期的5年生存率分别为96.5%、90.9%和84.85%、51.4%。术后放疗能减少盆腔复发率,提高无瘤生存率。

第三节 阴 道 癌

阴道恶性肿瘤可分为原发性和继发性肿瘤。由于发病率低,国内外均缺乏大样本、前瞻性的研究,故尚无统一的诊治标准。阴道鳞癌和黑色素瘤多见于老年或绝经后妇女。近年来由于高危型HPV持续感染增多,年轻的阴道鳞癌患者也在逐渐增多。腺癌好发于青春期,内胚窦瘤和葡萄状肉瘤则好发于婴幼儿。继发性阴道恶性肿瘤多来自相邻器官恶性肿瘤的直接蔓延、浸润以及淋巴转移,来自远隔器官的血行转移较少。

由于缺乏大样本前瞻性研究,阴道恶性肿瘤尚无标准化治疗方案,临床上应遵循个体化原则,依据患者的年龄、疾病分期、病灶部位、组织病理学特征、肿瘤大小确定治疗方案,采用放射治疗或手术治疗,以及化疗等综合治疗,但预后较宫颈癌差。由于阴道与膀胱、尿道、直肠间隔较小,不同部位淋巴引流不同,血管及淋巴管丰富、吻合支多等解剖学特点,肿瘤治疗难度大,且需注意不同治疗方式对生殖功能和性功能可能产生的影响。

一、手术治疗

1. 病变位于阴道壁上 1/3 的 I 期患者　可行广泛全子宫和阴道上段切除,阴性切缘至少距病变 1cm,并行盆腔淋巴结切除。若已行子宫全切,可行子宫旁组织切除+阴道上段切除+盆腔淋巴结切除术。

2. 病变仅位于阴道壁下 1/3 的早期患者　可行阴道局部广泛切除/扩大切除(切缘距离病灶 1cm)+腹股沟淋巴结切除术,必要时切除部分尿道和外阴并同时做成形术。

3. 病变位于阴道壁中 1/3 的患者　需行广泛/次广泛全子宫切除、全阴道切除及腹股沟和盆腔淋巴结切除术,手术创伤大,患者往往难以接受而多选择放疗。

4. ⅣA 期患者　若合并直肠阴道瘘或膀胱阴道瘘时行盆腔器官廓清术(全盆腔廓清术/前盆腔廓清术/后盆腔廓清术),但手术复杂,恢复慢,围手术期并发症风险较高。如在基层医院发现并确诊,建议转诊到有手术能力的肿瘤医学中心治疗。

二、放射治疗

放疗适用于 I～Ⅳ 期病例,是大多数阴道癌患者首选的治疗。尤其适用于 Ⅱ 期及以上中晚期患者及失去手术机会的患者。放疗优越性主要体现在可保留器官。在制订放疗计划时,MRI 检查有重要的指导作用,可确定肿瘤大小、判断与邻近器官的空间结构关系。放疗包括腔内或近距离治疗及体外照射(external beam radiation therapy,EBRT)两部分。70Gy 为最优或较低阈值剂量,可提高阴道鳞癌的 2 年生存率及局部控制率,但可能导致 3 级或 4 级毒性反应。推荐阴道癌放疗的最佳剂量为 70～80Gy(EQD2)。

(一)根治性放疗

通过放疗可以使阴道局部肿瘤完全退缩,需要腔内近距离放疗和体外照射相结合:腔内照射主要针对阴道原发肿瘤区,体外照射主要针对阴道旁、盆壁及其所属淋巴区。体外照射原则与宫颈癌相同,仅是因肿瘤部位较宫颈癌低,照射野也相应偏低。

1. 体外照射 阴道原发肿瘤区域放射野设计：主要照射范围包括阴道、阴道旁，如果肿瘤邻近或达阴道穹窿，需要包括子宫颈及子宫颈旁组织。淋巴结引流区放射野设计包括：肿瘤位于阴道中上段，其照射范围与宫颈癌照射范围近似，主要包括髂内淋巴结、髂外淋巴结、闭孔淋巴结及骶前淋巴结。若盆腔淋巴结有转移，要包括髂总淋巴结；如果淋巴结转移到更高水平，应根据影像学检查确定照射范围。肿瘤位于阴道中下段，其照射范围与外阴癌照射范围近似，包括腹股沟、髂外、髂内和闭孔淋巴结引流区。如果肿瘤仅位于阴道下 1/3，而且证实腹股沟淋巴结没有转移，可以不勾画髂内外淋巴结及闭孔淋巴结，仅包括腹股沟淋巴结引流区。一般给予 1.8~2.0Gy/次，总量 45~50Gy，转移的肿大淋巴结可以同步加量或后期加量 10~15Gy。

2. 腔内放疗 主要针对阴道原发病灶及邻近浸润区，腔内治疗根据具体情况可以选择不同的阴道施源器，或者联合组织间插植放疗，有报道推荐对浸润深度 ≥0.5cm、阴道中下段的病灶、体积较大的阴道肿瘤使用腔内联合组织间插植近距离放疗，以达到控制肿瘤、保护危及器官的目的。建议使用三维后装技术，可提高治疗有效率。借助 3D 打印技术的适型施源器可以加强保护，提高治疗满意度。剂量推荐：阴道黏膜下 0.5cm 或 HR-CTV D90 5~7Gy/次，每周 1~2 次，总量 24~30Gy，联合体外放疗总量 70~80Gy（EQD2）。

3. 单纯体外照射 较晚期阴道癌在局部浸润广泛而腔内照射有困难时，可用全盆腔照射加缩野技术治疗。局部肿瘤 6 000~7 000cGy，旁组织剂量 4 000~5 000cGy。也可用以阴道肿瘤为中心的体外旋转照射法。治疗后根据肿瘤消退情况，条件允许时可补充小量腔内照射。体外照射加腔内放疗，疗效好于单一照射。Tewari 等报道体外照射加高剂量腔内后装治疗 71 例，Ⅰ、Ⅱ、Ⅲ、Ⅳ期的 5 年无瘤生存率分别为 100%、80%、61% 和 3%。

（二）姑息性放疗

对于一般情况较差的、已有远处转移的、无法根治的晚期阴道癌患者及不能耐受根治性放疗剂量的患者，只能给予较低的放疗剂量抑制肿瘤的生长或使肿瘤缩小，减轻症状，提高患者生活质量。可以选择单纯体外照射或腔内后装治疗，也可以体外与腔内联合治疗。

三、综合性治疗

阴道癌的综合性治疗包括放疗、手术和化疗相结合。

1. 术后放疗 对于Ⅰ期阴道鳞癌的治疗，手术治疗与放疗的效果相似。FIGO 分期、病理学类型是影响阴道癌预后的独立因素，肿瘤>4cm、阴道受侵长度>2/3 阴道壁也可能是影响因素，对于存在高危因素的患者，术后可联合放疗以增加局部控制率。如手术切缘及淋巴结阴性，则不用辅助放射治疗。少数Ⅱ期患者可以通过根治性手术治愈，术后建议辅助放疗者，行手术治疗后辅助放疗，预后会较好。

2. 术前放疗 用于少数局部肿瘤较大的患者，术前放疗目的是使肿瘤缩小，降低肿瘤细胞活性，提高手术切除率。

3. 放疗+手术+化疗 综合治疗用于晚期肿瘤患者，提高放疗效果，提高生存率，提高患者生存质量。单纯化疗对阴道癌治疗效果较差，常与放疗和手术联合应用。目前没有标准的化疗方案，临床常用博来霉素、顺铂、卡铂、多柔比星和紫杉醇等。

阴道癌的靶向治疗及免疫治疗缺乏临床证据。靶向治疗如血管内皮生长因子抑制药物

（如贝伐珠单抗）已经被推荐用于复发宫颈癌的一线治疗。两者均已成为改善宫颈癌预后的新策略，但是能否适用于阴道癌的临床治疗仍需后续关注临床试验结果。

第四节 外 阴 癌

外阴癌（carcinoma of the vulva）是一种少见的恶性肿瘤，占女性生殖道恶性肿瘤的2%~5%，多见于绝经后的老年女性。发生于外阴的皮肤和黏膜，病理类型多见有鳞状细胞癌，少见腺癌、基底细胞癌、恶性黑色素瘤等。外阴癌生长缓慢，以局部蔓延和区域淋巴结转移为主，血行转移少见。外阴癌的治疗包括手术治疗、放射治疗、化学治疗及生物治疗的综合治疗。

一、手术治疗

术前需明确病理学类型。肿瘤直径≤2cm的患者需明确浸润深度以确定是否行腹股沟淋巴结切除术。手术范围包括外阴肿瘤切除和腹股沟淋巴结切除，必要时切除增大的盆腔淋巴结。

二、放射治疗

因外阴潮湿、皮肤黏膜对放射线的耐受较差、外阴肿瘤较大或已转移至淋巴结等因素，放射治疗难以得到满意的剂量分布，上述因素使外阴癌难以接受达到根治性治疗效果的照射剂量。因此，外阴癌单纯放疗的效果较差，局部复发率高。对于局部晚期的外阴癌，放化疗联合手术的综合治疗可以降低超广泛手术的创伤和改善外阴癌患者的预后。因正常器官受量较高，目前不推荐使用外照射、3D-CRT，而主要采取IMRT技术。没有化疗禁忌证的患者，推荐同期放化疗的治疗模式。

1. 根治性放疗 根治性放疗主要适用于以下患者：①不可切除的局部晚期肿瘤，包括部分Ⅱ期（肿瘤直径>4cm或肿瘤侵及阴道、尿道、肛门）、Ⅲ~ⅣA期肿瘤。②手术有可能造成严重并发症或有严重伴发疾病不能接受手术的早期患者。建议使用IMRT技术、常规分割模式1.8~2.0Gy/次，5次/周，外阴及盆腔临床下病灶区域临床靶区（clinical target volume，CTV）为45~50Gy/25次，原发可见病灶及转移淋巴结局部推量至60~70Gy，具体剂量根据肿瘤部位、大小、治疗反应及急性不良反应、是否化疗等决定。残留肿瘤或瘤床区域局部推量照射用的放疗技术要根据肿瘤位置、周围器官受照射剂量限制等因素考虑：如果肿瘤位置表浅，可以使用电子线垂直照射；如果残留肿瘤适合进行近距离治疗，也可以使用近距离后装插植技术给予推量照射。

2. 术后辅助放疗 术后有复发高危因素患者，需要接受术后放疗。术后复发高危因素包括：手术切缘阳性、邻近手术切缘（<8mm）、LVSI、淋巴结转移（特别是2个以上淋巴结转移）、出现淋巴结包膜外侵犯。对于腹股沟淋巴结切除术时发现多个阳性淋巴结或大块型淋巴结转移患者，GOG37研究结果显示，术后辅以盆腔和腹股沟区域放疗的效果优于行盆腔淋巴结切除术。

外阴癌的术后辅助放疗分为以下几种情况：①切缘阳性，但淋巴结影像学、病理学及临床检查均阴性,可再次手术切除,或外照射放疗±后装放疗±同期化疗;②切缘阴性、淋巴结阳性,术后行外照射放疗±同期化疗;③切缘及淋巴结均阳性,术后行外照射放疗±后装放疗±同期化疗±再次手术切除。术后放疗要在手术伤口愈合后尽快开始,一般在术后6~8周内开始。术后瘤床区域的放疗,如切缘阴性、有足够的阴性手术切缘,建议补充放疗45~50Gy。如切缘近肿瘤边缘、切缘阳性或有 LVSI,考虑局部加量。如有病理学检查证实的腹股沟淋巴结转移,建议腹股沟区域接受 50Gy 照射。如淋巴结有包膜外扩散,建议术后局部剂量推至 54~64Gy。腹股沟淋巴区域推量照射建议采用局部电子线代替 IMRT 推量照射。

3. 姑息性放疗　复发、转移患者可以给予旨在减轻症状的姑息性放射治疗。针对复发转移病灶给予局部照射,照射剂量分割模式及总照射剂量根据治疗目的及周围危及器官耐受剂量确定。

4. 复发外阴癌的放射治疗　无放疗史的患者可选择:①可选择根治性部分或全外阴切除病灶±单侧/双侧腹股沟淋巴结切除术(既往未切除淋巴结者)。若术后切缘、影像学、病理学和临床检查淋巴结均呈阴性,可随访观察或补充外照射放疗;若切缘阳性,但影像学、病理学及临床检查淋巴结均呈阴性,可再次手术切除或外照射放疗±近距离放疗±同期化疗;若切缘阴性、淋巴结阳性,术后行外照射放疗±同期化疗;若切缘及淋巴结均呈阳性,术后行外照射放疗±近距离放疗±同期化疗±再次手术切除。②外照射放疗±近距离放疗±同期化疗,治疗后病变完全缓解者定期随访。仍残留明显的外阴病灶者再次手术切除,术后定期复查。

有放疗史的患者,应行根治性部分或全外阴切除术±皮瓣移植,术后定期随访。

三、全身治疗

目前尚无标准的全身治疗方案。常用化疗方案如下。

(1)同步放化疗:首选顺铂 40mg/m²,静脉滴注,第 1 天,每周 1 次,不超过 7 次。

(2)其他方案:①PF 方案,顺铂 100mg/m²,静脉滴注,第 1 天;5-FU 750~1 000mg/m²,静脉滴注,第 1~4 天,每 4 周重复,共 2~3 次。②MF 方案:丝裂霉素 C 10mg/m²,静脉滴注,第 1 天;5-FU 1 000mg/(m²·d),静脉持续滴注 96 小时;放疗第 1、4 周给药。

第十九章 骨与软组织肿瘤

第一节 骨 肿 瘤

一、概述

骨肿瘤是指发生在骨骼系统的肿瘤,分为原发性和继发性两种。原发性骨肿瘤中良性比恶性多见。继发性骨肿瘤是身体其他组织或器官的肿瘤转移到骨骼,属于恶性。原发恶性骨肿瘤作为罕见的肿瘤,约占所有恶性肿瘤的0.2%。最新数据显示,2016年我国恶性骨肿瘤发病率约1.87/100 000,占所有恶性肿瘤的0.63%。原发恶性骨肿瘤主要包括骨肉瘤、软骨肉瘤、脊索瘤和尤因肉瘤等。其中,骨肉瘤和尤因肉瘤好发于儿童和青少年,而在成人中,软骨肉瘤是最常见的原发恶性骨肿瘤。原发恶性骨肿瘤虽在所有恶性肿瘤中占比较低,但其侵袭进展迅速,易转移到其他器官,恶性程度高。

大多数骨肿瘤的发病机制和病因尚不清楚。EWS和ETS基因家族之间的基因重排与尤因肉瘤的发病机制有关。特定的胚系突变也与骨肉瘤发病机制有关。以 *TP53* 基因胚系突变为特征的 Li Fraumeni 综合征与发展成骨肉瘤的高风险相关。骨肉瘤是有视网膜母细胞瘤病史的患者中最常见的第二原发性恶性肿瘤,其特征是视网膜母细胞癌基因 *RB1* 突变。骨肉瘤也是最常见的放射线诱发的恶性骨肿瘤。

二、应用解剖和病理

骨是一种器官,主要由骨组织构成,而骨组织由骨细胞、胶原纤维和基质组成。骨表面有较厚的致密结缔组织膜即骨膜包被,髓腔及小梁间隙分布有骨髓,骨膜内含丰富的血管、淋巴管及神经。原发性骨肿瘤的好发部位为:75%骨肉瘤位于长骨的骨干部,特别是股骨远端和胫骨近端;75%软骨肉瘤发生于躯干部;纤维肉瘤与骨肉瘤类似,好发于股骨和胫骨,但与骨肉瘤不同的是,多发生于骨的干骺端与骨骺部;脊索瘤是起源于残留胚胎性脊索组织的恶性肿瘤,好发部位依次是骶尾部、颅底、脊柱。

骨肿瘤分类比较复杂,2020年WHO发布了第5版骨与软组织肿瘤分类。其中的骨肿瘤分类对比第4版具有更简洁、科学和方便应用的特点。总体上的分类由之前12类减少为8类,共包含了68种疾病。新版WHO骨与软组织肿瘤分类还新增和重新划分了部分疾病。如尤因肉瘤被划分到骨和软组织未分化的小圆细胞肉瘤中,丰富了一系列骨的造血系统肿瘤名称,新增了遗传性骨与软组织肿瘤综合征,并对部分肿瘤的生物学行为重新进行了划分,具体见表 19-1。

表 19-1 2020 WHO 第 5 版骨肿瘤分类

	良性	中间型 (局部侵袭性)	恶性
软骨源性肿瘤	甲下外生骨疣 奇异性骨旁骨软骨 瘤样增生 骨旁软骨瘤 内生软骨瘤 骨软骨瘤 软骨母细胞瘤 软骨黏液样纤维瘤	软骨瘤病 非典型软骨肿瘤	软骨肉瘤Ⅰ级 软骨肉瘤Ⅱ级 软骨肉瘤Ⅲ级 骨膜软骨肉瘤 透明细胞软骨肉瘤 间充质软骨肉瘤 去分化软骨肉瘤
骨源性肿瘤	骨瘤 骨样骨瘤	骨母细胞瘤	低级别中心性骨肉瘤 骨肉瘤 骨旁骨肉瘤 骨膜骨肉瘤 高级别表面骨肉瘤 继发性骨肉瘤
纤维源性肿瘤		促结缔组织增生性纤维瘤/ 韧带样纤维瘤	纤维肉瘤
骨血管肿瘤	血管瘤	上皮样血管瘤	上皮样血管内皮瘤 血管肉瘤
富含破骨性巨细胞的 肿瘤	动脉瘤样骨囊肿 非骨化性纤维瘤	骨巨细胞瘤	恶性骨巨细胞瘤
脊索源性肿瘤	良性脊索样肿瘤		脊索瘤 软骨样脊索瘤 分化差的脊索瘤 退分化脊索瘤
骨的其他间叶性肿瘤	胸壁软骨间叶性错 构瘤 单纯性骨囊肿 纤维结构不良 骨的纤维结构不良 脂肪瘤 冬眠瘤	骨性纤维结构不良样釉质瘤 (OFD 样釉质瘤) 间质瘤	长骨的釉质瘤 退分化釉质瘤 平滑肌肉瘤 未分化多形性肉瘤 骨转移瘤

续表

良性	中间型 （局部侵袭性）	恶性
骨的造血系统肿瘤	郎格罕细胞组织细胞增生症 弥漫性郎格罕细胞组织细胞 增生症	骨的浆细胞瘤 恶性非霍奇金淋巴瘤 霍奇金淋巴瘤 弥漫大 B 细胞淋巴瘤 滤泡性淋巴瘤 边缘带 B 细胞淋巴瘤 T 细胞淋巴瘤 间变性大细胞淋巴瘤 恶性淋巴瘤, 淋巴母细胞 性淋巴瘤 Burkitt 淋巴瘤 Erdheim-Chester 病 Rosai-Dorfman 病
骨和软组织未分化的 **小圆细胞肉瘤**		尤因肉瘤 伴 *EWSR1*-非 *ETS* 融合的 小圆细胞肉瘤 *CIC* 重排肉瘤 伴有 *BCOR* 基因改变的 肉瘤

三、临床表现和诊断

（一）临床表现

骨肿瘤的典型临床表现主要包括疼痛、局部肿块、功能障碍以及病理性骨折等, 恶性骨肿瘤晚期也可能会出现恶病质等症状。

1. 疼痛与压痛　是肿瘤生长迅速的最显著特征, 良性肿瘤多无疼痛, 但恶性骨肿瘤几乎全部存在局部疼痛, 并随着病情发展而逐渐加剧, 可有压痛。良性肿瘤恶变或合并病理骨折, 疼痛可突然加重。

2. 局部肿块与肿胀　良性肿瘤可表现为质硬而无压痛的肿块, 生长缓慢, 有些是被偶然发现的。恶性骨肿瘤的局部肿胀与肿块多发展迅速, 并常因肿瘤血运丰富而出现局部静脉怒张。

3. 功能障碍与压迫症状　邻近关节的肿瘤, 由于疼痛和肿胀可使关节出现活动功能障碍。脊髓肿瘤可能出现脊髓压迫症状, 甚至引起截瘫。若肿瘤血运丰富, 可出现局部皮肤温度增高, 浅静脉怒张。位于骨盆内的肿瘤可引起消化道和泌尿生殖道的机械性梗阻。

4. 病理性骨折 由于存在基础骨疾病(包括肿瘤),无外伤或者轻微外伤即可引起的骨折称为病理性骨折,是某些骨肿瘤的首发症状,也是恶性骨肿瘤和骨转移癌的常见并发症。

(二)影像学检查

影像学检查在骨肿瘤诊断中必不可少,它可以提供肿瘤的特点,并显示肿瘤对正常骨的侵犯程度。简单的 X 线片即可以较好地帮助区分良恶性骨肿瘤。良性骨肿瘤在 X 线片上具有界限清楚、密度均匀的特点,多为膨胀性病损或者外生性生长,病灶骨质破坏呈单房性或多房性,内有点状、环状、片状骨化影,周围可有硬化反应骨,通常无骨膜反应。恶性骨肿瘤病灶多不规则,呈虫蚀样或筛孔样,密度不均,界限不清。若出现"Codman 三角",多见于骨肉瘤;若出现"葱皮"现象,多见于尤因肉瘤;若恶性肿瘤生长迅速,可出现"日光射线"形态。CT 与磁共振检查可更清楚地显示肿瘤范围,识别肿瘤侵袭程度,以及与邻近组织关系。骨扫描可早期发现骨转移性肿瘤,但特异性不高,不能单独作为诊断依据,须经 X 线平片或 CT 证实。PET-CT 检查、超声检查、脊髓造影等检查对骨肿瘤诊断也具有辅助作用。

(三)病理诊断

病理检查是骨肿瘤确诊的金标准,包括穿刺活检、切开活检和切除活检等方法。穿刺活检为最常用的活检方式,适用于大多数骨肿瘤。对于临床和影像学考虑良性、体积不大的肿瘤,可选择切除活检。

(四)实验室检查

实验室检查对于骨肿瘤诊断也具有参考价值。当骨质迅速破坏时,如广泛溶骨性病变,血钙往往升高;血清碱性磷酸酶反映成骨活动,在成骨性肿瘤如骨肉瘤中多明显升高。随着分子生物学检测技术的发展,分子生物学检测对某些骨肿瘤的诊断及预后判断也具有重要价值。目前发现一些骨肿瘤中存在常染色体异常,这些异常能帮助诊断、进行肿瘤分类,并能预测肿瘤的行为。

四、临床分期

准确的分期对原发性骨肿瘤诊治具有重要意义。分期可以提示肿瘤的恶性程度、局部受累、区域和远处转移情况,这些与患者的治疗原则及预后密切相关。

Enneking 提出的骨肿瘤外科分期是目前临床上使用最广泛的分期系统,此分期系统与肿瘤预后有很好的相关性,被美国骨骼肌肉系统肿瘤协会(Musculoskeletal Tumor Society,MSTS)及国际保肢协会(International Society of Limb Salvage,ISOLS)采纳,又称 MSTS 外科分期。在这一分期系统中,良、恶性肿瘤分别用阿拉伯数字(1、2、3)和罗马数字(Ⅰ、Ⅱ、Ⅲ)分为 3 期。该分期系统指标包括:肿瘤的组织学分级(G)、解剖部位(T)和有无转移(M)。G 分为 G_0(良性)、G_1(低度恶性)和 G_2(高度恶性);T 分为 T_0(囊内)、T_1(囊外间室内)和 T_2(囊外间室外);M 分为 M_0(未转移)和 M_1(有转移),具体见表 19-2。

美国癌症联合委员会(AJCC)分期系统是目前国际上最为通用的肿瘤分期系统,因此临床上更为肿瘤专科医师所熟悉,但在骨肿瘤中不常用。该系统按照肿瘤大小(T)、累及区域(N)和远处转移(M)进行分类。与 Enneking 分期系统的主要不同点是 AJCC 分期包括

表 19-2　骨肿瘤 Enneking 分期

类型	分期	描述	等级	部位	转移
良性	1	潜在的	G_0	T_0	M_0
	2	活动的	G_0	T_0	M_0
	3	侵袭性	G_0	T_{1-2}	M_{0-1}
恶性	I	**低度恶性**			
	I A	间室内	G_1	T_1	M_0
	I B	间室外	G_1	T_2	M_0
	II	**高度恶性**			
	II A	间室内	G_2	T_1	M_0
	II B	间室外	G_2	T_2	M_0
	III	**远隔转移**			
	III A	间室内	G_{1-2}	T_1	M_1
	III B	间室外	G_{1-2}	T_2	M_1

原发肿瘤的大小，采用最大径是否大于 8cm 来分界，而不是像 SSS 分期中表达骨骼肌肉系统中间室的概念，而肿瘤大小对于提示骨肉瘤预后的显著性并不明显。具体见表 19-3 和表 19-4。

表 19-3　骨肿瘤 AJCC 第 8 版 TNM 分期（不包括淋巴瘤和多发性骨髓瘤）

类型	分期	定义
四肢、躯干、头面骨原发肿瘤 T 分期		
	T_x	原发肿瘤无法评估
	T_0	无原发肿瘤
	T_1	肿瘤最大径≤8cm
	T_2	肿瘤最大径>8cm
	T_3	原发骨部位的不连续肿瘤
脊柱原发肿瘤 T 分期		
	T_x	原发肿瘤无法评估
	T_0	无原发肿瘤
	T_1	肿瘤局限于 1 个节段脊椎或 2 个相邻节段脊椎
	T_2	肿瘤局限于 3 个相邻节段脊椎
	T_3	肿瘤局限于 4 个节段脊椎或 4 个以上相邻节段脊椎，或任何非相邻脊椎
	T_4	肿瘤侵犯椎管或大血管
	T_{4a}	肿瘤侵犯椎管
	T_{4b}	肿瘤侵犯大血管或大血管内瘤栓形成

类型	分期	定义
骨盆原发肿瘤 T 分期		
	T_x	原发肿瘤无法评估
	T_0	无原发肿瘤
	T_1	肿瘤局限于骨盆 1 个区,并且没有骨外侵犯
	T_{1a}	肿瘤最大径≤8cm
	T_{1b}	肿瘤最大径>8cm
	T_2	肿瘤局限于骨盆 1 个区伴骨外侵犯,或肿瘤累及骨盆 2 个区同时没有骨外侵犯
	T_{2a}	肿瘤最大径≤8cm
	T_{2b}	肿瘤最大径>8cm
	T_3	肿瘤累及骨盆 2 个区,同时伴骨外侵犯
	T_{3a}	肿瘤最大径≤8cm
	T_{3b}	肿瘤最大径>8cm
	T_4	肿瘤累及骨盆 2 个区,或跨越骶髂关节
	T_{4a}	肿瘤累及骶髂关节并侵犯至骶神经孔内侧
	T_{4b}	肿瘤包裹髂外血管或盆腔大血管内形成瘤栓
区域淋巴结 N 分期		
	N_x	区域淋巴结无法评估
	N_0	无区域淋巴结转移
	N_1	有区域淋巴结转移
远处转移 M 分期		
	M_0	无远处转移
	M_1	有远处转移
	M_{1a}	肺转移
	M_{1b}	骨或其他部位远处转移
组织学级别 G 分期		
	G_x	无法判定级别
	G_1	高分化-低级别
	G_2	中分化-高级别
	G_3	低分化-高级别

表 19-4　骨肿瘤 AJCC 第 8 版预后分期

（不包括淋巴瘤和多发性骨髓瘤，脊柱和骨盆肿瘤无 AJCC 预后分期）

	T	N	M	G
I A 期	T_1	N_0	M_0	G_1, G_x
I B 期	T_2	N_0	M_0	G_1, G_x
	T_3	N_0	M_0	G_1, G_x
II A 期	T_1	N_0	M_0	G_2, G_3
II B 期	T_2	N_0	M_0	G_2, G_3
III 期	T_3	N_0	M_0	G_2, G_3
IV A 期	任何 T	N_0	M_{1a}	任何 G
IV B 期	任何 T	N_1	任何 M	任何 G
	任何 T	任何 N	M_{1b}	任何 G

五、治疗原则

骨肿瘤治疗需要多学科合作，包括骨科、神经外科、胸外科、放射治疗科、肿瘤内科、康复科、放射诊断科和病理科等，采取个体化综合治疗策略和优化、规范治疗方案，以期达到最大治疗获益，尽可能延长患者无进展生存时间和总生存时间，提高生活质量。

（一）手术治疗

手术治疗是骨肿瘤主要治疗手段之一，术前进行明确的外科分期可以帮助医师更好选择手术方式，即选择适当的手术边界进行肿瘤局部切除或截肢。手术边界通常分为囊内切除、边缘切除、广泛切除及根治性切除。治疗方案选择必须首先考虑局部复发的危险性，其次必须考虑患者年龄、术后残留功能、患者工作和生活习惯等。根据肿瘤分期和复发风险性确定手术治疗指征。对于绝大多数肉瘤患者，广泛切除保证手术切缘阴性是提高局部控制率的前提，必要时截肢手术可能是实现这一目标最合适的选择。然而，随着外科技术和方法的发展，在保证局部控制率的同时，为了保留患者肢体功能，在新辅助放化疗的条件下，有选择性进行带瘤段骨截除并修复重建的手术也取得了较为不错的治疗效果。

（二）放射治疗

放射治疗作为一种局部治疗手段，在骨肿瘤的综合治疗中具有重要作用。放射治疗具有无创的优点，对于患者外观影响比手术切除要小，功能保留较多。放射治疗既可以作为术前新辅助治疗，提高患者肢体功能保留概率，也可以作为手术切除后的辅助治疗，从而进一步提高局部控制率。对于某些原发骨肿瘤，如尤因肉瘤，放射治疗也可以作为根治性手段，与化疗联合使用。而对于部分晚期患者，放射治疗可作为一种姑息治疗手段，减轻患者临床症状，提高生活质量。

（三）化学药物治疗

化疗是恶性骨肿瘤治疗手段之一，对于高度恶性的原发骨肿瘤，如骨肉瘤、尤因肉瘤等，化疗的作用尤为重要。手术和放疗作为局部治疗手段，治疗目的是局部控制肿瘤；而化疗作为全身治疗手段,目的是降低远处转移率和控制远处转移病灶。根据治疗目的不同及综合治疗的发展,化疗又分为术前新辅助化疗、术后辅助化疗、姑息化疗等。新辅助化疗指在术前进行化疗,其作用在于:①使肿瘤缩小、边界变清,有利于手术切除,甚至使一些原来难以局部手术切除的肿瘤在化疗后能够得到较为彻底的切除;②杀灭潜在微转移灶和血中的肿瘤细胞,减少转移机会;③使手术时肿瘤细胞活力减低,不易播散转移;④通过术后肿瘤标本检测化疗的敏感性。辅助化疗有利于提高手术或放射治疗疗效,术后化疗可杀灭可能残留和转移的肿瘤细胞,以减少局部复发和转移,提高远期生存率。恶性骨肿瘤常用的化疗药物有多柔比星、甲氨蝶呤、顺铂及异环磷酰胺等。为了保证疗效,化疗应该做到及时、足量、规范。

(四)分子靶向药物治疗

随着分子生物学技术的发展,小分子靶向药物在部分恶性骨肿瘤的治疗中也显示出一定疗效。目前骨肉瘤的靶向治疗研究多围绕抗血管生成小分子 TKI 类药物,抗血管生成药物联合化疗是否可以增加化疗的疗效,目前无论是在新辅助治疗还是复发转移的难治性患者中,都有相关研究探索,其中具有代表性的为瑞戈非尼、索拉非尼、索拉非尼联合依维莫司。其他抗血管靶向药物包括安罗替尼、阿帕替尼、培唑帕尼等,均在骨肉瘤中开展了多项小样本的临床试验。抗血管靶向药物如何在不同的治疗时期合理优化使用,仍需要更多前瞻性、设计良好的临床试验加以验证。对于复发、转移的骨肉瘤患者,目前免疫治疗包括免疫检查点抑制剂也是大家极为关注的问题。抗血管生成药物与免疫治疗之间的协同作用已经被大家广为认识,抗血管生成药物与免疫检查点抑制剂之间的联合也在骨肉瘤等恶性骨肿瘤中开展了初步的探索。

六、放射治疗

(一)放射治疗原则及适应证

1. 辅助性放疗　包括术前新辅助放疗、术中放疗、术后辅助放疗。术前放疗主要适用于肿瘤体积较大,术前评估难以完全切除或需要截肢才能获得手术切缘阴性者。术前放疗使部分原本不能手术患者,经照射后使肿瘤得以手术切除。同时术前放疗可以消灭肿瘤周围亚临床病灶,使肿瘤缩小,手术范围缩小,减少了根治性手术的应用,较好保存患者术后功能。术前放射治疗也可以降低肿瘤细胞活力,从而降低局部种植率和远处转移率。但术前放射治疗目前仍有不少问题待解决,如不同肿瘤合适的照射剂量和与手术的间隔时间等。术中放疗主要适用于术前评估不能完全切除肿瘤,很难获得合适的切缘,或手术时残留微小病灶者,手术过程中采用 X 线或电子线对瘤床、残留病灶和肿瘤邻近的区域给予单次大剂量照射。优点是术中直视下照射可以更好地保护周围正常组织。同时,对残留病灶大、切除边缘多处有肿瘤残留或术中剂量不满意者术后给予补充外照射放疗,可有效减少肿瘤复发,缩短放疗时间,术后及早开始化疗。术后放疗主要适用于肿瘤部分切除、切缘阳性、因美容或功能保留需要未行广泛切除、多次术后复发伴复发倾向者。术后放疗的优点在于可进行准确的组织病理学评价,不延迟手术时间,无伤口愈合问题等。但由于术后瘤床血供减少和瘢痕形成,有可能导致放疗敏感性降低。术后放疗与手术间隔应尽量缩短,在伤口愈合后应立即开始。

2. 根治性放疗　主要适用于部分对放射线敏感的原发骨恶性肿瘤,如尤因肉瘤、骨的浆细胞瘤、原发性骨淋巴瘤等。放疗作为局部治疗手段,可以替代手术,既能取得较好局部控制,又能保留器官正常功能。联合化疗有效率高于单纯放疗。

3. 姑息性放疗　晚期原发恶性骨肿瘤或骨转移瘤患者,姑息性放疗可以延缓肿瘤局部生长、缓解疼痛、提高生活质量。

(二) 放射治疗方法及靶区剂量

骨肿瘤常用的放射治疗技术包括:常规二维放射治疗、三维适形放射治疗、调强放射治疗及立体定向放射治疗等。由于原发性骨肿瘤发病率低、病理类型复杂,不同病理类型骨肿瘤最佳的放疗靶区、照射剂量及分割方式等目前仍有争议。

1. 骨肉瘤的照射靶区与剂量　GTV 包括定位 CT 图像上可见的肿瘤,勾画时需要参考增强 MRI 图像,建议将 MRI 图像与 CT 图像融合后勾画 GTV。CTV 包括可见的肿瘤及微浸润的病变,通常是 GTV 外扩 2~3cm,无临床或影像学异常时,一般不包括淋巴引流区。对于 R1 或 R2 切除的患者,术后放疗通常大野照射 55Gy,后局部补量 9~13Gy。对于无法手术切除的患者,放疗剂量应达到 60~70Gy,总剂量取决于正常组织的耐受程度。

2. 尤因肉瘤的照射靶区与剂量　GTV1:初始影像学可见肿瘤(化疗前),GTV2:化疗后影像学可见肿瘤;CTV1:GTV1 外扩 1~1.5cm,CTV2:GTV2 外扩 1~1.5cm;PTV1:CTV1 外扩 0.5~1.0cm,PTV2:CTV2 外扩 0.5~1.0cm。

根治性放疗剂量一般为 55~60Gy,其中 PTV1 先照射 45Gy,后 PTV2 推量至 55.8Gy 或以上。如化疗反应率小于 50%,通常需推量至 60Gy。

术前放疗照射区域为 GTV1 外扩 2cm,照射剂量 36~45Gy。放疗结束后 4 周行手术切除。

术后放疗建议在术后 60 天内开始。如 R0 切除,但化疗反应差(术后切除标本中残留癌细胞的比例大于或等于 10%),或 R1 切除但化疗反应好,推荐 PTV1 照射剂量 45Gy。如 R1 切除且化疗反应差,或 R2 切除,在 PTV1 照射 45Gy 基础上,PTV2 需推量至 55.8Gy。

对于胸壁原发合并同侧胸膜广泛受累的患者,可以考虑行半胸照射,单次剂量 1.5Gy,照射 15~20Gy 后对原发部位进行缩野补量照射。

对于多发肺转移的患者,化疗或肺内转移瘤切除术后可以考虑行全肺照射。单次剂量 1.5Gy,小于 14 岁的患者总剂量 15Gy,大于 14 岁的患者总剂量 18Gy。

(三) 注意事项

对于四肢骨肿瘤,为避免严重的淋巴水肿,勾画靶区与设计放疗计划时需注意保护正常皮肤的淋巴回流通路。对于儿童原发椎体的骨肿瘤,照射野要包括整个椎体,同时尽量使整个椎体照射剂量均匀,以减少生长发育畸形等并发症发生。

七、放射治疗损伤及处理

骨肿瘤放射治疗损伤与肿瘤原发部位及照射范围、照射剂量有关。根据发生时间的不同分为急性放射损伤、亚急性放射损伤和晚期放射损伤。

(一) 全身反应

全身反应主要表现为乏力、头晕、食欲下降、恶心、呕吐等。如果照射面积较大,亦可引起骨髓抑制,包括白细胞、红细胞、血红蛋白及血小板的下降等。全身反应通常较轻微,停止放疗后会逐渐缓解,必要时可以支持对症治疗,避免全身反应对放疗进程造成影响。

(二)放射性皮肤损伤

放射性皮肤损伤通常分为4度,Ⅰ度为毛囊性丘疹和脱毛;Ⅱ度为红斑反应;Ⅲ度为水疱;Ⅳ度为坏死溃疡。放疗期间应保持照射野内皮肤清洁干燥,不能涂抹刺激性的药物和护肤用品,避免抓挠,穿纯棉柔软的衣服,必要时可以外用皮肤保护剂预防和治疗中重度皮肤损伤。晚期坏死溃疡一旦出现,治疗比较困难,必要时可切除全部坏死组织,做整形修补手术。

(三)放射性肌肉损伤

四肢原发骨肿瘤大剂量照射后晚期可能会出现照射野内肌肉纤维化,多数患者可以耐受,但少数患者会影响肢体运动,严重者甚至会出现肢体软组织坏死。

(四)放射性骨及关节损伤

少数患者大剂量照射后在外力作用下可能会发生病理性骨折,四肢及承重骨照射后应尽量避免剧烈活动、负重、碰撞等,减少病理性骨折的发生。如果照射野包括关节,晚期可能会出现关节周围纤维化,影响活动,必要时可以在康复科医师指导下进行相应的康复训练。

八、预后及随访

原发骨肿瘤的预后与病理类型、分期分型及原发部位等因素密切相关。以尤因肉瘤为例,目前认为尤因肉瘤预后因素包括是否远处转移、肿瘤原发部位、肿瘤大小、化疗反应、外科手术切缘以及相关实验室指标(血清LDH、红细胞沉降率、白细胞计数)等。初始诊断无转移者5年生存率约60%~70%,有转移者5年生存率仅20%。原发肿瘤位于肢体的患者,预后较位于中轴部位(如脊柱、骨盆等)预后更好,可能与肢体肿瘤更容易完全切除有关。

原发骨肿瘤治疗后需要进行长期的规范化随访。早期发现局部复发和远处转移有助于及时进行治疗。长期生存患者还需要注意手术的潜在并发症以及放化疗的潜在毒副作用对患者造成的影响。随访的时间通常为治疗后最初2年,每3个月一次;第3至5年,每4~6个月一次;以后每年一次。随访内容包括全面体检、X线、B超、CT、MRI、骨扫描、功能评分和实验室检查等。

第二节　软组织肉瘤

一、概述

软组织肉瘤(soft tissue sarcoma,STS)是指来源于非上皮性骨外组织的一组恶性肿瘤,主要来源于中胚层,部分来源于神经外胚层,主要包括肌肉、脂肪、纤维组织、血管及外周神经。软组织肉瘤是具有高度异质性,其特点为浸润性或破坏性生长、易发生血行转移。

软组织肉瘤占人类所有恶性肿瘤的0.72%~1.05%,不同国家和地区所报道的发病率不尽相同,美国年发病率约 3.5/10 万,欧洲年发病率为(4~5)/10 万,我国年发病率约为 2.91/10 万,我国男女发病率比例接近 1∶1。随着年龄的增长,发病率明显增高,根据年龄校准后的发病率,80 岁时发病率约为 30 岁时的 8 倍。

软组织肉瘤的发病机制及病因学仍不明确,遗传易感性,*NF1*、*Rb* 及 *P53* 等基因突变可能与某些软组织肉瘤的发生有关,也有文献报道化学因素、感染、放射线等也可能与发病相关。

二、应用解剖和病理

软组织是指身体骨外的非上皮性结缔组织,其主要作用是连接、支持、包绕各解剖结构。软组织位于表皮至实质脏器之间,它包括运动器官(肌肉、肌腱)及各种支持组织结构,如纤维组织、脂肪组织、滑膜组织,以及滋养这些结构的脉管组织。但是网状内皮组织及神经胶质并不包括在软组织中。软组织肉瘤最常见的部位是肢体,约占 53%,其次是腹膜后(19%)、躯干(12%)、头颈部(11%)。软组织肉瘤生长过程中遇到的自然屏障主要包括肌间隔、关节囊、腱鞘、神经鞘膜、韧带、骨及关节软骨等。少血运的解剖结构都有暂时的屏障作用,如皮质骨、关节软骨,可暂时阻碍肿瘤生长。肿瘤组织通过挤压、刺激吸收和直接破坏正常组织向周围生长,表现为比良性或中间性肿瘤更强的局部侵袭能力。

软组织肉瘤依据组织来源共分 12 大类,再根据不同形态和生物学行为,有 50 种以上亚型。最常见亚型包括未分化多形性肉瘤(undifferentiated pleomorphic sarcoma,UPS)、脂肪肉瘤(liposarcoma,LPS)、平滑肌肉瘤(leiomyosarcoma,LMS)、滑膜肉瘤(synovial sarcoma,SS)。儿童和青少年最常见的软组织肉瘤为横纹肌肉瘤(rhabdomyosarcoma,RMS)。2020 年 WHO 发布了第 5 版骨与软组织肿瘤分类,将软组织肿瘤共分为 11 大组织学类型,176 个亚型,其中命名为肉瘤的共 46 个,没有命名为肉瘤的恶性软组织肿瘤有 17 个,具体见表 19-5。

表 19-5　WHO 第 5 版软组织肉瘤分类

分类	亚型
脂肪细胞肿瘤	非典型脂肪瘤性肿瘤、脂肪肉瘤,高分化,NOS、脂瘤样脂肪肉瘤、炎性脂肪肉瘤、硬化性脂肪肉瘤、去分化脂肪肉瘤、黏液样脂肪肉瘤、多形性脂肪肉瘤、黏液样多形性脂肪肉瘤
成纤维细胞/肌成纤维细胞性肿瘤	色素性隆突性皮肤纤维肉瘤、纤维肉瘤性隆突性皮肤纤维肉瘤、黏液性隆突性皮肤纤维肉瘤、斑块样隆突性皮肤纤维肉瘤、孤立性纤维性肿瘤 NOS、炎性肌成纤维细胞性肿瘤、肌纤维母细胞肉瘤、CD34 阳性浅表成纤维细胞瘤、黏液炎性成纤维细胞肉瘤、婴儿纤维肉瘤、孤立性纤维性肿瘤,恶性、纤维肉瘤 NOS、上皮样黏液性纤维肉瘤、低度恶性纤维黏液样肉瘤、硬化性上皮样纤维肉瘤
所谓的纤维组织细胞性肿瘤	恶性腱鞘巨细胞瘤
血管性肿瘤	卡波西肉瘤、上皮样血管内皮瘤 NOS、血管肉瘤
周细胞性(血管周细胞性)肿瘤	恶性血管球瘤
平滑肌肿瘤	炎性平滑肌肉瘤、平滑肌肉瘤

续表

分类	亚型
骨骼肌肿瘤	胚胎性横纹肌肉瘤 NOS、腺泡状横纹肌肉瘤、多形性横纹肌肉瘤 NOS、梭形细胞性横纹肌肉瘤、外胚层间叶瘤
胃肠道间质瘤	胃肠道间质瘤
软骨-骨性肿瘤	骨外骨肉瘤
周围神经鞘肿瘤	上皮样恶性周围神经鞘膜瘤、恶性蝾螈瘤、黑色素性恶性周围神经鞘膜瘤、恶性颗粒细胞瘤、恶性神经鞘瘤
未确定分化的肿瘤	恶性混合瘤 NOS、肌上皮癌、恶性磷酸盐尿性间叶性肿瘤、*NTRK* 重排的梭形细胞肿瘤、滑膜肉瘤 NOS，滑膜肉瘤，梭形细胞型、滑膜肉瘤，双相型、滑膜肉瘤，低分化型、上皮样肉瘤、腺泡状软组织肉瘤、软组织透明细胞肉瘤、骨外黏液样软骨肉瘤、促结缔组织增生性小圆
	细胞肿瘤、恶性肾外横纹肌样瘤、恶性血管周围上皮样肿瘤、内膜肉瘤、恶性骨化性纤维黏液样肿瘤、未分化肉瘤、未分化梭形细胞肉瘤、未分化多形性肉瘤、未分化圆形细胞肉瘤

三、临床表现和诊断

(一)临床表现

软组织肉瘤可发生于身体的任何部位,其临床表现常与发生部位有关。发生于浅表部位者,可触及不规则结节状、质韧实的肿块。发生于真皮的隆突性纤维肉瘤,肿块呈扁平结节状,与皮下组织无粘连。若肿块较大或发生于深部组织或侵犯骨骼时,则边界不清,固定。当肿瘤逐渐增大压迫神经或血管时,可出现疼痛、麻木甚至肢体水肿。软组织肉瘤发生邻近淋巴引流区转移较少见,血行转移是主要的远处转移途径,肺是最常见的转移部位,其次是肝、骨、皮下、脑等。临床表现与恶性程度相关,恶性程度高的可表现为病程很短,较早出现血行转移及治疗后易复发等特点。

(二)影像学检查

1. 常规 X 线检查　X 线片是常用及简便的软组织肉瘤检查手段,对骨骼显示较好,可以观察肉瘤的骨侵犯等。不同病理类型 X 线特征性表现各异,例如脂肪肉瘤表现为脂肪样低密度影,而钙化多见于滑膜肉瘤和软组织间叶软骨肉瘤等。另外还可用于鉴别诊断,如血管瘤可观察到静脉石,骨化性肌炎可观察到骨化。

2. CT 检查　CT 对软组织的密度和空间分辨力较好,可以显示软组织肿块大小、范围、软组织肉瘤邻近骨有无骨破坏及破坏情况,强化后可显示肿瘤血运状况、肿瘤与血管关系。

3. MRI 检查　MRI 是软组织肉瘤最重要的检查手段,能精确显示肿瘤与邻近肌肉、皮下脂肪、关节,以及主要神经血管束的关系,对制订手术方案非常有用。软组织肉瘤通常在 T_1 为中等信号,T_2 为高信号,增强 MRI 可了解肿瘤血运情况,MRI 对鉴别脂肪瘤、非典型性脂肪瘤和脂肪肉瘤有一定价值。此外,MRI 可以很好显示肿瘤在软组织内侵及范围、骨髓腔内侵及范围、发现跳跃病灶等。

4. B超检查　B超检查具有简便、无辐射的特点,对于探查软组织肿瘤的大小、位置及与周围正常组织的关系可提供重要的参考。B超在淋巴结转移检查时起重要作用,对于血管肉瘤、横纹肌肉瘤、滑膜肉瘤、上皮样肉瘤、腺泡状肉瘤以及透明细胞肉瘤等可行B超进行区域淋巴结检查。

5. PET-CT检查　PET-CT不仅可显示原发肿瘤部位代谢状况,更重要的是可评价患者的区域和全身情况,为准确的临床分期提供重要帮助。其局限性在于精确解剖部位模糊,价格仍较昂贵。

(三)病理诊断

病理检查是软组织肉瘤确诊的金标准,即使临床和影像学都提示非常典型的软组织肉瘤,也需活检确诊并明确具体的病理类型。活检方式包括细针抽吸、穿刺活检、切开活检和切除活检等方法。穿刺活检为最常用活检方式,适用于大多数骨肿瘤。活检位置选择对以后的保肢手术非常重要,穿刺点必须位于最终手术的切口线部位,以便于最终手术时能够切除穿刺道。活检应尽量获得足够的肿瘤组织,以便于病理科进行常规的病理检查(HE染色、免疫组化),还可对新鲜标本进行分子检测。不推荐进行针吸活检,也不推荐冰冻活检。对于临床和影像学考虑良性、体积不大的肿瘤,可选择切除活检。

四、临床分期

准确的分期对软组织肉瘤诊治具有重要意义。分期可以提示肿瘤的恶性程度、局部受累、区域和远处转移情况,这些与患者的治疗原则及预后密切相关。

Enneking提出的骨及软组织肿瘤外科分期是目前临床上使用最广泛的分期系统,此分期系统与肿瘤的预后有很好相关性,被美国骨骼肌肉系统肿瘤协会(Musculoskeletal Tumor Society,MSTS)及国际保肢协会(International Society of Limb Salvage,ISOLS)采纳,又称MSTS外科分期。在这一分期系统中,良、恶性肿瘤分别用阿拉伯数字(1、2、3)和罗马数字(Ⅰ、Ⅱ、Ⅲ)分为3期。该分期系统的指标包括:肿瘤的组织学分级(G)、解剖部位(T)和有无转移(M)。G分为G_0(良性)、G_1(低度恶性)和G_2(高度恶性);T分为T_0(囊内)、T_1(囊外间室内)和T_2(囊外间室外);M分为M_0(未转移)和M_1(有转移),具体见表19-6。

表 19-6　骨及软组织肿瘤 Enneking 分期

类型	分期	描述	等级	部位	转移
良性	1	潜在的	G_0	T_0	M_0
	2	活动的	G_0	T_0	M_0
	3	侵袭性	G_0	$T_{1\sim2}$	$M_{0\sim1}$
恶性	Ⅰ	**低度恶性**			
	ⅠA	间室内	G_1	T_1	M_0
	ⅠB	间室外	G_1	T_2	M_0
	Ⅱ	**高度恶性**			
	ⅡA	间室内	G_2	T_1	M_0

续表

类型	分期	描述	等级	部位	转移
	ⅡB	间室外	G_2	T_2	M_0
	Ⅲ	**远隔转移**			
	ⅢA	间室内	G_{1-2}	T_1	M_1
	ⅢB	间室外	G_{1-2}	T_2	M_1

　　美国癌症联合委员会(AJCC)分期系统是目前国际上最为通用的肿瘤分期系统,因此临床上更为肿瘤专科医师所熟悉。该系统按照肿瘤大小(T)、累及区域(N)和远处转移(M)进行分类,其中病理分级采用法国癌症中心肉瘤组织联合会(French Federation of Cancer Centers Sarcoma Group,FNCLCC)软组织肉瘤分级系统,具体见表19-8。第8版AJCC四肢/躯干软组织肉瘤与第7版的最大区别:T分期中取消肿瘤浅层和深层(a/b)的区别,将原$T_1 \leqslant 5cm$和$T_2 > 5cm$进一步分为T_1($\leqslant 5cm$)、T_2($> 5cm$且$\leqslant 10cm$)、T_3($> 10cm$且$\leqslant 15cm$)及T_4($> 15cm$),反映出肿瘤大小对于预后的影响。另外,对于有淋巴结转移而无远处转移的由Ⅲ期调整为Ⅳ期,提示淋巴结转移与远处转移有相似的预后。具体见表19-7、表19-8和表19-9。

表19-7　四肢、躯干及腹膜后软组织肉瘤 AJCC 第8版 TNM 分期
(不包括乳腺肉瘤、腹部和胸腔内脏器官软组织肉瘤、子宫体肉瘤及胃肠间质瘤等)

类型	分期	定义
四肢、躯干及腹膜后软组织肉瘤 T 分期		
	T_x	原发肿瘤无法评估
	T_0	无原发肿瘤
	T_1	肿瘤最大径$\leqslant 5cm$
	T_2	肿瘤最大径$> 5cm$, $\leqslant 10cm$
	T_3	肿瘤最大径$> 10cm$, $\leqslant 15cm$
	T_4	肿瘤最大径$> 15cm$
区域淋巴结 N 分期		
	N_0	无区域淋巴结转移或区域淋巴结转移无法评估
	N_1	有区域淋巴结转移
远处转移 M 分期		
	M_0	无远处转移
	M_1	有远处转移
组织学级别 G 分期		
	G_x	无法判定级别
	G_1	高分化-低级别
	G_2	中分化-高级别
	G_3	低分化-高级别

表 19-8　FNCLCC 软组织肉瘤分级系统

类型	评分	定义
A. 肿瘤细胞分化		
	1 分	肉瘤非常类似正常成人间叶组织(如低级别平滑肌肉瘤)
	2 分	肉瘤细胞有自己特定的组织学特点(如黏液样脂肪肉瘤)
	3 分	胚胎样特点和未分化的肉瘤,滑膜肉瘤,类型不明确的肉瘤
B. 核分裂计数		
	1 分	(0~9)/10HPF
	2 分	(10~19)/10HPF
	3 分	>19/10HPF
C. 坏死		
	0 分	无坏死
	1 分	<50% 肿瘤坏死
	2 分	≥50% 肿瘤坏死
组织学分级=A+B+C		
	G1	2 分,3 分
	G2	4 分,5 分
	G3	6 分,7 分,8 分

表 19-9　四肢、躯干及腹膜后软组织肉瘤 AJCC 第 8 版预后分期
(不包括乳腺肉瘤、腹部和胸腔内脏器官软组织肉瘤、子宫体肉瘤及胃肠间质瘤等)

	T	N	M	G
ⅠA 期	T_1	N_0	M_0	G_1, G_x
ⅠB 期	T_2	N_0	M_0	G_1, G_x
	T_3	N_0	M_0	G_1, G_x
	T_4	N_0	M_0	G_1, G_x
Ⅱ 期	T_1	N_0	M_0	G_2, G_3
ⅢA 期	T_2	N_0	M_0	G_2, G_3
ⅢB 期	T_3	N_0	M_0	G_2, G_3
	T_4	N_0	M_0	G_2, G_3
Ⅳ 期	任何 T	N_1	M_0	任何 G
	任何 T	任何 N	M_1	任何 G

五、治疗原则

软组织肉瘤的治疗需要多学科合作,包括外科、影像科、病理科、放射治疗科、肿瘤内科、介入科、康复科等,采取个体化综合治疗策略,优化和规范治疗方案,以期达到最大治疗获

益,尽可能延长患者无进展生存时间和总生存时间,提高生活质量。

(一) 手术治疗

手术切除是大多数软组织肉瘤标准的初始治疗手段,通常需要保证适当的阴性切缘。但如果为了保留未受侵的神经血管结构,较窄切缘的手术切除也可以考虑。对于位于深筋膜浅层或者侵犯皮肤的肿瘤,应考虑切除足够的皮肤、皮下、深筋膜浅层、深层,甚至部分正常肌肉,以获取安全的外科边界。对于软组织肉瘤侵及骨,需要计算好安全边界,连同受侵骨质一并切除。如果肿瘤靠近或压迫大血管、神经,而血管外膜、神经束膜切除后,其包裹的神经血管结构未受累,则无需切除这些结构。由于术后瘤床复发风险可能很高,可以考虑术前放化疗使大的高级别的肿瘤降期,从而达到有效的手术切除。肿瘤完全切除与否是局部复发的主要相关因素,如果术后病理提示切缘阳性,在身体允许的情况下,建议再次手术以获得阴性切缘。如果软组织切缘过窄(<1cm)或显微镜下骨、大血管或神经切缘阳性,应考虑行术后放疗。

肢体软组织肉瘤患者的手术目标应该是尽可能保证手术切除范围的前提下保留肢体功能。截肢手术曾被作为提高实现肢体软组织肉瘤患者局部控制的标准治疗方法。近些年随着重建手术术式的进步、综合治疗模式的发展,以及术后辅助治疗的进步,已经使必须进行截肢手术的患者功能损害降到最低。保肢手术联合术前或术后放化疗是肢体软组织肉瘤治疗的有效选择。大多数肢体软组织肉瘤患者建议采取以保肢手术为主的综合治疗模式,以实现肿瘤局部控制与功能保留的双重目的。

(二) 放射治疗

放射治疗作为一种局部治疗手段,在软组织肉瘤的综合治疗中具有重要作用。放疗目的在于提高肿瘤的局部控制率和延长总生存时间,并更好保留肢体功能。已有随机研究证实,保留肢体的外科切除联合术前或术后辅助放疗,具有与截肢手术相同的局部控制率和总生存率。术前新辅助放疗,主要用于Ⅱ/Ⅲ期不可切除,或预期难以达到理想外科切缘,或可能造成肢体功能损伤的患者,术前新辅助放疗有助于获得更高的 R0 切除率。对于可切除的Ⅲ期软组织肉瘤患者,也可以考虑进行术前放化疗。放疗后距离手术的间隔时间至少为3~6周。术后辅助放疗与单纯手术比较,虽然无法提高总生存率,但是显著改善了高级别软组织肉瘤的局部控制率,尤其是对于切缘阳性或切缘过窄的患者。术后放疗的优势是可以有明确完整的病理结果和切缘状态,急性手术伤口并发症低。但是由于放疗靶区范围大、剂量高,晚期并发症发生率较高,包括纤维化、关节僵硬、水肿和骨折,这些晚期毒性大多是不可逆的。而对于部分晚期患者,放射治疗作为一种姑息治疗手段,也可以减轻患者临床症状,提高生活质量。

(三) 化学药物治疗

化疗是软组织肉瘤治疗方法之一,化疗敏感性是软组织肉瘤是否选择化疗的重要依据。常见软组织肉瘤的化疗敏感性大致分为以下几点,①高度敏感:未分化小圆细胞肉瘤、胚胎型/腺泡型横纹肌肉瘤;②中高度敏感:滑膜肉瘤、黏液性/圆细胞脂肪肉瘤、子宫平滑肌肉瘤;③中度敏感:多形性脂肪肉瘤、黏液纤维肉瘤上皮样肉瘤、多形性横纹肌肉瘤、平滑肌肉瘤、恶性外周神经鞘膜瘤、血管肉瘤、促结缔组织增生性小圆细胞肿瘤、头皮和面部的血管肉瘤;④不敏感:去分化脂肪肉瘤、透明细胞肉瘤;⑤极不敏感:腺泡状软组织肉瘤、骨外黏液性软骨肉瘤。软组织肉瘤的化疗疗效与剂量强度密切相关,为了保证疗效,化疗应该做到及时、足量、规范。

根据治疗目的不同及综合治疗的发展,化疗又分为术前新辅助化疗、术后辅助化疗、姑息化疗等。术前新辅助化疗,主要用于肿瘤巨大、累及重要脏器、与周围重要血管神经关系密切、预计手术切除无法达到安全外科边界或切除后会造成机体功能障碍甚至危及生命的高级别软组织肉瘤患者。术后辅助化疗旨在消灭亚临床病灶,减少远处转移和复发的风险,提高患者生存率。术后化疗可改善非多形性横纹肌肉瘤的无疾病时间和总生存时间,推荐按危险度级别选择化疗方案。非特指型软组织肉瘤的辅助化疗一直存在争议,对于Ⅲ期化疗敏感患者推荐术后化疗,Ⅱ期患者具备以下高危因素时也可考虑术后化疗:肿瘤位置深,肿瘤累及周围血管,包膜不完整或突破间室,FNCLCC分级为G3,局部复发二次切除术等。术后化疗建议伤口愈合后尽早开始,共完成4~6周期。但是否选择联合治疗及治疗疗程,还需要根据患者的具体情况及其意愿,综合制订治疗方案。姑息性化疗是指对于转移或复发不能完整切除肿瘤患者采取的化疗,其目的是使肿瘤缩小、稳定,以减轻症状,延长生存期,提高生活质量。但考虑到软组织肉瘤的多样性和化疗较重的毒副反应,姑息化疗方案的制订需要因人而异。

(四)分子靶向药物治疗

软组织肉瘤组织病理学变异较大,根据组织来源,WHO目前已定义50多种软组织肉瘤。随着分子生物学技术的发展,软组织肉瘤患者的分子异质性也得到了深入研究,从而为临床治疗提供了更多的治疗靶点,许多分子靶向药物已经在某些组织学类型的晚期或转移性软组织肉瘤患者治疗中显现出较好疗效。通常情况下,靶向治疗用于不可切除或晚期软组织肉瘤的二线治疗。但在一些特殊病理亚型中,由于缺乏标准、有效的一线化疗方案,所以特定的靶向药物可以考虑用于特定类型不可切除或晚期软组织肉瘤一线治疗,如CDK4抑制剂哌柏西利可以用于高分化/去分化脂肪肉瘤;安罗替尼、培唑帕尼和舒尼替尼可以用于腺泡状软组织肉瘤;克唑替尼和塞瑞替尼用于ALK融合的炎性肌纤维母细胞瘤;依维莫司和西罗莫司用于恶性血管周上皮样细胞瘤;伊马替尼可以用于隆突性皮肤纤维肉瘤。

六、放射治疗

(一)放射治疗原则及适应证

1. 术前放疗 适用于肿瘤体积较大(>15cm)或分化程度差(组织学Ⅱ~Ⅲ级),术前估计肿瘤难以完全切除,或需要截肢手术才可能获得阴性切缘者。术前放疗有助于获得更高的R0切除率,从而提高局部控制率和延长总生存时间,并更好地保留肢体功能。术前放疗的优点包括:使肿瘤范围更清晰,放射治疗体积更小、血运好、乏氧细胞少、放疗剂量低。近年研究数据表明术前放疗对比术后放疗具有更好的预后,并且可以降低关节僵硬、纤维化等远期并发症发生率。由于术前放疗发生伤口并发症风险相对较高,因此对放疗时机选择仍存在争议。但目前临床上更倾向于推荐术前放疗,尤其当放射野较大时,术前放疗更为优选,放疗后距离手术的间隔时间至少为3~6周。

2. 术中放疗 适用于术前评估不能完全切除肿瘤,很难获得合适的切缘,或手术时残留微小病灶者,可采用X线或电子线在手术过程中对瘤床、残留病灶和肿瘤邻近的区域给予单次大剂量照射。优点是术中直视下照射可以更好地保护周围正常组织。同时,对残留病灶大、切缘多处有肿瘤残留或术中剂量不满意者术后给予补充外照射放疗,可有效减少肿瘤的复发,缩短放疗时间。

3. 术后放疗 适用于手术切缘不足并不再做进一步扩切,术后切缘阳性或不完全切除,广泛切除术后Ⅱ~Ⅲ期,以及多次术后复发或有复发倾向等患者。但是广泛切除术后、组织学Ⅰ级、切缘阴性者不推荐术后放疗,因为这些患者一旦局部复发后还有再手术切除并保肢的可能。术后辅助放疗与单纯手术比较,虽然可能无法提高总生存率,但是可以显著改善高级别软组织肉瘤的局部控制率,尤其是对于切缘阳性或切缘过窄的患者。术后放疗优势是可以有明确完整的病理结果和切缘状态,急性手术伤口并发症低。但是由于放疗靶区范围大、剂量高,晚期并发症发生率较高,包括纤维化、关节僵硬、水肿和骨折,这些晚期毒性大多是不可逆的。术后辅助放疗通常需要在术后 3~6 周,切口愈合后开始。

(二)放射治疗方法及靶区剂量

1. 四肢软组织肉瘤的照射靶区与剂量

(1)术前放疗:GTV 包括定位 CT 图像上可见的肿瘤,勾画时需要参考增强 MRI 图像,建议将 MRI 图像与 CT 图像融合后勾画 GTV。CTV 为 GTV 向四周外扩 1.5cm、纵向外扩 3cm 边界,包括 MRI 图像 T_2 序列显示的水肿区,避开关节。如外扩超过肌肉起止点则缩至肌肉起止点;如外扩超过天然解剖屏障,如皮肤、肌群筋膜、骨,则缩至解剖屏障处。PTV 需根据各个单位的系统误差和随机误差而定,一般为 CTV 外放 5~10mm。除非肿瘤侵犯皮肤,否则皮肤不应包括在 PTV 内。放疗剂量:PTV 照射 50~50.4Gy/25~28 次为目前推荐的标准剂量。其他非常规分割放疗方式,如大分割放疗的疗效与不良反应是否与常规分割放疗相当,目前仍缺乏高级别的证据支持。

(2)术后放疗:如手术为不完全切除,术后肿瘤有肉眼残存,GTV 包括 CT 和 MRI 图像显示的可见肿瘤;CTV1 为瘤床区域四周外扩 1.5cm、纵向方向外扩 4cm 边界,包括手术瘢痕及引流口,避开关节。CTV2 为瘤床区域四周和纵向外扩 1.5cm 边界。如外扩超过肌肉起止点,则缩至肌肉起止点;如外扩超过天然解剖屏障,如皮肤、肌群筋膜、骨,则缩至解剖屏障处。PTV 需根据各个单位的系统误差和随机误差而定,一般为 CTV 外放 5~10mm。除非肿瘤侵犯皮肤,否则皮肤不应包括在 PTV 内。放疗剂量:PTV1 照射 50~50.4Gy/25~28 次,然后 PTV2 推量至 60~66Gy/30~33 次。

2. 腹膜后软组织肉瘤的照射靶区与剂量

(1)术前放疗:GTV 包括定位 CT 图像上可见的肿瘤,勾画时需要参考增强 MRI 图像,建议将 MRI 图像与 CT 图像融合后勾画 GTV。CTV 为 GTV 外扩 1.5cm 边界,注意在以下部位调整外扩边界的大小:与骨、肝、肾交界处为 0,在肠管及空腔脏器部分为 5mm,与皮肤交界区域为 3~5mm。有条件的单位建议行 4D-CT 定位勾画 ITV,明确呼吸运动对靶区和正常器官的影响。PTV 需根据各个单位的系统误差和随机误差而定,一般为 CTV 外放 5~10mm。放疗剂量:PTV 照射 50~50.4Gy/25~28 次为目前推荐的标准剂量。其他非常规分割放疗方式,如大分割放疗的疗效与不良反应是否与常规分割放疗相当,目前仍缺乏高级别的证据支持。

(2)术后放疗:如手术为不完全切除,术后肿瘤有肉眼残存,GTV 包括 CT 和 MRI 图像显示的可见肿瘤;CTV 为瘤床区域四周外扩 3~5mm 边界,如外扩超过天然解剖屏障,如皮肤、肌群筋膜、骨等,则缩至解剖屏障处。如没有明确的淋巴结转移,通常不做淋巴引流区预防照射;如有明确的淋巴结转移,则 CTV 应包括受累淋巴结或淋巴引流区。放疗剂量:R0 切缘,50~50.4Gy,1.8~2.0Gy/次;R1 切缘,补量至 60~66Gy;R2 切缘,补量至 66~70Gy。

（三）注意事项

对于四肢软组织肉瘤,为避免严重的肢体水肿、手术野区环周软组织的挛缩,勾画靶区与设计放疗计划时需注意不要将整个肢体的横径都置于照射范围内,至少应保留 2~3cm 的条形区正常软组织不受照射,以利于体液回流。照射野设置尚需考虑到邻近关节和骨的保护,以保证放疗后良好的肢体功能。

七、放射治疗损伤及处理

软组织肉瘤放射治疗损伤与肿瘤原发部位及照射范围、照射剂量有关。根据发生时间的不同分为急性放射损伤、亚急性放射损伤和晚期放射损伤。

（一）全身反应

全身反应主要表现为乏力、头晕、食欲下降、恶心、呕吐等。如果照射面积较大,亦可引起骨髓抑制,包括白细胞、红细胞、血红蛋白及血小板的下降等,尤其是同步放化疗的患者,需注意严重骨髓抑制的发生。全身反应通常较轻微,停止放疗后会逐渐缓解,必要时可以支持对症治疗,避免全身反应对放疗进程造成影响。

（二）放射性皮肤损伤

放射性皮肤损伤通常分为 4 度,Ⅰ度为毛囊性丘疹和脱毛;Ⅱ度为红斑反应;Ⅲ度为水疱;Ⅳ度为坏死溃疡。放疗期间应保持照射野内皮肤清洁干燥,不能涂抹刺激性的药物和护肤用品,避免抓挠,穿纯棉柔软的衣服,必要时可以外用皮肤保护剂预防和治疗中重度皮肤损伤。晚期坏死溃疡一旦出现,治疗比较困难,必要时可切除全部坏死组织,做整形修补手术。

（三）放射性肌肉损伤

大剂量照射后可能发生肌肉纤维化,多数患者不严重,可以耐受,但少数患者会影响肢体运动,严重者甚至会出现肢体软组织坏死。

（四）放射性骨及关节损伤

少数患者大剂量照射后在外力作用下可能会发生病理性骨折,四肢及承重骨照射后应剂量避免剧烈活动、负重、碰撞等,减少病理性骨折的发生。关节周围纤维化也会影响关节活动,必要时可以在康复科医师指导下进行相应的康复训练。儿童会影响骨骼的发育。

八、预后及随访

软组织肉瘤的预后与病理类型、分期分型及原发部位等因素密切相关。软组织肉瘤原发灶术后需要长期随访监测复发与转移,文献报道其 10 年的局部复发率可达到 10%~20%。随访可以早期发现局部复发和远处转移,有助于及时进行治疗。长期生存患者还需要注意手术的潜在并发症,以及放疗和化疗的潜在副作用,如心脏毒性、不育、继发恶性肿瘤等。建议中/高级别软组织肉瘤患者在治疗后 2~3 年中,每 3~4 个月随访 1 次,然后每半年 1 次直到 5 年,此后每年 1 次;低级别软组织肉瘤患者在前 3~5 年中每隔 4~6 个月随访,然后每年一次。每次随访的内容包括全面体检、B 超、局部增强 MRI 或增强 CT、骨扫描、胸部影像学检查(胸部 CT)、功能评分。全面体检、局部 B 超,以及胸部影像学检查是每次随访均应包括的检查项目,有助于发现局部复发或远隔转移。如怀疑有复发可能,需行局部增强 MRI 和/或 CT 检查;有累及骨的软组织肉瘤患者,全身骨扫描在术后 5 年内每 6 个月检查 1 次,术后 5 年以后每年检查 1 次。

第二十章 皮肤癌与恶性黑色素瘤

皮肤癌为皮肤恶性病变的总称。由表皮发生的皮肤癌包括恶性黑色素瘤和非黑色素瘤皮肤癌，常见的非黑色素瘤皮肤癌为基底细胞癌和鳞状细胞癌。皮肤癌致病原因及发病机制复杂，长期紫外线暴露是皮肤癌重要的环境原因。此外，电离辐射、长期不愈的慢性溃疡、瘘管、烧伤瘢痕、化学因素及癌前病变光化性角皮病等均会导致皮肤癌的发生。流行病学显示，2018年全球皮肤癌患者的患病率估计有300/10万。澳大利亚是世界上皮肤癌发病率最高的国家。由于环境污染等不良因素的影响，我国皮肤癌发病率呈逐年上升趋势。目前，皮肤癌的治疗方法主要包括冷冻、激光、电烧灼、放射治疗、化学药物治疗、局部药物和手术切除等。不同肤色患者基底细胞癌、鳞状细胞癌和黑色素瘤的生存率存在差异，尤其是黑色素瘤，患者预后差异巨大。

第一节 皮 肤 癌

一、概述

皮肤基底细胞癌，又称基底细胞上皮瘤，由类似表皮基底层或附属器的基底样细胞构成，其特点是低度恶性、生长缓慢和极少转移，是白种人患者中最常见的皮肤癌，占非黑色素瘤皮肤癌的80%。儿童和青春期大量的紫外线暴露是基底细胞癌发病的重要原因。在中国人群中，年龄超过60岁的发病率是白种人的3倍，而与皮肤基底细胞癌病变相关的瘙痒出现的可能性也是白种人的3倍。基底细胞癌的发病机制与多种细胞分子的改变密切相关，紫外线照射、各种化学物质、缺陷基因、点突变(如在 *p53* 抑癌基因或在 *PTCH* 基因中发现的突变)或致癌物代谢酶的多态性也已被确认为是其致病因素。

皮肤鳞状细胞癌(简称鳞癌)，又称表皮样癌、棘细胞癌。皮肤鳞状细胞癌是起源于表皮或附属器(毛囊漏斗、皮脂腺导管和末端汗管)角朊细胞的一种恶性肿瘤。鳞癌是第二多见的皮肤癌，约占非黑色素瘤皮肤癌的20%。鳞癌在世界范围内以每年3%~10%的增幅逐年递增。在我国，鳞癌的发患者数也呈上升趋势。鳞癌的发病率因环境因素(如阳光、气候)和种族(如遗传因素和皮肤色素的多少)的影响而异。有关发生鳞癌的原因，目前尚不清楚，但与一些危险因素有关，包括炎症、HPV 感染、免疫抑制、放射治疗、瘢痕、职业性紫外线照射和化学致癌物等。

二、应用解剖和病理

(一) 应用解剖

皮肤由表皮和真皮组成,借皮下组织与深部组织相连。皮肤中有毛、指/趾甲、皮脂腺和汗腺,它们是由表皮衍生的皮肤附属器。皮肤与身体其他组织一样,其间分布有丰富的血管、淋巴管和感觉末梢以及肌肉组织。

1. 表皮　表皮是皮肤的浅层,由角化的复层鳞状上皮组成。表皮由两类细胞组成:一类是角质形成细胞,占表皮的绝大多数,他们在分化、不断角化并脱落;另一类是树突状细胞,其数量很少,零星地散布于角质形成细胞之间,有黑素细胞、Langerhans 细胞和 Merkel 细胞等。它们各有特殊的功能,与表皮角化无关,常合称为非角质形成细胞。

2. 表皮真皮交界处　表皮真皮交界处由表皮下基底膜带组成。交界面由表皮的突出部分——表皮突与真皮乳头层相互嵌接,呈波浪形或镶嵌状。表皮下基底膜带不仅在表皮和真皮的连接中发挥着重要作用,且在真皮和表皮细胞间的信息传递、结构支持、渗透调节和细胞发育等诸多方面发挥重要作用。除真皮和表皮之间外,均存在于皮肤的附属器,如毛囊、皮脂腺、顶泌汗腺单位、外泌汗腺单位与真皮之间。

3. 表皮附属器　表皮附属器包括由表皮衍生而来的毛发、皮脂腺、汗腺以及指(趾)甲。

4. 真皮　真皮由结缔组织组成,含有纤维(胶原纤维、网状纤维和弹性纤维)、基质和各型结缔组织细胞。纤维和基质均可由成纤维细胞产生。真皮分为乳头层和网状层。乳头层可再分为乳头和乳头下层(两者可合称为真皮上部)。网状层也可分为真皮中部和真皮下部,但两者之间没有明确的界线。

5. 皮下组织、皮肤的血管、淋巴管、肌肉和神经　皮下组织是体表的浅筋膜,由疏松的结缔组织和脂肪组织构成,又称皮下脂肪组织。皮下组织和真皮之间无明显界限,结缔组织纤维彼此过渡,并与深部的筋膜、腱膜和骨膜相连续。

(二) 病理

1. 鳞状细胞癌　按 Broders 分类,鳞状细胞癌分化程度高的Ⅰ级、Ⅱ级,特别是Ⅰ级会显示角化珠,癌细胞自周围逐渐向中心处不完全或完全角化。Ⅲ级由未分化或低分化的梭形细胞组成,仅可见个别或少数成团角化不良的癌细胞。Ⅳ级为未分化型,梭形细胞小,胞核较长、深染,伴坏死和假腺样结构,仅可找到少数角化细胞和鳞癌细胞。以局部浸润扩散为主,生长速度快,偶有淋巴转移,血行转移率为 1%~10%。

2. 基底细胞癌　其癌细胞似基底细胞,成卵圆或梭形,胞核深染,胞质少,细胞界限不清楚,细胞间桥常不明显。瘤实质与间质之间有对 PAS 染色呈阳性反应的基地带。基底细胞癌因发展阶段、分化程度和方向的不同,常分为未分化型和分化型两类。未分化型又分为实性、色素性、浅表性和硬化性4类;分化型分为角化性、囊性和腺样3类。以直接侵犯为主,极少转移。

三、临床表现和诊断

(一) 鳞状细胞癌

1. 临床表现　主要发生于中老年人,好发于头皮、面、颈和手背等暴露部位(59.2%~

70.6%），少数为非暴露部位（26.6%~38.7%），躯干和四肢相对多见。早期与基底细胞癌无明显差别，但其常在一些皮肤病的基础上发生，包括慢性溃疡、烧伤瘢痕、盘状红斑狼疮、慢性放射性皮炎、着色干皮病和银屑病等。根据临床形态常分为以下 2 种类型。

（1）菜花样型：初起为浸润性小斑块、结节或溃疡，继而隆起成乳头状，甚至菜花样，底宽质硬，表面见毛细血管扩张，覆以鳞屑和结痂。

（2）深在型：初起为淡红色坚硬小结节，表面光滑有光泽，继而逐渐增大，中央呈脐形凹陷，周围有新发结节。结节破裂后，形成火山口样溃疡，边缘坚硬高起外翻。溃疡底有污垢坏死组织、恶臭并伴有脓性分泌物，发展较快，向深处浸润，可达肌肉和骨骼，日后可引起区域性淋巴结转移。

2. 诊断　凡 40 岁以上患者若在原先皮损处或外表正常的皮肤上发现质地较硬的结节或斑块，边缘似隆起并向四周扩散、增长迅速，应高度怀疑本病。组织病理检查可明确诊断。此外，P16 蛋白（INK4A）免疫组化分析，在鉴别放疗后的鳞状细胞癌旁组织的良恶性中起重要作用。

（二）基底细胞癌

1. 临床表现　基底细胞癌好发于身体的暴露部位，特别是面部，占 86%~94%，尤见于眼眦、鼻部、鼻唇沟和颊部；非暴露部位的仅占 5%~13%，见于上颌牙龈、会阴和口腔。绝大多数基底细胞癌为浅表性，出现针头至绿豆大、半球形、蜡样或半透明结节，其形态多种多样，大致有以下 5 种类型。

（1）结节溃疡型：较常见。典型的初起为蜡样或半透明小结节，质硬。表皮毛细血管扩张，易出血。逐渐增大后表面糜烂或破溃，边缘卷起，似珍珠样，溃疡中间可结痂。

（2）浅表型：少见。发病年龄较轻，多见于男性。皮损初期一般为单个或数片红斑，表面鳞屑，轻度浸润，偶尔边缘略隆起。

（3）局限性硬皮病样或硬化型：罕见。好发于儿童或青年，为单发，呈白色或黄白色，表面毛细血管，触之硬化，似局限性硬皮病。

（4）瘢痕型：相当罕见。生长缓慢，数年后可扩展至成人手掌大，中央或周围部分可产生萎缩性瘢痕。

（5）色素型：与结节溃疡型相似，但色素沉着更明显，呈灰白或深褐色。

2. 诊断　根据临床及组织病理学检查，诊断较容易。高频超声波与彩色多普勒联合使用，可分析肿瘤的形态、大小、厚薄和血管分布，有助于术前评估。

四、临床分期

皮肤鳞状细胞癌及其他皮肤肿瘤分期采用 AJCC 于 2017 年制定的第 7 版 TNM 分期。

（一）原发肿瘤（T）

T_x：原发肿瘤无法评估。

T_0：无原发肿瘤证据。

T_{is}：原位癌。

T_1：最大直径小于或等于 2cm，且危险因素少于 2 个。

T_2：最大直径大于 2cm，或大小不等，危险因素 2 个或更多个。

T_3:侵及骨骼(中轴骨或附肢骨骼),或颅底神经周围浸润。

注:危险因素包括浸润深度超过 2mm;clark 水平大于或等于Ⅳ级;神经周围浸润;原发部位在眼部;原发部位在唇部;呈低分化或未分化型。

(二)区域淋巴结(N)

N_x:区域淋巴结无法评估。

N_0:无区域淋巴结转移。

N_1:同侧单个淋巴结,最大直径≤3cm。

N_2:同侧单个淋巴结,最大直径>3cm,但<6cm;或同侧多个淋巴结,最大直径<6cm;或两侧或对侧淋巴结,最大直径<6cm。

N_{2a}:同侧单个淋巴结,最大直径>3cm,但<6cm。

N_{2b}:同侧多个淋巴结,最大直径<6cm。

N_{2c}:两侧或对侧淋巴结,最大直径<6cm。

N_3:淋巴结最大直径>6cm。

(三)远处转移(M)

M_0:无远处转移。

M_1:远处转移。

临床分期

0 期　　$T_{is}N_0M_0$

Ⅰ期　　$T_1N_0M_0$

Ⅱ期　　$T_2N_0M_0$

Ⅲ期　　$T_3N_0M_0$

Ⅲ期　　$T_{1\sim3}N_1M_0$

Ⅳ期　　$T_{1\sim3}N_2M_0$

　　　　任何 T N_3M_0

　　　　$T_4N_3M_0$

　　　　任何 T　任何 N M_1

五、治疗原则

(一)手术治疗

1. 标准切除加术后切缘评估　为鳞状细胞癌和基底细胞癌的常规治疗方法。建议对直径≤2cm 的原发性低危型鳞状细胞癌扩大 4mm 切除,直径>2cm 者扩大 6mm 切除。对于原发性高危型以上鳞状细胞癌,对直径<1cm 的皮损至少扩大 4mm 切除,1~1.9cm 者至少扩大 6mm,≥2cm 者至少扩大 9mm。切除后,需进行切缘组织病理学检查以确定肿瘤组织学清除。

2. Mohs 显微描记手术　为局灶性高危型、极高危型以及特殊功能部位鳞状细胞癌和高危型基底细胞癌的首选手术方式。通过术中冰冻切片,检查所有手术切缘情况,以最大限度保存正常组织,满足功能和美观需求。

3. 慢 Mohs 显微描记手术　适合高危型及极高危型鳞状细胞癌的手术治疗。手术切口延迟缝合,切除的组织经石蜡包埋切片后进行全面的切缘评估,以确保肿瘤组织完全清除,之后再处理切口。

4. 前哨淋巴结活检及清扫　2017 年 AJCC 分期 T_3 期及以上的鳞状细胞癌患者行前哨淋巴结活检。手术的可行性及范围应该由有区域淋巴结清扫经验的临床医师评估。

(二) 化疗

对于鳞癌和基底细胞癌,化疗的疗效仍然存在争议。目前的研究认为,临床上不宜对鳞癌和基底细胞癌患者常规应用化疗作为根治性治疗或辅助治疗。

(三) 靶向治疗

表皮生长因子受体(EGFR)抑制剂西妥昔单抗可作为不能切除的基底细胞癌患者的一线治疗,具有良好的耐受性,但 80% 以上的患者会出现皮肤不良反应,主要表现为痤疮样皮疹、瘙痒、脱屑、多毛或指甲疾病。当应用西妥昔单抗发生过敏反应时,可用帕尼单抗替代。此外,小分子酪氨酸激酶抑制剂吉非替尼可作为手术或放疗前的辅助治疗,在侵袭性或复发性皮肤鳞癌患者中,总有效率达到 45.5%。

(四) 免疫治疗

因皮肤鳞癌具有很高的突变负担,对免疫检查点抑制剂更敏感。帕博利珠单抗(pembrolizumab)对晚期不能手术治疗的鳞状细胞癌患者的有效率较高(42%),且疗效持久。免疫检查点抑制剂最常见的不良反应是腹泻、疲劳、头痛、瘙痒和皮炎。

(五) 局部外用药物治疗

目前,应用于鳞癌及基底细胞癌治疗的药物主要有 5% 咪喹莫特、5-氟尿嘧啶和干扰素等。咪喹莫特是一种新的免疫调节剂,其治疗浅表型基底细胞癌具有较高的疗效和一定的安全性,且针对肿物较小并且低危病变的结节型基底细胞癌效果也较好。干扰素用于肿瘤皮损内注射,在浅表型和小结节型基底细胞癌治疗上的应用较多。

(六) 光动力疗法

临床中常用的光动力药物为氨基酮戊酸甲酯(MAL)和 5-氨基酮戊酸(ALA)。ALA 能有效治疗浅表型基底细胞癌,结节型次之,色素性较差。此外,光动力疗法对结节型和侵袭性鳞状细胞癌的治疗存在局限性,故此两型较少采用此法。光动力治疗过程所产生的疼痛和烧灼感是限制其疗法应用的主要因素。

(七) 其他

激光治疗、冷冻疗法和电化学治疗等可以烧灼癌肿,使其坏死脱落或气化。此外,对于局部晚期或转移性基底细胞癌,可使用 hedgehog 抑制剂治疗。目前,hedgehog 抑制剂,如地舒单抗和索立德吉(sonidegib)两者都可用于晚期、不适宜手术或放疗的患者。此外,地舒单抗还被批准用于转移性基底细胞癌的患者。在 hedgehog 抑制剂治疗过程中,许多患者出现肌肉痉挛、味觉改变、脱发、疲劳和体重减轻等不良反应,导致约 30% 的患者终止治疗。

六、放射治疗

(一) 放疗原则及适应证

头面部病变为最大程度保存功能和面容,可考虑首选根治性放射治疗;因年龄、内科疾病等不能耐受手术或拒绝手术者,可选根治性放射治疗;病变大、基底部固定和单纯手术切除困难者,可考虑术前放射治疗;对于切缘阳性或神经侵犯者,可行术后辅助放射治疗。放射治疗禁用于基底细胞痣综合征等皮肤肿瘤易感的遗传性疾病患者,相对禁用于结缔组织病患者。对于既往辐照区域内的复发性病变,由于并发症的发生率较高,不常规进行二次放射治疗。

(二)放疗方法和放疗剂量

1. 根治性放疗

(1)肿瘤直径<2cm,采用调强放射治疗,放疗剂量:60~64Gy/6~7周或50~55Gy/3~4周。

(2)肿瘤直径≥2cm、T_3 和 T_4 或浸润骨或深部软组织,采用调强放射治疗,放疗剂量:60~70Gy/6~7周或45~55Gy/3~4周。

2. 术后辅助放疗 采用调强放射治疗,放疗剂量:60~64Gy/6~7周或50Gy/4周。

(三)注意事项

1. 明确病变的位置、特性、自身皮肤及毗邻组织的特点,以保护器官。

2. 明确病变范围 病变侵犯的深度是选择放疗方式和放射性源的主要依据。

3. 既往治疗史 如放疗后复发又不宜行手术治疗者,应适当缩小放射治疗范围和减低放疗剂量。

4. 放疗前准备工作 心理准备;身体准备:摘除身上携带的金属物,拔除口腔内病灶牙及肿瘤邻近的牙,可以减少感染和放射性颌骨坏死的可能,又可以使肿瘤受到放射性的直接照射;对合并明显感染或水肿者,应先给予对症支持、抗感染治疗。

七、放疗损伤及处理

(一)放射性皮肤损伤

最常见,大约80%的放射治疗患者均会出现不同程度的皮肤反应。其分级为:Ⅰ级:轻微红斑、瘙痒,轻度干性反应;Ⅱ级:散在红斑,皮肤褶皱处有湿性反应,或中度水肿;Ⅲ级:融合的湿性反应,直径≥1.5cm;Ⅳ级:皮肤溃烂、出血、坏死。

(二)治疗方法

采用湿性敷料和液体敷料,如水凝胶;早期使用三乙醇胺乳膏既可以提高皮肤对急性放射性损伤的耐受性,又可以延缓皮肤反应出现的时间,同时减轻皮肤损伤的程度;中药康复新液和鲜芦荟等;重组人表皮生长因子,能够降低Ⅲ级发生率,缩短Ⅳ级愈合时间。此外,一旦发生溃疡很难自愈,合并感染,迁延不愈,保守治疗常常效果不佳,此时只要患者全身情况允许,应手术切除溃疡及周围病变组织,并应用整复外科方法进行创面修复。平日还应注重常规的皮肤护理,如保持皮肤完整,放疗前理发、剃胡须、勤剪指甲;有痒感时,可轻拍局部,勿搔抓皮肤,保持照射野皮肤清洁、干燥,以减轻照射野的不适,避免因人为因素加重放疗反应;预防感染,避免瘢痕形成。

八、预后及随访

鉴于鳞状细胞癌具有侵袭性和转移生长的特性,定期随访尤为重要。对于局灶性低危型鳞状细胞癌患者,一般每年随访1次,随访5年。对于局灶性高危型和极高危型鳞状细胞癌患者,可在治疗后前2年每3~6个月随访1次,第3~5年每6个月随访1次,此后每1年随访 1 次,终身随访。

基底细胞癌病灶生长缓慢,极少发生转移,但部分可局部破坏皮肤、软骨,甚至骨,造成严重的并发症。在初始治疗后,约 50% 的复发患者出现在 2 年内,2/3 的复发患者出现在 3 年内,80% 的复发患者出现在 5 年内,约 20% 患者在 5~10 年间复发。故在治疗后的 5 年,每 6 个月随访 1 次,此后每 1 年随访 1 次,终身随访。

第二节　恶性黑色素瘤

一、概述

恶性黑色素瘤又名黑色素瘤、黑素肉瘤,是由黑素细胞恶性增生形成的肿瘤。恶性黑色素瘤的发病率仅占皮肤癌病例的 1% 左右,远低于鳞状细胞癌、基底细胞癌等其他类型皮肤癌,但其生长速度快,易发生转移,恶性程度高,预后极差,死亡率高,在过去的 50 年中恶性黑色素瘤的发病率呈上升趋势。目前,其发病机制尚未明确,可能与紫外线照射、晒伤史、痣、遗传、环境因素和免疫因素等相关。恶性黑色素瘤好发于白种人,亚洲人发病率最低。

据美国癌症协会统计,美国黑色素瘤的发病率由 1940 年的 1/10 万上升至 2000 年的 17.74/10 万,欧洲及澳大利亚、加拿大等国的发病率也显著增加。我国皮肤恶性黑色素瘤发病率约为 0.5/10 万,每年的发病率按照 3%~5% 的比例递增。据统计,2018 年全球黑色素瘤新发病例数为 28.8 万例,死亡人数为 6.1 万例。相较于以皮肤黑色素瘤为主要亚型的西方,亚洲 66% 的黑色素瘤为肢端(43%)和黏膜黑色素瘤(23%),而这两种亚型在西方占比不足 5%,生长位置的差异及普及程度的不均化等因素导致亚洲黑色素瘤人群在确诊时多为中晚期。

二、应用解剖和病理

(一)应用解剖

同本章第一节皮肤癌。

(二)组织病理

黑色素瘤生长分为两个阶段,即水平生长期和垂直生长期。水平生长期的黑素细胞主要在表皮内,部分细胞可浸润至真皮乳头层,通常伴随成熟现象。即使水平生长期细胞浸润至真皮乳头层,仍缺乏转移能力,即水平生长期黑色素瘤与转移及扩散不相关。水平生长期黑色素瘤的特点为:间变的黑素细胞在表皮内离心性扩展,单个细胞或者小细胞巢能够浸润真皮乳头层,并伴有淋巴细胞浸润,核分裂象少见。垂直生长期黑色素瘤的特点为真皮内存在由不典型黑素细胞构成的巢/结节/斑块,肿瘤细胞通常大于表皮内的细胞,且形态显著不同,核分裂象常见,肿瘤的基底部基本无成熟现象,肿瘤异型性明显。

皮肤黑色素瘤最常见的 4 种组织学类型为表浅播散型、恶性雀斑型、肢端雀斑型和结节型;少见组织学类型包含促结缔组织增生性黑色素瘤、起源于蓝痣的黑色素瘤、起源于巨大先天性痣的黑色素瘤、儿童黑色素瘤、痣样黑色素瘤及持续性黑色素瘤等。

1. 恶性雀斑型黑色素瘤　以真表皮交界处为主的非典型黑素细胞增殖,细胞质明显回缩,胞核染色质浓染,形态不规则,细胞通常垂直排列,累及毛囊、汗腺及汗管上皮。进展期的皮损界面细胞巢明显,常见体积较大的多核瘤细胞,瘤细胞常含有丰富的色素,有时浸润表皮全层,包括角质层。当发现多发浸润灶时,即为恶性雀斑样黑色素瘤,细胞常呈梭形。

2. 浅表扩散型黑色素瘤 以水平生长期最为常见。其病理特点为不对称增生,非典型的无树突状黑素细胞单个分散或者成巢地分散在上皮组织全层,以明显的表皮内Paget细胞扩散为特点,异型性显著。

3. 肢端雀斑型黑色素瘤 我国最常见的皮肤黑色素瘤类型。组织学上以基底层异型性黑色素细胞雀斑样或团巢状增生为特点,浸润性黑色素瘤细胞呈梭形或上皮样,伴有结缔组织增生。

4. 结节型黑色素瘤 无明显的水平生长期,肿瘤早期即出现垂直生长模式,周围伴或不伴水平期或原位黑色素瘤成分。组织学上表现为真皮内巢状、结节状或弥漫性异型黑色素细胞增生,分裂活性高。

三、临床表现和诊断

(一) 临床表现

1. 恶性雀斑样黑色素瘤 约占黑色素瘤的10%,主要发生于长期日光暴露的皮肤,多见于老年人。早期表现为慢性增长的、不对称的、灰色或黑色不均匀的斑疹,可被误认为"老年斑"或"灼伤斑"。原发皮损常经过10~15年发展为侵袭性黑色素瘤。

2. 浅表扩散型黑色素瘤 这是一种处于水平生长期的恶性黑色素瘤亚型,在白种人中最常见。常见于年轻男性躯干和女性下肢这些易受日晒的部位。通常由痣或皮肤的色素斑发展而来,初为褐色、黑色扁平鳞屑性斑片或斑块,后发展成蓝色或蓝黑色浸润性肿瘤;边缘可伴瘙痒,直径多>0.5cm。

3. 肢端雀斑样黑色素瘤 黄色人种和黑色人种以该类型最为多见,报道显示亚洲人高达58%,黑色人种占60%~70%。其好发于肢端,主要是足底和趾甲,尤其是承重部位,其中足跟是最常见的受累部位。肢端雀斑样黑色素瘤形态不规则,皮损逐渐增大,表面色素不均匀。垂直生长期的肿瘤常出现溃疡、蓝色或黑色结节。由于发病部位特殊且隐匿,容易被忽视,确诊往往较晚,因此预后较差。黏膜黑色素瘤因形态上与肢端雀斑样黑色素瘤相似,因此也被归到此型。

4. 结节型黑色素瘤 这是一种处于垂直生长期的恶性黑色素瘤亚型,约占黑色素瘤的10%~15%,>60岁的老年人和男性更多见。皮损可为隆起的丘疹或斑块,偶尔呈息肉样,可发生于身体的任何部位。颜色可从珍珠色、灰色和黑色,为隆起的丘疹或斑块,偶尔呈息肉样,甚至有蒂。结节型黑色素瘤几乎不含色素,但如果含有色素,易误诊为血管源性肿瘤或化脓性肉芽肿。此外,面颈部及上肢发生的结节型黑色素瘤,症状较轻,且无特殊临床表现,容易被忽视,一旦发生转移,预后极差,因此在诊断时应格外重视。

5. 甲下黑色素瘤 属于肢端黑色素瘤的亚型,是起源于甲母质的恶性黑色素瘤。大拇指(拇趾)甲下为最常见的发病部位,占所有甲下黑色素瘤的75%~90%。甲下黑色素瘤最常发生于50~70岁人群,男、女性发病率相同,50岁以上人群如出现单个指(趾)纵行黑甲,需高度警惕甲下黑色素瘤的可能。早期甲下黑色素瘤临床症状为皮损较宽、颜色不均的甲黑线或甲下边界不规则斑片,颜色为棕色或黑色,可出现甲增厚、甲开裂或损毁,并伴疼痛及炎症。此外,甲下无色素性黑色素瘤亦占一定比例,通常表现为慢性甲沟炎、缓慢进展的肉芽肿性溃疡、疣状肢端角化症或化脓性肉芽肿性皮损,临床误诊率较高。甲下黑色素瘤患者 5 年生存率统计数据为 15%~50%,总体预后较差。

(二)诊断

典型的临床表现和查体体征是黑色素瘤诊断的常用方法。病理学检查是黑色素瘤确定诊断甚至分期的金标准,因而对于诊断、分期、治疗及预后判断都占有十分重要的地位。免疫组织化学染色是鉴别无色素性黑色素瘤和早期黑色素瘤及色素痣的主要辅助手段。S-100、HMB-45 和波形蛋白是诊断黑色素瘤的较特异指标。

活检技术是确诊恶性肿瘤的金标准,活检技术的应用有干扰后续治疗的风险,故在选择活检技术时,全面评估显得非常重要,必须活检时需遵循以下原则。

1. 有手术切除原发灶的可能,切除性活检(圆形,钻孔或削取)时,病灶边缘 1~3mm 为宜,原则上保证前哨淋巴结扫描(SLNB)。

2. 应沿深度全部切开,或取临床病灶最厚的部位活检,尤其特殊解剖部位的病灶(如手掌、足底、指趾、脸或耳朵)或巨大病灶,以判断 T 分期。

四、临床分期

恶性黑色素瘤分期采用 AJCC 于 2017 年制定的第 8 版 TNM 分期。

(一)原发肿瘤(T)

T_x:原发灶无法评价。

T_0:无肿瘤证据。

T_{is}:原位癌。

T_{1a}:厚度<0.8mm,无溃疡。

T_{1b}:厚度<0.8mm,有溃疡;
    厚度 0.8~1.0mm,有(无)溃疡。

T_{2a}:厚度>1.0~2.0mm,无溃疡。

T_{2b}:厚度>1.0~2.0mm,有溃疡。

T_{3a}:厚度>2.0~4.0mm,无溃疡。

T_{3b}:厚度>2.0~4.0mm,有溃疡。

T_{4a}:厚度>4.0mm,无溃疡。

T_{4b}:厚度>4.0mm,有溃疡。

(二)区域淋巴结(N)

N_x:区域淋巴结无法评价。

N_0:无淋巴结转移。

N_1:有 1 个淋巴结转移,或者无淋巴结转移,但有移行转移、卫星灶和/或微卫星灶。

N_{1a}:有 1 个临床隐匿淋巴结转移(病理诊断)。

N_{1b}:有 1 个临床显性淋巴结转移(临床诊断)。

N_{1c}:无淋巴结转移,但有移行转移、卫星灶和/或微卫星灶。

N_2:有2~3个淋巴结转移,或者1个淋巴结转移伴有移行转移、卫星灶和/或微卫星灶。

N_{2a}:有2~3个临床隐匿淋巴结转移(病理诊断)。

N_{2b}:有2~3个淋巴结转移中,至少1个临床显性淋巴结转移(临床诊断)。

N_{2c}:至少1个临床显性淋巴结转移伴有移行转移、卫星灶和/或微卫星灶。

N_3:≥4个淋巴结转移,或者≥2个淋巴结转移伴有移行转移、卫星灶和/或微卫星灶,或者边界不清的淋巴结转移,无论有无移行转移、卫星灶和/或微卫星灶。

N_{3a}:≥4个临床隐匿淋巴结转移(病理诊断)。

N_{3b}:有4个淋巴结转移中至少1个临床显性淋巴结转移,或者边界不清的淋巴结转移(临床诊断)。

N_{3c}:≥2个临床隐匿/显性淋巴结转移伴有移行转移、卫星灶和/或微卫星灶。

（三）远处转移（M）

M_x:远处转移无法评价。

M_0:无远处转移。

M_{1a}:皮肤、皮下组织,和/或远处淋巴结转移。

M_{1b}:肺转移。

M_{1c}:非中枢神经系统的其他内脏转移。

M_{1d}:中枢神经系统转移。

临床分期

0期:$T_{is}N_0M_0$

ⅠA期:$T_{1a}N_0M_0$

ⅠB期:$T_{1b}N_0M_0$

  $T_{2a}N_0M_0$

ⅡA期:$T_{2b}N_0M_0$

  $T_{3a}N_0M_0$

ⅡB期:$T_{3b}N_0M_0$

  $T_{4a}N_0M_0$

ⅡC期:$T_{4b}N_0M_0$

Ⅲ期:任何T $N_{1~3}M_0$

Ⅳ期:任何T 任何N M_1

病理分期

0期:$T_{is}N_0M_0$

ⅠA期:$T_{1a}N_0M_0$

ⅠB期:$T_{1b~2a}N_0M_0$

ⅡA期:$T_{2b~3a}N_0M_0$

ⅡB期:$T_{3b~4a}N_0M_0$

ⅡC期:$T_{4b}N_0M_0$

ⅢA期:$T_{1a/b~2a}N_{1a~2a}M_0$

ⅢB期:$T_0N_{1b~1c}M_0$

$T_{1a/b\sim2a}N_{1b/c\sim2b}M_0$

$T_{2b\sim3a}N_{1a/b/c\sim2a/b}M_0$

ⅢC 期：$T_0N_{2b/c\sim3b/c}M_0$

$T_{1a/b\sim3a}N_{2c\sim3a/b/c}M_0$

$T_{3b\sim4a}N_{1\sim3}M_0$

$T_{4b}N_{1a/b/c\sim2a/b/c}M_0$

ⅢD 期：$T_{4b}N_{3a/b/c}M_0$

Ⅳ期：任何 T　任何 N M_1

五、治疗原则

(一) 手术治疗

以外科手术为主的治疗仍是目前恶性黑色素瘤的最主要治疗措施。

1. 原发肿瘤病灶的处理　首先,应通过组织病理学检查,明确皮肤恶性黑色素瘤的诊断及分期,为制订外科手术方案提供重要依据,对于高度疑似的皮肤恶性黑色素瘤病灶,主张整体病灶切除活检,从而降低手术促使肿瘤转移的风险。患者治疗前应通过基因检测进行分子分型,以指导临床治疗及判断预后。

2. 扩大切除　切除原发病灶以及周围一定范围的正常组织,临床应根据皮肤恶性黑色素瘤(cutaneous malignant melanoma,CMM)病灶浸润深度决定 CMM 的切除范围。近年,出现一种将诊断与治疗相结合的一步法切除黑色素瘤,通过临床判断、结合皮肤镜和高频超声测量肿瘤厚度,并进行充分评估后再行手术。一步法切除黑色素瘤对界定扩大切除边缘的范围更明确,且可减少手术干预的次数。一步法切除黑色素瘤的关键步骤是超声检查,目前常用的频率20MHz,但20MHz的超声波频率可能因肿瘤周围淋巴细胞浸润而高估肿瘤厚度,因此建议使用频率为75MHz 的超声波。

3. 前哨淋巴结活检　对于 Breslow 厚度>1mm、合并溃疡以及 Breslow 厚度 0.8~1.0mm 合并高有丝分裂率、淋巴与血管侵犯等危险因素的恶性黑色素瘤,建议行前哨淋巴结活检。

4. 淋巴结清扫　对于无淋巴结受累且前哨淋巴结阴性的恶性黑色素瘤患者,目前不主张预防性淋巴结清扫;对于前哨淋巴结阳性或恶性黑色素瘤Ⅲ期患者,应在扩大切除的基础上将受累淋巴结完全切除;对于腹股沟区前哨淋巴结阳性的恶性黑色素瘤患者,推荐行盆腔淋巴结清扫。腹股沟淋巴结清扫要求 ≥10 个,颈部及腋窝淋巴结清扫≥15 个;在腹股沟区,如临床发现股浅淋巴结转移数≥3 个,或者盆腔影像学提示 Cloquet 淋巴结阳性,应行髂窝和闭孔区淋巴结清扫。

5. 远处转移　对于单个或多个转移病灶可完全切除的Ⅳ期Ⅲ患者,应行原发病灶及转移灶的完整切除,且转移灶的切除应符合 R0 切除的原则。目前,行黑色素瘤转移灶的手术指征主要包括:①以根治切除为目的;②孤立性的转移灶或可切除的转移灶数目较少;③持续进展可能会引起并发症的病灶;④综合性治疗后病情稳定时间>3 个月;⑤能耐受手术和麻醉;⑥姑息性治疗或取组织活检等。

(二) 放疗

与其他恶性肿瘤相比,放疗并不能作为治疗黑色素瘤的主要手段,但放疗能缓解转移瘤的症状。因此,放疗仍是一项重要的黑色素瘤辅助治疗手段。黑色素瘤的放疗分为辅助放疗和姑息放疗,前者主要用于淋巴结清扫和某些头颈部黑色素瘤(尤其是鼻腔)的术后补充治疗,可进一步提高局部控制率;后者主要用于骨转移和脑转移,比辅助性放疗更具疗效。

(三) 化疗

一线治疗推荐达卡巴嗪(DTIC)、替莫唑胺(TMZ)或 TMZ/DTIC 联合治疗,二线治疗一般推荐紫杉醇联合卡铂方案。长期以来,DTIC 是晚期黑色素瘤内科治疗的"金标准",目前其他化疗药物在总生存期上均未超越 DTIC。

(四) 靶向治疗

1. BRAF 抑制剂　我国黑色素瘤中 BREF^{V600E} 变异率接近 26%,虽然不如白种人约 50% 的变异率高,但仍可通过此药解决 1/4 的黑色素瘤患者的治疗问题。BREF^{V600E} 突变型抑制剂可显著提升晚期恶性黑色素瘤患者的反应率、无进展生存期及总生存期。临床可选用维莫非尼(vemurafenib)、达拉非尼(dabrafenib)等 BRAF 突变型激酶或抑制剂。最近的一项研究表明,BRAF 抑制剂治疗恶性黑色素瘤患者 5~8 个月后,约 50% 的患者出现获得性耐药。故在临床治疗恶性黑色素瘤患者方面,对 BRAF 抑制剂的抗药性问题难以解决。

2. C-KIT 抑制剂　转移性黑色素瘤患者若存在 C-Kit 基因突变,应用伊马替尼治疗可获得较高的总缓解率(OR,23.3%)及疾病控制率(DCR,54%)。但 C-Kit 在治疗过程中也有较多的不良反应,如中性粒细胞减少和肝酶学增高、腹泻、食欲减退、恶心、水肿和乏力。

3. MEK 抑制剂　曲美替尼(trametinib)可以和其他药物联合疗法或单一疗法方式治疗转移性恶性黑色素瘤。

4. 血管内皮生长因子抑制剂　重组人血管内皮抑制剂的作用包括针对内皮细胞和肿瘤细胞的生长有抑制的效果,可降低肿瘤转移的概率。联合 DTIC 治疗用药,能够使晚期恶性黑色素瘤患者的无进展生存期及总生存期延长。

5. 靶向药物的联合治疗　BRAF 抑制剂和 MEK 抑制剂联合应用能使患者取得更好的临床疗效,且联合用药较单药治疗的总体毒性并无增加。

(五) 免疫治疗

1. 免疫检查点抑制剂

(1) 抗 CTLA-4 单抗:伊匹木单抗(ipilimumab)可用于治疗晚期黑色素瘤,这是近 30 年首个被证明能延长晚期黑色素瘤患者生存的药物,也是近 10 余年唯一获准用于晚期黑色素瘤治疗的药物。伊匹木单抗虽然不良反应较多,但对于病情迅速进展、肿瘤负荷重的恶性黑色素瘤仍是不错的选择。

(2) PD-1 单抗:在治疗恶性黑色素瘤方面可应用的 PD-1 单抗有纳武利尤单抗(nivolumab)和帕博利珠单抗(pembrolizumab)。

(3) 免疫检查点抑制剂的联合应用:CTLA-4 单抗和 PD-1 单抗在活化 T 细胞、杀伤肿瘤等方面有不同的作用机制且互补,联合应用此两种单抗可达到协同抗肿瘤的疗效。故对免疫抑制剂单用疗效不佳的患者可考虑联合治疗。

2. 细胞因子

(1) 白细胞介素-2(IL-2):高剂量 IL-2 的急性毒性不良反应较大,包括严重的低血压、肺水肿、体重显著增加、肾功能不全、皮疹、疲劳和全身性水肿等。因此,IL-2 在近年来的应用并不广泛。

（2）干扰素（IFN）:高剂量 IFN 是目前的标准辅助治疗手段,尽管其存在较高的不良反应发生率且患者依从性较差,但仍是现阶段治疗皮肤恶性黑色素瘤的有效方法。目前,国内外普遍采用的辅助治疗 IFN 药物为 IFN-α2b,中国独有的一类 IFN 新药 α-1b 不仅可用于Ⅱ、Ⅲ期高危黑色素瘤的辅助治疗,对Ⅳ期黑色素瘤也有很好的疗效,不良反应远低于 α-2b。

（3）溶瘤病毒:溶瘤性单纯疱疹病毒（T-Vec）适用于辅助治疗皮肤、皮下及淋巴结转移而无法切除的手术治疗后首次复发的恶性黑色素瘤。与其他治疗相比,T-Vec 的优势体现在无需靶点、药物相关不良反应较少等,其在初步研究中展现出了较好的治疗前景。此外,还有几种溶瘤病毒用于治疗黑色素瘤的疗效有待被研究证实,如Ⅰ型单纯疱疹病毒（HF10）、柯萨奇病毒 A21（CVA21）、PV-10 和 reolysin。

（六）个体化肿瘤疫苗

肿瘤疫苗是通过肿瘤细胞或肿瘤抗原诱导机体产生特异性免疫反应和长期免疫记忆,从而抑制肿瘤生长的抗肿瘤手段。常见的肿瘤疫苗有树突状细胞（DC）疫苗、多肽疫苗和RNA 疫苗等形式。针对患者特有肿瘤新抗原定制的个体化多肽疫苗和 RNA 疫苗用于治疗晚期黑色素瘤患者均取得良好的效果,可有效控制病情进展,并可与 PD-1 抑制剂产生协同效应。研究发现,TLPLDC 疫苗治疗晚期黑色素瘤患者的ⅡB 期临床可显著改善 2 年的无病生存率,使疾病复发的相对风险显著降低。

六、放射治疗

（一）治疗原则及适应证

1. 原发黑色素瘤

（1）根治性放疗:用于全身状况不能耐受手术的患者或完全切除将带来很高手术并发症发生率的患者。

（2）辅助放疗:根据局部复发的综合风险,包括肿瘤部位在头部或颈部、广泛的嗜神经性、纯促纤维增生性黑色素瘤组织学亚型、切缘过近但不能行再次切除及局部复发,可考虑对一些选择性的高危促纤维增生性黑色素瘤病例进行辅助放疗。

2. 区域转移性黑色素瘤

（1）高危区域性疾病患者切除术后的辅助治疗:在有高危区域复发风险的患者中,淋巴结的辅助放疗与降低淋巴结复发有关,但与无复发生存率（RFS）或总生存期（OS）无关。区域复发的风险因素包括在临床上(宏观)发现淋巴结受累且肉眼和/或组织学见包膜外浸润、≥1 个腮腺淋巴结、≥2 个颈部淋巴结或腋窝淋巴结、≥3 个腹股沟淋巴结、≥3cm 的颈部淋巴结或腋窝淋巴结和/或≥4cm 的腹股沟淋巴结。

（2）区域性转移的根治性治疗或姑息性治疗:根治性或姑息性目的的放疗也可考虑用于:①无法切除的淋巴结转移、卫星灶转移或移行转移;②先前治疗后局部残留、残留卫星灶或移行转移。

（二）放疗方法及放疗剂量

1. 原发黑色素瘤

（1）根治性放疗:采用调强放射治疗,放疗剂量:64~70Gy/32~35 次/6~7 周。

（2）辅助放疗：采用调强放射治疗,放疗剂量:60~66Gy/30~33 次/6~7 周。

2. 区域转移性黑色素瘤

（1）高危区域性疾病患者切除术后的辅助治疗:采用调强放射治疗,放疗剂量:50~66Gy/25~33 次/5~7 周。

（2）区域性转移的根治性治疗或姑息性治疗:采用调强放射治疗,放疗剂量:50Gy/20 次/4 周。

（三）注意事项

1. 需要非常仔细地考虑放疗和全身治疗之间的相互作用,因为有可能增加毒性,特别是在使用较高剂量的放疗时。

2. BRAF 抑制剂和/或 MEK 抑制剂可能与放疗之间产生相互作用,并可导致中枢神经系统毒性、肺毒性、皮肤毒性和内脏毒性增加。应考虑在分次放疗前后≥3 天和 SRS（或其他每次分割接受高剂量的放疗方案）前后≥1 天暂停 BRAF 抑制剂和/或 MEK 抑制剂。

七、放疗损伤及处理

同本章第一节皮肤癌。

八、预后及随访

研究发现肿瘤分期、浸润深度、病理类型、分化程度、性别、年龄、病变部位、肿瘤大小等多种临床及病理因素可以影响恶性黑色素瘤的预后。其中,性别、年龄、Clark 分级和 Breslow 厚度四项是尤为重要的影响皮肤恶性黑色素瘤预后的独立因素。最新的 AJCC 黑色素瘤分期标准证实了黑色素厚度测量的预后意义。在厚度≤1.0mm 的患者中,10 年生存率约为92%,在厚度≥4mm 的患者中 10 年生存率降低至 50%。黑色素瘤虽有较高的死亡率,但若能及早发现,及时治疗,其 5 年生存率可达 90%~95%。所有怀疑的黑色损害以及原有色素痣扩大、颜色加深、发红、出血和破溃,应将整个切除并进行组织病理检查。

第二十一章　常见儿童期肿瘤

第一节　总　论

一、儿童肿瘤发病概况

儿童期（0~14 岁）肿瘤发病率明显低于成人肿瘤，在流行病学研究中，儿童期肿瘤仅占肿瘤总发病人群的 0.8%~1.0%。不同的国家、地区、种族有一定的差异，与儿童肿瘤登记、申报、统计工作以及诊断水平也有明显关系。据报道，全球每年新发儿童期（0~14 岁）肿瘤和青少年期（15~19 岁）肿瘤患者在 40 万左右，我国每年新发儿童肿瘤患者在 3 万~4 万左右。国内外统计资料均显示男性儿童肿瘤发病率略高于女性儿童。近年来，从整体情况来看，15 岁以下儿童肿瘤的总体发病率为（100~130）/100 万，儿童肿瘤总体发病率全球亦呈上升趋势。世界卫生组织的数据显示，恶性肿瘤已成为除意外创伤以外儿童的第二大死因。中国抗癌协会数据显示，近 10 年全国儿童肿瘤的发病率每年都以 2.8% 的速度在增加。近 5 年来，中国城市儿童恶性肿瘤的发病率上升了 18.8%，远高于发达国家，愈来愈受到国家和社会的广泛关注和重视。

二、儿童肿瘤的构成特点及流行特征

儿童肿瘤的构成与成人肿瘤不同，成人肿瘤组织起源主要来自上皮组织，而儿童肿瘤组织起源主要来自血液淋巴系统如白血病、淋巴瘤和来自间叶组织。

2022 年 9 月 23 日，首个针对我国儿童青少年恶性肿瘤发病率和卫生服务可及性现状的研究论文在国际期刊《柳叶刀》上发表。该研究由首都医科大学附属北京儿童医院倪鑫教授儿童肿瘤研究团队完成。研究发现，我国白血病约占儿童肿瘤的 32%，淋巴瘤占比约 9.7%，其余将近 60% 的肿瘤是实体肿瘤如中枢神经系统肿瘤、软组织肉瘤、神经母细胞瘤、肾脏肿瘤、肝脏肿瘤和骨肿瘤等，说明儿童实体肿瘤的流行病学负担被低估。研究团队分析了国家儿童肿瘤监测网络数据及国家相关领域数据库信息，估算了 2018 年 1 月 1 日至 2020 年 12 月 31 日中国儿童（0~14 岁）和青少年（15~19 岁）的癌症发病率；基于儿童肿瘤国际分类标准，报告了 12 个主要诊断组、47 个亚组和 81 种癌症亚型的最新发病率。结果显示，2018—2020 年，我国共有 121 名儿童和 145 名青少年被诊断出癌症；3 年平均总发病率为 126.48/100 万，0~14 岁儿童癌症的发病率为 122.86/100 万，15~19 岁青少年癌症

发病率为 137.64/100 万。在儿童中,排名前三位的癌症依次为白血病(42.33/100 万)、中枢神经系统肿瘤(19.59/100 万)和淋巴瘤(11.54/100 万);在青少年中,恶性上皮肿瘤和黑色素瘤位居第一(30.39/100 万),其后是白血病(30.08/100 万)和中枢神经系统肿瘤(16.75/100 万)。

2023 年 4 月,国家儿童肿瘤监测中心发布《国家儿童肿瘤监测年报(2022)》。2019—2020 年,纳入分析的 50 588 名新发肿瘤患儿中,前 3 位癌种分别为白血病(32.89%)、中枢神经系统肿瘤(15.18%)和淋巴瘤(9.71%)。2019—2020 年,我国儿童肿瘤新发患者共计 79 490 名,平均发病率为 121.89/百万(粗率)。我国儿童肿瘤各年龄组发病率由高到低依次为 185.86/百万(小于 1 岁组),156.76/百万(1~4 岁组),136.59/百万(15~19 岁组),118.55/百万(10~14 岁组),79.24/百万(5~9 岁组)。除 15~19 岁组外,各年龄组男孩的发病率均高于女孩。我国男孩中发病率位居前三位的癌种依次为白血病(41.85/百万)、中枢神经系统肿瘤(19.84/百万)、淋巴瘤(15.43/百万)。而在女孩中发病率位居前三位的癌种依次为白血病(33.65/百万)、中枢神经系统肿瘤(17.37/百万)、其他恶性上皮肿瘤和黑色素瘤(17.02/百万)。

三、儿童肿瘤的治疗原则

儿童肿瘤的治疗原则同成人肿瘤一样,强调早期发现、早期诊断、早期治疗和多学科(MDT)综合治疗模式。20 世纪 60 年代以来,儿童肿瘤诊治向专业协作方向发展,小儿外科、小儿肿瘤科、小儿内科、放疗科、病理科、放射科、儿科护理等多学科(MDT)团队协同工作,联合攻关,并成立多个协作组织,在统一标准下制定不同儿童肿瘤的诊疗规范、指南和专家共识,期待通过规范化的、合理的诊治,发挥多学科优势,提高儿童肿瘤的 5 年生存率和生存质量。儿童肿瘤总体 5 年生存率从 20 世纪 60 年代的 28% 上升到 20 世纪 90 年代的 70%。欧美国家及我国针对儿童肿瘤临床诊治成立了多个国际或国内协作组织如美国儿童肿瘤协作组(Children's Oncology Group,COG)、欧洲国际儿科肿瘤学会(International Society of Paediatric Oncology,SIOP)、国际肾母细胞瘤协作组(National Wilms Tumor Study Group,NWTSG)和中国抗癌协会小儿肿瘤专业委员会(Chinese Children's Cancer Group,CCCG)等等。国家卫生健康委员会办公厅 2021 年发布儿童血液病、恶性肿瘤相关 12 个病种的诊疗规范以指导我国儿童肿瘤的临床诊治工作。

四、儿童肿瘤的治疗手段

儿童肿瘤的治疗手段包括手术、化疗、放疗、造血干细胞移植、骨髓移植、免疫治疗、靶向治疗、热疗和中医药治疗等多种治疗手段,其中手术、化疗和放疗仍然是最主要的三大治疗手段。

(一) 儿童肿瘤放疗的特殊性及放疗在儿童肿瘤综合治疗的重要性

手术、化疗和放疗是儿童肿瘤的三大治疗手段,其中手术和放疗属于局部治疗,而化疗属于全身系统性治疗。在儿童肿瘤中白血病和淋巴瘤以化疗等内科系统治疗为主,而儿童实体肿瘤的治疗往往采用手术、化疗和放疗这三大治疗手段不同的组合方式,才能达到更好的局部控制和全身治疗效果。随着儿童肿瘤发病率的上升、肿瘤多学科讨论和循证医学的发展,有放疗适应证的儿童肿瘤患儿数量越来越多,尤其是 5 岁以下肿瘤患儿数量在不断增加。这些儿童肿瘤中病理类型有很多是属于胚胎性恶性肿瘤,对放射线非常敏感,通过放射线照射就可以达到杀死肿瘤细胞的目的。大部分儿童实体肿瘤的综合治疗中离不开放疗,有时采用同步放化疗、术前放疗、术后放疗或单纯放疗的治疗模式,尤其是术后放疗在提高肿瘤局部控制率,降低局部复发率方面起到非常重要甚至是不可替代的根治性作用,比如放疗在儿童髓母细胞瘤、颅内生殖细胞肿瘤、高级别脑胶质瘤、肾母细胞瘤、横纹肌肉瘤、神经母细胞瘤等儿童实体肿瘤中的地位非常重要。另外,在儿童肿瘤晚期往往会有脑转移、脑膜转移、脊髓转移、骨转移等情况发生,通过姑息性放疗可以减轻患儿疼痛、肿瘤压迫等症状,也具有良好的治疗效果。

(二)儿童肿瘤放疗需要专业化、训练有素的特殊多学科专业团队成员

开展儿童肿瘤放疗,同开展成人肿瘤放疗一样,除了具有满足国家相关部门要求的场地、放疗设备、质量控制设备和影像设备等硬件外,还需要具有一定肿瘤放疗专业资质和上岗证的放疗医师、物理师、技术员,同时必须最好要具有经验丰富的能够熟练掌握儿童肿瘤临床知识和儿科护理知识的医务人员,以及在儿童心理、教育及关爱等方面有一定经验的社会工作人员,尤其是儿科麻醉师不可缺少。由于儿童在心理和生理方面处于发育成长的特殊时期,尤其是 5 岁以下的儿童,在医院特殊环境下,往往比较恐惧和抵触,容易哭闹不易配合,导致无法顺利完成放疗模具制作、CT/MRI 定位和治疗过程中的特殊体位固定要求,患儿往往需要特殊的心理干预或在镇静、深度睡眠状态下才能完成整个放疗过程。在美国,5 岁以下的儿童肿瘤放疗患儿中,有 50% 左右的患儿需要在麻醉镇静下完成治疗。目前,我国开展儿童麻醉下放疗的医疗单位非常少,部分低龄患儿由于无法配合和镇静,不得不放弃或推迟放疗的机会,从而影响肿瘤治疗的效果。

(三)儿童肿瘤放疗设备及技术

当代放疗技术的进展是精确放疗技术,精确放疗技术是采用现代化的计算机技术、医学影像技术、放射生物技术和临床肿瘤治疗技术为手段,对肿瘤进行“精确诊断、精确定位、精确计划、精确治疗”的一种新的集成放射治疗技术,包括三维适形调强技术、立体定向放疗技术、立体定向放射外科技术、螺旋断层放疗技术(TOMO)、质子/重离子放疗技术等体外照射技术和腔内后装放疗技术及放射性粒子植入等体内照射技术,能够开展精确放疗技术的体外放疗设备包括传统医用直线加速器、伽马刀、射波刀、TOMO、质子/重离子加速器等,利用这些放疗设备产生的各种不同放射线的放射物理学或放射生物学优势,能够提高肿瘤的局部控制率,降低正常组织的损伤,从而达到更好的放射治疗效果,其中 TOMO 放疗技术对于儿童接受低剂量照射的风险并不清楚,质子/重离子放疗技术在儿童肿瘤的放疗中具有独特的优势和潜在的应用前景。

(四)儿童肿瘤独特的放疗反应与损伤

儿童处于生长发育的特殊时期,正常组织与器官对放射线非常敏感,对放射线的耐受剂量与成人不同,同时儿童肿瘤的总体综合治疗效果要比成人肿瘤要好,大部分肿瘤患儿可以达到 5 年生存,有的甚至是 10 年、20 年的长期生存。放疗在延长患儿生存时间的同时,会引起不同程度的器官功能的损伤,放射性损伤的程度与照射部位、照射体积、照射总剂量和单次照射剂量相关,主要表现在骨骼生长发育、神经系统、内分泌系统、生殖系统及第二原发

肿瘤等方面的远期并发症或后遗症。其中,有些放射性损伤是近期的、可逆性的、可以恢复的,有些放射性损伤是远期的、不可逆性的、不可以恢复的,甚至是致残、致畸形或致命的损伤,必须引起高度重视并长期随访。所以,放疗如同一把"双刃剑",对于儿童肿瘤患儿,在放疗前,一定权衡利弊和综合考虑,根据患儿的年龄、性别、肿瘤病理类型及发生部位、临床分期、危险度分层不同等个体差异,依据现有的循证医学证据、肿瘤临床诊疗规范、指南和专家共识,结合患儿家长的治疗意愿、家庭经济条件和教育文化程度等方面,与家长充分沟通放疗的利与弊,选择不同的放疗设备、放疗技术、照射范围及照射剂量等,签署放疗知情同意书。

1. 不同部位和系统的放疗反应和损伤 儿童肿瘤放疗在提高肿瘤局部控制率,降低复发率,延长患儿长期生存方面起着非常重要的作用,与成人肿瘤一样,绝大部分儿童肿瘤患儿都能够耐受放疗的急性毒副反应,经过对症处理后得到症状缓解和组织器官功能恢复,但是对于儿童肿瘤患者来讲,临床医师尤为关注的是放疗引起的远期毒副反应和第二恶性肿瘤发生的可能,有些毒副反应的发生是由放疗、化疗或其他治疗手段毒副反应的叠加所造成,而不是单纯放疗所引起的,切不可因为放疗毒副反应发生的可能性而轻易放弃对肿瘤的治疗,引起肿瘤复发和转移,导致总体生存率的下降。

放疗可能会引起儿童正常组织和器官的远期毒副反应,主要发生在放疗后 5 年、10 年以上,主要表现在以下方面。

(1)中枢神经系统:可能会出现脑白质病变、放射性坏死、认知功能障碍、听觉障碍、视力障碍、放射性白内障、神经内分泌功能异常、智力发育障碍、嗜睡综合征、放射性脊髓病等。

(2)骨骼系统:可能会出现骨生长延缓、骨骼发育畸形、脊柱侧凸或侧弯、股骨头骨骺脱位及缺血性骨坏死、骨质疏松等。

(3)心脏:可能会出现心肌病、心包炎、瓣膜疾病、冠状动脉疾病、心律不齐或心功能不全等。

(4)肺:可能会出现慢性肺纤维化、肺功能低下等。

(5)泌尿系统:可能会出现慢性出血性膀胱炎、慢性肾脏疾病等。

(6)消化系统:可能会出现慢性腹泻、慢性腹痛、慢性放射性肠炎及肠梗阻等。

(7)肝脏:可能会出现放射性肝病、肝功能异常等。

(8)生殖系统:可能会出现性腺功能低下、不孕不育等。

(9)第二原发肿瘤:可能会出现甲状腺肿瘤、白血病、淋巴瘤、软组织肉瘤等恶性肿瘤的发生。

2. 儿童正常组织和器官的耐受剂量及可能发生的后遗症见表 21-1。

3. 各种常见儿童肿瘤的放射治疗剂量见表 21-2。

4. 儿童肿瘤放疗质控 必须在治疗前实施位置验证和治疗计划的剂量验证,每周应该记录对患儿的临床观察及治疗相关的放疗副反应。有关儿童肿瘤放疗资料应包括治疗参数(射线类型、总剂量、分割次数、时间、靶区勾画、危及器官限量等)、放疗后总结、随访记录等并存档(图 21-1、图 21-2)。

表 21-1　儿童正常组织和器官的耐受剂量及可能发生的后遗症

	剂量/Gy	后遗症
皮肤	35	毛细血管扩张、脱毛
脑		
体积<1/3	55	坏死
1/3≤体积<2/3	40	认知障碍
2/3≤体积<3/3	35	
视神经	50	失明
视交叉	52	失明
脑干	55	坏死
脊髓	45	脊髓炎
晶体	10	白内障
视网膜	40	失明
耳朵内/外	50	耳炎/耳聋
双侧腮腺	30	唾液缺乏
肾	12	肾功能不全
整个肝	20	肝功能不全
卵巢	5	内分泌紊乱
睾丸	5	绝育
子宫	10	绝育

表 21-2　各种常见儿童肿瘤的放射治疗剂量

肿瘤	放疗剂量/Gy
霍奇金病单独放疗	36~40
霍奇金病联合治疗	15~25
横纹肌肉瘤	40~55
神经母细胞瘤	
<12 个月	15
>12 个月	20~35
组织细胞增多症	4.5~10
急性淋巴细胞白血病(中枢神经系统治疗)	12~18
髓母细胞瘤全颅脊髓	23~40
颅后窝肿瘤	54~55

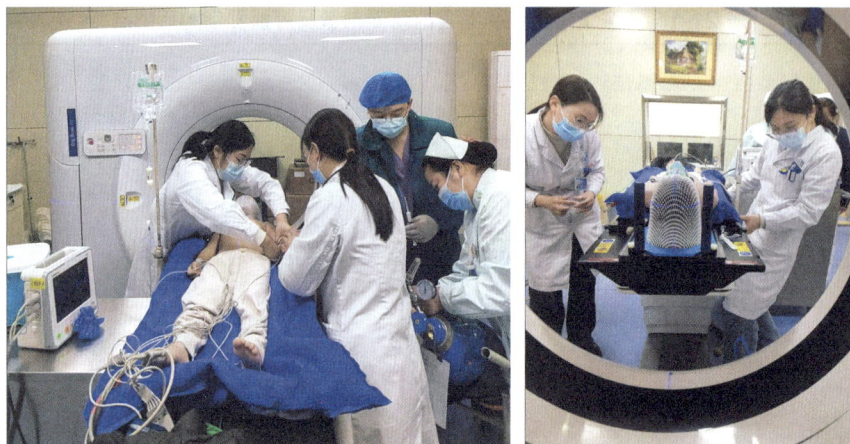

图 21-1　儿童静脉麻醉下放疗体位固定

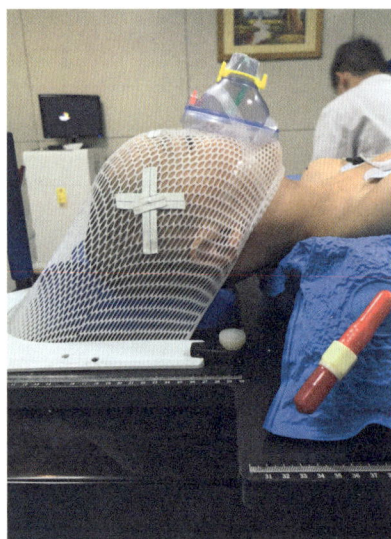

图 21-2　儿童静脉麻醉下放疗呼吸道支持系统，面罩吸氧

第二节　肾母细胞瘤

一、概述

肾母细胞瘤，又称为维尔姆斯瘤（Wilms tumor，WT），发病年龄高峰为 2~3 岁，是 15 岁以下儿童最常见的泌尿生殖系统胚胎性恶性肿瘤。肾母细胞瘤是应用现代综合治疗手段（化疗、手术、放疗等）最早且疗效最好的恶性实体肿瘤之一。发达国家肾母细胞瘤的 5 年总体生存率超过 90%，然而一些特殊类型的患儿，如病理为间变型和肿瘤复发，还有双侧肾母细胞瘤和单侧高风险的肾母细胞瘤患儿无事件生存率（event free survival，EFS）仍然不高，而且存在严重的并发症。

2017 年,中国抗癌协会小儿肿瘤专业委员会(Chinese Childern's Cancer Group,CCCG)参考美国国家肾母细胞瘤研究组/美国儿童肿瘤协作组(National Wilms Tumor Study Group,NWTSG/Children's Oncology Group,COG)和欧洲国际儿科肿瘤协会(International Society of Pediatric Oncology,SIOP)两大组织的一系列临床研究对儿童肾母细胞瘤的诊断和治疗发表了专家共识,在此基础上中华医学会小儿外科分会泌尿外科学组共同参加专家研讨会,就外科手术相关问题达成共识。2019 年国家卫生健康委员会发布了《儿童肾母细胞瘤诊疗规范(2019 年版)》。

二、临床表现

肾母细胞瘤常见临床表现是腹部膨大的无痛性肿块,通常在父母或护理人员为儿童洗澡、穿衣时触及,有些是外伤出现急腹症就诊时发现,有些是以腹痛、肉眼血尿、发热等症状时发现。20%~25% 患儿因肾素分泌异常有高血压表现,40% 的患儿出现腹痛,18% 的患儿出现肉眼血尿,24% 的患儿出现镜下血尿而就诊。10% 的患儿有发热、体重下降等非特异症状。肾母细胞瘤大多数为单侧发病,5%~10% 可双侧发病,超过 12% 的肾母细胞瘤合并有不同类型先天性疾病,例如:睾丸下降不全、尿道下裂、偏身肥大、虹膜缺如等。肾母细胞瘤生长迅速、恶性程度高、发生转移早,常常有淋巴结转移和血行转移至肺和肝脏,出现转移症状时就诊。

肾母细胞瘤的预后与多种因素相关,尤其是组织学病理分型与肿瘤分期,其他因素还包括患儿年龄及生物预后标志物等。

三、辅助检查

(一)实验室检查

血液检查包括血常规、血型、肝肾功能、电解质、凝血功能、乳酸脱氢酶和传染病检测等。尿液检查包括尿常规、儿茶酚胺、尿代谢产物(尿高香草酸和苦杏仁酸)和尿蛋白定量等。

(二)影像学检查

肾母细胞瘤治疗前应进行完整的影像学检查,以明确治疗前肿瘤大小、周围组织和脏器的浸润情况以及是否存在肾静脉、下腔静脉瘤栓和远处转移灶情况。

1. 超声　当怀疑腹部肿块时首选腹部超声检查,可以明确肿瘤来源器官解剖学信息,同时可以显示是否存在肾静脉、下腔静脉或右心房瘤栓等情况。

2. CT 和 MRI　治疗前必须行腹部和胸部的 CT 和 MRI 检查。

3. 头颅 MRI、骨扫描和骨髓穿刺检查　当病理为间变型肾母细胞瘤、肾横纹肌样瘤或肾透明细胞肉瘤等预后不良型时,应补充头颅 MRI、骨扫描和骨髓穿刺检查,排除远处转移可能。

4. 肾脏核素扫描　评估肾脏功能。

5. 心电图及心脏彩超　评估心脏功能、心率/心律等情况。

四、病理诊断及分型

肾母细胞瘤是起源于原始后肾胚基的恶性混合瘤,主要含有胚基、间质和上皮 3 种主要成分,按照以上三种组织成分所占比例不同可以分为4种类型,包括胚基型、间质型、上皮型和混合型。手术切除标本病理报告基本内容应包括肿瘤大小和重量、肿瘤包膜是否完整及有否浸润、肿瘤周围组织浸润、淋巴结浸润及部位、血管内浸润(瘤栓)、切缘浸润、病理分型及病理分期。

美国国家肾母细胞瘤研究组/美国儿童肿瘤协作组(National Wilms Tumor Study Group,NWTSG/Children's Oncology Group,COG)(表21-3)根据肾母细胞瘤组织学改变与其预后之间的关系,将肾母细胞瘤分为2个组织学类型,预后良好型(favorable histology,FH)和预后不良型(unfavorable histology,UFH)。预后良好型包括上皮型、间叶型、胚芽型和混合型;预后不良型即间变型,包括局灶间变型与弥漫未分化型。国际儿科肿瘤协会(International Society of Pediatric Oncology,SIOP)(表21-3)根据组织学特征将肾母细胞瘤分为低危、中低危和高危3组。低危组(良好型)包括囊性、部分分化型;纤维样结构型;高分化上皮型;术前化疗后完全坏死型;中胚层肾母细胞瘤;中低危组(标准型)包括无间变特征;肿瘤坏死但有≤10%特征残留;高危组(不良型)包括间变型肾母细胞瘤、肾透明细胞肉瘤和肾横纹肌样瘤。

表 21-3 肾母细胞瘤 COG 与 SIOP 的分期系统

分期	COG 的肾母细胞瘤分期系统	SIOP 的肾母细胞瘤分期系统
I 期	肿瘤局限于肾脏且完整切除,切除前肿瘤没有破裂、活检。没有穿透肾包膜或累及肾窦血管	肿瘤局限于肾脏;若超出肾外肿瘤周围有假包膜包裹且完整切除;肿瘤可能突入到肾盂或输尿管,但没有侵袭肾盂或输尿管管壁;没有累及肾窦血管,可能累及肾内血管;如果肾窦和肾周脂肪的肿瘤组织已坏死则仍属于 I 期。允许行经皮细针穿刺活检
II 期	肿瘤侵入肾包膜外但完整切除,切缘外无肿瘤残存,肿瘤穿透肾包膜或侵袭肾窦血管	肿瘤超出肾外或穿透肾脏包膜和/或纤维假包膜;进入肾周脂肪但完整切除;肿瘤侵入肾窦和/或侵入肾实质外的血管和淋巴管,但以一个整体完整切除;肿瘤浸润邻近器官或腔静脉,但完全切除。允许行经皮穿刺活检
III 期	术后残存肉眼或镜下可见的肿瘤残留,包括不能手术切除的肿瘤、切缘外阳性、术中肿瘤溢出、区域淋巴转移、腹膜细胞学阳性、横断肿瘤瘤栓。肿瘤切除前破裂或活检	未完整切除肿物,切缘阳性(术后肉眼或镜下可见肿瘤残存);累及任何腹部淋巴结;术前或术中肿瘤破裂;肿瘤穿透腹膜表面;腹膜表面肿瘤种植;肿瘤瘤栓非整块取出,横断切除或分数块取出;术前化疗或术前肿瘤进行过手术活检(楔形或开放式活检)
IV 期	血源性转移或腹部范围外的淋巴结转移(如肺、肝、骨、脑)	血源性骨转移(肺、肝、骨、脑等)或腹部范围外的淋巴转移
V 期	诊断时存在双侧肾母细胞瘤	诊断时存在双侧肾母细胞瘤,需要对双侧肿物分别进行分期

五、临床分期

肾母细胞瘤的临床分期非常重要,是在诊断时评估疾病扩散状态、指导选择相应治疗方案、判断预后的基本依据。根据是否化疗而参照不同的分期系统。术前化疗的肾母细胞瘤参照 SIOP 分期系统分期,直接手术的肾母细胞瘤参照 COG 分期系统分期。需要注意的是术前细针穿刺活检 SIOP 归为Ⅱ期,而 COG 归为Ⅲ期;淋巴结转移及肿瘤术前或术中破溃,目前 SIOP 及 COG 均归为Ⅲ期,详见表 21-3。

六、肾母细胞瘤的治疗

目前儿童肾母细胞瘤的治疗效果非常满意,通过手术和放化疗的联合应用,其总体 5 年生存率已经超过 90%。NWTS/COG 主张在化疗前进行手术切除,而 SIOP 主张在化疗后再进行手术切除,二者的总体疗效是相似的。NWTS/COG 和 SIOP 在术后病理分期、分型方面略有不同,在具体的放化疗细节方面亦有不同的差别。

(一)外科手术

手术切除是肾母细胞瘤最主要的治疗方法,目前手术方式主要有常规的肾切除手术、肾单位保留手术以及腹腔镜手术。

1. 术前化疗　术前化疗可以缩小肿瘤体积、降低肿瘤分期,使肿瘤切除的同时更有可能保护邻近组织,但术前化疗会使肿瘤重要的原始信息丢失,而且可能造成误诊(1%)。因此建议在评估为手术不可完全切除肿瘤时考虑先行活检以明确诊断,术前 6 周化疗(2 个疗程)后再做根治性手术,术前化疗方案与病理分期和分型一致。以下情况考虑先化疗。

(1)存在肝静脉以上水平的下腔静脉瘤栓。

(2)肿瘤侵犯邻近组织,切除肿瘤的同时需要切除相应器官(如脾、胰、结肠等),不提倡过度切除邻近脏器的手术方式。

(3)外科医师评估结论为肿瘤切除可能导致严重并发症或病死率、肿瘤可能在术中播散或肿瘤不能完全切除。

(4)存在远处转移如肺转移等时,一般考虑先化疗。

(5)Ⅴ期病例。

2. 单侧肾母细胞瘤的手术原则

(1)为了得到良好的手术野,推荐经腹部横切口,切口必须足够大,避免术中过多的挤压肿瘤,必要时可以作胸腹联合切口。不推荐经腹腔镜行肾母细胞瘤切除术。

(2)在安全的前提下,首先处理肾蒂动、静脉,减少手术操作挤压肿瘤造成肿瘤细胞血源性播散转移的机会。如果操作困难可以放弃先做其他操作步骤。

(3)仔细探查肾静脉以及下腔静脉内有无肿瘤瘤栓,如果瘤栓局限于肾静脉下腔静脉肝静脉以下水平,可以手术切除。手术过程中阻断下腔静脉的近远端,对侧的肾静脉可以暂时阻断,切开血管壁切除瘤栓。

(4)为了临床正确分期,必须仔细探查淋巴结的情况,部位包括肾门周围、髂部腹主动脉旁以及对侧肾门周围。肿大的淋巴结以及可疑的淋巴结均切除病理检查。

(5)同侧肾上腺与肿瘤不相连可以保留,如果与来源于肾上极肿瘤相连则切除。肿瘤与邻近器官(包括脾脏结肠胰腺)相连,手术医师评估能够通过邻近器官少许切除而达到肿瘤的完全切除则可以进行手术,反之仅行活检明确诊断后先化疗后再做根治性手术。输尿管分离至尽可能低的部位予以切除。

（6）肿瘤床边缘以及可能残留的肿瘤需要钛夹标记。

（7）手术过程中强调无瘤观念，探查由远及近，动作要轻柔，避免将肿瘤细胞带至其他部位以及肿瘤播散。对术中发生肿瘤破溃应用纱布覆盖包裹以避免肿瘤细胞脱落种植。

（8）肿瘤切除后要求更换手套，创面用大量蒸馏水冲洗浸泡，消灭可能脱落的肿瘤细胞。

（9）手术记录中要求详细描述肿瘤的大小，与周围组织浸润情况，术中肿瘤有无破溃、有无残留，以及淋巴结清扫情况。

3. 肾母细胞瘤活检的原则

（1）用于术前评估肿瘤无法完全切除、需要术前化疗的病例。

（2）根据各医院实际情况进行开腹或切割针穿刺活检，保证能够获得足够肿瘤组织满足病理诊断要求。

4. 转移灶的手术处理 有广泛远处转移的肾母细胞瘤，需先接受化疗，化疗至少6周（2个疗程），当仅残存≤2个可切除病灶时可考虑择期手术切除。

5. 双侧肾母细胞瘤的手术处理 治疗的目标是尽可能多地保留一侧肾脏的正常肾组织，初诊根据评估两侧肿瘤大小及肾脏受累情况后可考虑先行化疗2~4个疗程，再次评估后再选择相应手术。少数病例初诊即可考虑手术。

6. 术后处理

（1）外科手术后必须有详细的手术记录，必须包括手术方式、术中所见（肿瘤局部、周边组织及脏器、淋巴结情况）以及术中有否肿瘤破溃等。转至内科或外院时应提供手术记录，以便正确分期。

（2）化疗，详见化疗方案。

（3）有放疗指征者尽量在术后10~14天进行放疗。

（二）化疗

儿童肾母细胞瘤化疗方案，国内目前多采用中国抗癌协会小儿肿瘤专业委员（CCCG）发布的《儿童肾母细胞瘤诊断治疗建议》（CCCG-WT-2016）推荐的化疗方案，该化疗方案是以美国肾母细胞瘤协作组（NWTS）-5方案为基础，推荐详见表21-4~表21-8。

表 21-4　儿童肾母细胞瘤诊断治疗建议 WT-2016（1）（即 WTSG-5-EE4A）化疗方案

评估						↓						↓						↓
周数	1	2	3	4	5	6	7	8	9	10	11	12	13	14	15	16	17	18	19
方案	A			A			A			A			A			A			A
	V	V	V	V	V	V	V	V	V	V	V	V^x		V	V	V	V^x		V^x

注：↓基本评估：B超及胸部X线检查，停药时胸部CT平扫及腹部增强CT；周数，1为术后第8天、化疗第1周第1天；A，放线菌素 D 0.023mg/kg（<1岁），0.045mg/kg（≥1岁，最大2.3mg），第1天，静脉滴注；V，长春新碱0.025mg/kg（<1岁），0.05mg/kg（1~3岁），1.5mg/m²（>3岁，最大2mg），第1天，静脉推注；V^x，长春新碱0.033mg/kg（<1岁），0.067mg/kg（1~3岁），2mg/m²（>3岁，最大2mg），第1天，静脉推注；全程无放疗。

适应证：Ⅰ期肾母细胞瘤 FH 型（FH 型是预后良好型）。

表 21-5　儿童肾母细胞瘤诊断治疗建议 WT-2016（2）（即 WTSG -5-DD4A）化疗方案

评估				↓									↓				↓								↓
周数	1	2	3	4	5	6	7	8	9	10	11	12	13	14	15	16	17	18	19	20	21	22	23	24	25
方案	A			D$^+$			A			D$^+$			A			D^x			A			D^x			A
	V	V	V	V	V	V	V	V	V	V			V^x			V^x			V^x			V^x			V^x

注:

↓基本评估:B超及胸部X线检查,术前及停药时胸部CT平扫及腹部增强CT;周数,1为术后或化疗第1周;A,放线菌素D 0.023mg/kg（<1岁）,0.045mg/kg（≥1岁,最大2.3mg）,第1天,静脉滴注;D$^+$,多柔比星1.5mg/kg（≤1岁）,45mg/m²（>1岁）,第1天,静脉滴注;D^x,多柔比星1mg/kg（≤1岁）,30mg/m²（>1岁）,第1天,静脉滴注;V,长春新碱0.025mg/kg（<1岁）,0.05mg/kg（1~3岁）,1.5mg/m²（>3岁,最大2mg）,第1天,静脉推注;V^x,长春新碱0.033mg/kg（<1岁）,0.067mg/kg（1~3岁）,2mg/m²（>3岁,最大2mg）,第1天,静脉推注;XRT,腹部放疗在术后10天内开始;Ⅱ期FH型、Ⅰ期局灶间变型不放疗,Ⅳ期及初诊不能切除的Ⅲ期在活检后先化疗,第6周再次评估,转移灶消失并可手术完全切除原发肿瘤定义为治疗反应良好,术后完成原方案,否则为反应不良,进入M方案6周后再次评估手术。

特殊情况:XRT（如执行放疗,V推迟1周使用）,有放疗指征但因边远地区无法执行者第7周转入M方案第7周。

适应证:①Ⅱ、Ⅲ、Ⅳ期FH（Ⅲ、Ⅳ期第6周评估,反应不佳者需升级转入M方案）;②Ⅰ、Ⅱ期局灶间变型;③Ⅰ期弥漫变型。

表 21-6　儿童肾母细胞瘤诊断治疗建议 WT-2016（3）（ADV）（即 WTSG-M）化疗方案

周数	1	2	3	4	5	6
方案	A			A		评估
	D			D		
	V	V	V	V	V	V

注:周数,1为术后或化疗第1周;A,放线菌素D 0.023mg/kg（<1岁）,0.045mg/kg（≥1岁,最大2.3mg）,第1天,静脉滴注;D,多柔比星1.2mg/kg（≤1岁）,35mg/m²（>1岁）,第1天,静脉滴注;V,长春新碱0.025mg/kg（<1岁）,0.05mg/kg（1~3岁）,1.5mg/m²（>3岁,最大2mg）,第1天,静脉推注。

适应证:①Ⅴ期,FH型;②病理为间变型参考相应Ⅳ期方案,同样每6周评估手术可行性;③第6周评估手术,术后获双肾缓解者DD4A方案至结束;④未能手术或术后未获双肾缓解者转入W-2016（4）。

表 21-7　儿童肾母细胞瘤诊断治疗建议 WT-2016（4）（即 WTSG-M）化疗方案

评估							↓			↓		↓
周数	1	2	3	4	5	6	7	10	13	16	19	22	25
方案	V	V			V		V^x	V^x		V^x		V^x	V^x
		C		C			A	A	C	A	C	A	A
		E		E			D	D	E	D	E	D	D

注:XRT放疗第7周停A,V^{x}改用V剂量。

↓基本评估:B超及胸部X线检查,术前及停药时胸部CT平扫及腹部增强CT;周数,1为术后或化疗第1周;V,长春新碱0.025mg/kg（<1岁）,0.05mg/kg（1~3岁）,1.5mg/m²（>3岁,最大2mg）,第1天,静脉推注;V^x,长春新碱0.033mg/kg（<1岁）,0.067mg/kg（1~3岁）,2mg/m²（>3岁,最大2mg）,第1天,静脉推注;C,环磷酰胺14.7mg/（kg·d）（≤1岁）,440mg/（m²·d）（>1岁）,第1~5天,静脉滴注;A,放线菌素D 0.023mg/kg（<1岁）,0.045mg/kg（≥1岁,最大2.3mg）,第1天,静脉滴注;（放疗后）0.01mg/kg（<1岁）,0.02mg/kg（≥1岁,最大2.3mg）,第1天,静脉滴注;E,Vp-16 3.3mg/（kg·d）（≤1岁）,100mg/（m²·d）（>1岁）,第1~5天,静脉滴注;D,多柔比星1mg/kg（≤1岁）,30mg/m²（>1岁）,第1天,静脉滴注;XRT,放疗在术后10天内开始;Ⅴ期单肾Ⅰ/Ⅱ期侧不放疗,单肾Ⅲ期侧选择性放疗。

适应证:①Ⅲ、Ⅳ、Ⅴ期FH WT-2016;②（即WTSG-5-DD4A）治疗6周评估反应不佳者（Ⅲ期仍不能手术、Ⅳ期转移灶未消失、Ⅴ期仍不能达到完全缓解）;③Ⅲ、Ⅳ期FH无放疗条件者由DD4A第7周转入本方案第7周。

表 21-8 儿童肾母细胞瘤诊断治疗建议 WT-2016(5)(即 WISG-5-I)化疗方案

评估						↓									↓				↓
周数	1	2	3	4	5	6	7	8	9	10	11	12	13	14	16	19	22	25	27
方案	D			C			D			C			D			C	D	C	D
	V	V	V	E	V	V	V	V	V	V	V	V	V^x	V^x	E	V^x	E	V^x	
	XRT					C^x							C^x			C^x		C^x	

注:↓基本评估方法:B超及胸部X线检查,术前及停药时胸部平扫及腹部增强CT;周数,1为术后或化疗第1周;D,多柔比星1.5mg/kg(≤1岁),45mg/m²(>1岁),第1天,静脉滴注;C,CTX 4.7mg/(kg·d)(≤1岁),440mg/(m²·d)(>1岁),第1~5天,静脉滴注;V,长春新碱0.025mg/kg(<1岁),0.05mg/kg(1~3岁),1.5mg/m²(>3岁),最大2mg,第1天,静脉推注;E,Vp-16 3.3mg/(kg·d)(≤1岁),100mg/(m²·d)(>1岁),第1~5天,静脉滴注;V^x,长春新碱0.033mg/kg(<1岁)0.067mg/kg(1~3岁),2mg/m²(>3岁),最大2mg,第1天,静脉推注;XRT,放疗术后10天内开始,第1周如无手术或放疗加C^x;C^x,环磷酰胺14.7mg/(kg·d)(≤1岁),440mg/(m²·d)(>1岁),第1~3天,静脉滴注;I~Ⅲ期透明细胞肉瘤可借用本方案。

适应证:Ⅲ期局灶间变型。

(三)放疗

放射治疗作为儿童肾母细胞瘤的重要治疗手段,在降低复发率、提高生存率方面起到了重要的作用,一般放在术后进行。考虑到辐射对幼儿的远期损伤,并非所有患儿都能从放疗中获益,如何筛选出适宜的人群接受放疗,两大机构观点并不统一,存在争议。原则上COG给予更多的患儿实施低剂量放疗从而尽可能提高局部控制率,而SIOP在充分化疗的基础上对高选择性的患者实施高剂量放疗,使化疗反应性差的患者从放疗中获益从而提高生存率。整体来讲,COG要求大约40%的患儿接受放疗,而SIOP最新的2016协议只有20%的放疗率。肾母细胞瘤患儿是否放疗需考量四方面因素:组织病理、分期、分子病理和年龄,目前国内主要采取COG的放疗策略为主。

1. 原发病灶(腹部)放疗适应证及原则

(1)6个月以下患儿一般不放疗。

(2)Ⅰ、Ⅱ期FH者术后不放疗,但发生肿瘤破裂时Ⅱ期患者需术后放疗。

(3)Ⅲ期FH和Ⅰ、Ⅱ、Ⅲ期间变型者均需术后放疗。

(4)Ⅳ期患儿是否放疗取决于腹部分期而非全身分期。

(5)Ⅴ期双侧肾母细胞瘤术后放疗参考单侧肾母细胞瘤的放疗,各自分期,放疗保留给术后Ⅲ期或病理间变型的那一侧腹部。

2. 对存在肺转移的预后良好型患者,经6周化疗后肺部病灶达CR,同时不伴1p/16q杂合性缺失者,可免除全肺放疗,不能同时满足上述条件的肺转移患者均需要全肺放疗,存在未控的肺外转移同样建议积极的肺部放疗。

3. 肝转移、脑转移者经化疗±术后根据病灶退缩情况酌情行全器官照射或局部照射。

4. 骨转移根据疼痛症状、潜在风险(骨折、截瘫等)及对化疗的反应酌情给予局部放疗。

5. 具体术后放疗时机

(1)Ⅰ、Ⅱ、Ⅲ期患儿应在术后14天开始腹部放疗。

(2)Ⅳ期患儿建议术后合理化疗后再考虑放疗,对放疗时机不做特殊要求。

(3)肺转移需要全肺放疗者,建议6周化疗后肺与腹部放疗同时进行,避免分时照射导致的射野衔接问题。

6. 原发灶放疗范围

（1）Ⅰ、Ⅱ期间变型术后给予患侧半腹放疗。

（2）Ⅲ期预后良好型或Ⅲ期局灶间变型术后给予患侧半腹放疗±残留病灶推量。

（3）Ⅲ期弥漫间变型术后给予患侧半腹放疗±瘤床推量±残留病灶推量。

（4）当肿瘤破裂、弥漫腹膜腔种植、恶性腹水时，上述半腹放疗改为全腹放疗。

（5）年龄小于 12 个月可酌情舍弃半腹放疗，仅针对瘤床照射。

7. 转移灶放疗范围

（1）不符合条件免除全肺放疗者，均需给予全肺放疗±残留病灶推量。

（2）肝、脑转移：多发转移者均需给予全器官放疗±残留病灶推量，寡转移者可酌情给予局部照射。

（3）骨转移：无需全骨放疗，仅需给予局部照射；椎体转移者应包括整个椎体。

8. 放疗靶区范围定义

（1）半腹放疗：上至膈顶，下至第 5 腰椎椎体下缘，若肿瘤下界较低，需进一步延伸至术前肿瘤下缘下 2cm，内侧过中线包全椎体，外侧至腹壁外缘。

（2）全腹放疗：上界膈顶，下界闭孔下缘，外侧界腹壁外缘。

（3）瘤床推量："瘤床"是指肾轮廓及全部术前腹内肿瘤（含受累淋巴结）范围。上界一般在肾上极并包括肿瘤上缘（含腔静脉内瘤栓）向上扩展 2cm，下界在肾下极并包括肿瘤下缘向下 2cm，左右界为肿瘤外侧边缘外 2cm。

（4）残留病灶：残留病灶三维方向外扩 1~2cm 的范围。

9. 原发灶放疗剂量

（1）Ⅰ、Ⅱ期间变型半腹放疗 10.8Gy/6 次。

（2）Ⅲ期预后良好型或Ⅲ期局灶间变型半腹放疗 10.8Gy+残留病灶推量 10.8Gy/6 次。

（3）Ⅲ期弥漫间变型半腹放疗 10.8Gy+瘤床推量 9Gy/5 次+残留病灶推量 10.8Gy/6 次。

（4）全腹放疗剂量为 10.5Gy/7 次，单次剂量 1.5Gy。

（5）无法切除的弥漫腹膜种植者全腹放疗剂量可提高至 21Gy/14 次，单次剂量 1.5Gy。

10. 转移灶放疗剂量

（1）肺：全肺 12Gy/8 次±残留病灶推量 10.8Gy/6 次；小于 1 岁者，全肺剂量调整为 10.5Gy/7 次。

（2）肝：全肝 19.8Gy/11 次±残留病灶推量 5.4~10.8Gy 或仅行肝转移灶局部照射 30.6~36Gy/17~20 次。

（3）脑：全脑 21.6Gy（16 岁以上 30.6Gy）/12 次±残留病灶推量 10.8Gy/6 次或仅行脑转移灶局部照射 36~45Gy/20~25 次。

（4）骨：小于 16 岁患儿 25.2Gy/14 次，大于 16 岁患儿 30.6Gy/17 次。

★ 特殊情况说明

1）对于未行淋巴结取样的Ⅰ、Ⅱ期预后良好型患儿建议术后腹部放疗。

2）全肺或全肝放疗期间，禁用放线菌素 D 及多柔比星，因其加重放疗损伤。

3）对于复发病例而言，建议积极放疗，必要时考虑二程放疗。

4）美国 COG 肾母细胞瘤放疗协议,见表 21-9、表 21-10。

表 21-9 肾母细胞瘤放疗推荐剂量

分期	组织学类型	EBRT 指征	EBRT 照射野	EBRT 剂量
Ⅰ期	FH	不放疗		
	UH	放疗	侧腹	10.8Gy/1.8Gy/次
Ⅱ期	FH	不放疗		
	UH	放疗	侧腹	10.8Gy
Ⅲ期	FH	放疗	侧腹:手术的	侧腹:10.8Gy
	UH	放疗	渗出液/漏出液、侧腹/腹膜活检或开腹活检	全腹照射:10.5Gy;弥漫不可切除的腹膜种植:21Gy/1.5Gy/次
			全腹照射:细胞学+腹水,术前肿瘤破裂,弥漫性腹部手术溢出,腹膜种植	
Ⅳ期	FH/UH	放疗	全肺放疗:肺转移	12Gy/1.5Gy/次 10.5Gy(<1 岁)
			全脑+加量:脑转移	21.6Gy+加量 10.8Gy
			全部/部分肝:肝转移	19.8Gy
			部分骨:骨转移	25.5Gy
			淋巴结(无法切除)	19.8Gy
Ⅴ期	FH/UH	取决于每一个肿瘤的分期	侧腹照射:切缘阳性或淋巴结阳性	10.8Gy
			全腹照射:按Ⅲ期射野指征(有关小射野保肾放疗的注意事项,参见 COG 协议)	10.5Gy

注:COG,儿童肿瘤组织;EBRT,外照射;Gy,戈瑞;FH,组织学良好;LN,淋巴结;UH,组织学不良;WAI,全腹放疗;WLI,全肺放疗。

表 21-10 肾母细胞瘤正常组织限量

结构	剂量限制/Gy
小肠	45
脊髓	45
肺(<50% 的体积被照射)	18
肺(>50% 的体积被照射)	15
肾脏(全腹剂量>10.5Gy,遮挡健侧肾<14.4Gy)	19.8
全肝	23.4

七、随访

肾母细胞瘤在治疗过程中和治疗结束后均需要密切地随访与观察,及时发现治疗相关毒副反应并及时对症处理。由于胸腔与腹腔是肾母细胞瘤复发的最常见部位,因此定期影像学检查非常重要。一般认为第 1 年应每 6~8 周进行 1 次胸部 X 线检查（或者胸部 CT 平扫）和腹部超声（或者腹部 CT 平扫+增强）检查，第 2 年每 8~10 周检查 1 次，第 3 年每 3 个月检查 1 次，第 4~5 年每 6 个月检查 1 次。

通过合理的手术、放疗、化疗等综合治疗手段，肾母细胞瘤的远期生存率明显提高，尤其是预后良好型（FH）5 年无事件生存率可达 70%~80%，因此远期生存质量问题越来越突出而不容忽视。治疗的副作用可能使肾脏、心脏、肺部等脏器发生损害，主要发生于双侧肾母细胞瘤术后或者放化疗后。使用蒽环类药物容易引起心肌病，肺部放疗会影响肺功能，同时也增加了心力衰竭的风险。女性在接受腹部放疗后可能引起性腺损害，影响生育。部分患儿在若干年后发生第二肿瘤可能。所以，必须重视放化疗的合理应用，对于预后好的患儿中尽量减少放疗的剂量，对于预后不良的患儿加强治疗，同时密切定期随访与观察，以便早期发现并发症，早期干预和治疗，将损害降至最低程度。

第三节　神经母细胞瘤

一、概述

神经母细胞瘤（neuroblastoma，NB）是 5 岁以下婴幼儿最常见的颅外实体肿瘤，占儿童恶性肿瘤的 8%~10%。中国儿童神经母细胞瘤的发病率约 10.1/100 万。

神经母细胞瘤是一组临床表现及预后差异很大的疾病，从肿瘤播散、转移、患儿死亡，到肿瘤发展成熟为良性的节细胞神经瘤或自发消退等不同临床转归。由于早期不易发现，大多数就诊时已属晚期，故高危、极高危患儿所占比例较大，约占 60%。低危患儿预后较好，高危患儿即使接受化疗、放疗、手术、造血干细胞移植等多种方法的高强度综合治疗，长期存活率仍不足 50%。

神经母细胞瘤由于来源于未分化的交感神经节细胞，故凡有胚胎性交感神经节细胞的部位，都可发生肿瘤。肾上腺是最常见的原发部位，其次是腹部交感神经节、胸部交感神经节、颈部交感神经节和盆腔交感神经节，约 1% 的患者未能发现原发肿瘤。神经母细胞瘤可转移至淋巴结、骨髓、骨骼、硬脑膜、眼眶、肝脏和皮肤，少数情况下也会转移至肺部和颅内。儿童神经母细胞瘤治疗难度大、单一的治疗预后差，临床需要包括外科、内科、放疗科、移植科以及影像科、病理科、营养科、心理科、疼痛科等多学科的联合诊疗模式，才能规范神经母细胞瘤的诊治。2019 年国家卫生健康委员会发布了《儿童神经母细胞瘤诊疗规范（2019 年版）》，2021 年中国抗癌协会小儿肿瘤专业委员会（Chinese Children's Cancer Group，CCCG）神经母细胞瘤协作组制定了《儿童神经母细胞瘤诊疗专家共识 CCCG-NB-2021 方案》。

二、临床表现

根据原发肿瘤和转移瘤灶的部位及范围，临床表现有所不同。局限性肿瘤患者可无症状，肿瘤晚期儿童在就诊时一般状况差，通常有全身症状。

1. 一般症状　不规则发热、乏力、消瘦、食欲缺乏、贫血、骨痛、头痛、恶心、呕吐、腹泻等。

2. 肿瘤压迫的症状　腹部肿瘤可表现为腹部疼痛或胀满感,腹部肿块,甚至肠梗阻、便秘、排尿困难等;胸部肿瘤可表现咳嗽、喘憋、呼吸困难等;颈部肿瘤可出现霍纳综合征(病灶同侧上睑下垂、瞳孔缩小和无汗症)、一侧上肢疼痛、活动及感觉异常等;椎旁肿瘤经神经孔侵犯椎管,引起硬膜外脊髓压迫从而出现疼痛、运动或感觉障碍、大便失禁和/或尿潴留。

3. 肿瘤浸润、转移瘤的症状　常见的转移部位为骨髓、骨骼、肝、皮肤和淋巴结。肿瘤转移至骨和骨髓可表现肢体疼痛、跛行。肿瘤浸润眶周骨可引起特征性的眶周瘀斑(浣熊眼)、眼球突出。肿瘤扩散至皮肤表现为可触及的无痛性皮下结节,可遍及全身。

4. 儿茶酚胺代谢率增高的症状　包括发作性多汗、兴奋、心悸、面部潮红、苍白、头痛、高血压及心动过速等。

5. 其他原因不能解释的分泌性腹泻　由于肿瘤分泌血管活性肠肽(vasoactive intestinal polypeptide,VIP)而表现顽固腹泻,是一种副肿瘤综合征。

6. 有些病例合并眼阵挛-肌阵挛综合征　该综合征发生于 1%~3% 的神经母细胞瘤儿童。表现为快速的舞蹈样眼球运动,累及肢体或躯干的肌阵挛,和/或共济失调,是一种副肿瘤综合征。

三、辅助检查

(一) 实验室检查

1. 血常规检查　血常规可表现贫血,少数患儿表现血小板减少。晚期、广泛转移的患者 C 反应蛋白往往升高。

2. 血生化检查　肝肾功能、乳酸脱氢酶(LDH)、电解质是必查项目。肿瘤负荷大的患者可出现血尿酸及 LDH 水平增高,其中乳酸脱氢酶是一种非特异肿瘤标志物,对神经母细胞瘤预后有判断价值。

3. 凝血功能　包括 PT、APTT、FIB、D-二聚体等,部分神经母细胞瘤患儿会出现 FIB 的降低及 D-二聚体升高。

4. 肿瘤标志物

(1) 尿儿茶酚胺及其代谢产物:儿茶酚胺及其代谢产物,主要包括香草基扁桃酸(vanillylmandelic acid,VMA)、高香草酸(homovanillic acid,HVA)和多巴胺,以前二者临床意义较大,测定样本为血和尿,其中以尿标本(VMA/HVA)对诊断神经母细胞瘤特异度和灵敏度更高,最常见的是 VMA 增高,少数病例 HVA 增高,或两者均增高。尿 VMA 可协助诊断神经母细胞瘤,并用以检测对治疗的反应。

(2) 神经元特异性烯醇化酶(neuron specific enolase,NSE):血清神经元特异性烯醇化酶也是神经母细胞瘤的重要标志物之一,但并不特异。

(3) 铁蛋白(serum ferritin,SF):晚期神经母细胞瘤患儿常有血清铁蛋白(SF)增高,经治疗达临床缓解时 SF 可下降至正常。

(二) 影像学检查

1. 原发肿瘤及转移瘤灶的 B 超、CT 或 MRI 平扫或增强检查,确定肿瘤的位置、周围组织受累程度,以及肿瘤转移的情况。

2. 同位素骨扫描　检测有无肿瘤转移至骨骼。

3. 间碘苄胍（metaiodobenzylguanidine，MIBG）扫描 间碘苄胍（MIBG）扫描在骨骼评估方面优于锝扫描，其检测转移性病灶的灵敏度和特异度更高，有条件的单位可行 ^{123}I-MIBG 检查。

4. 正电子发射计算机体层显像仪（PET/CT） 明确肿瘤代谢活性及肿瘤全身转移情况。

5. 其他方面的检查

（1）心电图及心脏彩超：了解心脏功能、心率/心律等情况。

（2）听力检测：铂类化疗药物对儿童听力有一定影响，建议在有检测条件的单位进行检查。

四、病理类型分型和预后分级

（一）病理组织学检查

肿块切除、切开活检或穿刺活检病理检查，是神经母细胞瘤的诊断金标准。

1. 基本组织学类型 包括神经母细胞瘤（neuroblastoma，NB）、节细胞性神经母细胞瘤（ganglioneuroblastoma，GNB）、神经节细胞瘤（gangioneuroma，GN）三个基本组织学类型。

2. Shimada 分类 新修订的神经母细胞瘤病理学国际分类方案中，将神经母细胞瘤分为 4 个组织病理类型，即 NB（雪旺氏基质贫乏型）、GNB 混杂型（雪旺氏基质丰富型）、GN（雪旺氏基质为主型）成熟型、GNB 结节型（包括雪旺氏基质贫乏型和雪旺氏基质丰富型）。前三型代表了神经母细胞瘤的成熟过程，最后一型为多克隆型。

3. 预后分级

（1）预后良好组（FH）包括：年龄<1.5 岁，弱分化或分化中的 NB，核分裂核碎裂指数（MKI）为低或中；年龄 1.5~5 岁，分化中的 NB，MKI 低；GNB 混杂型；GN。

（2）预后不良组（UFH）包括：NB，MKI 高；NB，MKI 为中，年龄 1.5~5 岁；未分化或分化差型 NB，年龄 1.5~5 岁；所有>5 岁的 NB；GNB 结节型。

（3）核分裂核碎裂指数（MKI）

低：<100/5 000；中：（100~200）/5 000；高：>200/5 000。

（二）骨髓检查

超过一半的神经母细胞瘤存在骨髓转移，影响预后，所以所有疑诊或确诊神经母细胞瘤的患儿都应行骨髓评估，以最大限度获得骨髓是否受累依据。

1. 取材部位 可以是双侧髂前上棘和髂后上棘，新生儿也可以取胫骨近端。

2. 取材要求 不同部位两处骨髓抽吸+两处环钻骨髓活检，活检样本除了骨皮质和软骨，至少包含 1cm 骨髓组织；或 4 处不同部位的骨髓抽吸。

3. 镜下评估 肿瘤细胞为恶性小圆细胞，呈巢状或菊花团状排列；抗肿瘤相关二唾液酸神经节苷脂（GD2）抗体免疫染色呈特异性强表达。其他辅助免疫指标包括神经细胞黏附因子（NCAM，CD56）、神经元特异性烯醇化酶（NSE）和酪氨酸羟化酶（tyrosine hydroxylase，TH）等。

（三）遗传学检查

1. 染色体数量和质量异常，包括 1p、3p、4p 或 11q 缺失；1q、2p 或 17q 获得等。

2. N-Myc 基因检测 目标基因拷贝数等于 2 号染色体拷贝数，即≤2 为阴性；拷贝数为

3~9 为获得;拷贝数为 2 号染色体的 5 倍或以上,即 ≥10 为扩增。FISH 方法检测肿瘤组织 N-Myc 基因、1p 和 11q 等。有骨髓转移的患者,也可选择骨髓组织进行上述基因检测。

3. 肿瘤组织 DNA 倍数　有条件的单位可以检测,建议在 1 岁以下的患儿中开展。

五、诊断标准

具有上述典型的临床表现和影像学表现,确诊神经母细胞瘤需满足以下条件之一。

1. 常规 HE 切片　光镜下观察能够明确诊断 NB 的病例加上或不加上免疫组织化学染色、电镜检查。

2. 骨髓涂片或活检　显示特征性神经母细胞,同时发现患儿有尿液(或血清)儿茶酚胺或其代谢物水平同步明显升高(建议仅限于少数病情重,不能承受活检手术者)。在患者情况允许的条件下,最好做肿瘤组织病理活检,并进行病理分型。单纯骨髓活检诊断是不能进行病理分型。

六、鉴别诊断

以腹部肿块为主要症状的,需与其他腹部肿瘤相鉴别,如肾母细胞瘤、生殖细胞肿瘤等。因发热、腹痛、右上腹肿块就诊的,需与肝母细胞瘤、肝脓肿、肝癌鉴别。病变位于胸部、纵隔时,应与淋巴瘤、生殖细胞肿瘤鉴别。以发热、骨痛、全身症状为主诉者,则需与风湿热、急性白血病、骨髓炎相鉴别。骨髓转移必须与以下肿瘤骨髓受累相鉴别,如淋巴瘤、小细胞骨肉瘤、尤因肉瘤家族肿瘤、横纹肌肉瘤。

七、临床危险度分级

神经母细胞瘤存在许多种分期系统,包括 Evans 分期系统、儿童肿瘤协作组(pediatric oncology group,POG)分期系统、TNM 分期系统、神经母细胞瘤国际委员会临床分期(international neuroblastoma staging system,INSS)和神经母细胞瘤国际委员会危险度分期系统(international neuroblastoma risk group staging system,INRGSS)分期系统,其中以后二者为国际上广泛接受的分期系统。同时国际神经母细胞瘤危险度分级(international neuroblastoma risk group,INRG)协作组 2009 年公布了基于影像学定义的危险因子(image-defined risk factors,IDRFs)。其中 INSS 分期系统为术后分期系统,外科医师水平的高低影响分期级别。建立统一的分期系统和危险度分级,有利于学术交流和疗效评估。INRG 协作组将神经母细胞瘤患者分为极低危、低危、中危和高危 4 组。危险度分组不仅反映了疾病临床表现的异质性,也是治疗方案选择的依据。

(一) 神经母细胞瘤国际委员会临床分期(表 21-11)

表 21-11　神经母细胞瘤国际委员会临床分期

分期	定义
1	局部肿瘤完全切除,有或无微小残留灶,镜下同侧淋巴结阴性(即与原发肿瘤相连或切除的淋巴结可能是阳性的)
2A	局部肿瘤完全切除;镜下肿瘤同侧非粘连淋巴结阳性

分期	定义
2B	局部肿瘤完全或不完全切除,肿瘤的同侧非粘连淋巴结阳性,对侧肿大淋巴结镜下阴性
3	不能切除的单侧肿瘤超过中线,伴/不伴有局部淋巴结侵犯;或局限性单侧肿瘤伴对侧区域淋巴结受累;或中线肿瘤伴对侧延长浸润(不可切除)或淋巴结受累
4	转移到远处淋巴结、骨、骨髓、肝脏、皮肤或其他器官(除 4S 期)
4S	1 期或 2 期的局限性肿瘤,有肝、皮肤和/或骨髓等远处转移,年龄<12 个月。骨髓涂片或活检,肿瘤细胞应该<10%,MIBG 扫描骨髓应该是阴性。若骨髓更广泛受累,则为 4 期

(二)影像学定义的危险因子

影像学定义的危险因子包括以下 8 种情况。

1. 单侧肿瘤延伸到两个体腔　颈部到胸腔,胸腔到腹腔,腹腔到盆腔。

2. 颈部　肿瘤包绕颈动脉,和/或椎动脉,和/或颈内静脉;肿瘤蔓延到颅底;肿瘤压迫气管。

3. 颈胸连接处　肿瘤包绕臂丛神经根;肿瘤包绕锁骨下血管,和/或椎动脉,和/或颈动脉;肿瘤压迫气管。

4. 胸部　肿瘤包绕主动脉和/或主支;肿瘤压迫气管和/或主支气管;低位后纵隔肿瘤,侵犯 T_9 和 T_{12} 肋椎连接处;明显的胸膜浸润,有或无肿瘤细胞。

5. 胸腹连接处　肿瘤包绕主动脉和/或腔静脉。

6. 腹部和盆腔　肿瘤浸润肝门和/或肝十二指肠韧带;肿瘤在肠系膜根部包绕肠系膜上动脉;肿瘤包绕腹腔干和/或肠系膜上动脉起始部;肿瘤侵犯一侧或双侧肾蒂;肿瘤包绕腹主动脉和/或下腔静脉;肿瘤包绕髂血管;盆腔肿瘤越过坐骨切迹;腹水,有或无肿瘤细胞。

7. 哑铃状肿瘤伴有脊髓压迫症状　椎管内肿瘤扩展导致超过三分之一的椎管被侵犯,软脑膜间隙被闭塞,或脊髓 MRI 信号异常。

8. 邻近器官/组织受累　包括心包、膈肌、肾脏、肝、十二指肠、胰腺阻塞、肠系膜和其他内脏侵犯。

注:下列情况应当记录,但不作为影像学定义的危险因子(IDRFs),包括多发原发灶、胸腔积液(伴或不伴恶性细胞)、腹水(伴或不伴恶性细胞)。

(三)神经母细胞瘤国际委员会危险度分期系统(表 21-12)

表 21-12　神经母细胞瘤国际委员会危险度分期系统分期

分期	定义
L1	局限性肿瘤,没有涉及重要结构的 IDRFs,只局限于 1 个体腔内
L2	局限性肿瘤,有一个或多个 IDRFs
M	有远处转移病灶(除 Ms 外)
Ms	年龄小于 18 个月,转移病灶限于皮肤、肝脏和/或骨髓,原发肿瘤 INSS 分期为 1、2 或 3 期。

注:IDFRs,影像学定义的危险因子。

（四）神经母细胞瘤国际委员会危险度分组（表21-13）

表21-13　神经母细胞瘤国际委员会危险度分组

INR 分期	诊断 年龄/月	组织学类型	肿瘤 分化程度	*MYCN*	11q 缺失	DNA 倍性	危险度 分组
L1/L2	—	GN 成熟型,GNB 混杂型	—	—	—	—	极低危
L1	—	除 GN 或 GNB 混杂型以外任何类型	—	不扩增	—	—	极低危
	—	除 GN 或 GNB 混杂型以外任何类型	—	扩增	—	—	高危
L2	<18	除 GN 或 GNB 混杂型以外任何类型	—	不扩增	无	—	低危
	<18	除 GN 或 GNB 混杂型以外任何类型	—	不扩增	有	—	中危
	≥18	GNB 结节型,NB	分化型	不扩增	无	—	低危
	≥18	GNB 结节型,NB	分化型	不扩增	有	—	中危
	≥18	GNB 结节型,NB	分化差或未分化型	不扩增	—	—	中危
	≥18	GNB 结节型,NB	—	扩增	—	—	高危
M	<18	—	—	不扩增	—	超二倍体	低危
	<12	—	—	不扩增	—	二倍体	中危
	12~18	—	—	不扩增	—	二倍体	中危
	<18	—	—	扩增	—	—	高危
	≥18	—	—	—	—	—	高危
MS	<18	—	—	不扩增	无	—	极低危
	<18	—	—	不扩增	有	—	高危
	<18	—	—	扩增	—	—	高危

注:GN,神经节细胞瘤;GNB,节细胞性神经母细胞瘤;NB,神经母细胞瘤;"—"表示任何。

八、治疗

2015 年中国抗癌协会小儿肿瘤专业委员会（Chinese Childeren's Cancer Group,CCCG）神经母细胞瘤协作组结合国际上的诊疗进展和国内具体情况,制定了《儿童神经母细胞瘤诊疗专家共识 CCCG-NB-2015 方案》,2019 年国家卫生健康委员会发布了《儿童神经母细胞瘤诊疗规范（2019 年版）》,2022 年中国抗癌协会小儿肿瘤专业委员会神经母细胞瘤协作组结合 CCCG-NB-2015 方案发布了《儿童神经母细胞瘤诊疗专家共识 CCCG-NB-2021 方案》,指导国内儿童神经母细胞瘤的诊疗。

（一）手术治疗

术前需纠正贫血及代谢紊乱,约 5% 患儿并发高血压,亦需控制。如果存在影像学定义的危险因子（IDRFs）中的一项或多项应推迟手术,通过化疗降低手术并发症的危险性后再手术治疗。整体切除原发灶及区域内转移淋巴结是最好的治疗方法,如果手术并发症不可以接受,则行部分切除,残留部分通过放化疗继续治疗。通过化疗使转移灶局限,可行手术切除转移瘤灶,比如肝或肺孤立病灶,颈部转移灶可行广泛淋巴结清扫术。

(二)化疗

按照低危、极低危、中危和高危分组不同采取不同的化疗方案,具体详见表 21-14~表 21-16。

表 21-14　中国抗癌协会小儿肿瘤专业委员会低危、极低危 NB 化疗具体用药方案

疗程[a]	用药方案	用药剂量	用药时间
1	CBP+VP16	CBP,560mg/m^2,年龄<1 岁或体重<12kg 则按 18mg/kg 计算;VP16,120mg/m^2(4mg/kg)	CBP(第一天); VP16(第一天至第三天)
2	CBP+CTX+DOXO	CBP,560mg/m^2,年龄<1 岁或体重<12kg 则按 18mg/kg 计算;CTX,1 000mg/m^2(33mg/kg);DOXO,30mg/m^2(1mg/kg)	CBP(第一天); CTX(第一天); DOXO(第一天)
3	VP16+CTX	VP16,120mg/m^2(4mg/kg);CTX,1 000mg/m^2(33mg/kg)	VP16(第一天至三天); CTX(第一天)
4	CBP+VP16+DOXO	CBP,560mg/m^2,年龄<1 岁或体重<12kg 则按 18mg/kg 计算;VP16,120mg/m^2(4mg/kg);DOXO,30mg/m^2(1mg/kg)	CBP(第一天); VP16(第一天至三天); DOXO(第一天)

注:NB,神经母细胞瘤;CBP,卡铂;VP16,依托泊苷;CTX,环磷酰胺;DOXO,多柔比星。

表 21-15　中国抗癌协会小儿肿瘤专业委员会中危 NB 化疗具体用药方案

疗程[a]	用药方案	用药剂量	用药时间
1	VCR+CDDP+DOXO+CTX	VCR,1.5mg/m^2,体重<12kg 则按 0.05mg/kg 计算;CDDP,90mg/m^2,体重<12kg 则按 3mg/kg 计算;DOXO,30mg/m^2,体重<12kg 则按 1mg/kg 计算;CTX,1.2g/m^2,体重<12kg,按照 40mg/kg 计算;Mesna,240mg/m^2(4h/次,3 次)	VCR(第一天); CDDP(第二天); DOXO(第四天); CTX(第一天); Mesna(第一天)
2	VCR+CDDP+VP16+CTX	VCR,1.5mg/m^2,体重<12kg 则按 0.05mg/kg 计算;CDDP,90mg/m^2,体重<12kg 则按 3mg/kg 计算;VP16,160mg/m^2,体重<12kg 则按 5.3mg/kg 计算;CTX,1.2g/m^2,体重<12kg 则按 40mg/kg 计算;Mesna,240mg/m^2(4h/次,3 次)	VCR(第一天); CDDP(第二天); VP16(第四天); CTX(第一天), Mesna(第一天)
3	VCR+CDDP+DOXO+CTX	VCR,1.5mg/m^2,体重<12kg 则按 0.05mg/kg 计算;CDDP,90mg/m^2,体重<12kg 则按 3mg/kg 计算;DOXO,30mg/m^2,体重<12kg 则按 1mg/kg 计算;CTX,1.2g/m^2,体重<12kg 则按 40mg/kg 计算;Mesna,240mg/m^2(4h/次,3 次)	VCR(第一天); CDDP(第二天); DOXO(第四天); CTX(第一天), Mesna(第一天)
4	VCR+CDDP+VP16+CTX	VCR,1.5mg/m^2,体重<12kg 则按 0.05mg/kg 计算;CDDP,90mg/m^2,体重<12kg 则按 3mg/kg 计算;VP16,160mg/m^2,体重<12kg 则按 5.3mg/kg 计算;CTX,1.2g/m^2,体重<12kg 则按 40mg/kg 计算;Mesna,240mg/m^2(4h/次,3 次)	VCR(第一天); CDDP(第二天); VP16(第四天); CTX(第一天), Mesna(第一天)

续表

疗程[a]	用药方案	用药剂量	用药时间
5	VCR+CDDP+DOXO+CTX	VCR,1.5mg/m²,体重<12kg则按0.05mg/kg计算;CDDP,90mg/m²,体重<12kg则按3mg/kg计算;DOXO,30mg/m²,体重<12kg则按1mg/kg计算;CTX,1.2g/m²,体重<12kg则按40mg/kg计算;Mesna,240mg/m²(4h/次,3次)	VCR(第一天);CDDP(第二天);DOXO(第四天);CTX(第一天),Mesna(第一天)
6	VCR+CDDP+VP16+CTX	VCR,1.5mg/m²,体重<12kg则按0.05mg/kg计算;CDDP,90mg/m²,体重<12kg则按3mg/kg计算;VP16,160mg/m²,体重<12kg则按5.3mg/kg计算;CTX,1.2g/m²,体重<12kg则按40mg/kg计算;Mesna,240mg/m²(4h/次,3次)	VCR(第一天);CDDP(第二天);VP16(第四天);CTX(第一天),Mesna(第一天)
7	VCR+CDDP+DOXO+CTX	VCR,1.5mg/m²,体重<12kg则按0.05mg/kg计算;CDDP,90mg/m²,体重<12kg则按3mg/kg计算;DOXO,30mg/m²,体重<12kg则按1mg/kg计算;CTX,1.2g/m²,体重<12kg则按40mg/kg计算;Mesna,240mg/m²(4h/次,3次)	VCR(第一天);CDDP(第二天);DOXO(第四天);CTX(第一天),Mesna(第一天)
8	VCR+CDDP+VP16+CTX	VCR,1.5mg/m²,体重<12kg则按0.05mg/kg计算;CDDP,90mg/m²,体重<12kg则按3mg/kg;VP16,160mg/m²,体重<12kg则按5.3mg/kg计算;CTX,1.2g/m²,体重<12kg则按40mg/kg计算;Mesna,240mg/m²(4h/次,3次)	VCR(第一天);CDDP(第二天);VP16(第四天);CTX(第一天),Mesna(第一天)

注:NB,神经母细胞瘤;[a],21d/疗程,下一个疗程开始前中性粒细胞绝对值计数>1×10⁹/L,血小板>70×10⁹/L;VCR,长春新碱;CDDP,顺铂;DOXO,多柔比星;CTX,环磷酰胺;VP16,依托泊苷;Mesna,美司钠。

表 21-16 中国抗癌协会小儿肿瘤专业委员会高危 NB 化疗具体用药方案

疗程[a]	用药方案	用药剂量	用药时间
1	CTX+TOPO	CTX,400mg/m²,体重<12kg则按13.3mg/kg计算;TOPO,1.2mg/m²(可用Irinotecan代替,120mg/m²)	CTX,第一至第五天;TOPO,第一至第五天(Irinotecan,第一至三天)
2	CTX+TOPO	CTX,400mg/m²,体重<12kg则按13.3mg/kg计算;TOPO,1.2mg/m²(可用Irinotecan代替,120mg/m²)	CTX,第一至第五天;TOPO,第一至第五天(Irinotecan,第一至三天)
3	CDDP+VP16	CDDP,50mg/m²,体重<12kg则按1.66mg/kg计算;VP16,200mg/m²,体重<12kg则按6.67mg/kg计算	CDDP,第一至四天;VP16,第一至三天
4	CTX+DOXO+VCR+Mesna+	CTX,2 100mg/m²,体重<12kg则按70mg/kg计算;Mesna,420mg/m²(4h/次,3次);DOXO,25mg/m²,体重<12kg则按0.83mg/kg计算;VCR,年龄<12个月按0.017mg/kg计算,年龄>12个月且体重>12kg按0.67mg/m²,年龄>12个月且体重<12kg则按0.022mg/kg计算,总剂量≤2mg/72h或0.67mg/d	CTX,第一至二天;Mesna,第一至二天;DOXO,第一至三天;VCR,第一至三天
5	CDDP+VP16	CDDP,50mg/m²,体重<12kg则按1.66mg/kg计算;VP16,200mg/m²,体重<12kg则按6.67mg/kg计算	CDDP,第一至四天;VP16,第一至三天

续表

疗程[a]	用药方案	用药剂量	用药时间
6	CTX+DOXO+VCR+Mesna	CTX,2 100mg/m², 体重<12kg 则按 70mg/kg 计算；Mesna,420mg/m²(4h/次,3 次);DOXO,25mg/m², 体重<12kg 则按 0.83mg/kg 计算;VCR,年龄<12 个月按 0.017mg/kg 计算,年龄>12 个月且体重>12kg 则按 0.67mg/m² 计算,年龄>12 个月且体重<12kg 则按 0.022mg/kg 计算,总剂量≤2mg/72h 或 0.67mg/d	CTX,第一至二天；Mesna,第一至二天；DOXO,第一至三天；VCR,第一至三天

注:NB,神经母细胞瘤;[a],21d/疗程,下一个疗程开始前中性粒细胞绝对值计数>1×10⁹/L,血小板>70×10⁹/L;CTX,环磷酰胺;TOPO,托泊替康;Irinotecan,伊立替康;CDDP,顺铂;VP16,依托泊苷;DOXO,多柔比星;VCR,长春新碱;Mesna,美司钠。

(三) 自体外周血造血干细胞移植

自体外周血造血干细胞移植(autologous hematopoietic stem cells transplantation,AHSCT)的实质是超常剂量的强化疗,具有免疫重建快、移植后骨髓抑制恢复快、复发率低等优势,临床上对于改善晚期神经母细胞瘤和难治性神经母细胞瘤的生存率取得良好疗效。按照移植物成分的不同,可将划分为两类:骨髓移植和外周血干细胞移植。前者取患者自身的髂骨骨髓进行移植;后者是在大剂量强化化疗的基础上,加用动员剂如重组人粒细胞集落刺激因子采集并冻存自体外周血干细胞。只要患儿对化疗敏感,心、肝、肺、肾等主要器官功能正常,可耐受超大剂量化疗,都可以进行自体移植。

(四) 维持治疗

维持治疗包括基于深度清除微小残留病变为目的的 GD2 免疫治疗和诱导分化为目的的顺式维 A 酸的维持治疗。

双唾液酸神经节苷脂抗原 GD2 在神经母细胞瘤细胞 100% 高表达,GD2 单克隆抗体药物如达妥昔单抗 β 可与 NB 细胞膜表面过表达的 GD2 特定靶点结合,触发抗体依赖性细胞介导的细胞毒性作用和补体依赖的细胞毒性效应,通过双重免疫机制而发挥抗肿瘤作用,使其成为高危神经母细胞瘤患者最理想的治疗靶点。

13-顺式维 A 酸是一种强分化诱导剂,具有控制细胞分化、增殖和凋亡的能力,它可以诱导神经母细胞瘤分化,达到治疗肿瘤作用。剂量 160mg/(m²·d)[年龄≤12kg,5.33mg/(kg·d)],每天 2 次口服,连续服用 14 天,停 14 天,28 天为一个周期,共 6~9 个疗程,最好与食物同时服用。

(五) 放疗

神经母细胞瘤对放疗敏感,所有高危组患儿均需在强化疗结束后接受原发肿瘤部位、持续存在的转移灶的放疗。紧急放射治疗仅在具有威胁生命和器官的症状并且对化疗没有反应的情况下进行,如出现脊髓压迫症状者对化疗无效或者手术无法改善症状的情况。晚期患者或骨骼已经受到癌细胞破坏的神经母细胞瘤儿童,局部放疗暂时控制肿瘤可减轻疼痛。中危组患儿年龄大于 18 个月,L2 期伴有预后不良病理类型者原发灶需要局部放疗。原发瘤灶放疗剂量 20~36Gy,采用分次照射,单次剂量因患儿年龄而异,最高不超过 1.8Gy。转移灶放疗剂量一般不超过 20Gy。

1. 放疗适应证

(1) 低危 NB,仅有极少病例,当病变复发且无法行手术和化疗或处于肝脾肿大抑制呼吸或脊髓压迫等急症情况下可考虑放射治疗。

（2）中危 NB,放射治疗仅限于手术或化疗后疾病进展或化疗后肿瘤持续残留患儿。

（3）高危 NB,对原发灶瘤床和化疗后持续性转移灶应采用放射治疗以提高局部控制率。

（4）高危 NB 或难治性 NB,造血干细胞移植前联合全身放疗。

2. 放疗靶区　应根据 CT 或 MRI 来确定病变扩展的全部范围,转移病灶的照射野应保留足够的边界。靶区 GTV 为临床影像原发病灶+相邻淋巴结,GTV+2cm 为 CTV。

（1）术后放疗靶区由术前影像学表现和手术医师的手术记录描述共同决定。如影像学检查结果或手术病理诊断证实存在淋巴结转移,则照射野不仅包括原发病灶还要包括引流的淋巴结区域,如照射野必须包括一部分椎体,则应将整个椎体包括在照射野内,以减少发生脊柱侧弯的可能。

（2）>50% 的新诊断患儿在确诊时已发生转移,并可能发生急症状况如眼眶转移造成的视力受损、硬膜外转移引起的脊髓压迫或骨转移造成的严重疼痛。放射治疗可有效缓解骨和软组织转移引起的症状。

1）骨转移:照射范围往往较 X 线平片提示得更广泛。

2）眶内转移:照射范围需包括全眼眶范围。

3）肝转移:照射范围不必包括全肝,应考虑到治疗时的呼吸运动,照射野必须有足够边界。

3. 放疗技术　早期的研究结果都基于二维放射治疗技术,目前适形调强放射治疗 (intensity modulated radiation therapy,IMRT) 已经成为主流,IMRT、质子放疗等放射治疗技术与二维技术比较,可提供更好的靶区适形度,同时显著降低包括肾脏在内的危及器官受量。

4. 放疗剂量

（1）原发灶剂量:目前大多数研究机构认可的放射剂量为 21.6Gy 分 14 次完成（2次/d）,单次剂量 1.54Gy 或 21.6Gy 分 12 次完成（1 次/d）,单次剂量 1.8Gy。对残留肿瘤,局部可推量到 30~36Gy。

（2）特殊转移灶剂量

1）骨转移:给予 6.5~8.5Gy,48 小时内分 1~2 次照射。

2）肝转移:给予 5~10Gy,1~2 周内完成照射。

5. COG 神经母细胞瘤危及器官限量见表 21-17。

表 21-17　COG 神经母细胞瘤危及器官限量

器官	剂量限值
肝脏	接受>9Gy 的体积≤50% 及接受>18Gy 的体积≤25%
对侧肾脏	接受>8Gy 的体积≤50% 及接受>12Gy 的体积≤20%
心脏	所有体积接受的剂量均需 ≤20Gy 及 1/2 的体积接受的剂量需 ≤25Gy
肺	1/3 体积可以接受 ≥15Gy
卵巢	尽可能遮挡;可以考虑转位

九、预后评估和随访

(一) 预后评估

根据原发灶和转移灶的治疗反应分为 6 种状态。

1. 完全反应(complete response,CR)　所有原发灶和转移灶消失。儿茶酚胺及代谢产物恢复到正常水平。

2. 非常好部分反应(very good partial response,VGPR)　原发灶体积减小 90%~99%,所有可测量的转移灶消失,儿茶酚胺及代谢产物恢复到正常水平。^{99m}Tc 骨扫描骨转移灶可以是阳性,但如果行 MIBG 检查,所有病灶均为阴性。

3. 部分反应(partial response,PR)　所有原发灶和可测量转移灶体积减小超过 50%,骨骼阳性病灶的数目下降超过 50%,不超过 1 处的骨髓阳性部位可以接受。

4. 混合性反应(mixed response,MR)　没有新的病灶,任何一个或多个可测量的病灶体积下降超过 50%,同时存在其他任何一个或多个病灶体积下降小于 50%,任何存在病灶的体积增加小于 25%。

5. 无反应(no response,NR)　没有新病灶,任何存在的病灶体积下降小于 50% 或增加小于 25%。

6. 疾病进展(progress disease,PD)　出现新病灶,已存在可测量的病灶体积增加超过 25%,骨髓由阴性转为阳性。

(二) 随访

1. 体格检查和肿瘤标志物检查　第 1 年每 3 个月 1 次,第 2~3 年每 4~6 个月 1 次,第 4~5 年每 6~12 个月 1 次。

2. 原发肿瘤部位及转移瘤灶部位的影像学检查　第 1 年每 3 个月 1 次,第 2~3 年每 4~6 个月 1 次,第 4~5 年每 6~12 个月 1 次。

3. 存在骨髓、骨骼转移者　复查骨髓常规、骨髓残存肿瘤细胞(MRD)第 1~3 年每 3 个月 1 次,第 4~5 年每 4~6 个月 1 次。

4. 存在骨骼转移者　复查骨扫描第 1~3 年每 6 个月 1 次直至正常;如果 MIBG 阳性,则停药 1 年后复查。

5. 脏器功能/远期毒性　血 GFR 评估到停药 2 年和 5 年除外肾损害;应用铂类者进行听力检查到停药 2 年、5 年和 10 年;心电图检查和心脏超声检查:停药后 2 年、5 年和 10 年。

第四节　嗅神经母细胞瘤

一、概述

嗅神经母细胞瘤(olfactory neuroblastoma)有不同的名称,又被称为嗅神经细胞瘤、感觉神经上皮瘤、感觉神经母细胞瘤、感觉神经细胞瘤、神经内分泌癌等,目前最常被接受的术语是嗅神经母细胞瘤。嗅神经母细胞瘤是较为罕见的一种恶性肿瘤,其发病率为 0.4/100 万,仅占所有鼻肿瘤的3%~5%。可发生于任何年龄,10~20岁和50~60岁是两个发病年龄高峰。无性别差异。1924年由Berger等首次报道以来,至1997年全世界共报道1000余例。

嗅神经母细胞瘤确切发病原因至今不明,确切起源存在争议,大多数学者认为来自神经外胚层,发病部位与嗅黏膜的神经上皮细胞分布区一致,包括鼻腔顶部、筛板、筛窦黏膜、上鼻甲和鼻中隔上部。极少数病例原发于蝶窦、上颌窦、鼻咽、蝶鞍、鞍旁、岩尖,一般认为是"异位的嗅神经细胞"。

嗅神经母细胞瘤生物学行为具有多样性,从缓慢生长的惰性生长方式到具有区域和远处转移潜能的高侵袭性行为。由于其罕见性及异质性,目前嗅神经母细胞瘤尚无大样本的前瞻性随机对照研究,导致其诊断和治疗存在诸多争议,尚未形成规范化的诊断及治疗模式。

目前手术、放疗、化疗和姑息治疗是其主要治疗手段,绝大多数学者认为手术联合术后放疗的综合治疗为嗅神经母细胞瘤理想的治疗方案,标准的化疗方案仍处于探索阶段。尽管进行了综合治疗,嗅神经母细胞瘤的复发风险仍然相对较高,局部复发率为29%。嗅神经母细胞瘤往往具有局部侵袭性并向远处转移,约20%~48%的患者出现转移,典型的转移部位是颈部淋巴结、肺和骨组织。

二、临床表现

嗅神经母细胞瘤发病较隐匿,症状与肿瘤侵袭的部位有关,大多数无特征性症状表现,多为息肉样肿物,部分可呈结节状,质地偏脆易出血。好发部位有鼻顶、鼻中隔后上方、筛状板和上鼻甲,并可延伸至颅底和颅内空间。多数肿瘤生长缓慢,早期多无明显异常,易与鼻炎、感冒症状混淆。多数患者就诊时病变已累及鼻窦。头痛是发病后最常见的症状,其次是单侧鼻塞和鼻出血。肿瘤进展至后期,随着对周围组织的压迫加重,上述症状会逐渐加重,嗅觉减退或丧失对诊断有提示作用。此外,由于肿瘤的局部扩散与快速广泛的转移,患者会出现其他临床特征如溢泪、眼球突出(浸润眼眶管)、视力障碍、脑神经麻痹(浸润到颅孔和大脑)、颈部肿胀(浸润颈部淋巴结)和其他远处转移症状。极少数病例还会伴随内分泌异常,主要为抗利尿激素分泌异常和库欣综合征。

三、辅助检查

(一)化验室检查

1. 血常规检查　血常规可表现为正常或轻度贫血。
2. 血生化检查　肝肾功能、电解质等。
3. 凝血功能　包括PT、APTT、FIB、D-二聚体等。

(二)影像学表现

影像学检查对本病的诊断与分期具有重要意义。MRI和CT可确定肿瘤的大小、侵犯范围以及与周围血管或神经的关系,同时可以早期发现肿瘤的复发,为临床治疗方案的制订提供必要的参考依据。

1. CT　CT主要表现为鼻腔顶部和筛窦软组织肿块影,破坏和侵及周围结构,增强后可有强化,冠状位及轴位CT可较好显示病灶及周围结构受累情况,尤其在显示病灶及骨质破坏方面优于 MRI,增强 CT 能清晰显示淋巴结转移。

2. MRI　MRI 能早期发现细微深部病变,且不受骨伪影影响,能清晰反映出肿瘤对鼻腔、鼻旁窦、眼眶、颅底及颅内各结构的侵犯程度,表现为在 T_1WI 主要与肌肉等信号,稍低于灰质信号,在 T_2WI 以稍高信号为主,由于肿瘤有小片状坏死、钙化甚至成骨,使其信号不均,可夹杂斑片状更高信号或点状条状低信号,在 T_2WI 脂肪抑制序列可很好区分肿瘤原发灶和转移淋巴结,增强扫描亦可发现有无脑膜浸润。

3. PET/CT　PET/CT 很少用于嗅神经母细胞瘤的诊断,可以通过功能成像与解剖成像融合大大提高微小病变的检出率,较早发现肿瘤的远处转移,在精准判断肿瘤临床分期和监测肿瘤复发和转移等方面具有重要作用。

(三) 鼻内窥镜检查

鼻内窥镜检查可以发现肿瘤位置并可进行活检取得病理组织。

四、病理学特征

(一) 组织来源和病因

嗅神经母细胞瘤作为一种恶性神经外胚叶组织肿瘤,可能起源于嗅膜的神经上皮成分或嗅基板的神经外胚叶成分,但由于嗅神经母细胞瘤的多向分化特性,其确切细胞起源一直有争议,目前大多数观点支持嗅神经母细胞瘤是嗅上皮基底细胞发生。嗅神经上皮是一种独一无二的嗅觉感觉器官,且嗅神经在人的一生中不断更替。嗅神经上皮是由嗅细胞、支持细胞和基底细胞 3 种细胞组成。基底细胞作为嗅上皮内的干细胞,具有分化成嗅细胞和支持细胞的潜能,这些干细胞不同于嗅神经细胞,表现为从基膜到上皮表面的进行性成熟过程。分子生物学标记及 PCR 技术证实,嗅神经母细胞瘤是由未成熟的嗅神经而不是成熟的嗅神经发展来的。目前该病的病因学不明。

(二) 形态学特征

肉眼观,肿瘤组织呈灰红色,富含血管,呈息肉状,质地较软、脆,触之易出血。细胞形态学上兼具有神经上皮瘤和神经母细胞瘤的特征,且彼此之间可移行分布。多数肿瘤细胞大小形态一致,呈小圆形或小梭形,胞质稀少,核膜不清,具有显著的纤维状和网状背景,与其他神经源性肿瘤相似,可见 Homer-Wright 型假菊形团或 Flexner Wintersteiner 型真菊形团,丰富的含血管的间质将细胞分割成细胞团结构。一些瘤细胞体积较大,胞质丰富,排列成实性巢索状,呈上皮样特征。

(三) 病理学分型与分期

1. Berger 从组织学上将嗅神经母细胞瘤分为 3 个亚型。

(1) 嗅神经上皮瘤型:有真菊形团形成。

(2) 神经母细胞瘤型:有假菊形团形成。

(3) 嗅神经细胞瘤型:无真、假菊形团形成。

2. Hyams 分级系统　1988 年 Hyams 提出一种包含肿瘤生物因素和组织病理分期的分期系统(表 21-18),将肿瘤分为 4 级,该分级更符合临床,成为治疗的重要参考,对预后也具有指导意义。值得注意的是在任何一级肿瘤中都可以出现异向分化的组织细胞而形成混合的形态特点。

表 21-18　嗅神经母细胞瘤的 Hyams 分级

病理特征	1 级	2 级	3 级	4 级
小叶结构	存在	存在	可无	可无
核分裂象	无	可见	较多	明显
核多形性	无	较明显	明显	显著
菊形团	可见假菊形团	可见假菊形团	可见真菊形团	罕见
坏死	无	无	偶有	常见
钙化	可有	可有	无	无

（1）1级：肿瘤组织分化最好，其特征为明显的小叶结构，可见含大量血管的纤维间质，瘤细胞分化好，形态一致，胞核呈小圆形，无核分裂象，胞质稀少，瘤细胞间无明显的界限，神经原纤维基质背景明显。Homer-Wright 型假菊形团常见，无坏死，可见不同数量的钙化。

（2）2级：肿瘤组织有小叶结构、含血管的纤维基质，但是神经原纤维成分较Ⅰ级少见，细胞核出现异型性，可见散在的核分裂象，仍可见到假菊形团及不同程度的钙化。

（3）3级：肿瘤组织仍有小叶结构及血管间质，瘤细胞核分裂活性更明显以及可见到核间变，神经原纤维物质较少见到，可见到 Flexner-Wintersteiner 型真菊形团及局部坏死，无钙化灶。

（4）4级：肿瘤分化最差，小叶结构不明显，瘤细胞分化原始，核异型，常伴有明显的嗜酸性核仁，核分裂活动增多包括病理性核分裂象，胞质不明显。菊形团罕见，无钙化灶，坏死常见。

（四）免疫组化

由于嗅神经母细胞瘤具有多向分化及不同分化程度的特征，免疫组化结果多样、复杂，免疫组化染色神经源性标记及上皮源性标记可有不同程度的表达。

1. 神经元特异性烯醇化酶（NSE）　NSE 阳性是本瘤的主要特征，阳性率可达 100%，虽然其特异性不强，但是多数学者依然认为 NSE 对于嗅神经母细胞瘤具有不可替代的诊断价值。

2. 神经丝蛋白（NF）　在神经母细胞瘤的阳性表达率并不高，有明显差异。

3. S-100 蛋白　广泛存在于间叶源性细胞和淋巴造血组织中，在嗅神经母细胞瘤中通常呈分散、外周性的表达，着色于周边的支持细胞及神经丝束。

4. 嗜铬粒蛋白 A（chromogranin A，CgA）和突触素（synapsin，Syn）　CgA 和 Syn 是神经源性和神经内分泌肿瘤特异且广谱的标志物，CgA 的表达与细胞内神经内分泌颗粒有关，分化差的肿瘤阳性表达率低，当 CgA 表达比较低时，提示该肿瘤的低分化特性；Syn 是一种突触前酸性转膜蛋白，与肿瘤的分化程度无关，但其敏感性优于 NF 和 CgA，更具特异性。

总之，神经和神经内分泌的标志物中 NSE 最为敏感，应作为嗅神经母细胞瘤诊断的必备条件之一，而 Syn、S-100、NF 和 CgA 等具有支持诊断的价值，其阳性表达率普遍较低，但阴性结果不能排除该病的诊断。

五、临床分期

临床分期包括 Kadish 分期系统和 TNM 分期系统,其中 Kadish 分期系统应用最广泛,Kadish 分期系统对于 2 年和 5 年生存率及复发具有重大的预见性,而对 10 年生存率则预见性不强。有研究调查发现,所有复发的患者均原发于 C 期,提示 A、B 期较 C 期具有较高的生存率及较低的复发率。

(一) Kadish 分期系统

Kadish 等于 1976 年首次提出嗅神经母细胞瘤的临床分期系统,根据肿瘤侵犯范围,将嗅神经母细胞瘤分为 A、B、C 三期。

A 期:肿瘤局限于鼻腔。

B 期:肿瘤侵犯鼻腔周围结构。

C 期:肿瘤超出鼻腔及周围结构(包括侵及筛板、眼眶、颅底、颈部淋巴结转移和远处转移)。

(二) Kadish 改良分期系统

Foote,Morita 等 1992 年提出 Kadish 改良分期系统(表 21-19),将嗅神经母细胞瘤分为 A、B、C、D 四期,对临床治疗和判断预后更有指导意义。

A 期:肿瘤局限于鼻腔。

B 期:肿瘤侵犯鼻腔周围结构。

C 期:肿瘤超出鼻腔周围结构(包括侵及筛板、眼眶、颅底)。

D 期:颈部淋巴结转移或远处转移。

表 21-19　嗅神经母细胞瘤 Kadish 改良分期系统

分期	临床特点
A 期	肿瘤仅局限于鼻腔
B 期	肿瘤侵及鼻旁窦
C 期	肿瘤超过鼻腔及鼻旁窦
D 期	远处转移

(三) TNM 分期系统

T_1:肿瘤累及鼻腔和/或鼻窦(不包括蝶窦),但筛窦最上筛小房未受侵。

T_2:肿瘤累及鼻腔和/或鼻窦(包括蝶窦),有筛板侵及或破坏。

T_3:肿瘤侵入眼眶内或突入颅前窝,未累及硬脑膜。

T_4:肿瘤侵入脑内。

N_0:无颈部淋巴结转移。

N_1:任何形式的颈部淋巴结转移。

M_0:无远处转移。

M_1:有远处转移。

六、治疗

由于嗅神经母细胞瘤发病罕见及肿瘤的异质性,目前嗅神经母细胞瘤诊断和治疗存在诸多争议,争议焦点集中在手术方式、放射治疗价值、颈部淋巴结的预防治疗。手术、放疗、化疗和姑息治疗是其主要治疗手段,绝大多数学者认为手术联合术后放疗的综合治疗是嗅神经母细胞瘤最佳的治疗方案,化疗的最佳方案存在争议和探索中。该病化疗有效,但作用不确切,须巩固治疗。对于儿童期复发患者,挽救治疗以手术加化疗为主。

一般认为:A 期,低级别者可单纯手术,高级别者手术+放疗;B 期,手术+放疗±化疗;C 期和仅有颈部淋巴结转移的 D 期,术前放化疗+手术;有远处转移的患者采用姑息性放化疗。

影响预后的因素包括 Hyams 组织学分级、Kadish 改良分期系统、淋巴结受累、远处转移、治疗方式和年龄、手术切缘状态、*TP53* 过表达、Ki-67 增殖指数等。研究显示 Hyams 分级和 Ki-67 增殖指数是嗅神经母细胞瘤的独立预后因素。国外资料显示,A、B 期嗅神经母细胞瘤的 5 年、10 年总生存率均为 91%。国内资料显示,A、B 期嗅神经母细胞瘤的 5 年总生存率分别为 100%、88.9%。分期越早,预后越好。但是嗅神经母细胞瘤一经诊断往往一半以上处于 C 期,所以早诊早治是提高其 5 年生存率的关键。

(一) 手术

早期 A、B 期的嗅神经母细胞瘤首选手术,特别是 A 期且低级别肿瘤,N_0 患者是否做颈部淋巴结清扫尚有争议,大多数研究建议颈部淋巴结转移患者应进行颈部淋巴结清扫。手术的优点是可以将大部分甚至全部的肿瘤切除,不仅可以立即改善由于肿瘤压迫引发的一系列症状,还能极大程度地改善患者的预后,更好地评估肿瘤分期分型、保护大脑组织和神经功能。目前公认的手术方式是经开颅和鼻内镜下颅面外科手术切除肿瘤组织。

由于嗅神经母细胞瘤具有沿颅底孔、管、裂、缝和神经向颅内侵犯,以及随血液、淋巴转移至颅内的特性,鼻内和颅底的安全界线很难确定。一项研究表明,单纯手术治疗 B 期和 C 期患者中位生存期为 88 个月,而手术及术后放疗或放化疗患者的中位生存期为 219 个月。所以目前认为,经颅切除术联合放疗被认为是治疗嗅神经母细胞瘤的金标准。手术联合放疗的疗效优于单纯手术。

(二) 放疗

嗅神经母细胞瘤对放疗中度敏感,因此放疗是重要辅助治疗手段。为提高疗效,减少复发,所有患者术后均应辅助以放疗,特别是对于局部晚期病例(Kadish C、D 期)或切缘阳性病例。但是,放疗的时机、放疗剂量、剂量分割方式、靶区范围以及颈部淋巴结预防照射与否目前没有统一指南或专家共识参考。

1. 放疗适应证 所有期别的嗅神经母细胞瘤均可适用于放疗。单纯根治性放疗适用于年老体弱、合并器官功能障碍不能耐受手术或不愿意接受手术治疗者。Broich 等复习文献发现 165 例单纯放疗者的 5 年生存率为 53.9%。

2. 放疗时机 术前放疗可以减少肿瘤负荷,提高切除率。术后放疗可以提高肿瘤局部控制率和 5 年生存率,降低局部复发率和远处转移率。对做了硬脑膜成形术的患者,至少应于术后 8 周才开始放疗,以避免颅内并发症。

3. 放疗技术 由于嗅神经母细胞瘤周围危及器官较多,优选三维适形调强放疗技术。质子和重离子束放疗可利用布拉格峰规避周围正常组织,在儿童和放疗后复发患者有一定优势。立体定向放射外科技术常用于复发患者的放疗。

4. 放疗靶区范围 主要包括整个鼻腔、筛窦、上颌窦、蝶窦以及额窦,有淋巴结转移者还应包括相应的颈部淋巴结引流区。

5. 放疗剂量 一般采用常规剂量分割,单纯根治性放疗剂量 60~70Gy,术前放疗剂量 40~45Gy,术后放疗 50~70Gy,总剂量≥60Gy 的大野照射可取得较好的肿瘤局部控制率。

6. 颈部预防性照射 多数文献报道,颈部淋巴结转移是嗅神经母细胞瘤最常见的转移部位,其中Ⅱ区、Ⅰ区、Ⅲ区以及咽后淋巴结区域是淋巴结转移的好发部位,认为对无颈部淋巴结转移的晚期嗅神经母细胞瘤患者给予双侧上半颈部预防性照射是必要的,是预防颈部转移的有效方法,预防剂量为 46~50Gy。

7. 危及器官限量 嗅神经母细胞瘤多发生于鼻腔鼻窦部位,其放疗危及器官涉及眼球、晶体、脑干、视神经、视交叉、脊髓等正常组织和器官,危及器官的保护同鼻咽癌的放疗。

(三) 化疗

化疗在嗅神经母细胞瘤的治疗中多为辅助治疗,以前主要用于无法切除的、复发的或有远处转移的患者,目前逐渐成为综合治疗的一部分用于进展期(如 C 期和 D 期)的患者。近年来局部晚期的患者采用新辅助化疗的报道逐渐增多,术前同步放化疗可减少肿瘤负荷,提高肿瘤完全切除率。有研究发现 Bcl-2 阳性表达者的化疗敏感性较阴性表达者高,标准的化疗方案仍处于探索阶段。

常用的化疗包括环磷酰胺、长春新碱、多柔比星及 EPI(顺铂+依托泊苷+异环磷酰胺)方案。化疗的治疗效果仍不清楚,但能够改善病理分级高的 ENB 的预后,现多用于新辅助治疗和复发或出现远处转移的姑息性治疗。以铂类(如顺铂、卡铂)为基础的化疗相较于其他不含铂类的化疗方案可推迟肿瘤的复发时间,延长患者生存期。

第五节 视网膜母细胞瘤

一、概述

视网膜母细胞瘤(retinoblastoma,RB)是儿童最常见的眼内恶性肿瘤,肿瘤细胞起源于胚胎视网膜细胞,也可能来源于神经元、神经胶质细胞或视网膜祖细胞。视网膜母细胞瘤发病率占儿童肿瘤的 2%~3%,2/3 的患者 3 岁以内发病,70%~80% 为单眼发病,20%~30% 为双眼发病。新生儿视网膜母细胞瘤的发生率为 1/20 000~1/15 000。全世界每年大约有 9 000 例新增患者。我国每年新增患者约为 1 100 例,且 84% 为眼内晚期高风险患者。

视网膜母细胞瘤是一种独特的肿瘤,*RB1* 基因突变是其重要的发病机制,约 80% 的患者可发现 *RB1* 基因突变,此外 RB 蛋白表达降低、缺失或 RB 通路异常均可能导致视网膜母细胞瘤的发生、发展。视网膜母细胞瘤主要有两类临床表型:遗传型和非遗传型。40% 的视网膜母细胞瘤属于遗传型,由患病或基因携带父母遗传所致,或正常父母生殖细胞突变导致,为常染色体显性遗传,临床多表现为双眼病变或多灶病变。60% 的视网膜母细胞瘤属于非遗传型,系患者视网膜细胞发生突变所致,临床多表现为单眼或单灶病变。在双眼患病,可先发于一侧眼,数月后再在另一侧眼发生。

视网膜母细胞瘤发病率尚未发现地区、种族、性别等差异,但在世界范围内其病死率和眼球保存率差距显著。在美国和欧洲等发达国家,生存率已超过 95%,而我国整体中、晚期患者比例大、生存率约 75%,眼球保存率更低,不到 50%。对于晚期患者,即使摘除眼球,肿瘤仍有较大概率沿视神经向颅内蔓延甚至眼外转移导致死亡。提高早诊早治率,推广规范化治疗,才能从根本上提高疗效。

视网膜母细胞瘤如不治疗,肿瘤继续生长通常会充盈整个眼球,并完全破坏眼球内部结构。通过视神经侵袭是最常见播散途径,肿瘤沿神经纤维束到视交叉或通过软脑膜浸润到蛛网膜下腔,累及脑脊液、脑及脊髓。第二个主要播散通路是通过脉络膜大量受累,经巩膜进入眼眶或通过巩膜直接扩展。若眼内肿瘤不处理,通常 6 个月内向眼外扩展,如不及时治疗,由于它的高度恶性,死亡率高达 99%。

视网膜母细胞瘤总体治疗策略是以化疗为主的综合治疗,涉及眼外科、儿科、放射介入科、放疗科等多个学科,如何根据患者的临床特点和肿瘤生物学特征,合理有效地采用化疗、动脉介入、局部治疗和手术等措施,实现治疗的"个体化"和"精准化",从而提高生存率和保眼球率,是临床所面临的挑战。2019 年国家卫生健康委员会发布《儿童视网膜母细胞瘤诊疗规范(2019 年版)》。

二、临床表现

由于绝大多数患者是婴幼儿患者,早期不易被家长注意。

(一) 白瞳征

俗称"猫眼",即瞳孔可见黄白色反光。肿瘤发展到眼底后极部,经瞳孔可见黄白色反光,如猫眼样的标志性白瞳征,是视网膜母细胞瘤最常见的表现。

(二) 斜视

患眼可因肿瘤位于后极部,视力低下,而发生知觉性斜视。

(三) 继发青光眼

因高眼压疼痛,患儿哭闹才被发现就医。

(四)"三侧"视网膜母细胞瘤

指同时存在双眼视网膜母细胞瘤和不同期颅内肿瘤的联合疾病,占所有双眼视网膜母细胞瘤的 10% 以下。大多数颅内肿瘤为松果体区 PNET(松果体母细胞瘤),其中有 20%~25% 的肿瘤位于蝶鞍上或蝶鞍旁。三侧视网膜母细胞瘤的诊断中位年龄为 23~48 个月,而双侧视网膜母细胞瘤诊断和脑肿瘤诊断之间的间隔时间一般为 20 个月以上。

(五) 13q 综合征

一小部分双侧患者(5%~6%)存在 13q14 片段缺失,患者表现典型面部畸形特征、细微骨骼异常及不同程度的智力迟钝和运动障碍的表现;还可表现其他畸形特征,如:耳垂前倾且较厚、前额高宽阔、人中突出和鼻子较短等。另有部分患者出现叠指/趾、小头畸形和骨骼成熟延迟。

三、辅助检查

(一) 眼底检查

一旦怀疑视网膜母细胞瘤,要尽快进行眼底检查(全麻或局麻下扩瞳),眼底检查整个视网膜,视网膜上可见到白色、淡黄色或淡红色肿块,血供丰富。肿瘤细胞脱落至玻璃体内,生长成散在白色颗粒。初次眼底检查后对视网膜母细胞瘤进行分期。

(二) 超声

B 超显示玻璃体内弱回声或中强回声光团,与眼底光带相连,多见强回声钙化斑。也可见眼底光带不均匀增厚,呈波浪形或"V"形。少数患者可伴有视网膜脱离。彩色多普勒超声成像检查可见瘤体内与视网膜血管相延续的红蓝伴行的血流信号。

(三) CT

CT 检查多用于初诊时,可发现眼内高密度肿块、肿块内钙化灶、视神经增粗、视神经孔扩大等。CT 检查对于眶骨受侵更敏感。当视网膜脱离时,CT 有助于鉴别视网膜母细胞瘤或其他非肿瘤病变如 Coats 病。

(四) MRI

多于眼后极部见类圆形结节样病灶,T_1WI 为等信号或稍低信号,T_2WI 为中信号或稍低及稍高混杂,增强扫描为轻度或中度强化。DWI 显示病灶为显著高信号。头部和眼眶的 MRI 可以评估是否有视神经和眼外受累,以及"三侧性 RB",同时可排除异位性颅内 RB、排除颅内肿瘤(如松果体母细胞瘤和异位性颅内视网膜母细胞瘤)。

(五) 脑脊液及骨髓

腰穿脑脊液细胞学检查和骨穿抽吸细胞学检查用于判断患者是否出现中枢神经系统及全身转移。视网膜母细胞瘤仅局限于视网膜,而没有视神经侵犯或者眼眶外扩展,则可不做常规腰穿或骨穿检查。如有远处转移迹象,应予以骨扫描和骨平片检查。

(六) 病理

病理学检查依然是诊断金标准,但是视网膜母细胞瘤诊断更多是依据临床特点和影像学检查,一般不进行穿刺活检,只有晚期患者或对治疗不敏感的患者,才行眼球摘除术,对于切除眼球的术后标本应给予规范的病理制片和诊断。完整的病理诊断信息需包括肿瘤性质、大小、周围侵犯及切缘情况(视盘、筛板、筛板后视神经有无肿瘤侵犯及侵犯范围、视神经切端及鞘间隙受累情况、脉络膜侵犯及侵犯范围、巩膜导管受累情况、眼前节受累情况、虹膜表面新生血管的有无等),结合免疫组化、分子检测和基因检测等进行明确的病理诊断。

(七) 实验室检查

血常规、尿常规、粪常规、肝肾功能、凝血功能等,这些检查是患者整体状况评估、治疗方案制订所必需的,因绝大多数患者都需要化疗,故骨髓造血功能、肝肾功能检测非常重要。

四、诊断标准

通常,无需病理确认即可临床诊断眼内视网膜母细胞瘤。在全身或局部麻醉巩膜压迫器下的散瞳眼底检查可以检查全部视网膜,B 超检查对于临床诊断有重要意义,CT 可见肿瘤内钙化,MRI 均可显示肿瘤的位置、形状、大小及眼外蔓延情况。约 10%~15% 的患者可以发生肿瘤转移,其眼内常出现典型组织学特征,如侵入深脉络膜和巩膜或虹膜受累或睫状体受累或视神经受累越过筛板。须对这类患者行检查和再分级,检查手段包括骨扫描、骨髓穿刺活检及腰穿。

五、分期和分级

肿瘤分期对于治疗方案的设计、治疗反应的评估、预后的判断具有重要意义。视网膜母细胞瘤的分期标准也随着对疾病认识的加深不断细化。最初根据临床过程分为眼内期、青光眼期、眼外期和全身转移期。这种分期较为粗略。

20 世纪 60 年代,Resse 和 Ellsworth 首次根据肿瘤的位置、数量、大小将视网膜母细胞瘤分为 5 个大组、10 个亚组,称之为 R-E 分级,用于评估预后(表 21-20)。

表 21-20 视网膜母细胞瘤 R-E 分级

分类	亚类	肿瘤表现	预后
I 组	I a	单个肿瘤位于赤道或赤道后,大小为<4DD(6mm)	很好
	I b	多发性肿瘤位于赤道或赤道后,大小均<4DD(6mm)	很好
II 组	II a	单个肿瘤位于赤道或赤道后,大小为 4~10DD(6~15mm)	良好
	II b	多发性肿瘤位于赤道后,大小为 4~10DD(6~15mm)	良好
III 组	III a	任何位于赤道前的肿瘤	可疑
	III b	单个肿瘤位于赤道后,大小为>10DD(15mm)	可疑
IV 组	IV a	多发性肿瘤,有些>10DD(15mm)	不良
	IV b	任何扩大到锯齿缘的病灶	不良
V 组	V a	肿瘤范围超过一半视网膜	差
	V b	肿瘤玻璃腔内播散	差

注:DD,视盘直径(1.5mm)。

2005 年,Linn 提出眼内期视网膜母细胞瘤国际分期(international intraocular retinoblastoma classification,IIRC),将眼内期视网膜母细胞瘤分为 A~E 共 5 期,这是目前应用最广泛的分期标准,用于预测化学治疗联合局部治疗的效果和评估疾病预后(表 21-21)。

表 21-21 眼内期视网膜母细胞瘤国际分期(IIRC)

A 期

小肿瘤,距离小凹和视盘距离较远

肿瘤最大直径≤3mm(2DD),局限于视网膜,距离小凹至少 3mm,距离视盘至少 1.5mm

B 期

除 A 期之外所有局限于视网膜的肿瘤

视网膜下积液和肿瘤基底的距离≤3mm(无视网膜下种植)

续表

C 期

视网膜下局部积液或种植

单个视网膜下局部积液距肿瘤>3mm 且≤6mm

玻璃体种植或视网膜下种植距肿瘤≤3mm

D 期

弥散性视网膜下积液或种植

单个视网膜下局部积液距肿瘤>6mm

玻璃体种植或视网膜下种植距肿瘤>3mm

E 期

出现任何或更多下述预后不良因素

肿瘤体积占据眼球 2/3 以上

眼前节肿瘤

睫状体内或上的肿瘤

虹膜新血管形成

新生血管性青光眼

出血致屈光介质混浊

肿瘤坏死,伴无菌性眼眶蜂窝织炎

眼球萎缩

注:DD,视盘直径(1.5mm)。

2016 年美国癌症联合委员会(American Joint Committee on Cancer,AJCC)发布了第 8 版 TNM 分期,提出了临床分期和病理分期(表 21-22,表 21-23)。最新版 TNM 分期结合 IIRC 对眼内期肿瘤原发病灶和播散情况进行的分类,包括肿瘤的眼眶浸润、淋巴结转移、视神经转移和血行转移等眼外期进展情况。

表 21-22 AJCC 第 8 版 TNM 临床分期

原发肿瘤的分期(cT)	
cT_x	不确定眼内是否存在肿瘤
cT_0	眼内没有发现肿瘤存在
cT_1	视网膜内肿瘤,肿瘤基底部视网膜下积液范围≤5mm
cT_{1a}	肿瘤直径≤3mm 且距离黄斑视盘距离>1.5mm
cT_{1b}	肿瘤直径>3mm 或距离黄斑视盘距离>1.5mm
cT_2	眼内肿瘤合并视网膜脱离,玻璃体种植或视网膜下种植
cT_{2a}	肿瘤基底部视网膜下积液范围>5mm
cT_{2b}	肿瘤合并玻璃体种植或视网膜下种植
cT_3	眼内晚期肿瘤
cT_{3a}	眼球萎缩

cT_{3b}	肿瘤侵及睫状体平坦部、睫状体、晶状体、悬韧带、虹膜或前房
cT_{3c}	眼压升高合并新生血管或牛眼
cT_{3d}	前房积血或合并大范围玻璃体积血
cT_{3e}	无菌性眼眶蜂窝织炎
cT_4	眼外肿瘤侵及眼眶和视神经
cT_{4a}	影像学证据显示球后视神经受累，或视神经增粗，或眶内组织受累
cT_{4b}	从临床检查发现明显的突眼或眶内肿瘤
淋巴结转移的定义（cN）	
cN_x	局部淋巴结没有进行检查
cN_0	局部淋巴结没有受累
cN_1	临床证实耳前、颌下及颈部淋巴结受累
远处转移的定义（cM）	
cM_0	没有任何颅内及远处转移的症状和体征
cM_1	存在远处转移但没有显微镜检查证实
cM_{1a}	临床及影像学检查显示肿瘤侵犯了很多组织器官（如骨髓、肝脏等）
cM_{1b}	影像学检查显示肿瘤侵犯了中枢神经系统（不包括三侧视网膜母细胞瘤）

表 21-23 AJCC 第 8 版 TNM 病理分期

原发肿瘤的分期（pT）

pT_x	未知的眼内肿瘤的证据
pT_0	没有眼内肿瘤的证据
pT_1	眼内肿瘤没有任何局部侵犯：局灶性脉络膜侵犯，或视神经乳头的前或内层受累
pT_2	眼内肿瘤伴局部浸润
pT_{2a}	伴随的局灶性脉络膜侵犯或视神经乳头的前或筛板间受累
pT_{2b}	肿瘤侵犯虹膜、小梁网和 Schlemm 管
pT_3	眼内肿瘤伴明显的局部侵犯
pT_{3a}	脉络膜侵犯（直径>3mm 或多发脉络膜浸润总直径>3mm 或全层脉络膜浸润）
pT_{3b}	视盘浸润，未累及视神经横切端
pT_{3c}	任何累及巩膜的部位超过其内层 2/3
pT_{3d}	侵犯巩膜外层 1/3
pT_4	有眼球外肿瘤的证据：位于视神经断端，视神经周围脑膜腔内，侵犯全层巩膜，侵犯相邻的脂肪组织，眼外肌，骨骼，结膜或眼睑。
淋巴结转移的定义（pN）	
pN_x	区域性淋巴结无法评估
pN_0	无区域淋巴结浸润
pN_1	有区域淋巴结浸润

续表

远处转移的定义（pM）
pM₁ 显微镜下证实的远处转移
pM₁ₐ 病理证实的肿瘤远处转移（骨骼、肝脏等）
pM₁ᵦ 病理证实的脑脊液或中枢神经系统的肿瘤转移

远处转移的定义（pM）

pM$_1$ 显微镜下证实的远处转移

pM$_{1a}$ 病理证实的肿瘤远处转移（骨骼、肝脏等）

pM$_{1b}$ 病理证实的脑脊液或中枢神经系统的肿瘤转移

六、治疗

视网膜母细胞瘤的治疗原则是在保存患儿生命的基础上，尽可能挽救患儿眼球和视力，提高生存质量和生存率。治疗策略和方案是以肿瘤的临床分期、分级为基准的综合治疗。同时依据患者的具体情况、医院的设备、医师的技术经验等，实行个体化治疗方法。

原则上有转移风险的，选择眼球摘除术。治疗需考虑的因素包括单侧或双侧疾病、保留视力的可能性及眼内和眼外分期情况。眼内期视网膜母细胞瘤的一般治疗原则：A 期、B 期患者，行局部治疗（激光或冷冻治疗）；C 期、D 期患者行化学治疗联合局部治疗，再用局部治疗控制残留病灶；E 期无临床高危因素患者是保眼球还是摘眼球，临床仍然存在争议，在密切观察治疗反应的前提下，可以先采用化学治疗联合局部治疗保眼球，一旦发现治疗效果不佳，尽快摘除眼球；E 期伴有临床高危因素患者，行眼球摘除术，术后辅以放化疗。

（一）化疗

化疗用于眼内期和眼外期或眼球摘除术后具有病理高危因素视网膜母细胞瘤的常规治疗，依据其给药途径，分为 3 种：静脉化疗、动脉化疗和玻璃体腔内化疗。

眼球摘除术后患者伴有病理高危因素需给予辅助化疗。病理高危因素包括肿瘤侵及前房、视神经和脉络膜，其中，肿瘤侵及脉络膜分为以下几种情况：①脉络膜显著侵犯，肿瘤侵袭病灶的最大直径（厚度或宽度）≥3mm；②任何程度的脉络膜和视神经受累；③筛板后视神经受累（断端阴性）；④巩膜受累（未穿透）；⑤单独前节受累（睫状体和/或虹膜侵袭）。这部分患者仍应给予 VEC 方案治疗。

眼球摘除术后不伴有病理高危因素的患者，不建议化疗，包括：①单独局限性脉络膜侵犯，肿瘤病灶直径（厚度或宽度）小于 3mm 且未到达巩膜；②单独筛板前视神经侵犯；③局限性脉络膜侵犯和筛板前视神经侵犯。

1. 静脉化疗 目前采用的标准方案是长春新碱+依托泊苷+卡铂三联方案（VEC 方案）。长春新碱：0.05mg/kg（适用于<3 岁）或 1.5mg/m²（适用于≥3 岁最大 2mg），第 1 天，静脉注射。卡铂（CBP）：18.6mg/kg（适用于<3 岁者）或 560mg/m²（适用于≥3 岁者），第 1 天，静脉滴注。依托泊苷（VP16）：5mg/kg（适用于<3 岁者）或 150mg/m²（适用于≥3 岁者），第 1、2 天，静脉滴注。VEC 方案具有良好的眼内通透性。化疗间隔 21~28 天，至少 6 疗程。2 疗程后肿瘤缩小，网膜下积液减轻，可以联合局部治疗。

2. 动脉化疗 指利用导管导丝，经股动脉-颈内动脉-眼动脉直接将化疗药物灌注至眼内，所用药物临床证实有显著疗效的主要为美法仑、卡铂和托泊替康。一般每 3~4 周 1 次，共 2~4 次。相较于静脉化疗，动脉化疗更具有"精准性"，肿瘤局部药物浓度高，杀伤效果强，而药物用量减少，全身不良反应也明显减轻。关于静脉化疗和动脉化疗疗效的优劣性仍有争论,考虑到动脉化疗技术难度和经济成本较高,如何选择还要结合当地的医疗条件和经济情况。

3. 玻璃体腔内化疗 指将化疗药物直接注入玻璃体腔内,适用于伴有玻璃体肿瘤播散种植的患者。这类患者往往对静脉化疗不敏感,注射的药物主要为美法仑,主要不良反应是眼内毒性,反复玻璃体腔内注射会增加肿瘤细胞眼外播散的风险。

(二)放疗

1. 外放疗 视网膜母细胞瘤是高度放射敏感的肿瘤,局部放疗效果好。但是放疗容易引起严重的颜面部发育障碍、畸形、放射性视网膜病变、放射性可诱发第二恶性肿瘤等并发症,故一般用于其他治疗失败后或肿瘤病灶大而不能完全手术摘除眼球的患者。目前外放疗常用直线加速器的 X 线或电子线治疗,放疗技术为三维适形调强技术,适用于整个眼球受累的患者及保留眼球或治疗眼眶外、中枢神经系统及其他部位转移性病变。放疗总剂量45~50Gy,分次照射,单次放疗剂量不超过 2.0Gy。放疗过程中,应注意最大程度减少患者正常组织的照射剂量,避免和减少放疗的远期并发症。

2. 近距离放疗 巩膜敷贴放疗,将放射源置于毗邻肿瘤的巩膜表面,常用的放射性核素有碘-125 和铱-192。适用于较小的肿瘤,一般基底部不超过 15mm,厚度不超过 10mm,或者早期 A、B 期患者。照射总剂量为 45~50Gy。副作用一般局限于眼部,白内障和放射性视网膜视神经病变最常见。

(三)局部治疗

局部疗法适用于小肿瘤(小于 3~6mm),多用于双侧疾病患者,常需要同时配合全身化疗。

1. 光凝治疗 适用于赤道后体积较小的肿瘤,主要是 A、B 期患者。临床采用的激光波长 532nm、810nm 和 1 064nm,利用激光的热凝固作用杀死肿瘤细胞,3~4 周后可以重复。

2. 冷凝治疗 适应证与光凝治疗相似,更适合于赤道前部的肿瘤,目前常用的冷凝源是二氧化碳,温度可达−80℃,3~4 周后可以重复。

3. 经瞳孔温热疗法 利用高温使肿瘤内的血管栓塞,进而诱导肿瘤萎缩。常采用波长 810nm 的半导体红外线激光,低强度、大光斑(2~3mm)、长时间照射(1 分钟)模式,达到治疗范围内病灶缩小的效果。

(四)手术

手术适用于 E 期患者、影像学检查或临床症状提示肿瘤已经向眼外蔓延扩展者或经综合治疗后肿瘤仍然不能控制的患者。手术方式包括眼球摘除术和眶内容摘除术。

1. 眼球摘除术 眼球摘除术的指征为肿瘤较大,充满整个玻璃体;或肿瘤侵及前房或者出现新生血管性青光眼,视力保存的可能性极小,影像上肿瘤可疑向视神经蔓延,但范围尚在球后视神经近端的患眼。此手术应由经验丰富的眼科医师实施;眼球须完好无损取出,避免眼球穿孔,确保眼眶不发生恶性肿瘤种植。为了更好分期,摘除眼球时应同时剪除一段视神经(10~15mm)。术后根据病理评估是否存在高危因素,选择辅助性化疗或外放疗。

2. 眶内容摘除术 眶内容摘除术的指征为肿瘤已经突破眼球壁向颅内、眶内蔓延者,术后应联合化疗或外放疗。此类患者预后较差。有学者提出序贯治疗方案:术前应用 VEC 方案行大剂量化疗(3~6 周期),然后手术,术后再辅以外放疗(总剂量 45~50Gy),最后再行

12 个标准疗程化疗,可以降低 3 年复发率。

七、随访

(一) 全麻下眼底检查

双眼视网膜母细胞瘤每 3~4 周复查至少 3 次无活性肿瘤,每 6~8 周复查至 3 岁,4~6 个月复查至 10 岁。单眼视网膜母细胞瘤患者每 6~8 周复查一次,4~6 个月复查一次至 10 岁。如患者配合可采用局麻检查。

(二) 影像学检查

对于任何年龄双眼视网膜母细胞瘤患者,小于 1 岁的单眼视网膜母细胞瘤患者和有家族史的患者每 6 个月行一次眼眶及头颅 MRI 检查直至 5 岁。

(三) 免疫功能

化疗后每 3 个月行 Ig 系列、CD 系列检查至免疫功能正常。

(四) 听力检测

停药后 5 年内每 6 个月进行听力检测,之后每年进行听力检测。

第六节　髓母细胞瘤

一、概述

髓母细胞瘤(medulloblastoma,MB)是儿童期最常见的颅内恶性肿瘤,其细胞形态类似胚胎期髓母细胞,故以此命名。髓母细胞瘤约占儿童期中枢神经系统肿瘤的 20%,占儿童颅后窝肿瘤的 40% 以上。髓母细胞瘤发生率为(0.2~0.58)/10 万,男性略多于女性。髓母细胞瘤存在两个发病高峰,分别为 3~4 岁和 8~10 岁。绝大多数髓母细胞瘤为散发病例,不到 5% 的髓母细胞瘤患儿与家族性遗传性疾病相关,包括家族性腺瘤性息肉病(familial adenomatous polyposis,FAP)、痣样基底细胞癌综合征(nevoid basal cell carcinoma syndrome,NBCCS)。

一般认为,髓母细胞瘤的发生是由于原始髓样上皮未继续分化,属于原始神经外胚叶肿瘤(PNET)的一个类型,这种来源于胚胎残存细胞的肿瘤,绝大多数生长在第四脑室顶之上的小脑蚓部,高度恶性,生长迅速,容易沿脑脊液播散种植转移。

目前髓母细胞瘤标准治疗策略是根据危险因素进行分层治疗,确切的预后因素包括手术切除的程度、有无远处转移、诊断时的年龄等。经过手术、放疗和化疗等规范的综合治疗手段,标危型髓母细胞瘤 5 年无复发生存率为 70%~80%,高危型髓母细胞瘤 5 年无复发生存率为 60%。某些预后较好的病理类型以及预后密切相关的基因检测逐渐成为制订治疗策略的重要参考因素。

二、临床表现

(一) 颅内高压表现

约 80% 髓母细胞瘤发生于第四脑室区域,肿瘤生长可引起第四脑室和中脑导水管受压,导致梗阻性脑积水形成,引起颅内压增高,表现为头痛、呕吐、视物模糊,甚至意识改变等。

(二)共济失调

表现为步态异常,走路或站立不稳。肿瘤侵犯小脑上蚓部时多向前倾倒,侵犯小脑下蚓部时多向后倾倒。

(三)脑神经症状

脑神经受压可引起复视,小脑或者脑干受压可引起眩晕,肿瘤压迫延髓可表现为吞咽发呛和锥体束征,脊髓转移病灶可引起截瘫等症状。

三、辅助检查

(一)影像学检查

1. 头部 CT 检查　约半数髓母细胞瘤有典型的 CT 表现。CT 平扫表现为位于小脑蚓部或小脑半球和蚓部边界清楚的高密度肿瘤,肿瘤密度较均匀,有时可见小斑片低密度坏死灶,肿瘤向前压迫并突入第四脑室,使第四脑室变形、前移,95% 伴有梗阻性脑积水,90% 肿瘤周围有轻中度的脑水肿带。CT 增强扫描肿瘤呈轻中度均匀强化,小片状坏死囊变区无强化。肿瘤脑膜播散表现为脑膜增厚及明显强化,边缘光滑或结节样。

2. 头部 MRI 检查　平扫状态下,肿瘤在 T_1WI 呈等或者低信号,T_2WI 呈稍高或者等信号。增强后,肿瘤实质部分不均匀强化,无特异性。由于肿瘤恶性程度高,实质部分细胞密度大,水分子扩散受到抑制,故在 DWI 上呈现高信号,ADC 上为低信号。这是小脑肿瘤特征性的表现。此外,头部 MRI 检查还可发现肿瘤在脑室或者其他部位的播散病灶。

3. 全脊髓 MRI 检查　20%~25% 患儿脊髓增强 MRI 可以发现转移灶,表现为线状或者结节状高信号影。判断是否发生播散的脊髓 MRI 检查应该在术前或者术后 2 周后进行,以避免无法判断术后蛛网膜下积血及转移灶。

(二)脑脊液检查

约 1/3 髓母细胞瘤患儿在诊断时存在脑脊液播散。肿瘤细胞学检查阳性脑脊液可伴随着非特异性的蛋白升高及细胞数增多。但是脑脊液检查阴性并不意味着不存在肿瘤播散。绝大多数患儿术前存在颅内高压,腰穿可诱发枕骨大孔疝,无法进行腰穿脑脊液检查。可以采取术中切除肿瘤前,穿刺抽取脑脊液进行肿瘤细胞学检查。若在术后行腰穿检查,应该在术后 2 周后,以避免由于术后操作造成的假阳性结果。

四、病理分型及预后

(一)组织学分型

根据 WHO 分类定义分为 4 种病理亚型。

1. 经典型(classic)　最常见,预后居中,具有细胞密度高和增殖指数高的特点。细胞呈小圆形或椭圆形,核深染,胞质少。低倍镜下表现为神经母细胞性菊形团。

2. 促纤维增生/结节型(desmoplastic/nodular,DN)　预后较好,以镜下缺少网状蛋白的区域表现为缺乏染色的苍白的孤岛,呈现结节状,并伴有肿瘤细胞广泛地异型增生。

3. 广泛结节型(extensive nodularity,MBEN)　预后较好,与促纤维增生结节型相比,具有更大的结节,称为小叶,且结节内充满中性粒细胞样组织。

4. 大细胞型/间变型(anaplastic/large cell,LC/A) 预后差,镜下可见显著的细胞核多形性和不典型有丝分裂现象,核型富含凋亡小体。

(二) 分子分型

分子分型可以采用免疫组化和分子生物学的检测方法进行检测。免疫组化法较为主观,推荐采用分子生物学方法检测基因突变。*CTNNB1* 突变对应 WNT 型,*PTCH/SMO/SUFU* 对应 SHH 型,染色体 i17p 和 *MYC* 扩增对应 Group3 型,i17p 或者 17q+,X− 和 *CDK6* 和 *MCYN* 扩增对应 Group4 型。

1. WNT 型(wingless) 最少见分子类型,仅占散发髓母细胞瘤的 10%,无性别差异。主要见于儿童和成人,婴幼儿少见。由于 WNT 通路异常激活,导致 β 连环蛋白积累,从而导致肿瘤的发生。病理类型多为经典型,偶尔为大细胞/间变型。该分子分型在确诊时仅有不足 10% 患者发生播散。此型预后较好,5 年生存率在儿童和成人分别为 95% 和 100%。*TP53* 突变在该分子分型中对预后影响不大。

2. SHH 型(sonic hedgehog) 约占所有分子类型的 30%,无性别差异。根据是否有 *TP53* 突变,分为 *TP53* 突变型和 *TP53* 野生型 2 种类型。由于体细胞或者胚系 SHH 通路、*SUFU*、*PTCH1* 突变导致。在年龄分布中呈现两极分化特点。该分子类型更常见于<3 岁或者>16 岁患儿。病理类型主要为促结缔组织增生型。较 WNT 型容易发生播散。预后在 WNT 型和 Group3 型之间,与患者的年龄和组织学分型相关。该分子分型中 *TP53* 突变与较差的预后相关。

3. Group3 型 约占所有分子类型的 30%,其导致肿瘤发生的分子通路尚不清楚,以 *MYC* 扩增和过表达为特点。主要见于婴幼儿和儿童,男女比例约为 2∶1。病理类型多为经典型和大细胞/间变型。40%~45% 的患者在诊断时发生肿瘤播散,在所有分子分型中预后最差,婴幼儿和儿童 10 年生存率分别为 39% 和 50%。

4. Group4 型 约占所有分型的 35%,是最常见的分子分型,男女比例约为 2∶1。35%~40% 的患者在诊断时发生肿瘤播散,预后介于 Wnt 型和 Group3 型之间。在该分子分型中,*MYCN* 突变与较差的预后相关。

五、诊断标准

(一) 病理诊断

术前影像学表现结合术后组织病理诊断可以确诊髓母细胞瘤。准确详尽的病理诊断和组织学分型对髓母细胞瘤分层治疗非常重要。病理报告应包括大体描述、镜下描述、组织学分型及免疫组化表型等内容。

(二) Chang's 分期

髓母细胞瘤目前没有广泛接受的 UICC TNM 分期,通常采用 Chang's 的 M 分期,根据肿瘤的转移程度进行分期,共分为 5 期(表 21-24)。

(三) 危险度分组

髓母细胞瘤临床分期与危险分组的关系见表 21-25。

表 21-24　Chang's 的 M 分期

局限期	M_0	肿瘤局限,无转移证据
转移期	M_1	仅脑脊液肿瘤细胞阳性
	M_2	小脑蛛网膜下腔和/或侧脑室或第三脑室发现结节性转移灶
	M_3	脊髓蛛网膜下腔发现结节状转移灶
	M_4	颅外转移

表 21-25　髓母细胞瘤临床分期与危险分组的关系

危险分组		Chang's 的 M 分期	
期别	定义	期别	定义
标危组	年龄>3 岁;术后局部残存肿瘤最大截面积<1.5cm²;病变局限于颅后窝无远处转移	M_0	无蛛网膜下腔播散和血行转移
高危组	年龄 ≤3 岁;术后局部残存肿瘤最大截积 ≥1.5cm²;Chang's 分期为 M_{1-4}	M_1	脑脊液中发现肿瘤细胞,但无影像学播散和转移证据。
		M_2	影像学发现肿瘤播散至小脑、大脑区域蛛网膜下腔、第三脑室或侧脑室
		M_3	影像学发现肿瘤播散至脊髓段蛛网膜下腔
		M_4	中枢神经系统外转移

1. 临床危险度分层　按照患儿年龄 ≥3 岁和年龄<3 岁各分为标危组和高危组。

（1）年龄 ≥3 岁

1）标危组:术后肿瘤残余<1.5cm²,Chang's 分期 M_0,同时满足以上 2 个条件。

2）高危组:术后肿瘤残余 ≥1.5cm²;脑脊液肿瘤细胞学检查阳性,或头部或脊髓检查存在肿瘤播散证据,或颅外转移;病理组织学弥漫间变型,满足以上任一条件者,归为高危组。

（2）年龄<3 岁

1）标危组:肿瘤残余病灶<1.5cm²;Chang's 分期 M_0;病理类型为促纤维增生结节型或者广泛结节型。同时满足以上 3 个条件。

2）高危组:除标危外均为高危。

2. 分子危险度分层　根据分子亚型确定危险度分层及预后,分为低危组、标危组、高危组和极高危组 4 组。

（1）低危组:未发生播散的 WNT 型髓母细胞瘤,年龄<16 岁;Group4 型,伴有 11 号染色体缺失或者 17 号染色体重复,同时未发生转移者被纳入本组。5 年生存率>90%。

（2）标危组:未发生播散的 *TP53* 野生型且无 *MYCN* 扩增的 SHH 型;无 *MYC* 扩增的 Group3 型;无 11 号染色体丢失的 Group4 型纳入本组。5 年生存率为 75%~90%。

（3）高危组:发生播散的 Group4 型;发生播散的非婴儿型 *TP53* 野生型 SHH 型;未播散的 *MYCN* 扩增的 SHH 型纳入本组。5 年生存率 50%~75%。

（4）极高危组:*TP53* 突变的 SHH 型;发生播散的 *MYC* 扩增的 Group3 型纳入本组。5

年生存率<50%。

六、鉴别诊断

(一)室管膜瘤

通常起源于脑室,填充整个四脑室并延伸填充四脑室的中央孔及侧孔。第四脑室室管膜瘤多由第四脑室底部向脑室生长,头颅 MRI 可显示肿瘤沿正中孔或两外侧孔生长延伸到小脑脑桥角池或通过枕骨大孔延伸,形态常不规则,与髓母细胞瘤相比,点状钙化及出血较常见,大型囊变坏死多见,而髓母细胞瘤以类圆形为主,病灶内多发小斑片状囊变多见,病理可明确诊断。

(二)星形细胞瘤

典型的星形细胞瘤表现为囊性和囊壁结节,增强后囊壁强化明显。髓母细胞瘤也可以中心坏死呈现囊性影,但多表现为囊小且多发。病理可明确诊断。

(三)非典型畸胎样/横纹肌样肿瘤

较少见,非典型畸胎样/横纹肌样肿瘤(atypical teratoid/rhabdoid tumor, AT/RT)更容易侵及小脑半球或者桥小脑角,影像学表现为由于内部囊性变和出血灶导致非均匀强化,更易发生软脑膜扩散,有偏离中线倾向,病理可明确诊断。

七、治疗

目前髓母细胞瘤的治疗主要是以手术及术后放疗并辅助化疗为主。

国际上有美国 COG 方案和欧洲 SIOP 方案,中国抗癌协会小儿肿瘤专业委员会 2017 年组织专家参考国际 COG 和 SIOP 方案,结合国内实际制定《儿童髓母细胞瘤多学科诊疗专家共识 CCCG-MB-2017》,国家卫生健康委员会 2021 年出台《儿童髓母细胞瘤诊疗规范(2021 年版)》,指导国内髓母细胞瘤的诊疗,目前国内髓母细胞瘤的诊疗以 CCCG 方案为主。

(一)手术治疗

1. 肿瘤切除　手术治疗目的是尽可能安全地最大程度切除肿瘤、明确诊断、重建脑脊液循环。手术治疗的原则是在保证不损害正常脑组织的前提下实现肿瘤的最大切除。手术入路多采用后正中入路或者旁正中入路。如果术中发现肿瘤已经侵及脑干,则不应盲目追求全切,否则会导致严重不良后果。手术切除程度和患儿预后相关,术后肿瘤残余大于 $1.5cm^2$ 者在临床上被归为高危组,需要更加激进的治疗,预后也相对较差。术后 72 小时内行头颅 MRI 检查评价肿瘤切除程度。

2. 脑室腹腔分流手术　不建议术前行脑室腹腔分流手术。如果患儿术后或者在放化疗过程中出现了脑室扩大,高颅压表现,且不能缓解,可行脑室腹腔分流术重建脑脊液循环平衡。

3. 术后并发症　小脑性缄默综合征是髓母细胞瘤术后最常见并发症,发生率可高达 39%,是一种以术后语言功能障碍、运动功能障碍、情感功能障碍和认知障碍为特征的复杂临床综合征。患儿在术后立即或者术后 2~3 天内出现缄默,不能讲话。同时表现为肌力及肌张力下降、共济失调、不自主运动;在情感上患儿表现比较复杂,有些表现为情绪不稳定,容易暴躁;有些则表现为淡漠,缺乏情感回应;同时患儿可能会有吞咽功能障碍、大小便功能障碍等脑干功能障碍表现。男性、肿瘤位于中线是小脑性缄默综合征的高危因素。目前小脑性缄默综合征发病机制尚不清楚,也没有明确的治疗方案。尽管多数患儿经 1~3 个月可以从缄默中恢复,开始讲话,但是患儿的运动功能障碍往往会持续较长时间,严重影响患儿生活质量。此外,缄默患儿恢复讲话后,仍然不能完全正常讲话,少数患儿会出现永久性缄默。

(二) 放疗

放疗是儿童髓母细胞瘤术后重要的治疗手段,术后有放疗适应证者应该尽快开始放疗。

1. 放疗适应证　髓母细胞瘤术后无论临床分期、手术切除程度及病理类型如何,术后均应接受放疗。年龄>3 岁患儿术后首选放疗,放疗后接受化疗,年龄≤3 岁患儿术后首选化疗,化疗结束后延迟至 3 岁后放疗。

2. 放疗靶区及范围　最好采取 CT/MRI 图像融合勾画靶区。

(1) 骨窗下勾画全脑全脊髓 CTV:全脑 CTV 应包括脑实质、颅骨内缘。颅前窝要包括全部额叶和筛板,颅中窝应包括颞叶最下极和垂体窝,颅底最好包括颅底下缘下 5~10mm 范围,以充分包括脑神经出入颅底处。眶上裂、眶下裂、眶尖、视神经管、颈静脉孔、内耳、舌下神经孔均应包括在靶区内,因为这些位置均充满脑脊液。全脊髓 CTV 两侧应包括椎间孔,下界应包括硬膜囊下界及其以下 1cm 范围。硬膜囊下界一般位于骶 2 下缘,因个体化差异,最好以 MRI 图像来确定硬膜囊位置。

(2) 颅后窝/瘤床 CTV:目前很少照射颅后窝,以减少放射神经毒性,瘤床 CTV 勾画结合术前术后肿瘤 MRI/CT 大小和术腔外扩 1.0~2.0cm。

(3) PTV:根据各医疗单位使用的放疗设备及摆位误差来确定,一般为 CTV 外扩 3~5mm。

3. 放疗技术　三维适型调强放射治疗为主流。在有条件的情况下,可以考虑采用质子放疗或 TOMO 放疗,能更好地保护靶区周围的正常组织和器官。

4. 放疗时机　建议在术后 4 周内开始放疗,延迟放疗与不良预后相关,晚于 49 天放疗患儿预后明显不佳。放疗期间可每周给予长春新碱化疗。<3 岁标危者不放疗,<3 岁高危患者延迟至 3 岁后放疗或化疗后行局部瘤床放疗或姑息放疗。

5. 放疗剂量

(1) 标危组:全脑全脊髓放疗 23.4~24Gy(未来有望减少到 18Gy),颅后窝加强放疗 54~55.8Gy,或者范围为包括瘤床边缘 1~2cm,剂量为 30.6Gy。

(2) 高危组:全脑全脊髓放疗 36~39.6Gy,颅后窝 54~55.8Gy,对于脊髓结节转移灶,给予 50.4Gy 的加强放疗。

目前髓母细胞瘤的研究多集中在优化化疗方案以降低全脑全脊髓的放疗剂量来减少放疗带来的儿童生长发育及神经毒性反应,但是由于降低全脑全脊髓放疗剂量似乎会带来复发和转移的风险。

6. 放疗并发症　内分泌功能障碍、神经认知功能障碍以及感觉功能障碍常见于全脑全脊髓放疗后。其严重程度与患儿放疗时年龄和放疗剂量相关。迟发性卒中、血管狭窄闭塞性疾病、血管畸形、卒中样偏头痛等脑血管疾病亦见于颅脑放疗后。同时放疗会增加再次出现恶性肿瘤可能性。

(三) 系统化疗

1. 年龄≥3岁　放疗结束4周后开始辅助化疗。化疗方案可选择洛莫司汀+顺铂+长春新碱方案(表21-26),或者环磷酰胺+顺铂+长春新碱方案(表21-27),共8个疗程。

表21-26　CCNU+DDP+VCR方案(每6周重复,共8个疗程)

药物	剂量	给药途径	给药时间	给药间隔
洛莫司汀(CCNU)	$75mg/m^2$	口服	第一天,睡前	每6周
顺铂(DDP)	$75mg/m^2$	静脉滴注	第一天	
长春新碱(VCR)	$1.5mg/m^2$	静脉注射	第1,8,15天	

注:司莫司汀(Me-CCNU,甲环亚硝脲)可以取代洛莫司汀,司莫司汀用法$75mg/m^2$,口服,q.n.,d1。

表21-27　CTX+DDP+VCR方案(每4周重复,共8个疗程)

药物	剂量	给药途径	给药时间	给药间隔
环磷酰胺(CTX)	$750mg/m^2$	静脉滴注	第1~2天	每4周
顺铂(DDP)	$75mg/m^2$	静脉滴注	第1天	
长春新碱(VCR)	$1.5mg/m^2$	静脉注射	第1,8天	

2. 年龄<3岁　术后2~4周开始辅助化疗,化疗方案可选择环磷酰胺+长春新碱/大剂量甲氨蝶呤/卡铂+依托泊苷交替化疗(表21-28,表21-29),共12个疗程。

表21-28　CTX+VCR/HD-MTX/CBP+VP16方案顺序(每疗程间隔2周,共12个疗程)

第1程	第2程	第3程	第4程	第5程	第6程	第7程	第8程	第9程	第10程	第11程	第12程
CV	HD-MTX	HD-MTX	CE	CV	HD-MTX	HD-MTX	CE	CV	HD-MTX	HD-MTX	CE

表21-29　CTX+VCR/HD-MTX/CBP+VP16方案

药物	剂量	给药途径	给药时间
CV(第1,5,9疗程)共3个疗程			
环磷酰胺(CTX)	$800mg/m^2$	静脉滴注	第1~3天
长春新碱(VCR)	$1.5mg/m^2$	静脉注射	第1天
HD-MTX+VCR(第2,3,6,7,10,11疗程)共6个疗程			
长春新碱(VCR)	$1.5mg/m^2$	静脉注射	第1天
大剂量甲氨蝶呤(HD-MTX)	$5\,000mg/m^2$	静脉滴注(24h)	第1天
CE(第4,8,12疗程)共3个疗程			
卡铂(CARBO)	$200mg/m^2$	静脉滴注	第1~3天
依托泊苷(VP16)	$150mg/m^2$	静脉滴注	第1~3天

注:HD-MTX按标准水化、碱化和亚叶酸钙CF解救,HD-MTX $5\,000mg/m^2$,总剂量的10%在0.5h内滴注,其余90%在23.5h中滴注,第36h开始CF($15mg/m^2$)解救,q.6h.×6次,根据MTX血药浓度调整CF剂量和次数。

3. 高剂量化疗联合干细胞挽救治疗　高危患者如条件允许,可行自体造血干细胞支持下超大剂量化疗。

4. 化疗毒副反应及预防卡氏肺孢菌感染　化疗期间注意监测药物对患者的肝毒性、肾毒性、神经毒性、听力毒性及血液毒性,做到及时发现、及时处理。建议长期服用复方磺胺甲噁唑预防卡氏肺孢菌感染,直至化疗结束后 3 个月。

(四) 髓母细胞瘤的治疗策略

初诊年龄 ≥3 岁和初诊年龄<3 岁儿童髓母细胞瘤的治疗策略如图 21-3 和图 21-4 所示。

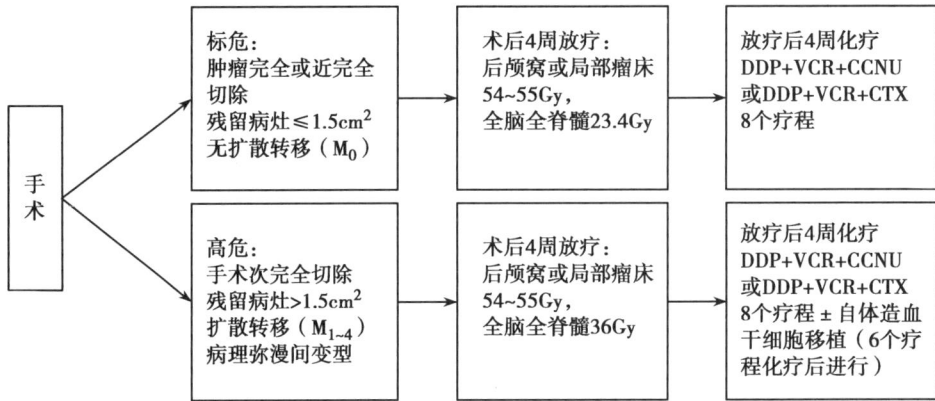

图 21-3　初诊年龄 ≥3 岁儿童髓母细胞瘤治疗策略

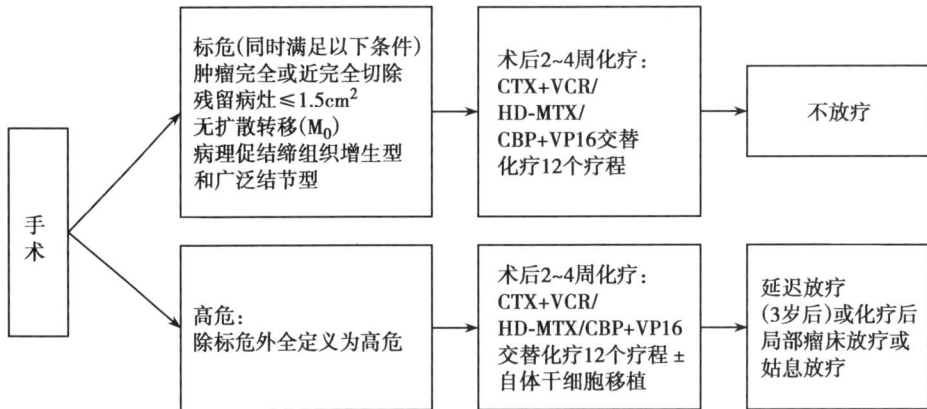

图 21-4　初诊年龄<3 岁儿童髓母细胞瘤治疗策略

(五) 复发髓母细胞瘤的治疗

1. 手术　能手术的患者尽量先争取手术切除肿瘤。如肿瘤广泛,不能手术,建议活检明确病理诊断后行挽救化疗。肿瘤缩小,转移灶消失后再做手术评估。治疗后 3~5 年复发患者需要手术或活检明确诊断排除第二肿瘤。

2. 放疗　既往无放疗的患者,如经挽救化疗后获得缓解,可参考高危患者的放疗策略进行放疗。既往已放疗的患者,须根据已接受的放疗剂量、范围和间隔时间,仔细评估有无再次放疗可能。

3. 挽救化疗

（1）伊立替康（CPT-11）+替莫唑胺（TMZ）+长春新碱（VCR）方案（表 21-30）。

表 21-30　伊立替康（CPT-11）+替莫唑胺（TMZ）+长春新碱（VCR）方案

药物	剂量	给药途径	给药时间	给药间隔
TMZ	$150mg/m^2$	口服	第 1~5 天	每 3 周
CPT-11	$50mg/m^2$	静脉滴注	第 1~5 天	
VCR	$1.5mg/m^2$	静脉注射	第 1 天	

注:替莫唑胺应用注意事项:如不能吞咽患儿,可从胃管内注入替莫唑胺粉末。如年幼患儿吞服胶囊困难,需打开胶囊将替莫唑胺粉末混入酸性溶液稀释后服用,减少对胃肠道的刺激。酸性溶液宜选用 100ml 苹果汁或橙汁。

（2）IE 或 CE 或 VIP 方案（表 21-31~表 21-33）:异环磷酰胺（IFO）需要美司钠解毒以减少泌尿系统损害,美司钠剂量按 IFO 剂量的 60%,分别于应用 IFO 的第 0h、4h、8h 静脉推注。

表 21-31　IE 方案

药物	剂量	给药途径	给药时间	给药间隔
异环磷酰胺（IFO）	$1.5g/m^2$	静脉滴注	第 1~5 天	每 3 周
依托泊苷（VP16）	$100mg/m^2$	静脉滴注	第 1~5 天	

表 21-32　CE 方案

药物	剂量	给药途径	给药时间	给药间隔
卡铂（CBP）	$500mg/m^2$	静脉滴注	第 1 天	每 3 周
依托泊苷（VP16）	$150mg/m^2$	静脉滴注	第 1~3 天	

表 21-33　VIP 方案

药物	剂量	给药途径	给药时间	给药间隔
异环磷酰胺（IFO）	$1.5g/m^2$	静脉滴注	第 1~4 天	每 3 周
依托泊苷（VP16）	$100mg/m^2$	静脉滴注	第 1~4 天	
顺铂（DDP）	$20mg/m^2$	静脉滴注	第 1~4 天	

八、随访

一般建议在停止治疗后第 1 年、第 2 年,每 3 个月复查一次;第 3 年、第 4 年,每 6 个月复查一次;之后每年复查一次。检查内容主要包括头部及脊髓 MRI。如果患者在诊断时发现脑脊液肿瘤细胞学检查阳性,在随访时也应该进行脑脊液肿瘤细胞学的检查。此外,对于接受放射治疗的患者还应进行内分泌检查和神经心理监测。

第七节 软组织肉瘤

一、概述

软组织肉瘤（soft tissue sarcomas,STS）是一组具有高度异质性的间叶来源的恶性肿瘤。STS 具有局部浸润性生长以及易于发生远处转移的生物学规律和临床转归。目前认为 STS 有超过 50 多种组织亚型。不同组织学类型其临床和生物学差异各不相同。

儿童软组织肉瘤一般分为横纹肌肉瘤（rhabdomyosarcoma,RMS）和非横纹肌肉瘤类软组织肉瘤（non-rhabdomyosarcoma soft tissue sarcomas,NRSTs），发病比例各占一半。NRSTs 是除横纹肌肉瘤外所有软组织肉瘤的统称,肿瘤可发生于头颈部、四肢、胸壁、内脏等全身任何解剖部位,组织起源于肌肉、肌腱、脂肪、淋巴管、血管、滑膜以及纤维组织等,有很强的异质性。其病理类型多样,生物学特性差异大。主要包括滑膜肉瘤（synovial sarcoma）、血管周细胞瘤（hemangiosarcoma）、恶性外周神经鞘瘤（malignant peripheral nerve sheath tumor）、上皮样肉瘤（epithelioid sarcoma）、婴儿型纤维肉瘤、纤维肉瘤（fibrosarcoma）、炎性肌纤维母细胞瘤（inflammatory myofibroblastic tumors,IMTs）、隆突性皮肤纤维肉瘤（DFSP）、腺泡状软组织肉瘤（alveolar soft part sarcoma,ASTS）、韧带样纤维瘤病（desmoid-type fibromatosis）、恶性纤维组织细胞瘤、骨外尤因肉瘤以及未归类肉瘤等。目前国际上儿童及青少年 NRSTs 尚无规范治疗策略。标准治疗方法包括外科手术、放疗、化疗、观察、靶向治疗和免疫疗法等。

2019 年国家卫生健康委员会发布《儿童及青少年横纹肌肉瘤诊疗规范（2019 版）》和《儿童及青少年非横纹肌肉瘤类软组织肉瘤诊疗规范（2019 版）》,本节内容主要讲述儿童横纹肌肉瘤。

横纹肌肉瘤（rhabdomyosarcoma,RMS）,是儿童和青少年最常见的软组织肉瘤,占儿童肿瘤的 6.5% 左右,其发病率在儿童颅外实体肿瘤中位于神经母细胞瘤及肾母细胞瘤之后,居第 3 位。横纹肌肉瘤有两个发病年龄高峰,一个在婴幼儿期（2~5 岁）,另一个在青春期（15~19 岁）。其中横纹肌肉瘤 2/3 的病例发生于 6 岁以下儿童,10~14 岁占 20%,15 岁以上占 13%,男女发病率为 1.4:1。横纹肌肉瘤可发生在除骨骼之外的任何组织,常见部位有头颈、躯干和四肢、腹膜后、盆腔、泌尿生殖系统,甚至胆道或心脏等一些无骨骼肌组织的部位。病变发生在头颈、膀胱、前列腺、阴道的,多见于幼龄者（平均年龄 4 岁）。病变发生在睾丸旁、四肢区域的,年龄偏大（平均年龄 14 岁）。横纹肌肉瘤恶性程度高,进展快,常见转移部位是肺、淋巴结、骨和骨髓等。一般来讲儿童横纹肌肉瘤的预后要好于成人软组织肉瘤,通过手术、放化疗等综合治疗,低中危组的病例 5 年生存率可以达到 70%~90%,高危组的病例 5 年生存率仅在 15% 左右。

目前横纹肌肉瘤的发病原因尚不清楚,可能与遗传因素有关。正常情况下,原始的间充质细胞分化成熟为骨骼肌、平滑肌、脂肪、纤维、骨和软骨组织。横纹肌肉瘤是由原始间充质细胞来源的横纹肌母细胞在分化成熟为骨骼肌细胞的过程中,发生了染色体的异位、丢失或融合,抑癌基因的改变而形成的软组织恶性肿瘤。

美国儿童横纹肌肉瘤协作组（Intergroup RMS Study Group,IRSG）和欧洲儿童软组织肉瘤研究组（European Pediatric soft tissue sarcomas study group,EpSSG）等较大儿童肿瘤研究组

经过 20 余年的临床研究,并根据年龄、肿瘤大小、病理、临床分期,将横纹肌肉瘤分为低、中和高危 3 组,进行分层和综合治疗,以不断优化化疗方案,进一步改善预后,使得横纹肌肉瘤疗效逐年提高。

目前国际上横纹肌肉瘤的治疗主要按照美国儿童横纹肌肉瘤协作组(IRSG)制定的指南进行,该组织 2000 年已并入美国儿童肿瘤协作组(Children's Oncology Group,COG)。2013 年 9 月,经中国小儿肿瘤专业委员会(Chinese Children's Cancer Group,CCCG)批准,建立了中国儿童及青少年横纹肌肉瘤协作组,2019 年国家卫生健康委员会组织国内专家参照 IRSG、EpSSG 的研究成果,结合国内实际情况,制定了国内儿童及青少年横纹肌肉瘤诊疗规范,以指导国内儿童横纹肌肉瘤的诊治。

二、临床表现

横纹肌肉瘤可发生于全身任何部位,没有特异性的临床症状,临床表现取决于肿瘤的原发部位,可以出现局部进行性逐渐增大的非外伤性肿块和侵犯邻近器官造成功能障碍等各种不同的症状,临床诊断往往比较困难,需要依靠病理诊断。

横纹肌肉瘤最好发的部位为头颈部(占 40%),泌尿生殖道(占 25%),以及四肢(占 20%)。头颈部的横纹肌肉瘤可分为三个区域,分别为脑膜旁、眼眶及非眼眶非脑膜旁区域。脑膜旁区域是指原发部位在中耳-乳突、鼻腔、鼻窦、鼻咽、颞下窝、翼腭、咽旁区等区域,以及其他距离颅骨 1.5cm 以内的病灶。

横纹肌肉瘤是一种局部浸润性肿瘤,可沿筋膜或肌肉播散,区域淋巴结转移率与横纹肌肉瘤原发灶部位相关。其中眼眶部位的淋巴结转移率为 0~1%,四肢部位的淋巴结转移率约 20%,睾丸旁部位的腹膜后及主动脉旁淋巴结转移率为 20%~30%,膀胱及前列腺部位的盆腔淋巴结转移率为 20%~40%。所以当怀疑有区域淋巴结转移时,必须取样或行前哨淋巴结活检。

横纹肌肉瘤诊断时约 25% 发生远处转移,其中肺是最常见的转移部位,占 40%~45%;其次是骨髓转移,占 20%~30%,骨转移占 10%。

(一) 头颈部 RMS

脑膜旁区占头颈部 RMS 的 50%,早期不易发现,晚期多有区域淋巴结转移,而且很难完全切除。可表现为鼻腔或者外耳道出现脓血性分泌物,耳道或鼻腔阻塞,或者吞咽困难。症状可能会被误认为是上呼吸道慢性炎症。出现中枢神经系统症状或其他神经系统症状,如疼痛、感觉异常、神经麻痹、瘫痪等,提示颅底或中枢神经系统侵犯,需要立即行影像学检查。脑脊液中肿瘤细胞阳性可能早于影像学发现肿瘤侵犯。

眼眶占头颈部 RMS 的 25%,预后相对良好,此部位的肿瘤早期容易出现症状,如眼球突出、伴眼球固定、一侧眼睑增厚、眶周出血或斜视等,很少有区域淋巴结转移。

其他的头颈部 RMS 可位于颈部软组织、颅顶腱膜、口腔、唾液腺、喉、咽部、腮腺及面颊等部位。

(二) 泌尿生殖道 RMS

泌尿生殖道 RMS 最常见于膀胱和前列腺,占 30%~50%。膀胱肿瘤倾向于向腔内生长,多在膀胱三角区内或附近,偏向于局限,以血尿、尿路梗阻并尿中偶有黏液血性成分为主要表现。前列腺肿瘤常出现巨大骨盆内肿物,常早期转移至肺部。肿瘤也可发生于睾丸旁或女性生殖道。

（三）四肢和躯干 RMS

四肢和躯干 RMS 约占 20%，肢体局部肿胀是肉瘤的特征，也可出现红肿及触痛表现。肿瘤相对较大，根据相应的原发部位，也可累及邻近胸腰段脊柱，但局部淋巴结蔓延少见。

（四）胸腔内和腹膜后骨盆区域 RMS

少见，胸腔内和腹膜后骨盆区域位置深，诊断 RMS 前可能肿瘤已经很大，常包绕大血管，不能完全切除。

（五）其他部位 RMS

少见，会阴-肛周区域可类似脓肿或息肉，胆道肿瘤可有梗阻性黄疸表现，常有肝内转移、腹膜后转移及肺转移。

三、病理分型

横纹肌肉瘤是由不同分化阶段的横纹肌母细胞组成的恶性肿瘤，属于小圆蓝细胞肿瘤，肿瘤由小细胞组成，有大的、圆的深染的细胞核，镜下可见骨骼肌排列。免疫组化显示存在 desmin、myogenin、myoglobin、actin、vimentin 等骨骼肌标记。

世界卫生组织 WHO 将 RMS 分为胚胎型（ERMS）、腺泡型（ARMS）、多形细胞型 3 种基本病理类型。

（一）胚胎型

胚胎型包括葡萄状（botryoid cell）和梭形细胞型（spindle cell）约占儿童横纹肌肉瘤的 50%~60%，绝大多数发生在婴幼儿期，好发于头颈部与泌尿生殖道、腹膜后等部位，预后相对良好。其中葡萄状 RMS 是一种来自黏膜下、呈息肉状生长的特殊类型的胚胎型 RMS，几乎全部发生在婴幼儿的膀胱、阴道或年长儿童的鼻咽部。细胞遗传学及分子生物学研究提示，部分胚胎型 RMS 存在 11 号染色体杂合缺失，缺乏 *n-myc* 扩增。

（二）腺泡型

腺泡型约占 RMS 的 20%，多见于 15~19 岁青少年，好发于四肢、躯干、会阴部。部分 ARMS 中存在染色体易位 t（2；13）（q35；q14）或 t（1；13）（q36；q14）。这两种易位分别形成了相应的融合基因 *PAX3-FKHR* 和 *PAX7-FKHR*。其中，PAX3-FKHR 融合蛋白与预后不良相关。本型预后相对较差。

（三）多形型或间变型

多形型或间变型又称成人型，儿童中少见，仅占 1% 左右。好发于四肢及躯干。肿瘤常浸润至包膜外，在肌肉间隔较远的部位形成多个结节。主要症状为痛性或无痛性肿块，肿块位于肌肉内，边界不清楚。肿瘤侵及皮肤表面时，可有皮温高、破溃及出血。此型特点为肿瘤较大，多在 5~10cm，肿块质较硬，呈囊性，可出现淋巴结转移，该型恶性程度高，术后易于复发和转移，预后较差。

四、辅助检查

（一）血常规、尿常规、血生化、凝血检查

1. 血常规检查　可表现为贫血，有骨髓浸润者可出现全血细胞减少。

2. 尿常规检查　泌尿生殖道肿瘤可有血尿表现。

3. 血生化检查　肝肾功能、LDH、电解质是必查项目。肿瘤负荷大的患者可出现血尿酸及乳酸脱氢酶增高。

4. 凝血功能　包括 PT、APTT、TT、FIB、D-二聚体、FDP。有骨髓浸润、高肿瘤负荷、巨大瘤灶合并肿瘤破裂出血者可出现 FIB 下降,D-二聚体升高等。

（二）影像学检查

1. X 线检查　原发部位的 X 线检查可以发现肿瘤钙化、骨侵犯等,可以辅助诊断肿瘤肺部转移。

2. CT 扫描　肿瘤原发部位通常行增强 CT 扫描来辅助诊断瘤灶大小及局部软组织、骨骼侵犯情况,以及用来评估治疗反应。胸部 CT 及腹部 CT 平扫可用来判定有无肺部及肝脏的转移。

3. 磁共振扫描　可确定原发瘤灶以及对周围邻近组织器官的侵犯情况,尤其适用于眶周、脑膜旁及脊柱旁区域的肿瘤。

4. 骨扫描　用于评估骨骼转移的情况。

5. PET/CT 检查　有条件的单位可考虑行全身正电子发射计算机体层显像仪,有助于全面评估瘤灶及转移部位。

6. B 超检查　可用于原发瘤灶及转移瘤灶的评估及治疗反应的监测。

7. 心脏彩超　用于化疗前心脏功能的评估。

8. 有创操作检查

（1）活检:通常手术活检可获取足够的标本用于组织病理及分子生物学检查。若初诊时不能行根治性手术切除,可先予辅助化疗,待肿瘤缩小后择期手术治疗。条件允许的情况下可行穿刺活检。

（2）骨髓穿刺或活检:用于评估有无骨髓浸润。

（3）脑脊液检查:病变位于脑膜旁区者,建议行脑脊液检查,包括镜下找瘤细胞,有条件的单位可行流式细胞术检查。

9. 其他检查

（1）听力检查:用于治疗前听力的评估,以及铂类药物听力毒性的监测。

（2）*UGTIAI* 基因多态性的检测:UGTIAI 是伊立替康的主要代谢酶,有条件的单位应行 *UGTIAI* 基因多态性检测。*UGTIAI*6* 基因的突变型可降低 UGTIAI 的活性,增加肠道黏膜损伤,出现腹泻风险;*UGTIAI*28* 基因多态性是预测化疗后发生严重粒细胞减少和腹泻风险的分子标记。

（3）荧光原位杂交检查（FISH）:对于腺泡型 RMS,这项检查用来检测是否有 t(1;13) 或 t(2;13)易位,即是否存在 *PAX7-FKHR* 和 *PAX3-FKHR* 融合基因。

五、鉴别诊断

（一）尤因肉瘤

通常表现为软组织包块,特别是发生于头颈部、四肢的横纹肌肉瘤需注意与尤因肉瘤鉴别,组织病理检查及 FISH 检查有助于鉴别诊断。

（二）神经母细胞瘤

发生于腹盆腔、颈部的横纹肌肉瘤需注意与神经母细胞瘤鉴别,可结合肿瘤标志物神经元特异性烯醇化酶（NSE）、尿3-甲氧基4-羟基苦杏仁酸/香草扁桃酸（HVA/VMA）辅助诊断。

（三）白血病

有骨髓侵犯的横纹肌肉瘤需注意与白血病相鉴别,骨髓肿瘤细胞免疫分型、骨髓活检病理检查有助于诊断。

（四）淋巴瘤

特别是腺泡型横纹肌肉瘤有时可误诊为淋巴瘤,需要病理会诊明确诊断。

（五）其他软组织肉瘤

其他软组织肉瘤如纤维肉瘤、平滑肌肉瘤、恶性外周神经鞘瘤、骨肉瘤、滑膜肉瘤等,需要通过病理诊断鉴别。

六、临床分期

临床分期包括国际儿科肿瘤协会（SIOP）根据治疗前基于影像学制定的临床分期系统（TNM-UICC,表21-34）,以及横纹肌肉瘤研究美国协作组（IRS）的术后病理临床分组系统（表21-35）,两种分期方法相结合。

表 21-34　治疗前临床分期系统

分期	原发部位	肿瘤浸润	病灶大小	淋巴结	远处转移
1 期	预后良好的位置	T_1 或 T_2	a 或 b	N_0、N_1、N_x	M_0
2 期	预后不良的位置	T_1 或 T_2	a	N_0 或 N_x	M_0
3 期			a	N_1	
	预后不良的位置	T_1 或 T_2	b	N_0、N_1、N_x	M_0
4 期	任何位置	T_1 或 T_2	a 或 b	N_0 或 N_1	M_1

注:T_1 肿瘤局限于原发解剖部位;T_2 肿瘤超出原发解剖部位,侵犯邻近器官或组织。

a,肿瘤最大径 ≤5cm;b,肿瘤最大径>5cm;N_0,无区域淋巴结转移;N,有区域淋巴结转移;N_x,区域淋巴结转移不详;M_0,无远处转移;M_1,有远处转移。

脑膜旁区域是指原发部位在中耳-乳突、鼻腔、鼻窦、鼻咽、颞下窝、翼腭、咽旁区等区域,以及其他距离颅骨 1.5cm 以内病灶。

预后良好的位置是指眼眶、头颈（除外脑膜旁区域）、胆道、非膀胱和前列腺区泌尿生殖道;预后不良的位置是指膀胱和前列腺,肢体,脑膜,其他包括背部、腹膜后、盆腔、会阴部/肛周、胃肠道和肝脏。

表 21-35　IRS 术后病理分组临床系统

分组	临床特征
I	局限性病变,肿瘤完全切除,且病理证实已完全切除,无区域淋巴结转移（除了头颈部病灶外,需要淋巴结活检或切除以证实无区域性淋巴结受累）
	Ⅰa肿瘤局限于原发肌肉或原发器官
	Ⅰb肿瘤侵犯至原发肌肉或器官以外的邻近组织,如穿过筋膜层
Ⅱ	肉眼所见肿瘤完全切除,肿瘤已有局部浸润或区域淋巴结转移
	Ⅱa肉眼所见肿瘤完全切除,但镜下有残留,区域淋巴结无转移
	Ⅱb肉眼所见肿瘤完全切除,镜下无残留,但区域淋巴结转移
	Ⅱc肉眼所见肿瘤完全切除,镜下有残留,区域淋巴结有转移

续表

分组	临床特征
Ⅲ	肿瘤未完全切除或仅活检取样,肉眼有残留肿瘤
	Ⅲa 仅做活检取样
	Ⅲb 肉眼所见肿瘤大部分被切除,但肉眼有明显残留肿瘤
Ⅳ	有远处转移,肺、肝、骨、骨髓、脑、远处肌肉或淋巴结转移。(脑脊液细胞学检查阳性,胸腔积液或腹水以及胸膜或腹膜有瘤灶种植等)

注:局部转移指肿瘤浸润或侵犯原发部位邻近的组织;区域转移指肿瘤迁移至原发部位引流区的淋巴结;远处转移指多指肿瘤进入血液循环转移至身体其他部位。

七、危险度分组

依据病理亚型、术后病理分期和 TNM 分期,将危险度分为低危组、中危组、高危组(表 21-36),以便分层治疗。

表 21-36 横纹肌肉瘤危险度分组

危险组	病理亚型	TNM 分期	IRS 分组
低危	胚胎型	1	Ⅰ~Ⅲ
低危	胚胎型	2~3	Ⅰ~Ⅱ
中危	胚胎型、多形型	2~3	Ⅲ
中危	腺泡型、多形型	1~3	Ⅰ~Ⅲ
高危	胚胎型、多形型、腺泡型	4	Ⅳ
中枢侵犯组 *	胚胎型、多形型、腺泡型	3~4	Ⅲ~Ⅳ

注:* 是指同时伴有颅内转移扩散、脑脊液阳性、颅底侵犯或者脑神经麻痹中任意一项。

八、预后因素

(一)预后良好

1. 年龄为婴儿和儿童。

2. 眼眶、泌尿生殖系统(除膀胱、前列腺)部位。

3. 肿瘤直径<5cm。

4. 组织亚型为葡萄状 RMS 或梭形细胞型 RMS。

5. 局限肿瘤,无淋巴结受侵犯、无远处转移。

6. 首次完整切除。

(二)预后不良

1. 成人。

2. 局限于头颈部(非眼眶)、脊柱旁区域、腹部、腹膜后、会阴部或四肢。

3. 肿瘤直径≥5cm。

4. 组织亚型为腺泡型 RMS(特别是伴有 *PAX3/FKHR* 融合、交叉错位)或多形型 RMS。

5. DNA 双倍体。

6. 肿瘤局部浸润,特别是脑膜旁或脊柱旁区域、鼻窦和骨。

7. 局部复发。

8. 治疗中局部复发。

9. 区域淋巴结转移或远处转移。

10. 肿瘤未能完成切除(R2)或不能切除。

九、治疗

根据肿瘤部位、临床分期、危险度分组和组织病理亚型不同决定治疗方案,采用手术、化疗、放疗等综合治疗方法,彻底去除原发灶、消灭转移灶。

(一) 手术原则

横纹肌肉瘤的外科手术原则一般不建议做减瘤手术,除非腹膜后肿瘤引起肠梗阻等并发症,肿瘤位于可以完整切除的部位,手术应在不损伤器官功能及不严重致畸的情况下行肿瘤全切,最好能做完整的肿瘤切除或仅有镜下残留。如果不能完全切除或者病变累及眼眶、阴道、膀胱或胆道,为了保存器官及其功能,可先用化疗或放疗,使肿瘤缩小,再进行手术。如第一次手术仅做肿瘤部分切除,可经化疗和/或放疗 3~6 个月(4~8 个疗程)后再手术。为了完整切除肿瘤的原发病灶,可以进行二次手术,切除原遗留下的阳性边缘或仅做活检部位。例如头颈部、脑膜旁、膀胱等特殊部位的 RMS,难以进行根治性手术,可在化学治疗后行肿瘤大部分切除加放射治疗,尽可能保存机体的功能,摘除眼球、全膀胱切除或截肢等仅各种综合治疗无效时采用。

1. 外科手术分类

(1)R0 切除:广泛切除肿瘤,镜下边缘无残留。

(2)R1 切除:沿肿瘤边缘切除,肉眼无残留,镜下有残留。

(3)R2 切除:肿瘤内切除,肉眼有残留。

2. 完整切除肿瘤病灶是决定分期的主要因素,亦是提高局部控制的关键步骤。肿瘤局限时手术应切至正常组织内 5mm,或沿纤维组织筋膜切除为宜(R0);如果手术沿肿瘤假包膜切除,很可能有镜下残留肿瘤细胞(R1);肿瘤内切除会有肉眼残留组织(R2),应尽量避免;无计划的肿瘤切除将造成肿瘤分期的增高、局部复发和远处转移的危险加大、放化疗强度比正常高出许多、副作用及远期生活质量下降等一系列问题。

3. 延期手术 RMS 肿瘤体积加大,完全切净有困难,应选择术前化疗或局部化疗,待肿瘤缩小后再手术,争取全部切净,也可达到保器官、保功能的目的。

4. 二次探查术 肿瘤手术分期不明,可在术后一个月内再次手术,切除原手术瘢痕组织和全部可疑组织,争取达到 R0 切除。

5. 小切口活检术及组织穿刺活检术 当肿瘤体积较大,不能确定诊断时,用小切口的方法或带芯的组织穿刺针取活检,可以提供足够的组织做各项必要的病理检查及分型,并且对正常生理干扰小,可根据病理结果很快开始治疗。

6. 头颈部位 RMS 手术可能影响器官功能或毁容时,不建议广泛切除。

7. 眼眶部位 RMS 放化疗疗效不劣于手术效果,建议首选放化疗。

8. 膀胱/前列腺 RMS 强调尽量通过化放疗等综合治疗保留膀胱,避免一期行根治性的器官摘除手术。对于可通过膀胱部分切除术治疗的膀胱/前列腺 RMS(如肿瘤位于膀胱顶壁等),可行肿瘤完整切除,避免镜下残留。而对于大多数膀胱/前列腺 RMS 而言,初次手术很难在保留膀胱的前提下完整切除肿瘤,此时应仅行活检病理检查,同时需注意行区域淋巴结活检,术后辅以化疗及放疗 3~6 个月(4~8 个疗程)后,再次评估残留肿物的大小,决定是否行二次手术探查并尝试切除,术中不常规行盆腔淋巴结清扫术。若肿瘤经规范足疗程的综合治疗后,残留肿物仍具有活性且无法局部切除,则应行根治性器官摘除手术。对于行根治性膀胱全切术而需行膀胱重建手术的病例,由于目前术中冰冻病理检查对于膀胱/前列腺 RMS 切缘的判断准确性较低,即使术中冰冻病理检查结果显示切缘阴性,仍不能排除最终病理结果为切缘阳性而需进一步行放化疗的可能,故不推荐一期重建,可暂行尿流改道,延期重建膀胱。

存在尿路梗阻患儿的处理原则:膀胱/前列腺 RMS 的患儿可合并上、下尿路梗阻,对此类患儿应及时有效地解除梗阻从而最大程度减少肾脏功能的损伤。对于膀胱出口梗阻的患儿可行导尿术,尽量避免耻骨上膀胱造瘘,因该操作可能导致肿瘤沿造瘘管种植。对于输尿管梗阻者可尝试行输尿管支架管置入术或肾造瘘术。

9. 睾丸旁 RMS 标准术式为经腹股沟睾丸及精索切除术,尽量避免经阴囊活检术。已经经阴囊活检的患儿应手术切除所受累阴囊或针对所受累阴囊进行放疗,手术可能会破坏肿瘤淋巴结的正常转移途径,转移至阴囊而非腹股沟、腹膜后淋巴结。睾丸旁 RMS 的主动脉旁淋巴结转移率为 20%~30%,建议 10 岁以上儿童应行同侧腹膜后淋巴结清扫,10 岁以下儿童如 CT 检查有可疑淋巴结,也需行同侧腹膜后淋巴结清扫术。

10. 肢体部位 RMS 应尽量避免致畸及影响肢体功能的手术,而推荐首选保留肢体的手术,截肢术用于挽救性。选择性淋巴结切除,IRS-V 建议上肢 RMS 应探查腋下淋巴结,下肢 RMS 应探查腹股沟和股三角淋巴结。

(二)化疗原则

1. 根据影像学及其他检查,估计肿瘤能基本完全切除者先手术,完全切除困难者仅活检,明确诊断后先化疗再手术。如选择手术,则在术后 7 天内开始化疗。第 1 次化疗时注意病理会诊结果,如果为腺泡型 RMS 建议做融合基因 *PAX3-FKHR* 和 *PAX7-FKHR*,修正危险度分组。

2. 放疗期间避免应用放线菌素 D(ACTD)和多柔比星(ADR),化疗剂量减为半量。

3. 无论生长部位、病理类型和切除完整与否,分期分组如何,RMS 均有必要多药联合化疗。

4. 美国 IRS-IV 推荐 VAC 方案(长春新碱+放线菌素+环磷酰胺)14 个疗程是横纹肌肉瘤联合治疗的金标准化疗方案,应在术后 7 天内开始化疗。在一系列 IRS 试验中,与任何亚组中的 VAC 方案相比,增加化疗药物(例如:多柔比星,顺铂,依托泊苷、异环磷酰胺、托泊替康和美法仑等)并未改善结果。在 IRS-IV 中,低危/预后良好组 VA 方案相当于 VAC 化疗方案,长春新碱±伊立替康可以同时进行(ARST0431)。

5. 中国抗癌协会小儿肿瘤专业委员会(CCCG-RSM-2016)根据危险度分组,采用不同强度的化疗(表 21-37~表 21-40)。长春新碱最大量 2mg,放线菌素 D 最大量 2.5mg。在完全缓解后 4~6 个疗程可考虑停药,总疗程数超过 12 个时考虑个体化调整方案。化疗 12 周后行瘤灶评估,若肿瘤增大或出现新病灶则出组。

表 21-37 中国抗癌协会小儿肿瘤专业委员会横纹肌肉瘤低危组化疗方案

周	疗程	治疗	疗效评估
0	0	手术或活检	局部 B 超、增强 MRI、肺 CT、头颅 MRI
1	1	VAC	—
4	2	VAC	局部 B 超
7	3	VAC	—
10	4	VAC	局部 B 超、增强 CT 和选择性 MRI
12		二次手术或放疗	
13	5	VA	
16	6	VA	局部 B 超
19	7	VA	
22	8	VA	

注:VAC,长春新碱+放线菌素 D+环磷酰胺;VA,长春新碱+放线菌素 D;MRI,磁共振成像;VAC、VA 方案剂量,长春新碱:1.5mg/m²,d1、d8、d15,放线菌素 D 0.045mg/(kg·次)+生理盐水静脉滴注 5 分钟,d1,环磷酰胺 1.2g/m² 静脉滴注 1 小时,d1 [0、3、6、9 小时时 2-巯基乙基磺酸钠 360mg/(m²·次)+生理盐水静脉滴注 20~30 分钟];年龄<12 月龄,放线菌素 D 剂量减半;化疗 4 个疗程后全面评估,如果完全缓解后 4 疗程可考虑停药,总疗程不超过 10 次;停化疗前评估局部 B 超、增强 CT、头颅 MRI、免疫功能;—为相应疗程未评估。

表 21-38 中国抗癌协会小儿肿瘤专业委员会横纹肌肉瘤中危组化疗方案

周	疗程	治疗	评估
0	0	手术或活检	局部 B 超、增强 MRI、肺 CT、头颅 MRI
1	1	VAC	—
4	2	VAC 或 VI	局部 B 超、增强 MRI
7	3	VAC	—
10	4	VAC 或 VI	局部 B 超、增强 MRI、选择性头颅 MRI
13		手术或放疗	—
16	5	VAC	
19	6	VAC 或 VI	局部 B 超、增强 MRI
22	7	VAC	
25	8	VAC 或 VI	局部 B 超、增强 MRI
28	9	VAC	
31	10	VAC 或 VI	局部 B 超、增强 MRI
34	11	VAC	
37	12	VAC 或 VI	局部 B 超、增强 MRI
40	13	VAC	

注:VAC,长春新碱+放线菌素 D+环磷酰胺;VI,长春新碱+伊立替康;MRI,磁共振成像;VAC 方案剂量同低危组;VI 方案剂量,长春新碱同前,伊立替康 50mg/m²,d1~5,长春新碱后静脉滴注 90 分钟,单次最大量 ≤100mg/d,伊立替康有严重粒细胞减少和腹泻等不良反应,有条件者在化疗前可做 *UGT1A1* 基因检测;全部化疗在 42 周后完成,在完全缓解后 4~6 个疗程可考虑停药,总疗程数最多为 13 个,超过 12 个小时考虑个体化调整方案;化疗 12 周瘤灶评估处于肿瘤增大或出现新病灶则出组,可考虑干细胞移植;停药前评估局部 B 超、增强 MRI、肺 CT、头颅 MRI;—为相应疗程无评估。

表 21-39　中国抗癌协会小儿肿瘤专业委员会横纹肌肉瘤高危组化疗方案

周	疗程	治疗	评估
0	0	手术或活检	局部 B 超、增强 MRI、肺 CT、头颅 MRI
1	1	VAC	—
4	2	VI	局部 B 超、增强 MRI
7	3	VAC	—
10	4	VI	局部 B 超、增强 MRI
13		手术或放疗	—
16	5	VDC	—
19	6	IE	局部 B 超、增强 MRI
22	7	VDC	—
25	8	IE	局部 B 超、增强 MRI、肺 CT、头颅 MRI
28	9	VAC	—
31	10	VI	局部 B 超、增强 MRI
33	11	VDC	—
36	12	IE	局部 B 超、增强 MRI
39	13	VDC	—
42	14	IE	局部 B 超、增强 MRI
45	15	VAC	—
48	16	VI	局部 B 超、增强 MRI
51	17	VDC	—
54	18	IE	局部 B 超、增强 MRI、肺 CT、头颅 MRI

　　注:VAC,长春新碱+放线菌素 D+环磷酰胺;VI,长春新碱+伊立替康;VDC,长春新碱+多柔比星+环磷酰胺;IE,异环磷酰胺+依托泊苷;MRI,磁共振成像;VAC、VI 方案的药物剂量同中危组;VDC、IE 方案剂量,长春新碱同危组,多柔比星 30mg/m^2,d1~2,环磷酰胺 1.2g/m^2 静脉滴注 1 小时,d1,异环磷酰胺 1.8g/m^2,d1~5,依托泊苷 100mg/m^2,d1~5;全部化疗在 54 周完成,总疗程数超过 12 个小时可考虑个体化调整方案。化疗 12 周后评估处于肿瘤增大或出现新病灶则出组,可考虑干细胞移植;—为相应疗程无评估。

表 21-40　中国抗癌协会小儿肿瘤专业委员会横纹肌肉瘤中枢侵犯组化疗方案

周	疗程	治疗	评估
0	0	手术或活检、放疗	局部 B 超、增强 MRI、肺 CT、头颅 MRI
1	1	VAI	—
4	2	VACa	局部 B 超、增强 MRI
7	3	VDE	—
10	4	VDI	局部 B 超、增强 MRI、肺 CT、头颅 MRI
12		手术或放疗	—

周	疗程	治疗	评估
13	5	VAI	—
16	6	VACa	局部 B 超、增强 MRI
19	7	VDE	
22	8	VDI	局部 B 超、增强 MRI、肺 CT、头颅 MRI
24			—
25	9	VAI	
28	10	VACa	局部 B 超、增强 MRI
31	11	VDE	
33	12	VDI	局部 B 超、增强 MRI
36	13	VAI	
39	14	VACa	局部 B 超、增强 MRI
42	15	VDE	
45	16	VDI	—

注：VAI，长春新碱+放线菌素 D+异环磷酰胺；VACa，长春新碱+放线菌素 D+卡铂；VDE，长春新碱+多柔比星+依托泊苷；MRI，磁共振成像；VDI，长春新碱+多柔比星+异环磷酰胺；VAI 方案剂量，长春新碱同中危组，放线菌素 D 1.5mg/m²，d1，异环磷酰胺 3g/m²，d1~3［0、3、6、9 小时时 2-巯基乙基磺酸钠 600mg/（m²·次）］；VACa 方案，长春新碱、放线菌素 D 同 VAI 方案，卡铂 560mg/m²，d1；VDE 方案，长春新碱同前，多柔比星 25mg/m²，d1~2，依托泊苷 150mg/（m²·次），d1~3；VDI 方案，长春新碱+多柔比星同前，异环磷酰胺 3g/m²，d1~3；如 24 周评估无影像学残留，即处于完全缓解、无瘤状态，25~48 周继续原方案；如果 24 周评估处于肿瘤稳定，可疑残留，改为 VDC（长春新碱+多柔比星+环磷酰胺）和 IE（异环磷酰胺+依托泊苷）巩固治疗；全部化疗在 48 周后完成，总疗程数超过 12 个时，考虑个体化调整。如果化疗 12、24、36 周后瘤灶评估处于肿瘤增大或出现新病灶则出组，可考虑干细胞移植；停化疗前，局部 B 超、增强 MRI、肺 CT、头颅 MRI；—为相应疗程无评估。

（三）放疗原则

放疗是横纹肌肉瘤重要的局部治疗手段。新辅助化疗后同期放化疗，是不可切除横纹肌肉瘤的标准治疗手段。术后放疗适用于肿瘤残留、切缘阳性、淋巴结转移及病理亚型腺泡型的横纹肌肉瘤。发生在眼眶部位的横纹肌肉瘤，放化疗疗效不劣于手术，可首选放化疗。

1. 放疗适应证　根据 COG ARST 试验，除 I 组胚胎性横纹肌肉瘤外，所有横纹肌肉瘤病例均需要放疗。

（1）RMS 胚胎型 IRS I 组不做放疗。

（2）RMS 腺泡型易局部复发，I 组需做放疗。

（3）RMS 所有病理亚型 IRS Ⅱ~Ⅳ组均需放疗。

2. 放疗靶区

（1）GTV：诱导化疗前可见肿瘤及肿大淋巴结。

（2）CTV：GTV+1.5~2.0cm，超过解剖屏障边界时缩回。肿大淋巴结包括淋巴结区；腹腔肿瘤有腹膜转移危险，为整个腹腔；肢体的瘤床边界需外放 2.0cm，避免肢体整个圆周放疗，尽量不跨越关节;缩野时 CTV 为 GTV+0.5cm 边界。

（3）PTV:CTV 外放 0.5cm 边界。

3. 放疗技术　三维适型调强放射治疗为主流。在有条件的情况下,可以考虑采用质子放疗,能更好地保护靶区周围的正常组织和器官。如果原发瘤灶位于重要脏器不能手术切除者,可考虑试用粒子植入放疗。

4. 放疗时机　目前国内外尚未统一,根据肿瘤部位、危险度不同(低危组、中危组、高危组)、中枢侵犯范围不同选择合适的放疗时机。《中国儿童及青少年横纹肌肉瘤诊疗建议（CCCG-RMS-2016）》和国家卫生健康委员会发布的《儿童及青少年横纹肌肉瘤诊疗规范（2019 版）》推荐,低危组、中危组和高危组横纹肌肉瘤的放疗时机在术后或活检术后的第 12~13 周开始,中枢侵犯组的放疗时机在术后第 12 周,有明显神经压迫症状时选择化疗前第 0 天紧急放疗。同时建议非颌面部或颅脑区域的患儿,手术已经完全切除瘤灶者,可于术后 1 周内放疗。肿瘤较大无法手术者,建议放疗时间在原发瘤灶化疗第 13 周,转移瘤灶可延迟到化疗第 25 周。

在美国 COG 研究中,推荐低风险患者第 13 周开始放疗,中等风险患者第 4 周开始放疗,高风险患者在第 20 周,转移部位的放疗可在第 47 周化疗结束时进行。根据高风险 COG ARST0431 方案,应在第 0 天立即放疗有脊髓压迫、视力丧失或颅内浸润的患者。

5. 放疗剂量　低危组患者肿瘤完整切除,切缘阴性无需放疗,但如果手术时间推迟了,即使完整切除,也要给予 36Gy 照射;镜下手术切缘阳性但淋巴结阴性者照射 36Gy,阳性淋巴结完全切除后照射 41.4Gy,未切除者照射 50.4Gy。原发眼眶部位且肿瘤有肉眼残存者照射 45Gy,非眼眶原发部位且肿瘤有肉眼残存者照射 50.4Gy。

中高危组患者肿瘤完整切除,切缘阴性者照射 36Gy,镜下切缘阳性或阳性淋巴结完全切除后照射 41.4Gy,肉眼残存者照射 50.4Gy。

儿童横纹肌肉瘤未出现区域淋巴结转移,一般不做淋巴结引流区预防性照射。但淋巴结确有转移时需要照射引流区,清扫术后放疗 41.4Gy,根治性放疗时给予 50.4Gy。

任何肺转移或恶性胸腔积液均需接受全肺放疗,放疗剂量 15Gy/1.5Gy/次,残留病灶(如果只有少量转移性结节),追加剂量至 50.4Gy。

常规分割放疗与超分割放疗无区别。为避免如 50.4Gy 或更大量,故拟用分次、较长期小剂量治疗,以减少早期及晚期放射线损伤,单次剂量一般为 1.8Gy。

横纹肌肉瘤放疗剂量详见表 21-41。

表 21-41　横纹肌肉瘤放疗剂量

分期-亚型	放疗剂量/Gy	分期-亚型	放疗剂量/Gy
IRS-Ⅰ胚胎型	0	IRS-Ⅲ(其他部位)	50.4
IRS-Ⅰ腺泡型	36	二次活检阴性	36
IRS-Ⅱa	36	二次活检阳性	41.4
IRS-Ⅱb/c(淋巴结区域)	41.4	肉眼残留或较大肿物	50.4
IRS-Ⅲ(仅眼眶)	45		

6. 危及器官限量 见表 21-42。

表 21-42 横纹肌肉瘤危及器官剂量限值

危及器官	剂量限值/Gy	危及器官	剂量限值/Gy
肾脏	14.4	脊髓	45
整个肝脏	23.4	胃肠道	45
双肺	15（1.5Gy/次）	全腹/盆腔	24（1.5Gy/次）
全脑（≥3 岁）	30.6	整个心脏	30.6
全脑（<3 岁）	23.4	晶体	14.4
视神经及视交叉	46.8	泪腺/角膜	41.4

十、随访

1. 第 1 年,间隔 3 个月体格检查、血常规、血生化、胸部 X 线检查或胸部 CT 以及原发瘤灶的影像学检查。

2. 第 2~3 年,间隔 4 个月体格检查、血常规、血生化、胸部 X 线检查以及原发瘤灶的影像学检查。

3. 第 4 年,间隔 6 个月体格检查、血常规、血生化、胸部 X 线检查以及原发瘤灶的影像学检查。

4. 第 5~10 年,每年进行体格检查、血常规、血生化和相关的影像学检查。

5. 10 年后,尽可能每年复诊或电话随访患儿结婚生育、第二肿瘤状况等。

第二十二章 良性疾病的放射治疗

第一节 总 论

良性疾病放射治疗已经有百余年历史，并且在近几年来又受到临床放射治疗专家及临床医学家的重视。据近期 ESRTO 的调查问卷显示，适合放射治疗的良性疾病多达 70 余种。

一、良性疾病放射治疗原则

良性疾病放射治疗应严格掌握适应证，熟练掌握放射治疗的技术因素，充分发挥放射线的治疗作用。放射治疗良性疾病时，要采取审慎的原则，绝不滥用，把危险因素降到最低点。

治疗前应充分考虑放射线的质量、照射剂量、治疗时间、发生危险的基本因素及保护因素。对婴幼儿及儿童必须更加慎重评价治疗的利益及危险，除非必要，不予放疗。

良性疾病治疗中，放射损伤主要需要考虑以下几个方面：第一，治疗区域皮肤损伤及坏死。特别是女性，要注意美容，避免轻微损伤。治疗男性会阴部病变时，要防止睾丸受损，否则会引起终身不育。第二，对遗传方面的影响。即使性腺接受较低剂量也会增加后代先天性异常及癌的发生率。第三，儿童特别是婴儿处于生长发育阶段，其细胞处于分裂旺盛时期，对射线更为敏感。儿童骨骼照射剂量超过 4.0~4.5Gy 时就会引起损伤，长大后会出现畸形，患肢缩短。脊柱受造后会使脊柱变短或侧弯。第四，放射性致癌因素。受放射线照射的组织影响，如剂量掌握不当，有发生恶变可能。如皮肤病变反复发作，照射疗程过多，可能会引起放射性皮肤癌。

因此，良性疾病放疗时应尽量设计好照射靶区，根据病变选择射线照射深度，并充分利用好各种防护措施，注意保护周围正常组织，避免重要器官发生晚期损伤。

二、良性疾病放疗的主要机制及适应证

（一）抑制纤维组织增生

幼稚纤维母细胞、角化组织等在增生期对放射线敏感，射线可抑制纤维组织增生。适应证是瘢痕瘤、鸡眼、甲下疣、阴茎海绵体硬结症及血管球成形术后再狭窄。

（二）抑制淋巴组织增生

少量放射线可以破坏淋巴组织生长中心，使之停止分裂，抑制淋巴组织增生。适应证是 Graves 病、鼻咽及口咽部腺样体增生、耳咽管周围淋巴组织增生、航空性中耳炎、嗜酸细胞肉

芽肿、淋巴细胞增生性嗜酸细胞肉芽肿、扁桃体肥大等。

（三）抑制腺体分泌作用

放射线破坏皮脂腺、汗腺、使腺体萎缩，射线还可抑制腺体分泌功能。适应证包括腮腺瘘、胰腺瘘、腋臭、多汗症等。

（四）血管瘤及动静脉畸形

射线引起动脉栓塞性内膜炎，血管弥漫性硬化及血管周围基质纤维化，并使毛细血管阻塞。适应证为荔枝型幼儿血管瘤最敏感，海绵型及混合型血管瘤中度敏感，葡萄酒斑及成熟血管内皮不敏感。

（五）脱毛作用

抑制毛囊生长功能；射线使毛发根部变松脆，易脱落；放射线剂量适当，毛发仍可再生。适应证包括头癣、须疮、多毛症等。

（六）消炎及镇痛

常用于治疗多发性疖、慢性丹毒急性发作、乳腺炎、外耳道疖、急性坏疽、化脓性指骨骨髓炎、血栓性静脉炎、慢性腮腺炎、肩周炎、腱鞘炎、骨关节炎等。

三、放疗剂量

目前大多数良性疾病的治疗总剂量、分次量及治疗时间尚无统一意见，多是根据临床经验治疗。放射线的能量选择原则是宁浅勿深，而放射治疗良性疾病的剂量应当恰到好处，或者宁少勿多。下列病种的治疗剂量可供参考。

（一）抑制瘢痕增生

总量 1 000~2 000cGy，可分 2~10 次给予，术后 24 小时内开始。抑制腺体分泌总量 600~2 000cGy，每次 100cGy，每周 2~3 次。每日一次。

（二）急性炎症

总量 300cGy，每次 100cGy，每日或隔日一次。

（三）慢性炎症

总量 400~800cGy，每次 100cGy。

（四）血管瘤及动静脉畸形

对于颅内或者其他部位的血管瘤或者动静脉畸形，根据病灶大小及位置，一般采用 SRS 或者 SBRT 治疗。

第二节　常见良性疾病的放射治疗

一、瘢痕瘤

瘢痕瘤，也称瘢痕疙瘩，属于皮肤软组织病变。瘢痕体质的患者在皮肤损伤后，伤口周围出现严重纤维组织增生及玻璃样变性，它凸出于皮肤表面呈瘤头增生，表面光滑，色红而发亮，质硬。自觉症状多，不少患者感到奇痒和刺痛，影响美观，也严重影响患者的生活质量。瘢痕疙瘩单纯手术切除后几乎都会复发。瘢痕疙瘩术后 24 小时内切口处幼稚纤维母细胞占大多数,不稳胶原纤维为主要成分,对放射线比较敏感。同时射线能够有效抑制纤维母细胞的增殖,抑制切口处毛细血管增生,减少炎症介质的含量,使切口部位胶原纤维代谢达到相对平衡,同时还有一定的止血、抗感染作用。

瘢痕疙瘩术后放疗的方式较多,常用的有浅层 X 线、电子射线外照射、放射性核素的贴敷治疗以及 ^{192}Ir 近距离治疗。近年来随着放疗设备的改进,临床上多用 4~6MeV 的电子线外照射。相关研究表明,无论是外放射治疗还是近距离放射治疗,有效率大致在 85%~90%,无明显的急、慢性不良反应,出现的色素沉着多数能在数月后消退。

（一）放射治疗要点

1. 先行手术切除瘢痕,因为肉芽组织中的纤维母细胞在 24 小时内成为纤维细胞,须在术后 24 小时之内开始放疗。照射范围应包括手术缝线的针孔,周边扩大 3~5mm 即可。如果有大片植皮,放射治疗可以照射植皮周边缝线区。

2. 目前大多数采用 4~6MeV 电子线照射,并加用适当厚度填充物。

3. 总剂量 15~20Gy,单次剂量 4~5Gy,每日一次,连续照射。

（二）随访

1. 低分次治疗局部皮肤,除皮肤色素沉着外,无其他放射相关性并发症发生。

2. 复发多在 1~2 年之间,因此观察至少 2 年。

二、腮腺瘘

腮腺瘘常见于口腔颌面部外伤、手术及腮腺区感染,处理较为棘手,可以外科手术治疗,但是手术比较复杂,术后仍有可能再次出现腮腺瘘;保守的方法多采用外科加压包扎,但效果不佳。较低剂量的放疗能抑制腺体的分泌,促进腮腺瘘的愈合。放射治疗是一种安全有效的治疗方法,经济、简单,无明显副反应,患者接受度高。

放射治疗腮腺瘘的作用机理是涎腺细胞受照射后部分细胞会凋亡、萎缩,导致细胞分泌功能丧失;射线亦能够导致分泌颗粒包膜的过氧化损伤,从而使涎腺组分如消化酶、金属离子泻入,导致部分细胞肿胀和分泌功能的减退,这些变化均可使腺体分泌减少;同时,射线使照射区组织发生毛细血管扩张,渗透性增加,血管周围及其邻近组织产生含蛋白的水肿和纤维化,于是瘘管周围组织肿胀,使瘘管从大到小,最后闭塞。

放射治疗前,先明确瘘管或瘘口形成的原因和性质、瘘口的位置及大小、瘘管的长度及走向,表面的皮肤有无发红或破溃。照射方法:每天 1 次,每次 2Gy,每周照射 5 次;也有隔日 1 次,每次 2Gy,每周 3 次。剂量渐增,因人而异,据病情而定,放疗剂量范围 6~24Gy。多数患者受照剂量 20Gy。选用深部 X 线或电子线,深部剂量较低,以减轻对深部组织如口腔咽喉部黏膜,尤其是对对侧腮腺的影响。

三、Graves 眼病

Graves 眼病（graves ophthalmopathy）是以眼球后及眶周软组织的浸润性病变为特征的自身免疫性内分泌疾病。由于眼肌的炎性细胞浸润,造成单个或多个眼肌肥厚,使眼球外突,故称为浸润性突眼。目前 Graves 眼病的治疗一般采用糖皮质激素、免疫抑制剂、去血浆法、外科眼球减压术及放射治疗。

眼眶球后放射治疗是比较有效的治疗手段。Graves 眼病球后照射主要杀伤眼外肌组织中浸润的炎性淋巴细胞。放射治疗 Graves 眼病是在 20 世纪 40 年代就开始采用,照射部位包括球后及垂体,但是 1973 年以来临床观察研究表明,单纯球后照射与球后加垂体照射者效果无显著差异。近年来,接受放疗的多为带有明显水肿征象的病例,对于活动性炎性突眼可获得较好的疗效。放射治疗可作为严重进行性甲状腺眼病的一线治疗方法,而在缓和型中可单独使用,但是对于年轻患者及糖尿病患者应注意避免发生这些诱导的肿瘤及糖尿病的放射性视网膜病。对糖皮质激素治疗失败或不能耐受的病例及不愿接受糖皮质激素治疗的病例,放射治疗可作为二线治疗,仍可取得较好的疗效。文献报道,Graves 眼病的放疗有效率为 65%~90%。建议照射剂量为 20Gy/10 次,2 周。宁建等对 Graves 眼病的传统常规照射技术和适形照射技术的剂量分布进行评价,结果显示适形照射技术优于常规照射技术,它可获得较好的靶区适合度和较高剂量分布并降低周围正常组织受照剂量。照射范围应该限定在球后部位,上下界分别为眼眶的顶及底,避开晶体、泪腺及蝶鞍,晶体的受照量应不高于 300cGy。

四、骨良性疾病

(一) 动脉瘤性骨囊肿

动脉瘤性骨囊肿是好发于骨骺端的血管囊肿病灶,偏心,膨胀性生长,常发生在长骨和脊柱。手术风险较大,复发率高,首选刮除术,用或不用骨移植术。不能手术的病例通常采用放射治疗。

放射治疗可根据病灶深度选用能量适宜的射线及照射野。一般采用常规分次照射,总剂量 20~40Gy。术后放疗剂量为 5~16Gy。至今关于适宜剂量没有统一的认识。

(二) 异位骨化形成

在全髋成形术后,常并发异位骨化,可使部分或全部髋关节强直,引起疼痛和运动范围受限。出现异位骨化的高危因素包括:①术前放射影像学证明同侧或对侧髋关节有不同程度的异位骨化;②活动性类风湿脊柱炎及肥大性骨关节病患者;③Paget 病患者及弥漫特发性骨肥大患者;④重复手术或髋关节创伤、骨折史;⑤采用放射治疗可预防异位骨化形成。可使用 6~10MeV 的 X 线,术前 1~6 小时内放疗一次,放疗剂量 7Gy 或 8Gy,或术后 1~2 天内放疗一次,放疗剂量 7Gy 或 8Gy。放疗的照射野应是全部髋关节及周围软组织,采用前后对穿野,以中平面计算剂量。96% 的异位骨化在 6 周内形成,因此随访时间至少 6 个月。

五、色素沉着绒毛结节性滑膜炎

色素沉着绒毛结节性滑膜炎是发生于关节、关节囊、腱鞘等的滑膜增生性疾病。组织学显示为良性病变,但具有较强的侵袭性,能够破坏骨并扩散到周围组织。通常发生在大关节,常见于膝关节。

本病多发于青壮年,是滑膜细胞增生和毛细血管高度扩张所致,由于滑膜高度增生和毛细血管扩张充盈,致使滑膜表面形成绒毛状或结节状的突起。本病有炎性和肿瘤性两种不同性质的变化,当滑膜细胞、纤维组织及毛细血管大量增生形成绒毛结构时是炎性增生变化,此时病变组织中有炎性细胞浸润,关节腔内有渗出;当绒毛结节呈结节状时,病理过程已从炎性增生过渡到肿瘤性增生。该病位于腱鞘及滑囊者多为局限性,位于关节滑膜者多为弥漫性。如果病变在一处为单发,病变位于两处或者以上为多发,受累部位不一。典型的临床症状是疼痛、关节肿胀及运动受限。

本病的治疗首选外科治疗。彻底切除病变的滑膜,任何残留均可引起病变复发,复发率大于 30%。术后放疗可以清除手术残留或术中从滑液中滴入关节腔的绒毛结节细胞。对于手术切除不全、术后复发者进行根治性放疗,可保留关节功能。放射治疗适应证包括:①大的原发病灶;②病变不适合手术切除;③手术切除不完全者。放射治疗方法:一般采用大于 4MV 的 X 线,术后两周到两个月开始放疗。照射野根据病变设计,包括关节及手术切口上下缘各 2cm,前后对穿或两侧对穿,剂量 30~50Gy。常规分割,每周五次。多数研究者采用术后 27~35Gy,未手术者照射 40Gy。

六、颅内动静脉畸形

动静脉畸形为颅内先天性血管病变,多见于青壮年。自发性出血是最常见的症状,偶有症状性癫痫发作,患者因此就诊或急诊,有 1/3 出血的患者由于严重出血死亡。随着显微神经外科技术和血管微导管技术应用,此病的治疗疗效有了显著提高,使这一疾病得到安全有效的治疗。一般情况下,显微外科手术是本病首选的治疗手段,对于难以切除的巨大的动静脉畸形,可考虑行微导管栓塞治疗,但不宜或拒绝外科手术的动静脉畸形患者,只要病灶体积不过大,则可以采取 SRS。由于 SRS 后不能在很短时间内达到血管的完全闭塞,因此仍有一定的出血的风险。结合临床治疗的经验,SRS 的适应证为:①<3cm 的动静脉畸形部位深在或居于功能区;②手术或介入栓塞治疗后残存或者复发灶;③不适宜手术或本人拒绝手术治疗;④位于功能区的大的动静脉畸形,SRS 作为联合治疗的一个手段。

七、脾照射

各种原因引起的脾大均可进行放射治疗,脾大患者多为血液病引起的,放射治疗可使脾脏缩小,减缓症状。放疗总量为 15Gy,放射治疗过程中要注意保护左肾及脊髓。

八、小结

尽管良性疾病放射治疗的适应证广泛、治疗效果好,但是仍然存在很多问题,比如尚不明确放射线治疗的最佳总剂量及分次剂量。由于放射线近年来主要用于恶性肿瘤的治疗,对于良性疾病的研究尚缺乏,所以对于大多数良性疾病的放射治疗的总剂量、分次剂量及疗程时间没有统一的标准,这有待于进一步研究各种良性疾病的生物学以及分子生物学的特性,另外还需研究放射线诱导的远期并发症。

总之,良性疾病放疗适应证多、放疗效果好且复发率低,开展良性疾病的放射治疗将成为趋势。相信随着新技术的发展和设备的改进,良性疾病的放射治疗将会得到更广泛的运用。

参考文献

[1] 何侠,尹勇.放射治疗计划学[M].北京:人民卫生出版社,2021.

[2] 罗京伟,徐国镇,高黎.头颈部肿瘤放射治疗图谱[M].3版.北京:人民卫生出版社,2020.

[3] 罗京伟,罗德红.头颈部放射治疗解剖图谱[M].北京:人民卫生出版社,2016.

[4] 王绿化,朱广迎.肿瘤放射治疗学[M].2版.北京:人民卫生出版社,2021.

[5] 王绿化,杨道科.肿瘤放射治疗学[M].北京:人民卫生出版社,2019.

[6] 崔慧先,李瑞锡.局部解剖学[M].9版.北京:人民卫生出版社,2018.

[7] 徐向英,曲雅勤.肿瘤放射治疗学[M].3版.北京:人民卫生出版社,2017.

[8] 李晔雄.肿瘤放射治疗学[M].5版.北京:中国协和医科大学出版社,2018.

[9] 纪春祥,于金明.肿瘤学[M].北京:科学出版社,2003.

[10] 鄂明艳,董丽华.肿瘤放射治疗学[M].4版.北京:人民卫生出版社,2022.

[11] 王鹏程,李迅茹,刘东华.放射物理与防护[M].3版.北京:人民卫生出版社,2014.

[12] 葛均波,徐永健,王辰.内科学[M].9版.北京:人民卫生出版社,2018.

[13] HALL E J,GIACCIAA J. Radiobiology for the radiologist[M]. 8th ed. Philadelphia:Lippincott Williams Wilkins,2018.

[14] Halperin E C,Wazer D E,Perez C A,et al. Perez and Brady's principles and practice of radiation oncology[M]. 7th ed. Amsterdam:Wolters Kluwer,2018.

[15] LEE N Y,LU J J,YU Y. Target volume delineation and field setup:a practical guide for conformal and intensity-modulated radiation therapy[M]. 2nd ed. Zurich:Springer Nature Switzerland AG,2022.

[16] CHAD TANG C,AHSAN FAROOQI A,HAHN S,et al. Pocket radiation oncology:the MD Anderson Cancer Center handbook of radiation oncology[M]. Philadelphia:Wolters Kluwer,2019.

[17] Amin M B,Edge S B,Greene F L,et al. AJCC Cancer Staging Manual[M]. 8th ed. New York:Springer, 2017.

[18] WHO Classification of Tumours Editorial Board. Soft Tissue and Bone Tumours,WHO Classification of Tumours[M]. 5th ed. Lyon:IARC Press,2020.

[19] EBCTCG(Early Breast Cancer Trialists' Collaborative Group),MCGALE P,TAYLOR C,et al. Effect of radiotherapy after mastectomy and axillary surgery on 10-year recurrence and 20-year breast cancer mortality: meta-analysis of individual patient data for 8 135 women in 22 randomised trials[J]. Lancet,2014,383(9935): 2127-2135.

[20] DEWHIRST M W,OLESON J R,KIRKPATRICK J,et al. Accurate three-dimensional thermal dosimetry and assessment of physiologic response are essential for optimizing thermoradiotherapy[J]. Cancers,2022,14(7): 1701.

[21] CHRISTODOULEAS J P,BAUMANN B C,HE J,et al. Optimizing bladder cancer locoregional failure risk stratification after radical cystectomy using SWOG 8 710[J]. Cancer,2014,120(8):1272-1280.

[22] ROSS J S,WANG K,KHAIRA D,et al. Comprehensive genomic profiling of 295 cases of clinically advanced urothelial carcinoma of the urinary bladder reveals a high frequency of clinically relevant genomic alterations

［J］. Cancer,2016,122（5）:702-711.

［23］ ZAGHLOUL M S,CHRISTODOULEAS J P,SMITH A,et al. Adjuvant sandwich chemotherapy plus radiotherapy vs adjuvant chemotherapy alone for locally advanced bladder cancer after radical cystectomy:a randomized phase 2 trial［J］. JAMA Surg,2018,153（1）:e174591.

［24］ SOORIAKUMARAN P,NYBERG T,AKRE O,et al. Comparative effectiveness of radical prostatectomy and radiotherapy in prostate cancer:observational study of mortality outcomes［J］. BMJ,2014,348:g1502.